"十二五"普通高等教育本科国家级规划教材

市场营销学

(第 5 版)

熊国钺　　主　编

元明顺　吴泗宗　　副主编

清华大学出版社

北　京

内 容 简 介

本书第 1 版是教育部重点推荐财经类教材，第 3 版为普通高等教育"十一五"国家级规划教材，第 4 版为"十二五"普通高等教育本科国家级规划教材。本书集中了多位在市场营销学理论与实践上有着丰富经验与卓越成就的专家教授的经验和见解，结合互联网时代营销理念和实务中出现的新变化，介绍营销管理如何在各行业、各领域的市场竞争中发挥作用，以及借助各种数学模型解决营销问题。

本书在前四版的基础上，对营销管理的研究和应用进行了更深入的研究。近些年，市场营销理论的快速发展、电子商务和大数据概念的广泛传播，使得我们深刻认识到市场营销是一门实践性非常强的学科，营销正朝着以创造力、文化、传统继承和环境为主题的新经济时代迈进。信息技术逐渐渗透到主流市场并发展成为所谓的新浪潮科技，以互联网和移动互联为平台的新型营销方式层出不穷。书中的每个章节在介绍原有营销理论的基础上都增添了互联网时代的新内容，并在每章后附有与教材内容相对应的案例，突出了市场营销理论与实践相互影响和相互促进的特征，帮助读者更好地把握和吸收营销理论及方法。

本书适合用作高等院校工商管理及相关专业本科生、研究生的教材，也是企业管理人员全面提高营销理论与实务能力的读本。本书配套课件下载地址为 http://www.tupwk.com.cn。

本书封面贴有清华大学出版社防伪标签，无标签者不得销售。

版权所有，侵权必究。举报：010-62782989，beiqinquan@tup.tsinghua.edu.cn。

图书在版编目(CIP)数据

市场营销学 / 熊国钺　主编. —5 版. —北京：清华大学出版社，2017（2024.2重印）
ISBN 978-7-302-46871-4

Ⅰ. ①市…　Ⅱ. ①熊…　Ⅲ. ①市场营销学　Ⅳ. ①F713.50

中国版本图书馆 CIP 数据核字(2017)第 062142 号

责任编辑：崔　伟　马遥遥
封面设计：周晓亮
版式设计：方加青
责任校对：成凤进
责任印制：宋　林

出版发行：清华大学出版社
　　　　　网　　　址：https://www.tup.com.cn，https://www.wqxuetang.com
　　　　　地　　　址：北京清华大学学研大厦 A 座　　　邮　　编：100084
　　　　　社 总 机：010–83470000　　　　　　　　　邮　　购：010-62786544
　　　　　投稿与读者服务：010-62776969，c-service@tup.tsinghua.edu.cn
　　　　　质 量 反 馈：010-62772015，zhiliang@tup.tsinghua.edu.cn
　　　　　课 件 下 载：https://www.tup.com.cn，010-62796865
印 装 者：三河市天利华印刷装订有限公司
经　　销：全国新华书店
开　　本：185mm×260 mm　　　印　　张：26.25　　　字　　数：722 千字
版　　次：2000 年 6 月第 1 版　　2017 年 5 月第 5 版　　印　　次：2024 年 2 月第17次印刷
定　　价：68.00 元

产品编号：068743-03

前　言

2005 年本人到美国得克萨斯大学做访问学者，当提到此次的目的是学习"市场营销"时，美国的教授都诧异地说："学习营销最好的地方是中国，我们都准备去中国学习。"

发轫于市场经济最发达国家——美国的市场营销是 1979 年被引进中国的，而这一年恰恰是中国改革开放的初期，当时，人们甚至分辨不清营销与推销有何区别。38 年来，市场营销在中国伴随着改革开放的历程，不断被人们所接受和吸收。时至今日，不知营销为何物的企业已纷纷被淘汰出局，不深谙营销的管理者也已被清除出场，市场营销在中国这块土地上苗壮成长。市场营销所需要的土壤是日益繁荣的市场、迅速发展的经济，而中国正在成为世界上最富有经济活力的国家、最具有潜能的市场，吸引着全球的企业家以及营销学者。

迈进 21 世纪的门槛，面对扑面而来的经济全球化、生存数字化、竞争国际化的浪潮，特别是近年来移动互联已经深入到社会生活中的各个方面，使得中国社会特别是中国的经济乃至于世界经济经历着前所未有的激荡和变化，而且移动互联时代使整个经济社会呈现出一个变化加速度的态势。按照现在的变化速度，未来几年几乎所有的商业逻辑将重塑，几乎所有的传统企业将重建。与此相适应，移动互联时代将全面刷新营销理念、营销战略、营销策略及营销技术。

改革开放近四十年，市场营销从西方引进，市场营销改变了中国的企业。但在这块最具活力的市场上，中国企业又改变了市场营销，使之更加充实、丰满。面对经济生活中如此急剧的变化，我们已经很难从西方的市场营销中寻找解决中国企业营销问题的钥匙。中国从事市场营销的学者和企业家们必须潜心着力地去探寻移动互联时代的营销理念、营销战略、营销策略以及营销技术。这是历史和时代交给我们的任务。

基于这一点，今天摆在你案头上的这本《市场营销学(第 5 版)》，正是一批从事市场营销教学与研究的学者们的一种探索。他们生活在中国经济最为活跃、发展最为迅猛的上海，他们了解当前市场营销的现状及变化趋势，他们深深知道中国比以往任何时候都更需要大批深谙移动互联、大数据运作的企业家。只有大批有如此素质的叱咤风云的企业家，才能使中国的经济保持永续不断的推力，而能够为企业家们在这一时代提供能量和营养的市场营销学读本是何其重要！

本书具有以下几个特点。

第一，紧扣当前的时代。在完整介绍市场营销学理论框架的同时，努力追随当前市场营销学的理论前沿，特别是努力探索信息化时代的营销策略和技能，同时对最近几年营销发展的趋势，特别是对移动互联时代营销理念及策略进行了介绍。

第二，便于应用。本书的应用有两个方面：首先，这是一本献给企业家的书，书中结合企业，特别是中国企业的特点，对市场营销的理论与实践进行探讨，全书贯穿一种思想——市场营销不是教你经商的技巧，而是给你一种崭新的经商理念；其次，这是一本献给未来企业家的书，书中强调学科的系统性和完整性，引导读者进行思考，书中有许多模型是特意为这些读者编撰的。作为新世纪的企业家，要高瞻远瞩，就应该掌握市场营销领域的定量分析模型，唯有如此，才能克敌制胜。

第三，便于学习。我们在每一章都配备了相应的案例和思考题，便于读者更牢固地掌握市场营销的理论和方法。

全书共 18 章，由熊国钺任主编，元明顺、吴泗宗任副主编，并由熊国钺总撰定稿。参加本书编写的有吴泗宗(第 1 章、第 7 章、第 9 章)，元明顺(第 2 章、第 4 章、第 5 章)，蓝峻(第 3 章)，于磊(第 6 章、第 13 章)，苏靖(第 8 章)，熊国钺(第 10 章)，刘艳玲(第 11 章)，王婉(第 12 章)，揭超(第 14 章)，季蓓(第 15 章)，郑鑫(第 16 章、第 17 章)，王奕俊(第 18 章)。

本书包含丰富的图例和思考题，并配有完备的电子课件(可从 http://www.tupwk.com.cn 下载)，特别适合作为高等院校工商管理及相关专业本科生、研究生的市场营销学教材，也是相关从业人员全面提升营销理论与实务能力的读本。

在本书的编写过程中，我们参考和引用了大量文献，在此向原作者致以诚挚的谢意。本书的出版得到清华大学出版社的大力支持，在此也表示衷心的感谢！

由于作者水平有限，书中难免有不妥之处，欢迎批评指正。

吴泗宗于同济园
2017 年 2 月

目　录

第一篇　认识营销管理

第1章　市场与市场营销

20 世纪 90 年代以来，人类社会发生了急剧的变化：第一，由于信息技术的革命，全球一体化正在逐渐成为现实。飞机、传真机、全球卫星定位、互联网、世界电视卫星通信已经把地球"缩小"，各国以前所未有的速度朝着"地球村"的方向迈进，任何一个国家想要离开"地球村"而得到高速发展都是不可能的。同样，全球一体化也把企业拉入了这个进程，今天的企业更多的是世界性的企业，它的原材料来自全世界，它的零部件也来自全世界，当然，它的产品更是销往全世界。第二，经济增长速度减慢。20 世纪 60 年代，日本的经济高速发展，创造了所谓"日本奇迹"。日本人凭借着其严密的组织、勤奋的劳动、"创造性的模仿"，用产品的"多样化"打败了以"标准化"生产而见长的工业化强国——美国，从 20 世纪 60 年代末到 80 年代末，日本异军突起，富甲天下，而美国却节节败退。然而，进入 20 世纪 90 年代以来，世界经济形势再次发生了戏剧性的逆转，美日经济实力倒置，美国利用高新技术创造了工业化时代被认为是神话的"个性化"产品，从而一举夺回世界经济霸主的地位。而日本则风光不再，一直在经济衰退的泥潭里无法自拔。与此同时，曾经在 20 世纪 70 年代创造了经济腾飞奇迹的新兴工业化国家，如韩国、新加坡、泰国和马来西亚等也因金融危机而经济剧烈动荡，市场走淡，企业举步维艰，人民生活水平急剧下降。市场竞争以前所未有的急剧状态在世界范围展开。

进入新世纪的中国，经过 30 余年的改革开放实力倍增，但与许多国家一样，我们更有一种危机感。危机来自两个方面。其一，信息产业飞速发展，以信息产业为特征的科技浪潮向我们涌来，而我们尚未完成工业革命；日益剧增的国际竞争逼近我们的国门，而我们的企业设备落后老化、技术陈旧。其二，国内市场经过多年的努力，克服了长久困扰人们的物质短缺与不足的问题，然而与此同时，另一场危机——需求不足，又向我们袭来。我们有着战胜物质短缺的丰富经验，却缺乏应对需求不足的有效手段；企业有大量的在物资短缺时期满天飞的采购员，却缺乏面对需求不足之时能成功销售产品的营销员。

人们常说，机遇与挑战共存，机会与危险共生。正是这些挑战带给了我们经济腾飞的机遇，恰恰是这些危难提供了我们赶超世界先进水平的机会。日新月异的科技创新，为我国企业的后发优势提供了跳板。日益激烈的国际竞争，既为我国企业迅速提高装备水平提供了契机，又为我国企业创造了更加广阔的市场。而练就从容不迫应对需求不足本领的我国企业，将更有信心地屹立于世界强手之林。

然而，要把挑战变成机遇，把危难转化为机会，不是靠几句豪言壮语便可以奏效的，而是要脚踏实地，一步一个脚印走出来的。这其中不仅需要艰苦的奋斗，而且还需要充分利用当今世界上的先进科学技术和管理方法。其中，市场营销，就是一门能使企业在市场竞争中成为强者、能有效应对需求不足的、行之有效的管理学科。而且，随着互联网和大数据的广泛运用，这门学科再次焕发出了新的生机。

1.1　市场营销的核心概念

"市场营销"这个词，是商业社会中使用频率最高的词之一，它常常见诸报纸、杂志以及其他新闻媒体。然而，对"市场营销"概念的理解，许多人认为仅仅是销售和广告，也有人把营销等同推销，更有甚者把营销当作忽悠，事实证明这都是市场营销在中国遭受的误解。历经百年沧桑，市场营销已从过去的"跑江湖"和推销术，演变成能为企业管理人员提供一整套经营"思想、态度、策略和战术"的体系。何为市场营销？最有代表性的解释是美国市场营销协会(American Marketing Association, AMA)在 2008 年给出的定义："市场营销既是一种行为、一套制度，也是创造、传播、传递和交换对消费者、代理商、合作伙伴和全社会有价值的物品的过程。"我们则更倾向于美国西北大学教授菲利普·科特勒(Philip Kotler)给出的定义："企业为从顾客处获得利益回报而为顾客创造价值并与之建立稳固关系的过程。"这个定义包括一系列的核心概念：基本需求、欲望、产品需求、产品、价值、交换、交易、市场等，如图 1-1 所示。

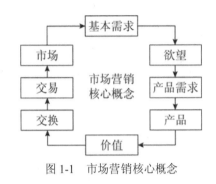

图 1-1　市场营销核心概念

1.1.1　需要、欲望与需求

市场营销最基本的概念是人的需要(needs)。需要是人类与生俱来的本能，也是人类经济活动的起点。人的需要是一个非常复杂的体系，心理学家马斯洛(A.H.Maslow)将其分解为五个层次，依其重要性分别是：①生理需要；②安全需要；③社交需要；④受尊重需要；⑤自我实现需要。马斯洛认为，只有前一层次的需要被基本满足之后，人们才会去追求下一层次的需要。也就是说，只有当生理需要得到满足之后，人们才会去追求安全需要，而只有当安全需要得到满足之后，人们才会去追求社交需要，以此类推。人的需要并非市场营销活动所造成的，它们是人的内在基本构成。

欲望(wants)指的是人们为了满足以上基本需要所渴望的"特定方式"或"特定物"。人们欲望的形成会受到文化和个性的影响。例如，南方人饥饿时对米饭有欲望，而北方人也许对面条有欲望。市场营销人员虽然无法创造人的需要，但却可以采用各种营销手段来创造人们的欲望，并开发及销售特定的服务或产品来满足这种欲望。在得到购买能力的支持时，欲望就转化为需求(demands)。一个人可能会有无限的欲望，但却只有有限的财力。他必须在他的购买力范围内选择最佳产品来满足自己的欲望。在这种情况下，他的欲望就变成了需求。因而，营销人员最重要的任务就是分辨出消费者的购买力层次，提供相对应的产品来最大限度地满足他们的需求。

1.1.2　产品与价值

广义来说，任何一个"有形体"的实物或"无形体"的服务，只要它能够满足一个团体或个人的需求和欲望，就可称之为产品(product)。在这里最重要的是，一个产品必须要与购买者的欲望相吻合。一个厂家的产品越是与消费者的欲望相吻合，其在商场竞争中的成功率就越大。

那么，一个消费者怎样在众多的产品中做出选择以满足自己的需求呢？这里首先要理解两个概念：一个是产品选择系列，另一个是需求系列。产品选择系列指的是为了满足某种需求可供选择的各类产品(或服务)，而需求系列指的是促使一个消费者产生某种欲望的各类需求。一个消费者往往根据自己的价值(value)观念来评估产品选择系列，然后选出一个能极大满足自己需求系列的产品。在这里，我们必须强调，真正决定产品价值的因素是一种产品或一项服务本身给人们所带来的极大满足，而不是生产成本。

1.1.3　交换与交易

交换(exchange)是市场营销理论的中心。如果没有买卖交易式的交换行为，单单是用产品去满足特定的需要，还不足以构成市场营销活动。人类对需求或欲望的满足可以通过各种方式，如自产自用(打猎、捕鱼自己吃)、强取豪夺(偷盗或打劫)、乞讨(乞讨要钱)、交换(买卖)等。但其中，只有"交换"才符合市场营销的基本精神。

市场交换一般包含以下五个因素。

(1) 至少有两个以上的买卖(或交换)者。

(2) 交换双方都拥有另一方想要的东西或服务(价值)。

(3) 交换双方都有沟通及向另一方运送货品或服务的能力。

(4) 交换双方都拥有自由选择的权利。

(5) 交换双方都觉得值得与对方交易。

交换能否发生取决于是否满足以上五个条件。如果满足了条件，交换的双方就可以进行洽商，寻求适合的产品或服务、谈判价格和其他交换条件。一旦达成交换协议，交易也就产生了。交易(transaction)是交换的最基本单位，它对交换双方都有贸易价值。交换可以看作是一个过程，而交易更侧重的是一个结果。

1.1.4　市场与市场营销

美国的市场营销学家菲利普·科特勒将市场(market)定义如下："市场是由所有潜在客户组成的。这些客户具有一个共同的特殊需求和欲望，并愿意和有能力进行交换以满足这种需求和欲望。"在这里，市场已不简单地是一个商品交换的地点，而是一群有需求、有一定购买力并且乐意交易的人。

至于市场营销，根据前文的定义是指企业为从顾客处获得利益回报而为顾客创造价值并与之建立稳固关系的过程。如图 1-2 所示，这个过程可以包括五个阶段：①市场调研；②产品开发；③定价、渠道、促销；④销售；⑤售后工作。当没有①②③⑤，只剩下了④，营销就变成了推销。所以管理大师彼得·德鲁克(Peter F.Drucker)才说："营销的目的就是使推销变得多余"。汽车销售之神乔·吉拉德(Joe Girard)也说过："销售，绝不是降低身份去取悦客户，而是像朋友一样给予合理的建议。你刚好需要，我刚好专业，仅此而已。" 从中我们可以看出，营销的本质其实是提升销售成功的概率。

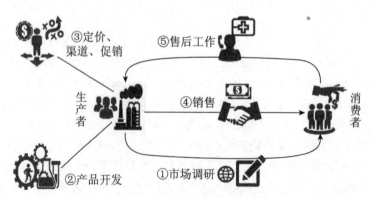

图 1-2　市场营销概念结构图

1.2　市场营销观念的演变

市场营销观念是随着商品经济的发展而产生和演进的。近年来，西方的市场营销学者就市场营销观念的发展阶段做了不同的划分，但其内涵基本相同。

1.2.1　生产观念阶段

生产观念从工业革命至 1920 年间主导了西方企业的经营策略思想。在这段时间内，西方经济处于一种卖方市场的状态。市场产品供不应求，选择甚少，只要价格合理，消费者就会购买。市场营销的重心在于大量生产，解决供不应求的问题，消费者的需求和欲望并不受重视。目前，许多第三世界国家仍处在这一阶段。生产观念虽然是卖方市场的产物，但它却时常成为某些公司的策略选择。例如，福特公司在 1908—1927 年间推出的 T 型车就采用了流水线的生产方式，通过批量化的标准化生产提高生产效率，降低生产成本，最后达到以低价为竞争基础的市场扩张的策略目的。不过以生产观念为指导的企业只能在市场上产品质量基本相等的情况下有一定的竞争力，一旦供不应求的市场状况得到缓和，消费者对产品质量产生了不同层次的要求，企业就必须运用新的观念来指导自己的竞争。

1.2.2　产品观念阶段

在生产观念阶段的末期，供不应求的市场现象在西方社会得到了缓和，产品观念应运而生。产品观念认为，在市场产品有选择的情况下，消费者会欢迎质量最优、性能最好和特点最多的产品。因此，企业应该致力于制造质量优良的产品，并经常不断地加以改造提高。但事实上，这种观念与生产观念一样，无视消费者的需求和欲望。所谓优质产品往往是一群工程师在实验室里设计出来的，这些产品上市之前从来没有征求过消费者的意见。美国通用汽车公司的一位总裁就曾说过：“在消费者没有见着汽车之前，他们怎么会知道需要什么样的汽车呢？”这种思想观念无疑曾使通用汽车公司在与日本汽车制造商的较量中陷入困境。

前面已谈到消费者的价值观念，这就是说，只有当消费者觉得一个产品或服务的价值吻合或超过自己的预期价值时才会决定购买。产品观念在市场营销上至少有两个缺陷：第一，工程师们在设计产品时并不知道消费者对其产品的价值衡量标准，结果生产出来的产品很可能低于或不符合消费者的预期价值，从而造成滞销；第二，一味追求高质量往往会导致产品质量和功能的过剩，高质量、多功能往往附带着高成本，消费者的购买力并不是无限的，如果产品质量过高，客户就会拒绝承担这些额外的高质量所增加的成本，从而转向购买其他企业的产品。

1.2.3　销售观念阶段

自 20 世纪 30 年代以来，由于科学技术的进步，加之科学管理和在“生产观念”驱动下产生的大规模生产，产品产量迅速增加，产品质量不断提高，买方市场开始在西方国家逐渐形成。在激烈的市场竞争中，许多企业的管理思想开始从生产观念或产品观念转移到了销售观念。这些企业认为，要想在竞争中取胜，就必须卖掉自己生产的每一个产品；要想卖掉自己的产品，就必须引起消费者购买自己产品的兴趣和欲望；要想引起这种兴趣和欲望，公司就必须进行大量的推销活动。他们认为，企业产品的销售量总是和企业所做的促销努力成正比。销售观念虽然强调了产品的销售环节，但仍然没有逾越"以产定销"的框框。消费者的需求和欲望仍然没有成为产品设计和生产过程的基础。如前所述，销售只是市场营销策略中的一部分而已。一个企业要想达到预定的销售目标，还需要营销策略的其他部分加以配合。我国目前仍有许多企业，特别是一些国有企业，将销售与市场营销混为一谈，只有供销部门，而没有市场营销部门。也就是说，这些企业的经营观念基本上还停留在西方社会20世纪40年代的水平。

1.2.4　市场营销观念阶段

市场营销观念产生于20世纪50年代中期。第二次世界大战以后，欧美各国的军工工业很快地转向民用工业，工业品和消费品生产的总量剧增，造成了生产相对过剩，随之导致了市场的激烈竞争。在这一竞争过程中，许多企业开始认识到传统的销售观念已不再适应市场的发展，它们开始注意消费者的需求和欲望，并研究其购买行为。这一观念上的转变是市场营销学理论上一次重大的变革，企业开始从以生产者为重心转向以消费者为重心，从而结束了以产定销的局面。美国市场营销学家奥多·李维特(Odore Levitt)曾就市场营销观念和销售观念的区别做过以下简要的说明：销售观念以卖方需要为中心，市场营销观念以买方需要为中心；销售从卖方需要出发，考虑的只是如何把产品变成现金，市场营销考虑如何通过产品研制、传送以及最终产品的消费等有关的所有活动，来满足顾客的需要。

在这里，消费者的需求是市场营销活动的起点和中心。以市场营销观念作为策略导向的公司需遵循以下几个基本宗旨。

1. 顾客是中心

没有顾客，公司的存在毫无意义。公司的一切努力在于满足、维持及吸引顾客。

2. 竞争是基础

公司必须不断地分析竞争对手，把握竞争信息，充分建立和发挥本公司的竞争优势，以最良好的产品或服务来满足顾客的需求。

3. 协调是手段

市场营销的功能主要在于确认消费者的需要及欲望，将与消费者有关的市场信息有效地与公司其他部门相沟通，并通过与其他部门的有机协作，努力达到满足及服务于消费者的目的。

4. 利润是结果

利润不是公司操作的目的，公司操作的目的是极大地满足顾客，而利润是在极大地满足顾客后所产生的自然结果。

1.2.5　社会营销观念阶段

在市场营销观念得到西方工商界广泛的接受以后，人们开始对市场营销观念持怀疑态度。人们对市场营销观念的主要质疑在于：尽管一个公司最大利益的获取是建立在极大地满足顾客的基础上，但该公司很可能在满足自己的顾客和追求自己最大利益的同时损害他人以及社会的利益。例如，100多年来世界各地的烟草工业越办越兴隆，为吸烟爱好者提供了需求满足，但最近的科学研究发现，烟草对与吸烟者在一起生活和工作的人的危害比对吸烟者本人的危害要大得多；口香糖制造商虽然极大地满足了部分消费者清新口气的需求，但同时也造成了街道卫生的问题，难怪新加坡政府通过立法，禁止在新加坡销售和购买口香糖。

社会营销观念的决策主要有四个组成部分：用户的需求、用户利益、企业利益和社会利益。事实上，社会营销观念与市场营销观念并不矛盾。问题在于一个企业是否能把自己的短期行为与长期利益结合起来。一个把市场营销观念作为指导思想的企业，在满足目标市场需求的同时，还应把用户利益和社会利益同时纳入决策系统。只有这样，这个企业才会永久立于不败之地。必须指出的是，现代市场营销活动不仅涉及商业活动，也涉及非商业活动；不仅涉及个人，也涉及团体；不仅涉及实物产品，也涉及无形产品及思想观念。美国四年一次的总统大选，就是一种营销思想观念的最大政治活动。在竞选过程中，各党派都巧妙地运用市场营销的策略组合来争取竞选的胜利。这其中包括各党派推选的总统候选人及代表该党派思想意识的政治纲领(产品)，募集竞选基金(定价)，合理安排总统候选人到各地讲演(渠道)，以及利用各种新闻媒介宣传党的总统候选人及其政治纲领(促销)。1992 年，美国民主党派总统候选人克林顿就是有效地运用了市场营销的战略和战术，击败了当时在海湾战争以后声誉极高的共和党在任总统布什。现代社会中，营销思想被广泛运用，一些传统上与商业无关的单位，如教堂、医院、学校等由于外部环境的变化，要获得生存必须要争取更多的信徒、病人和学生等，而市场营销恰恰为其在这方面提供了观念上和方法论上的有力支撑。

1.2.6　营销观念 3.0

现代营销学之父菲利普·科特勒认为，"营销经历了 1.0、2.0 时代，当下正进入 3.0 时代"。营销 1.0 是以产品为中心的时代，正如亨利·福特(Henry Ford)所言："无论你需要什么颜色的汽车，福特只有黑色的。"营销 2.0 是以消费者为中心的时代，企业追求与顾客建立紧密联系，不但继续提供产品使用功能，更要为消费者提供情感价值，因此公司对于产品都追求独特的市场定位，以期望为消费者带来独一无二的价值组合。营销 3.0 是以人文为中心的时代，在这个新的时代中，营销者不再仅仅把顾客视为消费的人，而是把他们看作具有独立思想和精神的完整个体，企业的盈利能力和它的企业责任感息息相关。消费者不仅关注产品的功能性，而且注重企业在生产过程中是否符合人类的普世价值和共同利益，企业也以一种更加全面的视角看待顾客，把他们视为具有多维性、情感性和受价值驱动的人群，甚至是企业潜在的协同创新者，这一点在互联网的推波助澜下体现得尤其明显。

随着参与化时代、全球化时代及创造性时代的到来，经济形势和商业环境也随之改变，消费者也变得更具合作性、文化性和人文精神驱动性。营销 3.0 出现了以下三种营销方式。

1. 合作营销

它强调企业与消费者的互动沟通，鼓励消费者参与产品开发、实现协同创新，吸引消费者参与到品牌价值的创造中来，同时，也注重和其他利益相关者进行合作。

2. 文化营销

它将文化问题视为企业的核心营销手段，在全球化和民族主义矛盾滋生的时代背景下，通过相应的营销手段，消除消费者因价值观差异而产生的顾虑与担忧。

3. 人文精神营销

它将消费者心灵和思想层面的人文精神作为营销的核心。消费者认为在马斯洛需要理论中，自我实现的需要是最基本的需要，他们希望企业能在价值观上与其产生共鸣，超越自身的物质目标，也以自我实现为最终目标。

在营销 3.0 时代，营销也应重新定义为由品牌、定位和差异化构成的等边三角形。科特勒将这个三角形引入了 3i 概念，即品牌标志(brand identity)、品牌道德(brand integrity)和品牌形象(brand image)。在消费者水平化时代，品牌只强调定位是徒劳无益的。消费者或许能记住某个品牌，但不代表这就是一个良好的品牌。此时的定位纯粹就是一种主张，其作用仅仅是提醒消费者小心虚假品牌而已。差异化是反映品牌完整性的最根本的特征，是保障品牌实现服务承诺的充分证明。从本质上说，差异化就是企业如何保证向顾客提供自己承诺的服务和满意度，差异化只有和定位一起发挥作用才能创建出良好的品牌形象。在营销 3.0 中，这个三角形只有在完整无缺时才会构成一个真实可信的模型，如图 1-3 所示。

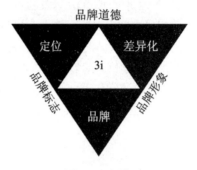

图 1-3 3i 模型

企业通过 3i 模型，对品牌进行进一步的完善。模型中的品牌标志是指把品牌定位到消费者的思想中，通过新颖、独特与消费者理性需求和期望相一致的定位，来打动消费者的内心。品牌道德是指营销者必须满足在品牌定位和差异化过程中提出的主张，让消费者真正信任企业品牌，获得消费者的精神认同。品牌形象是指消费者形成强烈的情感共鸣。企业的品牌价值应当对消费者的情感需求形成吸引力，而不能仅仅停留在满足产品使用功能的水平上。通过这个三角形，我们可以看出它能很好地和消费者的思想、心灵和精神形成全面关联。定位可以引发对购买决策的理性思考、精神确认、确认决策，最终在思想和精神两方面的作用下，内心便会引导消费者采取行动，做出购买决定。

1.3 市场营销组合概念的发展

市场营销组合是现代市场营销学中一个十分重要的范畴。所谓市场营销组合，就是指企业为了进入某一特定的目标市场，在全面考虑其任务、目标、资源及外部环境的基础上，对企业可以控制的各种营销手段进行选择、搭配、优化组合、综合运用，以满足目标市场的需要，获取最佳经济效益的一种经营理念。

市场营销组合策略就是这种经营理念的具体化，即把多种营销手段有主有次、合理搭配、综合应用的实施过程。由于构成市场营销组合的各个因素在不断变化的市场环境中是互相作用和相互影响的，因此，市场营销组合真正重要的含义就在于它们的"合理组合"，即把企业那些可以控制的营销手段与因素组合成一整套具体的可操作方案。在营销组合中，每一个具体的方案，即每一个组合策略都包含有若干因素。其中任何一个因素的变化都会要求其他有关因素相应变化。因此，市场营销组合的设计是一项复杂而细致的工作，必须与外部环境相适应，并考虑各因素之间的协调。

市场营销组合是企业实现其经营战略的基础，是现代企业竞争的有力手段，是协调企业内部各部门工作的纽带，也是企业合理分配营销费用预算的依据。总之，市场营销组合是企业实现目标市场营销的保证，也是企业实施整个市场营销策略的核心。

1.3.1　以满足市场需求为目标的 XP 营销组合

"市场营销组合"这一术语，最早于 1964 年由美国哈佛大学教授波顿(N.H.Borden)提出。在他的《市场营销组合的概念》一文中，他把如图 1-4 所示的若干营销要素和手段结合起来，描述了"市场营销组合"的大致轮廓。

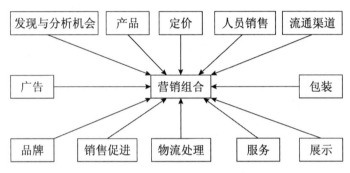

图 1-4　波顿的市场营销组合概念

1975 年，美国哈佛大学教授杰罗姆·麦卡锡(E.J.McCarthy)进一步发展了"市场营销组合"的概念。他把波顿教授提出的有关营销要素和手段重新分类组合，构成了如图 1-5 所示的结果。

麦卡锡认为，可供企业运用的市场营销要素和手段固然很多，但企业可以控制的、能有效运用的因素，归纳起来不过是四大类，即产品(product)、定价(price)、渠道(place)和促销 (promotion)。由于这四个词的英文都是以 P 开头，所以简称"4P 组合"。同时，因每一类 P 又包括许多因素，形成每类 P 的次级组合，这样 4P 内容就构成了市场营销组合的四大基本策略。

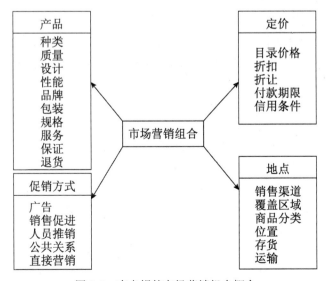

图 1-5　麦卡锡的市场营销组合概念

1981 年，波姆斯(B.H.Booms)和比特勒(M.J.Bitner)两人从"服务营销"的观点出发，再次对"市场营销组合"的概念与构成进行了深入的研究，从而扩充了市场营销组合的概念与内容。他们在《服务企业的市场营销战略与组织》一文中，把市场营销组合描述为如图 1-6 所示的 7P 结构，即产品(product)、定价(price)、渠道(place)、促销方式(promotion)、从业人员(people)、营销过程(process)和实体分销(physical distribution)。

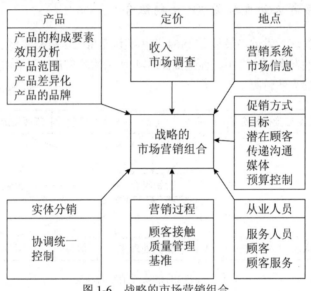

图 1-6 战略的市场营销组合

波姆斯和比特勒认为，麦卡锡的 4P 分类法太过机械，是一种短期行为。在他们看来，"从业人员"是顾客对企业销售部门或服务部门工作效率的一个最直接的重要反映，"营销过程"是企业对与顾客有关的各种业务过程和生产过程的反映，而"实体分销"本身则是伴随着商品的使用价值和物理特性，把"服务"有形化或具体化的一个特别重要的标志。

显然，这一概念的扩展，强调了信息的传递与沟通，体现了现代市场营销中服务重要性的特征，有利于引导人们把市场营销活动中那些无形财富开发挖掘出来。

1984 年，菲利普·科特勒在美国西北大学提出了市场营销组合的 11P 原则。科特勒的这一新观点，内涵更加丰富，适用范围更为广泛，对现代企业市场营销的发展极为重要。科特勒认为，麦卡锡的 4P 只是市场营销的战术性原则，如何确定这 4P 的战术，则要用市场营销的战略性(strategy)原则来进行指导。这些战略性原则包括以下几方面的基本内容。

第一个战略性原则："探查"(probe)，称作第一个战略性 P，指市场营销调研。这是开发市场营销活动的第一步。

第二个战略性原则："细分"(partition)，称作第二个战略性 P，指市场细分。其含义就是区分不同类型的买主。这是开展市场营销活动的第二步。

第三个战略性原则："优先"(priority)，称作第三个战略性 P，指选择那些最能发挥营销优势，能在最大程度上满足顾客需要的市场作为目标市场。这是开展市场营销活动的第三步。

第四个战略性原则："定位"(position)，称作第四个战略性 P，指产品在顾客心目中树立一个什么样的形象。一旦决定了产品如何定位的问题，便可推出上述麦卡锡 4P 中的其他三个 P 与这 4P 的战术性组合策略。于是，由于产品定位的不同，所形成的市场营销战术组合策略及其要素的具体构成也就不同。

在国际市场营销活动中，还有另外两个 P，即政治权力(political power)和公共关系(public relations)。这说明，在国际营销活动中，必须了解其他国家的政治状况，以及怎样才能使本国产品在东道国的公众中树立起良好的形象。其目的都是有效地排除产品通往目标市场道路上的障碍，争取有关方面的机构、集团甚至个人的支持、合作，以确保营销活动的成功。

最后，还有第 11 个 P，也就是最基本的一个 P(people)，即人。它的意思是理解人、了解人，以调动员工的工作积极性，这称为内部营销(internal marketing)。而满足顾客需要，则叫作外部营销(external marketing)。整个市场营销的要领，固然是满足顾客的需要，而有时存在的最大问题却是内部营销的问题。所以"人"这个要素贯穿了企业营销活动的全过程，它是实施前 10 个 P 的成功保证。

1.3.2　以追求顾客满意为目标的 4C 营销组合

4P 代表的是非消费者的观点，是卖方用于影响买方的有用的市场营销工具。而从买方的角度来看，则每一个市场营销工具都是用来为顾客提供利益的。于是，美国学者罗伯特·劳特朋(Robert Lauterborn)于 20 世纪 90 年代在《4P 退休 4C 登场》中提出 4C 理论，这是在过剩经济时代欲取代 4P 的一套营销理论，如表 1-1 所示。

表 1-1　4P 和 4C 的组成要素对比

4P 组成要素	4C 组成要素
产品(product)	顾客问题解决(customer solution)
定价(price)	顾客成本(customer cost)
渠道(place)	便利(convenience)
促销(promotion)	沟通(communication)

4C 包括以下具体内涵。

(1) 忘掉产品，考虑顾客的需求与期望。企业必须首先了解和研究顾客，根据顾客的需求来生产，提供顾客所需的产品而不是企业自身所能制造的产品。同时，企业提供的不仅仅是产品和服务，更重要的是由此产生的顾客价值。

(2) 忘掉价格，考虑顾客为满足其需要愿意付出的成本。企业定价不是根据品牌策略，而要研究顾客的收入状况、消费习惯以及同类产品的市场价位。此外，顾客购买成本不仅包括其货币支出，还包括为此耗费的时间、体力和精力以及购买风险。

(3) 忘掉渠道，考虑如何为顾客提供方便，即为顾客提供最大的购物和使用便利，而不是先考虑销售渠道的选择和策略。

(4) 忘掉促销，考虑如何与顾客进行双向沟通。企业应通过与顾客进行积极有效的双向沟通，建立基于共同利益的新型顾客关系。这不再是企业单向的促销和劝导顾客，而是在双向的沟通中找到能同时实现各自目标的通途。

总的来看，4C 营销理论注重以消费者需求为导向，与以市场为导向的 4P 相比，有了很大的进步和发展。4C 营销组合从其出现的那一天起就普遍受到关注，也成为如今互联网营销和移动互联营销的理论基础。

1.3.3　以建立顾客忠诚为目标的 4R 营销组合

随着市场经济的不断深入，市场的竞争焦点和手段也在不断发生变化。从传统的市场营销组合到新的营销组合方式，其内容也在不断地深化。20世纪90年代，美国营销学教授唐·舒尔茨(Don E.Schultz)提出了营销组合新理论4R理论：关联(relevancy)、反应(reaction)、关系(relationship)、回报(reward)。艾略特·艾登伯格(Elliott Ettenberg)在其《4R营销》一书中也提出了类似的4R理论，即关联(relevancy)、节省(retrenchment)、关系(relationship)和回报(reward)。

4R包括以下具体内涵。

(1) 与顾客建立关联。在竞争性市场中，顾客具有动态性，可能会在不同企业所提供的产品和服务中选择和转移。要提高顾客的忠诚度，赢得长期而稳定的市场，重要的营销策略是通过某些有效的方式在业务、需求等方面与顾客建立关联，形成一种互助、互求、互需的关系。

(2) 提高市场反应速度。当代先进企业已从过去的推测性商业模式转换为高度回应需求的商业模式。在相互影响的市场中，对经营者来说，最现实的问题不在于如何控制、制订和实施计划，而在于如何站在顾客的角度及时地倾听顾客的希望和需求，并迅速做出反应。这样可最大限度地减少抱怨，稳定客户群，减少客户转移的概率。

(3) 运用关系营销。在企业与顾客的关系发生本质性变化的市场环境中，抢占市场的关键已转变为与顾客建立长期而稳固的关系，从交易变成责任，从管理营销组合变成管理和顾客的互动关系。

(4) 回报是营销的源泉。对企业来说，市场营销的真正价值在于为企业带来短期或长期的收入和利润的能力。一方面，追求回报是营销发展的动力；另一方面，回报是维持市场关系的必要条件。一切营销活动都必须以为顾客及股东创造价值为目的。

4R营销理论的最大特点是以竞争为导向，根据市场不断成熟和竞争日趋激烈的态势，着眼于企业与顾客的互动与双赢。4R理论最大的不足就是实际操作性较差，一方面主要是引入了更多的不可控变量，另一方面缺乏实施工具，企业在实际应用时可能会感到无从下手。

1.3.4 以网络整合营销为目标的4I营销组合

随着营销活动在新媒体时代的发展，营销理论又发生了新的变化，传统的4P、4C及4R理论在一些特定环境下，使用度并不高。4I营销理论的出现，可以有效解决这一问题。4I理论最早源于"网络整合营销"，标志着从"以传播者为中心"到"以受众为中心"的传播模式的战略转移。4I营销理论包含四个要素：个性原则(individuality)、趣味原则(interesting)、互动原则(interaction)和利益原则(interests)。

(1) 个性原则。核心是个体识别，企业需要充分关注每一个顾客的独一无二的个性，按照不同个体的差异化需求对市场进行细分。企业可以针对不同的目标人群，开展特色的业务和服务，打造不同的品牌，获得稳定的顾客群。

(2) 趣味原则。强调营销传播过程要有趣味性、有话题感，要尽量选择一些目标顾客群关心和感兴趣的话题，策划和构思要能激发消费者的想象力，激发其参与的冲动。企业可以通过这些趣味性的话题，引导公众关注产品或品牌理念、功能、价值。

(3) 互动原则。互动的目的就是要吸引客户，找到双方的利益共同点。只有抓住了客户的兴趣点，才能引起关注、引发共鸣和参与，持续吸引客户。企业才能在顾客的参与和互动中传播经营理念、引导市场。

(4) 利益原则。利益是贯通商业活动始末的重要元素，是商户进行经营活动的根本目的，也是用户进行消费活动的动因。如果一个营销项目仅仅符合趣味、个性原则，那么它很难将商家、媒体、用户等不同类型的机构与个人汇聚到一起。而利益则是连接营销活动中不同参与者的纽带和桥梁，只有共同的利益才能真正促使各种要素参与到整合营销中来，利益具有串联不同参与者的功用。

1.3.5　4P 仍是企业营销的根本

从以满足市场需求为中心的 4P 到以顾客满意为中心的 4C，到以顾客忠诚为重点的 4R，再到以网络整合营销为中心的 4I，市场营销组合概念的演变不仅代表了营销理论的发展，还体现了企业所处营销环境的深刻变革。需要注意的是，无论采取哪一种营销组合策略，企业呈现在消费者面前的永远是 4P(产品、价格、渠道、促销)这几个要素的组合，只不过营销组合出现的路径发生了变化。在 4C 营销组合中，企业是通过 4C 策略影响 4P；在 4R 策略组合中，企业通过 4R 影响 4C 进而作用于 4P；而在 4I 组合中，企业依次通过 4I、4R、4C 和 4P 将营销组合呈现在消费者面前，上述观点如表 1-2 所示。通过上面的分析可以看出，4C、4R、4I 确实在一定程度上对 4P 进行了丰富和完善，但是它们的出现并不代表传统的 4P 组合已经被后者完全取代。企业在营销实践中需要根据自身所处的不同环境来选取适宜的营销组合策略。

表 1-2　营销组合影响路径

营 销 组 合	影 响 路 径
4P	企业 ⟶ 4P
4C	企业 ⟶ 4C ⟶ 4P
4R	企业 ⟶ 4R ⟶ 4C ⟶ 4P
4I	企业 ⟶ 4I ⟶ 4R ⟶ 4C ⟶ 4P

1.4　新经济时代的营销特性

当今世界正处于一个快速而深刻的变革时期。继农业化时代的第一次经济浪潮、工业化时代的第二次经济浪潮和信息化时代的第三次经济浪潮后，如今，世界正进入第四次经济浪潮。这是一个以创造力、文化、传统继承和环境为主题的新经济时代，全球科技已经从机械化时代进入数字化时代。大数据、移动化、社会化媒体成为了新的时代背景，影响着消费者的心理和行为，营销活动随之进入了一个全新的时代。

1.4.1　大数据

2011 年，麦肯锡公司发布了《大数据：创新、竞争和提高生产率的下一个新领域》的研究报告，指出数据已经渗透到每一个行业和业务职能领域，逐渐成为重要的生产因素；而人们对于大数据的运用将预示着新一波生产率增长和消费者盈余浪潮的到来。

对于"大数据"(big data)，研究机构 Gartner 给出了这样的定义："大数据是具有更强的决策力、洞察发现力和流程优化能力的海量、高增长率和多样化的信息资产。"业界将大数据归纳为 4 个特点：第一，数据量大(volume)。目前，全球数字信息总量已达 ZB 级别，预计到 2020 年，全球数字信息总量将超过 30ZB；第二，类型繁多(variety)。包括网络日志、音频、视频、图片、地理位置信息等，多类型的数据对数据处理能力提出了更高的要求；第三，价值密度低(value)。数据总量大，但真正的核心数据、有价值的数据少，致使数据的价值密度低；第四，速度快、时效高(velocity)。数据的处理能力变快，这是大数据区分于传统数据挖掘最显著的特征。

大数据时代的到来对营销模式产生了极为深刻的影响。正如前文所述，我们正在经历营销3.0，这是价值驱动的营销时代。传统的营销方式已经难以满足当下的市场需求，大数据时代的到来为精准营销创造了条件，商家可以利用消费者的活动数据，进行相应的整理和分析，从中得到营销活动所需要的信息，并针对目标客户制定相应的营销方案，以此获得最大的营销效果，有关大数据营销的内容详见本教材17.1的内容。

大数据蕴含着巨大的营销价值，为营销活动的开展提供了无限的可能，但是营销者仍然需要保持足够的清醒，全面认识大数据时代营销过程中可能出现的不利因素。随着大数据时代信息量的激增，新的变量也会随之出现，"混沌、失控、非线性"等词汇成为整个时代的典型标签，那些在传统营销时代原本理所当然的方法论开始变得不确定。因此我们在大数据背景下开展营销活动时必须时刻注意对整体的掌控度。

1.4.2 社会化媒体

近年来我国互联网发展迅速。据CNNIC中心的数据，截至2015年年底，中国网民规模达6.88亿，互联网普及率达50.3%。网络的普及与技术的发展，不仅改变了人们的生活方式，也催生了社会化媒体的诞生。《什么是社会化媒体》的作者安东尼·梅菲尔德(Antony Mayfield)认为，社会化媒体是一种新型的、给用户提供极大参与度和空间的在线媒体，该类媒体具有公开性、参与性、对话性、交流性、社区性、联通性等特点。美国公关协会(public relations society of america，PRSA)对于社会化媒体的定义是：从趋势来看，社会化媒体是人们通过使用中心化的、以人为基础的网络来获取他们所需要的东西，而非传统的商业或者媒体。社会化媒体包括社交网站(如人人网、领英)、微博(如新浪微博、腾讯微博)、视频分享(如优酷)、论坛(如天涯社区、百度贴吧)、即时通信(如QQ、微信)、消费点评(如大众点评)等。社会化媒体的普及不仅给人们的生产生活带来极大便利，更是对企业营销及消费者行为的转变带来巨大影响。

社会化媒体营销就是利用社会化媒体的开放式平台，对社会大众进行的营销、销售、关系和服务的一种营销方式。社会化媒体改变了传统的营销模式，它集中于创造有吸引力的信息，并鼓励用户分享到他们的社交网络上。信息按照从用户到用户的传播方式，帮助企业建立网上信誉和品牌的信赖度。随着时间的推移，这可能带来更大的销售，因为人们倾向于购买他们(或者他们的朋友)信任的产品品牌。此外，社会化媒体已经成为一个平台，使得每个拥有网络连接的人可以方便地进入。它增加了企业与用户之间的交流，培养品牌意识，提高客户服务。因此，这种形式的营销是靠口碑来推动的，它导致了口碑媒体而不是付费媒体的产生。

社会化媒体因成本低、定位准确、传播速度快、影响大，已经被越来越多的企业关注与应用。例如，小米手机的推广完全集中在小米官网、小米论坛和微博平台上。公司仅靠这单一线上营销模式，便使小米手机成为智能手机行业中的后起之秀，并且获得了极好的口碑。这进一步体现了社会化媒体营销的优势——低成本、精准定位、传播快、影响广。

1.4.3 移动化

乔布斯(Steve Jobs)说：要有iPhone，于是世界变了。确实，iPhone引领着智能手机的变革和发展。移动互联网络的出现，打破了固定网络在时空上的限制，使人们可以随时随地接触并使用网络。移动互联网的发展十分迅猛，据CNNIC中心的数据，截至2015年年底，我国网民使用手机上网的比例为90.1%，手机网民规模已达6.20亿。网民个人上网设备进一步向手机端集中，手机上网比例不断增长，台式电脑、笔记本电脑、平板电脑的上网比例则呈下降趋势。随着移动互联网和移动终端的飞速发展，移动化趋势已成为不可逆转的时代潮流。在移动化趋势下，消费者获取信息更加便捷，消费者的行为也受到一定的影响。在这种情况下，移动营销(mobile marketing)越来越受到重视。对此，移动营销协会(mobile marketing associating, MMA)在 2006 年对移动营销给出如下定义："利用无线通讯媒介作为传播内容进行沟通的主要渠道，所进行的跨媒介营销。"移动营销相较于传统营销方式，有如下特点。

(1) 便携性。移动营销可以让消费者随时随地参与消费活动，通过手机或者各种智能化的移动设备完成品牌搜索、产品信息互动、相关价格比对等此前只能在电脑上完成的购买行为。

(2) 庞大的顾客群。手机网民规模已达 6.20 亿，人们对于手机的依赖明显大于电脑。而且几乎所有的网络社区都已经实现移动平台化，这一措施会将更多的网络用户引入移动互联网中。

(3) 低成本。基于移动互联网的营销手段，可以极大程度地降低营销成本。对于企业来说，减少广告宣传费用，只需开发一款 APP(应用程序)或注册微信公众账号便可以实现针对目标客户群或者潜在客户群进行"一对一"的营销活动。

(4) 定位精准。在当今快速反应的消费模式时代，企业对于消费群体迅速定位也至关重要。移动营销结合大数据，能够帮助企业对用户的使用相关数据进行统计分析，并利用这些信息来制定营销方案。实现定向产品信息投放，避免信息传播中的误投而造成品牌形象受损的局面。

思考题

1. 为什么说市场营销不单纯是产品的销售活动？市场营销的核心概念是什么？
2. 说明营销观念与推销观念的主要区别。营销观念有哪些主要特征？
3. 营销观念的演变包括哪几个阶段？传统营销观念和现代营销观念的区别有哪些？
4. 结合自身的网购经历谈谈对新经济时代的营销特性的理解。

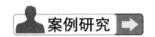

耐克的礼物

一、抓住环境带来的机遇

20 世纪 60 年代末 70 年代初，跑鞋业呈现出一派繁荣景象，美国人开始越来越关心自己的身体健康状况。几百万以前从不参加体育锻炼的人，这时也开始寻找锻炼的方法。整个 70 年代，参加散步的人数也在不断上升。据估计，到 70 年代末，美国人坚持散步的有 2500 万到 3000 万人，另有 1000 万人则不管是在家还是上街都穿跑鞋。运动鞋不仅穿着舒适，而且还是健康、年轻的象征——这就是大多数人向往的形象。市场在持续不断地发出信号——运动鞋即将流行起来。就在以阿迪达斯为首的"铁三角"面对这一突如其来的鞋业市场繁荣犹豫不决时，耐克跑步进入了该市场。1972 年，耐克的创始人奈特和鲍尔曼终于发明了自己的鞋种，新鞋以"耐克"命名，同时，在鞋上标注了极为醒目、极为独特的标志 Swoosh，它的意思是"嗖的一声"。这种简单明了的亮眼标记被印在每一件耐克公司的制品上。耐克鞋在 1972 年俄勒冈州尤金市奥运会预选赛上首次亮相，就取得较好的宣传效果。

1974 年，创始人之一——鲍尔曼(运动员教练)发明出了一种新型鞋底。这种鞋底是"华夫饼干"

式的，鞋底还有小橡胶圆钉，使它比市场上流行的其他鞋底的弹性更好。产品迅速打开市场，耐克1976年的销售额从上一年的830万美元猛增到1400万美元，极大地推动了奈特和鲍尔曼刚刚创下的事业。

二、体育、乔丹与耐克的完美结合

1984年，21岁的迈克尔·乔丹首轮第3位被芝加哥公牛队选中，而当时美国的鞋业竞争异常残酷，耐克公司正处于一个困难境地，他们发现了这个极有潜质的小伙子——乔丹，并决定把赌注押在乔丹身上。乔丹喜欢的是欧洲品牌阿迪达斯，然而阿迪达斯的忽视以及耐克的诚意，使他们签订了5年250万美元的天价合同和对其形象成就的许诺，这无疑是当时在所有职业运动历史上最大的赌博游戏，也为体育商业开创了先河。乔丹的商业价值在耐克的精心策划下，得到越来越多的挖掘和更进一步的提高。

签约后，耐克立即着手打造乔丹，乔丹和耐克开始了紧密合作，1985年他们推出以乔丹名字命名的"乔丹一代"。一则名为"乔丹航班"的电视广告不停地播出(广告影片：一个篮球滚向露天球场的一端，一位穿着宽松短裤的小伙子——乔丹以熟练的动作将球勾入掌中，并大步移动他那双穿着彩色运动鞋的大脚。转眼间，乔丹一飞冲天，镜头借助将近10秒的慢动作效果，生动地刻画出乔丹在空中四肢向外伸展的惊人动作)，广告推出后，一夜之间他们成为目光的焦点。其实"乔丹一代"在功能方面和当时的其他球鞋没有太大的不同，但是它有一个醒目的外表——以黑红作为主色(当时球鞋大多是白色)。无论训练还是比赛，乔丹都穿着这双鞋。因为特立独行的颜色(和公牛队的白色球鞋不一样)，联盟禁止乔丹穿这双鞋，同时罚款每场5000美元。耐克替乔丹支付罚金，并鼓励乔丹继续穿。NBA(美国男子职业篮球联赛)的这条禁令成为一条最好的廉价广告，更多人开始关注乔丹和他的那双鞋。"乔丹一代"运动鞋当年在美国的营业额高达1.3亿美元！之后第二年，耐克推出"乔丹二代"，此后每年都推出一款乔丹鞋……耐克将它飞速发展起来的运动鞋定位为具有创新设计与技术、高价位的高品质产品，并创造了"Just do it (只管去做)"这一经典口号，成功地建立起作为青少年亚文化标志的品牌。

耐克不仅仅是利用体育明星为其品牌代言，传播耐克的不同产品，更是在倡导不同时期的耐克精神。"飞腾乔丹"的广告传播以及广告语"谁说男人不意味飞翔"，将乔丹身上凝聚的活力、希望、高超的技术和令人振奋的体育精神发挥得淋漓尽致。那些希望也能像乔丹一样生龙活虎、受众人瞩目地生活着的消费者，尤其是青少年，就会将对这种生活的向往通过穿上乔丹所代言的产品——耐克鞋而得到很大的满足。从而，他们在消费耐克鞋，得到诸如护脚的基本功能的同时，也在精神上得到了很大的满足，鞋的价值得到增加。这正是耐克找到一个与人们心灵或精神需求相沟通的连接点，再通过营销操作，将这种精神定位清晰而有力地向消费者表达出来。

三、市场运作——耐克游刃有余

耐克找到了运动、球鞋与体育明星之间的连接点，此外，在其他环节也寻找到了更佳的运作方案。

1973年，耐克精简了整个产品产销程序，允许零售商预先订货。于是"期货"成为了这个行业的标准。

在生产环节上，从20世纪70年代以后，耐克选择了把制造环节外包给很多亚洲国家的"虚拟生产"的运作模式。耐克所保留的正是体现自身价值的"虚"的东西，即非凡的品牌、卓越的设计能力、合理的市场定位以及广阔的营销网络。外包不仅使耐克可以选择市场上最好的制鞋厂家作为供应商，而且获得了廉价的劳动力和来自供应商的大量折扣，并可以根据市场环境和公司的商业战略需要灵活地转换生产基地。

在研究开发和技术革新上，到 70 年代末，耐克公司有将近 100 名研究人员，其中许多人获得了生物、化学、实验生物学、工程技术、工业设计学和多种相关领域的学位。雄厚的研究力量使其根据不同的脚型、体重、跑速、训练计划、性别和不同技术水平开发出了 140 余种不同式样的产品，其中不少产品是市场上最新颖和工艺最先进的。这些风格各异、价格不同、多种用途的产品，吸引了成千上万的跑步者，在他们的心目中，耐克是提供品种最齐全的跑鞋制造商。

借助"飞人鞋"和其他创新的动力，耐克开始突飞猛进。耐克的销售额从 1986 年的 10 亿美元上升到 1994 年的 40 亿美元，并于 1990 年成为世界体育用品制造业的龙头老大。十几年来，乔丹系列运动鞋和运动服的销售额占耐克公司总销售额的 5%，乔丹也成为了拥有个人运动鞋品牌的第一人。耐克和乔丹的结合，是现代商业和现代体育最完美的"联姻"。耐克最终赢得了这场高投入、高回报的赌博。

四、遭遇挫折—— 企业精神创造东山再起的神话

然而，1995 年，在德国斯图加特世界田径锦标赛上，耐克遭受了灾难性的耻辱。夺冠热门奥运会冠军昆西·沃茨在最后冲刺的节骨眼上，却由于脚上的耐克鞋鞋跟脱落了一只，而无缘金牌。当时，沃茨正是耐克为其推出的艾尔·马克斯(air max)超软垫运动鞋做电视商业广告的核心运动员。气急败坏的沃茨脱下那双毁了他冠军美梦的耐克鞋，当众扔进了垃圾箱。

耐克受挫后，一度销声匿迹。好在奈特作为公司的创始人，早已把永不停息的个人奋斗精神和商业伦理贯穿于企业运营的始终。耐克作为一个勇于冒险的企业，把"体育、表演、洒脱自由的运动员精神"作为耐克追求的个性化公司文化，正是在这样的企业精神驱动和企业文化追求的带领下，耐克即使在企业低迷之际也没有放弃寻找新的机遇。1996 年亚特兰大奥运会期间，有 12 家付了 4650 万美元的公司被确定为正式赞助商，关键竞争对手——阿迪达斯是其中之一，耐克却没有加入资格申请。然而，运筹帷幄的耐克早已布下了周密的广告攻势。原来耐克悄悄地买下了亚特兰大城所有显著位置的广告牌，做耐克的独家广告。果然，这些广告吸引了媒体的注意力。不仅如此，耐克还修建了自己的奥运村，并高价聘请超级体育明星在那里露面。耐克出奇制胜的高招大获全胜，当年耐克的销售额直线攀升。

20 世纪 90 年代中期，耐克和它的广告都发展到了顶峰。在 1994 年夏纳国际广告节上，耐克公司总裁菲尔·奈特被授予年度最佳广告主的称号。1996 年，耐克荣获美国《广告时代》最佳营销专家，销售更是连攀高峰，股价也随之节节上涨。1997 年，耐克对 2000 名 12～19 岁的青少年调查中，52%的受访者能够不假思索地提及耐克品牌。

五、为谁辛苦为谁忙—— 市场提醒你：消费者需求才是企业之本

历史规律证明：跑在前面的人很容易自大，也很容易失去方向。从 20 世纪 90 年代后期开始，耐克仿佛一夜之间停顿了下来，结束了前几年 30%的收益增长，公司股票也由每股 60 美元下跌至40 美元。业内人士和专家们都公开判断，耐克公司的思维僵化是导致疲软的主要原因。墨守成规，赶跑了改革势力，未能抓住消费者品位的重大转变，使一些原本可以改善耐克公司前景的企业收购变得一团糟。而 63 岁的创始人奈特则矢口否认，他拒绝任何媒体的接近，不顾及批评者的意见，采取最官僚的"拖拉"战术，对待耐克公司海外劳工不公平待遇的指控。

在市场分析上，耐克犯下的最大的错误是忽略了关键的"杀伤区"，60～80 美元一双的旅游鞋市场。这一市场是美国国内鞋业销售的主体，占耐克在美销售的 50%～60%。而耐克在这一市场的持续走低，只有一个原因，技术主导的观念成了一切随机应对讲究适度平衡的大敌。对于技术和性能的过度迷恋，使耐克的市场触觉没有以前那般敏锐。耐克在市场感觉方面最严重的失察是没有看清鞋式潮流的转变，这一失算使新百伦、锐步、斯凯奇等公司有机会引导了都市青年鞋

式的潮流。而耐克过于强调减震等新技术，作为唯一的卖点抬高了总体的价格，结果把中等价位市场拱手让人。

1998 年，耐克引入全新的广告运动，推出新的口号 I can，试图替代 Just do it，耐克希望通过 I can 的一系列广告透射出的巨大的人格魅力和顽强意志感染、鼓舞每一个人，尤其是年轻消费者，以体育运动的内在精神和每一个人达成心灵上的沟通和共鸣，进而喜爱这个品牌、选择这个品牌。然而，虽然这个口号的构想所具有的震撼力和联想力极为出色，但却根本没有摆脱 Just do it 的阴影，这一"翻版替代"游戏受到公众的指责。耐克被自己原有的成功困住了脚步，对过去行之有效的东西舍不得彻底放弃，而是试图用一种新的方式来表示。但是消费者在更新换代，消费观念在改变，消费的出发点在转移，这一市场变化谁也无法控制，对时装类产品更是如此。耐克则越来越偏离新时代的精神和新一代消费者(尤其是年轻消费者)的心理，这是 20 世纪 90 年代末耐克衰落的一大原因。

1998 年 11 月份，耐克运动鞋全球销量减少了 14%，运动服饰减少了 9%，当年耐克裁员 1600人，营销预算缩减 1/3，飞人乔丹的隐退更使耐克雪上加霜，失去了最具传奇色彩和感召力的一位广告代言人，耐克广告的"主力发动机"几乎熄火，耐克面临极为严峻的考验。

六、重现品牌精神，再振企业雄风

1999 年，耐克开始调整策略。

1. 回归 Just do it

1999 年，耐克发动了"美丽"攻势，将体育精神从运动员的"伤疤"这个侧面体现出来。运动员，无论职业的还是业余的，都会时不时地存在伤痛的烦恼，这一次耐克的 Just do it 的回归就是针对这种情况，通过这一口号提倡让那些受到过创伤的运动员们再次回到赛场这一处世态度，让 Just do it 成为不畏艰难、敢于自我挑战的自然化身，这样一个"美丽"创意的推出，标志着耐克的营销再次恢复到 Just do it 的本质当中。

2. 全新创意——赋予口号新的时代内涵

2000 年，一系列 Just do it 主题广告(《清晨以后》《美丽》《直升机》《半卡路里》等)在全美乃至国际性广告大赛中获奖。同时，为满足新一代消费者的心理，耐克的媒介策略也有所转变，更多娱乐节目、黄金段节目穿插进来，而在设计上对美学更加关注，同时在传播渠道的选择上，也跟随当代消费者的习惯，从电视引向网络。

在一系列与消费者心智相沟通的广告诉求之后，人们开始更加清醒地认识到耐克广告运动和这一天才口号的真谛。

3. 新产品——把握新一代消费者的"魔掌"

耐克还采用了推出新科技＋时尚产品策略。现在的年轻消费者是时尚的一代，耐克不断加大对时尚揣摩的力度，不断利用新技术、新概念、新构思来应对消费者不安、躁动的心态，引领消费潮流，重新成为美国人的最爱。2000 年 6 月，"气垫快船"运动鞋的发布再次展现耐克的时尚魅力，85 美元的运动鞋被抢购一空；2001 年 11 月感恩节，耐克推出结合最新技术的革新性柔垫运动鞋——"减震器"系列；面向青少年市场，耐克针对 16～24 岁的目标消费群体，推出了一个名为 Nike ID 的个性化运动鞋定制服务，允许消费者在指定款式鞋上加些个性化的点缀，消费者能把名字(最多 8 个字母)绣缝在运动鞋上。

4. 明星代言和平民参与(普通人参与)

市场策略要随着消费者的喜好而变。当乔丹 1999 年退役时，耐克无法找到一个运动员可以代替他的位置，因此，耐克转向一个名为 Nike Play 的新活动，这个活动由展示个人成就、鼓励所有人参与的系列短片组成。2000 年 10 月，耐克以 5 年 1 亿美元的天价与高尔夫巨星泰格·伍兹签约，争取与篮球队市场的最终绝对地位一样能在新兴起来的高尔夫市场成为最热门的制高点。在中国，耐克锁定 3.2 亿"我世代"，除了请奥运冠军刘翔代言，继续演绎明星代言路线以外，还将普通人包装成耐克广告的主角，提供了人人都有发表自己故事的平台和空间。

5. 新市场——女性运动鞋市场

女性的运动主要是为了健康和健美，因此，耐克在广告主题不变的情况下，通过举办诸如女子健身等活动来实现与现代女人"对话"的目的。这种对女性的真实展现和由衷赞美的营销方式，使得耐克在女性市场远逊于锐步的状况在 20 世纪 90 年代发生了根本改变。

6. 乔丹价值再现

作为一个具有全球影响力的超级巨星，虽然乔丹已经退役，但是他的个人魅力和商业魅力却丝毫未减。为了能参与到 2008 年奥运会赞助商行列，耐克进行了一系列积极的年度营销策略。"乔丹中国行"就是主要步骤之一。乔丹的访华使得 Air Jordan 品牌得到了很好的传播，将体育明星的名字嵌入产品品牌中，使两者的关系更为密切，将极大地促进品牌推广。相对而言，这比普通的明星代言更为高明和巧妙。

【资料来源】根据《世界商业评论》《成功营销》《中国体育报》《市场报》《全球商业经典》等相关内容改编。

案例思考题

1. 耐克的成功给予你什么启示？
2. 耐克所犯的"营销近视"给耐克怎样的教训？
3. 一个成功的产品，除了优质之外还需要些什么？

第2章 市场营销环境分析

达尔文(Darwin)曾在《物种起源》中写道："不是最强的物种能生存下来，也不是最聪明的，而是最能适应环境变化的。"物竞天择适者生存的道理不仅适用于生物界，在竞争激烈的市场环境中亦如是。每个企业的营销活动都是在不断发展、变化的社会环境中进行的，它既受到企业内部条件的约束，又受到企业外部条件的制约。这两种来自企业内、外部的约束力量，就是市场营销环境。市场营销环境是一个多变、复杂的因素，企业营销活动成败的关键，就在于能否适应不断变化着的市场营销环境。实践证明，许多国际知名企业之所以能发展壮大，就是因为善于辨别环境，适应新的市场挑战和机会；而许多著名公司受挫、倒闭，也正是因为没有及时预测、分析并适应环境的变化。

2.1 市场营销环境概述

2.1.1 营销环境的含义

环境是指与某一特定作用体之间存在关系的所有外在因素及实体的总和。环境是与某一特定的事物相联系的，不同事物的环境，内容各不相同。菲利普·科特勒认为，企业的营销环境是影响企业的市场和营销活动的不可控制的参与者和影响力。也就是说，营销环境是指与企业营销活动有潜在关系的所有外部力量和相关因素的集合，它影响着企业能否有效地保持和发展与其目标市场顾客交换的能力，制约着企业的生存和发展。因此，企业应把对营销环境的监视、分析作为最日常的工作，使营销活动与生存的环境相适应，才能达到营销活动的最佳目标。

2.1.2 营销环境的内容

企业市场营销环境的内容广泛而复杂。根据营销环境和企业营销活动的密切程度，可以把营销环境划分为微观营销环境和宏观营销环境。

1. 微观营销环境

微观营销环境是指直接影响和制约企业经营活动的各种力量，包括顾客、供应商、营销中介、竞争者和公众。这些因素与企业营销活动有着密不可分的联系，是不可控制的因素，一般来说，企业无法予以变动、调整和支配。例如，企业无法改变、支配顾客的购买偏好和动机，也无法选择竞争者。微观环境的不可控性，要求企业必须对这些环境因素进行深入、细致的调查分析，避免威胁，寻找机会，使企业立于不败之地。

2. 宏观营销环境

宏观营销环境是指同时影响与制约着微观营销环境和企业营销活动的力量，包括人口、经济、自然、技术、政治、法律和社会文化等环境要素。微观营销环境对企业营销活动的影响是直接的，而宏观营销环境对企业营销活动的影响和制约往往是间接的，它要通过微观营销环境这个媒介来影响、约束企业的营销行为。例如，一个社会的经济环境会改变消费者的支出模式和消费结构，进而影响消费者对本企业产品的选择机会。宏观营销环境和微观营销环境一样，都是不可控制的，前者不可控制的程度要高于后者，企业只能顺应它们的条件和趋势。随着全球营销的发展，营销管理者必须更加注重对宏观营销环境的研究，避免风险，探寻有利的市场机会。

2.1.3　营销环境的特点

由多因素构成，并且不断变化的市场营销环境，是企业营销活动的基础和条件。营销环境有以下三个特点。

1. 动态多变性

市场营销环境是由多方面的因素构成的，每一个因素都会随着社会经济的发展而不断变化。静止是相对的，变化是绝对的，企业置身于企业生态环境的中心，不管这种环境的变化程度如何，应竭力与周围环境保持动态平衡。一旦平衡被打破，企业应采取积极的措施来适应这种变化，在新的环境条件下，达到新的平衡，否则，遭到淘汰的悲剧迟早要发生。

2. 复杂性

企业的营销环境不是由单一的因素决定的，它受到一系列相关因素的影响。因此，企业面临的营销环境具有复杂性，主要表现为各环境因素之间存在的矛盾关系。例如，随着人们生活水平的不断提高，方便实用的家用电器日益受到人们的青睐，但在节约能源的呼声下，在电力供应有限的情况下，企业不得不做进一步权衡，在可利用资源的前提下去开发新产品。

3. 差异性

不同企业受不同营销环境的影响，同样，一种营销环境的变化对不同企业的影响也不尽相同。生产老年人用品的企业主要受人口环境的影响；生产高级小汽车的企业主要受收入、国家政策和法律环境的约束；汇率上调对房地产企业有益，但对出口导向的外贸企业却不利。外部环境对企业作用的差异性，导致企业要运用各具特色的营销策略。

2.1.4　分析市场营销环境的意义

企业的营销既要适应环境又要设法改变环境。

营销环境是企业经营活动的约束条件，企业的一切营销活动必须和营销环境相适应，这是企业经营成败的关键。企业对环境的适应并非是消极、被动的，它是一种主动、能动的活动。企业既可以用不同的方式增加适应环境的能力，避免来自营销环境的威胁，也可以在变化的环境中寻找机会，并在一定条件下改变营销环境。例如，随着新能源汽车的电池技术之一的三元锂电池技术路线的逐步成熟，一直高举磷酸铁锂电池技术的比亚迪也开始在新上市的混合动力车型"宋"搭载三元锂电池。再如，电动汽车行业领导者特斯拉，不仅通过开放专利的战略来撬动行业发展，进而壮大自己和掌控行业未来发展，还通过共享充电站网络及商业模式，进而增加谈判筹码。

2.2　微观营销环境分析

企业的微观营销环境直接影响和制约着企业为目标市场服务的能力。它包括供应商、营销中介、顾客、竞争者、公众以及企业本身，如图 2-1 所示。

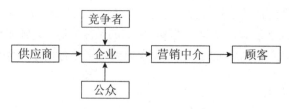

图 2-1　企业的微观营销环境

2.2.1　供应商

　　企业维持正常运转，实现预计目标，首先要有提供各种原材料、辅助材料、设备、能源、劳务和资金等的供应商作为保障。供应商提供的各种资源是否稳定、及时，价格是否公道，质量是否有保证，都将直接影响企业产品的价格、质量、销量、利润和信誉。因此，企业有必要对供应商的情况做全面透彻的了解和分析。一般来说，按照与供应商的对抗程度，可将供应商分为两类。

　　(1) 作为竞争对手的供应商，即企业和供应商之间属于寄生关系。此时，企业对供应商的管理更注重实现输入成本的最优化，即企业更关心所获资源价格、数量及较强的讨价还价能力。因此，常通过下列对策维持与供应商的关系并保证获得有效供应：①对供应商分档归类，以便协调重点，抓住一般；②为减少供应商对企业的影响，要从多方面获得供应；③如果供应商数量过少，要积极寻找替代品供应商；④向供应商表明企业有能力实现后向一体化；⑤要与供应商保持密切联系，及时沟通，掌握供应商的变化趋势。

　　(2) 作为合作伙伴的供应商，即企业与供应商之间属于共生关系。按照这种观念，企业对供应商的管理更多地采用谈判方式，更关注长期互惠的关系。因而，可供企业参考的行动方案如下：①与供应商签署长期合同而不是采用间断式的购买方式；②说服那些处于下游生产过程的供应商积极接近顾客，从而能使其更有效地为企业提供服务；③分担供应商在诸如改进原材料制造工艺和质量方面的风险。

2.2.2　营销中介

　　营销中介是指协助企业促销、销售和分配产品给最终购买者的企业总称，包括中间商(代理商和经销商)、实体分配机构(仓储公司、运输公司)、营销服务机构(市场调研公司、营销咨询公司、广告公司、会计事务所、审计事务所等)、金融机构(银行、信贷机构、保险公司、证券公司等)。这些营销中介所提供的服务，使产品顺利地送到最终购买者手中。例如，除非企业建立自销渠道，否则，依靠中间商的分销是不可避免的；市场扩大和自销渠道的建立，使仓储公司和运输公司大展宏图；选择最恰当的市场，并在这一市场进行销售，则需要各种营销服务机构的帮助；企业资金周转不灵，要求助于银行等金融机构。营销中介对企业营销活动的影响显而易见，在社会分工越来越细的商品社会，这些中介机构的作用也越来越大。因此，企业必须与营销中介保持良好的合作关系。

2.2.3　顾客(目标市场)

　　对企业来说，最重要的微观营销环境要素是顾客，即目标市场。企业的目标市场一般可以分为消费者市场、生产者市场、转售商市场、政府市场和国际市场等五种市场。每个目标市场都有自己的特点，其规模和需求也在不断发生变化。所以，企业要对目标市场进行细致的分析，了解掌握顾客的变化趋势，以不同产品(劳务)满足不同顾客的需求。

2.2.4　竞争者

企业免不了受到竞争者的包围和影响，营销人员必须识别这些竞争者。按顾客消费需求来划分，企业的竞争者包括愿望竞争者、平行竞争者、产品形式竞争者和品牌竞争者四种类型。愿望竞争者是以不同产品满足不同需求的竞争者，假设 A 企业是空调生产企业，愿望竞争者就有可能是电视机、电冰箱、摩托车等不同厂家。顾客首先购买空调，意味着要暂时放弃对其他产品的购买，企业间自然而然形成一种竞争关系。平行竞争者能够用不同产品满足同一种需求，A 企业和电风扇生产企业、电暖器生产企业之间形成的即平行竞争的关系。产品形式竞争者提供不同规格、型号、形式的同种产品，如空调有窗式、壁挂式、立式等不同款式。品牌竞争者提供相同产品，规格、型号、形式也一样，只是品牌不同。如海尔、美的、格力等品牌的空调，它们之间就存在品牌竞争的关系。值得注意的是，产品形式竞争和品牌竞争，因为涉及同行业的卖方秘密、产品差异和进入难度，这三方面将直接影响企业的竞争地位和市场份额。

2.2.5　公众

企业不仅要与竞争者争夺顾客，而且还须处理与公众之间的关系。公众实际或潜在影响着企业完成目标的能力。公众可能会促进企业的发展，也可能阻碍它的发展。有许多企业建立了"公众关系"部门，专门负责处理与各类公众的关系。企业公众包括金融公众(影响企业融资能力的机构)、媒介公众(对企业的声誉举足轻重的大众传播媒介)、政府公众(政府部门)、群众团体(消费者组织、环保组织等)、地方公众(企业所在地附近的居民和社区组织)、一般公众、内部公众(企业内部的员工)等。

2.3　宏观环境分析

分析影响企业营销行为的宏观营销环境，我们可以运用 PESTEL 分析模型。PESTEL 分析模型又称大环境分析，是分析宏观环境的有效工具，不仅能够分析外部环境，而且能够识别一切对组织有冲击作用的力量。它是调查组织外部影响因素的方法，其每一个字母代表一个因素，可以分为六大因素：政治因素(political)、经济因素(economic)、社会因素(social)、技术要素(technological)、环境因素(environmental)和法律因素(legal)。

2.3.1　政治环境(P)

营销人员要善于分析当前国内外的政治形势和经济政策，估计可能遇到的阻力和风险，及时制定和调整营销战略。对政治环境的分析可以从政治的稳定性和政府实行的经济政策着手。

1. 政治局势

政治局势是一国或地区的政治稳定程度，而政局稳定是企业营销活动必须考虑的关键因素。政局稳定主要体现在两个方面：一个是政治冲突，另一个是政策的稳定性。政治冲突包括社会不稳定(骚乱、示威游行、罢工)、政局动荡(政变、政府更迭频繁)、战争、暴力阴谋(政治暗杀、绑架、恐怖活动)等国内外重大事件和突发性事件。政治冲突不仅有可能直接影响企业的经营活动，而且还会影响该国政府政策的稳定性。政策的稳定性是指政府政策的相对长期性、连续性和可预见性。政体的变更或政府的更迭会改变前政府许下的承诺，直接影响政府政策的稳定性。

2. 政府的方针政策

随着全球经济的相互渗透和国际经济一体化，各国在不断调整本国的经济政策，其目的就是保护、扶持本国经济，有限度地干预外国经济的渗透。在国内开展营销活动需要分析、掌握诸如产业政策、人口政策、能源政策、价格政策、财政金融政策等各项方针政策带给企业的机遇和威胁。另外，国际营销人员还须研究目标市场国政府对国际营销活动的干预程度，包括进口限制、外汇控制、市场控制、国有化、劳工限制等。

3. 国际关系

国家之间在政治、经济、文化、军事等的关系直接影响着一国政府实行限制或开放的程度。例如，法国利用历史上在非洲一些国家的殖民关系，通过语言、文化的影响力控制了那里的国际贸易；美国以对日贸易巨额逆差为由，迫使日本政府对美国出口的汽车、钢材等产品实行了"自动"配额制；2008 年，北京奥运会的奥运圣火传递到法国巴黎的时候遭到"藏独"分子破坏，法国政府保护不力，从而引发抵制家乐福事件。

2.3.2　经济环境(E)

经济环境是企业营销活动的外部社会经济条件，它会直接或间接影响市场的规模、市场的吸引力及企业的营销活动。市场规模的大小，不仅取决于人口数量，而且更主要的是取决于有效的购买力。而购买力又受到经济发展阶段、收入、消费结构、储蓄和信贷水平的制约。

1. 经济发展阶段

企业的营销活动受目标市场所处的经济发展阶段的影响。美国经济学家罗斯托(Walt Rostow)提出了较典型的经济发展阶段的划分法——"经济起飞理论"。罗斯托认为，世界各国的经济发展要经历六个阶段：传统社会阶段、经济起飞前准备阶段、经济起飞阶段、趋向成熟阶段、高度消费阶段和追求生活质量阶段。处于前三个阶段的国家是发展中国家，而处于后三个阶段的国家是发达国家，如表 2-1 所示。

表 2-1　经济成长阶段特征比较

阶段	传统社会阶段	经济起飞前准备阶段	经济起飞阶段	趋向成熟阶段	高度消费阶段	追求生活质量阶段
阶段特征	• 农业是主导产业 • 家族和氏族关系起主要作用	• 投资率提高，超过人口增长率水平 • 农业和开采业得到足够发展	• 积累在国民收入比例提高 10%以上 • 制造业成为主导部门 • 制度改革推动经济起飞	• 现代技术广泛运用 • 有效使用各类资源 • 农业人口减至20%～40%	• 耐用消费品产业成为主导产业 • 高度发达的工业化社会形成	• 服务业成为主导产业 • 政府致力于解决环境问题

一个国家所处的经济发展阶段不同，其营销活动也有所不同。以消费品为例，经济发展阶段较低的国家侧重于产品的功能和实用性，推广活动受到文化水平低和传播媒体少的限制，价格竞争占优势；经济发展阶段高的国家，则比较强调产品的款式、性能及特色，进行大规模的促销活

动，非价格竞争占优势。

一个国家所采取的营销策略也会随经济发展阶段的不同而有所改变，在营销渠道方面，随着经济发展阶段的上升，分销渠道更加复杂且广泛，制造商、批发商与零售商的职能逐渐独立，商店的规模逐渐扩大。

2. 收入水平

市场规模不仅取决于人口数量，还取决于购买力。而购买力的大小又受制于收入水平，即人均 GDP(国内生产总值)、个人总收入、个人可支配收入、个人可自由支配收入和家庭收入。

1) GDP

GDP 是衡量一个国家经济实力与购买力的重要指标。从 GDP 的增长幅度，可以了解一个国家的经济发展状况和速度。

2) 人均 GDP

人均 GDP 指一个国家或地区在一定时期内，按人口平均所生产的全部货物和服务的价值。一个国家的 GDP 总额反映了该国的市场总容量、总规模，人均 GDP 则从总体上影响和决定了消费结构与消费水平。2003 年，我国人均 GDP 突破 1000 美元，2010 年突破 4000 美元，2014 年约为 7485 美元，其中北京、天津、上海、浙江、江苏、内蒙古、广东、福建等 8 个省市进入人均 GDP "1 万美元俱乐部"。人均 GDP 进入 1 万美元后，产业结构以现代服务业为主导，结构升级以科技引领为主导，产业布局呈现新型产业分工格局，城市空间结构从"单中心"向"多中心"转变，社会民生注重提高居民生活质量和福利水平，生态环境建设崇尚人与自然和谐。需要指出的是，用人均 GDP 衡量一国消费者的平均购买力时，需要补充收入分布指标来做动态的分析。这样能更准确地考察国民收入，有利于企业搞好产品的市场定位。

3) 个人总收入

个人总收入指所有个人从多种来源中获得的货币收入，包括工资、奖金、津贴、利息、股息、红利、租金等。

4) 个人可支配收入

个人可支配收入指个人总收入中扣除各种个人税及非税性负担后的余额，即个人纳税后收入。它作为个人可以用于消费支出或储蓄的部分，是影响消费者的购买力和支出的决定性因素。

5) 个人可自由支配收入

个人可自由支配收入是指个人可支配收入中减去生活必需开支后的余额。这部分收入可作自由支配，是消费需求变化中最活跃的因素，需求弹性较大。因此，它是影响高档耐用消费品、奢侈品、休闲旅游等商品销售的主要因素。

6) 家庭收入

家庭收入的高低会影响很多产品的市场需求。一般来说，家庭收入越高，对消费品需求越大，购买力也越强；反之，需求小，购买力也小。

此外，在分析消费者收入时，还要区分货币收入和实际收入。货币收入是消费者在某一时期以货币表示的收入；实际收入是扣除物价变动因素后实际购买力的反映。只有实际收入才影响实际购买力。

3. 消费结构

消费结构是指消费者在各种消费支出中的比例关系。家庭收入的高低是决定消费结构的主要因素之一。德国统计学家恩斯特·恩格尔(Ernst Engel)提出了关于家庭收入变化与各方面支出变化的比例关系的规律，即恩格尔定律。恩格尔定律表明：家庭收入越少，在食品上的支出占收入的比重就越大；反之，则越小。随着家庭收入的增加，用于食品的支出占收入的比重下降，用于医疗保健、教育、娱乐、交通等方面的支出比重越来越大。通常把食品支出与家庭收入之比称为恩格尔系数。恩格尔系数的高低表明生活水平的高低。

联合国为了衡量世界各国的富裕程度，曾规定：恩格尔系数在59%以上为绝对贫困；50%～59%为勉强度日；40%～50%为小康水平；20%～40%为富裕；20%以下为最富裕。随着经济的发展和家庭总收入的提高，西方发达国家的恩格尔系数明显下降，已降到20%以下。服装的支出比重下降20%～30%，住宅支出的比重增加8%～10%，劳务支出比重的增幅为50%～100%。近年来，我国人民生活水平逐年提高，恩格尔系数逐年下降，人民生活已步入小康，消费结构也有显著变化(见表2-2)。

表2-2 2000—2015年我国城镇居民恩格尔系数走势　　　　　　　　　　单位：%

年份	城镇	农村	年份	城镇	农村
2000	39.4	49.1	2008	37.9	43.7
2001	38.2	47.7	2009	36.5	41.0
2002	37.7	46.2	2010	35.7	41.1
2003	37.1	45.6	2011	36.3	40.4
2004	37.7	47.2	2012	36.2	39.3
2005	36.7	45.5	2013	36.5	40.2
2006	35.8	43.0	2014	37.1	41.0
2007	36.3	43.1	2015	34.8	37.1

资料来源：《中国统计年鉴》

4. 储蓄和信贷水平

著名经济学家凯恩斯认为存在这样一条心理规律：随着收入的增加，消费会相应增加，但是消费的增加不及收入增加得多，而收入中没有用于消费的部分用来储蓄。储蓄包括银行存款、购买债券和手持现金。储蓄取决于收入水平，同时又是消费的剩余部分，受消费的制约。反过来，在货币供应量一定的条件下，储蓄的增加或减少会使消费者的现实需求量减少或增加，从而影响现实购买力，加大潜在购买力。储蓄不仅受收入和消费的影响，还受通货膨胀、商品供给状况和对未来消费及当前消费的偏好程度的影响。

改革开放30多年来，我国城乡居民的储蓄速度大幅增加，全国城乡居民储蓄存款余额已从1979年的281亿元增加到2014年的48.5万亿元，这些储蓄成为消费的源泉。同时，由于从20世纪末起，我国银行存贷款利率多次下调，拉动内需政策大大刺激了消费者的消费需求。人们越来越感到现有的支付能力已不能满足现时的消费，消费者超前消费意识逐渐增强，需要通过借款来满足超前需求。因此，金融或商业机构提供的短期赊销、分期付款、购买住宅的公积金贷款和按揭贷款；信用卡信贷等消费信贷的范围和种类正在逐步扩大，有的甚至可以在全球通用。消费信贷也是影响消费者的购买力和支出的重要因素，营销者应给予足够关注。

2.3.3 社会环境(S)

1. 人口环境

市场是由那些想购买商品同时又具有购买力的人构成的，因此，人越多，市场规模越大。著名管理学家德鲁克(Peter Drucker)在《动荡时代的管理》一书中阐述,人口动力可以创造新机会、新市场。人口的增长或负增长意味着市场潜量的扩大或萎缩。而人口的年龄和性别结构、地理分布状况、婚姻状况、流动态势等,又会对市场需求格局产生深刻影响。

1) 人口规模及其增长率

据统计,世界人口以每年 1.7%的速度增长,2016 年世界人口达到了 74 亿,2025 年将达到 79 亿。其中 76%的人口属于发展中国家,并以每年 2%的比率递增,而发达国家的人口增长速度为 0.6%。第六次人口普查(2010)数据显示,我国人口已达 13.07 亿,相当于欧洲和北美洲的人口总和。庞大的人口基数虽然意味着庞大的市场需求,但也会带来能源危机、粮食短缺、环境污染等问题。这些对企业来说既是福音,也是压力。

2) 人口的年龄结构

目前,世界人口的年龄结构呈现老龄化趋势。由于人口的出生率下降、儿童减少,许多国家呈现人口的负增长。据第六次全国人口普查(2010 年)的结果,我国 60 岁及以上人口为 1.78 亿人,占全国总人口的 13.26%,比 2000 年人口普查上升 2.93 个百分点,其中 65 岁及以上人口为 1.19 亿人,占 8.87%,比 2000 年上升 1.91 个百分点。企业应重视这个庞大的市场,开发适合老年人口的产品(或服务)来满足迅速增长的银发消费。

年龄是细分市场的一个重要依据,因为处在不同年龄阶段的消费者的收入水平、消费需要、兴趣爱好和消费模式有很大区别,表 2-3 所示为美国消费世代的划分。

表 2-3　美国消费世代的划分

世　代	出 生 年 份	人 口 总 数	收 入 水 平	特　点
"婴儿潮"(baby boomers)	1946—1964	7800 万	最高	购买能力最强,防衰老产品需求剧增
X 一代(generation X)	1965—1976	4900 万	不及"婴儿潮"一代	对世界持怀疑态度,消费追求务实
Y 一代(generation Y)	1977—2000	8300 万	囊中羞涩	熟练运用计算机和网络
Z 一代(generation Z)	2000—	2000 万		更热衷和玩转数字技术

资料来源:菲利普・科特勒,凯文・莱恩・凯勒.营销管理[M].第 15 版.上海:格致出版社,2016.

3) 人口的性别结构

据第六次人口普查结果显示,我国内地 31 个省、自治区、直辖市和现役军人的人口中,男性人口为 6.87 亿人,占 51.27%;女性人口为 6.53 亿人,占 48.73%。总人口性别比(以女性为 100,男性对女性的比例)由 2000 年第五次全国人口普查的 106.74 下降为 105.20。人口性别结构的差异意味着他们在购买偏好、购习惯上会有明显的不同,反映到市场上就会出现男性用品市场和女性用品市场。女性往往在日常生活用品、服饰、家具等方面是权威,有决策权;而男性对家电、交通工具等商品较感兴趣,甄选意识也较强。

4) 家庭结构

随着人类文明的进步,家庭形式发生着巨大变化,家庭规模呈现缩小的趋势。我国在 1953 年平均家庭规模是 4.34 人,1990 年为 4.05 人,2000 年为 3.44 人,2010 年为 3.10 人。在家庭规模小型化的同时,家庭的特征也有一些变化。由丈夫、妻子和孩子(有时包括祖父母)构成的"传统家庭"仍然保持主流的同时,"非传统家庭"比例逐步增加,包括独身家庭、单亲家庭、"丁克"家庭、空巢、同居、同性结合家庭等。家庭结构小型化、特殊化的趋势,势必会影响如房子、家具和家用电器等以家庭为基本消费单位的商品的销售。例如，SSWD(独身、分居、丧偶、离婚者群体)需要较小的公寓，便宜和小型的器具、家具和设备，小包装食品等。

5) 社会结构

社会结构包括阶层结构、城乡结构、区域结构、就业结构、社会组织结构等情况的变化和发展趋势。处于不同阶层的人所掌握的各种资源不同，消费能力、消费结构和消费特点也不同。以 2005 年 GDP 的构成来看，农业与非农业的产值结构为 12.5∶87.5。这表明我国工业化程度已经进入中期水平，但城乡结构不合理(我国的人口大部分在农村，农村人口占总人口的 80%左右)，这是造成当前农民贫穷的结构性原因。因此，针对广阔的农村市场，要开发价廉物美和更符合农村需要的产品和服务。

6) 人口的地理分布

从地理分布来看，我国人口主要集中在东南沿海一带，约占总人口的 94%，而西北地区人口仅占 6%左右，而且人口密度逐渐由东南向西北递减。另外，城市人口比较集中，尤其是大城市人口密度很大，上海、北京、重庆等几个城市的人口已超过或接近 2000 万人，而农村人口相对分散。人口的地理分布是人口流动的必然结果。在我国，人口的流动主要表现在农村人口向城市或工矿地区流动；内地人口向沿海经济开放区流动。另外，经商、观光旅游、学习等使人口流动加速。对于人口流入较多的地方而言，一方面由于劳动力增多，就业问题突出，从而加剧了行业竞争；另一方面，人口增多也使当地基本需求量增加，消费结构也会随之发生一定的变化，继而给当地企业带来较多的市场份额和营销机会。

2. 文化环境

文化是人们生活的方式，是人类继承的行为模式、态度和实物的总和。人们的基本信仰、价值观念和生活准则受到社会文化的强烈影响。不同的文化环境决定了不同的消费习惯、不同的消费模式以及获取需求满足的不同方式。文化所具有的学习性、继承性、互感性等特征，使生活在同一国度、同一社会阶层、同一亚文化群体中的人的思考方法、表达方式和行为举止有一定的共同特点。因此，研究和分析文化环境对企业做出正确的营销决策具有重要意义，尤其值得国际市场营销人员认真对待。

1) 物质文化

物质文化是指人们所创造的物质产品以及用来生产产品的方式、技术和工艺。物质文化体现一个社会的生活水平和经济发展程度，通常用技术和经济状态来表述。物质文化的差异直接反映需求水平和需求模式的差异。例如，缺乏供电系统的地区，空调、冰箱等耗电量较多的家用电器的销售就受到限制。所以，进入一个新市场之前，一定要对当地的运输、通信、动力系统、金融保险系统、市场保障系统做出调查评估。

2) 社会组织

社会组织是指一个社会中人与人之间的联系方式，可以按血缘关系、年龄、性别、目标和利益等标志划分社会组织的类型，如家庭、老年人组织、女性社团、政府等。社会组织使社会群体有一个能被普遍接受的行为规范，从而影响在不同群体中的市场营销活动。例如，在西班牙裔社会和东南亚国家，长者往往是最有影响力的消费决策人；在美国，青少年在家庭消费上的影响力在逐渐增大；在瑞士，大多数妇女不愿使用家电设备，以免被人误以为是"懒惰的主妇"，而许多美国妇女则不愿被家务所累，要节省更多的时间参加社交活动。

3) 教育

一国教育水平的高低受社会生产力、经济状况的影响，同时也反映生产力发展程度和经济状况的改变，影响着人们的文化素质、消费结构、消费偏好和审美观。因此，教育状况影响企业选择目标市场，影响营销研究，影响产品的分销和促销策略。例如，在文盲率较高的国家，应在文字宣传说明的基础上，加强广告、电视、图片、现场示范表演等较为直观的宣传手段；而教育水平高的国家更注重包装、品牌、广告、附加功能和服务方面的满足感。

4) 宗教信仰

宗教作为文化的重要组成部分，影响和支配着人们的生活态度、价值观念、风俗习惯和消费行为。企业的营销人员需要了解目标市场中各种宗教的节日、仪式和禁忌，努力获得宗教组织的支持，以便利用有利的营销机会，创造或扩大市场。例如，基督教的圣诞节、感恩节、狂欢节，伊斯兰教的开斋节、古尔邦节等节日都是开展营销活动的大好时机。

5) 价值观念

价值观念是人们对社会生活中各种事物的评判标准。价值观念随人们所处的社会文化环境不同而不同，从而深刻地影响着人们的购买偏好。人们在价值观上的差异主要表现在对时间、风险和金钱的态度。例如，在对时间的态度上，美国人生活节奏快、讲究效率，谈生意喜欢开门见山，而阿拉伯国家和欧洲部分国家则偏向于做事四平八稳，谈生意需要花较长时间交谈与生意无关的事情；在对金钱的态度上，美国人崇尚现实消费的满足，常常超前消费、追求方便和舒适的产品，是一次性产品的庞大市场，而在一些较保守的小生产观念国家则难以接受这种观念和消费方式。因此，营销人员应针对不同的价值观念采取不同的营销策略，以迎合不同价值观念影响下的人们的购买偏好。

6) 风俗习惯

风俗习惯是人们在长期的生活中形成的习惯性的行为模式和行为规范，是人们世代沿袭下来的社会文化的一部分，在饮食、婚丧、服饰、节日、居住、人际关系、商业等方面都表现出独特的心理特征、生活习惯和消费习惯。例如，在饮食上，法国人爱饮酒；日本人好吃生鱼片和在中国难登大雅之堂的酱菜；韩国人喜吃辛辣但不油腻的菜肴；巴西人则很少吃早餐。在我国，各地有不同的饮食习惯，八大菜系各具特色。在服饰上，东方女性一般在正式场合穿较保守的服装；西方女性大多穿较开放的晚礼服赴宴。在人际交往和商业习俗方面，阿拉伯人喜欢正式谈判前的寒暄，喜欢观察对方的眼睛；美国人喜欢开门见山，速战速决；日本人则喜欢保持沉默或用"哈噫"来委婉拒绝对方。虽然风俗习惯具有高度的持续性和强烈的区域性，但随着频繁的文化交流，某些风俗习惯会发生变化。因此，营销人员不仅要研究不同的风俗习惯，还要研究不同的风俗习惯之间的相融程度，以更好地适应千变万化的市场。

7) 审美观

审美观是人们对美丑、雅俗、好坏、善恶的评判，包括对艺术、音乐、颜色、形状等的鉴赏力。通常随着国家、民族、地域、宗教、社会阶层、教育等的差异在审美观念上也存在着不同。白色，在亚洲表示丧事；在摩洛哥表示贫困；在西方则会作为婚纱的颜色。人们的审美观受传统文化的影响，同时也反映一个时代、一个社会变迁的美学追求。在我国传统的婚礼上，汉族新娘穿红色民族服装表示喜庆，如今，新娘也穿上了白色婚纱。

文化形成后并非一成不变，会随着时间的推移而发生变化。它的变动既可以创造新市场，也可以毁掉千辛万苦建立起来的市场。因此，研究分析文化环境要用发展的眼光，以适应变化着的文化环境和变化着的市场。

2.3.4 技术环境(T)

科学技术是社会向前发展的根本推动力,是一种"创造性的毁灭力量",它不仅使社会的经济发展程度和社会文化发生深刻变化,而且还影响到企业的生产和营销行为。营销人员应善于运用职业的敏感性来预测科技的发展趋势,密切注意科技环境变化对营销的影响。

1. 科技发展新趋向

(1) 技术革新的步伐加快,产品更新换代的周期大大缩短。随着技术变革步伐的加快,新产品开发的周期大大缩短。著名的"摩尔定律"揭示了每隔18个月电脑性能就会翻两倍以上。例如,AT&T公司的开发周期从过去的2年缩短为1年,惠普公司新打印机的开发时间从过去的4.5年缩短为22个月,而且这一趋势还在不断加强。从企业流行的"销售一代、生产一代、研究一代、构思一代"的说法中可见一斑。

(2) 新技术和发明的范围不断扩大,在不同程度地摧毁旧市场和创造新市场。第二次世界大战后,在信息技术、生物技术、新型材料、激光技术、空间技术等领域的科技进步尤其令人瞩目,这些技术的进步与发展在可以造就一些新的行业、新的市场,同时又使一些旧的行业与市场走向衰落。例如,太阳能、核能等技术的发明应用,使得传统的水力和火力发电受到冲击。

(3) 研究和开发费用愈来愈大。获得新技术、新工艺和拥有新产品意味着在竞争中胜出,因此,各国政府和企业普遍增加了研究和开发的费用。据上海市对外经济贸易委员会对发达国家和跨国公司的调查,美国每年在研究与开发方面的投入约740亿美元,日本也达到了300亿美元;欧美跨国公司在研发方面的投入,基本上都达到其销售额的10%以上。

(4) 对科技的各种规定日益增多。随着产品日益复杂,消费者需要在产品使用中能保证安全。因而,政府在安全、健康、环境保护等方面有了一系列的新规定和条例,用于监督和防范企业行为。

2. 科技环境对营销的影响

(1) 科技的发展,尤其是信息技术的发展,使人们的工作、生活方式发生巨大变化。人们不仅可以通过电脑进入互联网了解、掌握一个地区甚至全球的商情和收发信息,而且还可以通过移动电话和个人数字助理(PDA)随时通过互联网来查看股市、天气情况和体育赛事,或者收发邮件等信息。电子商务技术的发展使消费者个性化需求和企业新的传播促销方式的出现成为可能。

(2) 科技进步和人们工作、生活方式的变化,使企业营销策略也发生巨变。在产品层面上,消费者从过去被动地接受产品到可以主动参与产品的设计和生产,增加了对商品的款式、价格、功能等的能动作用。在定价策略上,企业除了传统的定价方式以外,还可以通过信息系统来更准确地定价或修正价格,例如1号店运用一套精确的价格智能系统(PIS)对产品自动定价,以保持价格在业内"前三低"的位置。在渠道策略上,科技进步促使更多行业和企业的分销环节发生改变,纷纷自建网络营销渠道或进驻第三方电商平台来缩短分销渠道。在促销上,广告更加生动和互动,通过RTB(实时竞价)和LBS(基于位置的服务)使广告推送更精准,不仅如此,亚马逊的个性化推荐系统总会使"剁手族"们乐此不疲。

2.3.5　自然环境(E)

1. 自然资源

自然资源包括水、空气、土地、矿产、森林和粮食等。按自然资源能否再生、是否有限，可分为以下三大类：第一类是水、空气、土地等无限资源。与其他资源相比，这类资源稳定性较强，但当前水资源短缺，水和空气污染日益严重，土地也被大量化学污染，保护环境、创建有益于人类健康的环境的呼声日益响亮，并表现在购买行为上；第二类是有限的可再生资源，如粮食和森林。粮食和森林是人类面临的几大课题之一，尤其是粮食问题，一直是人们关注的焦点；第三类是石油、煤等不可再生的有限资源。这些资源随着人类的不断开采已日渐枯竭，给依赖这类资源的企业造成威胁，同时又给研究开发替代品的企业创造新的营销机会。

自然资源的紧缺和日益加剧的环境污染，促使各国纷纷在"可持续发展"的战略指导下，采取必要的措施，更有效、更有节制地使用资源，加强了对污染的控制和治理。这意味着企业不得不采取措施节约能源、控制污染。因此，企业要了解政府对资源利用的限制和对污染的治理措施，减少污染，提高经济效益。

2. 气候

气候对市场营销的影响虽不及自然资源那么明显，但在国际营销中是不可忽略的因素。一个国家的海拔高度、湿度和温度等的变化，可能会影响某些产品和设备的使用及性能。在我国运转良好的机器设备，在俄罗斯冰天雪地的恶劣气候下可能会失灵；在温带不需任何特别包装的沥青、牛羊油等易受热熔化的产品，运往热带地区时须加层隔热包装。气候条件的特点，要求企业在商品的结构安排、造型设计上有充分的考虑。例如，在我国使用的建筑机械运到热带沙漠地区，必须进行改装或装入能耐高温和风沙的装置；在寒冷地区销售的冬装在款式和结构上要充分考虑御寒功能，而在温暖地区销售，则应更多地考虑服装的美感。

3. 地形和土地面积

分析地形的复杂程度和土地面积的大小，对商品价格和运输方式有直接影响。地势平坦，一般公路和铁路运输方式的运费较低，反之，运费较高。一国土地面积较小，花在运输或转运上的费用就少，有利于开拓市场。

2.3.6　法律环境(L)

法律环境也是企业生存和发展的有力保证。因为它不仅告诉企业什么是禁止的游戏，什么是应该遵守的游戏规则，而且也告诉企业在什么样的条件下可以全速前进。因此，营销人员要明确了解、把握法律环境对营销活动的影响，根据法律环境来制定营销活动的战略，维护企业的正当利益。

一个国家的法律体现了该国政府的政策倾向，政府的政策往往是通过法律来实施的。因此，每一项新的法令法规的颁布或调整，都会影响企业的营销活动。一国政府对营销活动实行法律干预，主要是考虑到以下三方面：第一，对企业的限制，其目的在于指导、监督企业行为，保护企业间的公平竞争；第二，对消费者的保护，维护消费者利益，制止企业非法牟利；第三，对社会利益的维护，避免"外部不经济"。例如，欧盟为 15 个成员国建立了新的法律框架，包括竞争行为、产品标准、产品责任、社会交易等。美国从 1890 年起通过了一系列法律，涉及竞争、产品安全和责任、公平交易与信用实施、包装和标签等方面，如表 2-4 所示。

表 2-4 美国联邦反垄断法对 4P 的作用(主要是禁止)

法 律	产 品	渠 道	价 格	促 销
《Sherman 法案》(1890 年)禁止贸易垄断和共谋	控制一种产品的垄断或共谋	控制分销渠道的垄断和共谋	固定或控制价格的垄断或共谋	
《Clayton 法案》(1914 年)充分减轻竞争	强制随一些产品销售其他产品，即捆绑销售	独占交易契约(限制买者的供应来源)	制造商的价格歧视	
《联邦贸易代理法案》(1914 年)不正当竞争		不公平政策	欺骗性定价	欺骗性广告或销售
《Robinson-Patman 法案》(1936 年)伤害竞争的趋势		禁止给"直接"买主支付回扣代替中间人成本(佣金)	禁止对"相似等级和质量"的产品不加成本评估的价格歧视，限制数量折扣	禁止"虚假"广告回扣或提供差别服务
《Wheeker-Lea 修订案》(1936 年)不公正或欺骗性行为	欺骗性包装或品牌		欺骗性定价	欺骗性广告或销售
《反合并法》(1950 年)减少竞争	购买竞争者	购买生产者或分销商		
《Magmyson-Moss 法案》(1975 年)不合理行为	产品保证			

在我国，与企业营销有关的部分法令法规如表 2-5 所示。

表 2-5 与企业营销有关的部分法令法规

名 称	主 要 内 容
《中华人民共和国价格法》	价格的制定和管理、价格管理职责、企业的价格权利与义务、价格监督检查等
《中华人民共和国食品卫生法》	食品的卫生、食品添加剂卫生、食品卫生标准和管理办法，食品卫生监督、法律责任等
《中华人民共和国消费者权益保护法》	消费者的权利、经营者的义务、国家对消费者合法权益的保护、消费者组织、争议的解决、法律责任等
《关于禁止侵犯商业秘密行为的若干规定》	商业秘密定义、商业秘密内容、商业秘密认定、处罚等
《中华人民共和国商标法》	商标注册的必要性、商标注册程序、商标的使用管理等
《中华人民共和国专利法》	保护发明创造的鼓励及推广等
《中华人民共和国广告法》	广告准则、广告活动、广告审查、法律责任等
《中华人民共和国反不正当竞争法》	不正当行为、监督检查、法律责任等
《中华人民共和国产品质量法》	产品质量的监督管理、生产者和销售者的产品质量责任和义务、损害赔偿等
《中华人民共和国海关法》	海关的权力，进出口运输工具的海关规定，进出口货物和物品的海关规定、关税、法律责任等
《中华人民共和国公司法》	有限责任公司的设立和组织机构、股份有限公司的设立和组织机构、股份有限公司的股份发行和转让，公司财务会计、公司合并分立、公司破产等

2.4 营销环境分析方法

由于企业市场营销环境具有动态多变性、差异性和不可控性等特征，企业要想在多变的市场环境中处于不败之地，就必须对营销环境进行调查分析，以明确其现状和发展变化的趋势，从中区别出对企业发展有利的机会和不利的威胁，并且根据企业自身的条件做出相应的对策。

2.4.1 SWOT 分析法(企业内外环境对照法)

SWOT 是取"优势"(strength)、"劣势"(weakness)、"机会"(opportunity)、"威胁"(threat)的第一个字母构成。SWOT 分析就是对企业内部的优势与劣势和外部环境的机会与威胁进行综合分析，并结合企业的经营目标对备选战略方案做出系统评价，最终制定出一种正确的经营战略，如表 2-6 和图 2-2 所示。

表 2-6　企业内外部环境分析的关键要素

	潜在内部优势	潜在内部劣势
内 部 环 境	产权技术 成本优势 竞争优势 特殊能力 产品创新 具有规模经济 良好的财务资源 高素质的管理人员 公认的行业领先者 买方的良好印象	竞争劣势 设备老化、资金拮据 战略方向不明 竞争地位恶化 产品线范围太窄 技术开发滞后 销售水平低于同行业其他企业 管理不善，相对于竞争对手的高成本 战略实施的历史纪录不佳 不明原因的利润率下降
	潜在外部机会	潜在外部威胁
外 部 环 境	纵向一体化 市场增长迅速 可以增加互补产品 能争取到新的用户群 有进入新市场的可能 有能力进入更好的企业集团 在同行业中竞争业绩优良 扩展产品线满足用户需要及其他	市场增长较慢 竞争压力增大 不利的政府政策 新的竞争者进入行业 替代品销售额正在逐步上升 用户讨价还价能力增强 用户偏好逐步转变 通货膨胀递增及其他

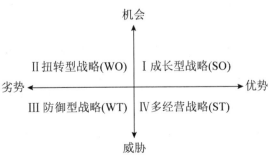

图 2-2　SWOT 分析矩阵

Ⅰ. 成长型战略。对企业来说，这种组合是最理想的状况，企业能够利用它的内在优势并把握良机。可采用的成长型战略包括开发市场、增加产量等。

Ⅱ. 扭转型战略。处于这种局面的企业，虽然面临良好的外部机会，却受到内部劣势的限制。采用扭转型战略可以设法清除内部不利的条件，或者在企业内发展弱势领域，或者从外部获得该领域所需要的能力(如技术或具有所需技能的人力资源)，以尽快形成利用环境机会的能力。

Ⅲ. 防御型战略。处于这种局面的企业，内部存在劣势，外部面临巨大威胁，企业要设法降低弱势和避免外来的威胁。例如，通过联合等形式取长补短。

Ⅳ. 多经营战略。企业利用自身的内部优势去避免或减轻环境中的威胁，其目的是将组织优势扩大到最大程度，将威胁降到最低。如企业可能利用技术的、财务的、管理的和营销的优势来克服来自新产品的威胁。

2.4.2 机会潜在吸引力与企业成功概率分析

不同的环境条件和机会，给企业带来不同的潜在利润，因此，其潜在吸引力也不同。同时，企业利用各种环境机会战胜竞争者取得成功的可能性也有大小。由上述两个因素，企业可以做出“机会潜在吸引力—企业成功概率”分析矩阵(如图 2-3 所示)，进行下列分析。

机会潜在吸引力 \ 企业成功概率	高	低
高	Ⅱ	Ⅰ
低	Ⅲ	Ⅳ

图 2-3 “机会潜在吸引力—企业成功概率”分析矩阵

(1) 第Ⅱ象限的市场机会，属于机会潜在吸引力和企业成功概率皆高的状态，企业应尽全力发展。

(2) 第Ⅰ象限的环境机会，属于机会潜在吸引力高而成功概率低的环境条件，企业应设法改善自身的不利条件，使第Ⅰ象限的环境机会逐步移到第Ⅱ象限而成为有利的环境机会。

(3) 第Ⅲ象限的环境机会，属于机会潜在吸引力低但成功概率高的环境条件。这对大企业来说往往不会积极地利用，但对中小企业来说，可以成为捕捉市场机会的良好时机。

(4) 第Ⅳ象限的环境机会，属于机会潜在吸引力和成功概率都低的环境条件。企业应一方面积极改善自身的条件，以准备随时利用稍纵即逝的市场机会，一方面静观市场变化趋势。

2.4.3 威胁与机会分析

对于环境的分析，不仅要分析机会，也必须重视环境给市场营销活动带来的威胁。按照环境威胁的潜在严重程度和环境威胁出现的可能性，做出“威胁—机会”分析矩阵，如图 2-4 所示。

潜在严重性 \ 出现概率	高	低
高	Ⅱ	Ⅰ
低	Ⅲ	Ⅳ

图 2-4 “威胁—机会”分析矩阵

图 2-4 中，第Ⅱ象限是属于环境威胁的潜在性和出现的概率均高的状况，因此，对于第Ⅱ象限的威胁，企业应处于高度警惕状态，并制定相应的措施，尽量避免损失或者损失降低到最低程度。对于第Ⅰ、Ⅲ象限的威胁，企业也不应该掉以轻心，要给予充分关注，制定好应变方案。对于第Ⅳ象限的威胁，企业一般注意其变化，如果有向其他象限转移的趋势时应制定对策。

一般来说，企业对环境威胁可选择以下几种对策。

1. 反攻策略

反攻策略即试图限制或扭转不利因素的发展，如通过法律诉讼等方式，促使政府通过某种法令或政策保护自身合法权益不受侵犯，改变环境的威胁。例如，有些企业通过联合起来的方式，促使政府推行贸易保护主义，以限制别国商品的进入，削弱他国商品的市场竞争力，从而保护本国企业的目标市场。

2. 减轻策略

减轻策略即通过改变营销策略，以减轻环境威胁的程度，主动地去适应环境变化。例如，由于原材料供不应求，导致其价格上涨，企业为了在竞争中立于不败之地，便主动改进设备和工艺，积极实施各种节约措施，降低原材料单位消耗和费用成本，使企业在原材料价格上涨的情况下能够使企业利润保持稳定。

3. 转移策略

转移策略即将产品转移到其他市场或转移到其他有利可图的行业中去，回避不利的环境因素，以寻求新的市场机会。例如，美国卷烟在国内市场受到限制，就大量向发展中国家转移。

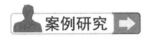

思考题

1. 营销环境有什么特点？分析营销环境有什么意义？
2. 微观营销环境和宏观营销环境各指什么？
3. 科学技术对企业的营销有何影响？
4. 社会文化环境由哪些方式构成？试举出其中一个因素，分析它是如何影响企业的营销行为的。
5. 在我国推行"以房养老"会面临哪些问题？
6. 请用 SWOT 分析法分析任意一个行业中某个企业的发展战略。

案例研究

奢侈品企业为何青睐中国？

奢侈品(luxury)在国际上被定义为"一种超出人们生存与发展需要范围的，具有独特、稀缺、珍奇等特点的消费品"，又称为非生活必需品。奢侈品多半产自欧洲，活跃于欧美日市场，但是随着中国经济的飞速发展，在中国呈爆炸式消费增长趋势，在全球各国的表现也是风起云涌。

一、全球主要奢侈品消费市场扫描

1. 欧洲市场

来自欧洲的奢侈品和欧洲的奢侈品市场在世界上占有举足轻重的地位。在世界品牌实验室 2008 年甄选的 100 个奢侈品品牌中，有 71 个来源于欧洲，它们都具有 50 年以上的历史，其中还有 23 个超过 150 年风霜的洗礼。这足以说明，悠久的历史和文化背景可以孕育出强大的奢侈品和奢侈品市场。然而，奢侈品在欧洲不断失去市场。伴随着奢侈品产业在欧洲的发展，奢侈品在欧洲个人生活中的意义或者欧洲人对奢侈品的态度也经历了一个由最初的望尘莫及，到后来的趋之若鹜，再到如今等闲视之的转变过程。进入 21 世纪，欧洲人开始以一种理性的态度来看待奢侈品。

法国人不会为一个名牌人造革包而节衣缩食，更不会为了限量版而通宵排队。法国的奢侈品在国外市场攻城略地的同时，却在自家门口不断失去市场。进入新世纪，金融危机教会法国人如何更明智地购物。

英国人的奢侈品消费却十分"悭"，尽管英镑比世界上大多数货币值钱。即便在伦敦，也只有圣诞节才会看到奢侈品专柜排队结账的场面。据调查，英国人对奢侈品的感情比较纠结，有50%的英国人买了奢侈品会产生负罪感。而金融危机加剧了英国普通人的英式"负罪感"，致使在英国2008年奢侈品量价齐跌。英国人跟法国人一样大多不喜欢带logo(商标)的奢侈品，在"最平凡和最想拥有的奢侈品"项目上，33%的英国人把票投给了餐饮(又是全球第一)。"与亚洲国家相比，英国人购买奢侈品并不普及，所以英国人相比之下会更珍重自己的奢侈物品。英国奢侈品买家喜欢那些极其小众、几近无名的设计师，他们不愿因为那些奢侈大牌而与别人显得雷同。"基尔·特尔福德解释了看似无能的英国本地奢侈品消费力，也解释了英国人的奢侈消费态度：在奢侈品逐渐成为中产阶层身份识别物的今天，英国人对"奢侈"的定义更原汁原味。见惯了真正的奢侈，英国人善于发掘明天的奢侈。毕竟，法国人造奢侈品，美国人卖奢侈品，但只有被英国人说是奢侈的，才是真奢侈。

欧洲人消费奢侈品动机多为个人享受，购买决策受群体影响小。欧洲消费者对奢侈品的消费已从20世纪疯狂追捧且带炫耀色彩逐步过渡到了理性的象征性消费阶段，奢侈品消费更多的是为了个人享受，喜好代表了个人品位。他们对奢侈品的欣赏也有自己的标准，而不会盲目成风。在一定程度上也是鉴于政府的重视和各类组织的支持与协助，类似的，欧洲消费者的艺术欣赏力和文化品位不断得到培养和提升，他们对设计师比奢侈品品牌更加青睐。

2. 美国市场

美国人用自己的生活方式教导了全世界：要消费。美国消费者不会将金钱保留在身边，而会潇洒地购买奢侈品或者和家人去国外旅行。美国被称为"民族熔炉"，这种文化的多样性、交融性以及美国人的生活方式使得美国的奢侈品市场相对于欧洲呈现出猛烈的增长势头，美国的奢侈品消费额可以和整个欧洲相抗衡。

美国奢侈品品牌也反映了美国的"快餐文化"。通过2005—2008年世界品牌实验室的排位比较不难看出，美国虽然有22个奢侈品品牌，但所有的奢侈品品牌分布比较散，多数在20名开外。这相对于欧洲奢侈品而言(尤其是法国)数量相当，但是相对知名度、受欢迎程度尚显不足，而且仅有11个品牌的历史超过50年，其中6个不满100年，另外11个的历史均只有20~40年。

美国式消费造成成片森林被砍伐、污染日益严重和生态遭到破坏。经历过贪婪的90年代的美国人，开始自我审视自己的生活方式。最近几年，经济的不景气，让美国人的价值观念有了新的变化。波士顿咨询机构发布的报告中称：相对来说，家庭、储蓄、传统、天伦之乐、稳定感、权威性等，在美国被重视的程度这两年有明显的增加，而奢侈、地位的追求却下降了。就在金砖国家(中国、俄罗斯、巴西、印度、南非)的新富人群陶醉于香奈儿小姐的各种神话时，美国人开始思考何谓新奢侈主义。新奢侈品也不再是高高在上、无可企及了。对于富N代来说，只是把奢侈消费作为与其地位相匹配的生活方式。他们很排斥明显的logo以及任何炫耀性的财富展示，他们在奢侈品行业的贡献只占市场份额的7%。成熟的富人们开始在花钱上变得更加低调，以便看起来和大家一样。

3. 日本市场

在欧美奢侈品市场衰退的同时，亚洲和拉美市场却在逆市增长，是全球奢侈品市场成长最快的两个地区，而日本又是亚洲最重要的市场。日本一直是亚洲地区最大的奢侈品消费国，日本的奢侈品市场价值 150 亿～200 亿美元，规模仅次于美国。

日本最早一批奢侈品消费者形成于日本经济高速发展的 20 世纪 70 年代，80 年代末至 90 年代初，日本泡沫经济膨胀，进一步推动了奢侈品的遍地开花。疯狂地追随海外奢侈品，已成为一种无意识的集体行为。这一阶段在日本最具市场的奢侈品品牌非 LV(路易·威登)莫属，当时 20 多岁的日本女性中有一半拥有 LV 包。日本成为奢侈品牌优先考虑的市场。无论是香奈儿、蒂芙尼还是宝格丽，都先在日本首发，判断市场反应后才在全球推广。至 2006 年，不到 1.3 亿人口的日本，奢侈品消费已经占据全球的 47%。

在日本，奢侈品通常代表着一种中产阶级的生活方式，而非上流社会生活方式。日本最有影响力的时尚杂志和百货公司都不遗余力地吹捧奢侈品品牌，因为它们左右着日本庞大的中产阶级中的大部分人对时尚的理解。日本顾客希望自己被视为社会名流，想要一些非常奢侈的产品，这将是日本奢侈品消费的下一个阶段，世界主要的奢侈品零售商也正努力迎合这一炫耀性消费需求，并将商店打造成更具异域风情的购物场所。同时，日本对最新款的"必备"奢侈品也有强烈的喜好，顶级品牌的全球销售额中，有 15%～25% 来自日本市场。

在日本，奢侈品几乎占据着各个年龄段，小到中学生，大到七旬老人。日本女性对奢侈品真可谓情有独钟。日本的典型消费者中，35 岁以上的女性所占比例最高，因为奢侈品类别主要是流行服饰、皮革制品、手表、珠宝、护肤品和化妆品。对于很多奢侈品品牌而言，一个重要的消费群体是 20～35 岁的单身女性：她们有全职工作，且与父母同住，因此拥有较多可支配收入。

经济危机完全打破了日本人的奢侈品消费神话。2008 年后期开始，与其他亚洲市场奢侈品的两位数增长比较，日本市场呈现出销售下降的趋势。"世界第一大奢侈品市场"的光环褪去，奢侈品狂热渐渐冷却。除了经济危机以外，过高的关税使日本消费者选择出国旅行购买奢侈品，或者选择了奢侈品在线零售商购买。日本奢侈品消费者的态度和行为正在发生重大而持久的转变，更多的日本人开始从"奢侈品信徒"的阶段毕业，选择 H&M、A&F 和 Forever21 等"快时尚"品牌，"快时尚"带领日本人从奢侈品品牌转向大众平价品牌。

根据日本市场的特点，其主要的奢侈品消费者可以分为如下六类：

- 名门望族，大富之家。
- 新富人的代表，IT 巨子。
- 以巨大金融资产推动消费的高龄人群。
- 逐渐富裕的上班族。
- 职业女性和嫁入富裕家庭的女性。
- 讴歌奢侈品消费的乐活(LOHAS)族。

4. 新兴地区市场

金融危机之后，奢侈品消费在传统市场的萎缩，使得奢侈品公司纷纷把目光投向新兴市场，尤其是经济保持迅猛增长的金砖国家。以金砖国家为代表的新兴消费市场的表现将决定全球奢侈品业能否继续保持繁荣的态势。

在奢侈品消费上，俄罗斯近年来的表现令人鼓舞，国际最知名的奢侈品零售集团和品牌纷纷入驻，把抢滩俄罗斯作为未来几十年重要的发展战略。目前俄罗斯奢侈品市场销售额增长速度是世界其他地区的两倍。俄罗斯市场目前占全球奢侈品市场的 4%，但其国内奢侈品销售额正以每年 30% 左右的速度快速增长。俄罗斯人更看重奢侈品品牌的知名度与做工。

印度的奢侈品市场比中国和俄罗斯起步较晚，但发展更快，被称为"下一个中国"，将成为全球第四大奢侈品消费国。就现状来看，印度的奢侈品消费额尚不足中国的 1/10，2009 年的数字为

6亿欧元(而中国是66亿欧元),仅占全球奢侈品消费总量的5%,今后数年之内,印度奢侈品市场的年增长率将达到25%。印度很早以前就有老牌贵族和老牌富翁,但人数较少,并且习惯在国外购物,不成气候。近年来,随着富裕阶层(许多新富年龄低于25岁)的快速增长,印度的富人数量增加了51%,这些情形得到了很大的改善,新富成为印度新兴奢侈品市场的主力军。印度富翁更偏爱黄金珠宝。

巴西人是奢侈品消费市场的新贵。让奢侈品厂商对巴西这个市场充满信心的是巴西迅猛的经济增长势头。作为拉丁美洲最大的经济体——巴西2006年的国内生产总值达到约1万亿美元,首次跻身全球十大经济体之列。巴西也是全球百万美元富翁人数增长最快的国家之一,仅次于印度和中国。尽管巴西的经济增长率在金砖国家里算不上高,但奢侈品消费的发展速度却超过经济发展速度,2008年巴西奢侈品市场的发展速度达到了33%。巴西人信奉"快乐至上",有钱就消费,购买奢侈品时喜欢分期付款。

二、中国奢侈品市场扫描

1. 中国奢侈品消费现状

在金融危机使欧美日奢侈品市场普遍萎缩时,中国的奢侈品市场以每年20%~30%的速度增长。内地日渐成为全球高档奢侈品的新宠。2009年中国奢侈品消费额为94亿美元(不包括私人飞机和游艇),占全球市场的27.5%,首次超过美国,直逼日本,成为世界第二大奢侈品消费国。2010年全球奢侈品企业再次吹响进攻号角,世界公认的顶级奢侈品牌中已有超过八成进驻中国,其中以珠宝、服装、皮具品牌为主。由此,中国成为继纽约、巴黎、香港地区、伦敦和悉尼这五大奢侈品朝圣之地后的另一片乐土。

国际奢侈品协会提供的数据显示,相比中国内地市场,中国的消费者更倾向于到港台及海外市场消费奢侈品。在中国推动奢侈品升温的原因主要是人们的收入水平不断提高;存在"炫富""功利"等因素;近年来许多世界奢侈品企业都意识到了中国市场的巨大潜力,除了占领京沪等一线城市,还在二、三线城市加大投入力度,开设专卖店。随着中国国内新富阶层迅速形成,需要通过消费一些奢侈品来彰显自己的财富、身份或者自我奖励。

2. 中国奢侈品消费市场收入概况

奢侈品的高价格注定只有中产阶层或是以上才有能力消费。世界正处于中产阶级的猛增之中,全球每年大约有7000万人进入这一富裕群体,也就是按照购买力平价计算,收入在6 000~30 000美元之间的人群。这种现象可能在未来20年都将持续。到2030年每年将有9000万人进入中产阶级,新增中产阶级的出现主要在中国和印度。2008年,根据国家统计局城市调查队按照家庭年收入6万~50万元的标准推算,中国中产阶级群体规模为5.04%,到2016年,中国内地的年轻富裕消费者达到1.17亿人,可支配收入为3377亿美元。国际上奢侈品市场成长的历程表明,人均收入低于1000美元的地区,奢侈品市场很难发展,当人均收入在1500美元左右时,奢侈品消费需求开始启动,当人均收入达到2500美元之后,奢侈品消费便急剧上升。目前我国人均收入接近1500美元,全国性的奢侈品消费需求已由萌芽状态逐步转向启动,总体上说我国处于奢侈品消费的初期。但由于我国人口众多,区域发展不平衡,一些沿海发达城市人均收入已超过2500美元,也正是发达城市形成了奢侈品消费的井喷现象。我国缺少贵族阶层,但不乏暴富人群,这些新兴的在市场经济土壤中迅速暴富的人群将是近年内奢侈品消费的主力军。

3. 中国奢侈品消费市场分布

越来越多的中国家庭加入中产阶级行列。2020年,中国将有过半数的中产阶级家庭,将新增约2.7亿消费者。届时,城市人口消费总额将达到13.3万亿元。

奢侈品进入中国的初始阶段仅局限于以北京、上海、广州和深圳这几个一线城市为代表的珠三角地区、长三角地区以及北京周边地区，一方面是看准了这四大市场消费者经济实力雄厚，另外，这些地区市场经济条件成熟，较早开展对外经济贸易交流活动，消费者的观念也领先于其他城市。居住在中国最富裕的 4 个一线城市(上海、北京、广州和深圳)的富裕消费者约占全国总数的 30%；居住在中国最富裕的 10 个城市中的富裕消费者占全国总数的 50%。

近年来，奢侈品品牌所看中的几个市场因素，逐渐也开始在二、三线城市中显现出来。贝恩公司 2009 年研究报告表明，目前中国部分二、三线城市的奢侈品市场消费能力已经和一线城市接近，二、三线城市(如温州、宁波)，消费者的购买力和对奢侈品的态度也与京沪等城市相近。适时地进入二、三线城市即为新旧奢侈品打入中国市场和开创更广阔天地的绝好机会。2010 年，在被称为"奢侈民主化"进程中，中国二、三线城市成为重点扩张的对象，其中浙江、福建、东北、内蒙古、山西将成为重点部署奢侈品商业的 5 个区域。

4. 中国奢侈品消费特征

与欧美发达国家不同，中国奢侈品消费者主要为年轻新贵，而非中老年阶层。他们往往具有高学历、高收入与高品位的特点，认为奢侈品消费代表着一种文化、一种生活观念、一种休闲娱乐、一种时尚品位。

在中国率先消费奢侈品的是中国的富豪们，但中国市场的奢侈品消费者远远不限于这些富豪，其主力实际上是比较富裕的中产阶层。而来自中国品牌战略协会的估计更为具体，他们说，中国大陆的奢侈品消费者目前已占总人口的 13%，约 1.6 亿人，大部分是年龄在 25～50 岁之间的白领人士、私企老板、社会名流。其中 1000 万～1300 万人是活跃的奢侈品购买者，他们选购的产品主要包括手表、箱包、化妆品、时装以及珠宝等个人饰品。中国的奢侈品消费和国外相比存在着四个不同点。

(1) 中国富裕消费者更加年轻。中国的奢侈品消费主力是 30～50 岁的中青年人，而在西方发达国家，40～70 岁的中老年人才是奢侈品消费的主力。大约 80% 的中国富裕消费者不到 45 岁，这个数字在美国为 30%，在日本仅为 19%。

(2) 中国奢侈品消费者的消费主要集中在服饰、香水、手表等个人用品上，而在欧美国家，房屋、汽车、阖家旅游才是令人向往的奢侈品。

(3) 在中国，男性占了购买者的相当大一部分，而在日本，奢侈品消费以单身女性居多。

(4) 单位购物是中国奢侈品市场的一大特色。许多公司购买奢侈品送给大客户、生意伙伴和政府官员。

【资料来源】

1. 李杰. 奢侈品品牌管理——方法与实践[M]. 北京：北京大学出版社，2010.
2. 奢侈品消费八国报告 美国富人开始低调花钱. 香格里拉，2011-4-7

案例思考题

1. 金砖国家，尤其是中国为何被全球奢侈品企业青睐？
2. 分析中国奢侈品消费从一线城市转向二线城市对奢侈品公司和二线城市消费者行为的影响。
3. 中国的奢侈品消费者具有哪些显著特征？
4. 中国为何没有自己的奢侈品？怎样才可以拥有自己的奢侈品品牌？

第3章 市场营销战略规划

3.1 营销战略的含义与营销战略的体系

3.1.1 企业市场营销战略的含义及特征

"战略"一词，原为军事用语，即为作战的谋略。现代市场经济中，市场营销活动是整个企业经营的核心，因而市场营销战略在企业战略中的地位与意义显得尤为突出。企业战略是人们有意识、有目的制定的计划，反映了人们对未来行动的预期与主观愿望，并且包括了一系列(或整套)的决策或行动方式。市场营销战略则是企业战略体系的一个重要组成部分，是指企业为实现其整体经营战略目标，在充分预测和把握企业外部环境与内部条件变化的基础上，对企业全局性和长期性思考下所做的市场营销计划。

作为一种管理过程，企业营销战略的规划即是要在企业的目标、资源和动态的营销机会之间建立起适当的匹配关系，从而实现企业的持续成长和长期盈利目标。良好的企业营销战略能够令企业在特定市场中建立起足够的相对竞争优势，从而帮助企业赢得激烈的市场竞争；而错误的战略则很可能会危及企业的生存。因此，在规划妥善的企业营销战略时，应当注意以下特征：①全局性；②长远性；③指导性；④现实性；⑤竞争性和风险性；⑥创新性；⑦适应性。

3.1.2 营销战略的层次结构

企业战略主要分为三个层次，即公司战略、业务单位战略、职能部门战略。

公司战略又称总体战略。总体战略是企业最高层次的战略，它是以企业的使命为指导，选择企业将要进入的业务领域，达到合理利用企业资源，使企业的各项业务相互支持、协调配合的总体安排。总体战略的任务是明确企业应在哪些领域开展经营活动，其主要内容是经营范围的选择和资源的合理配置。通常，总体战略是由企业高层负责制定、落实的基本战略。

业务单位战略，又称经营战略。世界许多跨国公司、大企业集团为了管理的方便，把一些具有许多相似战略因素的业务归为同一个二级单位(如事业部等)。对于规模较小的企业，如果二级单位的产品和市场具有特殊性，也可以视为独立的战略业务单位(strategic business unit，SBU)，这些二级单位为了获取市场竞争力也制定了相应的发展战略，这些二级单位、分公司的战略就构成了经营战略。

职能部门战略，是企业各职能部门的短期性战略，又称职能战略。职能战略是职能部门及其管理人员，为完成总体战略、经营战略中的任务，有效地运用相关的管理职能，保证企业目标的实现而制定的战略。企业需要制定职能战略的部门通常包括产品研发、生产制造、市场营销、会计财务、人力资源、物流、信息系统管理等，每一种职能战略都要服从和服务于所在战略业务单位的经营战略，以及企业的总体战略。

3.1.3　营销战略规划的基本程序

营销战略的制定通常可包括六个步骤。

1. 企业内外部环境分析

环境分析的目的是寻求有利的市场机会。从内容来看，包括市场基本资料、企业经营状况、产品分析、竞争状况、消费者使用态度、品牌以及目标市场发展趋势等。对环境的分析，将会找到对企业有利和不利的机会与问题，并加以修正、调整和选择、利用，包括产业环境和企业本身的优势与劣势等。市场营销战略的制定要与企业实现各项活动的所有资源和企业运营于其中的环境相匹配。

2. 市场细分、目标市场选择与市场定位

企业的目标市场，是企业市场活动的领域，也是企业价值最终实现的场所，它是营销战略制定的基础。企业管理层在市场细分、目标市场的选择和市场定位时，需要对若干战略方案进行分析和评估，并在此基础上进行决策。

3. 提出营销目标

营销目标作为营销战略的行为终点和起点，不仅包括了盈利的基本要求，更重要的是解决问题、掌握机会、形成竞争力为主题的目标系统。这个目标系统包括可控制的量化指标体系；明确具有挑战性的阶段目标以及所要达到的最终目标。通过了解企业的定位和顾客的期望制定出企业营销目标，这就明确了企业努力的方向。

4. 企业战略业务单位的建立和调整

任何企业的资源都是有限的，企业必须把其有限的资源用在经营工作的主要部分，因此，企业必须对自己的业务单位进行全面的梳理和分类，明确各种业务单位在企业的价值、地位和作用，根据企业的营销战略进行整合和调整，同时对新的业务单位予以确立和投入，这项工作是营销战略规划最重要的组成部分。

5. 确定市场营销策略组合

策略(tactics)是战略的分解和具体行为方案，表示用以达到战略所设定的目标的方法。营销组合是根据目标市场特征和营销定位的要求，将企业的可控资源整合成可行的顾客问题解决方案，即通常所说的4Ps——产品(product)、价格(price)、渠道(place)和促销(promotion)。市场营销策略组合处于战略和战术的交界线上，起着承上启下的枢纽作用。在管理实践中，企业的战略和战术并不总是很容易区分的。高层管理者们所制定的长期战略和目标被称为"战略"，由一线经理和员工操作的短期计划安排称为"战术"。确定了市场营销策略后，企业各职能部门和人员就可以展开具体实施了。

6. 营销控制

营销战略实施中，需要定期通报、实际了解、阶段考核，以便对营销战略进行调整与修正。营销控制环节的出现是由于任何营销战略在制定中都有一个"主观与客观"的结合过程，这一过程的吻合程度需要时间和实践的检验，这一检验就是依赖于营销控制给予实现的，以衡量及监督营销战略规划的成效。

图 3-1 表示了各步骤之间的相互联系。

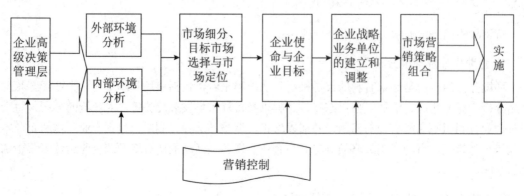

图 3-1 营销战略规划程序

3.2 企业使命和企业目标

3.2.1 企业使命

1. 企业使命的含义

在表述企业最根本战略目标的含义时，愿景和使命是两个经常被提及且有着很强关联性的用词。有的企业将愿景作为企业使命的先导，也有企业将两者视为一体。

愿景(vision)是一种概括性的表述，即组织的管理者希望自己的组织从根本上成长为一个什么样的组织、组织长期发展的总目标和自愿承担的社会责任究竟为何。就企业而言，尽管逐利性是市场经济里得到普遍而广泛认同的企业根本经济属性之一，但社会对于这个企业的独特认知才是其根本社会价值所在。通过愿景的提炼和宣示，企业的全体成员以及企业的各类外部利益相关者能够受到激励、能够对企业的重要性及社会意义产生和保有较为简练而一致的认可，从而有利于企业的长期经营和可持续发展。

在有了企业愿景之后，企业管理者会进一步界定企业使命(mission)，即对企业的根本任务、目标、责任和性质的条理化阐述。管理大师彼得·德鲁克(Peter F.Drucker)在 20 年前就高瞻远瞩地提出，企业和管理者必须正视以下 5 个重要的问题。①我们的使命是什么？②我们的顾客是谁？③我们的顾客重视什么？④我们追求的成果是什么？⑤我们的计划是什么？这就是"德鲁克经典五问"，也是企业制定战略的依据。其中，企业使命反映了企业管理者的价值观，表明了企业应为自己树立的形象，揭示了本企业与其他企业根本性的差异，界定了企业为社会服务的范围和所满足的社会基本需求，是企业战略体系的总纲，也是企业的经营原则、方向和哲学。

2. 企业使命的内容

具体来说，一个完整的企业使命应当包括以下三个要素。

(1) 企业生存目的的定位。企业生存目的的定位应该说明企业要满足顾客的何种需求，不是说明企业要生产哪种产品。例如，著名的玫琳凯化妆品公司(Mary Kay Cosmetics)对其企业使命的描述是：一个女人的一生充满了各种选择，这些选择都是围绕着她如何运用她的时间、精力来达到目标。然而无论她的生活方式是什么样的，玫琳凯都是她正确的选择。因为我们理解一个女人的需要，关心这些需要的满足。我们所做的不只是将化妆品卖给一个女人，我们将给她一种养生之道，帮助她发现自身的魅力，并且为保证她的美容和护肤方法与其生命不同阶段的需要相一致，提供不间断的服务。又比如，AT&T公司没有把公司的业务仅仅定义在出售电话机或者提供远程服务上，而是定义为经营通信技术。

(2) 企业经营哲学的定位。经营哲学是对企业经营活动本质性认识的高度概括，是包括企业基础价值观、企业内共同认可达到的行为准则及企业共同信仰等在内的管理哲学。一般地，企业经营哲学由于受文化的影响具有较大的共性；同时，不同国家的企业在管理理念上表现出明显的差别。例如，美国企业在经营哲学的描述上着重于企业在市场上获得成功的因素：如"公司发展事业的基础是技术革新、生产率和市场占有率"(得州仪器仪表公司)；而日本企业的经营哲学旨在向员工表明企业的远景，唤起员工承担责任的激情和创新精神：如"像自来水那样不断生产，创造无穷物质财富，建设人间天堂"(松下电器公司)。

(3) 企业的公众形象定位。对企业形象的重视反映了企业对环境影响及社会责任的认识。每一个企业在特定的公众(包括内部员工、顾客、合作商、政府、媒介、社区、竞争者等)心目中，都有自己的形象。例如，消费者曾普遍认为IBM是计算机业的"蓝色巨人"、Sony是生产质优价高电器产品的企业；百事可乐则是年轻一代的选择。

3. 影响企业使命的主要因素

(1) 企业的历史。每一个公司都有其目标、方针与政策、成就的历史，企业在规定或调整任务时，应注意和过去历史的突出特征保持一致。

(2) 企业所有者与最高管理层的偏好。公司领导人及公司所有者都有自己的专长、经验和偏好，如果放弃现有的偏好进入别的新领域，就不能发挥他们的特长和积极性，从而不一定有利于企业的发展。

(3) 企业周围环境的变化。企业作为社会经济生活中的一个有机体，市场环境直接影响企业的经营活动，某些因素的变化将对企业的经营活动产生决定性的影响。

(4) 企业的资源状况。企业自身的资源状况决定企业能否进入某些领域，从而决定企业的使命。

(5) 企业特有的能力。公司应根据自己独特的能力来确定其经营业务。

4. 编制企业任务报告书

一旦确定了企业使命，企业应编写正式的企业任务报告书(mission statement)，将企业任务以书面的形式明确界定下来。现在，许多公司都会将其企业任务报告书同时展示在自己的网站上，成为本企业形象展示的重要组成部分，因此其撰写的精要和准确愈发受到了重视。

企业任务报告书的编制有以下要求。

1) 要以消费者的需求为依据

企业使命是社会需要的反映，是企业满足社会某种需要和如何满足这种需要的说明。所以，要以消费者需要为依据，用消费者的需要来描述企业的使命。对企业业务的描述，西方国家过去传统的方式是以所生产的产品来描述，然而产品或技术是不断变化的，迟早要被淘汰，而市场需求和顾客群却是永恒的。因此，以市场为导向来给业务范围下定义比以产品为导向下定义更科学。具体如表3-1所示。

表 3-1 产品导向定义与市场导向定义的比较

公司	产品导向定义	市场导向定义
密苏里－太平洋铁路公司	我们经营铁路	我们是人与货物的运送者
施乐公司	我们生产复印设备	我们帮助改进工作效率
标准石油公司	我们出售汽油	我们提供能源
哥伦比亚电影公司	我们制作电影	我们提供娱乐
不列颠百科全书	我们出售百科全书	我们从事信息生产和传播
开利公司	我们生产空调和暖炉	我们为家庭提供舒适的温度

2) 要明确界定、切实可行

公司的任务书要具体、明确。在规定企业使命时，一定要做到：确切定义企业，明确说明企业追求；其内容宽到足以促进企业有创造性的成长，窄到足以排除某些风险；能将本企业与其他企业区别开来；可以作为评价现时及将来企业各种活动的基准体系；叙述不要过细，着重树立方向，指导企业，提供激励，树立形象、基调及宗旨。所以，叙述要尽量简练、清楚，便于广泛理解。有的企业在企业使命的陈述中，不仅说明了企业应当干什么，而且还说明企业不应当干什么，这样就使企业使命的界定更加清楚。许多著名的企业以市场为导向给自己的业务进行了恰当的定位，例如，施乐公司的"我们帮助改进工作效率"，IBM 的"适应企业界解决问题的需要"，壳牌石油的"满足人类能源的需求"，UPS 的"物流让生活更美好"。

3) 具有鼓舞性和激励性

公司的任务书应有激励性。这就要员工们感到自己的工作有利于提高社会福利。例如，将生产化肥的平凡工作赋予"提高农业生产力以解决全球饥饿问题"这一崇高使命时，就很富有挑战性和鼓舞性。这样做是为了使企业使命产生更大的影响、发挥更大的作用。一个好的企业使命，要反映企业员工的长远憧憬，共同的愿景反映了利益目标的共同性，这可使企业员工的精神境界从具体的日常工作中得到升华，使他们在更高的精神境界中去面对机会和挑战，使企业员工产生使命感、光荣感、自豪感，更加自觉地为实现企业使命而努力工作。

4) 要根据社会条件变化及企业发展阶段及时调整

任务书应随环境的变化而修订。企业的任务有一定的相对稳定性，不能随便改变。但是，当环境发生巨大的变化或者企业发展阶段面临重大转折、原有使命不能很好地描述一个企业的存在性质、企业任务不适应目前形势时，就需要对其开展谨慎修正了。

3.2.2 企业目标

1. 企业目标的含义

企业目标是指企业通过战略期内的战略行动而想达到的结果。它是根据企业使命延伸展开确定的。它表现了企业的具体期望，指明了企业的具体努力方向和期望达到的经营成果。企业目标是企业战略的重要组成部分。它反映了企业使命，也是制定、选择、控制战略方案和战略实施的依据。

2. 企业目标的特点

企业目标往往表现为一个多层次、数量化、相互协调、现实可行的目标体系。为了使目标发挥应有的作用，它必须具备以下特征。

(1) 可度量性。应尽量加以数量化，例如，"到 2017 年年底，企业要占有中国 25%的液晶平面电视机市场份额"，这样便于考核和评估。

(2) 可操作性。要从实际出发，能被员工接受，又具有挑战性。

(3) 构成体系。企业各个层次都有目标，并使得企业内上下左右各方面的关系协调一致。

(4) 时间相关。目标的制定必须联系一定的时间范围，每个不同阶段都有目标，能使企业不同阶段、不同范围的生产经营前后衔接。比如，壳牌公司和 M&S 公司会为未来 10 年制订计划，并把这些分解为每一个战略业务单位的未来 2～3 年的具体计划。从大体上看，长期计划是 5 年或更长时间的计划；中期计划是 1～5 年的计划；短期计划是几周/几月/一年内的计划。

3.2.3　企业目标的构成和分解

一般而言，企业的目标可归为如下四类：盈利能力；为顾客、客户或其他受益者的服务；员工的需要和福利；社会责任。具体来说，企业的战略营销目标一般可分解为以下这些常见的具体目标。

- 顾客的服务目标。以交货期和顾客的不满意来表示。
- 财力资源目标。用资本结构、新增普通股、现金流量、运营资本、红利偿付和货款回收期来表示。
- 人力资源目标。用缺勤率、迟到率、人员流动率或者不满情绪的人员数量来表示，也可用培训人员或者培训计划数目来表示。
- 市场营销目标。用市场占有率、销售额或销售量及其增长率来表示。
- 组织结构目标。以所进行的变革和所承担的项目来表示。
- 产品目标。用分产品线或产品的销售量和盈利能力，或开发新产品的完成期限来表示。
- 物质设施目标。以工作面积、固定资本或生产量来表示。
- 生产率目标。以投入产出比率或单位产品生产成本来表示。
- 盈利能力目标。用利润总额、投资收益率、每股收益或销售利润率来表示。
- 研究与开发目标。以花费的货币量或要完成的项目来表示。
- 社会责任目标。用活动的类型、服务天数或财政资助来表示。

企业目标分解示例如图 3-2 所示。

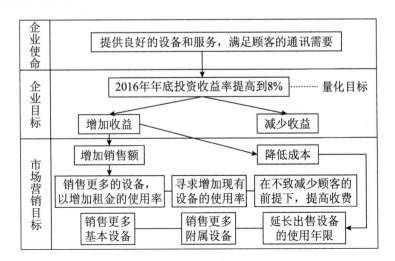

图 3-2　某电话公司企业目标分解示例

3.3 企业战略业务单位规划

3.3.1 战略业务单位的含义

企业一旦规定了企业的任务和目标之后，就要制订业务投资组合计划了。为了从战略上管理业务，首先必须对企业旗下各项业务进行明确的界定，把所有的业务分成若干"战略业务单位(SBU)"。

一个大公司需要管理相当多的业务，其每项业务都有自己的战略，一个战略业务单位可能包括一个或几个部门，或者某部门的某些产品，或者某种产品或品牌。一个战略业务单位必须具有如下特征：

- 是一项单独的业务或一组相关的业务。
- 有不同的任务，可以独立计划或在使命上可以区别于公司的其他业务。
- 有自己的竞争力。
- 有自己的专职经理负责战略规划。
- 拥有一定的资源支配权。
- 可以独立计划其他业务。

在拥有多个战略业务单位的企业中，决策通常在两个层面进行：公司管理者首先决定公司经营的方向是什么，并为每个战略业务单位设定资源配置的先后次序；其次，每个战略业务单位的管理者则决定选择什么样的战略来实施公司制定的总的营销战略，并在公司管理层的支持下努力去取得公司管理层所期望的绩效。

由于公司的资源有限，各个战略业务单位的发展机会及经营效益很不相同，因此，公司有必要对现有各种业务进行分析、评价，从中了解哪些业务应当发展，哪些业务应该维持，哪些业务应当减少，哪些业务应该淘汰。这就是战略业务组合规划。下面介绍两种最常见的对企业战略业务单位进行分析、评价的管理工具。

3.3.2 波士顿市场成长—市场份额矩阵

这一战略规划方法是由美国著名管理咨询公司波士顿咨询公司(Boston Consulting Group)根据"经验曲线"的研究，利用相对市场占有率和市场成长率这两项变量，将拥有不同市场机会的各个战略业务单位予以归类而发展出来的。

如图 3-3 所示，根据市场成长率与相对市场占有率这两个指标，可以将产品或战略事业单位(SBU)划分成四个战略决策区域，也就是四个类别，并分别取名为问题儿童(problem children)、明星(star)、现金牛(cash cow)以及瘦狗(dog)。图 3-3 中纵坐标表示市场增长率，即产品销售的增长速度，以 10%为分界线，超过 10%的为高速增长，低于 10%的为低速增长。横坐标表示相对的市场占有率，即公司战略业务单位的市场占有率与同行业中除自己之外的最大市场占有率之比，以 1.0 为分界线。如果相对市场占有率为 0.4，就表示自己的市场占有率是同行业最大竞争者市场占有率的 40%；如果相对市场占有率为 2，则表示自己的市场占有率为同行业最大竞争者市场占有率的 2 倍。市场增长率反映产品在市场上的成长机会如何，是否有发展前途，相对市场占有率表明企业在行业中的竞争实力的大小。图 3-3 中的每一个圆圈代表一个业务单位，这些圆圈的位置表示各战略业务单位市场增长率和相对市场占有率的高低，圆圈的大小则表示各战略业务单位销售额的大小。

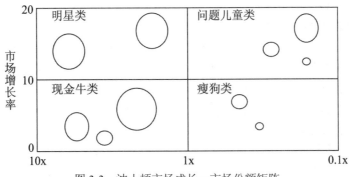

图 3-3 波士顿市场成长—市场份额矩阵

这四类战略业务单位各自的特征如下。

(1) 问题儿童类。这类战略业务单位的特征是高市场增长率和低相对市场占有率,大多数战略业务单位最初都属于问题儿童类。由于公司需要提高这类业务单位的相对市场占有率,使之赶上市场领导者,因此,问题儿童类业务需要大量的资金支持。所以,公司的高层管理者要慎重考虑经营这类业务单位是否合算,如果不合算,就应该精简或淘汰。

(2) 明星类。如果问题儿童类业务经营成功,就变成了明星类业务。这类业务单位具有高市场增长率和高相对市场占有率的特点,业务单位增长迅速,同时又要击退竞争对手的进攻,也需要投入大量的资金,因此可能成为公司以后的财源。当其市场增长率降低时,这类业务就由"现金的使用者"变为"现金的提供者",即现金牛类。

(3) 现金牛类。这类业务是指市场增长率降低,下降到 10%以下,相对市场占有率较高的业务单位。由于市场增长率已降低,不再需要公司大量投资扩充设备;同时市场占有率又很高,拥有规模经济和较高的利润率,可以为公司提供大量的现金,支持那些急需现金的明星类、问题儿童类和瘦狗类业务。这类业务单位越多,企业的实力越强。

(4) 瘦狗类。这是市场增长率和相对市场占有率都低的业务单位。这类业务虽然可能产生一些收入,但由于市场占有率较小,没有规模经济,利润率相对较低,有的甚至亏损。瘦狗类业务常常耗费管理人员的时间和精力,得不偿失,应对其进行压缩或淘汰。

以上这些类别的现金流量状况归纳起来如图 3-4 所示,其中现金牛类业务是提供资金的主要来源,问题儿童类业务是现金流出的主要项目。

明星类	问题儿童类
适度的正向或 负向现金流量	大量负向 现金流量
现金牛类	瘦狗类
大量正向 现金流量	适度的正向或 负向现金流量

图 3-4 产品组群现金流动方向图

战略业务单位在矩阵中的位置不是固定不变的,因为任何产品都有其生命周期,所以随着时间的推移,这四种战略业务单位在矩阵中的位置就会发生变化。如问题儿童类业务随着相对市场占有率的提高,逐渐转变为明星类业务,然后成为现金牛类业务,最后演变成瘦狗类业务。因此,公司不仅要检查各项业务在矩阵中的现实位置，还要检查其动态位置，如果发现某项业务的发展不尽如人意，公司应敦促其管理人员积极采取改进策略。

在图3-3设想的例子中，企业共有10类业务单位，其中明星类2个，现金牛类3个，问题儿童类3个，瘦狗类2个。该企业经营状况尚可维持。有3个现金牛类业务单位，且规模较大，所提供的利润可以支持其他战略业务单位的资金需要，同时拥有2个明星业务，有一定的发展潜力。但是应该采取一些果断的措施来解决问题儿童类和瘦狗类业务单位的问题，以免影响企业发展。

对战略业务单位做出如上分析和评价后，公司高层管理者可以据此对各战略业务单位采取四项基本战略之一：建立市场占有率、维持市场占有率、收割和撤退。

(1) 建立市场占有率战略。建立市场占有率战略适用于问题儿童类及明星类业务。这种战略是要提高战略业务单位的相对市场占有率，为了达到目标，有时甚至不惜放弃短期收益。

(2) 维持市场占有率战略。维持市场占有率战略适用于现金牛类业务，以维持市场地位来获取大量现金流入。此目标是为了保持战略业务单位的市场占有率。

(3) 收割战略。收割战略可适用于现金牛类、瘦狗类及无前景的问题儿童类业务，以获取短期最大利润。这种战略的主要目标是尽可能地增加短期现金收入，而不管长期利益如何。企业认为这些业务前途黯淡，于是希望尽可能从其获取更多的现金。

(4) 撤退战略。撤退战略适用于那些没有发展前途又不能给企业创造利润的瘦狗类及某些无前景的问题儿童类业务，以转换资源的投入。这种战略的目标是清理和处理某些业务单位，以便将资金投入到经营效益较好的战略业务单位，从而增加盈利。例如，IBM公司向联想出售了自己的个人电脑业务，从而将资源集中在更具有增长优势和盈利能力的信息系统服务领域。

总之，各个战略业务单位都会给企业带来特定程度的投资回报率、成长潜力和相关风险，某些战略业务单位能产生大量现金而与此同时另一些则需要现金流入来支持其发展。管理者应努力找到最佳的优化组合，以平衡总体的机会、利润与风险。

3.3.3　GE产业吸引力与企业地位矩阵

通用电气公司(General Electric)对波士顿矩阵做出的发展被称为"战略业务规划网络"(strategic business planning grid)。它认为除了市场增长率和相对市场占有率外，还需要考虑更多的影响因素。这些因素包括两大类：一是以市场吸引力(market attractiveness)指标来取代市场增长率指标，包括市场规模、年市场成长率、历史毛利率、竞争密集程度、技术要求等因素；二是以企业业务优势(business strength)指标也就是企业竞争能力指标来取代较为简单的相对市场占有率指标，包括市场份额、份额成长、产品质量、品牌知名度、分销网等因素。据此，就形成了以市场吸引力和企业业务优势两大类指标所构成的矩阵，如图3-5所示。

	产业吸引力			
	高	中	低	
高	1	1	2	1. 投资/成长
中	1	2	3	2. 选择性投资
低	2	3	3	3. 收获/撤资

图3-5　GE产业吸引力与企业地位矩阵

更为具体的做法，是对上述两个方面的各个因素进行评分，然后，根据各自的权重进行加权平均，求得两个指标的综合得分。表 3-2 就是假设对某一个战略业务单位的评分过程。

表 3-2 通用电气法基本要素评分表

指标种类	考虑因素	权数	评分(1~5)	综合得分
市场吸引力	总体市场大小	0.2	4	0.8
	年市场成长率	0.2	5	1.0
	历史毛利率	0.15	4	0.6
	竞争密集度	0.15	2	0.3
	技术要求	0.15	4	0.6
	通货膨胀	0.05	3	0.15
	能源要求	0.05	2	0.1
	环境影响	0.05	3	0.15
	社会/政治/法律	必须是可接受的		
	合计	1.0		3.7
业务优势	市场份额	0.1	4	0.4
	份额成长	0.15	2	0.3
	产品质量	0.1	4	0.4
	品牌知名度	0.1	5	0.5
	分销网	0.05	4	0.2
	促销效率	0.05	3	0.15
	生产能力	0.05	3	0.15
	生产效率	0.05	2	0.1
	单位成本	0.15	3	0.15
	物资供应	0.05	5	0.25
	开发研究绩效	0.1	3	0.3
	管理人员	0.05	4	0.2
	合计	1.0		3.1

资料来源：菲利普·科特勒，营销管理[M]. 第 10 版. 北京：清华大学出版社，2004.

综合得分越高，说明相应的战略业务单位越具有高度的市场吸引力和强劲的企业实力，该战略业务单位就越具有投资价值，越应在公司管理层制定营销战略规划时得到企业的资源倾斜。

3.4 企业成长战略

企业成长战略是在现有战略起点的基础上，向高一级目标发展的一种总体战略类型，它一般是在企业处于良好的经营条件下，可供企业选择的一种总体战略方案。因企业经营良好的程度、状态有所不同，因而发展型战略又可有多种具体方案类型可供选择。如何选择，这就需要对企业经营态势进行深入分析和正确判断。企业成长战略主要包括密集性成长战略、一体化成长战略和多元化成长战略。

3.4.1 密集性成长战略

密集性成长战略就是集中生产单一的或少数几种产品或服务，面向单一或较窄的市场，或采用单一的专业技术，不开发或很少开发新产品或新服务。企业的发展主要通过市场渗透和市场开拓，努力提高市场占有率或拓展市场需求，来实现生产规模的扩大和利润的增长。采用这种战略时，企业的扩张速度随着产品发展的不同阶段有所不同，例如产品处于成长期，速度可能很快，反之，产品如已进入成熟期，速度就可能放慢；扩张速度还因企业采用的市场营销策略不同而不同，如策略正确而有效，则速度可望加快。

如果企业尚未完全开发隐藏在现有产品和市场中的机会，也就是说现有产品或现有市场还有盈利能力，则可以采用密集型成长战略。采用这种战略的原因主要有两个：①有些产业，如采掘工业(矿山、油田、气田等)、公用事业(发电站、煤气公司、公共交通公司、自来水公司等)、交通运输业(铁路、公路、水运、空运等)、金融保险业、信托投资业等，由于产业性质决定了企业一般只能单一经营；②在加工工业中，有些企业或限于实力，或由其经营者的价值观决定，或因有关科学技术发展速度比较慢，也有采用这种战略的。如美国著名的电焊机制造商林肯电器公司、著名的工程机械制造商卡特彼勒公司等，就长期奉行这种战略。我国四川长虹电器公司过去实行的"独子战略"，也属于单一经营。

1. 市场渗透

市场渗透是指通过采取更加积极有效的、更富进取精神的营销措施，如增加销售网点、短期调低价格、加强广告宣传等促销活动，努力在现有市场上扩大现有产品的销售量，从而实现企业业务增长。具体形式有三种：①刺激现有顾客更多地购买本企业现有的产品；②吸引竞争对手的顾客，提高现有产品的市场占有率；③激发潜在顾客的购买动机，促使他们也来购买本企业的这种产品。市场渗透，即企业通过广告、宣传和推销工作，在一些地方增设商业网点，通过多渠道将同一产品送到同一市场，在现有市场上扩大现有产品的销售，提高现有市场上的占有率。

2. 市场开发

市场开发是指通过努力开拓新市场来扩大现有产品的销售量，从而实现企业业务的增长。主要形式是扩大现有的销售地区，直至进入国际市场。实施这种策略的关键是开辟新的销售渠道，并配合大规模的广告宣传等促销活动。企业通过在新地区或国外设立新的商业网点，或开拓新的分销渠道，加强广告、促销等措施，在新的市场上扩大现有产品的销售。

3. 产品开发

产品开发是指通过向现有市场提供多种改进型变异产品，如增加花色品种、增加规格档次、改进包装、增加服务等，以满足不同顾客的需要，从而扩大销售、实现企业业务的增长。实施这种策略的重点是改进产品设计，同时也要大力开展以产品特征为主要内容的宣传促销活动。企业通过在现有市场上增加品种、花色、型号或者新型产品的销售，满足现有市场顾客的需求。例如，著名的茅台酒企业就开发有多个不同档次不同价位的子品牌产品，以求占领更多市场份额。

3.4.2 一体化成长战略

一体化成长战略，是指一个企业把自己的营销活动伸展到供、产、销构成的企业价值链的不同环节而使自身得到发展的营销战略。企业往往利用这种市场机会实行不同程度的一体化经营，纵向增强自身生产和销售的整体能力，从而提高效率、扩大规模、增加盈利。一体化成长战略包括三种：后向一体化、前向一体化和水平一体化(其中，后向一体化和前向一体化又合称为垂直一体化)。

1. 后向一体化

企业向自己所处价值链的上游方向，也就是原料供应方向发展，例如，自行组织生产本企业所需的原材料、能源、包装器材等，而不再向外采购，称为后向一体化战略。企业可以通过自建、兼并、契约等形式，取得对上游产业的控制权，实现供产一体化、产销一体化或者批零一体化。例如，钢铁企业自营矿山、电厂、耐火材料厂、包装材料厂，商业企业收购商品生产企业，零售商发展批发业务，汽车制造厂收购橡胶厂、轮胎厂、配件厂，造纸企业开发森林，乳制品企业经营牧场等。后向一体化战略通过对供货系统进行控制、提高供货效率，可以对企业生产需要的各种投入的成本、质量和可获得性进行更有效的控制。

2. 前向一体化

企业向自己所处价值链的下游方向，也就是自己原有客户方向发展，例如，组建自行销售产品或服务的网点直接面向用户，或者将产品进行深加工后再销售等，称为前向一体化战略。企业可以通过对其产品的加工或销售单位取得了控制权甚至直接拥有，以便自己更好地控制销售渠道、贯彻营销目标、获取更多利益。例如，批发企业自办零售商店、汽车生产商自设销售机构或与汽车经销商形成紧密合作关系，如纺织企业兼营印染、服装和床上用品制造，造纸企业兼营印刷，胶合板企业制造优质家具，水泥生产企业制造水泥构件等。

2013 年 9 月，微软公司宣布收购诺基亚，主要目的是获取后者在硬件设备及手机系统方面长期积累的技术优势和销售渠道。近年来移动互联网发展迅猛，以往在互联网领域尤其是操作系统软件产品方面拥有几乎不可动摇的垄断地位的微软却落后于苹果和谷歌两家公司，Windows 手机操作系统在手机上的使用率大大落后于后两者的产品。因此微软希望自己可以通过这样的前向一体化能够更直接地面对移动互联网一线的手机等设备与服务的顾客，提升自己的竞争优势。

3. 水平一体化

水平一体化战略即企业通过接办或兼并同行业企业来寻求成长的机会。由于购并的是与本企业存在竞争关系的企业，企业在现有市场上的营销规模和优势得以扩大，拥有的产品品种和品牌增多，在体现规模效益的同时又减少了竞争对手的数目。

我国实行水平一体化战略的企业正日益增多。在国家扶植国内大中型企业、调整不合理的生产和产品结构、促进行业规模经济效应形成的鼓励兼并政策支持下，国内的三大汽车集团——上汽、一汽和东风都曾经先后在全国各省市兼并了数十家汽车行业生产厂家，长虹、康佳等电视机生产企业也已纷纷展开兼并浪潮，这些都属于水平一体化战略范畴。近年来，这股兼并浪潮也逐步蔓延到互联网行业中。2012 年 3 月，优酷和土豆两家国内领先的互联网视频服务商进行了合并，在减少了原先相互间激烈竞争的同时更为牢固地占据了国内市场第一的位置；继滴滴、快的成功牵手后，2016 年 8 月 1 日，厮杀最激烈的两家网约车巨头滴滴、优步中国也宣布合并，在业界引发了轩然大波。

3.4.3 多元化成长战略

企业为了更多地占领市场和开拓新市场，或避免单一集中经营的风险，往往会选择进入新的业务或市场领域，这一战略就是多元化(又称为多角化)经营战略。多元化战略已成为当今大型企业，特别是跨国公司普遍采用的战略模式。

多元化市场机会通常产生于利用密集性或一体化的市场机会争取进一步成长时受到了限制，

或是遇到不寻常障碍，企业才会有需要去跨行业投资。企业通过新增与现有经营业务有一定联系或毫无联系的产品业务，实行跨行业的多样化经营，以实现企业业务的成长。多元化战略主要有三种类型：同心多元化、水平多元化和集中多元化。

1. 同心多元化战略

同心多元化战略，是指企业利用现有物质技术力量开发新产品，增加产品的门类和品种，犹如从同一圆心向外扩大业务范围，以寻求新的成长。这种经营有利于发挥企业原有的设备技术优势，风险较小，易于成功。其突出的特点是：新增的产品或服务与原有产品或服务在大类别上、生产技术上或经营方式上是相似的、相关联的，可以继续利用本企业的专门技能和技术经验、设备或生产线、销售渠道和顾客基础，所以这种战略又称为相关多元化战略。采用这种战略一般不会改变企业原来所属的产业部门。

同心多元化战略的采用极为普遍，因为它既可以分散单一集中经营战略面临的风险，又可充分发挥企业原有的专长，收到协同效果，且扩张起来较容易。世界上许多著名的公司，如通用汽车、福特汽车、丰田汽车，松下、索尼、东芝、日立等家用电器，杜邦化工，默克、强生、辉瑞等医药公司，都是在执行同心多元化战略。

在相关多元化经营中，企业的业务领域虽然不同，但是它们之间仍然有某些相适应的地方。与相关多元化经营相适应的特征主要是：共同的技术、共同的劳动技能和劳动要求、共同的分销渠道、共同的供应商和原材料资源、相似的经营方法、相似的管理技能、互相补充的市场营销渠道或者共同的消费者等。这使得企业在其业务活动中能够得到一定的联合利益和固定成本分摊。而且，当一个企业能够在自己原有的业务上建立起有特色的业务领域时，相关的多元化经营就为开发企业的最大潜力和把在一个行业获得的竞争优势转到另一行业提供了捷径。

相关多元化经营战略的一些基本思路可以归纳为以下几个方面：如果销售力量、广告和分销活动可以共享的话，那就可通过收购相关外部企业或扩充内部的生产设施来扩展产品经营范围；开发紧密的相关技术；寻找增加生产能力利用率的方法；合并一个经营相关业务的企业来扩展本企业的业务范围；开发利用企业的品牌形象和信誉；兼并那些对于维护本企业地位起到非常重要作用的新企业。

2. 水平多元化战略

水平多元化战略，即企业针对现有市场(顾客)的其他需要，增添新的物质技术力量开发新产品，以扩大业务经营范围，寻求新的成长。这就意味着，企业向现有产品的顾客提供他们所需要的其他产品。例如，一家农机制造企业原先生产农用机具，而现在增设化肥厂、实行跨行业经营，但仍然是为农民的农业生产服务。实行这种多元化经营，意味着向其他行业投资，企业应具有相当的风险承受能力和投资实力。不过由于是为原有的顾客服务，可相对降低市场开拓难度，得以利用企业在客户群中的原有良好形象。如在大型百货商场内附设餐厅、酒吧、舞厅等，也是运用水平多元化战略的体现。

由于互联网和移动互联网技术的发展，目前企业对于其既有顾客群信息的把握已经日益可以做到精准化、定量化、实时化和低成本。例如，像腾讯公司的 QQ 和微信这类网络社交服务工具，在服务顾客的同时也积累了巨量且详细的顾客注册信息和各类顾客线上行为，通过对于这些数据的掌握就可以很容易地向这些原有服务产品的顾客推送新的服务产品。事实上，腾讯在 2014 年春节前夕利用在微信上发起、示范和推动"抢红包"在线社交活动就几乎在一夜间促进了大量的微信用户尝试和使用该公司新推出的电子支付工具。这种策略有效地扩展了企业在移动互联网产业中的产品线，令社交沟通服务和金融服务在增加用户便利、满足用户需求方面相辅相成，提升了该品牌能够为顾客提供的价值，从而扩展了市场占领。同时，这种"全面服务"策略也进一步增加了既有用户转而使用其他供应商产品时的转换成本，从而得以进一步锁定已经占领的客户群。

3. 集团多元化战略

集团多元化战略，是指企业通过投资或兼并等形式，把经营范围扩展到多个新兴部门或其他部门，组成混合型企业集团，开展与现有技术、现有产品、现有市场无联系的多元化经营活动，以寻求新的成长机会。

实行集团多元化成长，在财务上的原因，如为了在现时经营中抵补季节性或周期性的各种波动；但更多的是出于战略上的考虑，为了企业的长远发展。如合理调配资金，或者避免能源危机、行业退化、政局变动给企业造成的威胁等。然而，利用这种多元化的市场机会来寻求企业业务的成长，是冒着极大风险的，对大多数企业，尤其是中小企业来说，一般不宜采用，或者只能在低层次、小范围内采用。采用集团式多元化成长策略的企业，一般都是财力雄厚、拥有各种专家、具有相当声望的大公司，有的是通过外部收购或合并，有的是通过自我投资发展。集团多元化战略新增加的产品或服务与原有的产品或服务毫不相干，不能利用企业原有的专门技能、设备、生产线等，所以，这种战略又称为不相关的多元化。

国外有为数众多的大型企业选择了集团多元化战略的先例。例如，以生产万宝路牌香烟的美国菲利浦•莫里斯公司收购了米勒啤酒公司，还曾兼营饮料、专用纸张、包装材料、房屋建造和设计业务；可口可乐公司除了在全球经营名牌软饮料外，还收购了哥伦比亚电影公司等；美国国际电话电报公司旗下却收购了一家庞大的旅馆集团。在我国，尝试集团多元化战略的企业也日趋增多。如中远集团大规模涉足房地产开发；以塑钢门窗起家的大连万达集团出巨资经营足球俱乐部；起初的主要业务为互联网零售平台的阿里巴巴集团投资兴办银行、创投基金、电影制作、出租车经营；以互联网搜索引擎起家的百度公司居然做起了外卖业务等。

跨产业经营最突出的优点是可以充分利用不同产业的发展机会，通过向不同的市场提供产品或服务来分散原有产业的经营风险，利用协同来提高企业的总体盈利能力和灵活性。但跨入别的原来并不熟悉的产业，必然会带来新的经营风险，并增加管理上的困难，甚至跌入所谓的"多元化陷阱"。例如，生产出中国第一根火腿肠的春都集团，在 20 世纪 90 年代初成为年收入超十亿元、利润过亿元的国内著名大型肉制品生产加工企业，市场占有率最高达 70%以上。然而此后，春都的经营者投巨资于医药、茶饮料、房地产、商业、木材加工、旅馆酒店等多个行业，经营项目繁杂、相互间关联度低，盲目多元化使得当 90 年代肉制品主业市场面临竞争加剧的压力时，春都在主业经营上却力不从心，最终企业亏损高达 6.7 亿元，并且欠下 13 亿元的巨额债务。

西方学者为了揭示企业多元化类型与企业经营业绩、组织管理结构设置等的关系，从 20 世纪 60 年代开始，做了大量的实证调查分析。罗曼尔特(Richard Rumelt)认为，那些坚持把多元化经营活动限制在自己的中心技能或能力范围内的企业，其利润率和成长率都高于其他类型的企业，具体来说，即约束型多元化公司(也即以一业为主，其他业务与之关联)的绩效最好；平均而言，单业务公司或连接型多元化公司的绩效处于中游水平；而非相关型多元化公司的绩效水平最差。波特对 1950—1986 年间美国 33 家大企业经营历程的统计指出，通过混合兼并进行的无关多元化的失败率最高，那些收购非本行业企业的活动有 74%以亏本再出售而告终。

因此，企业进行多元化经营时，需要慎重研究，切不可盲目、轻率地进入多个业务领域。但在公司实践中，无关多元化经营仍是一种可供选择的和有吸引力的经营战略。当现存业务的扩展受到限制或受到外界力量的威胁时，企业就会想到要利用无关多元化经营战略。

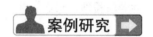

1. 请从营销战略的各项特征出发，思考为什么说企业营销战略决策是企业最根本的决策内容。

2. "企业使命的表述主要是为了向企业外部各相关方(如客户、公众、政府、社会组织等)体现企业对社会的价值所在和负责任的形象"。以上说法你认为是否正确？为什么？

3. 波士顿矩阵与 GE 矩阵这两个管理分析工具都用于帮助进行战略业务单位(SBU)组合规划。两者之间有何异同？你认为这些工具较适用于哪些类型的企业？

4. 改革开放以来，我国东南沿海省份的一些民营企业在小商品(如打火机、贺卡、领带、袜子等)的生产和销售、出口方面取得了瞩目业绩，虽然各家企业产品线大都相当单一，但却能够占据全球产销量的大部分份额。请问：这些企业所运用的是何种营销战略？其战略运用得以成功的原因有哪些？有何风险存在？你认为随着企业的进一步壮大和市场环境的变化，这些企业有无必要在将来改变其营销战略？应选用何种成长战略？

案例研究 ➡

吉利并购沃尔沃与李书福的公司战略

英国《金融时报》报道称，当西方传统的汽车巨头在金融危机中屡遭困境时，那种老派的敢想敢干精神已部分转移至了中国。作为中国特色汽车制造新时代的代表人物，47 岁、性格突出的李书福正是这种迅速成长的超级自信的代表，他所领导的汽车制造集团吉利(Geely)已自豪地成为沃尔沃(Volvo)的新主人。

"当世界其他地方在问'为什么'的时候，他却说'为什么不'，克莱斯勒(Chrysler)前中国区总裁、汽车业咨询公司 Synergistics 总裁比尔·拉索(Bill Russo)表示。"他就是西方一百年前的故事在当今中国的翻版"，拉索提到了卡内基(Carnegie)与洛克菲勒(Rockefeller)家族，而不是亨利·福特(Henry Ford)。但李书福同事说，对于自己帮助解救了福特创办的企业这一讽刺性的宿命，李书福颇为得意。

一、创业历程

吉利汽车创始人、董事长李书福于 1963 年出生于浙江省台州市附近的一个村庄。他曾经用 100 元人民币的毕业奖励，购买了一台旧相机和一辆自行车，开始在一些景点给游客拍照，让自己的创业资金在 6 个月内翻了十倍。他用这笔钱开了一间照相馆，并发现了一个非常赚钱的副业，即出售从冲洗相片的药水中提取的银。后来，他开始转做电冰箱及冰箱零部件。当冰箱生意失败后，他转而生产摩托车，最后是汽车。

在创业初期还在开冰箱厂的时候，李书福就曾经将自己的车拆掉让工人仿造，梦想造中国自己的顶级汽车，甚至还注册了波音汽车的商标，结果因遭到了波音公司的反对而不觉放弃。1998年，吉利从制造经济型轿车入手进入汽车领域，并在低价汽车市场上取得了一定的份额，李书福也曾经以"造 4 万元一辆的汽车""通用汽车迟早要破产"等语论震动国内汽车业。

但是，随着改革开放带来的社会发展、人民生活水平的逐步提高以及日趋激烈的市场竞争，企业经营到 2006 年年底开始面临后劲乏力的困境。为此，吉利决定自 2007 年 5 月起开始实行战略转型，从单纯"价格战"向在价格相对便宜的前提下在技术、品质、品牌、服务等各个领域为用户创造更多的附加值。在较短的时间里，吉利实现了产品的更新换代，早期的豪情、美日、优利欧"老三样"被全球鹰、帝豪、英伦三大子品牌所取代，建立了 800 多家全新的品牌 4S 店。"技术领先"的战略意图表现在研发上，体现为初步建起了包括整车、发动机、变速器、底盘、汽车电子等产品和核心零部件的研发体系，掌握了爆胎监测与安全控制系统等一批新技术，获得了 2000 多项专利(其中发明专利 300 多项，国际发明专利几十项)。2010 年 1 月，"吉利战略转型的技术体系创新工程建设"获得国家科技进步大奖，成为获得该类奖项的唯一汽车企业。

在 2008 年 10 月接受采访时，李书福展示了其公司正在开发的 42 款车型的幻灯片。即使是对于丰田(Toyota)或福特来说，这个阵容看上去也甚为庞大。其中一款被戏称为"小劳斯莱斯(baby Rolls-Royce)"，导致劳斯莱斯抱怨吉利只是抄袭外国车型。其他一些同行业公司也曾提出类似抱怨。李书福还曾涉足海南岛的房地产市场，发起一支以吉利命名的足球队，但是战绩不佳。这使得他坦言"只擅长做实业投资"。

2010 年，吉利全年整车销售超过 40 万辆，跻身中国轿车企业十强之列。吉利集团目前的总资产接近 1000 亿元(总资产负债率为 73.4%)，而其旗下作为香港上市公司的吉利汽车总市值约在 100 亿元左右。

二、战略转变

经济发展方式转变，从国家层面来讲，首先是国家经济发展战略的转变。对于企业来讲，就是企业核心竞争方式的转变，从根本上讲又是企业核心价值的理念转变。近几年吉利在战略转型上取得了一定的发展，这与其所采取的国际化视野和战略分不开。

作为民营的中国自主品牌汽车企业，吉利声称"让中国汽车走遍全世界"是自己所追求的终极目标。为了实现这一目标，应当"一方面坚持通过自主创新来培植自己的实力，另一方面广泛寻找合作机遇来壮大自己"。全球汽车产业的发展正处在一个深刻的变革过程当中：一方面，如新能源汽车等新技术的出现可能会对汽车产业产生革命性的影响；另一方面，汽车产业格局的重塑从以西方市场为主导向由东方等新兴市场为主导发展。中国汽车产业的机会，应该是在全球化的格局中，发挥本土优势，抓住海外契机，借力产业整合和资源重组，用优质的资源迅速形成有竞争力的产品和品牌，真正参与全球市场的竞争。

李书福认为，用中国巨大的市场潜力，真正换来和这个市场当量相匹配的技术能力、品牌影响力和有竞争力的企业以及具有强大竞争能力的产业链，这是中国汽车产业的根本出路。吉利并购沃尔沃，一方面是其多年的梦想，但另一方面也是被现实所逼：在中国惨烈的汽车市场竞争下，吉利实际上是通过海外并购用资本换时间；如果不能尽早进入产业分工的更高端，"迟早是死路一条"。

2010 年，李书福在《人民日报》经济版发表文章，指出收购沃尔沃既是吉利自身发展的战略需要，也是经济全球化时代的产物，符合中国经济发展方式转变的需要。他明确断言，中国本土汽车企业所面临的在世界上的品牌形象和竞争力弱势状况预计 20 年内都难以解决。要解决这个问题，既可以通过二三十年的时间一点一点地积累，也可以购买一个在国际上已经受人尊敬的成熟企业和品牌。吉利集团计划要用 3～5 年时间完成向"全球化战略"的转型，从"技术吉利"向"品质吉利"的转型，从"快速发展"向"稳健发展"的转型，从"产品线管理"向"品牌线"管理的转型。

实际上早在此 7 年前，李书福就曾经提出了 2015 年销售 200 万辆的目标，其中要在销量上国内占 1/3、国外占 2/3，生产上国内占 2/3、国外占 1/3。虽然 2009 年国际金融危机让其设想进程受到了影响，但这一蓝图至今未变。2006 年，吉利收购英国锰铜汽车公司成为第一大股东，在上海合资生产的英伦出租车成功出口英国。2009 年，吉利全资收购在澳大利亚的全球第二大自动变速器公司 DSI。2010 年 8 月，吉利完成了对位于瑞典的沃尔沃汽车公司 100%股权包括知识产权的收购。

三、实施并购

李书福首次将目光投向沃尔沃是在 2007 年：当时业绩滑坡的美国福特汽车公司计划出售旗下这一全资控股品牌，吉利提出申请并在中国国家发改委备案海外并购，但起初并未被理睬。不过后来沃尔沃认识到要走出困境眼下最大的机遇就是借助中国市场，于是开始接洽李书福，询问其是否有意收购。李书福将与福特的大部分谈判都授权给了顾问公司处理，但当谈判遇到障碍时，他就会与福特首席财务官刘易斯·布斯(Lewis Booth)碰面，他们碰面的次数不少于六次。李书福对谈判气氛的形容是"艰难但非常友好"。2009 年，在沃尔沃比利时总部出席一个与工会代表的会议时，被问及为何对这家汽车制造商感兴趣时，李书福直截了当地说："我爱它。"但如果失败呢？李书福告诉来访者，大不了回家种地。

2010 年 3 月 28 日，在沃尔沃汽车故乡瑞典哥德堡的一个仪式上，吉利与福特汽车(Ford Motor)签署了中国最受瞩目的海外品牌收购协议之一。作为中国目前最大的民营汽车制造商，吉利支付 18 亿美元，收购福特汽车旗下以生产坚固的旅行及行政轿车而闻名的沃尔沃品牌。通过该交易，李书福将要接手一个营运收入大约高出吉利四倍的汽车制造商，他坦言，自己最好不要多碰这一欧洲豪华品牌。中国刚成为全球最大汽车市场，而该交易将是中国在全球汽车制造业取得霸主地位这一雄心的领头羊。

1927 年成立的沃尔沃汽车公司是一家具有全球声誉的汽车企业。该公司以重视汽车安全闻名于世。它是世界上最早成立汽车事故调查小组的汽车公司，安全带、安全气囊、汽车安全玻璃等汽车安全技术都是沃尔沃发明的，近年来又发明了汽车城市防碰撞安全技术以及行人安全自动刹车技术。此外，沃尔沃也是车用环保技术的领先者，在国际上最先应用三元催化器技术，在混合动力、纯电动等领域也有大量研究。

通过收购 100%的沃尔沃股权，吉利公司得到的是一个独立完整的汽车公司，资产的具体内容包含以下八个方面：一是沃尔沃商标的全球所有权和使用权；二是 10 个系列可持续发展的产品，全时四驱轿车及核心零部件技术，3 个高效节能环保的产品平台及发展升级策略；三是世界领先技术的全新沃尔沃 SPA 平台，全球最高水平的汽车安全中心，全球最高水平的汽车道路试验场；四是哥德堡/托斯兰德、比利时根特市、乌德瓦拉、马来西亚 4 个整车厂约 56.8 万辆的物理产能及先进的制造装备设施；五是 1 家发动机公司及 3 家零部件公司和一个拥有 40%股权的生产变速箱、悬架及底盘附件的公司以及面向全球市场的仓储物流中心；六是拥有 83 年整车和关键零部件开发经验、数据库齐全、设施完整先进、卓有成效的数字化汽车设计开发平台、3800多个研发工程师的研发体系和能力；七是分布于 100 多个国家的 2325 个网点的销售服务体系；八是涵盖发动机、整车、平台、模具、安全技术、电子控制技术等领域 10 000 多项专利和专用知识产权。

"走出去，引进来"。收购完成后，李书福打算还原沃尔沃的独立性，恢复其往日竞争力，尊重沃尔沃原有的核心价值理念和成熟的商业文明，巩固和加强沃尔沃在欧美传统市场定位，开拓和发展包括中国在内的新兴市场，拉长并拓宽沃尔沃产品线，满足多层次用户对安全环保型汽车需求。在他看来，吉利收购沃尔沃的圆满成功，不仅为中国汽车工业创立了第一家跨国公司，也为中国资本并购海外优良资产提供了一个成功案例。同时有力地证明，新时代的商业社会中充满了契机，只要抱有开放、合作、共赢的态度，沉住底气、抓住机遇，"蛇吞象"的奇迹是可以发生的。

收购完成后，在大量细致认真研究的基础上，吉利发布了新的沃尔沃的中国战略，决定沃尔沃今后将在全球执行一套质量标准、一套研发技术体系、一套管理考核标准的原则下，实现在中国的本土化研发、本土化生产、本地化销售目标，全面提升沃尔沃汽车的全球竞争力。李书福认为，让中国用户充分享受沃尔沃全球同一个技术和质量标准制造的优秀产品，这是对中国用户和市场的尊重。

吉利并购沃尔沃后，坚持"吉利是吉利，沃尔沃是沃尔沃"，将两者区别定义为大众化汽车品牌和高档豪华汽车品牌。2010 年，沃尔沃汽车全球实现销售 37.4 万辆，同比增长 11%，至第三季度开始恢复实现盈利。2011 年第一季度，沃尔沃汽车全球销售继续保持高速增长，增长率达到 22.3%、达到 10.68 万台，在中国的市场份额继续攀升。沃尔沃宣布到 2015 年将投入 105 亿美元用于产品研发以及新生产基地建设。沃尔沃将招聘 1200 名研发工程师以及 600 名新员工，并且在瑞典和比利时两个工厂增加产能。

吉利的全球化过程刚刚开始，以澳大利亚和英国为布局重点，吉利正在加强与全球零部件供应体系的合作，并开始使用全球资源设计生产汽车。吉利称将以 6 个经济区、10 个发展中国家为主要市场，力争完成 2015 年 200 万辆的销售目标。2010 年，吉利集团实际总共出售 41.58 万辆轿车，较 2009 年上升 27%。

四、企业使命和目标

李书福认为，成为受人尊敬的全球化企业，是吉利人的理想，更是全球化背景下中国企业长期生存的必需。全球化对于汽车工业而言尤其重要，因为车企在零部件、整车、前沿技术等方面的研发投入很大，如果不能形成大规模的全球化合作生产体系，很难形成最终的综合竞争能力。吉利能生存到今天而且还有很大的发展后劲，得益于中国改革开放形成的快速增长的汽车市场，也得益于中国汽车工业引进、消化、吸收的机遇。但从长远看，如果吉利不成长为全球性的汽车工业集团，这种发展也是难以持续的。一个企业要走向世界，并且在全球市场扎根、开花、结果，必须要受人尊敬。否则，不但不可能成为全球化企业，在本国都很难生存与发展。

第一，吉利的全球化，首先要落实到产品上。吉利提出"造最安全、最环保、最节能的好车，让吉利汽车走遍全世界"，就是要通过先进的技术、优良的产品、令人满意的服务，让每一个吉利的用户感到物有所值、物超所值，越用越好、越用越喜欢、越用越想用，还不断地向朋友推荐吉利的产品。

第二，要落实到吉利每一个员工的素养和行为上。为了让员工理解一个受人尊敬的全球化企业是什么样，吉利编写了员工手册，有健全的激励约束机制，对员工进行培训，并制定了"快乐人生、吉利相伴"这一企业核心价值理念。吉利力争通过员工的努力，不仅生产出高品质的汽车，而且让每一个供应商感觉到和吉利打交道是快乐的，让他们放心地与吉利进行同步研发，向吉利开放技术，与吉利结成命运共同体，形成非常有竞争力的供应链关系。

第三，要落实到企业社会责任上。吉利声称自己一直积极践行企业社会责任，为此成立了环保科，专门负责环境保护和企业社会责任。又例如，吉利率先在中国车企中取得欧五排放标准认证；CNCAP 安全碰撞测试中达到五星安全的车型寥寥可数，其中吉利就有两款——熊猫和帝豪 EC718；在城市里随处可见路牌广告，吉利从不去做，因为路牌广告不节能、不环保；吉利还要求供应商在生产零部件过程中，必须是对环境负责任的，即便会因此抬高成本。

　　李书福表示，吉利今天的成功，归功于党和国家的领导，归功于社会各界的大力支持。过去，吉利依靠自主创新和灵活的经营机制，在发展中国自主品牌汽车和走向全球化方面迈出了万里长征的第一步。今后的吉利会在"团队、学习、创新、拼搏、实事求是和精益求精"六面大旗的指引下，不断探索和实践，最终实现在最高层次上参与全球汽车产业的竞争和重塑，做具有全球影响力和竞争力、受人尊敬的企业。"收购沃尔沃，吉利迈出了通向受人尊敬全球化企业的重要一步，虽然前景光明，但依然要付出艰巨的努力"。

【资料来源】

1. Patti Waldmeir, John Reed, MAN IN THE NEWS: LI SHUFU, Financial Times, March 30, 2010.

2. 李建宗.吉利负债额攀升至710亿元"蛇吞象"后资金饥渴.中国新闻网，2011-7-26.

3. 李书福.吉利收购沃尔沃得到了什么[N].人民日报，2010-8-4.

4. 王政，李书福.做受人尊敬的企业[N].中华工商时报，2011-7-20.

5. 我为什么能买下沃尔沃？吉利集团董事长李书福谈收购背后的故事[N].东方早报，2010-8-4.

案例思考题

　　1. 公司领导人的价值观是否等于公司的价值观？如何树立符合可持续发展需要的公司价值观和使命？请举例说明。

　　2. 请分析李书福领导下的吉利在其发展的各个阶段所使用的市场营销战略的利弊得失。

　　3. 吉利集团当前使用了哪些成长战略？是否合理？

　　4. 在当今互联网及移动互联网蓬勃发展的形势下，你认为吉利集团在新时代营销环境和顾客需求方面其战略是否能够适应？可如何进一步改进？

第二篇　分析营销机会

第4章 消费者行为分析

企业营销的目标是使其目标市场的客户需求得到合理的满足。企业只有通过合适的时间、地点和手段对目标市场的客户需求做出合理的分析与判断，并提供合适的产品与服务，才能实现这一目标。因此，对于企业来说，不仅要认真研究自身所处的微观市场环境和宏观市场环境，而且还要研究拟进入市场的特点以及购买者的购买行为。

4.1 消费者行为模式

4.1.1 消费者行为

消费者是指在不同时空范围内参与消费活动的人或组织。根据购买行为主体的不同，可把消费者区分为个人消费者和组织消费者。个人消费者是指为了个人和家庭生活的需要而购买或使用商品的个人或家庭；组织消费者是指为了生产或转卖等盈利目的以及其他非生活性消费目的而购买商品的企业或社会组织。个人消费者和组织消费者由于购买主体以及购买目的都不一样，因此在购买行为上就表现出不同的特点。本章所指的消费者为个人消费者。

市场购买行为是人类行为的一个重要组成部分，而人的行为是受心理活动所支配的。因此，认识购买者行为，首先要从人类认识反应的一般模式开始。人类行为的一般模式是 S-O-R 模式，即"客观刺激—心理活动过程—行为反应"模式，如图 4-1 所示。

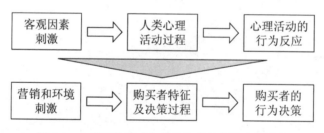

图 4-1　人类行为模式向市场购买行为模式的转变

图 4-1 表明，当人类的一般行为模式反映在市场经济的购买行为之上时，消费者的购买行为主要由客观刺激所引起。这种刺激既来自市场营销者的产品、价格、地点及促销所构成的质量、款式、服务、广告、社会效应等情况，也可以来自外部的刺激，包括市场购买者所处环境的经济、技术、政治与文化的因素与事件。

人类心理活动在市场营销中的反应分为两个部分。第一部分是购买者的特征，其受到许多因素的影响，并进而影响购买者对营销刺激的理解和反应。这种反应是一系列可以观察得到的购买者反应：产品选择、品牌选择、销售商选择、购买时间及购买数量。第二部分是购买者的决策过程，它直接影响购买者最后的行为结果。营销者的任务就是要了解在客观刺激和购买决策之间购买者的意识发生了什么变化，了解在消费者黑箱到底有些什么。消费者购买行为模式如图 4-2 所示。

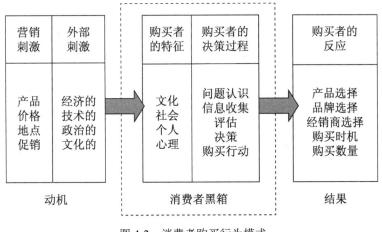

图 4-2　消费者购买行为模式

4.1.2　消费者行为模式

一些西方学者对消费者行为模式进行了深入的研究，并提出了许多试图理解和解释消费者行为的模式，其中比较著名的模式有尼科西亚模式(Nicosia model)、恩格尔—科拉特—布莱克威尔模式(Engel, Kollat and Blackwell model，EKB 模式)和霍华德—谢思模式(Howard, Sheth model)等。除此以外，随着互联网、移动互联网及社会化媒体的发展，近年来又产生了 AISAS、SICAS 等模式。

1. 尼科西亚模式

尼科西亚模式是尼科西亚(Nicosia)在 1966 年提出来的，由四大部分组成。第一部分，从信息源到消费者态度，它包括企业和消费者两方面的态度。假设消费者无商品知识，完全依靠企业向消费者发出信息，消费者接收信息后，受到信息的影响并经过自己处理而形成对商品和服务态度的输出。第二部分，消费者对商品进行调查和评价，并且形成购买动机的输出。第三部分，消费者采取有效的决策行动。第四部分，行动的结果被消费者的大脑记忆、储存起来，供以后参考或反馈给企业。尼科西亚模式比较严谨，简单明了，清晰易懂，对市场营销理论做出了贡献。但该模式未能对外界环境的影响作用做出说明。尼科西亚模式如图 4-3 所示。

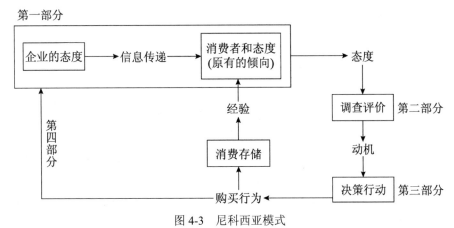

图 4-3　尼科西亚模式

2. EKB 模式

恩格尔(Engel)在 1958 年提出了恩格尔模式，后来经过科拉特(Kollat)与布莱克威尔(Blackwell)的发展，形成了著名的 EKB 模式。在消费者行为模式中，对消费者心理活动分析较为全面的就是 EKB 模式。他们认为消费者的最终决策并非是一个间断性的过程，而是一个连续性的行为(活动)所产生的结果。该模型以"消费者的决策过程"为中心，再结合内在和外在的干扰因素所形成。其特色为该模型以流程图的方式清楚地表达出消费者决策过程及各个变量间的相关性，易于让研究者了解其内涵，如图 4-4 所示。

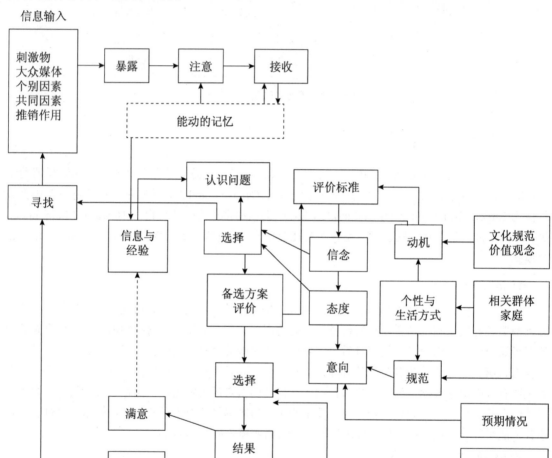

图 4-4 恩格尔—科拉特—布莱克威尔(EKB)模式

3. 霍华德—谢思模式

霍华德—谢思模式于 20 世纪 60 年代初先由霍华德(Howard)提出，后经其修改并与谢思(Sheth)合作，于 1969 年在《购买行为理论》一书中提出，这是一个较复杂的模式。输入给消费者的信息包括事物的意义、象征性和社会因素，而消费者是有选择地接收信息。消费者一方面开展调查，主动收集信息，一方面将信息与其心理状态相结合。新的信息可以影响或改变消费者的动机，选择评价标准、意向和购买决策的结果又转化成信息，且反馈和影响消费者心理，形成对将来行为的影响因素。霍华德—谢思模式如图 4-5 所示。

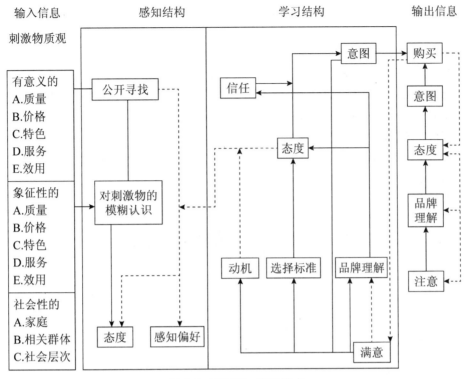

图 4-5　霍华德—谢思模式

4. 网络时代的消费者行为模式：从 AIDMA 模式到 AISAS 模式和 SICAS 模式

在网络时代到来之前的一个较为漫长的信息不对称的环境下，广告主通过强大的电视、报纸、杂志以及终端等媒介，广泛发布产品信息，动态引导消费者的心理过程，刺激其购买行为。美国广告学家 E.S.刘易斯在 1898 年提出了与此相适应的具有代表性的消费者行为模式，即 AIDMA 模式(attention 注意、interest 兴趣、desire 欲望、memory 记忆、action 行动)。消费者由注意商品，产生兴趣，产生购买愿望，留下记忆，做出购买行动，整个过程都可以由传统广告、活动、促销等传统营销手段所左右，而且消费者的购买行动仍属于传统的个体决策行为。

当互联网作为一个全新的媒体介入社会生活，电视、广播、报纸这些曾经的大众媒体被戴上了"传统"的标签。交互式的新媒体开始解构消费者曾经习以为常的行为习惯，也开始解构原有的营销法则。AISAS 模式(attention 注意、interest 兴趣、search 搜索、action 行动、share 分享)是由国际 4A 广告公司日本电通广告集团在 2005 年针对互联网与无线应用时代消费者生活形态的变化，而提出的一种全新的消费者行为分析模型。消费者从被动接受商品信息、营销宣传，开始逐步转变为主动获取、认知，AISAS 强调消费者在注意商品并产生兴趣之后的信息收集(search)，以及产生购买行动之后的信息分享(share)。

在社会化网络、移动互联、全数字化浪潮下，不仅媒介、信息更加碎片化，消费者的注意力也发生了大范围的转移和扩散，感知—接触—交互—决策—购买—体验—分享的行为与路径更为开放和复杂，线性模型已经跟不上用户的非线性行为步伐。中国互联网监测研究权威机构&数据平台 DCCI 互联网数据中心基于长期以来对用户的行为追踪、消费测量、触点分析和数字洞察，于2011 年 8 月提出了 2.0+移动互联的"数字时代行为消费模型——SICAS"。SICAS 模型是一个全景模型，用户行为、消费轨迹在这样一个生态里是多维互动过程，而非单向递进过程：品牌—用户互相感知(sense)，产生兴趣—形成互动(interest & interactive)，用户与品牌—商家建立连接—交互沟通(connect & communication)，行动—产生购买(action)，体验—分享(share)。SICAS模型的核心驱动是基于连接的对话，并非广播式的广告营销。对话、微众、利基市场、耦合、应需、关系、感知网络是营销的关键词。在这种全新传播、基于用户关系网络，基于位置服务，用户与好友、用户与企业相互连接的实时对话模式下，用户不仅可以通过社会化关系网络、通过分布在全网的触点主动获取信息，还可以作为消费源、发布信息的主体，与更多的好友共同体验、分享。企业也可以通过技术手段在全网范围内感知用户、响应需求。消费信息的获得甚至不再是一个主动搜索的过程，而是关系匹配—兴趣耦合—应需而来的过程。传播的含义甚至也在发生改变，不是广而告之你想要告诉别人的信息，而是你在响应、点燃那些人们已经蕴含在内心、表达在口头、体现在指尖的需要。

4.2 消费者行为理论的发展

心理学和行为经济学的发展，进一步促进了消费者行为的研究，尤其在消费者行为决策方面取得了较大的发展。掌握其中的方法和理论对于企业和营销研究人员来说非常重要。

4.2.1 消费决策的构造理论

研究消费者决策的最终目的是要从本质上对决策行为的机制做出说明、解释和预测，以便于提高决策的科学性与有效性。1998年，Bethnan等提出的构造决策理论认为，决策时不管选择难易，偏好常常是根据情境构造出来的，并不是被动地适应。他们将理论描述为选择目标框架，认为消费者购物的选择是为了达到四个目标，除了选择正确性的最大化和选择所需努力的最小化外，还有选择过程中负面情绪体验的最小化和证明决策合理性难度的最小化。他们强调在特定情境下不同目标的相对重要性由任务特征决定，即决策偏好的影响因素除决策者内在认知、情绪等心理因素外，还包含外在任务与环境特点。

4.2.2 认知与消费者决策

个体认知特点与消费决策的关系是逐渐受到关注的。1999年，Stanovich提倡更多地关注于决策研究中决策者认知特点和人格特点的影响。研究个体人格和认知特点差异在决策研究中的作用成为研究趋势和新的热点，这种决策研究与个体差异相结合的方法丰富了我们对消费决策的理解。

哈佛大学教授Bauer将感知风险引入消费者行为学中，认为消费者行为是一种承担风险并试图减少风险的行为。通常认为感知风险有六个维度：经济风险、功能风险、身体风险、心理风险、社会风险和时间风险。

感知风险越高，会使消费者在选择产品时感觉到的威胁越大。消费者尽力降低风险的一个方法是获得购买决策的更多信息。购物决策感知风险越高，信息收集就越有必要。收集得到的信息越多，消费者购买后遗憾的可能性就越低。所以说，感知风险会影响消费者的信息搜索，高风险会引起更多的搜索。之所以如此，是因为它会影响消费者动机。实质上，感知风险影响的是信息的需要。

消费者的选择取决于在信息搜索过程中所了解的东西，如果没有进行深入的调查，消费者的选择可能性是有不同的结果的。感知风险中等的时候，消费者做出的购买决策最差；商品较少时，感知风险低时做出的购买决策最优；而商品较多时，感知风险高时做出的购买决策最优。与购买决策卷入相似，在商品数目较少时，卷入水平较低，则感知风险较低，消费者的搜索活动并不多，但却较易做出好的购买决策；在商品数目多时，卷入水平越高，感知风险水平越高，消费者为了满足自身需要和减小风险，会进行深入的信息搜索，因而做出的购买决策也很好。

4.2.3 前景理论

1. 前景理论

20 世纪 70 年代开始，卡尼曼和特维斯基(Amos Tverskey)继西蒙(Simon)的研究，对该领域进行了广泛而系统的研究，向期望效用理论提出挑战，于 1979 年提出前景理论。

卡尼曼和特维斯基通过精心设计的行为心理学实验表明：信息的不完整性和对概率、价值评估主观判断的差异，会导致消费者推断信息存在系统性偏差，从而导致最后消费者行为偏离经济学最优行为假设模式。前景理论的一个前提是人的心智认知能力是有限的，在这种情况下，人们的决策会受到各种各样决策问题场景的影响，产生各种各样的理性偏离的行为。前景理论相对于期望效用理论更准确地描绘了决策者在不确定条件下的判断和决策行为，成为行为经济学的理论基石。

2. 行为决策中的几个重要概念

行为决策理论认为，一个决策过程可以分为两个阶段：编辑和评价。首先，问题"被编辑"，用以建立一个合适的参照点为决策服务，此时将这种选择的结果称为"编码"，接下来就是对编辑的结果进行评价。

1) 决策启发式偏向(heuristic bias)

在面对不确定性和风险的情况下，人们常常不能充分地分析涉及概率和经济的情形。在这种情况下，人们的判断常常依赖于某种捷径或具有启发性的因素。启发(heuristics)是指单凭经验或思维捷径来判断事物。启发式偏向就是人们在判断的过程中，会走一些思维的捷径，这些捷径有时能帮助人们做出快速、准确的判断，而有时候又导致判断偏差。这些因走捷径而导致的判断偏差就称为启发式偏向。有三种最典型的启发式偏向：代表性偏向(representativeness)、可得性偏向(availability)、锚定效应(anchoring)。

代表性偏向是指人们简单地用类比方法去判断。例如，消费者发现一款优质的笔记本电脑可以无线上网并且存储量很大，那么下次该消费者购买笔记本电脑时，若发现一款可以无线上网，并且存储量大的电脑，他就认为这台笔记本电脑是一款优质电脑。

可得性偏向是指当人们需要做出判断时，往往会依赖快速得到的信息，或是最先想到的东西，而不是去致力于挖掘更多的信息。例如，消费者选择交通工具的时候，若突然想起前几天在某报纸上看到的国外某航空公司的飞机空难，会因而改选火车作为交通工具，其实飞机事故的发生率是所有交通工具里面最低的。

锚定效应是指人们对某个事件做定量估算时，会将一些特殊的数值作为起始值，那么这个起始值就会将估算结果落于某一定区域中。例如，消费者在逛锐步品牌店的时候发现一款非常喜欢的运动鞋，但是消费者不知道这双鞋值多少钱，这时想起耐克有一款类似的运动鞋价值 1500 元，那么消费者心里就会形成这款锐步运动鞋应该比 1500 元稍微低那么一点点的心理承受价格。

2) 心理账户(mental account)

心理账户是由理查德·塞勒(Richard Thaler)教授提出来的。一般认为钱对于消费者来说具有可替代性，不管 100 元钱是如何得到的，它们的价值是相等的。然而行为经济学认为钱并不具有传统认为的可替代性。例如，消费者辛辛苦苦工作一天挣来的 100 元钱和偶然在路上捡到的 100元，那么在花这同样的 100 元时，消费者的态度和行为就会不太一样。前者可能会比较谨慎和珍惜，而后者可能会比较随意。

塞勒教授认为，心理账户有四个核心原则。第一个是消费者有分割利益的倾向。那么销售人员在销售的时候可以将商品的优点分开描述，这样会让消费者觉得非常值得。第二个是消费者喜欢把损失汇总。例如，消费者在购买汽车的时候，就会考虑一些附加的费用和支出。第三个是消费者倾向于将较小的损失和较大的利益相结合。这就是为什么每个月发工资的时候，扣税并不会太在意，而如果一年的税集中在一次扣除时，人们的意见则会很大。因为在每个月发工资的时候，人们注重的是收入，而不是被扣除的税收。第四个是消费者喜欢把较大的损失和较小的利益分开考虑。例如，年轻白领在购买一件非常昂贵的衣服时，常常会因为一点小小的折扣而欣喜，这就是即使折扣后的价格仍然不菲也乐此不疲的原因。

4.3 消费者行为的影响因素

消费者的购买行为受包括个人和心理在内的内部因素和政治、经济等外部因素的影响。

4.3.1 影响消费者行为的内在因素

所谓内在因素，主要指影响个人消费者行为的个人因素和心理因素。个人因素主要包括个人的收入水平、年龄和性别、职业、受教育程度、个性与生活方式等因素；心理因素主要包括行为动机、认知、学习、信念和态度等。

1. 个人因素

1) 收入水平

市场需求是指具有购买能力的有效需求，人们的消费行为必然要受到收入水平的制约。消费者收入水平的变化必然会在消费商品或服务的数量、质量、结构以及消费方式等各个方面体现出来。所以，有人认为消费者是一种"经济人"，其购买行为主要受其经济收入水平的影响。当然，消费者并非是纯粹的"经济人"，由于其他各种因素(如原有收入基础、文化素养、社会地位等)的作用，对收入变化的反应程度会有所不同。如在外资企业工作的职员与经营服装生意的个体经营者收入都比较高，但两者消费行为却有相当大的差别；但不管反应程度如何，做出反应是必然的。

2) 年龄和性别

年龄和性别是消费者最为基本的个人因素，具有较明显的共性特征。如年轻人和老年人，由于各自的生活经历不同，接受的价值观、审美观的教育不同，因而思维方式也存在较大的差异。例如，年轻人可能会花半个月的工资购买一件奢侈品牌服装，而多数大半辈子生活贫困的老年人，即使目前有足够的经济实力也不会这么消费。男女之间在购买内容和购买行为上也会表现出较为明显的差异。例如，在感兴趣的商品方面，男女之间会表现出明显的不同：女性往往对时装、化妆品等比较关心，而男性往往对影视设备、家用电器等更感兴趣；在挑选商品时，女性往往表现得比较挑剔，男性则相对较为随意。

3) 受教育水平

由于受教育程度的不同，消费者往往在价值观、审美观方面会存在较大的差异，而这种差异必然会在消费行为上表现出来。通常，接受过较高程度文化教育的人群用于精神生活消费的支出(如订阅书报杂志、欣赏歌剧或音乐会等)往往要高于文化层次较低的人群。再如，新产品往往容易被文化层次较高的人群首先接受。因为人们接受新事物的倾向与其知识成正比，受教育水平越高，对产品的相关知识了解越多，对产品性能的认识就越全面，早期尝试的可能性也越大。

4) 职业

职业的不同实际上体现了一个人所扮演的社会角色的不同，由于人的社会性，决定了不同社会角色的人会形成不同的消费特征。例如，公司白领和大学生、大学教授和农民在消费行为上就会有明显的不同。这里除了消费者的收入、文化等原因外，还有社会对不同职业所扮演的社会角色的要求不同。例如，公司为了体现公司形象和职工的精神面貌，往往对职工的言谈举止、服装等有特殊要求，而农民则很少受这方面的约束。

5) 个性与生活方式

每个人的生活方式会影响其购买行为。生活方式的差异往往与人的个性有关。如人的气质、性格的差异就会表现出不同的生活方式。有些人直率、热情、好交友；有些人内向、感情很少外露、不善交友。有些人属于情绪型的，易冲动，决策往往跟着感觉走；有些人则较为理智，善思考，决策时往往反复权衡。不同个性及其导致的不同生活方式的人当然在消费方式方面也会表现出不同的特点。如一个情绪型的人，往往会凭着一时冲动做出消费决策，而一个理智型的人的消费决策则往往是再三权衡利弊的结果。再如，一个性格外向、好交友的人，用于交际方面的费用可能要占去他每月收入的相当一部分，而一个性格内向、不善交友的人，可能把他每月收入的相当一部分花在购买电脑游戏上。

2. 心理因素

消费者行为常常受到许多心理因素的影响。四个关键的心理过程(行为动机、认知、学习、信念和态度)从根本上影响着消费者对于外界刺激的反应。

1) 行为动机

在任何时候人总有一些需要，这些需要有生理上的，如饥饿，寒冷等；也有心理上的，如尊重、归属等。当需要升华到足够强度的水平时，这种需要就会变为动机。在影响消费者行为的诸多心理因素中，需要和动机占有特殊、重要的地位，与行为有着直接而紧密的联系。这是由于人们的任何消费行为都是有目的的，这些目的或目标的实质是为了满足人们的某种需要或欲望。需要、动机与行为的关系如图 4-6 所示。

激发　　　驱动　　　达到　　　满足需要
需要 ——→ 动机 ——→ 行为 ——→ 目标 ——→ 行为结束

图 4-6　需要、动机与行为的关系

从图 4-6 中可以看出，就一次行为过程而言，直接引起、驱动和支配行为的心理要素是需要和动机。其中，需要是消费者行为的最初原动力，动机则是消费者行为的直接驱动力。解释人类动机理论最著名的理论是西格蒙德•弗洛伊德(Sigmund Freud)的潜意识理论(the unconscious)、马斯洛(A.H.Maslow)的需要层次论及弗雷德里克•赫茨伯格(Frederick Herzberg)的动机双因素理论(two-factor theory)。这里简单介绍一下弗洛伊德理论。

奥地利心理学精神分析学派创始人西格蒙德•弗洛伊德提出了著名的潜意识概念。他认为"自由意志本为幻念，人无法全然意识到自我所思，且行为之因由与意识层次所思，关系极微"。按照弗洛伊德的理论，形成人们行为的真正心理因素大多是潜意识的，一个人不可能真正懂得其受到刺激的主要动因。人们面对产品的时候，不仅会对产品已知的明显特征有反应，而且会对那些潜意识方面的特征有反应，这些潜意识方面的特征会引起人们的联想和感情方面的感觉。

2) 认知

认知是根据消费者对外在事物的各属性之间的有机联系进行综合性、整体性反映和认识的心理过程。认知是在感觉的基础上形成的。一般情况下，人们反映某客观事物时很少有孤立认识和强制的感觉，而是以知觉的直接方式去比较完整地看待事物。人们常常经历以下三种知觉过程。

(1) 选择性注意(selective attention)。在人们的日常生活中，外界环境常有许多刺激因素，如广告、商品陈列等。每个人对这些信息并非全部接受，而是有选择地接受，大部分信息被筛选掉，仅仅留下少量有用的信息被接收或存储起来，这就是选择性注意。营销人员应尽可能设法让消费者对其商品给予选择性注意，如在广告设计中，力求新、奇、巧、趣，便能吸引消费者的注意力。

(2) 选择性扭曲(selective distortion)。消费者即使对某些信息十分注意，有时也并不一定能带来营销人员所期望的结果。因为每个人都有自己的思维逻辑方式，同时也有各种内、外因素影响消费者。因此，人们常常为了使得到的信息适合于自身的思维形式而对其进行扭曲，使信息更适合自己的思想倾向。有人对某些广告会产生怀疑，提出"真有那样好吗？""是否夸大其词？"的疑问，这就需要营销人员尽可能设法使传递给消费者的信息不被扭曲。

(3) 选择性保留(selective retention)。消费者对外界许多信息不可能都留在记忆中，而被记住的是经消费者选择过的信息，这些信息常常能支持消费者对企业、商品的态度和信念。有时，消费者记住了某一家企业在某品牌的优点而忽视了其竞争对手同类产品的优点。营销人员也应采取有效措施，使自己商品的优点能保留在消费者的记忆中。

3) 学习

学习是人类活动的基础。人们在吸收与积累和运用各种知识、经济、技能，并在某种程度上改变自己的行为方式。消费者的学习是消费者在购买和使用商品的活动中不断获取知识、经验和技能，不断完善其购买行为的过程。消费者的购物过程常常也是一个学习过程。消费者对其想购买但又不了解的商品，常常是先收集有关这种商品的多种资料、信息，学习这种商品的知识，然后再做出购买决策和实施购买行动。营销人员应设法给希望学习的消费者创造学习的机会和提供学习的方便，这样才有助于促成消费者的购买行为。

4) 信念和态度

消费者在学习的过程中，常常逐步建立起对商品及其生产企业的信念和态度，也常导致消费行为的改变。

信念，是指一个人对某种事物所持有的思想。例如，当消费者对某品牌商品了解得较多时，就可能在其思想中建立起该品牌商品质量是可靠的、价格是合理的、服务也是满意的，购买这种品牌的商品是明智的信念。这种看法或多或少带有感情色彩，即使以后发现该品牌产品质量差一点也可能不会改变他原来购买的决定。因此，企业应对消费者思想信念的建立给予特别的重视，努力树立起良好的企业形象、品牌形象和产品形象。

态度，是人们对外界事物做出反应的一种心理倾向，是一个人对某些事物或观念长期持有的认识上的评价、感情上的感受和行动上的倾向。态度由情感(affect)、行为(behavior)和认识(cognition)三个因素组成。态度的这三种构成属性可以表达为 ABC 态度模型(ABC model of attitudes)。

　　尽管态度的三个因素都很重要，但是不同消费者由于行为模式和动机水平的不同，这三个因素的相对重要性也不同。因此，学者们提出了用影响层级来表示它们之间的相对重要性，每一个层级代表着一种行动过程的差异。第一个层级是标准学习层级。基于认知信息加工态度的标准学习层级，是由认知产生感情，再由感情决定行为的过程。例如，消费者购买数码相机，先去收集各类信息，形成对数码相机市场和产品的认知，然后由于某个产品的特性或其他原因产生对该产品的感情，最后产生购买还是不购买的行为决策。第二个层级是低介入层级。基于行为学习过程态度的低介入层级，是先认知，再行为，最后产生感情。最后一个层级是经验层级。基于享乐主义的消费态度的经验层级，是先感情，再行为，最后是认知。例如，消费者对金融产品的认识就可以概括成经验层级，2006 年大牛市使得很多基金产品收益颇丰，消费者就对基金产品产生好感(可能现在他还不知道基金到底是做哪些投资的)，匆匆忙忙地去认购基金，然后才去渐渐地了解基金的各种品质和主要投资方向。

4.3.2　影响消费者行为的外部因素

　　影响消费者行为的外部因素主要包括政治、经济、社会、文化等因素。

1. 政治因素

　　影响消费者行为的政治因素主要包括一国的政治制度和政府政策等因素。

　　1) 政治制度

　　政治制度是指一个国家或地区的政权组织形式和所奉行的根本性的社会政治制度，它对消费者的消费方式、内容、行为具有很大的影响。政治制度对市场购买活动的影响是客观存在的，对消费者的购买行为有不可忽视的影响。

　　2) 政府政策

　　政府的消费政策一方面反映了政府的偏好，另一方面也是调节宏观经济发展的需要，无论在调节消费总量还是在引导消费方向、调节消费结构方面都起着非常重要的作用。例如，政府为了刺激消费，可以通过降低利率甚至对利息收入征收利息税的方法，鼓励人们减少储蓄，扩大消费。再如，政府为了促进住房商品化改革，对购买住宅采取低息贷款、购房款可抵扣所得税等一系列优惠政策，这对于调节人们的消费水平、消费结构都起到非常重要的作用。

2. 经济因素

　　影响消费者行为的经济因素主要表现在社会生产力的发展水平、社会生产关系和商品的价格等方面。

　　1) 社会生产力的发展水平

　　社会生产力的发展水平影响人们的消费水平和消费结构，客观上制约了人们能够消费什么、消费多少。例如在 30 年前，手表、自行车、缝纫机、电视机等被称为高档耐用消费品，只有少数人能够购买；而 30 年后的今天，随着生产力的发展，所谓高档耐用消费品的含义发生了很大的变化，更多的人在追求住宅、汽车等。

　　2) 社会生产关系

　　不同的社会生产关系下有不同的收入分配政策，而不同的收入分配政策则决定了国民收入差距的大小。在国民收入既定的情况下，收入分配差距的大小必然会在消费水平和消费结构上体现出来。如在一个贫富差距较大的社会里和在一个收入分配较为平均的社会里，即使人均国民收入相近，人们的消费结构仍要表现出很大的差异。

3) 商品价格

商品价格包括价格总水平和价格结构，即比价关系，商品价格与收入水平共同作用于人们的消费行为。在名义收入既定的情况下，商品价格水平决定了人们的实际收入水平。理性的消费者在名义收入既定的情况下，为实现实际收入的效用最大化必然会对自己的消费行为做出合理的选择。例如，人们预期不久的将来可能会出现通货膨胀或通货紧缩时，就可能会出现抢购或持币待购，即提前或推迟购买。如日本政府关于将消费税率由3%调高至5%的决定正式实施前(消费税率的提高对消费者来说就是价格水平的提高，实际收入的下降)，许多居民便抢购、囤积了大量商品，特别是一些高价商品或生活必需品，乃至在相当长的一段时期内市场需求萎靡不振。又如，人们对先购买汽车还是先购买住宅做出决策时，如果预期未来住宅价格将大幅上扬，而汽车价格可能进一步下降，就可能会暂时放弃购买汽车而首先购买住宅，反之则可能推迟购买住宅而先购买汽车。

3. 文化因素

文化是影响消费行为的重要的宏观因素。深层次的文化因素主要是为一个社会绝大多数人所接受并受其制约的价值观念和思维方式，它会体现在社会生活的各个方面，当然人们的消费行为也必然要受到特定文化的制约。社会学者爱德华·霍尔(Edward Hall)把世界上的文化环境分为高背景文化和低背景文化。所谓高背景文化，是指在一个较大的社会群体中很少存在亚文化(即一些较小的社会群体所具有的特色文化)；所谓低背景文化，即在一个大的社会群体中存在较多的亚文化。在高背景文化中，由于社会内部较少存在亚文化，相互沟通容易，信息传播快，有时信息的传播甚至无须通过语言，共同文化背景的约定俗成就能使交流双方心领神会。由于这种文化的中介作用，"传染性"较强，因此，一种新产品一旦首先被少数人接受，很快就能普及。相反，在低背景文化中，由于诸多亚文化的存在，各亚文化群组之间相互独立，信息既不易传播，也不易被接受，因此，新产品的普及就表现为模仿者少，因而普及速度就慢。

另外，作为社会文化重要表现形式之一的社会习俗对人们的消费行为也会产生较大的影响。社会习俗是指在长期的社会生活过程中形成的风俗、习惯等的总称。风俗是某一国家、民族、地区、宗教经历史的演变而形成的一种许多人都遵循的风尚、礼节或生活方式、行为方式。而习惯是由于长期重复采用而逐渐巩固和稳定下来的生活方式和行为方式。风俗与习惯常常是相互影响、相辅相成的。习俗是一种社会现象，习俗所涉及的范围十分广泛，有政治、经济、生产、消费等许多方面，也有语言、思想观念、感情、行为等方面。不同的国家、民族、地区、宗教等，由于历史文化背景、社会政治经济状况的差异，便形成不同的习俗。

4. 社会因素

消费者的行为也常常受到各种社会因素的影响。影响它们的社会因素有社会阶层、参考群体、家庭、角色和地位。

1) 社会阶层因素

社会阶层是一个社会中具有相对同性质和持久性的群体，它们以等级排列，每一阶层成员具有相似的社会价值观、兴趣、爱好和行为方式。不同阶层的人，其消费观念、消费方式、消费行为均有差异。如我国，在中外合资企业或外商独资企业中工作的管理人员(所谓白领阶层)，经常购物的地方是有名的商厦，购买的商品常是名牌商品，他们一般不去跳蚤市场购物。

2) 参考群体

参考群体(reference groups)也称相关群体，是指对人的思想、态度、信念形成具有一定影响的社会关系群体，也是指那些直接或间接影响人的看法和行为的群体。广义上说，政党、军队、机关、学校、企业、社团、朋友、邻里，都可以成为参考群体。参考群体的标准、目标、规范、要求、观念、行为方式，往往成为成员的行动指南，是人们努力达到的标准。参考群体的范围十分广泛，人们也可以同时接受各个不同参考群体的影响。

消费者接受参考群体的影响有三个方面：第一，参考群体为消费者提供新的可供选择的生活方式和消费行为。第二，由于人们通常希望能适合群体的要求，所以参考群体常常使人们的行为趋向于某种"一致化"，这是因为参考群体会形成一种群体压力，使成员的行为自觉或不自觉地符合群体规范。第三，参考群体常引起消费者的效仿欲望，从而影响他们的消费态度与购买行为，例如，某钓鱼协会的成员都使用同一种品牌的钓鱼竿。

3) 家庭

家庭是以婚姻、血缘和有关继承关系的成员为基础组成的社会生活组织形式或社会单位。家庭是社会最基本的细胞，也是最基本的消费单位，是群体的主要形式。家庭对消费活动的影响有三个方面：第一，家庭决定了其成员的消费行为方式。常常是父母影响子女，子女继承父母的消费行为方式。第二，家庭的消费价值观影响其成员的价值观。但并非绝对，有时子女常常接受新时代的价值观。第三，家庭的消费决策方式。家庭消费决策方式有多种情况，子女往往继承家庭决策方式。此外，不同的家庭生命周期、发展阶段，由于家庭成员有所变化(年龄、数量等)，购买心理与购买行为也有一定的差异。

4) 角色与地位

一个人有可能成为多种群体的成员，如政党、家庭、社团、俱乐部等，可以用角色和地位来表示其在群体中的位置。角色是周围人对每一个人的要求，是指某人在各种不同群体或场合中应起的作用。每个角色都伴随着一定的地位，这一地位反映了社会对他的总评价。市长的地位可能高于某公司总经理，而总经理的地位又高于一般职工。不同角色和地位都会在某种程度上影响其购买行为。因此，在营销活动中要有针对性地对已选定的目标市场供应适应不同角色和地位的产品。

4.4　消费者购买行为的类型与过程

4.4.1　消费者的购买角色

消费者在购买活动中，由于所处的条件不同，会承担不同的角色。例如，某家庭需购买一台彩电，提议可能来自儿子，买什么品牌的建议可能来自亲朋好友，对彩电功能的要求可能是父亲提出的，而彩电的款式可能是母亲的意见，这台彩电最终可能放在儿子的房间内。诸如此类的购买决策活动，每个人都可以担当不同的角色。常见的角色有：

(1) 发起者。首先提出购买某种商品和服务的动议和愿望的人。

(2) 影响者。对购买动议提出看法或建议而对最终决策有一定影响的人。

(3) 决策者。对实施购买活动具有完全或部分决定作用的人。如他可以决定在何时、何地、如何购买某商品。

(4) 购买者。实施购买活动的采购者。

(5) 使用者。实际使用所购商品的人。

消费者在购买决策活动中的不同角色，对于设计产品、确定信息和安排促销预算具有一定的关联意义。因此企业必须认识这些角色，了解购买决策中主要参与者及其所起的作用，这有助于营销人员妥善制订营销计划。

4.4.2 购买行为的类型

消费者的购买行为表现得非常复杂，每个消费者都有不同于他人的特点。对消费者行为分类的标准很多，每一种分类方法都可以从不同侧面反映消费者行为的特点。

1. 按消费者在购买决策过程中起支配作用的心理特征划分

1) 习惯型

习惯型指消费者个人根据自己对商品的信念做出购买决策的购买行为。这类消费者做出购买决策的主要依据是以往的经验和习惯，较少受广告宣传和时尚的影响，在购买过程中也很少受周围气氛、他人意见的影响。在一些日常生活必需品或烟、酒、化妆品、时装之类的嗜好品市场上，习惯型消费者最为多见。

2) 冲动型

冲动型是指容易受外界因素影响而迅速做出购买决策的购买行为。这类消费者在进行购买决策时，往往会被商品的外观、式样、包装的新奇所吸引和刺激，缺乏必要的考虑和比较。并且在购买过程中极易受周围气氛和他人意见的影响。这类由冲动性购买动机支配下发生的购买活动，常会出现事后的反悔，因此最易产生退货现象。

3) 理智型

理智型是指以理智为主做出商品购买决策的购买行为。这类购买者一般会在购买前对所要购买的商品进行较为全面的了解，在购买过程中反复权衡比较，较少受周围环境气氛和他人意见的影响。购买以后很少后悔，因而很少出现要求退货的现象。在整个购买过程中，这类消费者保持高度的自主，并始终由理智来支配行动。

4) 疑虑型

疑虑型是指缺乏主见、购买决策迟缓的购买行为。这类消费者在购买决策前往往会大量收集所要购买商品的有关信息，且缺乏主见，购买决策迟缓，易受他人意见的干扰，甚至中断购买。

5) 经济型

经济型又称价格型，是指消费者多从经济角度考虑做出购买决策的购买行为。这类消费者对商品价格的变化较为敏感，往往以价格作为决定购买决策的首要标准。经济型购买行为又有两种截然相反的表现形式，一种是注重商品质量，只根据商品的价格高低判断质量的好坏，偏好购买高价商品；另一种是只注重商品价格，根据价格的高低选择商品，偏好选购廉价商品。

6) 模仿型

模仿型是指模仿他人的消费行为做出购买决策的购买行为。这类消费者有很强的从众心理，他们的购买决策强烈地受到流行、时尚和他人意见的影响。对要购买的商品缺乏必要的了解，而且也不愿做繁琐的信息收集和有关知识的学习，因此在购买过程中很难在比较的基础上做出自己的判断。

7) 情感型

情感型是指容易受感情支配做出购买决策的行为。这类消费者在购买过程中，比较容易受促销宣传和情感的诱导，对商品的选型、色彩及知名度都极为敏感，他们多以商品是否符合个人的情感需要作为确定购买决策的标准。

2. 按在购买过程中参与者的介入程度和品牌之间的差异程度划分

美国学者阿萨尔根据购买者在购买过程中参与者的介入程度和品牌之间差异程度，区分出消费者购买行为的四种类型，如表 4-1 所示。

表 4-1　购买行为的四种类型

品 牌 差 异	高 介 入 度	低 介 入 度
品牌差异大	复杂的购买行为	寻找品牌的购买行为
品牌差异小	减少失调的购买行为	习惯性购买行为

1) 复杂的购买行为

消费者购买一件价格昂贵、有风险但又非常有意义的商品(如电脑、汽车之类)时，需要有一个学习、了解商品知识的过程，因为这类商品品牌差异较大，而许多消费者对产品的知识常常是缺乏的。他们常常首先了解商品的特点、性能，产生对商品的信念，然后再逐步形成态度，对产品产生偏好，最后做出慎重的购买选择。在这个过程中，购买者还有可能征询其他人的意见，也可能听取营销人员的建议或意见。营销人员必须懂得收集高度介入消费者的信息并评估其行为。必要时可采取措施，协助购买者学习有关商品的特点、性能等知识以及品牌与性能特征之间的关系。

2) 减少失调的购买行为

有些商品品牌差异不大，而消费者也仅仅偶尔购买，一般都持慎重态度。消费者对产品的了解一般有较高的介入度。这时，消费者可能会多去几家商店进行选择，很可能较快地完成购买活动，因为品牌并无大的区别。购买者仅是把商品价格或购买方便等作为考虑因素来完成购买行动，但购买以后，消费者很可能发现商品有某些地方不太如意或不协调，因而产生了烦恼，也有可能听到其他人对其他品牌优点的称赞，此时，消费者会更多地了解情况，学习更多的东西来减轻心理压力，来证明自己的购买行为还是正确的。营销人员要尽可能与购买者沟通，使他们增加信念，提高对选购的商品的满意程度。

3) 习惯性购买行为

消费者购买价格低廉、品牌差异小、经常性购买的商品，如食用油、盐、洗衣粉之类的日常消费品时，他们的介入程度较低。这类购买行为属习惯性购买行为。消费者的购买行为常常是在看电视、报刊时被动地接受信息，品牌选择以熟悉为依据。购买后一般不对其进行评价。营销人员可以采取价格优惠、营业推广等措施来开展营销活动，鼓励消费者试用，并协助其建立起对自己产品的购买习惯。

4) 寻找品牌的购买行为

有的产品品牌差异较大，但消费者介入的程度并不大。消费者在购买产品时对品牌不加注意，经常更换品牌。例如饼干、糖果、糕点之类的商品，消费者购买时一般不做评价，待购买使用或品尝之后才可能有评价，下一次购买也许会重新选择一种品牌试用或品尝。这种购买行为并非是对产品不满意，而仅是想换一种口味而已。企业对于这种购买行为的消费者，应采用多品牌策略，给消费者更大的挑选机会，也可以采取廉价、优惠、赠券、试品尝等方式来引导消费者进行品种挑选。

由于影响购买行为的因素非常复杂，因此，现实生活中，消费者的购买行为远比上述的分类要复杂得多，同一个消费者对于不同的商品也许表现出不同的购买行为。因此，市场营销者在研究人们的购买行为时，必须结合实际情况进行具体分析，从而采用不同的营销策略。

4.4.3　消费者购买过程研究

在各种因素的作用下，消费者的购买行为表现为一个非常复杂的、动态的过程。这个过程一般可以分为五个阶段，如图 4-7 所示。

确认需要 ⟶ 信息收集 ⟶ 方案评估 ⟶ 购买决策 ⟶ 购后行为

图 4-7　购买行为过程图

1. 确认需要

消费者的购买行为过程从对某一问题或需要的认识开始。这个需要可以是由内在的刺激引发的，也可以是由外在的刺激引起的，如饥渴会驱使人们购买食物，而鲜美的食物也会刺激人们的食欲而促使人们去购买。可见，市场营销活动不仅应当进行缜密的市场调查，了解人们的需要并根据人们的需要提供合适的商品，而且还应通过产品创新来唤起人们的需要。日本索尼公司的一位高级工程师曾说："我们的产品开发不涉及市场调查，公司开发的产品只迎合设计者自己的要求。"索尼公司的创始人盛田昭夫说："市场调查都装在我的大脑里，你瞧，市场由我们来创造。"其实，他们都没有否定企业的产品必须适应市场需求，只是他们强调了引发人们需要的另一个方面，即外界的刺激引发人们的需要。当一种产品能为人们提供某种新的效用，就能激发人们新的需要，从而可以创造新的市场。

营销人员应去识别引起消费者某种需要的环境，从消费者那里收集信息，弄清楚可能引起消费者对某些商品感兴趣的刺激因素，从而制定适宜的营销战略。

2. 信息收集

消费者一旦确认了自己最先希望得到满足的需要以后，由于需要会使人产生注意力，因此，便会促使消费者积极收集有关的信息，也就是有关能够满足自己需要的商品或服务的资料，以便做出购买决策。

通常，消费者会通过以下渠道去收集有关信息：

(1) 个人来源，如朋友、邻居等。

(2) 商业来源，如广告、推销员、经销商、产品说明书、展览会等。

(3) 公共来源，如大众传播媒介、消费者团体和机构等。

(4) 经验来源，如产品的检查、比较和使用等。

不同的信息来源对于消费者购买决策所起的影响作用是不一样的。其中，商业信息起通知作用，即告诉消费者何时、何地可以买到何种品牌、规格、型号的某种商品。而个人信息来源对消费者做出的购买决策是否正确、合理，具有建议和评价的作用。例如，某消费者需要买空调，便会通过市场信息的收集、熟悉市场上一些竞争品牌的特征，如图 4-8 所示。

全部品牌组	知晓品牌组	考虑品牌组	考虑品牌组	考虑品牌组
上菱	上菱	上菱	上菱	?
春兰	春兰	春兰	春兰	
格力	格力	格力	夏普	
海尔	海尔	海尔		
夏普	夏普	夏普		
三菱重工	三菱重工	三菱重工		
日立	日立			
松下	松下			
爱特				

图 4-8　消费者决策过程中所涉及的品牌组

消费者对全部品牌不一定都熟悉，有时也仅仅熟悉其中的一部分(知晓品牌)，而在这几个品牌中可能只有某几个品牌的商品符合其购买标准(可供考虑品牌)。当消费者收集了大量信息之后，可能仅有少数品牌作为重点选择对象(选择组)。最后，消费者根据自己的评价，从中选择某一品牌作为最终决策。因此，企业首先必须采取有效措施，使自己品牌的产品进入潜在顾客的知晓组、可供考虑组和选择组。无法进入以上各组的品牌产品，就可能失去市场机会。企业还必须研究哪些品牌会留在顾客选择组内，从而制订出竞争力更强、吸引力更大的计划，使自己品牌产品成为顾客最终决策的选择对象。

3. 方案评估

方案评估即对从各种来源得到的资料进行整理、分析，形成不同的购买方案，然后进一步对各种购买方案进行评价，做出购买选择。消费者在对不同的购买方案进行评价时，由于前面所述各种不同因素的影响，对同一种商品往往有不同的评价方法。通常有以下几种情况：

1) 单因素评价

单因素评价即消费者根据自己需要的具体情况，只按照自己认为最重要的某一个标准做出评价。通常，人们在购买一些廉价易耗品时往往采用这种评价方法。如人们在购买一些一次性使用的筷子、餐巾纸等小商品时，往往只把价格因素作为主要的选择标准。

2) 多因素综合评价

多因素综合评价即消费者不是根据某一个标准，而是同时根据多个标准对购买方案做出综合性的评价。通常，人们在购买一些高价商品时，总是要采用多个评价标准对购买方案做出评价。如一个购房者在评价购房方案时，往往不仅要考虑住宅的价格，而且会同时考虑住房的地段、层次、朝向、房型、周围环境、物业管理等多种因素，因而有多个标准。

3) 互补式评价

互补式评价即消费者综合考虑商品的各个特性，取长补短，选择一个最满意的结果。例如，在选购彩电时，虽然事先也确定了一些标准，如价格、大小、外观造型等，但在具体评价时，不是固执地坚持这些标准，而是综合评价各种因素。如价格虽然比原来标准高了一些，但外观造型比原来设想的更美观，美观的造型弥补了价格上的缺憾，因而也是可取的。

4) 排除式评价

排除式评价即消费者在选择商品时，首先确定一个自己认为最合适的标准，根据这一标准排除那些不符合要求的商品，缩小评价范围；然后再对入选的商品确定一个最低标准，再把那些不符合最低标准的商品排除在外。依此类推，直到满意为止。如一个消费者在评价购买彩电的方案时,可能首先从他收集到的关于彩电的资料中把那些超过心理价位的彩电排除掉,然后再对余下的购买方案确定一个最低标准(如必须是在40英寸以上的),这样又把40英寸以下的彩电排除掉了。依此类推,直到找到一个满意的结果为止。

4. 购买决策

经过上述评价过程后,即进入了购买决策和实施购买阶段。消费者最后的购买决策还会受到两种因素的作用。

第一种因素是他人的态度。其他人的态度对消费者的影响程度取决于两种情况:①其他人对某品牌持强烈的否定态度;②购买者常有遵从其他人的愿望。

第二种因素是未预期到的情况。如果在消费者评价后但尚未实施购买行为之前,突然有一种性能更优越的新型计算机上市,或者消费者突然听到别人谈论A品牌计算机的某些明显的缺陷之后,都有可能改变他的最后决策。消费者推迟、修改或回避做出决策的可能性是经常出现的。因为消费者可能受到可察觉的风险的重大影响,无法确定购买结果,产生了担心,形成了风险负担。此时,他常常暂缓决策,进一步收集信息,或购买名牌产品来回避风险。而营销人员则应了解,究竟是什么因素促使消费者形成风险负担,尽可能采取措施来帮助消费者消除此类负担。消费者在购买和消费产品的过程中通常会遇到6种风险,分别为功能风险、自然风险、金融风险、社会风险、心理风险和时间风险。消费者决定实施购买意愿时会做出5种购买决策:①品牌决策;②卖主决策;③数量决策;④时间决策;⑤支付方式决策。

5. 购后行为

消费者购买了商品并不意味着购买行为过程的结束。消费者购买商品后,往往会通过使用与他人交流等方式,对自己的购买选择进行检验,评价自己的购买行为。消费者对所购买的商品是否满意,以及会采取怎样的行为对于企业目前和以后的营销活动都会产生很大的影响:如果消费者通过购买商品使自己的需要得到满足,并感到满意,不仅能使消费者与企业建立起良好的信赖关系,而且还会积极地向他人宣传和推荐,帮助企业吸引更多的顾客;如果购买的商品不能给消费者以预期的满足,使其失望或在使用中遇到困难,消费者就会改变对商品的态度,不仅今后自己不会再次购买,而且还会向他人宣传,影响他人购买;如果不满程度很高,可能还会要求退换、向有关消费者保护机构或传播媒介投诉,甚至诉诸法律,对企业的信誉造成很不利的影响。所以,作为企业来说,必须重视消费者购买后的感觉和行为,并且采取相应的策略提高消费者的满意度。

通常,消费者做出购买决策大致要经历以上几个阶段,可见,消费者的购买决策是一个非常复杂的过程。当然,对于不同的商品,其复杂程度亦有所不同。如购买廉价小商品时,整个决策过程可能非常简单,甚至无须经过广泛的信息收集。

4.5 网络时代消费者的购买行为

4.5.1 网络消费者的需求特征

20世纪90年代以来,由于互联网的飞速发展和应用以及电子商务的出现,消费观念、消费方式和消费者的地位正在发生着重要的变化。在网络消费时代,人们的消费行为与传统的消费行为相比,呈现出以下新的需求特征。

1. 消费者消费个性回归

目前网络用户多以年轻、高学历用户为主，他们拥有不同于他人的思想和喜好，有自己独立的见解和想法，对自己的判断能力也比较自负。网络消费者对产品和服务的具体要求越来越独特，而且变化多端，个性化越来越明显。他们特别喜欢消费新颖的产品，并且这些产品一般来说是在本地传统市场中暂时无法买到或不容易买到的产品，以展现自己的个性和与众不同的品位。

2. 消费者购买的主动性加强

网络环境下的消费者会很主动地借助网络技术条件去浏览、查询甚至搜索某些商家、产品、市场的一些广告和消费信息，而这些信息也会指导网络购物消费者的购买行为或者作为网络购物行为的知识储备和经验积累。对于满意的产品，网络消费者会通过网络或者其他通信技术，在第一时间积极主动地与商家取得联系，并产生购买行为，甚至通过网络支付手段，实现足不出户，买遍全球商品的新时代消费体验。

3. 消费行为理性化

网络营销系统巨大的信息处理能力，为消费者挑选商品提供了前所未有的选择空间，消费者会利用在网上得到的信息对商品进行反复比较，以决定是否购买。

4. 消费者追求购买的便利性及购物乐趣

在网上购物，除了能够完成实际的购物需求以外，消费者在购买商品的同时，还能得到许多信息，并且节省了体力，也节约了时间。灵活的支付方式和快捷的送货上门服务，让消费者体验到传统购物方式无法具备的乐趣。此外，网上购物是一种新的购物方式，也是互联网时代必不可少的一种生活方式。对于广大年轻的消费者朋友而言，追求舒适、时尚的生活方式，追捧新奇、时髦的消费产品永远是生活中的最大乐趣。因此，大多数网络购物消费者从心理上认同并且接受这种新型的消费方式，也有兴趣尝试这种新的购物方式。

5. 网络消费具有层次性

在传统的商业模式下，人们的需求一般是由低层次向高层次逐步延伸发展的，只有当低层次的需求满足之后，才会产生高一层次的需求。而在网络消费中，人们的需求是由高层次向低层次扩展的。在网络消费的开始阶段，消费者侧重于精神产品的消费，到了网络消费的成熟阶段，消费者在完全掌握了网络消费的规律和操作，并且对网络购物有了一定的信任感后，消费者才会从侧重于精神消费品的购买转向日用消费品的购买。

4.5.2　网络消费行为的影响因素

与传统渠道相同，网络消费行为也受个人和心理在内的内部因素和经济、文化等外部因素的影响。除此之外，在网络消费中，对于消费者行为还有其特有的影响因素。

1. 安全感和信任感

消费者对于网络购物的信任和安全感尤为重要，售后和网络支付系统的安全性是其中影响最大的因素。目前，消费者对网络购物存在一定的顾虑，主要表现在缺乏信任和安全感、担心没有或是售后服务差。此外，许多网络消费者觉得目前的网络支付系统要么是太复杂，不易普及，要么就是缺少安全性，并且注册时需要透露真实的姓名、住址和联系方式等私人信息，担心会被网站泄露。

网上欺诈、网购投诉频发，是交易双方"信息不对称"导致的。从信息经济学的角度看，交易当事人的种种隐蔽行为，增加了网络购物过程中的信息不对称，严重影响了交易的公平性、公正性。正因为如此，目前网络购物中交易量较大的商品，主要集中在书籍、日用百货、音像制品等消费金额较低的种类。对于电器、通信器材等大宗商品，许多消费者持谨慎态度。这些都大大制约了网上消费的发展。

2. 购物的便捷

节省时间、操作方便是用户进行网络购物的主要原因，也是网络购物区别于实体交易环境的重要方面。在实体交易环境中，顾客在购物过程中耗费了大量的时间和体力成本。而网络购物的优势在于能够改变这种局面，使购物过程不再是一种沉重的负担。

3. 支付方式

科学技术的快速发展，对网络消费行为产生了重大而深远的影响，正是由于科学技术的进步，所以网络消费者选择网上购物支付时的方式不同。目前，网络消费者主要的支付方式有第三方支付工具(支付宝、微信支付等)、网上银行、货到付款等。其中，以第三方支付工具支付货款较多。支付方式的多样性也会影响网络消费者的购买行为，不同的消费者有不同的偏好，并且对于不同的支付方式有其不同的信任程度。

4. 物流配送

商品的发货速度、运输时间、运费、商品的完好度都会影响网络消费者的消费行为。现阶段我国物流业还不成熟，许多民间物流业发展十分缓慢，电子商务配送的货物运输效率不高，货物在运输过程中的遗失或者损坏时有发生。另外，货物运输时间过长也是消费者不满意的重要原因之一。现在的市场还缺乏一个高效的社会配送体系，产品运送时间长、费用高、易破损等情况必须加以改进。

4.5.3　中国内地网络购物市场现状分析

据中国互联网络信息中心(CNNIC)发布的《2015年中国网络购物市场研究报告》(以下简称《报告》)显示，截至2015年12月，我国内地网络购物用户规模达4.13亿，同比增加5183万，增长率为14.3%，高于6.1%的网民数量增长率。与此同时，我国内地手机网络购物用户规模达3.40亿，同比增长率为43.9%，手机网络购物的使用比例由42.4%提升至54.8%。2015年中国网络购物市场继续保持快速发展。当年度全国网络零售交易额达3.88万亿元，同比增长33.3%。其中，B2C交易额2.02万亿元，同比增长53.7%。当年度中国网络购物市场交易总次数达256亿次，年度人均交易次数62次。

1. 宏观政策：政府不断加强顶层设计，多政策密集出台支持网络零售发展

《报告》指出，政府不断加强顶层设计，密集出台相关政策，为互联网与传统产业融合，通过电子商务加快培育经济新动力指明了发展方向。《关于推进线上线下互动加快商贸流通创新发展转型升级的意见》提出要大力发展线上线下互动，有力地促进了行业的发展。跨境电商方面，国务院、国家外汇管理局等部门陆续出台扩大支付限额、调整征税范围、降低关税、提高通关效率、防范风险以及规范"海外仓"模式等政策，为跨境电子商务发展提供便利条件。农村电子商务方面，《关于加大改革创新力度加快农业现代化建设的若干意见》《关于促进农村电子商务加

快发展的指导意见》等文件从政策扶持、基础设施建设、人才培养、金融支持以及规范市场等方面提出促进农村电子商务发展的措施。

2．企业竞争：网络零售企业深挖平台化效益，全品类拓展全需求覆盖

《报告》指出，网购用户规模快速增长的同时，单个用户网购商品品类越来越多，各品类购买用户分布比例显著提升。随着用户红利的不断释放，网络零售企业深挖平台化效益，全品类拓展消费市场实现用户需求全覆盖，网络零售平台的竞争进入白热化阶段，从阿里结盟苏宁进军 3C 家电挑战京东霸主地位，到天猫、京东大举进军超市品类直击 1 号店模式；从京东、苏宁加速平台开放抢占天猫服饰份额，到各家电商推出特卖闪购模式分享唯品会特卖市场，各网络零售平台逐步向"一站式"综合消费平台转变。

3．消费行为：网购用户活跃度继续提升，网购消费额占日常支出比例显著增加

《报告》显示，中国网络购物市场的交易活跃度进一步提升，全年交易总次数 256 亿次，年度人均交易次数 62 次，与往年相比，两项指标均大幅提升。不仅如此，网络购物金额占日常消费采购支出比例在 11%及以上区间用户群体比例普遍增加。其中，31%～50%区间用户比例提升最多，为 5.5%，达到 15.2%。其次是 11%～20%区间，用户比例提升 4.8%，达到 17.5%。可见，网购已经成为一种消费习惯，是网民常态化的购物方式。

4．细分市场：社交网购、海外网购发展迅速，年度人均消费金额大幅攀升

《报告》显示，2015 年网购用户人均年度社交化网购金额为 2134 元，同比增加 75.5%；人均年度社交化网购次数为 7.2 次，同比增加 1.2 次。目前，虽然只有 14.7%的网购用户能够接受平台利用自身的社交信息推送商品，但若能够实现精准推送提升购买效率，消费者将会逐渐接受。海外网购方面，2015 年海外网购人群人均消费金额为 5630 元，同比增加 12.1%；人均消费次数为 8.6 次，同比增加 0.6 次。随着跨境电商政策的密集出台，海外网购的发展将得到逐步规范。

思考题

1．有关消费者行为的主要理论及其内容是什么？
2．影响消费者购买行为的因素有哪些？举例说明这些因素对购买决策行为的影响。
3．消费者具体的购买动机有哪些？
4．什么是消费者购买行为？消费者购买行为的类型有哪些？
5．消费者的一般购买过程是怎样的？为什么说消费者购买商品以后，购买行为并没有结束？
6．结合自身网购经历谈谈网络时代消费者购买行为的变化。

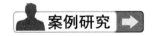

案例研究

倡导慢生活的超市餐厅——Eataly

如果你居住在像纽约、芝加哥这样的大城市，你的生活会是什么样的？大城市里的人们通常过着节奏极快的生活，有时候甚至忙到连吃饭的时间都挤不出，这样的快节奏生活让大部分人忘记了生活本该有的优雅和从容。如今，一家主打 Slow Food(慢食物)的意大利超市餐厅横空出世，通过独特的用户体验、社交媒体互动和精致的食物打动了所有大城市的消费者。这家店就是 Eataly，这个品牌通过倡导和培养消费者的慢生活意识，在美国餐饮界获得了一席之地。

一、品牌简介

初次逛 Eataly 的人可能会有些疑惑，这到底是一家什么店？乍看之下，你会觉得自己走进了一个意大利风格浓厚的食品市场，四处都摆放着新鲜的食材。但是你如果继续挖掘，就会发现这家店里居然还有厨房、厨师、餐桌和服务生。没错，Eataly 的定位是超市餐厅，顾名思义，你既可以在这里购买原料回家自己烹饪，也可以直接让这里的厨师为你准备饕餮大餐。但是 Eataly 绝对不止于此，这家品牌给自己的定义是一个充满活力的市场，让每一个光顾这里的消费者都能在这里品尝，享受在大城市很难体会到的服务和产品。

Eataly 的创始者是意大利商人 Oscar Farinetti，第一家 Eataly 于 2007 年在意大利北部城市 Turin 开张，这个品牌最初的定位就是高端超市和高端餐厅。Oscar Farinetti 随后发现了在美国的商机，于是乎把 Eataly 带到了纽约和芝加哥。Eataly 在美国的成长可谓非常顺利，作为一家连锁店，在 Yelp(美国版大众点评)的评分达到了 4 星，而有非常多的顾客表示，Eataly 不论作为超市或者餐厅，其评级都可以排入纽约顶尖商户。

二、慢生活典范，优雅的代表

Eataly 在美国如此受欢迎的原因与这家品牌的风格密切相关。去过纽约的朋友们一定记得曼哈顿著名的 Little Italy(小意大利区)，在寸土寸金的小意大利，到处都是意式风格的餐厅和商铺。但是，可能是与处在纽约这座超级大城市有关，这些餐厅都有一个特点，餐厅面积有限，显得拥挤而昏暗。

但是 Eataly 就不一样了。这家品牌没有去小意大利区凑热闹，而是选择开在了更加开阔的麦迪逊广场公园旁边。毗邻公园的好处显而易见，尽管身处闹市，但是四周的环境优美，视野开阔，阳光充足，在这样优雅的地方享用一顿美食令人心旷神怡。

Eataly 综合了超市和餐厅两种属性，在门店的布置上非常讲究。超市的旁边就是厨房，确保了食材的新鲜程度，又能向购买商品的顾客演示如何回家料理，一举两得。而超市部分的设计则非常亲和用户，一般超市入口和出口都在不同的楼层，顾客只有逛完整个超市才能去结账，而 Eataly 则反其道行之，顾客一进入超市就能看到结账柜台。再加上简洁的橱柜，典型的欧洲复古集市布置，用户体验做得非常完整。而在餐厅里，一眼就能看到鲜肉冷藏柜，让食客立即感受到料理的新鲜程度，在冷藏柜旁还放置了酒类柜台，真是令人拍案叫绝。享用肉食怎能没有好酒相伴呢？Eataly 餐厅布置的用心程度从这些小细节就可以发现。

三、社交媒体上的慢生活领导者

为了让品牌文化更加深入人心，Eataly 在社交媒体上花了不少工夫，这才让习惯了大城市快节奏生活的顾客学会怎样慢下来，享受 slow food 的魅力。除了两大主流社交媒体平台 Facebook(脸书)和 Twitter(推特)，Eataly 的官方网站也是这些活动推广的重要媒介。下面我们就来看看到底有哪些活动帮助这个品牌宣扬了慢生活的理念。

1. 每个节日都是特殊的

怎么样才能让顾客有更多的时间光顾 Eataly 呢？这个问题似乎是所有商家的难题，Eataly 却另辟蹊径想到了一个好办法，那就是让每个节日都变得更有意义。通过社交媒体平台上的轰炸式宣传，Eataly 给许多日子冠以了特殊的节日名称，如果 Eataly 能让顾客感受到每个节日独特的氛围和魅力，那么这些顾客就很有可能选择在这个节日带上亲朋好友出门聚会，无形之中增加了 Eataly 的潜在客流量。那么 Eataly 具体是怎么做的呢？

1) meatless Monday

传统的节日自不必说，Eataly 在 Facebook 和 Twitter 上还对许多普通的日子进行了大幅改造。比如每个周一被 Eataly 定义为 meatless Monday(无肉星期一)，在这天倡导大家吃素食的同时顺便宣传 Eataly 精致的素食菜单。说实话，哪怕你不是一个素食者，看到这么精美的菜肴都会忍不住加入 meatless Monday 的行列。

2) national beer day

既然有了素食星期一，那么怎么能少了大家钟爱的啤酒呢？ national beer day 号召美酒爱好者齐聚 Eataly 的酒类专区，品尝美酒和小食。

3) prosciutto day

Prosciutto 是一种意大利风味的火腿，在这天 Eataly 特地举行了免费试吃和优惠活动，用一天的时间来为顾客宣传这种带有浓郁意大利口感的食物，来推广品牌的味觉特色。

4) anti-Valentines' day

什么？反情人节？没错，你没看花眼，这就是 Eataly 想出来的奇怪节日之一，简直是广大单身男女的福音。如果你在 2 月 14 日没有地方浪漫，那可以来 Eataly 的屋顶餐厅加入 "one night stand" 活动。从中午到午夜，Eataly 提供了 50 多种啤酒佳酿以及美食，有些酒甚至具有巧克力口味。所以说，情人节那天没有被丘比特之箭射中没关系，错过这些美酒美食才是真的遗憾！

2. 与专家的亲密接触

1) a night with the master

既然倡导慢生活，如何让自家的顾客生活变得更加有质量也是个不小的问题。Eataly 通过社交媒体，经常邀请顾客加入到一系列活动中。这些活动通常邀请大厨以及生活专家展示高超的烹饪或者独到的生活技巧，提高顾客居家的生活品质。这些活动中人气较高的就有 "a night with the master"，该活动邀请了 Eataly 大厨在厨房内教顾客如何使用橄榄油、酒来烹制美食。而顾客只要线上报名就有机会参加，和大厨切磋厨艺。

2) a girl and her greens

如果普通的烹饪技巧无法打动你，那么这项 a girl and her greens 活动也许就是你的最爱了。通过在 Facebook 上报名，在线的顾客可以与 April Bloomfield，这位曾经荣获 James Beard award 的名厨亲密接触，共同探讨有关四季新鲜菜谱的秘密。同时，有幸被选中参与活动的顾客还能获赠 April Bloomfield 最新出版的美食书籍一本。而且活动中针对四种不同季节的菜谱，大厨还选取了不同的酒来搭配。如果能在这样的活动上偷师一两招，相信 Eataly 的忠实顾客也能在家里创造意式浪漫。

3) Joe and Tanya bastianich

如果你想要从专业的美食作者那里讨教一二，那么 Eataly 官网上推出的这项活动就不容错过了。这对兄妹作者除了评价菜肴、撰写美食书籍之外，自己也经营着餐厅。Eataly 邀请到这一作者团队，向顾客传授一些烹制意大利面的诀窍。而顾客需要登录 Eataly 官网，进入这项活动的页面报名参加。

3. 儿童之旅&蛋料理

为了打造一个完整、和善的品牌形象，Eataly 的官方社交媒体平台也是绞尽脑汁，想出了邀请小朋友来参观餐厅的奇思妙想。"tour for kids" 活动每个月都会邀请一些纽约当地的小朋友参观 Eataly 的厨房，并且发给他们一本定制护照，只要在一个厨房参观互动完，就能获得一个盖章，前往下一个地点。盖完全部章的小朋友就能获得 Eataly citizen 的称号。

与儿童之旅配套的另一项活动则是"farm fresh cooking with Lidia bastianich"，如果说儿童之旅针对的是小孩子，那么这项活动就旨在为家长服务了。Eataly 邀请了著名的主厨，同样是该品牌的合作伙伴的 Linda，来教家长做一些适合孩子吃的料理，料理的主题就是鸡蛋。通过常见的鸡蛋来制作一些可以吸引儿童注意力，又能保证营养的美食。Eataly 在线上线下通过这样的方式赚了吆喝，还顺带给家长送去了一些福利，毋庸置疑为品牌在许多家庭中间塑造了亲和力。

4. 周五供应商日

既然倡导 slow food 和精致的食物，那么优秀的食材就必不可少，可是如何让顾客明白在 Eataly 售卖和烹饪的食物都是世界顶尖的优秀食材呢？这就不得不提到 Eataly 的"周五供应商日"了。每个周五，Eataly 都会邀请一些原材料供应商，比如农场主，来到 Eataly 相应的柜台来为顾客讲解食材的培育过程，比如肉类供应商会介绍家禽的饲养过程、喂养方式等具体细节，同时这些供应商也会为顾客解答疑惑。同时，只要顾客参与了这项活动，当场购买食材就可以获得一定的折扣，在长知识的同时还能享受优惠，真是何乐而不为呢？

5. 愚人节的玩笑

什么！？Eataly 邀请你光着脚丫子去帮他们踩葡萄！？4月1号当天，Eataly 通过多个平台发布了 must fest 活动，邀请顾客来体验一把古老的葡萄酒酿造流程。如果你信以为真了，那你就被耍得团团转啦。这只是 Eataly 在愚人节开的一个小玩笑，但是千真万确的则是 Eataly 即将新开一家专营酒类产品的门店。为了给新门店造势，所有4月5日光顾的顾客都有8折优惠。靠着愚人节来吸眼球，Eataly 的创意着实不错。

6. 用图片色诱你的味觉

除了层出不穷的活动之外，Eataly 在社交媒体上的另一大特色就是推送的美食图着实诱人。如果你在 Facebook 和 Twitter 上关注过 Eataly，相信你就会明白这里在说什么了。当然，光放照片还不够，Eataly 的官方媒体渠道上也有专门的客服团队，时刻解答顾客在线的疑问。如果顾客对餐厅或者超市的服务有所抱怨，也可以尽情在社交媒体上向 Eataly 投诉，因为他们会立刻做出回应。

【资料来源】提倡慢生活的超市餐厅——Eataly 是如何令大城市消费者心醉神怡的？http://socialbeta. com/t/ eataly-social-media-case-study.html

案例思考题

1. Eataly 在全球范围内都颇受欢迎的原因是什么？
2. Eataly 给许多日子冠以了特殊的节日名称的营销方法给餐饮娱乐业怎样的启示？
3. 如果 Eataly 来到上海，会受到大众的青睐么？
4. Eataly 提倡的生活方式在哪些行业或市场可以被用作细分市场的依据？请做出具体应用的方案。

第5章　组织市场购买行为

在上一章中提到，营销者的任务就是要了解在客观刺激和购买决策之间购买者的意识发生了什么变化；了解刺激如何在消费者黑箱中转变成特定的反应，这些反应在组织市场的购买行为中有着与消费者市场不尽相同的表现和特点，本章主要分析组织市场的购买行为。

5.1　组织市场购买概述

5.1.1　组织市场和组织购买

组织市场是由一切购买物品和劳务并将它们用于生产其他商品或服务以供销售、出租或供应给他人的组织所组成。组织购买是各类正规组织为了确定购买产品和劳务的需要，在可供选择的品牌与供应商之间进行识别、评价和挑选的决策过程。

5.1.2　组织市场的构成

组织市场是一个非常庞大的市场，它在购买动机和购买决策等方面与消费品市场相比，都有些不同的特点。概括地说，组织市场是由那些以生产加工、转卖或以执行任务为目的的正式组织构成。组织市场营销是向个人或组织销售非个人消费的商品和服务。区别一件商品是属于组织用品还是消费品的关键特征在于其使用目的，而不是其物理特征。同一件商品，为了组织使用而购买，它就是组织用品；为了家庭和个人消费而购买，它就是消费品。组织市场因为其自己的业务特点又分为以下几类。

1. 生产者市场

生产者市场亦称"产业市场"，由所有这样的个体和组织构成：它们采购产品和劳务并用于生产其他商品和劳务，以供出售或出租并从中盈利。这个市场通常由以下行业所组成：农业、林业、制造业、建筑业、运输业、通信业、金融保险业、公用事业、服务业等。在美国，产业市场由大约 1300 万个组织构成，每年购买的货物和劳务超过 3 万亿美元。这些企业有的很小，有的则是世界上最大的企业。如通用汽车公司每年购买产业用品的费用大约是 700 亿美元，超过了葡萄牙或土耳其的全年国内生产总值。所以，生产者市场是组织市场中最庞大和最多样化的市场。

2. 中间商市场

中间商市场亦称"转卖者市场"，由所有以盈利为目的的从事转卖或租赁业务的个体和组织构成。中间商包括批发商和零售商两个部分，是指那些不提供形式效用，而提供时间、地点和占用效用的组织。批发商是指那些购买商品和劳务并将其转卖给零售商和其他组织用户的商业组织；零售商则是主要把商品卖给最终消费者。在美国，中间商市场约有 41.6 万家批发商和 192.32 万家零售商，它们的年销售总额约为 2 万亿美元。由于中间商采购的目的是转售，所以他们为其他顾客充当了采购代理人的角色。在较为发达的商品经济条件下，大多数商品都是由中间商经营的，他们经常保持上千种存货以供应市场，只有少数商品是由生产者直接卖给消费者的。

3. 社会团体与政府市场

作为社会团体市场，它追求的目标不是利润、市场份额等，所以也被称为非营利性组织。它包括学校、医院、疗养院、教会、工会、监狱和其他机构以及其他类似组织。这类组织采购的目的是对本团体所照顾、看管的人员提供商品和劳务，加之由于这类团体内人员消费的不可选择性及这些团体的慈善性与公益性，使得这一市场具有许多独有的特点。

政府市场是由需要采购产品和劳务的各级政府机构所构成的市场。它们采购的目的是执行政府机构的职能。对任何一个制造商或中间商来说，政府机构都意味着一个巨大的市场。在西方国家，政府采购者的行为与一般民间采购者有所不同，因此，需要对政府市场做专门的研究。

5.1.3 组织市场的特点

1. 市场结构和需求特性

组织市场在结构和需求方面具有如下特点：较少但规模较大的买主；客户在地理位置上趋于集中；需求具有派生性，最终取决于消费者的需求；许多需求缺乏弹性；需求具有明显的波动性。

2. 购买单位的性质

与消费者市场相比，组织市场的购买者涉及更多的专业人士，涉及复杂的决策及决策过程，是设计更专业化的购买活动。这就意味着，在组织市场上，必须由同样受过良好训练的推销人员来与买方的专业人员进行洽谈。

3. 购买者面临更复杂的购买决策

组织市场购买者的决策，通常要比消费者市场的购买决策更复杂，涉及更大的金额、更复杂的技术和经济问题。因此，往往需要花费更多的时间来进行反复论证。此外，组织购买的过程也比消费者购买更为正式，更为规范。

4. 买方和卖方的关系

在组织购买中，买卖双方合作更密切，并建立有长期密切的关系。卖方企业还要通过为客户提供可靠的服务及预测他们眼前和未来的需要，来与客户建立持久的买卖关系，开展"关系营销"。

5. 其他特点

组织市场还具有其他一些特点，包括直接销售、互购贸易、租赁业务等。

5.1.4 组织购买行为模式

为了对组织市场制定正确有效的市场营销策略，营销人员必须深入了解组织购买者的行为特点，那么首先就需要了解组织购买的行为模式，如图 5-1 所示。

在这个模式中，营销及其他的刺激对购买组织产生影响并带来特定的购买反应。与消费者购买相同，商业经营者购买的营销刺激也包括四个因素，即产品、价格、地点和促销。其他的刺激包括环境中的主要因素：经济、技术、政治、文化和竞争。这些刺激进入组织后会转化成购买者反应：产品或服务的选择，所购的数量，以及交货期、服务和付款条件。

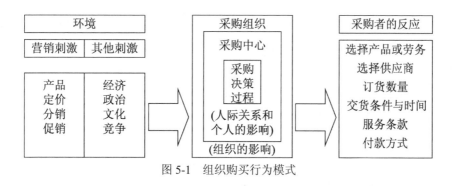

图 5-1 组织购买行为模式

5.2 组织市场的购买过程与影响因素

5.2.1 组织购买的过程

国外的研究从购买的角度把公司的采购导向划分为购买导向型、利益导向型和供应链管理导向三种。前者更关心价格，后者更关心发展，根据不同的导向，采购者对采购品、采购方式、供给方的关注和合作都有着许多差别。

对于组织购买过程阶段的划分，在学术界有不同的看法。但作为一种常见的模式，通常都采用美国学者罗宾逊和他的同事在《产业购买创造营销》中提出的采购过程的八个阶段，即识别需要、确定总需要、产品规格说明、寻找供应商、征求供应信息、选择供应商、签约订单、履约评价。

1. 识别需要阶段

由于内部和外部的刺激，企业中有人意识到对某种产品和劳务的需求时，购买过程就开始了。

2. 确定总需要阶段

认识到有某种需要之后，企业便会着手确定这些需要的种类和数量，以便有一个总量的估算。

3. 产品规格说明阶段

在总体需要确定后，要制定所需产品的技术规格说明书，对产品的规格、型号、技术要求等做详细的规定和说明，以便采购人员照章采购，同时也能帮助企业做好价值分析。

4. 寻找供应商阶段

现在采购者可以利用多种途径了解和辨认供应商，如交易目录、贸易展览会、互联网等。尤其是互联网采购在未来的日子里将会颠覆传统的采购模式。例如，eBay、阿里巴巴等电子商务模式正对当今的市场产生深远的影响。

5. 征求供应信息阶段

在广泛了解和辨认的基础上，从中选出自认为比较合适的供应商作为备选，要求他们提出供应建议书和详细的产品价目表等，以供采购方进行筛选。

6. 选择供应商阶段

在选择上，采购者总是根据自己最为重要的因素来做出判断。在实践中，企业购买者使用多种方法来评估供应商的价值，如内部工程学估计、直接调查询问、重要性排队等。同时，企业购买者还必须决定用多少供应商。现在许多公司正在逐渐减少其供应商的数量，这样做是希望被选中的供应商可以建立更大的供应系统，提供持续的质量保证和绩效改进，并且在价格上得到更大的优惠。

7. 签约订单阶段

经过种种分析和比较之后，购买者将最后确定理想的供应商。双方就需要的品种和品质、数量和价格、交货和运输方式、维修和付款方式等进行谈判，最后签订合约。

8. 履约评价阶段

在完成上述工作后，购买者仍需对供应商的履行合约情况进行评估，以确定是否继续合作。

这个流程仅仅是作为一个基本线索，并非所有的产业购买都必须经过这么一些步骤。在实际运作中，会因为行业、时间、地点等因素而发生改变。这些改变就是不同购买方案的差异之处。

5.2.2 组织购买行为的影响因素

组织购买受到许多因素的影响，而影响最大的则是处于决策中心的人员。根据他们在其中所起作用的不同，国外的学者把他们分为以下七种角色。

- 发起者：提出购买要求的人。
- 使用者：组织中使用产品和服务的人员。
- 影响者：影响购买决策的人。
- 决定者：有权决定产品要求和供应商的人。
- 批准者：有权批准决定者和方案的人。
- 购买者：具体实施购买方案的人。
- 控制者：有权阻止方案顺利进行的人。

作为一个合格的营销人员，成功地找出谁是决策制定者，并且正确地评估决策中心中各个不同成员的作用和影响是非常重要的。这也是保证销售成功的一个重要基础。

在组织购买的过程中，除了受到组织内部的决策人员的强烈影响，也受到组织所处的外界环境的影响。有些营销者认为主要的影响是经济因素，所以他们致力于向购买者提供更多的经济利益。但是除了经济因素之外，还有许多因素对组织购买起着必然的影响。尤其是当供应商的产品没有什么区别时，组织购买者就会与完全理性的选择产生一些偏差，由于每个供应商都能满足组织的购买目标，所以购买者可以让个人因素在决策中起更大的作用。不过，当竞争者的产品差异较大时，组织购买者就会对其选择更负责任，并更多地注意经济因素。从图 5-2 中还能对其他一些影响因素有一个清晰的了解。

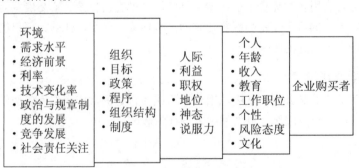

图 5-2 影响组织购买行为的主要因素

1. 环境因素

组织购买者在很大程度上受到了当前经济环境和预期的经济环境的影响，如生产水平、需求水平、经济形势及资金成本等。当经济不稳定性增加时，组织购买者会停止进行新的投资，并尽力减少库存。在这种经济状况下，营销人员更多的是在增加或者维持自己的需求份额上做艰苦的努力。

另外，一些政治法律、技术革新等也都对组织购买产生影响。组织市场的营销者必须观察这些因素，了解它们如何影响购买者，并尽力将这些挑战转变为机会。

2. 组织因素

每一个从事购买的组织都有自己的组织结构和战略发展目标。不同的组织因素会使组织的决策系统和决策倾向有明显的不同。企业营销人员应当关注并尽量了解和把握这些问题。例如，购买决策涉及多少人？他们是谁？他们的评价标准是什么？公司对其购买者的政策是什么？有何限制？组织购买者应利用这些组织因素为自己的销售成功服务。

3. 人际因素

购买决策中心常包括许多互相影响的参与者。由于其所处的地位、部门等的不同，通常会有不同的观点。营销过程中的人际关系因素是一种动态的群体因素，并不是一眼望去就清清楚楚地写着，需要营销者耐心、细致地去发现和把握。正如一位学者观察到的：经理们不会挂上牌子标明是"决策者"还是"不重要角色"。而且购买决策中心中职位最高的人不一定就是最有影响力的人或是决定者。人与人之间的关系常常很微妙。只要有可能，商业营销者就应尽力理解这些因素，并在制定决策时把它们考虑进去。

4. 个人因素

任何组织购买参与者都会有自己的偏好和动机，这些偏好和动机是由参与者的年龄、收入、教育、专业以及个性等因素决定的。对这些背景因素的调查、了解和分析，可以帮助营销人员出台供应方案时有较好的针对性。另外，购买者有不同的购买风格。有些人是技术型的，在选定一个供应商之前要对所有的竞争产品都进行深入分析；有些人是凭直觉的谈判者，善于在诸卖方之间耍手腕和周旋以得到最优惠的交易条件。

上述诸多因素的购买行为决策和模式的影响是以多种方式和渠道形成的。有的表现得直接，而有的表现得间接，最后它们会形成一股合力，共同作用于组织的购买行为。

5.3　组织购买行为类型

5.3.1　产业购买者行为的类型

由于内容及其结构的复杂性，使产业购买呈现多种形式，其中最主要的有三种类别。

1. 直接重复购买

直接重复购买是供应商特别愿意看到的状况。购买者不寻找新的信息和新的供应商，而是不加思考地从过去订购的供应商处直接重购。这一般由购买部门作为日常业务处理，是一种习惯性的重复购买行动。购买者只根据以往的购买经验，从名单上的各供应商中进行挑选。入选的供应商尽力保持产品和服务质量。他们常会建议建立一个自动重新订货的系统,以节省订购者重新订购的时间。落选的供应商尽力去提供新产品或平息不满以便购买者重新考虑他们。在直接重复购买中,最常用的方法是使用购买合同,以保证购买者的决策和行为具有常规性。

2. 调整后的购买

调整后的购买也称为修正重购,指购买者希望调整产品的规格、价格、条件或供应商。修正重购比直接的重复购买涉及更多的决策参与者。已入选的供应商会感到紧张和压力,尽力去维护已占有的份额。落选的供应商会把调整的重复购买看作一个提供新产品和获得生意的机会。

3. 新购

新购指企业第一次采购某种产业用品。这时作为第一次购买某种产品和服务的企业面临一个新任务,而新购的金额和数量越大,购买的风险也就越大,是购买行为中最复杂和困难的一种。同时由于在新购决策中,参与决策的人数增多,收集信息的工作量也会增大。新购任务通常是营销者面临的机会和挑战。营销者不仅要尽力接近对购买产生影响的主要人员,而且要向购买者提供帮助和信息。

在以上几种购买决策中,购买者在直接重复购买中所做决策最少,而新购任务中所做决策最多。面临新购任务时,购买者必须决定产品的规格、供应商、价格限制、支付的条件、订购的数量、交货条件及服务条件。每次这些决定的顺序会有所不同,而不同的决策参与者也会对每个选择产生影响。

另外,许多购买者愿意从一个供应商处购买一揽子产品,这称为系统购买。起初这是政府在购买大宗武器或通信系统时的做法。政府不是购买不同产品再把它们组合起来,而是进行招标,寻找能够提供所有部件并将它们组成一揽子或一个系统的供应商。供应商日益意识到购买者喜欢系统购买的方法,并已把这种方式作为一种营销手段。系统销售是一个获得和保持销售额的重要商业营销战略。获得订单的往往是能够提供满足客户需求的、最完善的、系统的公司。

5.3.2 中间商购买行为的类型

由于中间商采购的目的是再销售给他们的顾客,所以他们的购买计划是根据顾客的需要来做的。这使得它的决策既不同于最终消费者市场,也不同于生产者市场。在它的计划中,经营定位和商品购买是联系在一起的,如经销独家产品的专卖店、经销同类产品的专业店、混业经营的百货店以及独家经销的总代理。这些不同的定位就使得不同商业企业的购买行为和决策有很大的不同。关于中间商的详细内容在第 14 章中会有更多介绍,这里就不再赘述。

作为中间商的购买行为,一般来说有以下几种类型。

(1) 新品种的购买。根据该产品销路的好坏决定是否购进这个新品种。

(2) 选择供应商。在供应同类商品的供应者中根据其产品质量的好坏、价格的高低、品牌的知晓以及其他服务条件的优劣等来决定供应者。

(3) 获得更好的供应条件。与原有供应商经过磋商,得到更为优惠的交易条件。

5.3.3 政府购买行为的类型

政府市场是组织市场中非常重要的市场。通常,政府的采购既有公开招标的方式,也有经过协议合同后的采购方式。当采购的方式以招标的方式来进行时,想要成为政府(或其代理人)的供应商就必须首先获得供应商资格，有了资格才能参加竞标。在正常运作中，能够中标者往往是那些能够满足政府(或其代理人)要求且出价最低者。在竞标过程中，供应商一定要十分重视政府(或其代理人)开出的精简采购说明书。对标准件产品，一般不存在什么大问题，但对非标准件产品，参与竞标的供应商就必须确定自己的资源和能力是否能够满足政府(或其代理人)的要求。

当采购方式以合同方式来进行时，最终的成交价格可以根据成本加权，以一定的百分比利润来确定，也可以按照固定的价格来确定。协议合同有许多形式。我们应该认识到的是，这两种采购方式都是竞争性的采购方式。一般而言，在招标方式的采购中，价格是最主要的竞争焦点，而在协议合同的采购方式中，产品的设计、包装甚至供应商的销售策略则有更多的展示机会。

值得注意的是，政府的采购和支出比较受社会公众和舆论关注。所以，除了正常的购买程序和过程外，还需要做一些额外的报批和公告等。许多有实力和有远见的企业针对政府市场，建立起了专门的营销部门，他们估测政府的需求，特别是在特殊的产品与项目上，力争事先获得竞争性的情报，以便能够仔细地拟定投标方案并加强与政府部门的联系。这样不仅可以获得较大宗的订单，而且能够提高企业的声誉。

5.3.4　非营利组织购买行为的类型

非营利组织是指不以营利为目的的组织，它的目标通常是支持或处理个人关心或者公众关注的议题或事件。非营利组织所涉及的领域非常广，如艺术、慈善、教育、政治、宗教、学术、环保等。非营利组织的运作并不是为了产生利益，这一点通常被视为这类组织的主要特性。非营利组织往往由公、私部门捐赠来获得经费，因此其收入以及支出都是受到限制的。正是由于这一特性以及组织的服务目的，就使得非营利组织的购买行为呈现以下新的特点：资金有限，限定采购的总额；选择价格低廉的产品；保证产品的质量，确保服务的水平；采购过程必须公开透明，因而采购过程会受到控制；采购程序更加复杂，除了包含其他组织采购过程中的特征，要求更加公开公正。非营利组织的采购方式同企业的方式差不多，有日常式采购模式、公开招标以及溢价合约选购。

5.4　网络时代组织购买的变化

5.4.1　组织购买的新方式

随着网上购物的火爆增长，人们注意到了在电子商务中另外一个快速增长的趋势：B2B 电子商务的增长。在组织购买的过程中，人们可以利用电子商务技术，采用以下几种方式来实现组织的网络购买行为。

(1) 与主要的供应商建立直接的外网链接。例如，可以在公司网站上直接创建网购账号，使公司的员工可以通过这个网购账号直接购买。

(2) 成立采购联盟。对同一原材料有共同需求的多个企业可以共同创建一个网站，利用自身的规模采购与供应商进行博弈从而获得一个较低的采购价格。此外，这些采购方也可以进行信息与数据的共享，例如如何降低成品的运输成本和减少存货成本。

(3) 加入在第三方网站的交易平台。这种交易模式是水平 B2B，它是将各个行业中相近的交易过程集中到一个场所，为企业的采购方和供应方提供了一个交易的机会，如阿里巴巴、中国制造网、环球资源网、河北商贸网等。

5.4.2　B2B 客户关系管理

无论传统模式还是网络模式，组织采购方与供给方之间的合作方式类别还是不会发生变化的。在《营销管理》一书的摘录中，坎农和佩罗特发现买卖合作关系可根据四种因素划分：选择的有效性、供应的重要性、供应的复杂性、供应市场的动力。根据这四种因素，他们把买卖合作关系划分为八种不同的类别。

(1) 基本买卖：关系简单，只需要例行的交易和适当的高层次合作与信息交换。

(2) 简单基础：和基本买卖关系相似，但是更需要卖方去适应买方，以及较少的合作和信息交换。

(3) 契约交易：一般没什么信任、合作和互动，只是通过合同交易。

(4) 客户供应：传统的客户供应形式，占主导地位的是竞争，而不是合同。

(5) 合作系统：虽然操作的方式紧密结合，双方都没有通过合法的手段和合理的途径确定委托结构。

(6) 协同合作：必须信任和承诺合作的关系。

(7) 相互适应：买卖双方之间必须有特殊的明确合作关系，但是无须高度的信任和合作。

(8) 顾客至上：虽然有比较紧密的合作关系，但卖方尽量满足客户的需求，而不期望交易过程中客户的适应或改变。

此外，很多的研究者推崇采购方与供应商之间的垂直协作，从而增加彼此之间的交易使得双方共同受益。垂直协作可以加强顾客—卖方之间的合作关系，但是同时也会给采购方与供应商之间的具体投资带来风险。具体投资是指定给予一个特定公司以及价值链上合作者的开支，如公司具体的培训项目的投资，设备或者操作程序、系统的投资。具体投资能够帮助企业获得利润的增长并获得企业的市场定位。然而，具体投资也会给买卖双方带来很大的风险。从经济学的交易理论来讲，由于这些投资有部分已经成为沉没成本，它使公司的投资捆绑在一项特定的关系之中。采购者可能因高额的转换成本而无法与其他供应商进行交易；供应商在未来可能也无法签订其他的合约，因为投入太多的资产或者投入了太多的科技。

如今，通过电子商务技术，客户关系管理又有了一些新的特点：①集中企业内部原来分散的各种客户数据形成了正确、完整、统一的客户信息为各部门所共享；②客户与企业任一个部门打交道都能得到一致的信息；③客户可选择电子邮件、电话、传真等多种方式与企业联系都能得到满意的答复，因为在企业内部的信息处理是高度集成的；④客户与公司交往的各种信息都能在对方的客户数据库中得到体现，能最大限度地满足客户个性化的需求；⑤公司可以充分利用客户关系管理系统，准确判断客户的需求特性，以便有的放矢地开展客户服务，提高客户忠诚度。

思考题

1. 市场购买模式在消费者市场和组织市场的表现上有何异同？

2. 组织购买的影响因素与消费者购买的影响因素相比有哪些主要差别？

3. 组织市场有哪些特点？

4. 你认为在产业购买行为中，哪个阶段对成功影响最大？为什么？

5. 在政府的购买决策中，本章所介绍的七种角色中哪种人的作用最关键？为什么？

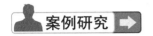 **案例研究** ➡

奥运地铁招标的 BT 模式

一、奥运地铁 BT 模式概况

北京地铁奥运支线是北京地铁 10 号线的支线，线路全长 4.7 千米，全部为地下线路，全线设 4 座车站，总投资约 24.2 亿元。奥运地铁于 2003 年 12 月动工，其中部分支线在 2004 年起采用 BT(build-transfer)模式招标融资与建设，全程于 2008 年 7 月试运行，是唯一直接进入奥运中心区的地铁线路，也是中国铁路工程总公司联合体在北京中标采用 BT 融资方式投资建设并施工的第一个项目。

BT 模式是指政府利用非政府资金来进行基础非经营性设施建设项目的一种新融资模式，是指一个项目的运作通过项目公司总承包，融资、建设验收合格后移交给业主，业主向投资方支付项目总投资加上合理回报的过程。

二、招标决策

城市轨道交通虽然是解决城市交通拥挤状况的一种比较理想的交通模式，但城市轨道交通建设也一直存在着投资高、利润少乃至亏损的不足之处，因此，城市轨道交通基本上都是政府投资进行建设，很少吸纳社会资金。为推进工程建设项目管理体制的创新，逐步建立和完善工程建设管理的市场化竞争机制，减少政府资金的压力，合理改善政府投资项目的负债结构，降低项目建设成本，适当转移项目建设风险、促进项目早日动工，确保服务奥运，寻求多渠道的社会投资就成为一个必然的选择，北京市政府最终决定对北京地铁奥运支线中适合于单独招标的一部分工程以 BT 的方式来选择投资、建设的主体。

地铁奥运支线由北京地铁 10 号线投资有限责任公司负责投资、建设和运营，并且委托国信招标有限责任公司作为这一项目的法人招标代理商，随后国信招标组建了北京地铁奥运支线 BT 项目组，具体负责本项目的招标工作，并由北京地铁 10 号线投资有限责任公司聘请的北京市轨道交通建设管理有限公司、柏诚工程技术有限公司、共和律师事务所提供项目管理、工程技术、法律方面的支持。

三、决策过程

北京地铁奥运支线在 2004 年被首次批准采用 BT 模式融资和建设：由招标人采用 BT 模式通过公开招标的方式确定中标人，由中标人负责组建奥运支线项目公司；项目公司根据确定的建设范围筹措相应的建设资金，并按确定的建设计划和技术标准建设奥运支线工程，工程施工由中标的投资者中具有总承包资质的单位以工程总承包的方式承担。招标人委托建管公司，对项目的投资、安全、质量、工期进行全过程监管；工程竣工、验收合格后，招标人以股权收购的形式接收项目公司，并向中标人支付合同价款(见图 5-3)。

奥运地铁 BT 模式实施的具体内容如下所述。

1. 实施环境

北京地铁奥运支线是政府为北京 2008 年奥运会直接服务的一条地铁线，其初步设计概算 24.2 亿元为基础，划分为 BT 工程和非 BT 工程两部分。

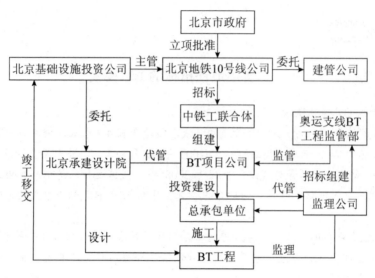

图 5-3 奥运地铁 BT 模式

BT 工程主要包括土建工程及车站机电设备工程等，折合投资约 14.3 亿元，由奥运支线项目的业主单位 10 号线公司通过公开招标方式选择的投资者负责投资和建设。工程施工由中标的投资者以工程总承包的方式承担，工程建设监理由 10 号线公司通过公开招标的方式确定。

非 BT 工程主要包括前期征地拆迁、通信、信号及车辆购置等工程，建设资金由 10 号线公司负责筹措，前期征地拆迁委托建设管理公司负责，车辆购置及通信、信号设备等部分通过公开招商确定社会投资者进行建设。

北京地铁奥运支线 BT 项目组在招标人、顾问公司提供基础资料的基础上开展了各种的准备工作并形成了招标文件的初稿，随后邀请各个相关参与单位的资深专家对北京地铁奥运支线 BT 工程的招标文件初稿进行了评审，并形成了专家委员会的评审意见。根据评审意见，国信招标有限责任公司对招标文件进行了修改，经过与北京地铁 10 号线投资有限责任公司、柏诚工程技术有限公司、共和律师事务所的再次探讨、分析、修改，在 2004 年 8 月形成了招标文件的发布稿。

2. 资格审查与招标

2004 年 11 月 1 日，国信招标有限责任公司在中国采购与招标网、投资北京等网站上同时发布了该项目的资格预审公告。资格预审公告发布后，来自中国、美国、德国、日本的 12 家对该项目有兴趣的单位按要求登记并购买了资格预审文件。2004 年 11 月 13 日，国信招标有限责任公司组织了资格预审评审委员会对各单位的申请文件进行了评审，经过评审，共有 16 家单位组成的 6 家联合体单位通过了资格预审。国信随后向通过资格预审的 6 家联合体单位发出了招标文件并发出了 5 次书面的澄清补充文件。投标截止时间之前，共有 6 家联合体投标单位按要求递交了投标文件。在投标截止时间及开标时间即北京时间 2005 年 2 月 25 日 10：00 时，国信组织了第一次开标会。国信招标有限责任公司作为开标会的组织者，在开标会上当众公布了各投标人的名称、工程总包单位名称、工程总包单位的资质、投标保证金的递交情况及投标人的其他说明事项。第一次开标结束后，国信招标有限责任公司组织评标委员会对各投标人的投标书、商务文件、技术文件进行了评审，按照招标文件中规定的评标程序，依次完成了符合性检查、商务部分有效性审查、商务部分详细评审、商务评分、技术部分有效性审查、技术评分、技术部分评审意见、商务评分汇总、技术评分汇总，得出了合格投标人的商务、技术的总得分。

在完成对投标人的商务、技术部分的评分后，国信招标有限责任公司在 2005 年 2 月 28 日书面通知了所有投标人参加第二次开标，当众公布了合格投标人的名称、投标报价及投标人的其他说明事项。第二次开标结束后，评标委员会对报价文件的有效性进行了审查，对报价进行了评审，计算出了评标总价，并按由低到高的顺序进行了排序，提出了推荐中标候选单位的名单。

以上的开标、评标的全过程由国信招标有限责任公司聘请的公证人员进行了全程公证。

四、奥运地铁 BT 模式的实施保障

1. 全程透明

在国信招标有限责任公司明确适用的法律法规、精心编制的招标文件、合理的评分办法，严密组织的评标程序的前提下，本次招标、评标的客观性、公平性和公正性得到了各方面的认可，绝大部分投标人对评标结果没有任何异议，即使有投标人对其评标结果提出了质疑，但经有关主管部门进行核实，确认评标委员会的评标结果是客观、公正、有效的，投标人的质疑理由不成立。能够取得这样的结果，正是因为组织者做到了在招标文件中向每一位投标人公开所有评标办法、在评标过程中对每一位投标人都公平对待、在招标过程中对每一位投标人都一视同仁，排除任何主观或客观的因素对招标的影响。

2. 分阶段的开评标办法

招标文件是投标人投标的依据，评标办法是评价投标人的基础。因此，招标文件中评标办法的制订，直接关系到能否通过招标评选出综合评价最优的投标人。为贯彻《中华人民共和国招标投标法》中体现的"公开、公平、公正"的原则，最大程度保证评标的客观性和公正性、最大限度地减少人为因素对评标的影响、最大程度保证评标结果能够客观反映投标人的真实水平，在本次招标的评标办法的编制中采用了"两阶段开标、三阶段评审、两阶段打分、以报价为重点"的方法，从而最大可能性地减少个人因素在评标过程中的影响，使得评标过程变得更加合理。

3. 允许和鼓励联合体投标

北京地铁奥运支线作为一个需要投标人进行融资、投资、建设并移交的项目，要求投标人必须具有足够的投融资能力、建设资质、抗风险的实力。要求投标人同时具备这些能力，对独立的单个投标人来说具有一定的难度，大多数投标人仅具备投融资能力或建设资质其中的一方面。因此，为保证项目的顺利实施，不限制投标人组成联合体就成为一个必然的选择。在本次招标中，招标文件就明确规定投标人可以组成联合体进行投标，联合体中的所有成员组合起来具备投融资能力和建设资质即可，从资格申请和投标的情况来看，所有投标人均以联合体的形式参加资审和投标。招标结果证明，采用联合体的方式有利于综合利用和充分发挥各自的优势，加强了联合体整体的竞争性，大大提高了投标的社会效应，降低了融资和建设的风险。

五、奥运地铁 BT 模式的运作优势

奥运地铁采用 BT 模式建设，有利于推进建设项目管理体制的创新，有利于建立和完善建设项目管理的市场化竞争机制，有利于改善政府投资项目的负债结构，有利于缓解当期政府资金压力、锁定建设成本和适当转移建设风险。具体表现为以下几个方面。

(1) 有利于大型施工大企业的长远发展。由于 BT 模式的特殊性，对中标单位的要求很高，不仅要有很高的地铁工程建设施工技术水平，还要有很高的投融资能力和雄厚的资金保证。对于大型建筑企业而言，是一种良好的投资渠道，通过工程的投资建设，既避免了与中小施工企业在建筑市场的恶性竞争，又能发挥大型企业自身强大的技术优势和雄厚的资金优势，有利于企业持续性发展。

(2) 可以保障业主、承包商双赢。一方面，作为项目业主，通过组织项目物资材料、机电设备

的招投标工作，可以获得因招、投标降造的利润。另一方面，作为工程承包商，通过科学合理的融资方式，可以获得融资收益；还可以通过优化设计方案，科学组织施工，可获得工程的施工利润。

(3) 有利于提高地铁建设项目管理效率。地铁建设项目涉及工程设计、施工、监理等环节，通过项目公司全面负责工程设计、施工、监理等各个环节，可以实现对各个环节的整体管理，可以快速、及时地解决相互配合的问题，减少推诿、扯皮等现象，从而提高地铁建设项目的管理效率。

(4) 能够发挥杠杆融资效益。BT 允许项目发起人即 3 家股东投入较少股本成立项目公司，由项目公司以投资建设合同和最终业主回购承诺函向银行进行贷款，这就调动了更大的资金资源进行投资。本项目股本是投资总额的 35%，同时进行高比例负债，负债率达 60%以上。各股东投入较少的资金通过杠杆效应运作大项目，获得较高的投资回报率，提高净资产收益率。地铁建设项目可由建设方负责地铁项目资金筹措和工程建设，达到搞活资产运作的效果，从而解决地铁建设项目融资困境。

(5) 能够发挥项目管理团队人力资源优势。BT 模式项目的投标单位多为联合体形式，这就为人力资源的优化组合提供了广阔的空间。为了确保各家股东的社会效益和经济效益，各股东单位选派素质高的业务骨干组建项目公司，进行工程的融资建设，从而为地铁项目安全、质量、进度提供了强有力的保证。

(6) 有利于合法减少税费支出。项目融资允许高水平的负债结构，本项目达到了 60%以上的负债率，这在某种程度上意味着资本成本的降低。因为按照我国现行财务制度，贷款利息是税前扣除的，也就是说是免税的。若建设资金全部以股本进行投入建设，股权收益是要征税的，所以 BT 这种高负债模式可以实现税收收益。

【资料来源】

1. 奥运地铁招标破除政府包揽式旧体制. 中国政府采购网，2008.
2. 李建军.采用 BT 融资方式投资建设北京地铁奥运支线[J]. 都市快轨交通，2006(10).
3. BT 模式在北京地铁奥运支线建设中应用. 中国自动化网，2008.
4. 祝忠平.北京地铁奥运支线 BT 工程招标成功的经验[J]. 中国招标，2007(11).

案例思考题

1. 与其他类型的组织市场比较，政府的购买行为有何特点？
2. 分析案例中北京地铁奥运支线招标的意义。
3. 根据北京地铁奥运支线招标的过程，分析在政府的采购过程中会遇到哪些特别需要注意的问题。

第6章 市场营销调研

6.1 营销调研概述

6.1.1 营销调研的内容

1. 营销调研的定义

营销调研是利用系统性、客观性和完整性的方法对于各种市场活动有关的全部事实，加以收集、研究与分析、预测，作为决策者决策时发现机会和降低风险的参考和依据。美国市场营销协会(AMA)在 1988 年给出的相关定义是：营销调研是通过市场信息把消费者、顾客和大众与市场营销人员连接起来的活动，市场信息用来确认和界定市场营销的机会与威胁；产生、改进和评估市场营销活动；反映市场营销成果；改进对市场营销过程的了解和把握。

现在通常说的营销调研包括市场调查和市场预测两个方面。而营销调研又可以分为狭义的和广义的两类。狭义的营销调研，是指以企业的产品和竞争对手为对象，调查、分析和预测竞争对手的市场活动，并以科学的方法收集、分析和预测顾客购买以及使用商品的数量、意见、动机和行为等有关资料。广义的营销调研是对社会市场运行环境及其社会生产、分配、交换和消费循环活动中各种经济现象和经济规律的研究。

企业范围内的营销调研包括以下七个方面。

(1) 产品研究。新产品的设计、开发和市场试验，现有产品的改进，预测消费者和顾客对产品的功能、质量、包装、颜色、品牌等的偏好以及竞争产品的比较研究。

(2) 销售研究。研究企业的所有销售活动，包括销售趋势及其构成的分析预测，市场地位的分析，销售人员的监督、训练方法、工作方式及报酬制度的分析，销售份额及地区的建立，分配方式及成本的分析等。

(3) 市场需求的调查与预测。研究国内外市场的潜在需要量、地区分布及特性等。

(4) 购买行为研究。研究购买者的购买动机及行为，如购买者为何喜欢某种品牌或商店的原因。

(5) 广告及促销研究。测验与评估广告及各种促销活动的效果，促销包括消费者促销及经销商促销。这种研究以广告研究最为常见，广告研究主要分析广告的需求、文字、图案、媒体选择及测定广告的效果。

(6) 销售预测。对销售量及各种销售机会的短期及长期预测。

(7) 产业及市场特性的研究。研究某种产业或市场的特性及其发展趋势。

2. 大数据时代的营销调研

(1) 基于互联网进行市场调研提高了效率、降低了成本。网络调研具有传统调研方法无可比拟的便捷性和经济性。企业可在其门户网站建立市场调研板块，再将新产品邮寄给消费者，消费者试用后只要在网站上点击即可轻松完成问卷填写，其便利性大大降低了市场调研的人力和物力投入，也使得消费者更乐于参与市场调研。同时，网络调研的互动性使得企业在新产品尚处于概念

阶段即可利用 **3D** 拟真技术进行产品测试，通过与消费者互动，让消费者直接参与产品研发，从而更好地满足市场需求。

(2) 挖掘网络社交平台信息成为研究消费态度及心理的新手段。Facebook、QQ、微博、微信等社交平台已日渐成为新生代消费群体不可或缺的社交工具，消费者往往有着极高的从众性，因此针对社交平台的信息挖掘成为研究消费潮流趋势的新手段。例如，通过微博评论可以统计分析消费者对某种功能型产品的兴趣及偏好，这对研究消费态度及心理有非常大的帮助。更重要的是，这类信息属于消费者主动披露，与访谈形式的被动挖掘相比信息的真实性更高。

(3) 移动终端提供了实时、动态的消费者信息。随着 4G 网络及智能手机普及，市场研究已渗透到移动终端领域。大量的手机 APP 应用(如二维码扫描等)为实时采集消费信息提供了可能性，移动终端的信息分析在购买时点、产品渗透率及回购率、奖励促销效果评估等方面将发挥不可估量的作用。

(4) 零售终端信息采集系统能够帮助企业了解市场。目前，pc-pos 系统在零售终端得到了广泛的应用，只要扫描商品条形码，消费者购买的商品名称、规格、购进价、零售价、购买地点等信息就可以轻松采集。通过构建完整的零售终端信息采集系统，企业可以掌握商业渠道的动态信息，适时调整营销策略。

(5) 采用智能化信息采集、储存及分析手段。具体包括以下几方面。

① 超大容量的数据仓库

数据仓库具有容量大、主题明确、高度集成、相对稳定、反映历史变化等特点，可以有效地支撑企业进行大数据研究与应用。数据仓库可以更有效地挖掘数据资源，并可以按照日、周、月、季、年等周期提供分析报表，有助于营销人员更有效地制定营销战略。

② 专业、高效的搜索引擎。

旅游搜索、博客搜索、购物搜索、在线黄页搜索等专业搜索引擎已经得到了广泛应用，企业可以根据自己的特点构建专业化的搜索引擎，对相关的企业信息、产品信息、消费者评价信息、商业服务信息等数据进行智能化检索、分类及收集，形成高度专业化、综合性的商业搜索引擎。

③ 基于云计算的数学分析模型

市场研究的关键是洞察消费者需求，基于云计算的数学分析模型可以将碎片化信息还原为完整的消费过程信息链条，更好地帮助营销人员研究消费行为及消费心理。这些碎片化的信息包括消费者在不同时间、不同地点、不同网络应用上发布的消费价值观信息、购买信息、商品评论信息等。基于云计算的智能化分析，一方面可以帮助市场研究人员对消费行为及消费心理进行综合分析，另一方面云计算成本低、效率高的特点非常适合企业数据量庞大的特性。

6.1.2　营销调研的作用

产生有效的市场营销战略的一个关键因素是要对顾客的需求有一个全面彻底的理解。营销调研的一个重要作用就是提供这方面的信息，并帮助企业确定他们的顾客是谁，以及在特定的情况下什么样的商品特性是至关重要的。营销调研能够帮助识别由于多种原因而对商品特性有不同需求的各个顾客群体。

同时，营销调研活动也是市场营销的一个重要因素。它把消费者、客户、公众和营销者通过信息联系起来，这些信息具有以下职能：识别、定义市场营销机会和可能出现的问题，制定、优化市场营销组合并评估和预测其效果。

因此，营销调研的目的在于及时地提供给营销决策者所需要的信息，减少企业市场营销决策时的不确定性，降低决策错误的风险，协助决策部门制定有效的市场营销决策。营销调研是企业市场营销活动中不可或缺的重要工作。营销调研与市场营销关系如图 6-1 所示。

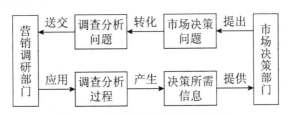

图 6-1　营销调研与市场营销关系

从图 6-1 中可以了解到，企业市场营销活动的核心是发现和有效地满足市场需求，企业要计划生产的产品或服务是不是市场所需要的，必须通过营销调研工作才能得到明确的答案。

首先，企业通过营销调研活动，可以了解顾客和消费者的潜在需求和当前需求，发掘和评估市场机会。了解顾客和消费者的偏好及对产品或服务的意见，使企业改进老产品、研制新产品时有明确的方向，使产品适销对路。同时，营销调研是经营预测的基本前提，也是企业经营决策和经营计划的基础。营销调研得到的信息越可靠，越能够反映市场实际情况和未来发展，经营预测的结果就越正确，经营决策和经营计划的基础才越切实可行。

其次，企业对过去所做出的决策应该随时根据市场的变化和市场营销活动的实际状况进行修正，而修正的依据当然也是营销调研所获得的信息。因此，企业的经营活动是以适应和满足市场需求为中心的，就必须开展营销调研工作。

6.2　营销调研过程

一般认为，营销调研的过程由以下七个步骤构成：

(1) 明确调查问题。

(2) 市场情况分析。

(3) 非正式市场调查。

(4) 制订营销调研计划。

(5) 资料收集。

(6) 资料整理分析及市场预测。

(7) 撰写调查报告(提出结论和建议)。

其中前三个步骤经常被人们合在一起称为非正式调查阶段，这样整个调查过程就简化为五个阶段。图 6-2 所示为营销调研过程示意图。

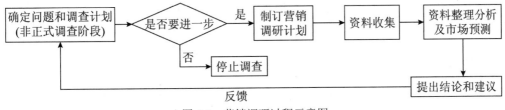

图 6-2　营销调研过程示意图

6.2.1 非正式市场调查

市场调查过程的第一阶段是非正式调查阶段。这一阶段工作的主要职能是对所要展开的调查课题进行非正式的摸底。它包含以下三个步骤。

1. 明确调查问题

当市场调查人员接受一项市场调查任务或委托之初，尽管委托者会对调查课题的相关情况作介绍，但这种介绍并不总是充分详尽的。此时，市场调查人员必须清楚所要调查问题的实质究竟是什么，也要了解调查的目的究竟为什么。虽然市场调查的每一个步骤都十分重要，但明确地定义问题乃是重中之重。调查问题的定义包括对整个问题的叙述以及确定调查问题的具体组成部分。只有问题定义清楚了，才能进一步去设计和开展市场调查活动。如果对问题缺乏正确的理解或对问题的定义存在缺陷，那么调查所花费的人力、物力，都可能没有用在真正需要解决的问题上，这将会造成极大的浪费。正所谓"对一个问题做出恰当定义就等于解决了问题的一半"。定义调查的问题时应遵循的法则是：给出的定义首先要让委托调查的调查者得到与既定管理决策问题有关的全部信息；其次要使承担调查工作的人员能够顺利地完成这一项目的调查工作。

2. 市场情况分析

在明确调查问题的基础上，由市场调查人员利用自己的知识和经验，根据已经掌握的资料，进行初步分析。分析的涉及面应尽量宽一些，包括对所要调查问题的本身、大致的范围、实施调查的可能性和难易程度。通过市场情况分析，调查人员应对调查问题的基本框架有一个大致的了解。

3. 非正式市场调查

由市场调查人员找一些掌握调查问题相关信息的或熟悉该方面情况的人士交谈，进一步了解有关情况，积累资料。非正式市场调查实际上也是一种调查，它可以弥补调查人员本身经验不足和掌握资料稀缺的问题，为判断是否进一步进行正式的市场调查提供更充分的依据。

在市场调查的过程中，非正式市场调查阶段之所以必不可少，是因为它有助于节省人力、财力和时间。在已展开的市场调查项目中，可能出现的情况无非是两种：一种情况是由于所确定的调查项目不甚恰当，往往会导致调查结果与当初既定的市场调查目标不相符，或者在项目确立时是合适的，但随着时间的推移，主客观条件发生了变化，该调查项目变得不再合适；或者发现在目前的条件下，无法完成该项目的调查；或者是该项目已经有人做过；抑或是该项目开展不合时宜等等。在这些情况下，如果一开始就进行正式的市场调查，会造成很大的浪费。而通过非正式的市场调查工作，可以及时地中止一些"不合时宜"的调查项目，或者对现有的调查问题进行及时的调整，避免出现大的浪费。

另一种情况是即使当初决定的调查项目是合适的，也要进行非正式调查。这是因为，调查问题通常涉及的方面多、范围广、弹性大，通过非正式调查，可以合理地界定调查的范围和深度，节省人力和财力，也可相应地节省调查所花费的时间。

6.2.2 制订营销调研计划

形成调查问题以后，根据调查的目的，应该制订一个收集所需信息的有效计划。在设计一个调查计划时，要求做出的调查决策有资料来源、调查方法、调查工具、抽样方法、接触方法以及调查预算等。

市场调查总体方案设计报告的结构与内容的取舍是随着具体的调查项目要求而有所变化的，不过一般市场调查计划书的内容包括以下几个主要方面。

1. 摘要

摘要是整个报告书的一个简短小结。由于有关重要人物可能只读这部分，因此摘要既要简明清晰，又要提供有关帮助理解报告基本内容的充分信息。

2. 调查目的

说明该项目进行市场调查的背景，要调查的问题和备选的各种可能决策，该调查结果可能带来的社会效益或经济效益，或是在理论研究方面的重大意义。

3. 调查内容和范围

说明调查的主要内容，规定所需获取的信息，列出主要的调查问题和相关的理论假设，明确调查的范围和对象。

4. 调查方针与方法

用简洁的文字表明调查方针，说明所采用的调查方法的重要特征，与其他方法相比较的长处和局限性；调查将要采取抽样方案的主要内容和步骤；样本量的大小和可能的精度；采取何种调查质量控制的方法、数据收集的方法及调查的方式；问卷的形式以及问卷设计方面的有关考虑；数据处理和分析的方法等。细节可写在附录中。

5. 调查进度和经费预算

详细地列出完成每一步骤所需的天数以及起始终止时间。计划要稍稍留有余地，但也不能把时间拖得太长。详细列出每一项大致所需的费用，通过认真估算，实事求是地给出每项的预算和累计的总预算。

6. 附录

包括调查项目负责人及主要参加者的名单(说明每人的专业特长以及在该调查项目的主要分工，课题组成员的水平和经历对于调查项目能否获得有关委托调查单位的批准具有重要的影响)；抽样方案的技术说明及细节说明；问卷设计中的有关技术说明；数据的处理方法、所用软件等方面的说明。

撰写总体调查方案计划是调查过程中十分重要的一步。它确保了将营销管理决策部门的问题转移成能够提供相关、及时而准确的调查信息，并且调查的费用并不高于所获得的信息的价值。

6.2.3　资料收集

1. 资料来源及基本收集方法

调查数据的收集是花费最为高昂也最容易出错的一个阶段。收集信息的基本前提是尽可能全面、客观和公正。信息资料的来源主要有两个方面，即直接资料和间接资料。直接资料又称一手资料，是调查者通过观察、询问、实验等手段和方法直接获得的资料。间接资料又称二手资料，它包括内部资料和外部资料两个方面。内部资料有企业的各种凭证、报表、报告、预测等资料；

外部资料可来自于政府机关、金融机构、咨询机构、报纸杂志等。

调查人员应根据资料的性质来决定采用何种调查方式。如有些间接资料可以利用的应尽量利用，这样可以省时省力。如果必须收集直接资料，那么应该决定收集方法、调查对象、调查地点、调查时间和调查频率。

直接资料收集的方式包括实验法、观察法和询问法。例如，要想收集关于消费者态度的资料，市场调查人员可以采用询问法，此时还可以进一步运用其他工具，如调查表、自动记录设备、电话、电脑、信函等辅助进行。一般情况下，对消费者的调查采用个人访问的调查方式比较适宜，便于相互间的深入交流。

数据收集工作必须通过调查员来完成，调查员的素质将会影响调查结果的正确性。调查员一般以高等院校市场学系、心理学系或社会学系的学生担当最为理想，因为他们已受过相关调查技术与理论的训练，可有效降低调查误差。在进行市场调查时，必须采取科学合理的调查方法和技术，这样才能收到事半功倍的效果。

2. 大数据与资料收集

一直以来，由于获得数据的成本昂贵，营销调研者通常采用"抽样"的方式，用最少的数据量获得最多的信息。而样本数据的有效性取决于遵循抽样的随机原则。但在营销调研的过程中，保证抽样的完全随机性有时是非常困难的。因为无论采用什么方法做抽样，如电话、入户、街头拦截等，有一系列的操作上的障碍使调研者无法保证样本的随机性。如果抽样的对象很复杂，比如"网络"，那么根本找不到一个最优抽样的判断标准，更不可能奢求以通过抽样的"小网络"能反映"大网络"的情况。同样，样本数据常常不能完成对异常或小概率事件的分析，而发现和预测这些小概率事件常常是数据分析的一个重要目的。

现在，随着数据收集技术、工具的不断创新，获取大量数据变成简单易行，成本也是越来越低。无所不在的"大数据"已经成为未来营销调研的基础，对于大数据的分析也将基于此而被广泛地使用。

6.2.4　资料整理分析及市场预测

调查人员应将所收集的信息资料采用科学方法进行汇总、归纳、整理和编辑，对信息资料进行分类编号，然后对资料进行初步加工。例如，进行统计汇总，计算各种比率及总和，并制成相应的各式统计图表。在调查信息分析过程中，调查与预测人员应努力采用一些先进技术和决策模型，以期能找到更多的、合理的预测结果。例如，可以应用 SPSS、Excel 等统计应用软件。

6.2.5　撰写调查报告

市场调查的最后一步应是提出调查与预测结论和建议，并追踪调查结果。运用营销调研得到的大量市场信息，分析问题，观察市场，然后撰写调查报告，提供给决策部门应用参考。

市场调查报告没有统一规定的、固定不变的格式和结构。但在长期的营销调研活动中，也逐渐形成了某些为大多数市场调查者所采用的格式。美国著名的市场调查专家内雷斯·马尔霍查 (Naresh K. Malhotra) 在其《市场调查》(*Marketing Research*) 一书中提出的格式，被认为是一个较好的并为公众普遍接受的格式。

(1) 扉页，即项目名页 (title page)。在这一页上应有：项目名称，项目名称要能反映项目的特性；调查承担人员或组织的名称、地址、电话号码；报告接收人或组织；报告完成日期等。

(2) 递交信(letter of transmittal)。正规的调查报告通常包含有一封致客户的递交信。信中可以概述一下调查者承担并实施项目的大致过程，也可以强调一下客户需要注意的问题以及需要进一步调查与预测的问题等，但不必叙述调查的具体内容。

(3) 委托信(letter of authorization)。委托信是客户在调查项目正式开始之前写给调查者或组织的。它具体表明了客户对调查承担者的要求。有时可以在递交信中说明委托的情况，有时则可以在调查报告中包括委托信的复印件。

(4) 目录(table of contents)。目录中应详细列明调查报告的各个组成部分及其页码。

(5) 表格目录(list of table)。详细列明报告中所用的各种表格及其页码。

(6) 图表目录(list of graphs)。详细列明报告中所用的各种图示及其页码。

(7) 附表目录(list of appendices)。详细列明报告中所用的各种附录及其页码。

(8) 证据目录(list of exhibits)。详细列明报告中所包括的各种证据材料及其页码。

(9) 经理揽要(executive summary)。这是调查报告中主要为经理等主管人员写的部分。它在整个报告中占有特别重要的地位。许多经理主管人员往往没有时间阅读整个报告，而仅仅阅读此摘要部分。为此，这一部分要特别清楚和简要地叙述报告的核心和要点，主要应包括调查的问题、目标，主要结果、结论和建议等。从顺序看，经理揽要安排在整个调查报告的前列，但其起草则应在报告的其他部分完成以后进行。

(10) 问题界定(problem definition)。这一部分中，要介绍市场调查所要解决的问题、背景材料等。要注意正确界定经营决策问题和市场调查问题。

(11) 解决问题的方法(approach to problem)。这一部分主要叙述为解决所面临的市场调查问题所要采用的一般方法。

(12) 调查设计(research design)。这一部分应叙述调查设计的内容，包括调查设计的类型、所需的信息、二手资料的收集、一手资料的收集、测量技术、调查的设计、抽样技术、现场工作等。

(13) 资料分析(data analysis)。主要叙述资料预测分析的计划；预测分析策略和所用的技术。

(14) 结果(results)。调查结果是调查报告中最敏感的部分。它往往分成几个部分，根据调查问题的性质、目标和所获得的结果，进行合乎逻辑的叙述。

(15) 局限和警告(limitations and caveats)。由于时间、预算、组织限制等因素的制约，所有的市场调查项目总有其局限性。在这一部分中，要小心地阐明本次调查的局限性，避免客户过分依赖调查结果，但也要避免客户怀疑调查结果。

(16) 结论和建议(conclusions and recommendations)。这是市场调查人员根据所获得的信息资料，进行理性分析和预测后提出的见解。这部分内容要求可行、可操作和有参考价值。

(17) 附件(exhibits)。列出各种必要的附件，如调查表、统计数据等。

6.3　营销调研方法

6.3.1　小组调查访问法

小组调查访问法是市场研究中一个常用的调查方法。小组调查访问提供了解第一手市场资料的机会。小组调查访问的目的是倾听一组属于恰当目标市场中的个人所表达的意见和建议，让他们在一起谈论一个既定的营销主题，企业可以从他们的意见和建议中获得重要的市场信息。

小组调查访问的成员是预先选聘，并满足某些限定的特性和条件(如年龄、性别、使用过某些产品和使用产品的频率等)的人员。总体而言，调查的市场主题越敏感或越复杂，参与小组访问的人数就越少。一般情况下，如果有专业人士参与其中，小组的人数规模通常是 7 人或 8 人。

小组调查访问是由调查组织者领导的，调查组织者要让小组成员在一定的时间段中讨论某个主题和相应的题目，调查组织者的责任就是保证小组的每个成员都参加了这个讨论并充分发表了各自的观点。调查人员和参与小组讨论的成员可以选择在某个气氛宽松、友好的地方花一至两个小时共同讨论某个既定的营销主题，实施该次市场调查活动。

6.3.2 上门访问调查法

上门访问调查法是指调查者从被调查者中选择一些样本家庭，面对面地进行访问调查的方法。上门访问调查法是所有数据收集方法中最灵活、涵盖面最广的一种方法。上门访问调查中所用调查表的长度和内容安排具有较大的自由度。

上门调查最具吸引力的特点在于访问者能够向被调查者呈现产品的视觉效果。因为在调查中，访问者和被调查者是相互作用的，在访问调查中被调查者除了回答访问者提出的问题之外，还会提供其他有价值的信息。例如，在包装测试中，访问者可以记下被调查者是否会按既定的程序打开包装，以及被调查者认为包装设计是否存在缺点。如果样本能有效地分布在几个市场内，并且每个市场范围内的访问能够同时进行，可能会相对快地完成一项大的调查。总的来说，与邮件调查和电话调查相比，上门访问调查比邮件调查完成得要快，但可能没有电话调查快，而且上门访问调查的成本相对要高一些。同时，社会治安问题使得很多人对于让陌生人进入家门变得很谨慎。

6.3.3 街头拦截访问调查法

街头拦截访问调查法是在路上或某一公共场所对过路人拦截访问的一种调查方法。

由于访问者可以把任何认为必要的材料随身携带，街头拦截访问调查就比上门访问调查具有更多的灵活性和多样性。拦截访问调查的主题可以是观念、产品、包装或广告(通过视觉展示)。另外，营销或技术人员比较容易观察被调查者的反应。与上门访问调查相反，由于被调查者通常很匆忙，街头拦截访问的时间总的说来是有限的，一般应把访问时间控制在 5~10 分钟以内。

6.3.4 深度访问法

深度访问法经常用于"一对一"的调查，用来揭示消费者潜在的对敏感问题的动机、偏见、态度等。深度访问就像心理咨询分析，一般通过一个专业的调查人员来组织实施，由他(她)来组织调查问题的引导、提问和记录。

深度访问经常被用于品牌名称研究，用来了解消费者对品牌名称的感觉和反应，以及对广告创意的评价等。

在某种特殊的情况下，调查者可以利用一定的访问技巧得到被调查者对相关问题的感觉和潜意识里的想法，这种技巧一般来源于临床的心理学。在调查中，被调查者也可以在了解其他人的行为后，说出其自身的感觉和观念。

6.3.5　信函调查法

信函调查法是指直接以邮递的方式向被调查者发出一份调查问卷，要求被调查者将完成的答卷也以信函的方式寄回企业以供研究。信函调查表也可以附在产品上，比如随着产品质量保证卡一起发出或作为杂志的插页发出。

采用直接邮递调查的方法可以消除人员调查访问中调查人员的主观导向，避免调查者不合理的提问方法或欺骗所造成的影响。

在信函调查过程中，低返回率是困扰邮递调查最严重的问题。完成的调查表通常要花上几周时间才能返回调查者。如果要追踪信件，那么完成一个信函调查花费的时间就更长。这样的话，一个较大规模的信函调查可能要花费几个月时间来完成。

6.3.6　电话调查法

电话调查是从符合某些特征的人口集合中抽取被调查者样本，通过打电话的方式请他们回答一系列问题的调查方法。因为有专人在电话的一端进行提问，电话调查可以采用省略模式、彻底调查、回头打听等方法，以及信函调查不可能具有的不同的终止点等方式进行。

然而，电话调查并不能达到个人访问所具有的复杂度和多样性。与被调查者面对面的访问调查可以保证所需调查的问题已被他人所理解，而通过电话，稍微复杂一些的问题就很难进行下去。设想一下，如果要求一个被调查者按照他或她的购买意愿在几种品牌中进行选择，调查将很难实施。并且，调查者可能需要在电话里不断重复相似的问题，被调查者将很快感到厌倦。

另外，在电话调查中无法向被调查者作任何展示。因此，一些调查，如广告或包装测试等一系列依靠视觉提示来进行的调查就不能通过电话来进行。在一定范围内，电话调查的这一缺点可通过在进行电话访问前邮递给被调查者一个视觉上的提示信息加以克服。

6.3.7　观察法

观察法是指调查者在现场对被调查者的情况直接观察、记录，以取得市场信息资料的方法，主要是凭借调查人员的直观感觉或借助于某些摄录设备和仪器来跟踪、记录和考察被调查者的活动及现场事实，来获取某些重要的市场信息。另外，利用这一调查方式可以有效地掌握销售渠道运营情况的第一手资料，而且能较好地观察竞争对手产品的市场表现。观察法具有直接、客观、全面的特点。

观察法常用的方法有秘密购物调查。秘密调查者可以通过观察和询问，以检验企业营销策略的市场表现和有效性。但是，由于秘密访问者在调查时不是当场而是事后填写一份问卷，这就会因潜在的遗忘而导致调查报告缺乏准确性。

6.4　网络调查

网络调查发端于 20 世纪 90 年代，兴起于 21 世纪初。1994 年，美国佐治亚理工学院的 GVU Centre 进行的关于互联网使用情况的调查，被认为是最早的网络调查。1998 年，搜狐网与零点调查公司携手进行的网络调查被业界视为中国调查业步入网络时代的标志。在国内，近十年来，随着互联网的迅猛发展，网络调查也得以在市场营销、旅游、体育、新闻传播等领域应用开来。

6.4.1 网络调查的含义和特点

网络调查是以网络为载体，收集、整理、分析特定对象统计资料的一种新型的调查方式方法。也就是说网络调查是一种以各种基于互联网的技术手段为研究工具，利用网页问卷、电子邮件问卷、网上聊天室、电子公告板等网络多媒体通讯手段来收集调查数据和访谈资料的一种新型调查方法。

1. 网络调查的优势

(1) 调查范围扩大。被调查者可以不受地域和时差限制参与调查，利于开展国际性调查项目。

(2) 调查时效性强。网络调查可以 24 小时不间断进行，并且，计算机具有高速数据处理能力和信息反应速度，这都是传统调查方法所无法比拟的。

(3) 调查成本低廉。与传统调查方式相比，网络调查的发放、回收、数据录入等大部分过程由计算机辅助完成，而且网络调查实现了"无纸化"操作，节省了大量的人员、材料等费用。

(4) 匿名性强。降低社会期待效应，有效减少调查中的故意回答误差。网络调查条件下，被调查者无需面对访员，在一种相对轻松和从容的气氛下接受调查，较好地保全了被调查者的隐私，有效避免了被调查者因被问及敏感性等问题不愿意做出真实回答而产生的误差，从而保证了调查结果的客观性。

(5) 可操控性强。在网络调查方式中，利用 IP、cookies 等技术手段以及编写特定的程序，在受访者答题过程中同步进行题目空答识别验证(即当被访者未完成全部题目而选择提交时，系统会自动跳出提示窗口，提示被访者缺答的题目)，可以非常好地保证问卷回答的完整性和有效性。

(6) 人为误差小。由于网络调查采用计算机代替手工处理，所以大大减少了人为造成的登记、汇总、计算等过程中的计量误差。

(7) 问卷形式丰富，具有较强的互动性。一是通过应用计算机多媒体技术，可以在问卷中加入图片、声音、视频、动画等，可以使调查内容更加广泛，调查主题更加鲜明，辅助解释调查问题；并且使问卷界面更加友好、人性化，从而吸引更多网民参与调查。二是通过将计算机程序技术与问卷设计结合起来，实现交互式问卷设计。例如，实现"自动跳答"，可以根据被调查者前面回答问卷的情况或已有的问卷统计分析结果动态调整后续问卷的调查内容；自动辨别被调查者的输入错误并给出相应的提示内容等。三是可利用计算机了解更多关于问卷的额外辅助信息。例如，用户回答某一问题的时间、回答某一问题的修改次数、完成问卷的全部时间、问卷回答者的 IP 地址，从而实现智能化问卷技术。

2. 网络调查的局限性

(1) 网络普及程度不够影响调查取样的范围。随着我国经济的发展，互联网的用户量也在以惊人的速度增长，但是用户分布并不平均。经济发达地区明显比相对不发达地区用户量要多。在做世界范围调查时，各国网络分布也不平衡。这在一定程度影响了取样范围。

(2) 调查样本缺少代表性。在假设没有出现其他误差的前提下，样本数量越大测量精确度越高。但是在网络调查中，调查实施者却经常忽视上述调查准确度与样本量之间关系的假设前提，片面地强调样本量的规模。另外，由于网络对于用户的资料具有一定的保护，所以我们很难知道调查者的职业、年龄等个人资料，即使知道也不一定是真实资料。这样容易造成网络调查的总体、抽样框难以界定，抽样难以实现调查目的，从而产生代表性误差问题。

(3) 网络调查的安全性得不到保障。由于现阶段网络技术安全还没达到完美的地步，仍存在技术漏洞，一旦产生电脑病毒或黑客侵入，则会对调查系统和数据安全构成威胁，调查资料容易被盗、被黑。

(4) 网络调查的无应答误差问题。网络调查面临的另一个误差问题就是无应答问题。有研究表明，网络调查的问卷反馈率非常低，而且受到调查主题和反馈技术等因素的制约。

综上所述，互联网调查与传统市场调查相比较，具有时间短、费用低、调查覆盖面广、形式多样化等特点，但如果实施的是互联网随机调查，则有可能会面临问卷回收时间无法控制的问题。在确定的调查对象的前提下，传统市场调查中的小组调查访问、上门访问、深度访问、投射调查和固定样本调查都可以通过互联网调查来实施。

6.4.2　网络调查的类型

按照研究方式，可将网络调查划分为网络定量调查研究和网络定性调查研究两类。

1. 网络定量调查研究

1) 电子邮件调查方式

电子邮件调查方式是信函调查的方式之一。它是以电子邮件为传输媒介，内嵌 word 电子版的问卷，将问卷直接发送到被访者的电子邮箱中，引起被访者的注意和兴趣，从而主动填答并将问卷通过电子邮件方式传回。电子邮件调查方式覆盖面大，是几种网络调查方法中相对较快、较简单的。但是，这种调查方式需要收集目标群体的电子邮件地址作为抽样框。由于电子邮件调查只限于平面文本格式，格式较为固定，无法实现跳答、随机化、错答校验等较为复杂的问卷设计；而且调查的质量在很大的程度上取决于抽样框的完备性和回收率的高低。"信函调查"内容详见本章"6.3.5 信函调查法"的相关阐述。

2) 网站(页)问卷调查方式

应用网站制作技术实现调查问卷，被访者一般只需轻松移动、点击鼠标即可实现问题的填答和提交，并且这样的问卷结合网页设计技巧，将配色、图片、表格应用进来，较为吸引人，从而提高问卷的填答率。该方式可与其他方式结合应用，例如，使用 E-mail 向被访者发出邀请信，附上调查问卷的网址，网民直接点击网址或将网址复制到 IE 地址栏直接参与调查。网站(页)式网络调查方法还可以应用数据库技术，将网页式调查问卷的题目和答案均进行编码写入数据库，当被访者参与调查提交了答案，数据库会自动获取该问卷数据进行保存，形成固定数据表格。也就是说在网络问卷编制过程中就完成了编码工作，而且问卷填答和数据回收同步进行，从而大大缩短了调查周期，统一格式的电子数据也便于快速处理。但这种类型调查的缺点主要是主动回答的样本可能不具有代表性，为此需要采用有效的邀请方式、奖励方式等提高被访者兴趣，从而优化样本代表性。并且为了保证是所邀请的人在答卷，同时防止一人回答多次，在技术上常采取的方法主要有以下两种：注册用户方式——要求答卷者在调查问卷的首页输入其用户名和所给的密码；给每一个答卷者一个唯一的网络调查问卷地址链接。

3) 定向弹出窗口方式

网民浏览到某网站时，可能会碰到弹出来的一个窗口，窗口中有邀请网民参与调查的说明、地址链接或直接进入调查的按钮；如果网民有兴趣参与，点击链接地址或按钮，会进入含有网页式调查问卷的窗口，填答过程同网站(页)式调查方式相近，同样实现调查数据的线上提交。该方式的独特之处在于有一个专门抽取被访者的软件或程序，可按照一定的方法(如等距、随机或一定比例)自动抽取被访者。这种调查类似于传统调查中的拦截式调查，得到的一般也不是真正意义上的随机样本。由于"拦截"根据的是"访问"而不是"访问者"，因此经常访问者被拦截抽中的可能性要大于偶尔访问者。这种调查较为适用于了解网站使用情况的调查，因为网站可能更重视其经常浏览者的意见，并且为了保证一个访问者最多只能填答一次问卷，常采用跟踪文件的方式(cookie)进行验证。

4) 全程跟踪方式

主要针对网络用户获取其网上活动的基本数据而采用的一种调查方法。法国的 Net Value 公司就采用此方法进行调查。其重点在于监测网络用户的网上行为，是一种"基于互联网用户的全景测量"。它的具体操作是：首先通过大量"计算机辅助电话调查"获得用户基本数据，然后从抽出的样本中招募自愿受试者，下载软件到用户的电脑中，由此记录被调查者的全部网上行为，获取相关数据。该方式会涉及较多的个人隐私，被调查者一般会有所顾虑，因而该方式应用范围不是很广。

5) 网上固定样本

此方法将互联网技术与传统调查技术相结合，通过随机的抽样调查(如电话或入户访问)，征募目标总体的一个有代表性的固定样本，样本户可能是网民，也可能不是网民。对不是网民的样本户提供电脑和上网的条件(对已有上网者可考虑不再提供电脑)。对这个样本进行定期的网上调查(利用 E-mail survey 或 web-survey)。这种调查类似计算机辅助调查(CAPI)的 panel，不过这种 panel 一般不用于调查网上行为。如果 panel 的抽样和征募质量较好，这种方式的调查则具有较好的代表性，而且快速、可靠，利用多媒体技术还可以增加调查的趣味性。当然，开始建立固定样本所需投入的费用也是相当高的。采用该方式的调查机构有美国的 InterSurvey 公司等。

2. 网络定性调查研究

虽然目前网络调查在实际应用中较多地使用的是定量研究的方式。但实际上还是很适合于开展定性研究的，而且常常能得到较高质量的数据。

利用互联网技术进行定性研究的方法主要有：在线焦点小组访谈、一对一的在线深层访谈。网络技术的飞速发展使得焦点小组访谈、深度访谈可以通过网络技术实现跨地区的在线"交流"。例如可以利用即时通讯软件、"网络视频会议系统"软件或在网络 BBS 上可以进行实时的访谈会，或利用 E-mail 开展非实时的"交流"，提问和回答均通过 E-mail 来实现。

另外，网络文献资料分析也是常用的网络定性调查的方式之一。

网络文献资料分析是指从研究对象的一些电子文档资料中，补充和加深研究者对所研究问题或现象的理解。这些资料主要包括：记录每天活动或时间的日记或日志、个人的传记、自传、"博客"等。优点是资料均为电子文档，避免因手写造成的模糊、字迹不清、手写体难于辨认等问题，并且易于保存和收藏，不占空间，便于复制和备份；可跨地区收集，范围广大；并且，这类资料可以是文字、图片、表格、数据、音频、视频等多种形式，内容丰富、具体、生动，具有很好的参考价值。

收集这些资料的方法有两种：请示式的和非请示式的文献资料征集。请求式的征集是直接向研究对象提出征集请示，希望他们能提供相关内容的自传资料或日记式记录的资料。非请示式的征集是通过各种可能的手段去收集有关的资料，传统的文献资料研究主要通过图书馆、档案馆、个人收藏品等来收集资料。与传统的方法相比，网上的资料如个人信件等要比写在纸上的资料"短命"得多,但是互联网提供了在众多公共网站寻找有关资料的极好条件。利用现有的网络技术,有可能搜索到许多相关的甚至是保密的资料。不过网上资料的著作权问题可能是一个更难解决的世界性问题。此外关于资料的可靠性和真实性问题也同样存在。

6.4.3　提高网络调查的反馈率

与信函调查类似,问卷的反馈率一直是影响调查数据质量的一个关键因素。影响网络调查反馈率的因素除了有效的问卷设计外,还主要包括调查说明、调查界面设计、网页操作设计和网络调查实施方式等。

1. 网络调查的说明

在网络调查中有关对调查项目的介绍和说明对调查的反馈率有重要的影响。精心设计的调查简介和说明有助于提高调查的反馈率。此外给予参与调查者奖励的现金、电子货币和抽奖等也能提高反馈率。

2. 网络调查界面的外观设计

调查页面的文字、颜色、排版等都直接影响被调查者完成网络调查的意向,视觉增强型的网络调查页面比文本型的页面对被调查者的吸引更大。有研究表明,网络调查中使用非白色的调查网页背景与服装图形设计可以增加 5%以上的回收率。因此,网络调查的实施者应该站在被调查者的角度考虑网页设计的视觉关怀,而不是单纯按照调查的内容和性质来定位页面的视觉效果。

3. 网络调查界面的操作设计

改善页面响应速度的设计。研究发现,网络调查页面操作的响应速度很大程度上影响着被调查者完成网络调查的意愿。答题操作的顺畅、图片或 flash 的加载速度、问卷提交的快慢都是决定被调查者完成网络调查的关键因素。因此,网络调查实施者应该考虑网络调查页面设计中响应速度的设计,在保证网络调查效果的基础上加快网络调查页面的响应速度。例如,尽量避免使用下拉式的回答形式,以减少操作时间;使用自动逻辑跳转的设计,从而节省时间,减少被调查者的困扰。

4. 网络调查的实施方式

统计结果显示,运用预先联系的方式会提高调查反馈率,并使反馈的时间比较集中。通常利用商业数据库、网站、BBS 或论坛等方式获得调查对象的电子邮箱并不困难,但若直接与受访者联系,一般得到的反馈都比较低,因此,最佳方法是事先利用电子邮件与受访者打声招呼,这样会使受访者感觉好一些,也使其更愿意参加调查。

6.5　营销调研问卷设计

获取足够的市场信息资源是营销调研的基础,而无论采用哪种调研方法,都不可避免地要使用到问卷。营销调研是否能够获取足够、适用和准确的信息资料,很大程度上取决于调查问卷的设计质量,进而影响营销调研的结果是否准确。所以,有效的调查问卷设计是成功进行营销调研的基础。

6.5.1 问卷设计原则

问卷应具有逻辑性，并能清晰、全面地呈现给被调查者。

1. 简洁明了

问题定义明确，即问题的含义对调查者和被调查者来说理解是一致的，并且问题的回答能同预期设想的可能结果相一致。以下面两个对咖啡消费量的提问为例。

A. 在一个工作日内，你喝了多少杯咖啡？＿＿＿＿＿＿＿(用数字表示)

B. 你喝咖啡的频繁程度(请选择)

极频繁	1
经 常	2
一 般	3
从 不	4

我们可以发现问题 B 是不明确的，它既没有指明消费的时间，即每日、每周或每月，而且其结果的度量也是不确定的。问题 B 所产生的次序性质的回答，对于市场调查来讲，这样的问题只会产生毫无实际意义的数据。对于问题 B，由于每一个回答相同答案的调查者所指的消费量极有可能是不同的，因此该调查问题的设计不能对被调查者的实际消费做出合理的比较。相反，问题 A 产生的结果反映了咖啡消费的实际数量，因此其结果更具有市场价值。

2. 答案不可相互重叠

在问卷中要求可选择的答案清晰、界定明确、相互排斥，不允许出现两个答案相交叉的问题，即每个问题可能的选择答案不能相互重叠。例如：

以下哪一个选项描述了你家去年的总收入？

A. 少于 30 000 元

B. 30 000～50 000 元

C. 50 000～80 000 元

D. 多于 80 000 元

仔细考虑上述问题，会发现对于收入刚好 30 000 元或 50 000 元的家庭就有可能产生两种选择。所以这里问卷的选项 B 和 C 应改成 30 000～49 999 和 50 000～79 999，或者在调查前就明确"A. 少于 30 000 元"中的 30 000 其实际的含义就是 29 999.999…，"B. 30 000～50 000 元"中的 50 000 其实际含义就是 49 999.999…，依此类推。

3. 使用自然熟悉的语言

在调查中要根据调查样本群体的特点，用通俗的、调查对象所习惯的语言来设置和提出问题。同一个问题或概念不仅在不同宗族和不同社会团体之间存在各不相同的表述和认识，即使同一国家中不同地区的人们也可能会产生不尽相同的理解。从市场调查的实践来看，利用被调查者熟悉的语言已被证实可以帮助被调查者对既定的问题做出有效的回答。

4. 避免使用引导性问题

如果所提的问题暗示了调查者的观点和见解，或者指出了调查者的立场，将可能诱使被调查者的回答偏向于调查者，那么所提的问题就是引导性问题。在这种情况下，被调查者失去了公正地表达自己意见的机会，就可能造成调查结果的偏差。以下是一则典型的引导性问题：

在试用这种产品后，你觉得本产品有何不足之处？

假如被调查者并没有觉得该产品存在不足之处，那么这样的问题就没有给被调查者另外一种回答的可能。更好的提问方式是：

试用后，你觉得本产品是否存在不足之处？

A. 有　　　　B. 没有

5. 避免交叉提问

如果提出的问题中有两个观点交织在一起就叫作交叉问题。这样的问题会使得被调查者必须同时回答两个问题，甚至问题包含的两个观点是背道而驰的，请看下面这个例子：

你认为某餐饮店是否提供了快速、礼貌的服务？

A. 是的　　　　B. 没有

这个问题就涉及了调查问题的两个不同的方面：服务速度和服务态度。如果被调查者认为该餐饮店提供了快速的服务，却未提供礼貌的服务，就无从选择。

6. 问题是有效的、可靠的

为了保证调查活动顺利展开，调查所提的问题对于被调查者来说应该是生活中有所体验的和能够理解的，否则，被调查者不能准确地回答调查问题，调查的有效性与可靠性也会大打折扣。对此，在调查时要注意以下两个方面。

1) 恰当性

向一个对所提问题一无所知的人提问，并企图获得结果，那是不可能的。因为这样的被调查者从未接触过此类事物，即被调查者是缺乏相关体验的，这样的问题对于被调查者是不恰当的。

2) 记忆时效

在许多情况中，被调查者会被问及一些过去发生的事情，而他或她可能对此已经遗忘。调查时应该避免类似情况的发生。

6.5.2　问卷形式

在进行问卷调查的实践中，调查问题往往按是否给出回答选项来区分调查问题的形式。大体上可分为两种形式：无约束式问题和有约束式问题。

1. 无约束式问题

无约束式问题又称自由回答题，调查者事先拟出问题，被调查者可以在问题所涉及的范围内自由地给出认为恰当的回答。例如：

广告中说了什么？

广告中放映了什么？

在你刚看过的广告中你喜欢什么？

这些问题允许被调查者在描述广告时选用自己的言语。

调查采用无约束提问法的优点是被调查者可以充分发表个人的意见。调查者可以从被调查的答复中搜集到一些原先没有考虑到的问题答案。这种问题一般在一份调查表中只能占小部分，也并不是所有的问卷都必须具有无约束式问题。但是，在调查问卷中一旦出现此类问题，那么它的主要意图是为了获得被调查者对某一事物的描述、理解和反应，如有关广告、节目、包装、产品、观念等方面的问题。

无约束式问题可以用来检验有约束式问题的结果，同理，无约束式问题也可以用来寻找到比有约束式问题更宽领域内的回答和反应。当然，运用无约束式问题也有一些弊端。首先，无约束式问题不适合自行实施的调查，因为大多数的被调查者不太可能会做详尽的回答。其次，在运用无约束式问题进行调查时，常常会在调查中出现对问题看法的分歧。再次，无约束式问题的编辑和诠释的难度较大。最后，无约束式问题的缺点还在于被调查者受其表达能力的影响，回答可能不准确，每个被调查者的回答偏差程度可能较大，加以归纳分析存在一定的难度等。

2. 有约束式问题

有约束式问题就是被调查者已被提供了一个或几个答案的备选方案，并且仅仅被要求去选择其认为最恰当的一个或几个答案。有约束式问题可采取很多种形式，如判断题、多项选择题和标度回答题以及成对比较题等。

调查采用有约束式问题的优点在于应用和实施时比较简单和方便，这种形式的问题有助于减少调查时可能带来的分歧(最明显的分歧是由各个被调查者回答无约束式问题的详尽程度不同而引起的)。运用有约束式问题是假设了预先设定的答案(备选方案)能够包含被调查者一切可能的、相关的回答。因此为了使调查有效，要求调查者在设计有约束式问题时能够基本把握有约束式问题可能出现的答案，且不会引起数据上的歪曲。

有约束式问题主要有如下几种形式。

1) 判断题

判断题也称为二项选择法。这种方法适合于只有两种答案的问题，被调查者可以用"是"或"否"，"有"或"无"来回答。例如，

您是否购买过某品牌化妆品？

您认为××产品的价格合理吗？

2) 多项选择题

您在购买笔记本电脑时会考虑哪些因素？

①价格( ) ②硬件配置( ) ③品牌( ) ④外形( ) ⑤重量( ) ⑥其他_____

多项选择可以缓和二项选择法的强制性，能够区分出意见不同的程度。采用多项选择题时应注意设计答案编号，以便统计；事先拟定的答案既要尽可能包罗所有可能的情况，又不能重复；被选择的答案不宜过多，一般不超过10个。

3) 排序题

此类问题要求被调查者根据自己的专业知识或生活经验，对调查者给出的答案或选项按照一定的标准排出先后顺序。例如，

请您根据自己的爱好把下列洗衣机外壳的颜色按喜欢到不喜欢排出顺序：

①黑 ②白 ③深蓝 ④银灰 ⑤浅绿 ⑥粉红 ⑦大红 ⑧鹅黄

从喜欢到不喜欢的顺序是：_____。

调查也可不预先给出各种可能的答案，而完全由被调查者根据自己的认识顺序写出各种答案。在使用标准法进行调查时，让被调查者决定顺位的答案数目不宜过多，一般不超过10个。有时也让被调查者根据自己的认识，在众多的答案中筛选出几项，然后再排出顺序。

4) 比较题

这种方法是请被调查者将几个类似的产品或服务按给定的标准进行比较。例如，

请比较表 6-1 右边与左边各种品牌轿车在耐用程度上的差异。

表 6-1 各种品牌轿车在耐用程度上的差异

品牌	非常耐用	相当耐用	比较耐用	一般	比较不耐用	相当不耐用	非常不耐用	品牌
奔驰								别克
别克								大众
大众								尼桑
尼桑								本田
本田								奔驰

这种方法的优点就是可以让被调查者对于不同的对象进行直接的比较，也便于被调查者回答。其缺点是工作量较大。例如，有 10 种产品进行比较，则需要进行 $C_{10}^2 = 45$ 次的比较。另外，此类问题的答案整理、统计的工作量也较大。

6.5.3 网络问卷的设计方法

网络问卷的基本设计方法主要包括：如何在网络问卷调查中充分利用电子媒体的诸种优势；如何设计出简洁明快的问卷版面以及如何设计用户界面、方便问卷填写等。

1) 首页的设计

(1) 在问卷首页增加一个欢迎页面，强调本问卷填写的便捷性特点，以便提高受访者的参与动机。

(2) 问卷的第一个问题应能在一屏内完全显示，无须使用滚动条。同时问题措辞应简洁明了，问题选项含义一目了然。

(3) 不要在问卷页首单独提供冗长的问卷操作指南，而应在调查问题之后加入相应的操作说明。

2) 版面设计

(1) 问卷中每一个问题的版面编排格式应尽量与通常的印刷问卷保持一致。

(2) 尽量避免冗长的问题提问方式，控制每行问题的长度，以减少对象在计算机屏幕上阅读问题时视线来回移动的幅度。

(3) 在设计网络问卷时，应尽量采用单页形式的问卷，以便使调查对象能够自由上下浏览问卷中的每个问题。

(4) 在设计问卷时，当问题选项所占的位置超出一屏所能显示的范围时，可以考虑将选项设置为平行排列的格式，但同时应增加适当的指导说明。

3) 导航和续填设计

(1) 在设计问卷时，可利用图形标志或文字来随时提示问卷填写的进度情况。但应注意的是尽量避免使用各种高级编程技术，以免影响问卷的下载和填答速度。

(2) 问卷设计应允许调查对象在中断回答之后能够再次续填。

4) 提醒的选择与设计

(1) 在设计问卷中，应谨慎使用那些已被证明在印刷问卷中可能会导致测量误差的问题结构，如"可全选"题和"开放"题型等。

(2) 精心选择问题选项类型以减少反馈误差。

5) 数据检验功能的设计

许多网络问卷设计软件都提供了类似的功能，即在填写过程中，对象若不完成前一个问题，则无法进入下一个问题。但此功能有强迫受访者回答确实不知道如何回答的问题。因此，在设计网络问卷时，调查者可以要求受访者回答，但同时也应为每一个问题都增加"不愿回答"或"不知道"选项。不过，这个原则也有一个例外，那就是在问卷开始填写之前的筛选题通常都应设置为必答。另外，从理想的角度来说，为受访者提供的错误提示信息应被置于出错问题的正上方或正下方，以便受访者能够很容易发现错误所在之处。

6) 隐私保护声明

在网络问卷设计中，确保受访者的隐私权，并在调查中突出强调这一问题，将可能对消除受访者的疑虑和提高反馈率有一定帮助。为了防止网络传输数据时被他人截获，网络问卷应被置于一个经过数字加密保护的网页之上，并在受访者填完问卷尚未离开加密网页前提供一条提示，告知其填答的问卷已经被安全传递至数据库，点击"确定"即可进入其他未加密的网页。

6.5.4 大数据与调查问卷

在大数据时代，社会化媒体的大数据应用于营销调研显得尤为必要。

1. 数据的丰富性和自主性

社会化媒体数据包含了消费者的购买习惯、用户需求、品牌偏好等，且都是消费者自愿表述的对产品满意度和质量问题的想法，充满了情感因素，我们无需费尽心思地引导消费者参与调查问卷。

2. 减少研究的"未知"视角

调查问卷有其固有的局限性，那就是你必须明确你的问题是什么。问卷设计者本身有未知的方面，所以在设计问题时会忽略自己的"未知"，但这些"未知"很有可能就是消费者所需要的方面。

3. 数据的实时化特征

不同于以往的需要通过发放、回收调查问卷，通过问卷分析再解决消费者问题的做法，如今"大数据"可以使营销人员快速发起营销活动，第一时间测试营销新方法，同时可以第一时间确认理解和追踪消费者的反馈。

4. 数据的低投入特征

传统的调查问卷费工费时，结合社会化媒体的市场调研则是低投入高回报的产业。使用正确的调研产品和方法便可以对消费者群体的用户习惯和反馈进行透彻分析。运用社会化媒体监测软件帮助企业在线倾听消费者意见，评估获取其见解。

虽然"大数据"已经被越来越多地运用到营销调研中，但"大数据"的新方法、新手段也带来新的问题：一是如何智能化检索及分析文本、图形、视频等非量化数据，二是如何防止过度采集信息，充分保护消费者隐私。虽然目前仍然有一定的技术障碍，但不可否认的是大数据市场研究有着无限广阔的应用前景。

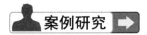

思考题

1. 简述营销调研与市场营销之间的关系。
2. 结合实例制订市场营销计划并设计相关问卷。
3. 分析各种营销调研方法的特点。
4. 根据网络调查和问卷设计的相关指导，自行设计一份网络问卷。

案例研究

宝洁的润妍洗发水上市缘何失败？

润妍是宝洁旗下唯一针对中国市场原创的洗发水品牌，也是宝洁利用中国本土植物资源的唯一系列产品。曾几何时，润妍被宝洁寄予厚望，认为它是宝洁全新的增长点；曾几何时，无数业内外人士对它的广告与形象赞不绝口；曾几何时我们以为又到了黑发飘飘的春天……但 2002 年的时候润妍已经全面停产并退出市场，润妍怎么了？

润妍上市前后的两三年里，中国洗发水市场真"黑"：联合利华的黑芝麻系列产品从"夏士莲"衍生出来，成为对付宝洁的"杀手锏"；重庆奥妮则推出"新奥妮皂角洗发浸膏"强调纯天然价值，有"何首乌""黑芝麻""皂角"等传统中草药之精华；伊卡璐把其草本精华系列产品推向中国；河南民营企业鹤壁天元也不失时机地推出"黛丝"黑发概念的产品……市场上一度喊出终结"宝洁"的声音。

在外界看来一片"沙砾"般的问卷调查，宝洁人却能从中看出"金子"：真正坚定调查员信心的是被访者不经意的话——总是希望自己"有一头乌黑的秀发，一双水汪汪的大眼睛"——这不正是传统东方美女的模型吗？

黑头发的东方人就是希望头发更黑！——原来的商业计划百密一疏，"只见树木，不见森林"。所以在产品测试阶段，宝洁人再次通过调查反省了对产品概念、包装、广告创意等的认识，对原来的计划进行了部分修正。至此，宝洁公司的"让秀发更黑更亮，内在美丽尽释放"的润妍洗发水就此诞生。

宝洁在润妍上市前做了大量的市场调查工作。

1. "蛔虫"调查——零距离贴身观察消费者

一个称为"贴身计划"的商业摸底市场调查静悄悄地铺开。包括时任"润妍"品牌经理黄长青在内的十几个人分头到北京、大连、杭州、上海、广州等地选择符合条件的目标消费者，和她们 48 小时一起生活，进行"蛔虫"式调查。从被访者早上穿着睡衣睡眼蒙眬地走到洗手间，开始洗脸梳头，到晚上洗发卸妆，女士们生活起居、饮食、化妆、洗护习惯尽收眼底。黄长青甚至会细心揣摩被访者的性格和内心世界。在调查中，宝洁发现消费者认为滋润又具有生命力的黑发最美。

宝洁还通过一、二手资料的调查发现了以下的科学证明：将一根头发放在显微镜之下，你会发现头发是由很多细微的表皮组成的，这些称为毛小皮的物质直接影响头发的外观。健康头发的毛小皮排列整齐，而头发受损后，毛小皮则是翘起或断裂的，头发看上去又黄又暗。而润发露中的滋养成分能使毛小皮平整，并在头发上形成一层保护膜，有效防止水分的散失，补充头发的水分和养分，使头发平滑光亮，并且更有滋润。同时，润发露还能大大减少头发的断裂和摩擦，令秀发柔顺易梳。

宝洁公司专门做过相关的调查试验，发现使用不含润发露的洗发水，头发的断裂指数为 1，含润发露的洗发水的指数为 0.3，而使用洗发水后再独立使用专门的润发露，断裂指数就降低到 0.1。

市场调查表明，即使在北京、上海等大城市也只有 14%左右的消费者会在使用洗发水后单独使用专门的润发产品，全国的消费者平均还不到 10%。而在欧美、日本、中国香港等发达市场，约 80%的消费者都会在使用洗发水后单独使用专门的润发产品。这说明国内大多数消费者还没有认识到专门润发步骤的必要性。因此，宝洁推出润妍一方面是借黑发概念打造属于自己的一个新品牌，另外就是把润发概念迅速普及。

2. 使用测试——根据消费者意见改进产品

根据消费者的普遍需求，宝洁的日本技术中心随即研制出了冲洗型和免洗型两款"润妍"润发产品。产品研制出来后并没有马上投放市场，而是继续请消费者做使用测试，并根据消费者的要求，再进行产品改进。最终推向市场的"润妍"是加入了独特的水润草药精华、特别适合东方人发质和发色的倍黑中草药润发露。

3. 包装测试——设立模拟货架进行商店试销

宝洁公司专门设立了模拟货架，将自己的产品与不同品牌特别是竞争品牌的洗发水和润发露放在一起，反复请消费者观看，然后调查消费者究竟容易记住和喜欢什么样的包装，容易忘记和讨厌什么样的包装，并据此做进一步的调查与改进。最终推向市场的"润妍"倍黑中草药润发露的包装强调专门为东方人设计，在包装中加入了能呈现独特的水润中草药精华的图案，包装中也展现了东西方文化的融合。

4. 广告调查——让消费者选择他们最喜欢的创意

宝洁公司先请专业的广告公司拍摄一组长达 6 分钟的系列广告，再组织消费者来观看，请消费者选择他们认为最好的 3 组画面，最后，概括绝大多数消费者的意思，将神秘女性、头发芭蕾等画面进行再组合，成为"润妍"的宣传广告。广告创意采用一个具有东方风韵的黑发少女来演绎东方黑发的魅力。飘扬的黑发和少女明眸将"尽洗铅华，崇尚自然真我的东方纯美"表现得淋漓尽致。广告片的音乐组合也颇具匠心，现代的旋律配以中国传统的乐器如古筝、琵琶等，进一步呼应"润妍"产品现代东方美的定位。

5. 网络调查——及时反馈消费者心理

具体来说，利用电脑的技术特点，加强"润妍"logo 的视觉冲击力，通过 flash 技术使飘扬的绿叶(润妍的标志)在用户使用网站栏目时随之在画面上闪动。通过"润妍"品牌图标链接，大大增加润妍品牌与消费者的互动机会。"润妍"是一个适合东方人用的品牌，又有中草药倍黑成分，所以主页设计上只用了黑、白、灰、绿这几种颜色，以黑、灰为主。网站上将建立紧扣"东方美""自然"和"护理秀发"等主题的内页，加深"润妍"品牌联想度。 通过实时反馈技术，这样就可以知道消费者最喜欢什么颜色，什么主题等。

6. 区域试销——谨慎迈出第一步

"润妍"的第一款新产品选择在杭州面世，在这个商家必争之地开始进行区域范围内的试销调查。其实，"润妍"在选择第一个试销的地区时费尽心思。杭州是著名的国际旅游风景城市，既有深厚的历史文化底蕴，富含传统的韵味，又具有鲜明的现代气息，受此熏陶兼具两种气息的杭州女性，与"润妍"着力塑造的现代与传统结合的东方美女形象一拍即合。

7. 委托调查——全方位收集信息

产品上市后，宝洁还委托第三方专业调查公司做市场占有率调查。通过问卷调查、消费者座谈会、消费者一对一访问或者经常到商店里看消费者的购物习惯，全方位收集顾客及经销商的反馈。

市场调查开展了三年之后，同时被赋予"滋润"与"美丽"概念的"润妍"正式诞生，针对18～35岁女性，定位为"东方女性的黑发美"。润妍的上市给整个洗发水行业以极大的震撼，其品牌诉求、公关宣传等市场推广方式无不代表着当时乃至今天中国洗发水市场的极高水平。

(1) 品牌诉求

针对18～35岁女性，产品目标定位为展现现代东方成熟女性黑发美的润发产品。宝洁确定"润妍"的最终诉求是：让秀发更黑更美丽，内在美丽尽释放。进一步的阐述是："润妍"信奉自然纯真的美，并认为女性的美像钻石一样熠熠生辉。"润妍"希望能拂去钻石上的灰尘和沙砾，帮助现代女性释放出她们内在的动人光彩。"润妍"蕴含中国人使用了数千年的护发中草药——首乌，是宝洁公司专为东方人设计的，也是首个具有天然草本配方的润发产品。

(2) 公关宣传

在产品推出时，宝洁同时举行了一系列成功的公共关系宣传活动。开展东方美概念的黑发系列展览——《中国美发百年回顾展》；赞助中国美术学院，共同举办"创造黑白之美"的水墨画展；赞助电影《花样年华》；举办"媒体记者东方美发秀"等活动。

(3) 广告轰炸

除了沿袭以往传统在央视和地方卫视投放了大量的电视广告，宝洁还率先在国内著名的门户网站和女性网站投放了网络广告，单日点击率最高达到了35.97%，创造了网络广告投放的奇迹。广告片的音乐组合也颇具匠心，现代的旋律配以中国传统的乐器古筝、琵琶等，进一步呼应"润妍"产品的现代东方美的定位。

2001年5月，宝洁收购伊卡璐，表明宝洁在植物领域已经对"润妍"失去了信心，也由此宣告了"润妍"消亡的开始，到2002年年底，市场上已经看不到"润妍"的踪迹了。

一个经历3年酝酿、上市2年多的产品就这样退出了市场，人们不禁要问，为什么宝洁总是能将其国际品牌成功落地，却始终不能成就本土品牌呢？

分析：宝洁润妍洗发水市场调查之借鉴

首先是因为宝洁在上市前的市场调查过程中几乎把能用的调查方法全用上了。从产品概念测试的调查、包装调查、广告创意调查一直到区域试销调查。正是通过这样详细的市场调查，得到了大量准确的资料，帮助"润妍"上市初期非常成功。

但是，"润妍"区域试销只选择了一个城市——杭州，未免样本太单一，起码应该多一个城市可以作对比，最好是选择华中的武汉或者华西的重庆。

还有就是花三年时间做太多、太久的市场调查，时间上拖得太长，会造成很多资料过时而不准确。三年的时间，消费者的很多想法都会发生变化。

另外，"润妍"上市后宝洁所作的市场调查工作似乎乏善可陈，完全与产品上市前判若两个公司，也正是这样才给我们很多的启发与教训。

(1) 启发——市场调查是整个市场营销活动的第一步，做好市场调查，为后面的整个市场营销活动打下一个坚实的基础，包括能准确判断出产品的目标对象，从而找到一个好的定位。整个市场推广活动也就有了具体的针对性。

市场调查就好比我们穿衣服系扣子，第一颗扣子系错了，后面的扣子会全系错，所以第一颗扣子事关重大。

(2) 教训——市场调查不只是整个市场营销活动的第一步，也不只是其中的一个环节，而是一种观念、一种意识，它应该贯穿于整个市场营销活动的全过程。

广告调查不够持续，只是做了广告创意部分调查(广告调查的前半环节)，对广告效果部分的调查就没有怎么做了(广告调查的后半环节)，结果过快地换广告片，急于求成，反而欲速则不达。

渠道调查不成功的原因，一方面应该是没有很好地掌握经销商的心理，利润不合理，一方面对终端的了解不足，不知道消费者在终端购买时是为什么尝试性购买多，而重复购买少。既不能形成在终端消费者的拉力，也没法让渠道的中间环节造成积极的推力。

【资料来源】百度文库

案例思考题

1. "润妍"使用的市场调查方法可以分为几大类？
2. 市场调查数据的时效性分别体现在哪几个方面？
3. 从"润妍"的案例看，如何理解市场调查工作的延续性？
4. 如果"润妍"在上市后继续进行市场调查，你认为应该调查哪些方面？用什么方法？

第7章 竞 争 战 略

竞争是广泛存在的现象。无论自然界还是人类社会，竞争都是各种事物生存发展的条件。博弈论认为，在不同系统之间，在同一系统不同元素之间，凡是通过某种较量而分出高低优劣、通过择优汰劣而推动系统进化的活动，都是竞争。

企业的各项营销活动都可以说是与对手企业在市场上所展开的一场博弈。要赢得这场博弈，也必然遵循同样的规则，即企业与竞争对手的竞争不能是盲目的，要有对自身及对手的状态、所处环境的充分了解与把握，并在此基础上确定自己的行动战略。如何较好地做到这一切，是企业营销工作所要研究的一个重要课题。

7.1 波特五力分析模型

市场竞争是指不同的利益主体为在市场上夺取有利地位而进行的竞争。由于广泛的社会分工与不同所有者之间的利益差异，必须通过等价交换在全社会范围内调整各利益主体之间的经济利益关系，竞争就是调整这种经济利益关系的基本手段。在现代市场经济条件下，生产力的高度发达，使得供求矛盾日益尖锐，竞争正成为各企业之间图存争胜于市场的一场艰苦较量。企业要想发展，就必须敢于参与市场竞争。它包括卖方之间的竞争(争夺销售市场)、买方之间的竞争(争夺货源)、买方与卖方之间的竞争(讨价还价)，市场营销所研究的是卖方之间的竞争。这类竞争的核心是争取顾客、争夺市场销路，扩大本企业产品的销售，提高产品的市场占有率，从而获得更大的经济效益。

市场竞争的目的在于追求利益，实现利润。市场竞争的功效是存优汰劣，淘汰劣质产品和服务，淘汰技术和经营管理水平低下的企业。企业要通过扩大规模、充实人财物资源和强化管理来提高实力，随时掌握顾客、竞争者及自身的各种信息，在知己知彼的基础上更好地运用竞争策略。美国经济学家迈克尔·波特(Michael E.Porter)于20世纪80年代提出了波特五力分析模型(porter's five forces model)，指出企业所面临的竞争力量一般有五种：潜在竞争力量、同行业现有竞争力量、买方竞争力量、卖方竞争力量和替代品竞争力量，如图7-1所示。

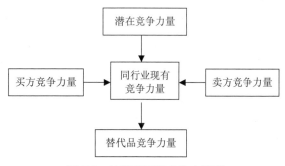

图 7-1　波特的五种竞争力模型

7.1.1 潜在竞争力量

营销环境由多种动态变化的因素所构成，每个行业随时都可能有新的进入者参与竞争。它们会给整个行业的发展带来新的生产力，同时也会形成行业内企业之间更激烈的竞争。作为一种潜在的竞争力量，威胁主要表现在参与竞争时可能遇到的阻力程度。如果新进入者所遇到的阻力较大，则给企业带来的竞争威胁就相对小些；反之，就相对大些。

对新进入者与竞争对手之间的抗衡情况，应该重点注意以下三个方面。

1. 卖方密度

卖方密度是指同行业或同一类商品经营中卖主的数目。在市场需求量相对稳定时，卖方密度会直接影响企业市场份额的大小和彼此竞争的激烈程度。

如果在容量相对稳定的目标市场中，同类产品经营者较多，那么有新进入者的参与就会相对降低部分老企业的市场份额。显然，在卖方密度较高的目标市场，新进入者往往会遭到竞争对手较为强烈的抵御。

2. 产品差异

产品差异是指同一行业中不同企业同类产品的差异程度，这种差异在许多产品上均有表现，也是消费者所能够察觉的，代表着企业努力追求的品牌、顾客忠诚度上的优势。产品差异使各企业的产品有不同特色、互相有别，这与企业竞争实力的大小关系密切。

如果新进入者能为消费者所认可，并拥有明显特色的产品，那么该进入者就具有较强的竞争力量。

3. 进入障碍

进入障碍是指某个企业在进入某个行业时所遇到的困难程度，特别是技术的难度和资金的规模。

譬如资金要求。竞争所需要消耗的巨额投资会造成某种进入障碍，尤其是该资金需用于有风险的或未能补偿的、预支的广告宣传或研究与发展的场合。不仅生产设施需要资金而且像客户赊账、存货或弥补投产亏损之类的事情也都需要资金。例如在复印机行业中，当施乐公司选定出租复印机而不是痛快地出售复印机时，这种做法大大增加了所需要的流动资金，因而对进入复印机行业者造成了某种较大的资本障碍。再如转手成本，转手成本的存在会造成某种进入障碍，这是某个买主将一个供应厂商的产品转移到另一个供应厂商时面临的一次性成本。转手成本可能包括重新培训职员的费用、新的辅助设备的费用、由于依赖卖方的工程援助导致的技术协助所需要的费用、产品重新设计费用，或者由于切断关系而造成的心理费用。如果这类转手成本很高，那么新的进入者必须在费用或产品性能方面做出较大的改进，以便买主从某行业内部的厂商中转移出来。

因此，企业必须密切注意营销环境的动态发展趋势，随时掌握市场任何细微变化，及时调整自身的营销行为，从而争取在竞争中处于领先地位。

7.1.2　同行业现有竞争力量

同行业内现有企业之间的竞争是最直接、最显而易见的。这种竞争往往因企业为争取改善自身的市场地位而引发，并通过价格、新产品开发、广告战以及增加为客户的服务内容等手段来表现。行业内的竞争一般会表现为四种基本状态。

1. 完全垄断

当只有一家企业在某一国家或某一地区(如邮政局、电力公司)提供某一产品或服务时，就存在完全垄断。一个不受管制的垄断企业可能通过索要高价，很少做或不做广告，提供最低限度的服务来获取最大利润。因为在缺少相近替代品的情况下，顾客不得不购买垄断者的产品。如果市场上存在局部替代品和加剧竞争的威胁，垄断者就会更多地投资于服务和技术，以此作为新竞争参与者进入的壁垒。与此同时，一个受到控制的垄断者会为公众利益把价格定得较低并提供更多的服务。在世界各国，都不同程度地存在垄断产业。某些国家的政府常常在产业发展和结构演进中扮演重要的角色。但是，近十几年来，许多国家开始将关键性产业包括基础行业私有化，产业发展的动力更多地来自于市场力量，垄断势力逐步遭到削弱。

2. 寡头竞争

寡头竞争是指某一产业由几家生产本质上属于同一产品(如石油、钢铁等)的大型企业所控制。在这种产业结构中，企业会发现它们只能按现行价格定价，除非它能使其服务具有差异性。如果竞争者在服务水平上接近，获取竞争优势的唯一方法就是降低成本。而降低成本可以通过追逐更大的生产规模和销售量来实现。寡头竞争态势下，由于部分企业基本控制了市场，在一段时间内，别的企业要进入是相当困难的，但并不等于永远没有市场机会。寡头之间仍然存在竞争，他们互相依存，任何一个企业的独立活动都会导致其他几家企业迅速而有力的反应。

3. 垄断性竞争

垄断性竞争是指参与目标市场竞争的企业尽管比较多，但彼此提供的产品和服务是有差异的，一些企业会由于其在产品或服务上的某些优势而获得对于部分市场的相对垄断地位。产品差别可以体现在质量、性能、款式和服务等多个方面。每个竞争者都可能通过在产品的某一主要特征上占据领先地位，而引起顾客的注意，并据此索取高价。在垄断性竞争态势下，许多企业也可以相互联合，以各自长处协作生产某种产品或服务进入目标市场，用合力产生竞争优势。

4. 完全竞争

完全竞争是指某一行业由许多提供相同产品或服务的企业所构成(如股票市场、商品市场)。由于市场竞争激烈，产品差异小及边际利润低，一些厂家已退出该产业，与此同时，另一些企业却正在进入该行业。因为没有差异化的基础，所以竞争者的价格将是相同的。除非广告能产生心理差别，否则就没有竞争者会做广告(如香烟、啤酒)。在这种情况下，把产业描述为垄断竞争可能更为合适，销售只有在降低生产和分销成本的情况下，才可能得到不同的利润率。在完全竞争行业产品普遍缺乏差异性的情况下，企业的竞争优势应通过有效营运、降低成本来取得。

一个产业的竞争性结构会随时间而改变。例如，在智能手机行业，苹果公司开始是作为垄断者出现在市场上的，但是不久很多其他企业便进入市场并生产出各种不同规格、型号的手机，导致了垄断竞争结构的形成。当需求增长减缓，出现了"行情下跌"时，产业结构将演化成差别寡头垄断。最终，购买者可能认为产品是极为相似的，价格是唯一的差异特性。在这种情况下，产业已成为完全的寡头垄断。

7.1.3　买方竞争力量

买方是企业产品或服务的直接购买者和使用者，关系到企业营销目标能否实现。买方的竞争威胁具体表现为要求该产品价格更低、质量更好、提供更多的服务。如果具备下列条件，买方讨价还价能力就强大。

(1) 买方集中程度高。如果少数大用户在一个行业的产品购买量中占很大比例，那么它们对该行业的讨价还价能力就强。

(2) 本行业产品差异性小。如果该行业内各企业产品之间的差异小，则产品之间的竞争性强。这时，买方往往确信自己能找到更有利的供应者，它们的讨价还价能力就强。

(3) 买主的转换成本比较低。很容易找到替代品，买方转用替代品也不需付出太大代价。

(4) 买方有能力实行后向一体化，自己生产所需产品。

(5) 买方对信息掌握充分。如果买方充分掌握了有关市场供求、价格及供应者的实际成本等市场信息，买方讨价还价能力就强。

7.1.4 卖方竞争力量

卖方可以通过提价或降低其所供货物的质量，或者从供货的稳定性和及时性等各方面显示其讨价还价的能力。如果具备下列条件，卖方就具有强大的讨价还价能力。

(1) 供应品由一家或少数几家高度集中的公司控制。

(2) 供应品是差异性产品，替代品不容易找到。

(3) 供应商有能力实行前向一体化，并不依赖于本行业销售其产品，而且可能直接与现有客户竞争。

(4) 供应品是本行业不可缺少的资源，对该行业的生产经营起关键性作用。

7.1.5 替代品竞争力量

一个行业的替代品，是指那些与该行业产品具有相同或相似功能的产品。替代品的出现，会对本行业产品形成价格约束，降低本行业的获利水平。这种约束作用的强弱受到两个因素的影响：一是替代品的价格水平，其价格越低，约束作用就越强；二是用户购买替代品的转换成本，用户改用替代品的转换成本越低，约束作用就越强。

行业替代品的出现会对整个行业构成巨大威胁。所以，与替代品的竞争是该行业所有企业的集体行为。但是面对替代品的威胁，还应该注意分析替代品的具体情况，如替代品提供者的实力如何、替代品本身的发展前景如何等，以便确定是采取排斥性竞争的策略还是采取积极引进策略更为有利。

7.1.6 竞争环境分析的钻石理论

钻石理论也是迈克尔·波特提出来的。它通过由四类要素组成的"钻石"来形象地描绘竞争环境的组成，如图7-2所示。

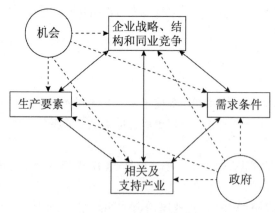

图7-2 钻石理论示意图

这些因素可能会加强企业创造竞争优势的速度，也可能造成企业发展停滞不前。

1. 生产要素

生产要素包括人力资源、天然资源、知识资源、资本资源及基础设施。

一个企业如果想通过生产要素建立起产业强大而又持久的优势，就必须发展高级生产要素和专业生产要素，这两类生产要素的可获得性与精致程度也决定了竞争优势的质量。如果把竞争优势建立在初级与一般生产要素的基础上，它通常是不稳定的。

2. 需求条件

需求条件是指本地市场对该项产业所提供产品或服务的需求如何。

需求市场是产业发展的动力。本地客户的性质非常重要，特别是内行而挑剔的客户。假如本地客户对产品、服务的要求或挑剔程度在国际上数一数二，就会激发出该地企业的竞争优势。这个道理很简单，如果能满足最难缠的顾客，其他的客户自然就不在话下。

3. 相关产业和支持产业的表现

这些产业的相关产业和上游产业是否具有竞争力。对形成竞争优势而言，相关和支持产业与优势产业是一种休戚与共的关系。一个优势产业不是单独存在的，它一定是与相关强势产业一同崛起。

4. 企业的战略、结构和竞争对手

这一方面主要指企业在一个国家的基础、组织和管理形态以及国内市场竞争对手的表现。

在四大要素之外还存在两大变数：政府与机会。机会是无法控制的，政府政策的影响是不可漠视的。对企业发展而言，形成机会的可能情况大致有几种：基础科技的发明创造、传统技术出现断层、外因导致生产成本突然提高(如石油危机)、金融市场或汇率的重大变化、市场需求的剧增、政府的重大决策、战争。机会其实是双向的，它往往在新的竞争者获得优势的同时，使原有竞争者的优势丧失，只有能满足新需求的厂商才能有发展"机遇"。政府只有扮演好自己的角色，才能成为扩大钻石体系的力量，政府可以创造新的机会和压力，政府直接投入的应该是企业无法行动的领域，也就是外部成本，如发展基础设施、开放资本渠道、培养信息整合能力等。

7.2 市场竞争的一般战略

市场竞争战略就是企业为了自身的生存和发展，为在竞争中保持或提高其竞争地位和市场竞争力而确定的企业目标及为实现这一目标而采取的各项策略的组合。参与市场竞争的不同企业，应根据竞争领域和竞争态势的不同以及各自营销目标和资源条件的不同，制定不同的市场竞争战略。迈克尔·波特提出的一般市场竞争战略有三种。

7.2.1 成本领先战略

成本领先战略是指通过有效途径，使企业的全部成本低于竞争对手的成本，以获得同行业平均水平以上的利润。在 20 世纪 70 年代，随着经验曲线概念的普及，这种战略已经逐步成为企业共同采用的战略。实现成本领先战略需要有一整套具体政策，即要有高效率的设备、积极降低经验成本、紧缩成本和控制间接费用，以及降低研究开发、服务、销售、广告等方面的成本。要达到这些目的，必须在成本控制上进行大量的管理工作，即不能忽视质量、服务及其他一些领域工作，尤其要重视与竞争对手有关的低成本的任务。

1. 成本领先战略的类型

根据企业获得成本优势的方法不同，可把成本领先战略概括为以下几种主要类型。

1) 简化产品型成本领先战略

取得低成本的最直接方式，就是使产品简单化，即将产品或服务中添加的花样全部取消。因此，仓库型的家具商场、法律咨询服务站、毫无装饰的百货店，均能以远远低于同行业企业的成本从事经营。企业的竞争对手，由于原有的种种为顾客所熟知的无法取消的服务，不得不负担高额费用支出。因此，简化产品而取得的低成本可以建立一项企业竞争优势。

2) 改进设计型成本领先战略

改进产品的设计或构成，也能形成成本优势。

3) 材料节约型成本领先战略

企业如果能够控制原材料来源，实行经济批量采购与保管，并且在设计和生产过程中注意节约原材料，也能降低产品成本，建立不败的优势。

4) 人工费用降低型成本领先战略

在劳动密集型行业，企业如能获得廉价的劳动力，也能建立不败的成本优势。通过兼并、加强控制等途径，也可以降低各项间接费用，同样能取得成本优势。

5) 生产创新及自动化型成本领先战略

生产过程的创新和自动化，可以作为降低成本的重要基础。美国内陆钢铁公司的产品市场占有率不高，但通过工厂设备的自动化及营销系统的创新，仍能取得低成本的优势。

2. 成本领先战略的优点

只要成本低，企业尽管面临着强大的竞争力量，仍可以在本行业中获得竞争优势。这是因为：

(1) 在与竞争对手的斗争中，由于企业处于低成本地位上，具有进行价格战的良好条件，即使竞争对手在竞争中处于不能获得利润、只能保本的情况下，本企业仍可获益。

(2) 面对强有力的购买者要求降低产品价格的压力，处于低成本地位上的企业仍可以有较好的收益。

(3) 在争取供应商的斗争中，由于企业的低成本，相对于竞争对手具有较大的对原材料、零部件价格上涨的承受能力，能够在较大的边际利润范围内承受各种不稳定经济因素所带来的影响；同时，由于低成本企业对原材料或零部件的需求量大，因而为获得廉价的原材料或零部件提供了可能，同时也便于和供应商建立稳定的协作关系。

(4) 在与潜在进入者的斗争中，那些形成低成本地位的因素常常使企业在规模经济或成本优势方面形成进入障碍，削弱了新进入者对低成本的进入威胁。

(5) 在与替代品的斗争中，低成本企业可用削减价格的办法稳定现有顾客的需求，使之不被替代产品所替代。当然，如果企业要较长时间巩固现有竞争地位，还必须在产品及市场上有所创新。

3. 成本领先战略的缺点

(1) 投资较大。企业必须具备先进的生产设备，才能高效率地进行生产，以保持较高的劳动生产率，同时，在进攻型定价以及为提高市场占有率而形成的投产亏损等方面也需进行大量的预先投资。

(2) 技术变革会导致生产过程工艺和技术的突破，使企业过去大量投资和由此产生的高效率一下子丧失优势，并给竞争对手造成以更低成本进入的机会。

(3) 将过多的注意力集中在生产成本上，可能导致企业忽视顾客需求特性和需求趋势的变化，忽视顾客对产品差异的兴趣。

(4) 由于企业集中大量资金投资于现有技术及现有设备，提高了退出障碍，因而对新技术的采用以及技术创新反应迟钝，甚至采取排斥态度。

4．成本领先战略的适用条件

成本领先战略是一种重要的竞争战略，但是它也有一定的适用范围。当具备以下条件时，采用成本领先战略会更有效力。

(1) 市场需求具有较大的价格弹性。

(2) 所处行业的企业大多生产标准化产品，从而使价格竞争决定企业的市场地位。

(3) 实现产品差异化的途径很少。

(4) 多数客户以相同的方式使用产品。

(5) 用户购物从一个销售商改变为另一个销售商时，不会发生转换成本，因而特别倾向于购买价格最优惠的产品。

7.2.2　差异化战略

所谓差异化战略，是指为使企业产品与竞争对手产品有明显的区别、形成与众不同的特点而采取的战略。这种战略的重点是创造被全行业和顾客都视为独特的产品和服务以及企业形象。实现差异化的途径多种多样，如产品设计、品牌形象、技术特性、销售网络、用户服务等。如美国卡特彼勒履带拖拉机公司，不仅以有效的销售网和可随时提供良好的备件出名，而且以质量精良的耐用产品闻名遐迩。

1．差异化战略的优点

只要条件允许，产品差异是一种可行的战略。企业奉行这种战略，可以很好地防御五种竞争力量，获得竞争优势：

(1) 实行差异化战略是利用了顾客对其特色的偏爱和忠诚，由此可以降低对产品的价格敏感性，使企业避开价格竞争，在特定领域形成独家经营的市场，保持领先。

(2) 顾客对企业(或产品)的忠诚性形成了强有力的进入障碍，进入者要进入该行业则需花很大气力去克服这种忠诚性。

(3) 产品差异可以产生较高的边际收益，增强企业对付供应者讨价还价的能力。

(4) 由于购买者别无选择，对价格的敏感度又低，企业可以运用产品差异战略来削弱购买者的讨价还价能力。

(5) 由于企业具有特色，又赢得了顾客的信任，在特定领域形成独家经营的市场，便可在与替代品的较量中，比其他同类企业处于更有利的地位。

2．产品差异化战略的缺点

(1) 保持产品的差异化往往以高成本为代价，因为企业需要进行广泛的研究开发、产品设计、高质量原料和争取顾客支持等工作。

(2) 并非所有的顾客都愿意或能够支付产品差异所形成的较高价格。同时，买主对差异化所支付的额外费用是有一定支付极限的，若超过这一极限，低成本低价格的企业与高价格差异化产品的企业相比就显示出竞争力。

(3) 企业要想取得产品差异,有时要放弃获得较高市场占有率的目标,因为它的排他性与高市场占有率是矛盾的。

3. 差异化战略的适用条件

(1) 有多种使产品或服务差异化的途径,而且这些差异化是被某些用户视为有价值的。

(2) 消费者对产品的需求是不同的。

(3) 奉行差异化战略的竞争对手不多。

(4) 具有很强的研究开发能力,研究人员有创造性的眼光。

(5) 企业具有以其产品质量或技术领先的声望。

(6) 具有很强的市场营销能力。

以上讨论了成本领先战略和产品差异化战略,那么,这两者之间存在什么关系?在这两种战略中应如何做出选择呢? 1980 年 10 月,美国的威廉·霍尔教授发表了《关于在逆境中争取生存的战略》一文。文章分析了美国钢铁、橡胶、重型卡车、建筑机械、汽车、大型家用电器、啤酒、卷烟 8 个行业的实际情况,并对这些行业的 64 家大型企业的经营战略进行了分析对比。结果表明,许多成功的企业有一个共同的特点,就是在确定企业竞争战略时都是根据企业内外环境条件,在产品差异化和成本领先战略中选择了一个,从而确定具体目标、采取相应措施而取得成功的。当然,也有一个企业同时采取两种竞争战略而成功的,如经营卷烟业的菲利浦·莫尔斯公司,依靠高度自动化的生产设备,取得了世界上生产成本最低的好成绩,同时它又在商标、销售促进方面进行巨额投资,在产品差异化方面取得了成功。但一般来说,不能同时采用这两种战略,因为这两种战略有着不同的管理方式和开发重点,有着不同的企业经营结构,反映了不同的市场观念。

在同一市场的演进中,常会出现这两种竞争战略循环变换的现象。一般来讲,为了竞争及生存的需要,企业往往以产品差异化战略打头,使整个市场的需求动向发生变化,随后其他企业纷纷效仿跟进,使差异化产品逐渐丧失了差异化优势,最后变为标准产品,此时企业只有采用成本领先战略,努力降低成本,使产品产量达到规模经济,提高市场占有率来获得利润。这时市场也发展成熟,企业之间竞争趋于激烈。企业要维持竞争优势,就必须通过新产品开发等途径寻求产品差异化,以开始新一轮战略循环。

7.2.3 集中战略

集中战略是指企业把经营的重点目标放在某一特定购买者集团,或某种特殊用途的产品,或某一特定地区上,来建立企业的竞争优势及其市场地位。由于资源有限,一个企业很难在其产品市场展开全面的竞争,因而需要瞄准一定的重点,以期产生巨大有效的市场力量。此外,一个企业所具备的不败的竞争优势,也只能在产品市场的一定范围内发挥作用。例如,天津汽车工业公司面对进口轿车和合资企业生产轿车的竞争,将经营重心放在微型汽车上,该厂生产的"夏利"微型轿车,专门适用于城市狭小街道行驶,且价格不贵,颇受出租汽车司机的青睐。

集中战略所依据的前提是,厂商能比正在更广泛地进行竞争的竞争对手更有效或效率更高地为其狭隘的战略目标服务,结果,厂商或由于更好地满足其特定目标的需要而取得产品差异,或在为该目标的服务中降低了成本,或两者兼而有之。尽管集中战略往往采取成本领先和差异化这两种变化形式,但三者之间仍存在区别。后两者的目的都在于达到其全行业范围内的目标,但整个集中战略却是围绕着一个特定目标服务而建立起来的。

1. 集中战略的类型

具体来说，集中战略可以分为产品线集中战略、顾客集中战略、地区集中战略和低占有率集中战略。

1) 产品线集中战略

对于产品开发和工艺设备成本偏高的行业，如汽车工业和飞机制造业，通常以产品线的某一部分作为经营重点，易于凝聚成强大的战斗力，获得竞争优势。

2) 顾客集中战略

将经营重心放在不同需求的顾客群上，是顾客集中战略的主要特点。有的厂家以市场中高收入顾客为重点，产品集中供应注重最佳质量，而不计较价格高低的顾客。

3) 地区集中战略

划分细分市场，可以按地区为标准。如果一种产品能够按照特定地区的需要实行重点集中，也能获得竞争优势。此外，在经营地区有限的情况下，建立地区重点集中战略，也易于取得成本优势。

4) 低占有率集中战略

市场占有率低的部门，通常被企业视为"瘦狗"或"现金牛"类业务单元。对这些部门，往往采取放弃或彻底整顿的战略，以便提高其市场占有率。但根据美国哈佛大学教授哈默生等人的研究发现，市场占有率低的企业的经营成功，主要依靠将经营重点集中在较窄的领域上。其特点是：低占有率公司的经营竞争，仅局限于少数细分市场，而且它们研究效率较高，注重利润而不是成长。可见，市场占有率低的企业如果充分发挥自己的优势，将经营重点对准特定的细分市场，也能建立不败的竞争优势。

2. 集中战略的优点

实行集中战略具有以下几个方面的优势：经营目标集中，可以集中企业所有资源于一特定战略目标之上；熟悉产品的市场、用户及同行业竞争情况，可以全面把握市场，获取竞争优势；由于生产高度专业化，在制造、科研方面可以实现规模效益。这种战略尤其适用于中小企业，即小企业可以以小补大，以专补缺，以精取胜，在小市场做成大生意，成为"小型巨人"。例如，美国皇冠制罐公司是个规模很小、名不见经传的小型包装容器生产厂家，该公司以金属罐细分市场为重点，专门生产供啤酒、饮料和喷雾罐厂家使用的金属罐，由于公司集中全力，经营非常成功，令销售额达数十亿美元的美国制罐公司刮目相看。

3. 集中战略的适用条件

具备下列四种条件，采用集中战略是适宜的。

(1) 具有完全不同的客户群，这些用户或有不同的需求，或以不同的方式使用产品。

(2) 在相同的目标细分市场中，其他竞争对手不打算实行重点集中战略。

(3) 企业的资源不允许其追求广泛的细分市场。

(4) 行业中各细分部门在规模、成长率、获利能力方面存在很大差异，致使某些细分部门比其他细分部门更有吸引力。

4. 集中战略的风险

集中战略也包含风险，主要是注意防止来自三方面的威胁，并采取相应措施维护企业的竞争优势。

(1) 以广泛市场为目标的竞争对手，很可能将该目标细分市场纳入其竞争范围，甚至已经在该目标细分市场中竞争，它可能成为该细分市场的潜在进入者，构成对企业的威胁。这时企业要在产品及市场营销各方面保持和加大其差异性，产品的差异性越大，集中战略的维持力越强；需求者差异性越大，集中战略的维持力也越强。

(2) 该行业的其他企业也采用集中战略，或者以更小的细分市场为目标，构成了对企业的威胁。这时选用集中战略的企业要建立防止模仿的障碍，当然其障碍的高低取决于特定的市场细分结构。另外，目标细分市场的规模也会造成对集中战略的威胁，如果细分市场较小，竞争者可能不感兴趣，但如果是在一个新兴的、利润不断增长的较大的目标细分市场上采用集中战略，就有可能被其他企业在更为狭窄的目标细分市场上也采用集中战略，开发出更为专业化的产品，从而剥夺原选用集中战略的企业的竞争优势。

(3) 由于社会政治、经济、法律、文化等环境的变化，技术的突破和创新等多方面原因引起替代品出现或消费者偏好发生变化，导致市场结构性变化，此时集中战略的优势也将随之消失。

每一种基本战略都是为创造和保持一种竞争优势而使用的、相互之间有很大差别的方法，它把企业所追求的竞争优势的形式和战略目标的范围结合起来。通常，一个企业必须从中做出选择，否则就会夹在中间。企业如果同时服务于一个范围广泛的部分市场(成本领先或差异化)，就不能从面向特定目标市场(集中)的战略上获取最大的利益。企业有时可能在同一个公司实体内创建两个在很大程度上相互独立的经营单位，各自奉行一条不同的基本战略。然而，除非企业把奉行不同通用战略的经营单位严格区分开，否则就会损害它们每一个取得其竞争优势的能力。由于公司的政策和文化在各经营单位间相互纠缠，可能造成用一种次等的竞争方法与他人竞争的局面，便会导致夹在中间的结果。

企业采取了每一种通用战略但却又一无所成，就叫作"夹在中间"。夹在中间没有任何优势。这种地位通常是经济效益低于平均水平的一剂救命药方。由于成本领先的企业比享有差异化形象的企业和集中一点的企业在各个部分市场上处于更为优越的竞争地位，夹在中间的企业便只好从劣势地位上去竞争了。如果一个夹在中间的企业侥幸发现了有利可图的产品或客户，拥有持久性竞争优势的竞争厂商们就会迅速地把硕果攫取一空。在大多数产业里，不少竞争厂商是夹在中间的。

一个夹在中间的企业只有在其产业结构极为有利，或者幸亏该企业的竞争对手们也夹在中间时才会取得明显的利润。然而，这类企业通常比采取一般战略的厂商的盈利少得多。一旦陷入中间地位，往往需要花费很久的时间和持久的努力才能使厂商摆脱这种现状。因此，企业要尽量避免这种地位。

7.3 市场地位与竞争战略

每个企业都要依据自己的目标、资源和环境以及在目标市场上的地位，来制定竞争战略。即使在同一企业中，不同的业务、不同的产品也有不同要求，不可强求一律。因此，企业应当先确定自己在目标市场上的竞争地位，然后根据自己的市场定位选择适当的营销战略和策略。企业在市场中的竞争地位有多种分类方法。根据企业在目标市场上所起的领导、挑战、跟随或拾遗补缺的作用，可以将企业分为以下四种类型：市场领导者(leader)、市场挑战者(challenger)、市场跟随者(follower)和市场补缺者(nicher)。

7.3.1　市场领导者战略

所谓市场领导者，是指在相关产品的市场上市场占有率最高的企业。一般来说，大多数行业都有一家企业被公认为市场领导者，它在价格调整、新产品开发、配销覆盖和促销力量方面处于主导地位。它是市场竞争的导向者，也是竞争者挑战、效仿或回避的对象。这些市场领导者的地位是在竞争中自然形成的，但并不是固定不变的。如果它没有获得法定的特许权，必然会面临竞争者的无情挑战。因此，企业必须随时保持警惕并采取适当的措施。一般来说，市场领导者为了维护自己的优势，保持自己的领导地位，通常可采取三种策略：一是设法扩大整个市场需求；二是采取有效的防守措施和攻击战术，保护现有的市场占有率；三是在市场规模保持不变的情况下，进一步扩大市场占有率。

1. 扩大市场需求总量

一般来说，当一种产品的市场需求总量扩大时，受益最大的是处于市场领导地位的企业。因此，市场领导者应努力从以下三个方面扩大市场需求量。

(1) 发掘新的使用者。每一种产品都有吸引顾客的潜力，因为有些顾客或者不知道这种产品，或者因为其价格不合适或缺乏某些特点等而不想购买这种产品，这样，企业可以从这三个方面发掘新的使用者。

(2) 开辟产品新用途。公司也可通过发现并推广产品的新用途来扩大市场。同样，顾客也是发现产品新用途的重要来源，因此，公司必须要留心注意顾客对本公司产品使用的情况。

(3) 扩大产品的使用量。促使使用者增加用量也是扩大需求的一种重要手段。

2. 保护市场占有率

处于市场领导地位的企业，在努力扩大整个市场规模时，必须注意保护自己现有的业务，防备竞争者的攻击。市场领导者防御竞争者的进攻最有效的策略是不断创新。领导者不应满足于现状，必须在产品创新、提高服务水平和降低成本等方面，真正处于该行业的领先地位。同时，应该在不断提高服务质量的同时，抓住对方的弱点主动出击。正所谓"进攻是最好的防御"，市场领导者即使不发动进攻，至少也应保护其所有战线，不能有任何疏漏。由于资源有限，领导者不可能保持它在整个市场上的所有阵地，因此，它必须善于准确地辨认哪些是值得耗资防守的阵地，哪些是可以放弃而不会招致风险的阵地，以便集中使用防御力量。防御策略的目标是要减少受到攻击的可能性，将攻击转移到威胁较小的地带，并削弱其攻势。具体来说，有六种防御策略可供市场领导者选择。

(1) 阵地防御。阵地防御就是在现有阵地周围建立防线，这是一种静态的消极的防御，是防御的基本形式，但是不能作为唯一的形式。对于营销者来讲，单纯防守现有的阵地或产品，就会患"营销近视症"。

(2) 侧翼防御。侧翼防御是指市场领导者除保卫自己的阵地外，还应建立某些辅助性的基地作为防御阵地，或必要时作为反攻基地。特别要注意保卫自己较弱的侧翼，防止对手乘虚而入。

(3) 先发防御。这种更积极的防御策略是在敌方对自己发动进攻之前，先发制人抢先攻击。具体做法是，当竞争者的市场占有率达到某一危险的高度时，就对它发动攻击；或者是对市场上的所有竞争者全面攻击，使得对手人人自危。有时，这种以攻为守是看重心理作用，并不一定付诸行动。当然，企业如果享有强大的市场资产——品牌忠诚度高、技术领先等，面对对手挑战，可以沉着应战，不轻易发动进攻。

(4) 反攻防御。当市场领导者遭到对手降价或促销攻势，或改进产品、市场渗透等进攻时，不能只是被动应战，应主动反攻。领导者可选择迎击对方的正面进攻，迂回攻击对方的侧翼，或发动钳式进攻，切断从其根据地出发的攻击部队等策略。

(5) 运动防御。运动防御要求领导者不但要积极防守现有阵地，还要扩展到可作为未来防御和进攻中心的新阵地，它可以使企业在战略上有较多的回旋余地。市场扩展可通过两种方式实现：市场扩大化和市场多角化。

(6) 收缩防御。有时，在所有市场阵地上进行全面防御会力不从心，从而顾此失彼，在这种情况下，最好的行动是实行战略收缩防御，即放弃某些薄弱的市场，把力量集中用于优势的市场阵地中。

3. 提高市场占有率

市场领导者设法提高市场占有率，也是增加收益、保持领导地位的一个重要途径。市场占有率是影响投资收益率最重要的变数之一，市场占有率越高，投资收益率也越大。因此，许多企业以提高市场占有率为目标。

市场领导者要保持并扩大市场占有率，可采取以下措施。

(1) 通过各种方式了解顾客对产品的意见和要求。

(2) 根据顾客的要求来不断地完善产品，提高质量。

(3) 以多种产品组合来防范竞争者的加入。

(4) 用自己著名的品牌推出新产品，实施品牌扩张战略。

(5) 保持较大的广告投入，以巩固和提高产品在顾客心中的地位。

7.3.2 市场挑战者战略

在行业中名列第二、三名等次要地位的企业称为亚军公司或者追赶公司。这些亚军公司对待当前的竞争情势有两种态度，一种是向市场领导者和其他竞争者发动进攻，以夺取更大的市场占有率，这时他们可称为市场挑战者；另一种是维持现状，避免与市场领导者和其他竞争者引起争端，这时他们称为市场追随者。市场挑战者如果要向市场领导者和其他竞争者挑战，首先必须确定自己的战略目标和挑战对象，然后再选择适当的进攻策略。

1. 明确战略目标和挑战对象

战略目标与进攻对象密切相关，针对不同的对象存在不同的目标。一般来说，挑战者可以选择以下三种公司作为攻击对象。

(1) 市场领导者。攻击市场领导者这一战略风险很大，但是潜在的收益可能很高。为取得进攻的成功，挑战者要认真调查研究顾客的需要及其不满之处，这些就是市场领导者的弱点和失误。此外，通过产品创新，以更好的产品来夺取市场也是可供选择的策略。

(2) 与己规模相当者。挑战者对一些与自己势均力敌的企业，可选择其中经营不善而发生危机者作为攻击对象，以夺取它们的市场。

(3) 区域性小型企业。对一些地方性小企业中经营不善而发生财务困难者，可作为挑战的攻击对象。

2. 选择进攻策略

在确定了战略目标和进攻对象之后，挑战者要考虑进攻的策略问题。其原则是集中优势兵力于关键的时刻和地方。总的来说，挑战者可选择以下五种战略。

(1) 正面进攻。正面进攻就是集中兵力向对手的主要市场发动攻击，打击的目标是敌人的强项而不是弱点。这样，胜负便取决于谁的实力更强，谁的耐力更持久，进攻者必须在产品、广告、价格等主要方面大大领先对手，方有可能成功。进攻者如果不采取完全正面的进攻策略，也可采取一种变通形式，最常用的方法是针对竞争对手实行削价。通过在研究开发方面大量投资，降低生产成本，从而在低价格上向竞争对手发动进攻，这是持续实行正面进攻策略最可靠的基础之一。日本企业是实践这一策略的典范。

(2) 侧翼进攻。侧翼进攻就是集中优势力量攻击对手的弱点，有时也可正面佯攻，牵制其防守兵力，再向其侧翼或背面发动猛攻，采取"声东击西"的策略。侧翼进攻可以分为两种：一种是地理性的侧翼进攻，即在全国或全世界寻找对手相对薄弱的地区发动攻击；另一种是细分性侧翼进攻，即寻找市场领导企业尚未很好满足的细分市场。侧翼进攻不是指在两个或更多的公司之间浴血奋战来争夺同一市场，而是要在整个市场上更广泛地满足不同的需求。侧翼进攻是一种最有效和最经济的策略，较正面进攻有更多的成功机会。

(3) 围堵进攻。围堵进攻是一种全方位、大规模的进攻策略，它在几个战线发动全面攻击，迫使对手在正面、侧翼和后方同时全面防御。进攻者可向市场提供竞争者能供应的一切，甚至比对方还多，使自己提供的产品无法被拒绝。当挑战者拥有优于对手的资源，并确信围堵计划的完成足以打垮对手时，这种策略才能奏效。

(4) 迂回进攻。这是一种最间接的进攻策略，它避开了对手的现有阵地而迂回进攻。具体办法有三种：一是发展无关的产品，实行产品多元化经营；二是以现有产品进入新市场，实现市场多元化；三是通过技术创新和产品开发，以替换现有产品。

(5) 游击进攻。游击进攻主要适用于规模较小、力量较弱的企业，目的在于通过向对方不同地区发动小规模的、间断性的攻击来骚扰对方，使之疲于奔命，最终巩固永久性据点。游击进攻可采取多种方法，包括有选择的降价，强烈的、突袭式的促销行动等。应予指出的是，尽管游击进攻可能比正面围堵或侧翼进攻节省开支，但如果要想打倒对手，光靠游击战不可能达到目的，还需要发动更强大的攻势。

7.3.3　市场跟随者战略

并非所有在行业中处于第二位的公司都会向市场领导者发起挑战。因为这种挑战会遭到领导者的激烈报复，最后可能无功而返，甚至一败涂地。因此，除非挑战者能够在某些方面赢得优势，如实现产品重大革新或配销有重大突破，否则，他们往往宁愿追随领导者，而不愿对领导者贸然发动攻击。这种"自觉并存"状态在资本密集且产品同异性高的行业(如钢铁、化工等)中是很普遍的现象。在这些行业中，产品差异化的机会很小，而价格敏感度却很高，很容易暴发价格竞争，最终导致两败俱伤。因此，这些行业中的企业通常形成一种默契，彼此自觉地不互相争夺客户，不以短期市场占有率为目标，以免引起对手的报复。这种效仿领导者为市场提供类似产品的市场跟随战略，使得行业市场占有率相对稳定。

市场跟随者必须懂得如何维持现有顾客，并争取一定数量的新顾客；必须设法给自己的目标市场带来某些特有的利益，如地点、服务、融资等；还必须尽力降低成本并保持较高的产品质量和服务质量。具体来说，跟随策略可分为以下三类。

1. 紧密跟随

紧密跟随是指跟随者尽可能地在各个细分市场和营销组合领域仿效领导者。这种跟随者有时好像是挑战者，但只要它不从根本上危及领导者的地位，就不会发生直接冲突。有些跟随者表现为较强的寄生性，因为它们很少刺激市场，总是依赖市场领导者的市场努力而生存。

2. 有距离的跟随

有距离的跟随是指跟随者在目标市场、产品创新、价格水平和分销渠道等方面都追随领导者，但仍与领导者保持若干差异。这种跟随者易被领导者接受，同时它也可以通过兼并同行业中弱小企业而使自己发展壮大。

3. 有选择的跟随

有选择的跟随是指跟随者在某些方面紧随领导者，而在另一些方面又自行其是。也就是说，它不是盲目追随，而是择优跟随，在跟随的同时还要发展自己的独创性，但同时避免直接竞争。这类跟随者之中有些可能发展成为挑战者。

7.3.4 市场补缺者战略

几乎每个行业都有些小企业，它们专心致力于市场中被大企业忽略的某些细分市场，在这些小市场上通过专业化经营来获取最大限度的收益。所谓市场补缺者，就是指占据这种位置的企业。它们也被称为市场利基者(nicher)。

一般来说，一个理想的利基具有以下几个特征：①有足够的市场潜量和购买力；②市场有发展潜力；③对主要竞争者不具有吸引力；④企业具备有效地为这一市场服务所必需的资源和能力；⑤企业已在顾客中建立起良好的信誉，足以对抗竞争者。

一个企业进取利基的主要策略是专业化，公司必须在市场、顾客、产品或渠道等方面实行专业化。市场补缺者的竞争策略主要有以下内容。

(1) 最终用户专业化，即专门致力于为某类最终用户服务。

(2) 垂直层次专业化，即专门致力于为生产—分销循环周期的某些垂直的层次经营业务。

(3) 顾客规模专业化，即专门为某一种规模(大、中、小)的客户服务。许多利基者专门为大公司忽略的小规模顾客服务。

(4) 特定顾客专业化，即只对一个或几个主要客户服务。

(5) 地理区域专业化，即专为国内外某一地区或地点服务。

(6) 按产品或产品线专业化，即只生产一大类产品。

(7) 客户订单专业化，即专门按客户订单生产预订的产品。

(8) 质量与价格专业化，即选择在市场的底部(低质低价)或顶部(高质高价)开展业务。

(9) 服务项目专业化，即专门提供一种或几种其他企业没有的服务项目。例如，美国一家银行专门承办电话贷款业务，并为客户送款上门。

(10) 分销渠道专业化，即专门服务于某一类分销渠道，如生产适于超级市场销售的产品。

市场利基者要承担较大风险，因为利基本身可能会枯竭或受到攻击，因此，在选择市场利基时，营销者通常选择两个或两个以上的利基，以确保企业的生存和发展。

7.4 博弈论与动态竞争战略

处于市场竞争中的企业间总是存在一定程度的相互依存性，这使得企业的决策结果不仅依赖于其决策本身，而且依赖于其竞争对手的反应。相互影响和相互作用的存在，提醒每一个企业在采取某行动时，不能不考虑其他相关企业的态度。按照博弈论(game theory)的观点，企业间的这种互动的竞争活动是一个博弈过程，竞争就是一场博弈。因此，运用博弈论的方法可以研究企业的竞争行为。博弈论也叫对策论，实际上是一种方法论，或者说是数学的一个分支。博弈论在近十年来获得了长足的发展，且应用领域十分广泛，尤其是在经济学领域。博弈论所研究的是关于当决策主体的行为有着直接相互作用时的决策及这种决策的均衡问题。

7.4.1 博弈与博弈论

首先考虑一个例子。设想一家公司正在考虑是否要开发某一新的市场。其所面临的选择是开发或不开发。如果决定开发，公司必须投入 100 万元资金用于市场的开拓，如果不开发，资金投入为 0。在做这个决定时，公司所关心的当然是开发这个新市场是否有利可图。

开拓一个新的市场总是有很大的风险。市场的需求带有不确定性。需求可能大，也可能小。同时还有存在竞争对手的风险。若同时有其他公司也准备开发这个新市场，潜在的竞争可能使新市场的获利大为减少。为便于分析，假定有两家公司 A 和 B 准备进入这个新的市场。

进一步假定，如果市场上有两家公司销售其产品，在需求情况好时，各可获利 300 万元；若需求不好，各会损失 100 万元。如果市场上只有一家公司(A 或 B)销售产品，需求情况好时，获利 600 万元，需求情况差时，获利 100 万元。图 7-3 和图 7-4 给出了不同情形下两家公司各自的收益状况。可以看出有以下 8 种可能的结果。

公司 B

		开发	不开发
公司 A	开发	300，300	600，0
	不开发	0，600	0，0

图 7-3 市场需求大

公司 B

		开发	不开发
公司 A	开发	-100，-100	100，0
	不开发	0，100	0，0

图 7-4 市场需求小

(1) 需求大，A 开发，B 不开发；A 获利 600 万元，B 获利为 0。

(2) 需求大，A 不开发，B 开发；A 获利为 0，B 获利 600 万元。

(3) 需求大，A 开发，B 也开发；A、B 各获利 300 万元。

(4) 需求大，A 不开发，B 也不开发；A、B 各获利为 0。

(5) 需求小，A 开发，B 不开发；A 获利 100 万元，B 获利为 0。

(6) 需求小，A 不开发，B 开发；A 获利为 0，B 获利为 100 万元。

(7) 需求小，A 开发，B 也开发；A、B 各亏损 100 万元。

(8) 需求小，A 不开发，B 也不开发；A、B 各获利为 0。

显然，A、B 两家公司在做出是否开发这个新市场决定时，不仅要考虑市场决定需求的大小，而且要考虑其他公司的行动。例如，A 公司要考虑 B 公司的行动，反过来，B 公司也要判断 A 公司的动向。

1. 完全信息的静态博弈

在上面的例子中，若 A、B 两公司同时做出决策，则每一方在做出决策时，不可能知道对方的决定。即使两公司不是同时做出决策，由于某些原因，两公司彼此间也有可能不了解对方的决定。因而两公司先后行动的顺序毫无意义。再假定 A、B 两公司对市场需求的大小是已知的，那么，此时的这场有关新市场开发的博弈被称为是完全信息的静态博弈。对于这场博弈，如果市场需求是大的，A、B 两公司都会开发这个新市场，并各获利 300 万元。如果市场需求是小的，一方是否开发依赖于他认为对方是否开发。若 A 公司认为 B 公司会进行开发，A 公司最好是不开发；同样，B 公司的最优策略也是如此。所以，在市场需求大的情形下，博弈有唯一的结局：{A 公司开发，B 公司也开发}；在市场需求小的情形下，博弈结局有两种可能：{A 公司开发，B 公司不开发}{A 公司不开发，B 公司开发}，这反映了博弈参与者间的相互作用和行动的关联性。

在市场需求小时，本例出现了不唯一的博弈结局。这是由于作为博弈参与者的 A、B 两公司没有关于对方行动的信息，所拥有的信息不完美(虽然是完全的)。若 A、B 两公司彼此了解对方的决定，则博弈的结局将是唯一的。在市场需求小的情形下，只要 A 公司进行开发的可能性大于 50%，并且 B 公司也知道这个开发概率，B 公司的最优选择就是不开发，此时有唯一的结局：{A 公司开发，B 公司不开发}。所以，事先向对方传递某些信号，会有利于自己的选择。

2. 完全信息的动态博弈

在静态博弈中，我们设定参与者是同时行动的(或行动虽有先后，但没有人在自己行动之前观测到别人的行动)。然而在现实中，参与人的行动往往有先后顺序，且后行动者在自己行动之前能够观察到先行者的行动选择。例如，在新市场开发的博弈中，若 A 公司首先行动，则 B 公司可观察到 A 所采取的行动是开发还是不开发，并依此做出自己的决定。显然，这时的博弈是动态的。在动态博弈中，若 A 公司先行动，则不论市场需求情况如何，A 公司都会选择开发。因为即使需求小，当 A 公司已经进行开发后，B 公司观察到 A 公司的行动及市场的真实需求情况，最优的行动是不开发。一种可能的情况是，A 公司率先进行了充分的市场调研并抢先进行开发，B 公司在分析了 A 公司开发后的市场需求情况后，再决定是否也进行开发。

3. 不完全信息的静态博弈

完全信息的假定是不现实的，现实中的博弈一般只拥有不完全的信息。比如在本节的市场开发的例子中，关于市场需求的情况，A、B 两公司事先往往并不能确切知道。若仍假设 A、B 两公司同时做出决策，则博弈将是什么结局呢？显然，由于对市场需求情况没有准确的把握，即使真实的情形是"需求大"(当然 A、B 两公司不知道)时，两公司也不能贸然行动。在行动之前，博弈的参与者 A、B 两公司都要对市场的情况做一番预测。若假定经过预测市场需求大的概率为 P，且为 A、B 两公司的共识，则当 $P > 1/4$ 时，两公司的最优选择都是进行开发。因为此时选择开发的最低期望收益也是大于零，优于选择不开发。但当 $P \leqslant 1/4$ 时，一方是否开发依赖于对方的可能行动，由于双方拥有同样的信息，没一方占有优势，博弈结果不具唯一性。即结果是：{A 开发，B 不开发}{A 不开发，B 开发}。

不过，较为现实的假设是 A、B 两公司对市场需求的预测有所不同。例如，A 公司的预测为

P_a，B 公司的预测为 P_b。进一步再假定 A 公司做了较为充分的市场调研，预测较为准确，即 $P_a=1$ 或 $P_a=0$。但 B 公司并不知道 A 公司预测的准确程度如何，因而只相信自己的预测。那么，当 $P_b>1/4$ 时，B 的最优选择是开发；而 A 公司的选择也是开发，当且仅当市场需求大时($P_a=1$)。若市场需求小($P_a=0$)，A 公司的最优选择是不开发。当 $P_b\leqslant 1/4$ 时，B 公司不会选择开发，而 A 公司的最优行动总是开发。图 7-5 给出了博弈的表述。

		A 公司			
		需求大($P_a=1$)		需求小($P_a=0$)	
		开发	不开发	开发	不开发
B 公司	开发	300, 300	600, 0	-100, -100	100, 0
($P_b=?$)	不开发	0, 600	0, 0	0, 100	0, 0

图 7-5　新市场开发博弈：不完全信息

4. 不完全信息的动态博弈

新市场开发博弈假设 A、B 两公司完全相同也是不现实的。一般来说，不同的公司由于技术、管理、规模等因素的差异，生产经营成本会有所不同。换句话说就是，有些公司属低成本，而另一些公司属高成本。这使得一些公司在市场竞争中具有成本的优势。高成本的公司在打算与其他公司进行竞争时，不得不考虑对方的成本优势。但是，公司是低成本还是高成本往往是公司的私有信息，他人并不准确了解，这导致博弈参与者信息的不完全。参与者一般只能通过观察对方的行动选择来判断其属于什么类型(如低成本还是高成本)。此种类型的博弈称为不完全信息的动态博弈。将新市场开发博弈拓展为不完全信息的动态博弈，我们可以假设 A 公司先行动，并且市场需求大。再假设 B 公司属于高成本，且 A 公司也知道这一信息，但 A 公司属于什么类型 B 公司不知道，只有一个"先验"的概率 μ，即 A 公司是低成本的概率。

在不完全信息的动态博弈中，参与者通过观测先行动者的行动来获得某些有用的信息，从而修正自己原先的判断和信念，然后再采取行动，而先行动者也会有意识地通过向后行动传递某些信号来影响后行动者的信息结构进而影响其行动选择，使有利于自己的结果出现。这对市场竞争中的企业很有启发意义。

7.4.2　竞争与合作

在博弈论中，我们假设参与者都是理性的，即参与者追求自己的效用或收益的最大化，实现个体最优。个体以此原则行动，在市场上就表现为企业间的竞争。竞争的利己主义行为时常是以合法或非法的手段，通过减少对手的收益来增加自己的利益，从而形成对手间的恶性竞争。结果没有一方能从中得到所期望的更多利益，反而变得更差。这可能意味着，合作也许对双方更有利。但现实中许多合作时常不能实现或不能长久，而是以失败告终。博弈论的分析可以让我们理解其中的道理。

1. 囚徒困境与合作竞争

囚徒困境讲的是两个嫌疑犯作案后被警察抓住，分别被关在不同的屋子里审讯。根据有关法律，他们俩都明白：如果两人都坦白，各判刑 8 年；如果两个都抵赖，各判 1 年；如果其中一人坦白，另一人抵赖，坦白者释放，不坦白者判刑 10 年。图 7-6 给出了囚徒困境的战略表述。在这里，每个囚徒都有两种选择：坦白或抵赖。表中每一格的两个数字代表对应于战略组合下两个囚徒的收益(或效用)。其中第一个数字是囚徒 A 的收益，第二个数字是囚徒 B 的收益。显然，这是一个完全信息的静态博弈。

囚徒 B

囚徒 A	坦白	抵赖
坦白	-8, -8	0, -10
抵赖	-10, 0	-1, -1

图 7-6 囚徒困境

现在，对 A 和 B 来说，他们将做出什么选择呢？显然，两个囚徒都清楚自己不同的选择会带来不同的收益和后果，并都希望有利于自己的结果出现，使自己的收益最大化。由图 7-6 可知，博弈可能的结果有四个：(坦白，坦白)(坦白，抵赖)(抵赖，坦白)(抵赖，抵赖)。经过分析，我们可以发现，四个可能的结果，只有(坦白，坦白)是能够真正出现的。因为给定 B 坦白的情况下，A 的最优选择是坦白；给定 B 抵赖，A 的最优选择仍是坦白。同样可知，不论 A 坦白还是抵赖，B 的最优战略也是坦白。结果两人各判刑 8 年。

有趣的是，在四个可能的结果中，(抵赖，抵赖)是最优的，即如果两人都抵赖，各判刑 1 年，显然比都判刑 8 年要好得多，但却不能实现。这反映了一个深刻的问题，这就是个体理性与集体理性的矛盾。结果(抵赖，抵赖)显然对双方都有利，但从(坦白，坦白)到(抵赖，抵赖)的转变，不满足个体理性要求。即使两个囚徒在被抓之前订立一个攻守同盟(死不坦白)，出于个体理性的要求，也没有人有积极性遵守协定。

囚徒困境在经济学上有广泛的应用。两个寡头企业对产量的选择，竞争性市场中企业对产品价格的制定，都会遇到囚徒困境的情形。如果两个寡头企业联合起来形成卡特尔，选择垄断利润最大化的产量，每个企业都可以得到更多的利润。但给定对方遵守协定的情况下，每个企业都有增加产量的积极性，因为这样做可获取更多的利润。结果，两个企业都不会遵守协定，积极增加产量，每个企业都只获得小于卡特尔产量下的利润，没有从中得到想得到的好处。

2. 智猪博弈与共同生存

智猪博弈是这样的：笼子的一头有一个按钮，另一头是饲料的出口和食槽。按一下按钮，将有相当于 10 个单位的猪食进槽，但是按动按钮所需付出的"劳动"，要消耗相当于 2 个单位的猪食。每头猪都必须要做出决策是等在食槽旁边还是去按动按钮。

问题是按钮和食槽分置笼子的两端，付出劳动按动按钮的猪跑到食槽的时候，坐享其成的另一头猪早已开吃。如果大猪先到，大猪吃到 9 个单位的猪食，小猪只能吃到 1 个单位的猪食；如果同时到达，大猪吃到 7 个单位猪食，小猪吃到 3 个单位猪食；如果小猪先到，小猪可以吃到 4 个单位猪食，而大猪只能吃到 6 个单位的猪食。

这场博弈的结果依赖于大猪行为的判断。如果小猪去按动按钮，大猪当然乐于等待在食槽旁吃掉 9 个单位的猪食。如果小猪等待，那么大猪将先去按动按钮再跑回来以获得相当于 4 个单位的猪食。对小猪来说，情况非常明了，无论大猪如何行动，它最好是等在食槽旁边。因此，这个博弈的均衡结果就是：每次都是大猪去按动按钮，小猪先吃，大猪再赶来吃—共同生存。"智猪博弈"说明了在某个市场上一个占主导地位、控制着市场的公司和它的一个较小的竞争对手之间可能发生的竞争情况。这取决于占主导地位的公司如何看待这个较小的竞争对手对它的威胁程度。智猪博弈中"共同生存"的均衡结果只有在大猪的食物份额没有受到小猪严重威胁时才会出现。

在类似于智猪博弈的商场竞争中，如果公司是弱小的一方，则可以选择如下策略。①等待，允许市场上占主导地位的品牌开拓本行业所有产品的市场需求。将自己的品牌定位在较低价格上，以享受主导品牌的强大广告所带来的市场机会。②不要贪婪，只要主导品牌认为弱小公司不会对自己形成威胁，它就会不断创造市场需求。因此，公司可以将自己定位在一个不会引起主导品牌兴趣的较小的细分市场，以限制自己对主导品牌的威胁。

如果公司在行业市场中占主导地位，则可采取以下策略。①接受小公司，作为主导品牌，加强广告宣传，创造和开拓对行业所有产品的市场需求才是真正的利益所在。不要采取降价这种浪费资源的做法与小企业竞争，除非它对公司形成了真正的威胁。正是小企业采取的低价格阻止了潜在进入者的涌入。②对威胁的限制要清楚，如果小企业发展壮大到了构成威胁的程度，大公司就应该迅速做出进攻性的反应，并且让小企业清楚地知道它们在什么样的规模水平之下才是可以被容忍的，否则就会招致大公司强有力的回击。如果小公司知道对它们的限制，也就不会再有兴趣超越这种限制。通过运用博弈论中的"智猪博弈"案例对两个规模与实力存在较大差距的竞争对手之间价格战的情况进行分析可以看到，竞争双方应对自己在竞争博弈中的地位和作用有一个清醒的认识，这一点非常重要。认清自己真正的利益所在，避免残酷的价格战的发生，两个地位相去甚远的对手最终能够达成一种和平的生存模式——共同生存。

3. 逆向选择与信号传递

博弈论所研究的另一重要课题是所谓的逆向选择和信号传递。我们知道，博弈的参与者有时拥有自己的私人信息，这些信息不为他人确切可知，而且为了自身的利益也不愿为别人所知，即参与者有意隐瞒自己的真实情况，如以次充好等，这被称为逆向选择。当然，在另外的情形下，参与者也会为自身的利益，有意地展示自己的真实情况，这被称为信号传递。博弈论的研究可以揭示两者所产生的作用和影响。

1) 逆向选择

我们考虑某一商品市场，并假定市场上销售的商品的质量有两种可能的类型：高质量和低质量。高质量的商品是由 A 公司生产，低质量的商品是由一些厂家假冒，我们不妨统称其为 B 公司。作为用户或消费者，他们难以辨别市场上哪些产品是高质量的，哪些产品是低质量的。质量的高低只有生产厂家自己清楚。我们用 θ 表示商品的质量，并设定高质量的商品 $\theta = 6$，低质量的商品 $\theta = 2$。若商品的价格为 P，则用户购买商品和厂家卖出商品的效用可分别简单地表示为：$\pi_d = V(\theta) - P$ 和 $\pi_s = P - U(\theta)$。$V(\theta)$ 和 $U(\theta)$ 分别是用户和厂家对商品的评价，两者都应是质量 θ 的增函数。为简单起见，我们取 $V(\theta) = U(\theta) = \theta$，则有 $\pi_d = \theta - P$，$\pi_s = P - \theta$。显然，若用户知道商品的确切质量，均衡的价格应是：高质量的产品，$P=6$；低质量的产品，$P=2$。但当用户不知道商品的质量时，将如何成交呢？

由于两种质量的商品都进入了市场，低质量的产品不会自报自己是低质量的，高质量的产品申辩自己的高质量也无法使用户相信。不过，用户可以对高质量和低质量的分布做一个判断。比如说，用户认为高质量和低质量的比例各为 1/2，则由此得出市场上出售商品的平均质量为 $E(\theta) = 4$。因此，用户愿意支付的最高价格为 $P=4$。但在此价格下，高质量的厂家将退出市场，只有低质量的厂家愿意出售商品。不过，用户也知道，愿意出售的厂家一定是低质量的，因此 $P=4$ 不可能是均衡价格，用户会把价格压到 $P=2$。所以，唯一的均衡是在 $P=2$ 时成交，并且只有低质量的商品成交，高质量的商品退出市场。可见，由于逆向选择的存在，劣质品将优质品驱逐出市场。在现实中，这经常表现为正牌商品竞争不过假冒商品。因此，克服或消除逆向选择的不利影响，是处于激烈市场竞争中的企业所要研究的课题。

2) 信号传递

仍以上面的例子来说，对于高质量的厂家要消除逆向选择的不利影响，就得将自己与低质量的厂家区分开来。要做到这一点，只表白自己是高质量是没有用的，必须通过恰当的行动向用户传递高质量的信号。例如，厂家向用户提供一定时期的维修保证等。显然，对于厂家来说，产品的质量越高，维修保证的预期成本越低。所以高质量的厂家提供维修保证的积极性显然大于低质量的厂家，用户将维修保证看作高质量的信号，从而愿意支付较高的价格。相反，低质量的厂家因预期的维修保证成本会很高，从而没有多大的积极性提供维修保证。这样，提供维修保证所传递的信号，将高质量与低质量厂家区别开来，劣质品不能够再驱逐优质品。当然，一个高质量的厂家可设计一切可能的方式向用户传递真实的信息，以将自己与其他厂家区分开。

思考题

1. 市场竞争模型中的"五力分析"给你何种启示？
2. 试举一产品，用"钻石理论"分析其为何能成功或为何会失败？
3. 请分别列举我国本土企业和在我国经营的外资企业在运用迈克尔·波特所阐述的三种类型的基本竞争战略中的成功例子。
4. 请用"囚徒困境模型"分析合作竞争问题。

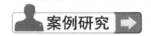

案例研究

谷歌与苹果之战

在 IT 业的广袤土地上，战争从未平息过。在后乔布斯时代的 IT 战场，寡头战争一触即发。两大寡头，互联网的霸主——谷歌与移动终端的王者——苹果之间的王者之战无人能阻。

苹果在 IOS 5 中内置了免费的 iCloud 云服务，开始冲击谷歌的免费模式；而谷歌则以 125 亿美元将昔日王者摩托罗拉收归门下，对苹果手机发起总攻。谷歌和苹果的寡头战争既是硬件战，也是应用战和外交战。在硬件上，双方从 iPhone 到 iPad，战场已经扩散到越来越多的移动终端领域；在应用领域，从多点触控技术的争夺，到 iAD、NFC 乃至应用商店的对抗；在外交上，联合、孤立和打击谁的外交作战意图逐渐清晰起来。

一、分道扬镳，祸起 iPhone

同在美国硅谷的苹果和谷歌自从 20 世纪 90 年代末开始的近 10 年中，两家一直和睦相处，保持着良好的关系，这归根结底还是因为他们曾有过共同的敌人——微软。从管理层开始，苹果的 CEO 乔布斯和谷歌的 CEO 埃里克·斯密特长期结盟，共同抵御软件巨头微软公司的进攻，竭尽全力打破微软的垄断。2006 年 10 月，谷歌发布了一款 Google Docs 的办公软件，以对抗微软公司的 Office 办公软件，而微软对此反应十分强烈，宣称要奉陪到底。此时，苹果和谷歌同仇敌忾，联手抗敌。苹果和谷歌在面对共同的竞争对手微软时，为了在智能手机市场上抢占先机，排除微软的市场份额，表现出极大的宽容。谷歌为苹果的 iPhone 提供地图、搜索和邮件功能方面的技术支持，谷歌还使自己的 YouTube 视频服务可以兼容苹果的 Quicktime 播放器，允许 iPhone 用户通过无线流收看谷歌旗下视频共享网站 YouTube 上面的内容。

　　微软也不甘示弱，在苹果的 iPhone 热销之后，紧随其后发布了 Kin 系列手机，并宣布更新手机操作系统为 Windows Mobile(视窗移动)，其实这一手机在功能上就是模仿版的 iPhone。

　　iPhone 的面世，改变了人们对手机的使用模式。在 iPhone 上市之前，人们对手机的需求主要集中在打电话、发短信、拍照、听音乐等"硬"需求上，性能优劣的判断是存储器容量、摄像头像素大小、上网速度等硬指标。iPhone 的存在，使人们开始意识到：手机竟然可以完成如此多的与日常相关的应用，还拥有无限的游戏功能。相比之下，过去被重视的手机的"硬"需求变得不是那么重要，手机的新闻阅读、音乐下载、移动搜索、网游、地图服务等"软"需求才是用户选择一款手机的重要标准。

　　传奇的产品——iPhone，加上谷歌的大力支持，使 iPhone 自上市起就独领风骚。随着 iPhone 的发布，手机设备制造商也越来越远离微软的 Windows Mobile 系统，使微软在智能手机上的所有投资化为泡影，其原因主要是 Windows Mobile 系统没有 iPhone 手机那样广泛支持应用软件和相应开发商，导致那些采用 Windows Mobile 系统的手机制造大鳄诺基亚、三星、LG 等企业逐渐失去高端市场份额，在此领域苦苦挣扎。随着微软在移动手机市场的渐渐隐退和苹果的实力大为增强，昔日的盟友谷歌感受到了巨大压力，不得不考虑与苹果分道扬镳，又一次佐证了在商战中直到永远的只有利益。

二、谷歌 Android 对抗苹果 iPhone

　　2007 年以前，IT 科技竞争的主角还是微软与谷歌、苹果，而短短几个月之后，谷歌和苹果的矛盾直接演变成集团性较量。

　　2007 年 11 月，谷歌宣布推出开源智能手机操作系统 Android，意味着谷歌和苹果的"蜜月期"戛然而止。Android 是谷歌于 2005 年收购的一家新兴科技公司，其意图原本是防止微软在移动领域也取得统治地位。但随着微软在该领域的衰退和苹果逐渐成为行业龙头，谷歌感到危机来临，因此，在原有基础上继续推进 Android 操作系统及其开放手机操作系统的研制。金无足赤，用户对 iPhone 的最大抱怨在于，它使用了 2.5G 数据网络使收发电邮或浏览网页的速度十分缓慢。而此时谷歌悄悄升级和完善了 Android 系统，提升了 Android 系统智能手机的操作性能，使其具有可以同时运行多个程序的能力，越来越多地触及 iPhone 的利益。谷歌的这些举动终于激怒了乔布斯，他表示：如果谷歌打算推出使用多点触控技术的手机，苹果将把谷歌告上法庭。然而谷歌依然我行我素。当谷歌试图让自己的互联网电话服务谷歌语音程序(Google Voice)植入 iPhone 时，苹果毫不犹疑地拒绝了这一要求。就在谷歌遭拒的那天，谷歌宣布推出其与 HTC 公司合作生产的旗舰手机 NexusOne。NexusOne 是一个使用多点触控技术的智能手机，与 iPhone 有着很高的相似度。

　　谷歌和苹果都十分清楚，智能手机行业在今后市场发展中的重要作用。谁掌握了智能手机，谁就掌握了附着其上的硬件、软件、内容和广告的话语权，智能手机将成为未来电脑的趋势变得日益清晰。为了在战略上划清界限，苹果明确声明拒绝将谷歌的两款应用软件向 iPhone 用户出售，而谷歌的 CEO 斯密特也毫不客气地宣布退出苹果公司的董事会。

　　实际上谷歌和苹果的对抗就是过去苹果和微软之间对抗的翻版。苹果希望像以前的微软那样垄断市场，而谷歌就如过去的谷歌联合合作伙伴，希望推出新产品抢夺市场。这一点从两个公司在软硬件上的策略可见一斑。在软件上，谷歌举起公开源代码的大旗，认为标准越开放越好，而苹果的观点截然相反，它悉心维护着自己的软件开发社区，并对在 iPhone 上销售的软件严加控制，目的就是借此抵御 iPhone 的竞争产品；在硬件上，谷歌与许多手机制造商建立了合作关系，廉价推广自己的 Android 系统，而苹果则不允许任何公司插手 iPhone，连硬件设备也由苹果自己制造。

对苹果而言，iPhone 产品已占到其总销售额的 30% 以上。随着谷歌 Android 系统的推出，谷歌的 Android 系统对苹果 iPhone 业务的威胁与日俱增。虽然谷歌自己的 Android 手机市场表现差强人意，但集各手机厂商组成的 Android 大军在总体上吞噬着 iPhone 的市场份额。据统计，2011 年第一季度，谷歌 Android 系统在美国的市场份额为 28%，已经超过苹果 iPhone；在欧洲，谷歌 Android 系统的领先优势更是日益明显，在英国、法国和德国的市场份额分别达到 38%、35.9% 和 35.5%。另据 ComScore 的统计，截至 2011 年 8 月的 3 个月内，Android 在美国的智能手机操作系统市场占到 43.7%，3 个月内跃升了 5.6 个百分点；而苹果 iOS 平台占 27.3% 的市场份额，排在第二位，3 个月内升幅缓于 Android。在后乔布斯时代，面对 Android 系统的快速增长，iPhone 能否守住自己的阵地，并再现昔日辉煌？

三、iPhone 之外，战争正酣

谷歌与苹果已经不满足于仅停留在移动便携领域的争夺，在智能手机之外的竞争也步步紧逼。例如，在应用开放平台方面，谷歌 AndroidMarket 对战苹果 App Store；在平板电脑方面，谷歌用以 Android 为操作系统的平板电脑对战苹果 iPad；在网络电视方面，谷歌 TV 对战苹果 TV。此外，在电子书、云计算、办公软件、视频服务、电子邮件、手机广告，甚至地图导航等方面，两家均存有竞争关系。

1. AndroidMarket 对抗 App Store

谷歌为了对抗苹果 App Store 而推出了 AndroidMarket。在竞争策略上，谷歌也与 Android 一样，大打免费牌，截至目前，AndroidMarket 也成为唯一一个免费应用数量超过付费产品的应用商店。另外，为了招揽 AndroidMarket 的生意，谷歌只从开发者的收益中抽取 20% 的提成，远远低于苹果 30% 的提成比例。在审核机制上，AndroidMarket 的应用程序也远比苹果的简单。不过，苹果也不甘示弱，通过 iAd 移动广告平台的布局跟谷歌进行新一轮的竞争。

2. YouTube 对抗 iTunes

谷歌正谋划与唱片公司合作，进军音乐下载商店和数字歌曲库业务。这些计划将允许移动用户在任何地方播放音乐，并且将增强谷歌与苹果的竞争。苹果与谷歌相比已经抢占了先机，苹果通过 iTunes 音乐商店在这个领域统治了 7 年时间，iTunes 占美国数字音乐销售 70% 的份额。

谷歌正计划在旗下视频网站 YouTube 推出影片出租服务。随着 YouTube 加大关注专业内容，这一扩张举措是势在必行。如果 YouTube 真的推出这一服务，就将与苹果的 iTunes 又一次展开正面交锋。

3. 谷歌 TV 对抗苹果 TV

2010 年 10 月，谷歌联手索尼拟推出谷歌 TV，使谷歌将其传统的互联网搜索延伸至电视机领域。这是一种全新的电视模式，可以通过传统的电视机，不用其他任何网络辅助就可以连接互联网，实现便捷的信息传播。早在同年 5 月份，谷歌发布进入网络电视业务没多久，早已涉足这个领域的苹果就公布了升级苹果 TV 的庞大计划，将全面推行基于云计算和 iPhone 操作系统的电视机顶盒。这一机顶盒与谷歌 TV 极为相近，而且操作便捷、外观华丽，价格仅为 99 美元。

4. 云计算

在数据计算领域，当今科技领域最核心的问题是大多数计算任务究竟应该在哪里进行的问题。谷歌的答案是，多数计算任务都应当由"云"来处理，即通过将所有数据上传到一个大型数据中心，再由其中的软件来运行处理，最后将计算结果发回给申请终端。谷歌的 Android 系统就隐含了这种思维模式，一方面用公开的、更为简单的操作系统代码取代苹果和微软的操作系统，另一

方面，为用户提供一个云计算的接口，将大量数据接入中心计算网络进行处理。苹果的答案却截然相反，主张将大多数计算能力放进消费者的口袋和公文包，其目的在于销售美观大方、性能优越的产品，以获取丰厚的利润。因此，苹果更加依赖于所谓的"原生码"(native code)，也就是为特定设备编写的有针对性的代码。

5. 手机广告

根据 Gartner 机构的数据，目前全球的手机广告规模为 20 亿美元，而且增长速度飞快。如此诱人的手机广告市场又成为谷歌与苹果的新战场。

斯密特很清楚谷歌自己在移动广告领域的弱势地位，而且坚信手机广告终有一天会比网络广告更重要。乔布斯也意识到进军手机广告市场需要一个专门针对网络广告商和消费者行为的新科技手段。作为最大的手机广告网络商之一的 AdMob 公司，其个性化广告已经得到了数十亿人次的查看。该公司现已进入 160 个国家，并为广告营销商提供一系列数据和分析服务，以便他们跟踪人们接收自己广告的流量状况。AdMob 的这一优势正是谷歌和苹果所需要的。正当苹果开足马力实施对 AdMob 的并购之时，姗姗来迟的谷歌却横刀夺爱以 7.5 亿美元的天价将 AdMob 收入囊中。这次并购将最大的手机广告商和最大的网络整合到了一起，AdMob 的网络与谷歌的 Android 操作系统、搜索广告业务、分析结果以及提供在线广告发布服务的 DoubleClick 的整合，为广告客户提供了强大的"生态系统"，出版商、软件开发商、营销商以及消费者都会成为受益者。无奈的苹果公司以 2.75 亿美元收购了第三大手机广告网络商 Quattro Wireless 公司，以对抗谷歌的手机广告。此外，苹果推出了移动广告平台 iAd，这是一项将广告植入该公司移动设备应用软件中的服务，公司的移动设备包括 iPhone 和 iPad。

以上这些仅仅是谷歌苹果之战的几个侧面，两者的竞争远不止这些。

四、合纵连横，利益为上

近年来，人们慢慢发现，在 IT 业，通信、软件、智能手机、互联网、搜索引擎、数码娱乐等曾经相对独立的板块似乎不再那么清晰，竞争也越来越激烈。谷歌和苹果为了保持在各自业务领域的领导地位，不断延伸势力范围，在 IT 业的各个板块展开并购、连横合纵的竞赛。

共同的战略利益与共同的竞争焦点是连横合纵形成的基础。在谷歌看来，收购摩托罗拉是因为它们有着共同的战略竞争对手——苹果。谷歌此举一方面可以以完整的软件+硬件面貌为 Android 生态系统提供支持，在移动互联网上与苹果展开竞争；另一方面是为摩托罗拉庞大的移动专利技术，谷歌收购摩托罗拉移动之后，双方专利的组合将提高竞争力，并将有助于应对来自微软、苹果及其他公司的威胁。对于一度陷入低谷的全球老牌手机生产厂商摩托罗拉来说，押宝 Android 也许是其重振市场的必然之路。实际上，借助 Android 智能手机，摩托罗拉已经走出了公司发展最困难的时期，其手机业务也已逐步进入上升期。另外，谷歌在平台、地图、应用等方面的雄厚积累，将为摩托罗拉手机的研发、生产甚至渠道产生较大促进作用。

苹果与微软在共同的威胁面前也选择了合作。昔日微软的操作系统开创了计算机应用的一个时代，而苹果则致力于科技与艺术相结合的"右脑科技"，并一直延续到了最新产品之中。两者在操作系统上已经有不少可供彼此借鉴的地方，Windows 中有不少功能都借鉴了苹果的创意和特点，而苹果 Mac OSX 中也有不少地方带着 Windows 的"印记"。双方的合作还在继续。微软于 2010 年 10 月发布 Mac 版 Office 2011。过去数年中，微软已多次针对 Mac 机发布最新版本的 Office。值得注意的是，Mac 版 Office 2011 中重新包含了微软 Outlook 电子邮件收发软件和 Exchange 同步工具，此举无疑将受到更多 Mac 商务机用户的欢迎。

【资料来源】

1. 吴中宝. 寡头战争：谷歌战苹果[M]. 北京：中国经济出版社，2011.

2. iOS 星工场. 后乔布斯时代：苹果和谷歌的竞争，http://www.e688.com.

3. 谢晓萍. 后乔布斯时代：三大劲敌环伺苹果周围[N]. 每日经济新闻，2011-10-12.

案例思考题

1. 请用竞争战略的相关理论分析评价谷歌与苹果之间的竞争。

2. 分析谷歌和苹果将面临的风险，并从谷歌或者苹果的视角提出战胜对方的战略和战术。

3. 分析后乔布斯时代 IT 行业的竞争格局。

第三篇 制定营销战略

第8章 STP 战略

在市场营销活动中，企业面对的首要问题是：产品的市场在哪里？谁来购买？在哪里最畅销？畅销的原因是什么？由于顾客的需求、爱好、购买行为的多样化，现代企业认识到它们无法服务于市场中的所有顾客，或者是无法用同一方式服务所有顾客。因此，企业需要选择其服务的目标市场。选择目标市场有以下三个步骤。

(1) 市场细分。将整个市场按不同的顾客群划分为不同的细分市场。

(2) 选择目标市场。在细分市场中选择一个或数个细分市场作为目标市场进入。

(3) 市场定位。在目标市场上建立企业及其产品的优势地位。

以上三个部分组合起来，就构成了市场营销学中最重要的理论——STP 战略。

8.1 市场细分

8.1.1 市场细分的定义和作用

市场细分和目标市场的概念是现代市场营销理论不断发展的结果。这个理论最早是由美国营销学家温德尔·斯密(Wendell R.Smith)于 1956 年提出的，一经提出即对企业界和理论界产生了巨大的影响，被称为能给企业带来效益的观点。一般来说，任何一个企业均无法为一个广义市场中所有的顾客提供产品和服务，因为这个市场的人数太多，分布太广，每个人(或每群人)的需求差异又很大。由此，每一个企业都需要选择并确定本企业可以提供最有效服务的市场，而不是盲目的广义市场。

从上面的介绍中我们知道，在市场营销学中，市场是由买方所构成，而购买者由于受各种变量(如收入、职业、年龄、文化和习惯、偏好等)的影响，一般在一个或多个方面会有不同的需求。所谓市场细分(market segment)，就是企业按各(细分)变量将整个市场划分为若干个需求不同的产品和营销组合的子市场或次子市场的过程，其中任何一个子市场或次子市场都是一个有相似需求的购买者群体。

在现代激烈竞争的市场环境中，市场细分的作用主要体现在以下几个方面。

1. 有利于企业发现新的市场机会

通过对各细分市场的变量进行分析与对比，就有可能发现那些需求尚未得到满足或未充分满足的新的细分市场。

2. 有利于中小企业开拓市场

中小企业进行市场细分的目的在于挖掘出适合自己的相对于其他中小企业的优势，或大企业无法甚至不愿顾及的小市场，在确定的目标市场上站稳脚跟，从而获得在激烈的竞争中生存与发展的机会及较大的经济效益。

3. 有利于企业确定目标市场，进而制定全面、细致、有效的营销组合策略

明确企业产品的服务对象，对提高企业的经营管理水平，增强市场的竞争力都有很大的帮助。

4. 有利于企业(最)优化其资源

这主要体现在三个方面：一是可按照目标市场的需求和变化，及时、准确地调整产品结构和营销策略；二是能更有效地建立营销和运输渠道，进行广告宣传；三是可以集中人、财、物力于一点或数点，使有限的资源发挥其最大的效用，从而最大限度地避免浪费。

5. 有利于及时反馈各方面信息并适时做出相应的调整

企业专注于相对集中的目标市场，因而能更及时地发现问题，并掌握发展及变化的趋势。这不但有助于企业防范重大危害性事件的发生，也有助于挖掘市场的潜在需求。

6. 有利于评价企业的营销策略

在个别目标市场，整个市场能够快速地反映出营销与产品策略的正确与否，企业依此可及时做出评价、及时进行调整并制定出进一步的行动方案。

8.1.2　消费者市场的细分变量

消费者市场的主要细分变量有地理、人口、心理和行为，如表 8-1 所示。

表 8-1　消费者市场细分变量

主要细分变量	次要细分变量
地理	区域、地形地貌、气候、城乡、城市规模、人口密度、交通、环保、其他
人口统计	国籍、种族、宗教、职业、受教育程度、性别、年龄、收入、家庭人数、家庭生命周期、其他
心理	社会阶层、生活方式、个性、购买动机、偏好、其他
行为	追求利益、使用时期、使用者状况、使用频率、品牌忠诚度、对产品的了解程度、对产品的态度、其他

1. 地理细分

地理细分(geographic segmentation)是将市场划分为不同的地理单位，如国家、地区、城市、城镇。处于不同地理单位的消费者的需求是不同的。麦当劳进行地理细分时，主要是分析各区域的差异，如美国东西部的人喝的咖啡口味是不一样的。再如，我国的昆明和广州虽都处于南方，但由于地形地貌和气候的不同，对空调的需求也大相径庭。

2. 人口统计细分

人口统计细分(demographic segmentation)是根据人口统计这一变量，按国籍、性别、民族、收入等具体细分变量将市场细分。这是区分消费者群体最常用的变量。不仅是由于该变量与消费者对商品的需求、爱好和消费行为有密切的关系，且人口统计变量资料相对容易获得和容易进行比较。

1) 性别

按性别可将市场划分为男性市场和女性市场。性别细分在服装、化妆品、杂志等行业得到了广泛的应用。在购买行为、购买动机等方面，男女之间也有很大的差异，如女性是服装、化妆品、节省劳动力的家庭用具、小包装食品等市场的主要购买者，男性则是香烟、饮料、体育用品等市场的主要购买者。在同类产品的购买中，男性与女性的区别也很大。例如，在购车时，女性更多地受到环境的影响，更在意车的内在风格；男性则更在意车的性能。

2) 年龄和生命周期阶段

不同年龄段的消费者,处于不同的生命周期阶段,由于生理、性格、爱好、经济状况的不同,对消费品的需求往往存在很大的差异。因此,可按年龄将市场划分为许多各具特色的消费者群,如儿童市场、青年市场、中年市场、老年市场等。从事服装、食品、保健品、药品、健身器材、书刊等商品生产经营业务的企业常采用年龄变量来细分市场。

3) 收入

收入的变化将直接影响消费者的需求欲望和支出模式。根据平均收入水平的高低,可将消费者划分为高收入、次高收入、中等收入、次低收入、低收入五个群体。收入高的消费者就比收入低的消费者更愿意购买高价的产品,如钢琴、汽车、空调、豪华家具、珠宝首饰等。收入高的消费者一般喜欢到购物中心或品牌专卖店购物,收入低的消费者则通常在住地附近的商店、仓储超市购物。因此,汽车、旅游、房地产等行业一般按收入变量细分市场。

3. 心理细分

心理细分(psychographic segmentation)是根据购买者的个性特征、生活形态或价值观点,将其划分为不同的群体。例如,有的消费者喜欢穿金戴银,追求名贵物品以显示其经济实力和社会地位;有的穿着打扮新潮以突出其个性;有的却非某某国的家电不买,显示出一种崇洋心理。商家利用明星做广告来进行其商品的促销,就是利用人们(特别是青少年)的"追星"心理。

1) 生活方式

生活方式是人们对工作、消费、娱乐的特定习惯和模式,不同的生活方式会产生不同的行为、兴趣和需求偏好,如"传统型""新潮型""节俭型""奢侈型"等。越来越多的企业,如服装、化妆品、家具、娱乐等行业根据生活方式来细分市场。这种细分方法能显示出不同群体对同种商品在心理需求方面的差异性。

2) 个性

消费者不同的个性会对他们的购买行为产生很大影响。性格可以用乐观、悲观、自信、保守、激进、热情等来描述。性格外向、容易冲动的消费者往往喜欢购买能表现自己个性的产品;性格内向的消费者则喜欢大众化的产品;富于创造性和冒险心理的消费者,则对新奇、刺激性强的商品特别感兴趣。

4. 行为细分

行为细分(behavioral segmentation)就是根据不同的购买行为来进行市场细分,通常包括购买的时机、商品的使用频率、消费者对产品的了解和态度等。

1) 时机

许多产品的消费具有时间性。例如,夏季到来之前是空调的销售旺季,这就是购买的时机。又如,烟花爆竹的消费主要在春节期间,月饼的消费主要在中秋节以前,旅游点在旅游旺季生意最兴隆。因此,企业可以根据消费者产生需要、购买或使用产品的时间进行市场细分,如航空公司、旅行社在寒暑假期间大做广告,实行优惠票价,以吸引师生乘坐飞机外出旅游;商家在酷热的夏季大做空调广告,以有效增加销量;各大电商平台利用"双十一"疯狂促销等。

2) 追求利益

顾客从同一种商品中追求的利益可能不同。例如,购买各种不同的化妆品,不同的顾客就追求不同的利益:有的为了增白,有的为了抗皱或防晒,有的则为了护肤,有的却追求综合效用(增白、抗皱等都要)。

3) 使用者状况

根据顾客是否使用和使用程度,市场可以细分为从未使用者、曾经使用者、潜在使用者、首次使用者和经常使用者五大类。大公司十分注重吸引潜在使用者,使公司获得更大的利益和市场份额。而较小的公司则注重于保持现有使用者,并设法吸引使用竞争产品的顾客转而使用本公司产品。

4) 使用数量

根据消费者使用某一产品的数量大小细分市场。通常可分为大量使用者、中度使用者和少量使用者。大量使用者人数可能并不很多,但他们的消费量在全部消费量中占很大的比重。美国一家公司发现,美国啤酒的 80%是被 50%的顾客消费掉的,另外一半的顾客的消耗量只占消耗总量的小部分。因此,啤酒公司宁愿吸引大量饮用啤酒者,而放弃少量饮用啤酒者,并把大量饮用啤酒者作为目标市场。公司还进一步了解到大量喝啤酒的人多是工人,年龄在 25~50 岁之间,喜欢观看体育节目,每天看电视的时间不少于 3~5 小时。很显然,根据这些信息,企业可以大大改进其在定价、广告传播等方面的策略。

5) 忠诚度

市场还可以根据顾客忠诚度进行细分。例如,有的消费者忠诚于某些品牌,如苹果、劳力士、海飞丝等;有的消费者忠诚于某些公司,如宝洁、丰田等。营销人员通常会根据消费者的品牌忠诚度将其分为四类:核心忠诚者、中度忠诚者、易变型忠诚者和经常转换者。企业必须辨别他的忠诚顾客及特征,以便更好地满足他们的需求,必要时给忠诚顾客以某种形式的回报或鼓励,如给予一定的折扣。

在对市场进行细分时,要将各种变量综合在一起进行分析,并且应根据实际情况对主要和次要的细分变量重新分类。对于有些商品而言,地理是主要细分变量,而对其他商品则未必。也有可能次要的细分变量变成了主要的细分变量,主要的细分变量成了次要的细分变量。切记具体情况具体分析,绝不要一概而论。

8.1.3 组织市场的细分变量

在组织市场的细分中许多用来细分消费者市场的变量依然可以使用。当然,它们毕竟不是完全一样的市场,组织市场的购买者也不是一般的消费者,而是企业、政府或政府机关、社会团体等,所以组织市场的变量集合就有自己的特点。

组织市场的主要细分变量有地理人口、经营状况、采购方式、产品用途和个性特征,如表 8-2 所示。

表 8-2 组织市场细分变量

主要细分变量	次要细分变量
地理人口	行业、地址、公司规模
经营状况	技术、使用者/非使用者、顾客能力
采购方式	采购组织职能、权力、总采购政策、购买标准
产品用途	应急、常规、特殊用途、订货量
个性特征	双方相似点、风险态度、合作态度、偏好

1. 地理人口

根据购买产品的公司所从事的行业、公司规模和所在地区进行细分。例如，卡特彼勒拖拉机制造公司就将其产品按行业分类，专供农业、矿业和建筑业三个行业使用。针对三个不同行业对拖拉机使用的相似之处和差别进行了深入的了解，有了深刻的认识。各种地理环境、用途、技术水平等，对拖拉机就有不同的要求。大型水利工地上使用的拖拉机和在农田中使用的拖拉机尽管使用性质是一样的，但具体的功能要求则完全不同。根据客户规模，区分是大客户还是中型客户抑或是小客户；也可以按使用时间，细分为长期、中期或短期客户；按区域，可以细分为国际性、全国性、地区性甚至于经销商等几类客户。国际性和全国性的客户属于大客户，地区性客户为中客户，经销商则一般为小客户。这样的划分并没有固定不变的模式，经销商特别是代理商完全可以是一个大的国际性的客户。

2. 经营状况

根据顾客重视的技术、使用者情况和顾客能力进行市场细分。对于使用者情况，与消费者细分类似，可分为大量、中度、少量使用者和非使用者。按顾客能力区分，能力强的顾客需要较少的服务，反之能力弱的顾客则需要卖方提供很多的服务。

3. 采购方式

采购方式包括客户的采购职能组织(高度集中还是高度分散)、权利结构、标准要求和采购制度等次要细分变量。比如量具，不同行业的购买标准和要求就不一样。科学实验所用的量具精度要求就很高，教学用相对要低，农贸市场则更低。印刷厂在承接书籍的排版和印刷时，若是教学用书，则量大、差错率低，但纸质要求一般，价格也不能太高；而经典著作则是量小、基本无错误，而纸质要求高，价格可以抬高。

4. 产品用途

产品用途是根据顾客需求的紧急程度、订货量、产品对顾客是否具有特殊用途等方面进行市场细分的。按订货量，可以分为大宗订货和少量订货，其中大宗订货对于生产企业的产能和资源有较高的要求。

5. 个性特征

个性特征是根据购销双方的相似点、对待风险的态度或忠诚度将市场进行细分。例如，购买企业的人员与价值观念与本公司是否相似，对方是敢于冒风险的顾客抑或是避免风险的顾客，顾客对供应商的忠诚度等方面。

8.1.4 评估细分市场的有效性和价值

1. 评估细分市场的有效性

应该认识到，并不是所有的细分都是有效的。例如，你可以根据前来购买大米的顾客的衣着，将购买大米的市场分为衣着整洁和不整洁两类细分市场，但是购买大米的数量与购买者的衣着无关。要使细分成为有效和可行的，必须具备以下几个条件。

(1) 可度量性。主要指细分的特性可以度量，如大小、购买力、人口等。

(2) 有价值。细分市场的规模要大到足以获得利润的程度。例如，专为体重超过 200 千克的人设计和制作服装，对一家服装厂是不合算的。

(3) 可接近性，即能有效地到达细分市场并为之服务。

(4) 差异性。细分市场在观念上要能够被区别，且对不同的营销组合因素和方案应有不同的反应。

(5) 可行性。指细分计划的可行性。

同时还必须注意：①确定细分市场的变量并非越细越好，要分清主要变量、次要变量；②细分市场并非越多越好；③市场是动态的，所以要根据变化，进行研究和分析并做出相应的调整。

2. 评估细分市场的价值

市场细分后，应根据自己的特点及各方面的综合实力，选择一个或数个细分市场作为目标市场，以求能在这个市场(或这些市场)上最有利于发挥自己的优势，达到最佳或满意的收益。这样，在细分市场后，要进行的首项工作就是对细分市场的价值进行评估。可怎样才算合理评估呢？

菲利普·科特勒认为：评估不同的细分市场，企业必须考虑两个因素，一是细分市场的总体吸引力，二是公司的目标和资源。具体而言，需要评估的要素包括：①各细分市场现在和潜在的获利能力；②各细分市场的容量，特别是潜在的市场(需求)容量，即市场规模；③进入和开拓的成本及难易程度；④竞争对手(包括潜在的竞争对手)的大小和强弱。

8.1.5　市场细分理论的演变

市场细分理论的演变过程充分体现了"同中求异，异中求同"的八字准则。从大众化营销到细分营销体现了"同中求异"的过程。在卖方市场的无细分年代，企业奉行的是无视消费者多样化需求的大众化营销，这才有了福特的"除了黑色以外没有其他颜色的 T 型车"和"可口可乐只卖 6.5 盎司的瓶装可乐"的传奇。然而，随着供求关系出现变化，卖方市场很快转变为买方市场，越来越多的企业注意到根据消费者的不同需求提供不同类型的产品，细分营销时代就此到来，宝洁公司和通用汽车都是细分年代的佼佼者。

市场细分理论已成为市场营销理论的基础，复杂多样的营销理论大多可以在这里找到它的根基。更重要的是，市场细分理论在实践中是如此有效，已成为指导企业的成功法则。然而，随着"以消费者为中心"的营销理念日渐深入人心和个性化消费时代的到来，特别是互联网和移动互联的广泛应用，市场细分理论也出现了新的演变趋势，如图 8-1 所示。

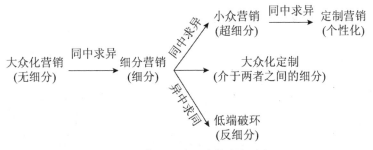

图 8-1　市场细分理论的演变过程

1. 超细分和个性化

超细分理论认为，为满足人们个性化消费的需要，现有的许多细分市场应该进一步细分。而这一理论发挥到极致就是将市场细分到个人，即个性化定制营销。定制营销理论认为，每个顾客都有不同的需要，因而，通过市场细分将一群顾客划归为有着共同需求的细分市场的传统做法，已不能满足每个顾客的特殊需要。而大数据统计分析方法已能准确地记录并预测每个顾客的具体需求，并为每个顾客提供个性化的服务，从而增加每个顾客的忠诚度。以宝洁为例，市场细分理论帮助它缔造了在中国市场上的神话，它的品牌和广告人们耳熟能详，它的产品遍布各大超市卖场，这种"大生产+大零售+大渠道+大品牌+大物流"助其在工业时代取得成功。然而，随着工业时代转向信息时代，又进一步转向数据时代，小而美的品牌可以借助网络渠道接触自己的受众。例如，英国的一个叫 Lush 的小众洗发皂品牌可以借助"海淘"飘洋过海，满足国内消费者的个性化需求。严格来说，超细分时代的小众营销和个性化时代的定制营销遵循的仍然是"同中求异"的演变路线。

2. 反细分

毋庸置疑，定制营销作为一种未来的理想营销模式，将赢得人们更多的关注，但在目前，对绝大多数企业而言，它只能是一种奢侈的营销模式，因为定制必然带来高成本，这就给定制营销的实施带来了阻力。于是，有企业开始意识到，市场细分应以满足消费者差异性需求、发现市场机会、降低营销成本为目的，反细分理论随之出现。反细分理论并不是反对市场细分，而是指在满足大多数消费者的共同需求基础上，将过分狭小的市场合并起来，以便能以规模营销优势达到用低价去满足较大市场的消费需求。一般来说，反细分理论的实施主要有两种方式：一是通过缩减产品线来减少细分市场；二是将几个较小的细分市场集合起来，形成较大的细分市场。2013 年"名创优品"横空出世，短短两年时间在全球陆续开出 1100 多家名创优品店，店中大多数商品售价在 10~80 元之间，不断冲击着国人消费的痛点，这应该是反细分理论取得成功的经典案例。

3. 介于两者之间的细分

如果说超细分和个性化代表的"同中求异"的路线，反细分代表着"异中求同"的路线，那么介于两者之间的细分就是一条中庸路线。定制化带来了高成本，反细分忽视了个性化，那么能不能有一种细分理论能够同时兼顾规模生产和个性化需求呢？大众化定制应运而生。大众化定制(mass customization)是美国未来学家阿尔文·托夫勒(Alvin Toffler)在"*Future Shock*"一书中提出的：以类似于标准化和大众化生产的成本和时间，提供客户特定需求的产品和服务。大众化定制的典型案例是 Dell 电脑，既实现了电脑配件的标准化规模生产，又为消费者提供了个性化的电脑产品；前段时间刚被叫停的谷歌模块化智能手机 Project Ara 其实也是大众化定制的思路。

8.1.6 大数据时代的精准细分：用户画像

随着大数据技术的深入研究与应用，企业的专注点日益聚焦于怎样利用大数据来为企业精准细分市场，进而深入挖掘潜在的商业价值。于是，"用户画像"概念破茧而出。

用户画像(persona)又称为用户角色，即用户信息标签化。企业通过收集与分析消费者社会属性、生活习惯、消费行为等主要信息的数据，勾画出一类虚拟用户画像，同一画像有相同的兴趣爱好和消费习惯，甚至可精准到这一类人群相同的思维模式。用户画像为企业提供了足够的信息基础，能够帮助企业快速找到精准用户群体以及用户需求等更为广泛的反馈信息。

用户画像，一般需要以下三个步骤：首先，收集用户的静态信息数据、动态信息数据。静态数据就是用户相对稳定的信息，如性别、地域、职业、消费等级等，动态数据就是用户不断变化的行为信息，如浏览网页、搜索商品、发表评论、接触渠道等。其次，通过剖析数据为用户贴上相应的标签及指数，标签代表用户对该内容有兴趣、偏好、需求等；指数代表用户的兴趣程度、需求程度、购买概率等。最后，给个人打标签，就是把这个人的信息以标准化的方式组织存储起来，并通过 cookie(主要是 PC 端)、IMEI、IDFA 等(主要是移动端)身份标记手段附着在个人的唯一身份标识上。例如，男，31 岁，已婚，收入 1 万以上，爱美食，团购达人，喜欢红酒配香烟等。最后，用标签为用户建模，包括时间、地点、人物三个要素，简单来说就是什么用户在什么时间什么地点做了什么事。

上述步骤是针对用户个体的画像。与此相对应的是人群画像，简单理解就是将人群的情况用数据的方式描绘出来。人群画像和个体画像并不完全相同。个体画像是描述不同个人的过程，是个体的多样性特征。而人群画像虽然必须基于对个体的画像，但却高于个体的画像，体现为人群作为一个集群的整体特征，需要归纳人群所呈现出的共性，是针对细分目标受众进行的。例如，NB 运动鞋厂对运动时尚人群画像，人群包括三个非常关键的组成部分：个体的标识、个体的画像以及对人群共性的抽象。在三者的关系上，第一个是前提，第二个是基础，第三个是对前者的组合、抽象、分析和加以利用。

8.2　目标市场选择

企业在评估、比较不同的细分市场后，选定一个或几个细分市场决定参与并进入，在其中实施计划并获取利润就称为企业的目标市场。

8.2.1　选择目标市场的策略

企业的目标市场策略通常有以下三种选择。

1. 无差异市场营销策略

无差异市场营销策略是指企业不考虑各细分市场的差异性，仅强调它们的共性，从而将它们视为一个统一的整体市场。企业为此设计单一的产品、采取单一的营销组合策略。尽管越来越多的专家和企业的营销人员对此都抱有疑问，但无差异营销的确有许多特有的优势：品种单一从而适合大规模生产，能充分发挥规模经济的效益，节省大量的广告、推销、生产和运输以及在细分市场上进行调研的费用，从而在价格上获得竞争的有利地位。其最大的不足之处就是应变能力差，对目标市场的依赖性较大，一旦发生变化，风险较大。一般来说，该策略适用于差异性小且需求量大的物品，如标准量具、螺丝螺母等。

2. 差异性市场营销策略

差异性市场营销策略是指企业根据不同的目标市场采用不同的营销策略，甚至设计不同的产品来满足不同目标市场上不同的需求。例如，宝洁公司追求的多品牌战略就是追求同类产品不同品牌之间的差异。在美国，宝洁拥有 9 种洗衣粉品牌、7 种洗发水品牌、6 种香皂品牌等。同一类产品的不同品牌是为了满足不同顾客希望从产品中获得不同的利益组合。以其在中国销售的 5 种洗发水品牌为例，这 5 种洗发水品牌也代表了 5 个细分市场：海飞丝的主要功效在于去屑；潘婷主要是保护秀发健康；飘柔是使头发光滑柔顺；沙宣代表专业定型；伊卡璐则是清香。同一类产品的不同品牌在同一超级市场上相互竞争，但不影响它们的销售，原因就在于它们的目标是占领洗发水市场中各个具有差异性的细分市场。

由于差异性市场营销策略在获得较高销售量的同时也增加了销售成本，所以，不要以为市场分得越细越好。下面介绍几种不同的差异性市场营销策略。

(1) 完全差异性市场策略。这些策略将所有细分市场均作为企业的目标市场,用不同的产品分别满足不同顾客的需求。一般大的集团公司多采用此方法,前面所介绍的卡特彼勒拖拉机公司就是如此。

(2) 市场专业化策略。专门为满足某一个顾客群的各种需求提供系列产品和服务。如化妆品公司为中年妇女提供的增白、抗皱、去斑、防晒和保湿等化妆品系列。其优点是适当缩小市场面,有利于发挥企业的生产和技术优势;又由于满足不同需求从而扩大销量,增加收入。但这对于市场的前期调研和分析要求较高,因为一旦产品不对路则会产生危机。

(3) 产品专业化策略。为不同细分市场有相同需求的顾客群提供同一产品。例如专门生产豪华家具的公司,它既生产家庭用的豪华家具,又为其他公司生产豪华的办公用家具,甚至为星级宾馆的旅馆生产豪华的配套家具。

(4) 有选择的专业化策略。选择较有利的若干个细分市场为目标市场,并为它们提供不同的产品和服务,实行不同的营销策略。如生产电扇的厂家,既生产各种一般的民用电扇,又为工厂、商店甚至农村等生产排风扇,有的还生产工业和农业用鼓风机。

(5) 密集单一市场策略。通过密集营销,更加了解某一细分市场的需要,从而在该细分市场建立巩固的市场地位。例如,大众汽车公司集中于小型车市场,保时捷公司则集中于运动车市场。

总之,差异性市场营销策略一般较适合于生产经营差异性较大的产品及从事多品种生产的企业。各种差异性策略可参见图8-2。

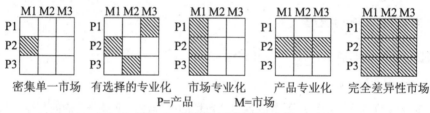

图 8-2 差异性市场营销策略图

3. 集中性市场营销策略

该策略也称密集性策略,即企业集中所有力量来满足一个或几个细分市场的需求。例如,古籍出版社仅以出版古籍书为目的。企业采用这种集中性策略,可以在目标市场上有很强的竞争优势,通过生产、销售等专门化分工,可以获得较高的经济利益,但采用此策略的风险也较其他策略更大。目标市场中完全可能出现不景气的现象而引起企业的亏损。一般而言,运用这样的策略,追求的不是在较大市场上取得较小的市场占有率,而是在一个或几个较小的细分市场上取得较高的市场占有率。它较适合于资源有限的中小企业。

企业在选择目标市场策略时,还有其他一些要考虑的因素:目标市场的社会、法律和道德因素,市场或产品的相似性,产品的生命周期,竞争者的地位和策略等。适时、灵活地制定企业的营销策略是极其重要的。

8.2.2 选择目标市场考虑的因素

1. 企业实力

企业实力是指企业满足市场需求的能力,主要包括财力、生产能力、技术开发能力以及营销管理能力。如果企业规模较大，技术力量和设备能力较强，资金雄厚，原材料供应条件好，则可采用差异性营销策略或无差异营销策略。反之，规模小、实力差、资源缺乏的企业宜采用集中性市场营销策略。例如，我国医药工业的整体水平相对落后，即使是国内一流的大型医药企业也难以与国外大医药公司相抗衡。采用集中性营销策略，重点开发一些新剂型和国际市场紧缺品种，利用劳动力优势，建立自己的相对品种优势，不失为一条积极参与国际竞争、提高医药工业整体水平的捷径。

2. 产品特点

对于具有不同特性的产品，应采取不同的策略。对于同质性商品，虽然由于原材料和加工不同而使产品质量存在差别，但这些差别并不明显，只要价格适宜，消费者一般无特别的选择，无过分的要求，如大米、食盐、火柴等产品，可以采用无差异性营销策略。而异质性商品，如服装、家用电器、儿童玩具等，宜采用差异性营销策略或集中性营销策略。

3. 产品所处的生命周期阶段

产品所处的生命周期不同，采用的市场营销策略也是不同的。一般来说，企业的新产品在投入期或成长期，通常采用无差异性市场营销策略，以探测市场需求和潜在顾客情况，也有利于节约市场开发费用；当产品进入成熟期时，宜采用差异性市场营销策略，才能延长成熟期，开拓市场；当产品进入衰退期时，宜考虑采取集中性市场营销策略，以集中力量于少数尚有利可图的目标市场。

4. 竞争对手的营销策略

企业生存于竞争的市场环境中，对营销策略的选用也要受到竞争者的制约。当竞争者采用了差异性营销策略，如本企业采用无差异性营销策略，就往往无法有效地参与竞争，很难处于有利的地位，除非企业本身有极强的实力和较大的市场占有率。当竞争者采用的是无差异性营销策略，则无论企业本身的实力大于或小于对方，采用差异性营销策略，特别是采用集中性营销策略，都是有利可图、有优势可占的。总之，选择适合于本企业的目标市场营销策略，是一项复杂的、随时间变化的、有高度艺术性的工作。

5. 市场特点

当消费者对产品的需求欲望、偏好等较为接近，购买数量和使用频率大致相同，对销售渠道或促销方式也没有大的差异时，就显示出市场的类似性，可以采用无差异性营销策略。如果各消费者群体的需求、偏好相差甚远，则须采用差异性营销策略或集中性营销策略，使不同消费者群体的需求得到更好的满足。

8.3　市场定位

通常，企业在选定自己的目标市场时，也就决定了自己的顾客和竞争对手。怎样维持和保有自己的顾客并尽可能地限制竞争对手的数量，就提出了市场营销活动中的市场定位问题。换句话说，也就是在企业所选定的目标市场中如何尽可能地使自己处于一种有利的竞争优势地位。

8.3.1　市场定位的概念

市场定位最初主要是指产品定位，即决定企业的产品和竞争者的产品在目标市场上各处于何种位置。因为最初产品的定位直接影响产品销售量和企业的经济效益，企业把目光都集中在产品定位上。随着现代经济和科学技术的不断进步，市场定位理论不断向广度和深度发展。从深度上说，人们已不再单纯地局限于产品上，而且在服务、形象等方面都有了较大的发展。从广度上，在现代市场营销学中，市场定位指树立企业及其产品在消费者心目中、在特定的目标市场中的特定形象和地位。

随着科学和技术的进步，产品差异的硬指标逐渐缩小，取而代之的是消费者对品牌和形象等的偏好。并且随着社会的发展，购买的首要决策因素——价格，已逐渐向自我形象的恰当体现、心理满足等过渡。所以，进行企业自身发展的定位，通过全面的企业形象设计，并不断有效、准确地传播到消费者心目中，在消费者心目中树立起优良的企业形象，已是今天企业提高竞争力、获取竞争优势所必需的市场定位理论的重要内容。一个企业所树立的良好形象一旦为社会公众接受和认可，企业及其产品也更易为消费者信赖和接受。

8.3.2 市场定位的策略

1. 首位战略

在每一行业、每一区域、每一目标市场都有一些公认处于首位的企业。例如，可口可乐公司是世界上最大的软饮料公司，Hertz 公司是世界上最大的汽车租赁行，长虹是中国最大的电视机生产厂家等，这些品牌占据了首席的特殊位置，其他竞争者很难侵取其位。由于这种无可替代的第一所取得的效果，许多企业挖空心思地想占据老大地位。

在这种市场定位战略中，我们要注意的是，这个首位和第一可以是差别性的，不一定非是规模上的最大不可。重要的是在某些有价值的属性上取得第一的定位，在某些选定的目标市场上争得第一。例如，长虹就不是世界上规模最大的电视机生产厂家，但它是中国这个区域市场上的规模第一；七喜汽水不是饮料生产厂家的第一，但它是非可乐型饮料的第一。

2. 巩固战略

巩固战略是要在消费者心目中加强和提高自己现在的定位。如果企业成不了第一名，成为第二、第三也是一种有效的定位。例如，美国 Avis 公司将自己定位为汽车租赁行业的第二位，并且强调说，我们是老二，我们要迎头赶上去。同时让消费者知道并相信这是确实可信的。紧挨第一名的市场定位既避免了和"第一"针锋相对的冲突，也在消费者心目中树立起了具有相当实力的印象。

3. 挖掘战略

挖掘战略是寻找被许多消费者所重视和未被占领的定位，也称之为"寻找枪眼"或者"找空子"。例如，美国联合泽西银行没法与纽约的大银行(如花旗银行和大通银行)进行竞争，但其营销人员发现大银行发放贷款往往行动迟缓，他们便将联合泽西银行定位为"行动迅速的银行"，实际上，他们依靠"行动迅速的银行"的定位，获得了很大的成功。还有，步步高"充电 5 分钟通话 2 小时"的闪充技术也让 vivo 和 oppo 着实拥有了很多使用者。

4. 共享战略

共享战略即"高级俱乐部战略"。公司如果不能取得第一名和某种很有意义的属性，便可以采取这种战略。竞争者可以宣传说自己是三大公司之一或者是八大公司之一等。三大公司的概念是由美国以前第三大汽车公司——克莱斯勒汽车公司提出的，八大公司的概念是由美国第八大会计公司提出的。其含义是俱乐部的成员都是最佳的，这样便在消费者心目中把公司划入了最佳的圈子，成功地将公司定位于优良者的地位。

5. 重新定位战略

如果消费者心目中对该企业的市场定位不明确，或当市场营销环境发生重大变化后，或者是顾客需求发生了显著变化等，企业须调整自己原来的市场定位，进行重新定位。另外，就是当众多的或较强的竞争对手定位于自身产品及形象周围时，为发动进攻，也通常采取重新定位战略。例如，上海的同济大学以前是一所以建筑类专业见长的著名高校，在大家的心目中它就是一所工科院校。现在随着市场变化和专业发展，该校的财经及文科类专业已超过全部专业的 1/3，由此，该校就面临重新定位的问题。作为学校必须及时调整它的市场定位，不断宣传和强化同济大学是一所综合性大学。通过这种重新定位，可消除顾客心目中相似定位的模糊，重新加深自己在消费者心目中的印象。但是，采用重新定位战略也具有一定的冒险性，因为它可能会使你失去一部分以往的品牌忠诚者，所以应谨慎使用。

8.3.3 市场定位的方法

当企业选定目标市场，面对现实的竞争者时，市场定位的目的在于使自己的产品更易于接近顾客，更易为消费者识别并接受。下面我们仅介绍两种国际上应用最广的方法。

1. 四象限图解法

四象限图解法就是在平面直角坐标中标注若干点，这些点分别代表同一产品的各厂家的各种品牌，每两个点间的距离用以表示各品牌产品在消费者心目中的差异或相似程度。距离愈长，则表明这两种品牌的差异愈大，竞争越小；距离愈短，则表明产品愈相似，竞争愈大。各点到坐标轴的距离用以表示消费者对产品两种不同特征的评价，如图 8-3 所示。用这种方法制作的图形，形象直观，易于判断企业产品品牌所处的位置，便于企业分析营销机会与威胁。其缺点是每一张这样的图表，只能用来对产品的两个不同特征进行分析和比较。但是，这并不妨碍此种图解方法的广泛运用。因为任何表征产品的一对特征的指标，都可以绘制成一张特殊用途的分析图。

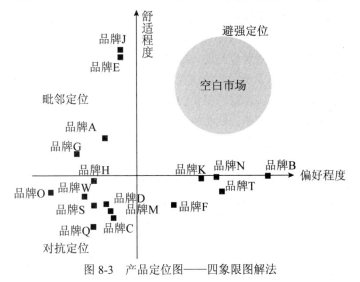

图 8-3 产品定位图——四象限图解法

2. 网络图解法

这是一种多标准综合定位图解法。企业首先对拟进入目标市场的诸多因素进行分析，确定出主要的细分标准，按如图 8-4 所示的方法，从上至下逐一排列，每一细分标准都有相应的等级指标(以点划线表示)，其程度从左至右依次降低，这样就构成了一个方格网络。然后，对竞争者的产品加以描述，以确定竞争者产品在目标市场上的相应位置。最后，再进一步分析这些细分标准，考察这一目标市场的消费者还有哪些需求没有被满足，从而决定本企业产品应该选定的位置。

以上两种方法都运用得非常普遍和广泛，其共同点都是注重差异化，扩大差异化，寻找空白点，选定最佳位置。这两种具体的产品定位方法，体现了目标市场上产品定位策略的三条基本要求。它们分别是：①靠近竞争对手的产品定位要求；②避开竞争对手的产品定位要求；③部分避开竞争对手的产品定位要求。

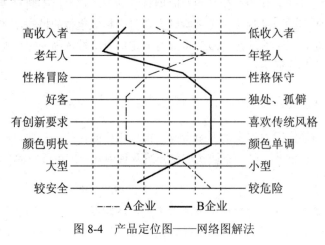

图 8-4　产品定位图——网络图解法

8.3.4　定位的有效性原则和误区

1. 定位的有效性原则

以差异化为基础的市场定位必须满足以下几条原则，其定位才是有意义和有价值的。

(1) 重要性。此项定位必须保证能向相当数量的买主让渡较高价值的利益，而不是无足轻重的定位。

(2) 明晰性。该定位是其他企业所没有的，或者是该公司以一种突出、明晰的方式提供的。

(3) 优越性。该定位明显优越于通过其他途径而获得相同的利益。

(4) 可沟通性。这个定位是买主容易看得见的，和购买者的欲求是可以达到沟通的。

(5) 可接近性。此定位是买主有能力购买的，而不是凭空想象出来的。

(6) 难以替代性。此定位是其他竞争者难以模仿和替代的，能够在较长的时间内独自保持。

(7) 可营利性。公司将通过此定位获得利润。

以上只是一些基本原则，并不是刻意要每个公司在定位时照搬照套。事实上也难以靠一项定位就符合了每一条原则，只是作为一种参照，尽力去满足而已。但有几种显而易见的定位错误的确是应该力求避免的。

2. 定位的误区

(1) 定位模糊。有些公司的定位不明确，使得顾客对公司的产品只有一个模糊的印象，并没有真正地感觉到它有什么特别之处。

(2) 定位偏窄。有的公司定位过于狭隘，过分强调某一领域或某一方面，限制了顾客对该公司其他领域或该产品其他方面的了解，使得顾客对公司及其产品难以有全面的了解。

(3) 定位混乱。购买者对产品及企业品牌的形象模糊不清，概念混淆，这种混乱通常由于主题太多，或者是产品定位变换太频繁所致。

(4) 令人怀疑的定位。顾客发现难以相信公司在产品特色、价格等方面的宣传。

如果陷入以上误区，公司将失去一个明确的定位。

思考题

1. 什么是市场细分和目标市场？

2. 简要比较消费者市场与组织市场的细分变量的异同及理由。

3. 假设你正在为一个服装企业做市场规划，请问：其市场细分应怎样进行？主要细分变量有哪些？次要的细分变量有哪些？

4. 为什么要对细分市场进行评估？

5. 选择一个你所熟悉的产品或企业，阐述其差异化策略的意义。

6. 举一个实例说明市场定位的操作方式。

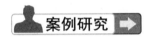

案例研究

不一样的唯品会

2016 年 1 月 15 日，有着"电商奥斯卡"之称的艾奇奖(ECI Awards)举行了颁奖典礼，唯品会凭借在过去一年对电商新兴领域及商业模式的探索创新，以及在产品个性化、服务化、商业生态合理化等方面的持续深耕，斩获"2015—2016 中国年度电子商务创新平台"的殊荣。

唯品会凭何获此殊荣，又凭何得以成功的呢？

一、洞察消费者心理，实施差异化定位

唯品会的创始人洪晓波和沈亚创业的灵感来自洪晓波目睹妻子的一次网络购物，当时洪晓波的妻子正在法国著名的品牌特卖网站 Vente privee 上购买名牌服装，这个网站几乎囊括了所有的顶级品牌，而且均有折扣，但需要购物者在规定的时间内抢购。两人被这种模式吸引，于 2008 年 5 月正式联合成立了广州唯品会信息科技有限公司，购物网站唯品会于 2008 年 12 月正式上线。

品牌特卖网站其实并不是什么新鲜事物，在美国等西方国家，网上特卖产业已经发展得非常成熟，如美国的 TJ Maxx 和 Ross、法国的 Vente-privee 等都已成为非常成功的大型线上特卖网站。在我国，"特卖"主要停留在商场的个别促销上，专业特卖场非常少见，专攻特卖的 B2C 网站更是几乎没有。而以低廉价格淘到心仪品牌的产品，不仅外国消费者有这个需求，中国的消费者同样有这个需求，甚至更为迫切，但是我国却并没有出现能够专业地、成规模地为消费者提供低折扣优质品牌产品的平台。用户购买打折产品的诉求长期存在却一直得不到满足，于是市场出现了空白区域，唯品会正是瞄准了市场空白带来的商机，将自己定位于专门提供品牌特卖的网站，以低至 0.5 折的品牌购物确实迎合了多数消费者品牌与优惠兼得的心理。

经营初期，洪晓波和沈亚看到了国内市场对奢侈品的强劲需求，但因文化差异和市场发展阶段的不同，面临着用户不买账的困惑。当时国内消费者对网购 1000 元以上的商品是抗拒的，唯品会每日只有几个订单。随后，唯品会决定转向中高档大众时尚品牌，而奢侈品只作为其中的一个频道，业务占比不足 5%。洪晓波认为，当时国内网络买家每单的平均价值在 80 元左右(通过对淘宝网购订单的分析得出)，Prada、Gucci、LV 等顶级奢侈品牌还不适于网络 B2C 销售。唯品会迅速对产品定位进行了调整，舍弃一线顶级品牌，瞄准阿迪达斯、耐克、卡西欧、ebase、欧时力等中国消费者更熟悉的二、三线名牌。除了品类上向国内网购消费者靠拢，在库存方面也相应调整。唯品会在创业初期采取的"买断"方式造成的大量积压，转型大众时尚品后，便开始采用"寄售"的方式，销售不完可以退还给供应商，这大大缓解了其现金压力。

唯品会定位于品牌特卖，除了填补为消费者集中提供打折商品的市场空白，同时还为各个品牌商提供了一个体面地处理库存的平台，解决供货商自身所面临的问题，从而保证了货源的供给。2012 年，中国服装品牌的库存危机浮出水面，品牌供应商和唯品会之间的互利共赢关系更加紧密——供应商提供价格低廉的商品，唯品会提供一个平台帮助供应商消化掉这些库存。库存问题是一个常态的问题，在美国，成熟且发展好的服装品牌在卖完一个季度后，一般还仍有 20%的存货。而且，一个品牌从设计、采购、生产、流通的时间很长，一般需要 12～18 个月，周期如此长，也意味着库存永远会存在。即使没有库存危机，品牌商也需要一个平台解决这个常态问题。调整方向后，唯品会一路狂奔：交易额翻番，团队也从 25 人增加至 2012 年的 3000 多人，仓库也由当初的 80 平方米，经历 5 次搬迁扩张至十几万平方米。

中国的女性市场，是一块不容忽视的力量，而且电商购物的主力军正是女性，唯品会所瞄准的正是女性市场。调查数据表明，中国跟亚洲其他国家不一样的地方，就是在购买产品方面，像化妆品、服装和食品百货、母婴产品方面，中国的女性在亚洲女性中都有非常高的决定权。以母婴为例，中国母婴产品 70%以上由女性购买，亚洲其他国家这个比例刚刚超过 50%。针对互联网+电商在女性市场该如何获取红利，唯品会给出了自己的答案。

唯品会的网站主色调是粉红色，唯品会相关负责人说叫"唯品红"，能更贴近女性的购物场景，而且整个网站的推荐产品中也是女性产品居多，这很容易让女性沉迷其中，而用户要想在其他电商平台上购买女性产品，得在搜索关键字里加上"女"，否则就是男女产品混搭出现。另外一点是，唯品会的定位就是时尚特卖，女性用户在唯品会上购买的就是"物美价廉"的专柜品牌商品，上面清清楚楚地写着某品牌的参考折扣价格，这更符合女性用户的胃口。

唯品会的网站页面也是根据商业模式特殊设计的。从创业伊始，唯品会便不设置搜索，专注于精选非标品，同时配合以市场上最优的价格折扣，每天上新，让顾客养成天天上来浏览的购物习惯。专注消费者的"逛街式"体验过程中不断"发现"并满足消费者需求，使其养成"逛着逛着就买"的习惯。

二、唯品会独特的经营模式

中国品牌特卖市场虽然发展相对落后，但依然存在"上品折扣"(从实体店延伸发展到 B2C 网站)等竞争对手。与竞争对手相比，唯品会有什么秘密武器使其脱颖而出呢？从上线至今，唯品会始终坚持一项其他人可能看不懂的做法，就是不设置搜索，并且坚持每天两次上线新品，限时特卖，任何商品只上 2～3 天之后，就按照承诺下线。也就是说，在经营模式上，唯品会选择了国内还不太常见的限时限量抢购即"闪购"的饥饿营销手段。饥饿营销是指企业有意控制某种产品的出货量，来掌握供需关系，制造市场上相应产品紧缺的事实，从而达到维持产品更高销售价格或促进商品销售的目的。唯品会的"闪购"模式以低廉的价格、优质的产品吸引消费者，但只给消费者很短的时间去选择，其造成的紧迫感正是饥饿营销策略的核心点。

与传统的品牌打折特卖的方式不同，唯品会这种限时抢购的模式能够保持产品在消费者心中的新鲜度，每天推出不同品牌的抢购，不停地刺激着消费者，甚至会让其上瘾，养成一种每天关注有什么品牌在进行特卖抢购的习惯。同时，对于消费者而言，限时限量抢购还意味着不是任何时候都有如此优惠的价格，让消费者以低价获取心仪的商品的同时还不降低该品牌在消费者心中的高端形象，让消费者感觉物有所值。另外这种闪购模式与淘宝网的"秒杀"相比也有着很大不同，在货品供应量上比秒杀活动多得多，而货品抢购不集中于短到一秒的时间，这样可以让消费者在这里既有相对充裕的时间选购，又必须珍惜时间，抓住机会选购。除了给消费者带来新鲜刺激的抢购乐趣外，闪购模式还为供货商和唯品会的存货管理带来了便利。闪购模式具有大量进货、大量出货、大量退货的特点，可以帮助供应商较快处理库存商品，也有助于唯品会加快周转，同时避免了货源不足带来的困惑。另外限时限量抢购模式，为供货商提供了一个专门消化存货的平台，由于特卖时间有限，且并非当季新品，可以有效避免与实体店冲突，还可以有效提升销售业绩。过了限时抢购时间，特定品牌一周内就会从仓库中撤出，唯品会会在两周内与厂家结算，帮助厂家快速回笼资金。同时还能减轻厂家资金压力。

那么这种饥饿营销策略下的闪购模式究竟有多大的作为呢？消费者们总是乐此不疲地等待着自己喜爱的品牌在唯品会上进行折扣活动，积极参与到闪购之中，如女装品牌 Lily 就曾创下 24 小时内超过 4 万件的销售记录。"闪购"策略可以让唯品会在广告上非常"吝啬"，却不影响消费者的到达率。其仅通过 SNS 网站、鼓励会员向朋友推荐等简单的推广，便实现了超过 2000 万注册用户的规模，年销售额超过 40 个亿。如此多的消费者参与表明了闪购的确是一种极为吸引人的折扣商品营销手段。

三、"精选品牌、确保正品、确保低价"的发展策略

唯品会所售的商品均从正规的"品牌商"渠道进货并授权，"供应商"类型包括品牌生产商、品牌授权总代理商、品牌授权总经销商、品牌分公司、品牌分支机构及"国际品牌"驻中国的办事处。同时，唯品会有着严格的管理制度来针对供货商的管理。较高的准入门槛是唯品会在与品牌商合作时所遵循的方针，在选择新的合作品牌时，唯品会的招商部门会对其进行一番严格的筛选后，才能决定是否与之合作。其中最为重要的一条标准即为：与之合作的品牌必须在国内或知名区域，线下店面在全国范围内超过 200 家。

唯品会的特卖，一直以来坚持的是"精选品牌、确保正品、确保低价"。目前，唯品会获得了包括阿迪达斯、宝姿、卡帕、玛丝菲尔、GXG 等知名品牌的授权，与 13 000 余家品牌商建立了合作，其中 1600 余家为独家合作，以丰富的品牌商合作保证"特卖"优势，以品牌商授权保证正品。

除此之外，唯品会还拥有专业的 QC(品质控制)团队，主要负责把关、检控，保证正品。在唯品会上售卖的品牌商品，从商务采购到商品出库，每个流程都经由专业团队严格把关，目的就是为了保证每一件商品都是品牌正品。在产品检控流程方面，QC 团队首先要洽谈审核，把控品牌质量；其次入库检验，把控商品质量；再次入库复核，在商品上架之时复核商品质量；最后出库检验，送入消费者手中。

四、完善的配套服务，打造优质的售后服务

物流运作可以说是电商企业为客户提供优质服务的关键环节，完善的物流体系也成为核心服务之一。对于电商销售来说，光是销售速度快还远远不够，货品送达也必须要跟上脚步。很多电商企业得到的大量客户关于发货速度的差评，原因也大都是源自于物流环节的问题。在电商行业的激烈

竞争大潮中，唯品会正是因为其良好的购物体验和更为快捷的物流，得到了客户的一致好评。

唯品会没有采用厂商直接发货的模式，而是选择了"自建+外包"的物流方式，即自有仓储和配送外包的模式，有效加强了对物流环节控制力度，大大提升了发货的效率。如果依靠厂商直接发货，唯品会就无法有效地对物流环节的服务进行掌控，厂商发货慢、快递公司服务差等并非自身的原因，却很有可能会影响唯品会的整体服务。而自主管理派送这一举措，非常有效地、极大限度地满足了客户迫切所需。

另外让很多消费者对于网络购物有所顾虑的很大问题在于退换货问题，特别是这种短时间内做出的购买决定，样子不喜欢、尺码不合适等问题都让消费者感到纠结。唯品会为顾客提供了相对完善的退货体系，除了贴身产品外几乎所有的商品都能够 7 天无条件退货，并且退货邮费由唯品会以礼品卡形式进行补偿支付，申请退货的流程也非常简便，在网上能够很快完成操作。

除此之外，唯品会还融入 SNS 模式，为会员提供包括品牌订阅、购物分享、邀请朋友、积分换礼等丰富的功能，将其打造成集购物、交友于一身的新型购物网站，为顾客提供了一个舒畅的购物环境。

五、唯品会面临的问题

(1) 电商巨头的围剿。唯品会的成功引来了诸多模仿者，在众多电商巨头的参与下，一场围剿唯品会的战斗在悄然展开，当当网的"尾品汇"、京东商城的"闪团"、天猫的"品牌特卖平台"、网易的"网易严选"等。与此同时，亚马逊也将大举进攻限时特卖市场。特别是和天猫、京东的体量比起来，唯品会的规模还太小，在服装尾货这个 3500 亿元的盘子里只占 1%，谈不上话语权。

(2) 消费群体的重叠。唯品会的顾客主要集中在二、三、四线城市，一线城市和农村市场顾客覆盖度较低，顾客群和天猫极为相似，所以对唯品会威胁最大的正是天猫，因为他们的顾客重合度太高。而恰恰淘宝的天猫就是卖服装起家，顾客接受度极高。如何大力开发新的顾客群体，提升品牌认知度以及品牌忠诚度是唯品会不得不面对的问题。

(3) 顾客对服务的期望越来越高的问题。在电子商务环境下，由于网络系统强大的信息处理能力，为顾客挑选商品和服务提供了空前的选择余地，但是，面对大量的网上信息，顾客如何在海量的商品中快速、精准地找到自己满意的商品？闪购模式下抢不到的商品能否订制？能不能根据顾客的消费偏好精准推荐商品？如何满足顾客这些个性化、人性化的服务要求也是唯品会不得不面对的挑战。

【资料来源】

1. 成惠. 只做特卖的唯品会[J]. 中国制衣，2013(9).
2. 王海天. 唯品会逆袭的秘密[J]. 创业邦，2013(4).
3. 唯品会. 国内专做特卖的网站[N]. 人民政协报，2014(3).
4. 彭健森. 唯品会，一家专门做特卖的网站.

案例思考题

1. 你如何评价唯品会的定位？
2. 你认为唯品会获得成功的要因是什么？它将面临怎样的问题？

第9章 顾客满意战略

CS 是英文 customer satisfaction 的缩写，意为"顾客满意"。它本是商业经营中一个普遍使用的生活概念，没有特别的含义。1986 年，一位美国心理学家借用 CS 这个词来界定消费者在商品消费过程中需求满足的状态，使 CS 由一个生活概念演变为一个科学概念。企业界在心理学家定义的基础上，对 CS 的内涵进行了扩展，把它从一种界定指标发展成一套营销战略，直接指导企业的营销甚至经营活动，并被称为"CS 战略"。CS 战略的出现不是偶然的，它是在追求市场占有率战略(PIMS)和 3R 战略的基础上发展而来的。

美国市场营销大师菲利普·科特勒在《营销管理》一书中明确指出："企业的整个经营活动要以顾客满意度为指针，要从顾客角度，用顾客的观点而非企业自身利益的观点来分析考虑消费者的需求。"科特勒的观点形成了现代市场营销观念的经典名言。从某种意义上说，只有使顾客感到满意的企业才是不可战胜的。

CS 营销战略的产生，源于日益加剧的市场竞争。早期的企业竞争取决于产品的价格。随着技术的不断进步和技术市场的发展，同一行业的生产工艺水平日趋接近，各竞争企业之间的技术差距缩小，产品的相似之处多于不同之处。企业竞争环境发生了变化，买方市场的特征逐渐明显，消费者的经验和消费心理素质也日趋成熟，消费者对产品和服务的需求已从"价廉物美"转向"满足需求"。于是综合服务质量成了企业竞争的关键，靠优质服务使顾客感到满意已成为众多优秀企业的共识，以服务营销为手段提高顾客满意度是企业在竞争激烈的市场中的理性选择。

9.1 从 PIMS 理论到 CS 理论

9.1.1 PIMS 理论

1972 年，美国战略规划研究所对 450 多家企业近 3000 个战略业务单元进行了追踪研究，形成了 PIMS(profit impact of market share)的研究报告，该研究报告通过对采集的一些企业样本和数据的分析，提出了市场份额与利润有着直接和重要的关系，即市场份额影响(决定)企业利润，市场份额的扩张必然带来利润的增长，而市场份额的缩小必然带来利润的萎缩。

作为一项十分有影响力的研究报告，PIMS 从理论和实践上为企业经营战略指明了方向：在竞争的市场上，企业欲立于不败之地，必须以"顾客永远是对的"作为理念，通过大力的促销(主要是依靠大量的广告投入)来争夺顾客，从而实现企业扩张市场份额的战略目标。PIMS 的影响是如此的深远，以至于几十年后的今天，许多企业都将其视为指导经营的圭臬、制定战略的首选。

PIMS 之所以有如此深邃的影响，关键在于它揭示了企业经营中利润与市场份额之间的密切关系，特别是其结论来自大量的实证资料，故有其合理的、坚实的内核。但企业切不可认为不论在任何时候、任何情况下，市场占有率的提高都意味着利润的增长。这还要取决于为提高市场占有率所采取的营销策略是什么，有时提高市场占有率所付出的代价往往高于它所获得的收益。大量营销调查表明，发展一名新顾客的费用是维系一名老顾客费用的 5～8 倍。过高的拓展新顾客的费用往往会无情吞噬掉企业的利润，而且当企业的市场份额已达到一定水平时，再进一步提高，其边际费用非常高，结果使企业得不偿失。另外，过高的市场份额还会引起反垄断诉讼，无端增加企业的交易成本。

9.1.2 CS 理论

PIMS 毕竟产生于 20 世纪 70 年代的市场环境，时过境迁，当年的结论来自于当年的数据，它已经代表不了 20 世纪 70 年代之后的实际情况，特别是代表不了今天的实际情况。重新对此问题进行审视，再对市场份额与利润关系进行分析，显得十分必要。事实上，早就有人对 PIMS 进行再次研究了。就在 PIMS 出台十余年之后，两位美国哈佛大学商学院的营销学教授瑞查德(Riochheld)与塞斯(Sasser)用当年美国战略规划研究所的方法，采集了大量的样本，对市场份额与利润的关系进行重新探究。他们发现，这二者的相关度已大大降低；相反，在对其他变量进行测定时，发现顾客的"满意"与"忠诚"已经成为决定利润的主要因素。

瑞查德与塞斯的发现动摇了 PIMS 以及支撑它的理论基石。自 20 世纪 80 年代始，大量的研究与实践使人们认识到，以顾客满意作为标志的市场份额的质量，比市场份额的规模对利润有更大的影响。一味推行"顾客永远是对的"这一哲学应该被"顾客不全是满意的"理念所替代，营销过程中一味进行广告投入的做法应该被侧重于为顾客服务、使顾客满意的人际传播媒介所替代。与此相适应，企业经营的 PIMS 战略应该被 CS 战略所替代。

在科学技术高速发展的 21 世纪，CS 之所以应该并且能够替代 30 年前的 PIMS 是基于以下三方面的因素(这三方面的因素都能大大降低企业经营费用，从而提高企业的利润)。

1. 留住老顾客(retention)

满意的老顾客能最大限度抵御竞争对手的降价诱惑，企业较易为满意的老顾客服务，相对于发展新顾客，费用大大降低。

2. 销售相关新产品和新服务(related sales)

满意的老顾客对企业新推出的产品和服务最易接受，在产品寿命周期日益缩短的今天，此举尤显重要。任何企业只有不断推出新产品才能生存，而满意的老顾客往往是企业新产品的"第一个吃螃蟹的人"。他们的存在大大节省了企业开发新产品的营销费用。

3. 用户宣传(referrals)

在购买决策过程中，为了降低自己感觉中的购买风险，用户往往会向亲友收集信息，听取亲友的意见；同时，顾客购买、使用产品之后，总会情不自禁将自己的感受告之他人。"满意"与"不满意"的顾客对企业招徕或是阻滞新顾客影响重大，精明的企业家总会巧妙利用"满意"的顾客作为其"业务营销员"，为自己的企业进行"口碑宣传"，从而带来大量的新顾客。

9.2 顾客满意与顾客忠诚

9.2.1 顾客满意

科特勒认为"满意是一种感觉状态的水平，它来源于对一件产品所设想的绩效或产出与人们的期望所进行的比较"。顾客对产品或服务的期望来源于其以往的经验、他人经验的影响以及营销人员或竞争者的信息承诺。而绩效来源于整体顾客价值(由产品价值、服务价值、人员价值、形象价值构成)与整体顾客成本(由货币成本、时间成本、体力成本、精力成本构成)之间的差异。

购买行为往往是顾客形成了一个价值判断，并根据这一判断采取的行动。购买者在购后是否满意取决于与这位购买者的期望值相关联的供应品的功效。顾客满意的定义是指一个人通过对一个产品的可感知的效果(或结果)与他的期望值相比较后所形成的感觉状态。用公式表达为

$$顾客满意 = 可感知效果 / 期望值 = \begin{cases} >1, & 高度满意 \\ =1, & 满意 \\ <1, & 不满意 \end{cases}$$

满意水平是可感知效果和期望值之间的差异函数。能否实现顾客满意有三个重要因素：①顾客对产品的预期期望；②产品的实际表现；③产品表现与顾客期望的比较。如果效果低于期望，顾客就会不满意。如果可感知效果与期望相匹配，顾客就满意。如果可感知效果超过期望，顾客就会高度满意、高兴或欣喜。

在今天大多数成功的公司中，有一些公司其期望值与其可感知的效果是相对应的。这些公司追求"全面顾客满意(TCS)"。例如，施乐公司实施"全面满意"策略，它保证在顾客购后三年内，如有任何不满意，公司将为其更换相同或类似产品，一切费用由公司承担。施乐多年来一直坚持运用顾客满意测评系统，不断改进服务质量，及时解决顾客抱怨。

之所以要追求全面顾客满意(TCS)，是因为那些所谓"满意"的顾客一旦发现有更好的产品，依然会轻易地更换供应商。在一个消费包装品目录里，发现44%据称"满意"的顾客后来改变了品牌选择。而只有那些真正十分满意的顾客(即"忠诚的顾客")才不打算更换供应商。这就为汽车企业提出了具体的要求，那就是要让顾客达到高度的满意。一项调查显示，丰田公司顾客中有75%是高度满意的，这些顾客说他们打算再购买丰田产品。事实是，高度满意和愉快引发了一种对品牌在情绪上的共鸣，而不仅仅是一种理性偏好，这种共鸣树立了顾客的高度忠诚。这里的挑战就是要创造一种公司文化，要求公司内每一个员工都努力使顾客愉悦。对于以顾客为导向的公司来说，顾客满意既是目标，也是工具，顾客满意率高的公司确信它们的目标市场是知道这一点的。所以，汽车行业的企业经营战略必须以全面顾客满意为中心，企业经营成败的关键是能否赢得市场和顾客。企业能做到让顾客全面满意，赢得顾客，就能争取到汽车的市场份额，在激烈的竞争中获得胜利。

9.2.2 顾客忠诚

1. 顾客忠诚的含义

所谓顾客忠诚(customer loyalty)，是指顾客在满意的基础上，进一步对某品牌或企业做出长期购买的行为，是顾客一种意识和行为的结合。顾客忠诚所表现的特征主要有以下四点。

(1) 再次或大量地购买同一企业该品牌的产品或服务。

(2) 主动向亲朋好友和周围的人员推荐该品牌产品或服务。

(3) 几乎没有选择其他品牌产品或服务的念头，能抵制其他品牌的促销诱惑。

(4) 发现该品牌产品或服务的某些缺陷，能以谅解的心情主动向企业反馈信息，求得解决，而且不影响再次购买。

"老顾客是最好的顾客"。高度忠诚的顾客层是企业最宝贵的财富。建立顾客忠诚非常重要。强调顾客对企业做出贡献的帕累托原理(pareto principle)认为，企业80%的利润来自20%的顾客(忠诚消费者)。美国的一家策略咨询公司认为，客户保持率上升5%，利润可上升25%～80%。开发

一个顾客比维护一个顾客要多花几倍甚至更多的精力和费用。

2. 顾客满意与忠诚的关系

"满意"与"忠诚"是两个完全不同的概念，满意度不断增加并不代表顾客对你的忠诚度也在增加。满意本身具有多个层次，声称"满意"的人们，其满意的水平和原因可能是大相径庭的：其中有些顾客会对产品产生高度的满意，如惊喜的感受，并再次购买，从而表现出忠诚行为；而大部分顾客所经历的满意程度则不足以产生这种效果。因此，顾客满意先于顾客忠诚并且有可能直接引起忠诚。但是，又非必然如此。调查显示，65%～85%表示"满意"的顾客会毫不犹豫地选择竞争对手的产品。所以 CS 的最高目标是提升顾客的忠诚度，而不是满意度。

顾客满意与忠诚的关系可用图 9-1 表示。

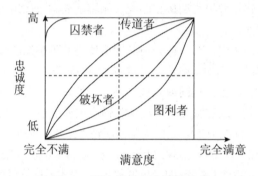

图 9-1　顾客满意与忠诚的关系

按照满意与忠诚的匹配程度，可以将顾客分为四种类型并在图上划分四个象限。那些低忠诚度与低满意度的顾客称为"破坏者"，他们会利用每一次机会来表达对以前产品或服务的不满，并转向其他供应商；满意度不高却具有高忠诚度的称为"囚禁者"，他们对于产品或服务极不满意，但却没有或很少有其他选择机会，多在顾客无法做出选择的垄断行业出现；而满意度很高，忠诚度却较低的顾客称为"图利者"，这是一些会为谋求低价格而转换服务供应商的人；最后，对那些满意度和忠诚度都很高的顾客称为"传道者"，这样的顾客不仅忠诚地经常性购买，还致力于向他人推荐。

由图 9-1 可知，顾客满意与忠诚的关系表现在以下几个方面。

(1) 随着企业外部市场的发展，将必然导致垄断行业的顾客由"囚禁者"向"传道者"转变，因此，依靠垄断强制顾客忠诚是不现实的。

(2) 多数行业的"顾客满意与忠诚"曲线表明，顾客满意与顾客忠诚是正相关的。

(3) 各个行业的"顾客满意与忠诚"曲线由"破坏者"发展到"传道者"的速度并不一致。

(4) 顾客满意度持续大于 1。

9.3　顾客满意度调查

9.3.1　顾客满意度调查设计

1. 界定顾客总体

全面准确地识别顾客对任何满意度调查的成功都至关重要。界定顾客总体就是在调查抽样前，首先要对抽取样本的顾客总体范围与界限做一明确的界定。因为界定顾客总体是达到良好的抽样效果的前提条件，如果顾客总体范围与界限界定不清，那么即使采用严格的抽样方法，也可能造成抽出的样本对顾客总体缺乏代表性。所以，要进行一项科学而合理的抽样，必须首先了解和掌握总体的结构及各方面的情况，并依据调查目的明确界定顾客总体范围。由于产品、服务类别不同，市场、地域不同，调查顾客满意度的目的也不同，故要以调查目的为出发点，根据产品、服务顾客的类别，确定调查顾客的范围。例如，对上海大众汽车销售有限公司顾客满意度的调查，将顾客分为最终顾客、分销中心与经销商、竞争者顾客和内部顾客。

2. 制定抽样框

依据已经明确界定的顾客总体范围，收集顾客总体中全部抽样单位的名单，并通过对名单的统一编号建立起供抽样使用的抽样框。调查者可以从抽样框中抽出样本，但这只限于能够确凿掌握客户的姓名和住址的公司，如银行、航空公司、生产材料制造商等。然而，像日用品制造企业和一些商业服务型组织这些无法掌握特定的信息，或难以掌握顾客确凿资料的公司，调查公司就需要使用配额样本。配额样本要求调查者尽可能地依据那些有可能影响调查变量的各种因素对顾客总体进行分层，并找出具有各种不同特征的成员在顾客总体中所占的比例，然后再根据这种划分以及各类成员的比例去选择调查对象。例如，在商业服务型组织的消费者调查中，调查机构可先将被调查人群进行分组，通常可依据被调查人的年龄、社会级别和知识层面等进行分组，以确定调查对象的配额后进行抽样调查。

3. 确定调查的样本容量

一般采用因子分析方法，这是一种比较专业的统计分析方法。根据经验，因子分析方法要求调查样本的数量应该是调查问卷中问题数量的 5～10 倍。也就是说，如果调查问卷中有 20 个问题，那么调查样本数量就可以大概确定为 100～200 个，这样的样本数量足以满足调查精度的要求。

4. 确定抽样方法

(1) 抽样设计的基本原则。在抽样设计中应掌握两个基本原则：一是确保抽样的随机性，即顾客群体中每位顾客被选入的机会都相等并相互独立；二是确保抽样效果的最佳化，实际调研时应根据顾客群体的特点，确定相应的抽样方法。

(2) 样本规模。产生一个在统计上有效的样本所需的规模应建立在希望达到的置信度水平和可以接受的误差基础上。允许出现的误差和置信度水平必须依据调研项目的具体情况而定。

(3) 抽样方法。抽样方法一般可分为随机抽样和非随机抽样两类。随机抽样包括单纯随机抽样、系统抽样、分层抽样、分区抽样和分群抽样等。非随机抽样主要有配额抽样、判断抽样和固定样本连续调查等。

- 简单随机抽样：按等概率原则直接从含有 N 个元素的顾客总体中抽取 n 个元素组成样本 ($N>n$)，当企业获得所有顾客的完整名录时，可采用简单随机抽样方式。简单随机抽样是其他抽样方法的基础，操作非常简单。简单随机抽样常用的办法是抽签。
- 系统抽样：把顾客总体单位进行编号排序，再计算出某种间隔，然后按这一固定间隔抽取个体号码来组成样本。
- 分层抽样：将顾客总体中的所有个体按照某种特征或标志划分成若干类型和层次，然后在各个类型或层次中再用简单随机抽样或系统抽样办法抽取一个子样本，最后将这些子样本联合起来构成总体的样本。

● 整体抽样：适用于不同子群之间相互差别不大而每个子群内部异质性强的总体。即将顾客总体分成若干相互独立的组，每一组顾客异质性大，组与组之间异质性小，然后在顾客总体中一组一组抽取样本单位。

9.3.2　顾客满意度问卷设计

1. 问卷设计的程序

问卷设计的整个过程大体上可分为事前准备、问卷设计和事后检查三个阶段，如图 9-2 所示。

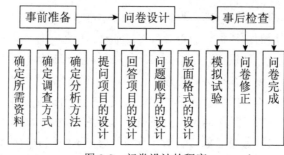

图 9-2　问卷设计的程序

1) 事前准备

(1) 确定调查所需的资料。在明确调查目的的基础上，确定调查所要了解的内容和所要搜集的资料，并对已有的资料进行分类整理，列出本次调查所要了解的问题，确立问卷调查的范围。

(2) 确定调查方式和方法。由于所要搜集的资料不同，所采用的调查方式和方法就不同，问卷的格式和要求也就有所差别。譬如采用电话调查时，问卷中的问题不宜过多，用词要简单；邮寄调查中措辞要谨慎，以防止词义可能的偏差等。

(3) 确定调查资料的整理和分析方法。调查后的资料整理和分析方法不同，对问卷的设计也有不同的要求。

在明确了上述三个问题之后，就可以初步构想出问卷设计的框架。

2) 问卷设计

问卷必须要具备两种功能：一是将调查目的转化为一些被调查者可以回答的问题；二是能鼓励被调查者提供正确的资料。因此，问卷的实际设计阶段是十分重要的，其内容包括调查中所要提问问题的设计、问题答案的设计、提问顺序的设计以及问卷版式的设计等。

3) 事后检查

事后检查阶段包括问卷的模拟试验、问卷的修正以及问卷的最后印刷完成。

2. 问卷设计的基本内容

顾客满意度的调查问卷可分为三部分：引言、主体、信息。

1) 引言

引言即问候语，是一封致被调查者的信。它的作用在于向被调查者介绍和说明调查的目的、调查单位或调查者的身份、调查的大概内容、调查对象的选取方法和对结果保密的措施等。引言要简明、中肯，篇幅宜小不宜大，短短两三百字最好。虽然引言篇幅短小，但在问卷调查过程中却有着特殊的作用。能否让被调查者接受并认真地填写问卷，在很大程度上取决于引言的质量。特别是对于采用邮寄问卷的方式进行的顾客满意度调查而言，引言质量的好坏影响就更大了。

首先，要说明调查者的身份，即说明"何人发放问卷"。否则，被调查者看到模糊的身份，仍不知你们是哪个公司的，是什么人，这就会增加他们的疑虑和戒备心。其次，要说明调查的大致内容，即"调查什么"。通常的做法是用一两句话概括地、笼统地指出其内容的大致范围就行了。再次，要说明调查的目的。对于调查的目的，应尽可能说明其对于调查方的重要意义。例如，"我们这次调查的目的，是要了解顾客对本公司产品质量及服务存在的意见和态度，以便更好地改进本公司的产品和服务质量，从而为广大顾客提供更满意的服务"。最后，要说明调查对象的选取方法和对调查结果保密的措施以及所需的时间和努力。

2) 主体

(1) 说明指导语，即说明如何填写问卷。有些问卷填写方法比较简单，指导语要求少，用一两句话即可说明。例如，"请根据自己的实际情况在合适答案号码上画圈或在空白处填写"；对于有些问卷填写比较复杂的，需要向顾客详细说明填写调查问卷的方法。对于问卷中出现的跳过或分支形式要在具体问题旁进行介绍；对于邮寄问卷等，还要对何时返回完成的问卷做出明示，如"请在几日内完成"等。

(2) 说明问卷的具体内容。设计问卷初稿结构的方法可采用卡片法+框图法。第一步，根据研究假设和所需资料的内容，在纸上画出整个问卷的各个部分及前后顺序的框图；第二步，将每一部分的内容编成一个个具体的问题，写在一张张小卡片上；第三步，调整问题间的顺序，使一张张小卡片连成一个整体，形成问卷初稿结构。根据这种设计问卷初稿的结构方式，目前大多数公司的问卷分为两部分：总体评价部分+特定业绩变量。

(3) 总体评价部分，就是顾客对公司产品的总体满意评定。这个总体评定成为用量化的方式测量顾客满意的关键准则。可以设想，尽管顾客满意是一个相当复杂的心理评定活动，但是，它还是可以给出对你的产品总体满意程度的概况。总体评价部分一般在开头，在通常情况下，无论何种行业，应该有七个有关总体评价部分的问题，对于任何企业进行的顾客满意度调查而言，这七个总体评价问题都是适用的。但是根据各企业的具体情况，还可以增添一些适应公司特点的总体评价问题。这七个问题包括：对某公司产品的总体满意程度；将来从某公司再次购买的可能性；向其他人推荐某公司产品的意愿；感觉某公司的产品能否体现良好的价值；对某公司已提供的服务的总体满意程度；某公司是如何使顾客与自己相处的；对某公司刚开始与顾客接触的反应程度的评价。

(4) 具体评价部分，作为总体评价的补充，应收集顾客对企业产品的特定性能的评价。这些特定的问题通常都与顾客的要求或需要以及企业产品如何满足他们的需求有关。其实就是对特定的业绩变量的评价。这些特定的业绩变量包括产品质量、服务质量、人员素质、硬件设施、企业形象等以及在这些方面与同行业竞争对手的比较。产品质量方面包括产品的性能、特征、可靠性、符合性、耐用性和审美。服务质量与人员素质方面包括可靠性、敏感性、保证、善解人意、服务能力。

上述两个评价部分是问卷的主体，仔细研究这两个评价部分，特别是第二部分应根据顾客满意度测评结构中设定的七个变量，检查内容是否全面，如不全面，给予补充。另外，各个行业的特点有所不同，问卷设计的内容也应该各具特色。

3) 信息

在问卷最后，应有必要的人口统计问题，即个人背景资料，如顾客的年龄、性别、职业、受教育程度和家庭年收入等。这是因为在对顾客满意度调查时，这些人口统计数据将帮助提供更详细的分析结论，可以从宏观上分析许多内容。以医院服务为例，可以分析究竟是青年人、中年人还是老年人对医院服务的满意程度高；不同年龄段的患者对医院收费的看法；家庭收入与患者满意度的关系等。

3. 问卷设计的问题形式

回答项目是针对提问项目所设计的答案。由于问卷中的问题有不同类型，所设计的答案类型和对被调查者的回答要求也是不同的。

问卷中的问题类型有两类：一类是开放性问题，一类是封闭性问题。

1) 开放性问题

开放性问题是指对问题的回答未提供任何具体的答案，由被调查者根据自己的想法自由做出回答，属于自由回答型。开放性问题的优点是比较灵活，适合于收集更深层次的信息，特别适合那些尚未弄清各种可能答案或潜在答案类型较多的问题，而且可以使被调查者充分表达自己的意见和想法，有利于被调查者发挥自己的创造性。其缺点是，由于会出现各种各样的答案，给调查后的资料整理带来一定困难。

2) 封闭性问题

封闭性问题是指对问题事先设计出了各种可能的答案，由被调查者从中选择。封闭性问题的答案是标准化的，有利于被调查者对问题的理解和回答，同时也有利于调查后的资料整理。但封闭性问题对答案的要求较高，对一些比较复杂的问题，有时很难把答案设计周全。一旦设计有缺陷，被调查者就可能无法回答问题，从而影响调查的质量。因此，如何设计好封闭性问题的答案，是问卷设计中的一项重要内容。

【案例】 上海大众汽车销售有限公司顾客满意度调查问卷设计

(1) 该调查标准问卷内容应包括以下部分。
- 产品性能——桑塔纳系列产品的功能、质量、可靠性等；
- 销售服务——集中在特许经销商和特约维修站的售前、售中、售后服务；
- 维修服务——了解顾客在使用过程中遇到的问题，了解在解决顾客抱怨问题过程中提供的服务质量；
- 消耗材料和零部配件供应——了解这些供应件的质量及购买便利程度；
- 咨询服务——了解信息服务的质量；
- 综合情况——了解顾客对企业及产品的综合满意情况和忠诚度。

(2) 对顾客满意度调查应达到以下要求。
- 对上海大众销售产品和服务满意的程度；
- 对产品和服务的哪些方面不满意(有什么问题和建议)；
- 对所列调查产品和服务重要性的排列顺序；
- 再购买时是否仍购买桑塔纳系列产品；
- 是否愿意向其他人推荐桑塔纳系列产品；
- 不再购买桑塔纳系列产品的原因。

【资料来源】 上海大众与同济大学合作项目"顾客满意工程"

---

4. 问卷的答案设计

由于顾客满意度调查中问卷主要由封闭性问题构成，因而答案就是封闭性问题非常重要的一部分，所以答案设计的好坏直接影响调查的成功与否。关于答案的设计，除了要与所提出的问题协调一致外，还要注意到答案具有穷尽性和互斥性。答案的穷尽性，就是答案包括所有可能的情况。如在问卷后询问顾客信息时，可用"您的性别：男、女"。对于任何一个顾客来说，问题的答案总有一个是符合他的情况的。对有些问题，当答案不能穷尽时，可以加上"其他"一类，以保证被调查者有所选择答案的互斥性，指的是答案互相之间不能交叉重叠或相互包含，即对于每个回答者来说，最多只能有一个答案适合他的情况。如"您的职业是什么：工人、农民、医生、售货员、教师、其他"。这个问题的答案是互相排斥的，只能从中选择一个。

除此之外，量表可以说是收集顾客信息比较高效和实用的方法。单按量表可以分为多种，目前调查问卷中最常用的是李克特量表、语义差异量表、序列量表、数字量表。

(1) 李克特量表，也被称为 5 度量表，是调查问卷中用得最多的一种量表形式，它的答案形式一般为"非常同意、同意、不知道、不同意、非常不同意"，或者"赞成、比较赞成、无所谓、比较反对、反对"五类。

(2) 语义差异量表由处于极端的两组意义相反的形容词构成，每一对反义形容词中间分为若干等级，但不要给选项提供任何标签，让被调查者选择与自己情况最贴近的形容词表明自己的态度强度。如"你对本公司售后维修服务态度有何看法？热情的、＿＿＿＿、＿＿＿＿、＿＿＿＿、＿＿＿＿、＿＿＿＿、冷漠的。

(3) 序列量表要求采访对象表明其对各项因素的态度的相对强度按重要性或编号进行排序，不需要其他进一步的规定。

(4) 数字量表要求被调查者对自己的态度强度给出一个分数，比如满分是 10 分，级别可能为 1~10，如"请在下列量表中圈出一个数字来描述你的汽车加速性能：1、2、3、4、5、6、7、8、9、10"。

以上四种量表都可以在顾客满意度调查问卷中使用，调查者可根据调查的实际情况选择最适合的量表形式，来增强自身调查的准确性。

9.3.3　顾客满意度的测算及评价

1. 顾客满意度的测算

1) 顾客满意度分值和级差的标准

由于要测算顾客满意度，因此需要一些调查的具体数据，应将顾客对评价项目的评价结果用等级刻度来衡量。在衡量顾客满意度时最常用的等级刻度有以下几种：三等刻度法、四等刻度法、五等刻度法、七等刻度法、十等刻度法、100 点刻度法等。

2) 评价项目权数的确定

由于产品用途不同，质量特性不同，顾客消费需求与期望不同，调查时间不同，故顾客满意度评价项目对顾客满意度影响的重要性亦不同，必须对评价项目赋予权重值。权重值的确定可以采用经验法、测量法、专家法、移植法、综合法等，以保证其客观性。

3) 顾客满意度测算公式

$$X_i = \frac{1}{n} \sum A_{ij} \quad (0 \leqslant A_{ij} \leqslant 100, \ i=1, \ 2, \ \cdots, \ m) \tag{9-1}$$

$$X = \sum W_i X_i \quad (0 < W_i < 1, \ \sum W_i = 1) \tag{9-2}$$

式中，X_i 为 第 i 项目 n 个顾客满意度均值；M 为评价项目数；N 为顾客数；i 为项目编号；A_{ij} 为第 i 项目的第 j 个顾客的评分；W_i 为在 m 项目中项目 i 的权数；j 为被调查者编号；X 为顾客满意度。

根据以上公式，由顾客满意度实际调查结果就可以得出顾客满意度的得分。

2. 顾客满意度分析评价

顾客满意度分析评价是将调查的原始数据转化为易于理解和解释的形式。它是对数据的重新安排、排序和处理，以提供描述性信息。

顾客满意度评价一般可采用以下四步来进行。

(1) 收集有关的信息，确定顾客满意度达到的程度。

(2) 对顾客满意度进行评价，找出差距。测评采用对比法，与企业去年同期和前期满意度对比，看是提高了，还是下降了。在产品和服务的哪些特性和环节上提高或下降了。与竞争对手满意度对比，是高还是低。通过以上纵横评价对比，找出差距。

(3) 对评价找出的"差距"进行分析，找出并确定问题点。这些问题点是企业提高顾客满意度的改进机会和切入点。

(4) 反馈信息，组织改进。将通过评价和分析确定的问题点和薄弱环节，及时向有关部门反馈，由有关部门组织改进。

9.3.4　顾客满意度测评报告的编写

顾客满意度测评报告是调查活动的最终结果，是对整个测评调查活动的介绍和总结。以书面的形式沟通在大部分顾客满意度调查项目中是最后一个阶段。因此报告的目的是把项目的目标和过程形成文件并转化为测评调查的关键发现。这样测评调查活动的成败以及测评调查活动的实际意义都表现在调查报告上，所以顾客满意度调查报告是非常重要的。

1. 顾客满意度报告的基本要求和注意事项

基本要求：语言简洁、结构严谨、内容全面、资料翔实、结论明确。

注意事项：

(1) 报告中的词汇应当尽可能通俗易懂。顾客满意度测评中的专业术语对报告的阅读者而言会产生理解障碍，所以要尽可能少用或不用。

(2) 充分利用各种统计图表来显示顾客满意度调查的结果，这样阅读者可以更加直观地从图表中获得所需要的信息。

(3) 仔细核对全部数据和资料，务必使数据资料准确无误。

(4) 结构完整。报告要求以阅读者能够理解的语言提供所有信息时应该是完整的，可以适当采用标题、小结和表格，以体现完整性。

(5) 数据准确。对数据输入及分析绝对要准确，只要有一个不准确，就可能导致整个报告失效，因此要认真地检查所有的分析内容。

(6) 思路清晰。要在报告中展示符合逻辑的思考和准确清晰的思路。

(7) 文字简明。报告需要完整，但文字上要简明。只需要告诉阅读者哪些是他们需要理解和采取行动所必需的内容。

2. 顾客满意度报告的基本结构

(1) 顾客满意度调查的背景和目的。

(2) 顾客满意度指标的简单描述,包括设定有哪些指标、各指标之间的相互关系。

(3) 调查方法:调查方法的介绍有助于使读者确信调查结果的可靠性,但是介绍时要使用简洁的语言,把方法和采用此方法的原因解释清楚即可。这一部分包括:①调查的区域,即说明调查活动开展的地区及选择这些地区的缘由。②调查对象,即说明样本抽取的原则。③访问的完成情况,即原拟定调查多少顾客,实际回收多少问卷,有效问卷多少,问卷丢失或无效的原因。④样本的结构,即采用什么样的抽样方法抽取样本,抽取后样本的结构如何,样本是否有代表性,与原来拟定的计划是否一致。⑤资料采集的方法,是入户访问,还是电话访问;是现场调查,还是留置问卷等。调查是如何实施的,遇到过什么困难,如何处理等。⑥访问员介绍,即简单介绍访问员的资格、条件及训练情况。⑦资料的处理方法和使用的统计工具,即指出用什么软件、什么统计方法对资料进行简化和统计处理。

(4) 调查结果的整理和图示。

(5) 调查结果的分析。

(6) 提出改进措施。

9.4 顾客让渡价值

9.4.1 顾客让渡价值的概念及分析

1. 顾客让渡价值的概念

顾客让渡价值是顾客总价值与顾客总成本的差额。顾客总价值包括产品价值、服务价值、人员价值和形象价值;顾客总成本包括货币成本、时间成本、体力成本和精力成本(见图 9-3),具体公式如下:

顾客让渡价值 = 顾客总价值 − 顾客总成本

= (产品价值 + 服务价值 + 人员价值 + 形象价值)

− (货币成本 + 时间成本 + 体力成本 + 精力成本)

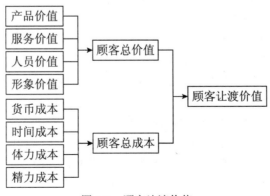

图 9-3 顾客让渡价值

2. 顾客让渡价值的分析

(1) 顾客让渡价值的多少受顾客总价值与顾客总成本两方面因素的影响。顾客总价值是产品价值、服务价值、人员价值和形象价值等因素的函数，其中任何一项价值因素的变化都会影响顾客总价值。顾客总成本是包括货币成本、时间成本、体力成本、精力成本等因素的函数，其中任何一项成本因素的变化均会影响顾客总成本。

顾客总价值与顾客总成本的变化及其影响作用不是各自独立的，而是相互影响的。因此，企业在制定营销决策时，应综合考虑构成顾客总价值与顾客总成本的各项因素之间的这种相互关系，从而用较低的成本为顾客提供具有更多顾客让渡价值的产品。

(2) 不同顾客群体对产品价值的期望与对各项成本的重视程度是不同的。例如，对于工作繁忙的消费者而言，时间成本是最重要的因素；而对于收入较低的顾客而言，货币成本是他们在购买时首先考虑的因素。因此，企业应根据不同顾客群的需求特点，有针对性地设计增加顾客总价值、降低顾客总成本的方法，以提高顾客的满意水平。

(3) 采取"顾客让渡价值最大化"策略应掌握一个合理的"度"。企业通常采取"顾客让渡价值最大化"策略来争取顾客，战胜竞争对手，巩固或提高企业产品的市场占有率。但我们必须看到，片面追求"顾客让渡价值"最大化，其结果往往会导致成本增加，利润减少。因此，在实践中，企业应掌握一个合理的"度"，以提高企业的经济效益为原则。

9.4.2　通过提高顾客让渡价值提升顾客满意水平

1. 提升顾客满意的基本理念

如何使顾客满意是一个永不过时的话题。现在大多数的企业领导者已经认识到顾客满意的重要性，并着手实施顾客满意度调研，以探究企业目前的顾客满意状况，希望找出企业目前在顾客满意方面存在的问题，提升本企业的顾客满意水平。

在具体实施提高顾客满意水平的各种措施之前，企业的领导者与全体员工应当首先确立以下理念。

1) 拥有什么样的顾客取决于企业自身

如果顾客总是显得苛刻刁钻，如果他们总是问题不断，抱怨不休，这时企业领导者和员工就需要自我反省。或许有人争辩说那是由于顾客本身有毛病——好的顾客必然不会如此吹毛求疵。但是，这实际上并非顾客的错，因为市场营销策略与企业的组合往往是和上门的顾客相对称的。潜在顾客不上门，根源在于市场营销策略与企业的组合对他们来说不合适。

2) 产品与服务应永远超前于顾客预期

产品和服务要永远超前于顾客对它们的预期要求。一方面，应把产品与服务标准提高到顾客现有预期之上，使顾客不仅仅是满意，而且是由衷的高兴；另一方面，要在顾客预期之前就引入新的服务形式，积极主动为顾客服务，不仅向顾客提供他们想要的东西，而且要提供连他们自己都没有意识到会喜欢的东西。

3) 鼓励顾客抱怨，并为顾客提供反馈信息的机会

产品与服务的提供者应建立信息反馈机制，并千方百计地为顾客提供信息反馈的渠道。通过信息反馈机制，可以解决顾客如何与生产商、销售商进行交流，顾客又用什么途径获取产品及服务信息的问题；可以解决企业内部管理低效、信息传递失真等问题；企业可以及时了解顾客对企

业满意的程度以及对企业的意见；企业还可以利用这种沟通方式掌握顾客的相关信息，形成顾客数据库，以针对其特点更好地开展业务。这样就形成一个企业与顾客互动的过程，对提高顾客满意水平、促进企业的发展与进步具有重要意义。

企业还应积极鼓励顾客抱怨。没有抱怨并不意味着质量没有问题，也许顾客只是懒得说，或许是没有抱怨的渠道；而最糟糕的可能就是，顾客已对企业完全失去了信心。因此，要注意倾听顾客所有的抱怨。在处理顾客抱怨的过程中，尽量从顾客那里了解，为什么产品不能满足顾客的需要，顾客想要什么样的产品。如果能够得到这些信息，就意味着向理解人们的需要和期望迈进了一步。同时，如果处理得当，还可以发展与顾客的关系。曾经抱怨过的顾客，在企业为其解决问题而做出努力后，可以转变为一个满意甚至是忠诚的顾客。

2. 提高顾客让渡价值

购买者在购买产品或服务后是否满意，取决于与购买者的期望值相关联的供应品的功效，可以说，满意水平是可感知效果和期望值之间的函数。要提高顾客的满意水平，应从提高产品与服务的可感知效果入手。顾客让渡价值在某种意义上等价于可感知效果。因此，顾客在选购商品或服务时，往往从价值与成本两个方面进行考虑，从中选出价值最高、成本最低即"顾客让渡价值"最大的产品或服务，以之作为优先选购的对象。因此，提高顾客让渡价值是提高顾客满意水平的主要手段。

提高顾客让渡价值有两个可供选择的途径：该企业可以尽力增加总的顾客价值或减少总的顾客成本。由于总的顾客成本具有一定的刚性，它不可能无限制地缩减，因而作用有限。更积极的方法是增加总的顾客价值。

1) 增加产品价值

(1) 产品的开发与设计注重市场调研及客户需求的识别，设计人员应面向市场，以顾客需求为中心。市场既是产品的归宿，又是产品质量形成的起点。顾客是制造和服务企业收入的源泉。市场调研和客户需求的识别，在产品研制和产品质量的确定中起着重要的导向作用。通过市场调研，倾听顾客的声音，可以挖掘出消费者的潜在需求，进而结合自身情况进行市场细分，确定目标市场(即目标消费群)，然后，根据目标市场进行产品设计。

(2) 重视产品的质量。企业生产的产品除了满足规定的用途或目的之外，还必须符合社会的要求，符合适用的标准和规范，也就是必须达到甚至超越一定的质量标准。质量是企业的生命，提高产品质量是提高产品价值、维护企业信誉的主要手段。应该建立有效的质量保证体系，以满足顾客的需要和期望，并保护组织的利益。

2) 提高服务价值

(1) 服务的定位与服务差异化。产品需要定位，服务同样如此。当消费者被大量的广告信息淹没的时候，服务定位的宗旨是如何使消费者比较容易识别本企业的服务和产品。定位是一项战略性营销工具，企业可以借此确定自身的市场机会，并且当竞争情况发生变化时，企业能够实行相应的措施。定位可以是不经计划而自发地随时间而形成，也可以经规划纳入营销战略体系，针对目标市场进行。它的目的是在顾客心目中创造出有别于竞争者的差异化优势。

(2) 为顾客提供优质服务。在从注重数量向注重质量转变的消费时代，顾客越来越要求企业提供细致、周到、充满人情味的服务，要求购买与消费的高度满足，因此，高品质、全方位的服务理所当然地成了企业赢得优势的一大法宝。全方位服务包括全过程服务、全方面服务、全顾客个性化服务。

全过程服务是针对顾客消费的每一环节所进行的细致而深入的服务。从售前消费者产生消费欲望的那一刻起，到商品使用价值耗尽为止的整个过程，都对消费者细心呵护，使消费者与自己的品牌紧密相连，让消费者在每一层面都感到完全满意。全方面服务指为消费者提供所需的各种服务项目，也称作保姆式服务，即将消费者当作婴儿一样细心呵护。至于全顾客个性化服务，则是针对个体消费者，设计并开发企业的产品及服务项目，以适应当今个性化和多样化的消费趋势。

3) 提高人员价值

人员价值是指企业员工的经营思想、知识水平、业务能力、工作效益与质量、经营作风、应变能力所产生的价值。企业员工直接决定着企业为顾客提供的产品与服务的质量，决定着顾客购买总价值的大小。员工的技能、顾客导向和服务精神对于顾客理解企业、购买产品或服务是相当关键的。企业每个员工的态度、精神面貌、服务等都代表着企业的形象，都直接或间接地影响"顾客满意"。

"顾客满意"很大程度上受到一线员工礼节的影响。顾客随时都有可能通过面对面或者电话接触对企业的工作人员给予的服务进行默默的评价。这些一线员工与顾客的真实接触点几乎包含了影响顾客满意度的一切因素：回答电话询问、现场引导服务、产品说明、答复申诉、处理产品问题、收款送货等，顾客正是通过这些真实接触，形成对企业以及产品品牌的认知。那些得到了热情、全面、耐心、细致服务的顾客，将会对企业所提供的产品或服务留下良好印象，有可能再次购买并向其他人推荐；而那些在"真实环节"中与一线员工有过不愉快经历的顾客往往会排斥有关的产品或服务。可以说，与顾客的真实接触瞬间是"顾客满意"实现的关键。

提高人员价值，可从以下几个方面着手进行。

(1) 生产人员、技术开发人员乃至最高决策者，都全力支持一线员工，做好顾客真实接触的瞬间。

(2) 坚持以人为本的企业文化，培训企业员工，不仅使其掌握良好的技术和产品知识，更重要的是培养他们以顾客为中心的理念，以及全心全意为顾客服务的精神。

(3) 职工也是企业的内部顾客，要实施顾客满意战略，还要让内部顾客也满意，具体表现为，上一道工序生产的产品要让下一道工序的职工感到满意，进而提高生产的效率。

(4) 采取激励机制，向提高服务水平的员工提供有形的回报，提高职工工作积极性。还可实行零起点工资制，加大奖惩力度，形成一个内部竞争的企业环境。

4) 提高形象价值

良好的组织形象具有财务价值、市场价值和人力资源价值，因此，必须做好组织形象管理。

(1) 要做好组织形象管理，应当认识到，组织所为和所不为的每一件事都会对它的形象产生直接的影响。目前，有很多企业领导者认为组织形象就是组织标识系统。事实上，虽然组织标识系统(包括名字、命名体系、象征符号和组织标识色彩)的设计异常重要，但它仅仅是组织的一个映象。组织的真实本质和个性才是组织形象的重点。消费者选择伙伴建立关系时，重视的是质量和本质，而不是华而不实的表面符号。因此，必须创建鲜明的组织个性与组织文化，依靠实际行动而不是浮艳的文字来展现与竞争对手的差异点。

(2) 组织形象通过产品质量水平、品牌特征和服务交付三个方面表现出来。运用这三个要素营建并保持坚实的顾客关系，关键是在同所有与组织有关的人员的交往过程中表现出一致性。组织行为模式的不一致直接带给顾客对组织形象负面的感受。组织形象绝对无法超过企业最薄弱部分的表现。

(3) 做好组织形象管理，还需妥善处理危机事件，维护组织形象。良好的组织形象其实是一件脆弱的"物品"，容易损坏，一旦损坏就很难修复。任何企业都难以做到尽善尽美，总会出现这样那样的问题。如果产品质量或服务出现了差错，而企业员工和管理者没有处理好这些问题，就会对企业组织形象产生不良影响。更糟的是，若被媒体公开，不论孰是孰非，最终结论如何，都有可能对企业的组织形象产生无法弥补的损害。这些损害往往并非来自问题本身，而是源自管理者和员工处理事件的方式。因此，在危及企业形象的事件发生时，一定要妥善处理，尽量缩小影响面，维护组织形象。

5) 降低货币成本

顾客总成本中最主要的成本就是价格，低价高质的产品是赢得顾客的最基本手段。要想赢得市场，必须严格控制成本，对本企业产品或服务的各个环节进行成本控制，设身处地以顾客的目光来看待成本的高低和价格的可接受度。

(1) 降低生产成本。①从产品设计、研制阶段就要开始进行成本控制，对新产品和一些老产品进行成本—功能分析，去掉不必要的功能；在实现必要功能的前提下，尽可能从选用材料、调整产品结构、简化加工工艺等方面降低成本。②考虑专用设备购建、加工成本、市场能接受的价格等相关投资、成本与回收问题，把技术与经济紧密结合起来，为后续阶段降低成本打好基础。③在采购阶段也要进行成本控制，在保证质量的前提下最大限度地降低采购成本，取得效益。④在生产阶段进行成本控制可以从以下几个方面着手进行：降低单位产品材料消耗量、降低人工成本、加强费用控制、降低废品率等。

(2) 降低流通成本。在加强物流管理方面，企业可以通过经济订购批量、最优生产批量、ABC分类法等手段，保证适时适量的商品库存，并通过选取最佳运输方式实现运输成本的最小化。

6) 降低时间成本

降低时间成本主要考虑以下几方面。

(1) 通过各种有效渠道发布产品信息，减少顾客收集信息所需的时间。企业可以通过报纸、杂志、电视、互联网等各种传播媒介向顾客提供最新产品信息，使顾客可以比较轻易地获得选购前所需的资讯。不断完善企业的销售网站，与专业的网络企业合作，发挥好第四媒体的超强功能，使顾客可以根据各款性能报告进行个性化订购，并且当顾客把需求通过网络反馈给厂家后，可以在最短的时间内得到厂家的答复。

(2) 要尽量缩短订货周期，减少缺货现象。订货周期是指从发出订单到收到货物所需的全部时间。订货周期取决于订单传递的时间、订单处理的时间、运输时间。尽量缩短订货周期，将大大减少顾客的时间成本，提高顾客所获得的让渡价值。需要加强物流管理，实现订单核心业务流程的快捷处理，及时供应商品，还可提供定点定时送货服务，以减少顾客等待时间。

(3) 要为有特殊需要的顾客提供紧急订货。从顾客方面来考虑，紧急订货往往关系重大，因此强调为顾客服务，在紧要关头提供急需的服务，是与顾客建立长远的相互依赖关系的重要手段。

7) 降低精力成本与体力成本

精力与体力成本是指顾客购买产品时在精神、体力方面的耗费与支出。以汽车销售商为例，降低顾客付出的精力成本与体力成本，可以从以下方面入手。

(1) 加大产品宣传力度，从广告、展览、网上信息发布、销售咨询热线等多个方面入手，使顾客可以轻易得到所需的产品资料，减少在搜寻信息方面花费的精力与体力。

(2) 建立广泛分布的销售网点，使顾客可以就近购买。

(3) 为顾客提供一条龙服务，最大限度地减少需要顾客完成的工作，减少顾客精力与体力的付出。例如，目前贷款购车成为消费者的一种选择，汽车销售企业就可以与银行、保险企业等联合，提供汽车消费信贷服务，实行上牌、保险一条龙服务，减少顾客体力、精力的花费。

企业领导者与全体员工都应充分认识到顾客满意的重要性，并积极参与到提升顾客满意水平的各项举措中去。企业为使顾客满意所做的各种努力，虽然会花费一定的成本，但只要控制得当，这种付出必将获得充分回报——不仅可以增加企业的利润，提高短期效益，还能为企业获得长远利益奠定良好的基础。

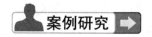

思考题

1. 为什么说从 PIMS 理论到 CS 理论是一次质的飞跃？
2. 举例说明企业如何增加顾客的跳槽成本。
3. 内部顾客满意度提升的意义有哪些？
4. 请设计一张顾客满意度调查问卷。

案例研究 →

顾客满意在沃尔玛

在《财富》杂志 2004 年公布的全球 500 强企业排名中，零售业巨头沃尔玛又位居榜首。这是沃尔玛自 2001 年首次登上排行榜首位之后，第四次蝉联冠军之座，同时，沃尔玛还连续多年荣登"最受尊敬企业"排行榜并在全球多个国家被评为"最受赞赏的企业"之一。从 40 多年前一家从美国西部偏僻小镇起家的乡村杂货店到如今的全球零售业老大，沃尔玛创造了一个惊天动地的奇迹。这个四处探寻商机的"大家伙"在全球各地刮起了一股股令对手发怵的"圈地"旋风，截至 2005 年 4 月，沃尔玛在全球已有 5 311 家商店，规模令人咂舌。沃尔玛的成功之路一步步走来与其一贯秉承的"顾客第一"的经营理念息息相关。

一、顾客满意

沃尔玛发展的始终，一直强调商品零售成功的秘诀是满足顾客的要求，即"顾客至上，以满足顾客需求为己任"。山姆·沃尔顿(沃尔玛创始人)常说："我们成功的秘诀是什么？就是我们每天每个小时都希望超越顾客的需要。如果你想象自己是顾客，你会希望所有的事情都能够符合自己的要求——品种齐全、质量优异、商品价格低廉、服务热情友善、营业时间方便灵活、停车条件便利等等。"因此，尽管沃尔玛以货仓式经营崛起于零售业，其经营方式决定其不可能提供过多的服务，但他们始终把超一流的服务看成是自己至高无上的职责。在所有沃尔玛店内部都挂着这样一条标语：①顾客永远是对的；②顾客如果有错误，请参看第一条。沃尔玛不仅为顾客提供质优价廉的商品，同时还提供细致盛情的服务。

CS 是英文 customer satisfaction 的缩写，意为"顾客满意"。它本是商业经营中一个普遍使用的生活概念，没有特别的含义。1986 年，一位美国心理学家借用 CS 这个词来界定消费者在商品消费过程中需求满足的状态，使 CS 由一个生活概念演变为一个科学概念。企业界在心理学家定义的基础上，对 CS 的内涵进行了扩展，把它从一种界定指标发展成一套营销战略，直接指导企业的营销甚至经营活动，并被称为"CS 战略"。"顾客第一"是沃尔玛能够在强手如林的零售市场站稳脚跟的关键。使顾客满意的根本意义就在于顾客是企业生存的基本条件，不能使顾客满意意味着失去顾客，失去了顾客就失去了企业生存的基本条件，就失去了产品和服务的销售对象，便很难在这个竞争日益激烈的市场环境中生存。而沃尔玛正是这方面的典范，把顾客需要放在第一位，善待顾客的优良服务品质，以及在价格上为顾客创造价值的经营战略，使其赢得了顾客的信任，从而带来了巨大回报。"顾客永远是对的"，这句沃尔顿先生对同仁的告诫一直流传至今，并一直在为沃尔玛的繁荣发挥着不可估量的作用。

二、顾客满意战略

1. 顾客满意战略的内容

沃尔玛的"顾客第一"的营业准则，不是单放在口头上讲讲的。沃尔玛以一整套顾客满意战略将这个准则发扬得淋漓尽致。

为顾客提供平价服务是沃尔玛的最大特色。提到平价服务，人们往往首先想到的是价格低廉，而沃尔玛的确以此著称。但同时，沃尔玛更看重服务的质量。沃尔玛认为，价格低廉是平价的重要内容，但降低价格的同时，不能降低服务。为顾客提供超值的服务，才是平价的精髓所在，在顾客花费一定的条件下，如果能享受到超值服务，实际上就是获得了平价服务。

1) 价格策略

所有的大型连锁超市都采取低价经营策略，而沃尔玛的与众不同之处在于，它想尽一切办法从进货渠道、分销方式以及营销费用、行政开支等各方面节省资金，提出了"天天平价、始终如一"的口号，并努力实现价格比其他商号更便宜的承诺。自 1962 年第一家沃尔玛折扣百货店在阿肯色州一个偏僻的小镇开业以来，沃尔玛一直将其目标顾客群体定位于中低端市场，对这一群体来说，商品价格是影响其购买行为的最重要因素。沃尔玛"天天平价"的策略正迎合了他们的购买要求。

2) "一站式"购物模式

顾客是否能在店中一次购齐所有需要的货品，是否可以得到及时的新产品销售信息，是否可以享有送货上门、免费停车等附加服务，是否可以在任何有空闲的时间入店购物……这些问题也是评价一间商店好坏的重要标志。

在沃尔玛，消费者可以体验"一站式"购物的新概念。在商品结构上，它力求富有变化和特色，以满足顾客的各种喜好。其经营项目繁多，包括食品、玩具、新款服装、化妆用品、家用电器、日用百货、肉类果菜等。企业将向顾客提供"一站式"的购物方式，即在商场中设立药店、照片冲印部、旅行社、美容院等。这样，在为顾客提供其他服务的同时，往往可以带来更多的商品消费。

3) 附加特殊的服务

好的服务将提升顾客满意程度，意想不到的附加服务能更快速地提高顾客的满意度。因此，沃尔玛为方便顾客还设置了多项特殊的服务类型。如免费停车、免费咨询、商务中心等。如果说足够多的产品品种、一流的商品质量、低廉的价格是硬件，那么完善的服务、方便的购物时间、免费停车场和舒适的购物环境，则是软件。硬件与软件的相辅相成、紧密相连，使顾客得到超过其原期望的水平。此时，顾客将感到非常满意，从而树立了对沃尔玛的良好印象。

2. 内部顾客满意

根据顾客分类，企业内部的从业人员也可以称为内部顾客。而他们也是沃尔玛实行顾客满意战略的一部分。

沃尔玛的企业文化崇尚尊重个人，不只强调尊重顾客、为顾客提供一流的服务，而且还强调尊重公司的每一个人。沃尔玛是全球最大的私人雇主，拥有近 130 万员工。但公司不把员工当做雇员来看待，而是视为合伙人和同事。公司规定对下属一律称"同事"而不称"雇员"。即使是沃尔玛的创始人沃尔顿在称呼下属时，也是称呼"同事"。沃尔玛各级职员分工明确，但少有歧视现象。领导和员工及顾客之间呈倒金字塔的关系，顾客放在首位，员工居中，领导则置于底层。

员工为顾客服务，领导则为员工服务。"接触顾客的是第一线的员工，而不是坐在办公室里的官僚"。员工作为直接与顾客接触的人，其工作质量至关重要。领导的工作就是给予员工足够的指导、关心和支援，以便让员工更好地服务于顾客。在沃尔玛，所有员工包括总裁佩戴的工牌都注明"我们的同事创造非凡"，除了名字外，没有任何职务标注。公司内部没有上下级之分，下属对上司也直呼其名，营造了一种上下平等、随意亲切的气氛。平等的地位使员工对沃尔玛产生了强烈的归属感和认同性。沃尔玛的员工意识到，自己和上司都是公司内平等而且重要的一员，只是分工不同而已，从而全心全意地投入工作，为公司也为自己谋求更大利益。

沃尔玛对员工利益的关心有一套详细而具体的实施方案。公司将"员工是合伙人"这一概念具体化为三个互相补充的计划：利润分享计划、员工购股计划和损耗奖励计划。1971年，沃尔玛开始实施第一个计划，保证每个在沃尔玛公司工作了一年以上，以及每年至少工作1 000个小时的员工都有资格分享公司利润。沃尔玛运用一个与利润增长相关的公式，把每个够格的员工的工资按一定百分比加入这个计划，员工离开公司时可以取走这个份额的现金或相应的股票。沃尔玛还让员工通过工资扣除的方式，以低于市值15%的价格购买股票，现在，沃尔玛已有80%以上的员工借助这两个计划拥有了沃尔玛公司的股票。另外，沃尔玛还对有效控制损耗的分店进行奖励，使得沃尔玛的损耗率降至零售业平均水平的一半。

不仅如此，沃尔玛还通过门户开放让员工积极参与管理，使任何员工在任何时间、地点，都可以以口头或书面形式与管理人员乃至总裁进行沟通，提出自己的建议和关心的事情，包括投诉所受到的不公平待遇，而不必担心受到报复。对于可行的建议，公司会积极采纳并实施。甚至对离职员工，沃尔玛都做到同等重视。

同时，内部顾客的满意为沃尔玛的顾客满意策略提供了坚实的保证。顾客选择光顾沃尔玛的原因之一，就是因为沃尔玛的员工比其他商店的售货员待他们更好，而员工对顾客的态度又源于管理者对他们的态度。山姆·沃尔顿很早就说过要善待员工，因为他明白这就是在善待顾客。沃尔玛已经多次被评为"最适合工作的企业"之一。

三、顾客让渡价值

沃尔玛为何能吸引到那么多消费者呢？归根结底，是因为最大的顾客让渡价值带来了最高的顾客满意度。山姆·沃尔顿曾这样告诫沃尔玛的采购人员："你们不是在为沃尔玛商店讨价还价，而是在为顾客讨价还价，我们应该为顾客争取到最好的价格。"不能说低价是顾客价值的全部，但是这句话也从一个侧面说明了沃尔玛成功吸引顾客的关键在于其为顾客提供了更多的让渡价值，从而实现了沃尔玛一贯秉承的顾客满意策略。

菲利普·科特勒提出的"顾客让渡价值"，指出顾客将从他们认为能提供最高让渡价值的公司购买产品。而顾客让渡价值则由总顾客价值与总顾客成本之差来决定。也就是说，存在三种方法来提高顾客让渡价值：①提高总顾客价值；②降低总顾客成本；③提高总顾客价值，并降低总顾客成本。沃尔玛采取的就是两者兼而有之的方式。一方面，种类齐全的商品类别、上乘的产品质量，提高了产品价值；沃尔玛良好的购物环境，甚至店铺中的通道和灯管都是为了使顾客更加舒适而设计；员工对待顾客热情周到的服务态度，为每一个光临沃尔玛的顾客提供了优于他人的形象价值和服务价值。各种附加服务更是使顾客觉得在沃尔玛购物物超所值；另一方面，沃尔玛"天天低价"的价格策略，使顾客花最少的钱买到最称心的东西；首创的"一站式购物"模式满足了顾客多方面的需求，减少了顾客的时间成本和精力成本。正是通过诸如上述措施，沃尔玛为顾客提供了更多的让渡价值。只要其他零售商提供的让渡价值低于沃尔玛，顾客就将选择沃尔玛，而不是其他零售商，如图9-4所示。

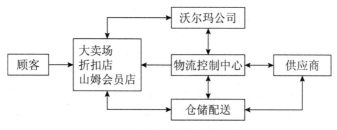

图 9-4　沃尔玛价值让渡系统简图

顾客让渡价值的实现有赖于价值让渡系统各环节的相互作用。具体到沃尔玛，则创造了一种压缩收支的盈利模式。

零售业作为整个分销渠道的最后阶段，在制造商、批发商和其他供应商以及最终顾客之间起着至关重要的作用。对于沃尔玛来说，其价值链的上游环节是生产商和代理商，下游环节则是顾客。顾客是否满意是下游环节的试金石，对于如沃尔玛这般将顾客满意作为最重要目标的企业来说，如何整合这个由供应商(代理商)、沃尔玛和顾客所形成的价值链，最终提高整个顾客价值让渡系统的整体绩效成为了关键。

1. 撇开代理商

在诸多角色构成的价值链中，所参与的角色越多，那么最终顾客可能承担的成本越高。沃尔玛想要给顾客提供最低价格的产品，首先就要降低进货价格。从销售渠道方面来说，生产至零售的通路最短，剔除了中间商的利润盘剥，降低了顾客成本。因此，沃尔玛平价策略的第一步就是撇开代理商，直接和生产商打交道。

2. 与供应商的合作互利关系

撇开代理商之后，沃尔玛盈利模式的关键就在于找好供应商，让供应商认识到，零售商与沃尔玛是合伙人，是共同为顾客提供服务的。因此，沃尔玛率先建立了与供应商的合作而非竞争关系，而且从一开始就产生了很好的效果。其中，与宝洁公司的合作，堪称是零售商与供货商合作的典范。1987 年，沃尔玛跻身为经营世界最大的包装货品制造商之一——宝洁公司产品的主要零售商。此前，宝洁公司对生产成本高度保密，沃尔玛无法预测其最低成本价；沃尔玛对商品销售的信息也采取保密的态度，宝洁公司也无法制定有关沃尔玛未来需求的计划。沃尔玛主动会晤了宝洁公司的高层主管，提出两家公司的主要目标和关注的焦点始终应当是：不断改进工作，提供良好的服务和丰富优质的商品，保证顾客满意，于是双方开始分享一切。此后，双方一同制定出长期遵守的合约，宝洁公司向沃尔玛透露了各类产品的成本，保证沃尔玛有稳定的货源，并享受尽可能低的价格；沃尔玛也把连锁店的销售和存货情况向宝洁公司传达，双方还共同讨论了运用计算机科技交换每日信息的方法。这种合作关系可以让宝洁公司更加高效地管理存货，简化生产程序，因而可以降低商品成本。另外，这种关系还可使沃尔玛自行调整各店的商品构成，做到价格低廉，种类丰富，从而让顾客受益。

3. 沃尔玛的省钱之道

作为价值链的中间环节，沃尔玛也是为了节约成本不遗余力，十分注重运营成本，近乎苛刻。按照山姆·沃尔顿的说法，节约的目的正是"为顾客省钱"。"天天平价"意味着必须降低成本，整个公司的营运也随之发生变化，从采购员采购低价位商品，到降低运输成本、优化包装，再到节省各环节费用，都是为了实现天天平价的目标。为了降低费用，沃尔玛的办公用纸都是使用两面。报纸广告宣传之类，沃尔玛每月才做一次，这绝不是他们广告意识差，而是为了降低费用、优化促销宣传手段的结果。

沃尔玛正是通过以上的 3 个途径，最大限度地控制了最终顾客的成本支出，从而实现了最大的顾客让渡价值。

4. 沃尔玛在中国的策略分析

进入一个市场，对于实力如沃尔玛的跨国大企业来说，绝对不是一件难事，但是要成功地进入一个市场，就需要市场进入前期的充分准备工作做基础，对于一个直接面对不断变化的消费者的零售业企业来说，更是如此。为了进入中国市场，沃尔玛曾做了长达 6 年的准备。早在 1992 年 7 月，沃尔玛就获得了中国国务院的批准，并在香港设立办事处，专门从事中国市场的调查工作，包括中国的经济政策、官方支持、城市经济、国民收入、零售市场、消费水平、消费习惯等。这些都为沃尔玛在中国的发展奠定了坚实的基础。1996 年 8 月，沃尔玛中国集团的首间购物广场及山姆会员店在中国深圳同时开张，标志着沃尔玛正式进驻中国市场。2001 年，沃尔玛又将采购总部迁至深圳，同时此年开店的总数是前五年的总和。沃尔玛在中国的发展脚步越来越快了。但是面对中国独特的消费群体特征，沃尔玛还能够做到"顾客满意"吗？以下我们将略作分析。

1) 目标群体定位和"天天平价"策略

沃尔玛在美国的目标消费者是中低层收入的消费者，但是来到中国之后，由于国内有车一族还很少，而且有车的人多是中产阶级以上。另外，类似于沃尔玛这样的购物广场仍然处于初级发展阶段，因此，沃尔玛调整其目标群体为中高层收入人群。针对中低层收入人群的"天天平价"策略，对中国的中高收入人群是否依旧充满了吸引力呢？如果他们是价格敏感的群体，那么驱车几十千米购物，对他们来说也算得上高成本。尽管低价格的产品能够增加一部分顾客价值，但是最终形成的顾客让渡价值也不会得到很大的提升。如果他们对价格并不敏感，那么沃尔玛的价格策略对他们就没有多大的吸引力了。因此，沃尔玛一贯追求的最低价格对这部分中高收入人群产生的效果，显然不会如同针对中低层收入人群来得行之有效。况且，要在中国实现真正的平价，还有待时日。"天天低价"的背后是"天天低成本"，沃尔玛在中国还没有规模优势的情况下要做到这一点谈何容易。沃尔玛一向靠先进的信息和物流系统来降低成本，在美国如果供应商没有 EDI 系统(电子数据交换系统)就无法和它做生意。但在中国，供应商的不成熟，让供应链这"牛车"根本无法在它原有的"高速公路"上奔跑。同时中国市场的不规范化，让"透明"采购的沃尔玛反而"老实人吃亏"。

2) 选址问题和目标群体的矛盾

沃尔玛以方便顾客购物为首要考虑因素。在美国，它的触角延伸到了西尔斯、凯马特等大卖场不屑一顾的偏远小乡镇。从明尼苏达到密西西比，从南加州到奥克拉荷马，沃尔玛无处不在。只要哪座乡镇缺乏廉价商店，沃尔玛就在那里开业。在美国，偏僻乡镇的选址策略能给顾客带来便捷的购物方式。但是同样的选址策略运用到中国来，带来的可能就不是便利了。沃尔玛在中国市场的目标消费者定位于中高层收入人群。由于居住观念的差异，中高层收入群体的居住地主要还是集中在靠近市中心较繁华地段。对他们来说，市中心有繁华的商业街、医院、娱乐场所、学校等一系列生活设施，这些都不是居住在市郊能够享受到的。尽管他们可能拥有自备车，驱车去一个设在乡镇的大卖场不成问题。但是，拥挤的交通状况并不是沃尔玛能够解决的问题。况且，他们身边就有着像家乐福这样的"一站式"大卖场，"超低价"和"天天平价"对他们有着几乎相同的吸引力。

3) 沃尔玛最与众不同的地方——服务

根据《2003 年中国超市顾客购物行为调查报告》显示，我国超市经过 10 年的发展，在消费者心目中已经逐步确立了购物方便、价格实惠的行业形象。在大中城市，超市已成为消费者日常生活用品的主要购买场所。但同时，超市购物的最主要特征就是自选，为顾客提供的服务是有限的。调查显示，在找不到商品时，有 57.2% 的顾客需要得到卖场工作人员的帮助；在选购新品牌和有新功能的产品时，39.1% 的顾客需要促销员介绍。此外，顾客在找不到价签或遇到技术含量较高的商品时，也希望求助于卖场员工。但是，超市店内员工提供的服务和顾客需求存在较大差距，更多的服务是厂家促销员在推销商品。

而沃尔玛在力争最低价格的同时，将优质服务定位为自己的一大目标。当低价成为共性，那么服务上的明显差异性，将极大地增加顾客让渡价值。请对顾客露出你的 8 颗牙、3 米内的微笑、日不落原则、快捷的结算通道都将带给中国消费者一个全新的大卖场形象。这将是沃尔玛在中国最大的优势之一。

顾客的满意程度只有顾客自己知道，怎样检测企业在顾客心目中的满意程度，也是企业面临的难题之一，企业只有在顾客的未满意状态尚未达到"另择良栖"的程度就能够发现这种未满意，才是有意义、有价值的。因而，企业在考察顾客对自己的满意程度时，一方面要考察顾客的保有率(即顾客流失率)，这是显性的，比较容易察觉的；但另一方面，企业更应该从隐性的顾客满意率着手，找到一种能够及时察觉出顾客从满意到未满意，从未满意到选择离开的心理状态的变化的监测机制，这样的机制比前一种更有价值、更有意义。沃尔玛一直在"顾客满意"的领域内不断地突破，不断地寻求新的方式方法来测量、分析、提高"顾客满意"。"对我不满意，请拿一元钱"。中国济南的新街口沃尔玛购物广场使用面值一元的人民币测量顾客满意度，这是沃尔玛监测顾客满意程度的新招，主要针对一些遇到不满意服务而又不愿去服务台投诉的消费者，是对隐性的顾客满意程度估测的一种尝试。另外，这种举措给顾客一个心理缓冲，可以或多或少地减少一些顾客购物环节所引起的不快。

【资料来源】根据《市场报》《中国经济快讯周刊》《零售巨头沃尔玛：零售业连锁经营的成功奥秘》、中国营销传播网的相关内容改编。

案例思考题

1. 沃尔玛是如何做到令顾客满意的？

2. 在中国，沃尔玛和其他诸如家乐福、易初莲花等外资连锁超市存在区分度吗？如果有，沃尔玛的优势又是什么呢？

第10章 品牌战略

展望今日和未来，企业用以计算价值的单位不再是商品，而是品牌。可口可乐的总裁说，即使把可口可乐在全球的工厂全部毁掉，它仍可在一夜之间东山再起，原因在于品牌已经成为企业最重要的无形资产，其重要性已超过土地、货币、技术和人力资本等构成企业的诸多要素。而今的竞争已经从产品与产品的竞争，逐步过渡到品牌与品牌的竞争，好的品牌意味着市场，意味着顾客忠诚，也意味着巨大的盈利和发展空间。

10.1 品牌的基本概念

在最近几个世纪，品牌已经成为把不同制造者的商品区分开来的因素。在欧洲出现得最早的品牌标志是中世纪行会要求工匠把商标放在产品上以保护他们自己和消费者，预防劣质产品。如今，品牌扮演的是改进消费者的生活并且提高公司的金融价值等重要角色。

10.1.1 品牌的内涵

关于品牌，美国营销协会(American marketing association)的定义如下：品牌(brand)是一个名称、术语、标记、符号或设计，或是它们的组合运用，其目的是借以辨认某个销售者或某群销售者的产品或服务，并使之与竞争对手的产品和服务区别开来。最初出现，至今仍然最普遍的是产品品牌，即有形的实物产品品牌。它主要包括以下三个部分。

1. 品牌名称

品牌名称是指品牌中可以用语言称谓的部分，也可称为品名，如"麦当劳""长虹""联想""IBM""可口可乐"等。品牌名称有时与企业名称一致，有时也可能不一致。例如，松下公司的公司名为"Matsushita"，而品牌名称为"Panasonic"。另外，有些企业的名称具有品牌名特性的同时，其产品系列名称也可能同时具有品牌名的特性，如微软公司的"Windows 操作系统""IE 浏览器""Office"等。

2. 商标

商标是企业采用的商品标识，通常采用文字、图形或文字与图形相结合的方式组成，如麦当劳的黄色拱门、IBM 的蓝色字母、宝洁公司的 P&G 等。商标是品牌的重要组成部分，早期的商标由企业自主选择使用，进入工业化时代之后，市场竞争激烈程度加剧，因商标使用引发的纠纷开始出现，于是商标制度化被提上日程，出现了相关国际公约。企业注册的商标受政府法律保护，具有排他性使用权。

3. 其他品牌标志

除商标外，企业品牌还可能包括其他可以识别却无法用语言表达出来的部分，包括各种符号、文字、设计、色彩、字母或图案等。这些标志与商标共同构成企业的品牌标识。

随着市场经济的发展，在产品品牌的基础上，又出现了服务品牌和企业品牌。服务品牌是以服务而不是以产品为主要特征的品牌，如商业服务品牌、餐饮服务品牌、航空服务品牌、金融服务品牌、旅游服务品牌等。但是，无形的服务总是以有形的产品为基础的，并且往往同时与有形产品共同形成品牌要件。企业品牌或公司品牌是以企业(公司)作为品牌整体形象而为消费者认可的。产品品牌同样是企业品牌的基础，但企业品牌高于产品品牌，它是靠企业的总体信誉形成的。企业品牌与产品品牌可以相同，如海尔、索尼、奔驰；也可以不相同，如宝洁、通用等都有很多不同的产品品牌。

10.1.2　品牌的特征

从品牌的定义可以得出品牌的如下特点。

1. 品牌的排他性

品牌所表达的理念和价值取向对具有相同理念和价值取向的消费者具有"锁定"效应。当消费者在同种产品或同类产品中进行挑选时，对一种品牌的认同意味着对其他品牌的不认同。此外，品牌的排他性还表现在品牌拥有者经过法律程序的认定，享有品牌的专有权，其他企业或个人不得仿冒和伪造。

2. 品牌的价值性

由于品牌拥有者可以凭借品牌的优势不断获取利益，可以利用品牌的市场开拓力形成扩张力，因此品牌具有价值性。这种价值并不能像物质资产那样用实物的形式表述，但它能使企业的无形资产迅速增大，并且可以作为商品在市场上进行交易。表 10-1 所示是 2015 年度全球最有价值的品牌前十名。

表 10-1　2015 年度全球最有价值的品牌前十名

排名	品牌名称	2014 年品牌价值/亿美元	2015 年品牌价值/亿美元	变化	国家/地区
1	苹果	1478.80	1702.76	1%	美国
2	谷歌	1588.43	1203.14	−1%	美国
3	可口可乐	806.83	784.23	3%	美国
4	微软	901.85	676.70	0%	美国
5	IBM	1075.41	650.95	−2%	美国
6	丰田汽车	295.98	490.48	20%	日本
7	三星电子	258.92	452.97	22%	韩国
8	通用电气	566.85	422.57	4%	美国
9	麦当劳	857.06	398.09	−4%	美国
10	亚马逊	642.55	379.48	0%	美国

资料来源：　Interbrand 数据

3. 品牌发展的风险性和不确定性

品牌创立后，在其成长的过程中，由于市场的不断变化，需求的不断提高，企业的品牌资本可能壮大，也可能缩小，甚至在竞争中退出市场。品牌的成长存在一定风险，因而对其的评估也存在难度。品牌的风险有时产生于企业的产品质量出现意外，有时由于服务不过关，有时由于品牌资本盲目扩张，运作不佳。

4. 品牌的表象性

品牌是企业的无形资产，不具有独立的实体，不占有空间，但它的目的就是让人们通过一个比较容易记忆的形式来记住某一产品或企业，因此，品牌必须有物质载体，需要通过一系列的物质载体来表现自己。品牌的直接载体主要是文字、图案和符号，间接载体主要有产品的质量、产品服务、知名度、美誉度、市场占有率。优秀的品牌在载体方面表现较为突出，如"可口可乐"的文字，使人们联想到其饮料的饮后效果，其红色图案及相应包装也能起到独特的效果。

5. 品牌的扩张性

品牌具有识别功能，代表一种产品、一个企业。企业可以利用这一优点施展品牌对市场的开拓能力，还可以帮助企业利用品牌资本进行扩张。

10.1.3　品牌的功能

品牌是企业可资利用的重要无形资产，在营销活动中具有非常重要的作用，具体表现在如下几个方面。

1. 品牌有利于开展商品广告宣传和推销工作

品牌是一种直接、有效的广告宣传与推销形式。例如，一些航空公司在机身上绘制代表公司品牌的图案和文字，一些制造业企业在产品和包装物上印上企业的品牌标识，这都能起到非常好的宣传效应。品牌以简单、醒目、便于记忆的方式，代表着企业提供的产品或服务，表明企业或其产品与服务具有的某种特性。设计精美的品牌，在广告宣传和商品推销过程中都有助于建立产品声誉，吸引顾客重复购买，提高市场占有率，有助于企业不断推出系列新产品进入市场。

2. 品牌有利于企业树立良好的形象

作为一种精心设计的标志及名称符号，品牌本身就是一种形象的体现。例如，索尼公司的"Sony"品牌名，迪士尼公司的卡通米老鼠，都凝聚了企业的创造性。而当企业提供产品和服务时，进一步赋予品牌更加丰富和深刻的内涵。随着企业品牌声誉的形成，企业的形象逐步得到确立。而良好的形象进一步促进产品与服务的销售，进而提升企业的品牌地位。由此，企业的品牌、形象和产品与服务销售形成了互相促进的关系。

3. 品牌有利于企业推出新产品

在企业推出新产品时，顾客会根据其之前推出的产品的质量对新产品给出先验的评价。对于已经在市场上形成较好品牌声誉的企业来说，品牌成为企业综合实力的象征，即使是全新的产品，顾客根本没有使用的经验，也常常会给予很高的评价，并积极购买。

4. 品牌有利于企业维护自身的利益

品牌的重要组成部分就是商标，商标一旦注册，便具有法律效力，受到法律的保护，其他任何企业不能使用与此相似的标识，不得模仿、抄袭和假冒，从而使企业的市场形象、社会声誉等受到保护，保证了企业通过努力所获得的市场份额和顾客忠诚度等。而且，企业可以利用品牌进行投资，以工业产权的方式投资入股。

5. 品牌有利于顾客选购商品

由于品牌、商标是区别不同质量水准的商品标记，因此顾客可以依据品牌识别和辨认商品，并据以选购所需商品及维修配件。对于熟悉的品牌，顾客可以大量缩减信息搜寻所花费的时间和精力，并且可以降低购买风险。享有盛誉的品牌商标有助于顾客建立品牌偏好，促进重复购买。

总体而言，品牌的功能可以用图 10-1 来表示。

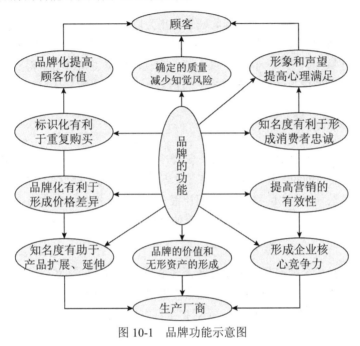

图 10-1　品牌功能示意图

10.1.4　品牌与名牌

品牌的形成与发展是市场经济尤其是市场竞争的必然结果。品牌发展是指品牌扩展、延续的广度和深度，品牌发展的结果是形成名牌。名牌也是品牌，但它是著名的品牌，是品牌中的优秀部分、精华部分，是在品牌竞争中取得优胜的佼佼者。品牌与名牌有其天然的联系，也有着明显的差异。名牌与品牌的差异主要体现在名牌可以产生诸多效应。

1. 聚合效应

名牌企业或产品在资源方面会获得社会的认可，社会的资本、人才、管理经验甚至政策都会倾向名牌企业或产品，使企业聚合了人、财、物等资源，形成并很好地发挥名牌的聚合效应。

2. 磁场效应

企业或产品成为名牌，拥有了较高的知名度，特别是较高的美誉度后，会在消费者心目中树立起极高的威望，企业或产品就会像磁石一样吸引消费者，消费者会在这种吸引力下形成品牌忠诚，反复购买、重复使用，并对其不断宣传，而其他品牌的使用者也会在名牌产品的磁场力下开始使用此产品，并可能同样成为此品牌的忠实消费者，这样品牌实力进一步巩固，形成了品牌的良性循环。

3. 衍生效应

名牌积累、聚合了足够的资源，就会不断衍生出新的产品和服务，名牌的衍生效应使企业快速发展，并不断开拓市场、占有市场，形成新的名牌。例如，海尔集团首先是在冰箱领域创出佳绩，成为知名企业、知名品牌后，才逐步将其聚合的资本、技术、管理经验等延伸到空调、洗衣机、彩电等业务领域。

4. 内敛效应

名牌会增强企业的凝聚力。比如中国的联想、华为以及互联网行业的 BAT(Baidu, Alibaba & Tencent)等，它们的良好形象使生活、工作在这些企业中的员工会产生自豪感和荣誉感，并能形成一种企业文化、工作氛围，给每一位员工以士气、志气，使员工精神力量得到激发，从而更加努力、认真地工作。名牌的内敛效应聚合了员工的精力、才力、智力、体力甚至财力，使企业得到提升。

5. 宣传效应

名牌形成后，就可以利用名牌的知名度、美誉度传播企业名声，宣传地区形象，甚至宣传国家形象。例如，宝洁公司的知名产品飘柔、海飞丝等，人们因为了解这些产品而认识了宝洁公司，或者说加深了对宝洁公司的认识；五粮液集团让很多人知道了四川省宜宾市；海尔家电在世界上创出了名牌，这一名牌不仅宣传了海尔企业，也使世界人民看到"Haier China"。

6. 带动效应

名牌的带动效应是指名牌产品对企业发展、城市经济、地区经济甚至国家经济的带动作用。名牌的带动效应也可称作龙头效应，名牌产品或企业像龙头一样带动着企业的发展、地区经济的增长。另外，品牌对产品销售、企业经营、企业扩张都有一种带动效应，这也是国际上所谓的"品牌带动论"。

7. 稳定效应

当一个地区的经济出现波动时，名牌的稳定发展一方面可以拉动地区经济，另一方面起到了稳定军心的作用，使人、财、物等社会资源不至于流走。

当然，我们在看到名牌的正面效应的同时，也要看到名牌的负面效应。一是名牌会引来众多的仿冒者，给企业造成很大的麻烦，甚至使名牌名声扫地。二是品牌成名后，受关注度提高，形象维护难度加大，一旦维护不当，出现负面评价，将对名牌的信誉影响很大。

10.2　品牌资产与品牌资产模型

10.2.1　品牌资产

品牌资产(brand equity)是产品和服务被赋予的附加价值。这种价值可被反映为消费者对品牌如何认识、感知和行动，同样也可反映为品牌给企业带来的收入、市场份额和利润。品牌资产是与公司的心理价值和财务价值有关的重要无形资产。

营销学者和研究人员使用各种各样的预测方法研究品牌资产。其中，基于顾客的研究方法从消费者视角进行分析，将品牌资产定义为消费者对某一品牌的营销效应的不同反应。如果顾客对产品及其营销方式有积极反应，这个品牌便拥有正面的基于顾客的品牌资产；反之，则被认为是拥有负面的基于顾客的品牌资产。该定义有三个关键成分：首先，品牌资产起源于消费者反应的差别。如果没有差别，该品牌的产品基本上被归类为一般产品。于是这种产品的竞争或许就以价格为基础。其次，这些差别是一个消费者关于品牌知识的结果。品牌知识(brand knowledge)由与品牌相关的全部想法、感觉形象、经验、信仰等组成。所以，品牌必须使消费者相信它是强大的、有利的、独特的，如沃尔沃(Volvo，强调安全)、贺曼(Hallmark，强调关系)以及哈雷戴维森(Harley-Davidson，强调冒险)。第三，构成品牌资产的消费者的不同反应，反映在与一个品牌营销各方面有关的知觉、偏爱和行为上。图 10-2 所示为品牌资产示意图。

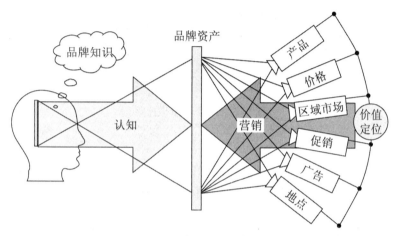

图 10-2　品牌资产示意图

10.2.2　品牌资产模型

1. 品牌资产评价者

扬雅广告公司(Young & Rubicam)开发了称为品牌资产评价者(brand asset valuator，BAV)的品牌资产模型。他们在 40 个国家调研了将近 20 万名消费者，提供了数百个不同种类的数千个品牌的比较方案，认定品牌资产有四个关键因素。

(1) 差异度(differentiation)：衡量一个品牌与其他品牌的差别程度。

(2) 覆盖度(relevance)：衡量一个品牌的诉求幅宽。

(3) 尊崇度(esteem)：衡量一个品牌被重视和尊重的程度。

(4) 认知度(knowledge)：衡量消费者对一个品牌的了解和熟悉程度。

其中差异度和覆盖度构成了品牌实力，这两项指标更注重于反映品牌未来的价值，而不是仅仅反映其过去。尊崇度和认知度则构成品牌高度，更像一个反映品牌过去表现的"报告卡片"。

观察这四个纬度之间的关系，可以揭示关于品牌的现状和未来的许多信息。把品牌实力和品牌高度相结合可以构建一个力量方格图，从而描述品牌发展周期的不同阶段——用方格图的四个象限表示。新品牌刚刚建立起来时，这四个指标都很低。强壮的新品牌在品牌实力方面，相对于覆盖度，更趋向于显示出较高水平的差异度；而品牌高度方面的尊崇度和认知度仍然很低。领导品牌的四个指标都较高。而正在衰退的品牌，其反映过去表现的认知度很高，尊崇度相对较低，覆盖度和差异度甚至更低，如图 10-3 所示。

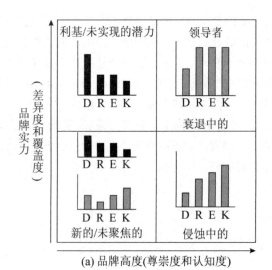

图 10-3 BAV 力量坐标图

2. Aaker 模型

加州大学伯克利分校营销学教授大卫·爱格(David Aaker)认为：品牌资产是一系列与该品牌有关的资产或负债，它们来源于一个产品或一项服务为一个企业和/或一个公司的顾客所提供的价值。品牌资产的类型包括：品牌忠诚度(brand loyalty)；品牌知晓度(brand awareness)；感知的质量(perceived quality)；品牌联想(brand associations)；其他专有资产(proprietary assets)，如专利(patents)、商标(trademarks)和渠道关系(channel relationships)。

大卫·爱格认为，对于建立品牌资产的一个十分重要的概念是品牌识别，它能够表达出品牌对于顾客来说代表着什么以及许诺了什么。大卫·爱格认为品牌识别有 12 个纬度，可以分为 4 个视角。

(1) 产品化的品牌(brand-as-product)：产品范围、产品属性、质量/价值、用途、使用者、原产地。

(2) 组织化的品牌(brand-as-organization)：组织属性、本地及全球。

(3) 个体化的品牌(brand-as-person)：品牌的个性、品牌—顾客关系。

(4) 符号化的品牌(brand-as-symbol)：视觉比喻/暗喻(visual imagery/metaphors)，品牌继承(brand heritage)。

大卫·爱格还认为品牌识别的概念包括核心识别和延伸识别。核心识别即品牌的中心、永恒本质在品牌转移到新市场或产品时最有可能保持不变；延伸识别包括各种品牌识别要素，即所有可以从核心识别中衍生出来的内容。

以 Satrun(通用汽车旗下品牌)为例，可以将品牌描述如下。

(1) 核心识别：一个世界级的汽车品牌，它的雇员对顾客非常尊敬并把他们当作朋友。

(2) 延伸识别：主打微型小客车产品；产品不还价；积累丰富的零售经验；拥有体贴、友好、脚踏实地、年轻活泼的个性；吸引忠诚的雇员和顾客。

3. BRANDZ 模型

市场研究咨询机构 Millward Brown 和 WPP 共同开发了 BRANDZ 品牌力模型。其模型的核心是建立品牌的动态金字塔，其模型表示品牌的建立要通过一系列逐级发展的步骤，而每一步骤的完成都依赖于前一步骤的成功实现。这些步骤按升序排列如下。

(1) 产品存在(presence)：我了解它吗？

(2) 产品关联(relevance)：它能给我提供某些东西吗？

(3) 产品表现(performance)：它能实现吗？

(4) 产品优势(advantage)：它能提供比其他产品更好的东西吗？

(5) 产品黏合(bonding)：没有什么能打败它。

模型研究表示，高级别的顾客会花费更多的时间和支出在品牌上，其对品牌有更强的忠诚度。市场营销者的工作就是把低层次的顾客通过活动和方案，来使其动态地移向更高的层次。

4. 品牌共鸣模型

品牌共鸣模型与 BRANDZ 模型一样，认为品牌的建立是一系列逐级发展的过程，从下到上完成。这一系列依次排序的层次从下到上分别是：

(1) 保证品牌的差异，利用具体的产品等级和顾客需求，以确保将顾客头脑中的品牌与自己产品的差异性联系在一起。

(2) 通过在战略上联结许多有形和无形的品牌联想，牢固地在顾客心中建立品牌含义。

(3) 就有关品牌的判断和感觉获取适当的顾客反应。

(4) 把品牌反应转化为建立在顾客和品牌之间的一种强烈、活跃的忠诚关系。

但其与 BRANDZ 模型不同的是强调品牌建立的双路径，即从理性的角度和从感性的角度两条路线分析品牌的理念。如图 10-4 所示，左边为品牌建立的理性路线，右边为品牌建立的感性路线。

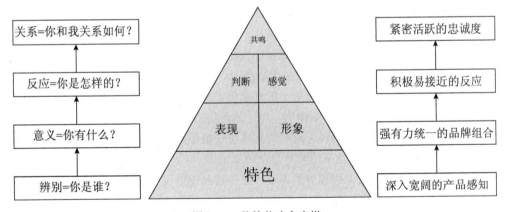

图 10-4　品牌共鸣金字塔

- 品牌特色：品牌在不同购买、消费环境下，经常并且容易被感知。
- 品牌表现：产品和服务是如何满足顾客功能性需求的。
- 品牌形象：产品和服务外在的特性。
- 品牌判断：消费者对其的看法和评价。
- 品牌感觉：消费者对于品牌感性的反响和反应。
- 品牌共鸣：消费者与品牌关系的性质。

10.3 品牌策略选择与组合

在运用品牌推动企业营销工作的过程中，企业必须进行相应的策略选择与组合，决定采取什么样的品牌策略。在这个过程中，企业要进行有无品牌决策、品牌提供者决策、品牌名称决策、品牌战略决策、品牌延展决策、品牌重塑决策，如图 10-5 所示。

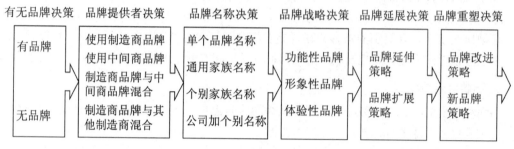

图 10-5　品牌决策

10.3.1 有无品牌决策

有无品牌决策是指企业在生产经营活动过程中选择使用或者不使用品牌的策略，具体包括有品牌和无品牌两种策略。

1. 无品牌策略

无品牌策略是指企业在经营活动过程中不使用任何品牌。

企业不使用品牌主要有两个原因：一是使用品牌并不能为企业带来任何的额外收入；二是使用品牌需要支付的成本费用开支太大，入不敷出。具体来说，无品牌策略多用在以下 5 种情况。

(1) 未经加工的原料产品。企业在这一过程中发挥的作用仅仅是采掘或运输，并未对企业质量的提升发挥重要作用，产品的质量主要取决于原产地，如煤、铁矿石等。

(2) 难以形成特色的产品。产品遵循统一的标准要求，不同企业提供的产品在质量上并没有太大差异，没有必要用品牌进行区分，如电力、糖、水泥等。

(3) 生产简单、价格低廉的小商品。这些商品本身价格很低，没有必要使用品牌。例如，一些单位产品价值较低的电工用具、炊事用具等日杂用品。

(4) 消费者习惯上不予考虑品牌差异的商品。这些商品在出售过程中，即使有品牌，消费者也不会给予太大关注，如蔬菜、水果、肉类食品等。

(5) 临时性或一次性生产和销售的产品。这些产品在今后不再出售，不需要通过品牌赢得顾客。

2. 有品牌策略

有品牌策略是指企业为其产品使用品牌，并相应地给出品牌名称、品牌标志，以及向政府部门进行注册登记等活动。使用有品牌策略能给企业带来一系列好处。

(1) 有了品牌名称可以使企业比较容易处理订单并发现问题。

(2) 企业的品牌名称和商标对产品独特的特点提供法律保护。

(3) 品牌化可以吸引忠实的和有利于公司的顾客，品牌忠诚使企业在竞争中得到某些保护。

(4) 品牌化有利于企业细分市场。例如，宝洁公司提供 8 种品牌的清洁剂，每一种配方略有不同，然后分别推向特定用途的细分市场。

(5) 强有力的品牌有助于建立企业的形象,使企业更容易推出新品牌并获得分销商和消费者的信任和接受。

对于分销商和消费者来说,分销商想把品牌名称作为一种手段,以方便产品经营,识别供应商,把握一定的生产质量标准,增强购买者的偏好。消费者要求有品牌名称,是为了帮助他们识别质量差别,从而更有效地购买商品。

10.3.2　品牌提供者决策

品牌提供者决策是指企业选择使用谁的品牌。一旦企业决策以品牌作为重要的营销策略,企业面临的重要决策就是使用自己的还是其他商家提供的品牌。具体包括使用制造商品牌、使用中间商品牌、制造商品牌和中间商品牌混合使用、使用其他制造商品牌四种策略。

1. 使用制造商品牌策略

制造商为自己的产品选择适当的品牌,在销售过程中独立使用。就全球的发展趋势来看,大部分制造商更愿意使用自有品牌。一方面,产品差异体现着制造商实力的不同,有实力的制造商更愿意以自有品牌的方式体现自身的力量;另一方面,好的品牌本身是企业的一种资源,越来越多的制造商更愿意在经营过程中积累自身在这一方面的资源。另外,现代交通工具、通信工具的发展拉近了制造商和最终消费者的距离,也为制造商树立品牌提供了诸多便利条件,进一步推动了制造商选择使用自有品牌。

2. 使用中间商品牌策略

制造商不为产品选择品牌,而是将产品出售给中间商,中间商在出售这些商品时采用自己的品牌。对制造商而言,采用中间商品牌策略主要有以下三种情形。

(1) 制造商在一个不了解本企业产品的新市场推销产品。

(2) 制造商的影响力远不及中间商。

(3) 制造商品牌的价值小,设计、制作、广告宣传、注册等费用高。

通常来说,实力弱、知名度不高的制造商常选择使用中间商品牌。使用中间商品牌的优点在于可以借助中间商的品牌优势大批出货;缺点在于容易造成自身与消费者联系的阻隔,不利于确立自身的形象。

对于中间商而言,在出售商品时使用自己的品牌,因制造商减少宣传费用,可获得较便宜的进货价格;可以树立自己的信誉,有利于扩大销售;可以不受资源限制,加强对制造商产品价格的控制。因此,中间商使用自有品牌具有提升企业知名度,提高与制造商讨价还价的能力,扩大产品盈利空间等优点;缺点是需要投入树立品牌的相关费用支出,并承担因顾客拒绝接受而殃及全部商品的风险。

3. 制造商品牌与中间商品牌混合使用策略

制造商在商品销售过程中不仅使用自有品牌,而且使用中间商品牌。在具体应用过程中有三种情形:①制造商品牌与经销商品牌同时使用;②部分产品使用制造商品牌,另一部分使用经销商品牌;③先采用经销商品牌进入市场,待产品在市场上受到欢迎后改用制造商品牌。第一种策略有兼收两种品牌的优点,可以增加信誉,促进产品销售。特别是产品进入国际市场的过程中,制造商常常使用这一策略。第二种策略常常在制造商生产能力过剩的情况下,利用这一策略来扩大产品的销售。第三种策略用于企业新进入一个市场，以借助中间商品牌迅速开拓目标市场。

4. 制造商品牌与其他制造商品牌混合使用策略

制造商在部分产品上使用自有品牌，而在另一部分产品上使用其他制造商的品牌进行销售。一般企业出于两种目的而和其他制造商混合使用品牌：①为了扩大市场销售，利用其他制造商的品牌和渠道为其做代工；②多个企业统一使用品牌，扩大市场竞争力。采用此种策略，对于知名企业而言，可以获得一定的利润收益，并且扩大市场影响力。对于代工企业可以充分利用生产能力，扩大销售。

10.3.3 品牌名称决策

给自己的产品创建品牌的制造商和服务商必须选择它们的品牌名称。一般来说，有以下 4 种策略。

1. 单个的品牌名称策略

采用这种策略的好处之一就是没有将公司的名誉系在某一个产品品牌名称的成败之上，能有效地将企业有限的财力集中于单一品牌的塑造上，它的产品、传播和其他的所有行动都对品牌声望贡献良多，因此可以产生强大的品牌杠杆力，有利于消费者迅速认识新产品和对新产品产生信任感，也有利于企业准确地传递企业理念，塑造企业形象，壮大企业声势，培植企业的核心竞争能力。假如某一个品牌的产品失败了或者出现了质量问题并不会损害制造商的名声。这种战略可以使公司为每一个新产品寻找最佳定位。采用这种策略的公司主要有宝洁公司。

2. 通用的家族品牌策略

采用这种策略的好处就是，引进一个产品的费用较少，因为不需要进行为品牌命名的相关工作，以及不需要为建立品牌名称认知和偏好而花费大量的广告费。如果制造商家族品牌的声誉良好，那么新产品的销路就会非常好。采用这种策略的公司主要有通用电气公司。在亚洲，花王以自己的品牌销售从化妆品到软盘等一系列商品。

3. 不同类别的家族品牌策略

如果一个公司销售明显不同的各种产品，那么仅仅使用一个品牌是不够的。采用这种策略，能有效防范企业单一品牌经营模式因其覆盖的产品过多而可能导致的品牌定位模糊，弱化其竞争能力的缺点；还能有效地克服独立品牌组合因品牌过多而可能出现的宣传传播成本高，难以管理，难以形成合力的不足。日本松下电器公司正是沿着这一思路，例如松下在视听产品上使用的品牌是 Panasonic，在家电产品上使用的品牌是 National，在高保真产品上使用的品牌则是 Technics。

4. 公司的商品名称和单个产品名称相结合策略

采用这种策略的好处就是可以使产品正统化，而单个品牌名称又可以使新产品个性化。首先进行直接命名(子品牌或副品牌)，说明产品的功能、价值和购买对象，再给所有产品冠以一个共同品牌(母品牌或主品牌)。一般而言，母品牌与子品牌是相互影响、相互促进的，最终吸引一个特定的细分市场。例如，索尼在随身听、录像机和游戏机等不同产品上采用这种策略。

当一个公司决定了它的品牌名称策略后，还要选择特定名称。在选择特定品牌名称时，需要考虑到以下几个问题。

(1) 它应该使人们联想到产品的利益、产品或服务的类型。

(2) 它应该易读、易认和易记，同时也应该与众不同。

(3) 不要用在别的国家可能引起误解的词语。

(4) 名称在文化上应该容易被接受。

10.3.4 品牌战略决策

品牌战略将根据功能性品牌、形象性品牌或体验性品牌来区别定位。消费者购买功能性品牌是为了满足功能性的需要，如刮胡子、洗衣服等。如果消费者认为品牌具有非凡的表现或者非凡价值，那么他们在功能性品牌上就得到了最大的满足。功能性品牌在很大程度上依赖"产品"或"价格"特征。

形象性品牌的出现，是由于出现了一些难以与其他产品区分、难以评价质量、难以表达用户感受的产品或服务。这一品牌战略包括设计一个明显的标志，将它们与名人使用者相联系，或者创造一个强有力的广告形象。很明显，它们被设计用来对品牌用户进行肯定。包括 B2B 在内的形象品牌，如英特尔、麦肯锡和高盛。形象品牌很大程度上有赖于创造性的广告和庞大的广告开支。

体验性品牌包括了那些不仅仅希望获得商品的顾客。消费者在这些品牌中会遇到一些"人"和"地方"，如星巴克咖啡店、迪士尼乐园等。

10.3.5 品牌延展决策

品牌延展决策是指企业将已经成功塑造形成的品牌用于同种类型或者不同类型的新产品推广中，从而在更大的范围内使用品牌的策略安排。

1. 品牌延伸策略

企业将现有的品牌用于经过改进的同类产品或者升级换代产品，新推出的产品与原有产品之间存在密切的联系。例如，创维集团将其品牌一步步延伸至纯平彩电、超平彩电、液晶彩电等。品牌延伸策略有利于企业节约推出新品牌所需要的巨大费用，且能够使消费者快速接受企业推出的新产品。品牌延伸策略也并非全是好处，这种策略可以说是收益与风险共存，是一把双刃剑。给企业带来较大经济效益的同时，也会伴随着一定的经营风险。首先，品牌延伸有可能使品牌失去优质的质量保证。其次，品牌延伸可能导致被延伸者无法独立生存。品牌延伸策略的双刃剑特征，决定其既可使企业走向辉煌，也可能使企业走向衰败。国际上实施品牌延伸策略是比较谨慎的，采取这一策略时应注意以下几点：首先是品牌延伸切勿脱离品牌主体形象，必须保持品牌的个性化特点；其次是品牌延伸要以确保原有品牌质量为前提，否则会对原有品牌造成损害。

2. 品牌扩展策略

品牌扩展策略是指企业利用其成功品牌的声誉来推出新产品，以凭借现有品牌产品形成系列品牌产品的一种扩展策略。此策略用于企业将现有品牌推出不同类产品时，新推出的产品与原有产品之间存在很大的差异。由于这种策略既节约了推出新品牌的促销费用，又可使新产品搭乘原品牌的声誉便车，得到消费者的认可，可以起到"借势造势"的作用。正因为如此，品牌扩展策略被许多企业视为拓展经营范围、提高知名度的利器。例如，有"东方西门子公司"之称的 TCL集团公司，自开创出 TCL 牌电话机这一拳头产品后，更加深刻地体会到名牌是市场竞争的利器和企业取胜的法宝。基于这种认识和理解，该公司目标明确，及时、有效和稳妥地采取相应的策略，以电话机为龙头产品，利用已有名牌的光环效应向家电、医疗器械、电脑等高新尖端领域扩展，并在国内同行业中后来居上。

10.3.6 品牌重塑决策

品牌重塑决策是指企业重新确定自身的品牌，借助新品牌谋求竞争优势的策略。品牌重塑决策包括两方面：品牌改进策略和新品牌策略。

1. 品牌改进策略

企业仍然沿用原有的品牌，但在品牌的名称、图案组成、品牌地位、品牌质量等方面进行必要的改进，以达到重新确立品牌的目的。例如，在电子行业发展中，提及在近几年品牌价值提升最快的公司，无疑人们想到的是韩国三星。这家公司成立于 1969 年，早期业务主要以生产廉价产品为主，在西方人心目中，三星曾经是代表着"低价位、低质量、仿制品"的二三流公司。20 世纪 90 年代，三星实行品牌改进策略，全力打造三星一流品牌，用了 36 年的时间，实现了现在的代表"时尚、高档、技术领先、e 化"的全球领导性的三星品牌。

2. 新品牌策略

企业放弃原先曾经使用的品牌，选择全新的品牌名称、图案设计等，从而以一个全新的品牌出现在市场上。推出新品牌需要大量的推广费用，所以一般只有当原有企业品牌效果不佳、遇到严重的品牌危机时，或者有更好的品牌选择时，企业才会选择新品牌策略。

10.4 品牌价值评估

品牌价值评估是企业无形资产评估的一个重要内容，它是对产品品牌和企业品牌的市场表现、发展潜力以及由它们构成的品牌无形资产的市场价值做出的一种经济评估方法。品牌价值的评估既是对品牌现在市场状况的资产评估，也是对品牌未来发展和未来预期收入的资产评估。国内外众多机构和学者在对品牌价值评估方法的研究中提出了许多有价值的理论和评价模型，这些理论和模型对企业市场营销实践起到了积极的作用，也是企业资产重组和品牌扩张等经营活动的重要决策依据。

10.4.1 品牌价值评估的传统方法

1. 成本法

成本法，又称为重置成本法，是指在评估品牌时，按照被评估品牌的现时重置成本减去应扣除的各项损耗价值来确定被评估品牌价值的一种方法。

成本法的假设前提是购买或开发品牌的成本，与此项品牌提供服务的寿命期内所创造的经济价值是相当的。用成本法评估品牌价值，首先要计算出品牌的重置成本。品牌的重置成本是在当前生产力水平条件下重新开发该项品牌所需发生的费用支出。例如，用成本法评估可口可乐品牌的价值，首先要计算出可口可乐的重置成本，就是计算在现有条件下重新开发一个可口可乐品牌所需的费用。

成本法从创建品牌的成本角度来评估品牌价值，从原理上来看，由于品牌成本与品牌的获利能力之间并不存在必然的联系，品牌成本并不能反映品牌的获利能力，即不能反映品牌真正的价值。所以，成本法不适合用来评估品牌的价值。

2. 市场法

市场法，也称现行市价法，是以现行市场价格为依据评估品牌价值的一种方法。所谓现行市价，是指现在市场上可以找到替代或参照比较的品牌售价。由于品牌本身具有的垄断性，造成待评估品牌与参照品牌之间存在差异，时间差、地域差、结算方式差、作用效果差和经济寿命差等。因而，在确定品牌价值时，必须以参照品牌的市场价格为基数，再根据具体情况加以调整。

市场法是根据替代原则，采用比较和类比的思路和方法判断品牌价值的评估技术规程。它基于这样的事实：任何一个正常的投资者在购置某个品牌时，他所愿意支付的价格不会高于市场上具有相同用途的替代品牌的现行市价。运用市场法要求充分利用类似品牌的成交价格信息，并以此为基础判断和评测被评估品牌的价值。

市场法避开了待评估品牌价值的直接评估，而是参照市场上与待评估品牌相同或相类似的一个或几个品牌来间接评估品牌价值。如果存在适宜的条件，即有公开活跃的市场、能找到参照物，市场法可以用于品牌交易价值的评估。然而，它不能给企业提供足够、有用的信息，不适用于品牌内在价值的评估。

3. 收益法

收益法，也称收益现值法，是以未来预期收益作为品牌资产存在状态的价值反映并采用适宜的贴现率对预期收益进行折现，得出品牌资产价值的一种评估方法。收益法主要关注的是品牌的获利能力。

收益法评估品牌价值的经济理论基础是预期原则及效用原则。采用收益法评估品牌价值，是指为了获得该品牌以取得预期收益的权利所支付的货币总额。品牌的评估价值与品牌的效用或有用程度密切相关，品牌的效用越大，获利能力越强，它的价值也就越大。

收益法的基本原理反映了品牌未来的获利能力，符合品牌资本化的本质特征，可以用来评估品牌价值。目前，国际上影响力最大的英特品评估法也是在收益法的基础上发展起来的，是收益法的一种变形。然而，收益法的最大局限性在于并没有考虑消费者因素对品牌价值的影响。

10.4.2　基于企业的品牌价值评估方法

基于企业的品牌价值评估方法利用企业的财务数据和品牌的市场表现，从企业角度来评估品牌价值。其中，比较有代表性的方法有英特品(Interbrand)评估法、MSD 评估法。下面将分别进行介绍。

1. 英特品评估法

英特品评估法由英国著名的咨询公司英特品公司创立，是全球影响力最大的一种评估方法。从 1990 年创立至今，英特品评估法已经对全球 2500 多个品牌进行了价值量化，并得到了世界上众多金融和市场营销人员、著名企业管理者的认可。所以，该方法作为全球首创而且历史较长的品牌价值评估方法，对该领域的研究起到了至关重要的作用。

1) 英特品评估法的基本思路

英特品评估法的一个基本假定是：品牌之所以有价值不全在于创造品牌所付出的成本，也不全在于有品牌产品较无品牌产品可以获得更高的溢价，而在于品牌可以使其所有者在未来获得较稳定的收益。就短期而言，一个企业使用品牌与否对其总体收益的影响可能并不很大。然而，就长期看，在需求的安全性方面，有品牌产品与无品牌产品，品牌影响力大的产品与品牌影响力小的产品，会存在明显的差异。

英特品评估法的评估思路与收益法基本相同，即合理预测品牌带来的超额收益，并予以折现，计算评估值。与收益法不同的是，英特品评估法中的折现率化为一个乘数，由乘数与预测的品牌收益相乘，得到品牌价值的评估值。乘数由综合衡量品牌强度判断得出。

英特品评估法的计算公司可以表示为：

$$V=P\times S \tag{10-1}$$

式中，V 为品牌价值；P 为品牌收益；S 为品牌乘数。

2) 英特品评估法的基本流程

(1) 确定品牌收益。英特品评估法中的品牌收益是指品牌的预期税后净利润，在实际操作中，英特品评估法一般采用品牌过去 3 年的加权平均税后净利润作为预测值。公式为

$$品牌加权平均收益=\frac{当年收益\times3+前一年收益\times2+前第二年收益\times1}{3+2+1} \tag{10-2}$$

在具体计算品牌收益时，先进行财务分析，可以通过分析公司利润表获取品牌产品的营业利润，剔除品牌产品所用的有形资产应获的利润，得到品牌产品所用的无形资产的收益，即沉淀收益。然后进行市场分析，确定品牌对所评定产品或产品所在行业的作用，以此决定品牌产品的沉淀收益中，多大部分应归功于品牌，多大部分应归功于非品牌因素。英特品公司使用"品牌作用指数"来表示品牌收益占沉淀收益的比例，其基本想法是从多个层面审视哪些因素影响产品的沉淀收益，以及品牌在多大程度上促进了沉淀收益的形成。综合"品牌作用指数"和沉淀收益，就可以确定由于品牌影响力所形成的收益。

(2) 确定品牌乘数。英特品评估法认为，品牌乘数反映了品牌未来需求的安全性，即有多大的力度保证品牌未来的消费者需求，因此可以用来衡量品牌所面临的风险。英特品评估法还认为，品牌强度决定了品牌乘数，强势品牌具备较强实力，强度得分较高，在评估这类品牌的过程中使用较大的品牌乘数；而弱势品牌的品牌力较弱，强度得分较低，在评估这类品牌的过程中使用较小的品牌乘数。

英特品公司通过广泛研究选择了七种参数作为品牌强度指标，即品牌强度七因素，它们分别为支持力(support)、品牌保护(protection)、领导力(leadership)、稳定性(stability)、市场性质(market)、国际性(internationality)和品牌趋向(trend)。每一个因素赋予的权重不同，体现了它们具有不同的重要性。具体情况如表 10-2 所示。

表 10-2 品牌强度七因素及权重

因　素	基　本　含　义	权　重
支持力	品牌持续投资及支持程度	10%
品牌保护	品牌的受保护程度	5%
领导力	品牌的市场地位	25%
稳定性	品牌的历史年限	15%
市场性质	品牌所处市场的性质	10%
国际性	品牌行销区域范围	25%
品牌倾向	品牌的发展方向	10%

为了将品牌强度得分转化成品牌乘数，英特品公司发展了一种 S 形曲线，品牌强度得分越高，品牌乘数就越高，品牌面临的风险就越小，即品牌实现未来收益的可能性越大。品牌乘数与品牌强度得分的关系可近似表示为

$$\begin{cases} 250y = x^2, & x \in [0, 50] \\ (y-10)^2 = 2x - 100, & x \in [50, 100] \end{cases} \tag{10-3}$$

式中，x 为品牌强度得分；y 为品牌乘数。

(3) 根据式(10-1)计算品牌价值。

2. MSD 评估法

根据世界名牌的六大特征并结合中国品牌竞争的发展现状，北京名牌资产评估有限公司定义了三个反映中国品牌竞争以及中国品牌价值状况的指标，即品牌的市场占有能力(M)、品牌的超值创利能力(S)以及品牌的发展潜力(D)，创立了 MSD 方法(如表 10-3 所示)。该评估方法是目前国内相关研究领域内最具规模的体系。据公开资料显示，该方法在国内的实际运用已渐具规模，在国内企业间形成了一定的影响。

表 10-3　基于 MSD 方法的世界品牌特征

六 大 特 征	具 体 表 现
可观的市场份额	数据显示，国际品牌百威啤酒的市场占有率为 40%，而中国品牌青岛啤酒的市场占有率仅为 3% 不到
可观的超常创利能力	在世界品牌价值排名中，前 25 名国际品牌的产品利润平均占了这些品牌所属企业总利润的 80%
较强的出口能力	丰田汽车在美国的销售收入占了该公司总收入的 40%，可口可乐 70% 的营业收入来自美国本土以外的市场
较强的法律保护	国际名牌往往具有几十年甚至上百年的历史，这些名牌获得了完备的法律和政策保护
超强的国际化能力	这其实与较强的出口能力密切相关，世界名牌的出口能力非常强，因此，这些名牌具有超常的国际化能力
有力的公司支持	品牌竞争年代，世界名牌的所有者视名牌为公司最有价值的资产，往往能获得显赫的公司地位和资源支持优势

1) 评估指标

MSD 法采用了三个评估指标：品牌的市场占有能力(M)、品牌的超值创利能力(S)以及品牌的发展潜力(D)。

品牌的市场占有能力(M)显示了品牌的历史业绩，主要通过产品的销售收入加以反映，该公司的研究表明，品牌的市场占有能力与品牌价值高低之间存在高度关联。因此，市场占有能力在中国品牌价值中占有较高的影响权重。

品牌的超值创利能力(S)强调了 MSD 法的评估对象仅为具备超额创利能力的品牌，该指标是通过利润和利润率加以反映，同时与消费者的信任度相关。一般而言，价值越高的品牌，消费者的品牌信任度越高，消费者对该品牌的价格敏感度就越低，这在一定程度上塑造了品牌的超值获利能力。

品牌的发展潜力(D)与前两项指标不同，它更偏重于评估品牌的未来发展潜力，该方法认为尽管预测性指标的定量比较复杂，但非常重要，强势品牌所具备的强大的未来获利能力，正是品牌

的魅力所在。因此,该类潜力不可忽视。

2) 行业修整系数

MSD 评估方法为上述三项指标分别设立了行业修整系数,使得不同行业的品牌可以在同一标准体系内被评估和比较。首先,行业修整系数可以帮助修整行业规模。例如,由于计划经济体制的控制,中国的钢铁行业早已形成规模,这类企业从来不注重创立品牌就可以占据相当显著的市场份额,但是有些行业由于缺乏这样的优惠政策而始终处于发展规模偏小的状态。其次,行业修整系数有利于修整产业链上不同环节对品牌价值的影响。一般而言,产业链中、下游企业对其产品品牌的影响力较小,从而影响最终的品牌价值。行业修整系数可以对这些事实进行修整,同时,行业修整系数采用五年移动平均法,非固定不变。

3) 品牌价值的计算

根据 MSD 方法的介绍,将三项指标的得分按照一定权重相加后就得到了品牌总价值。一般而言,三指标的权重分配约为 4∶3∶3,同时根据国内行业的不同情况进行调整,从而达到行业间的可比。例如,当某品牌所处的行业规模较大,则与那些处于规模较小的行业内的品牌相比,前者的品牌市场占有能力指标的权重就要相对调低,后者相对调高,以达到平衡。

10.4.3 基于消费者的品牌价值评估方法

基于消费者的品牌价值评估方法根据品牌与消费者的关系,从消费者的角度来评估品牌价值。此类方法多为定性评价,通过消费者调查得到品牌价值。具有代表性的是两种——品牌测评模型和忠诚因子法。

1. 品牌测评模型

1) 品牌价值十要素模型(brand equity ten)

该模型由美国著名的品牌专家大卫·爱格教授于 1996 年提出,是迄今最完整的也是学术界最为著名的品牌价值评估模型。大卫·爱格将品牌价值定义为:“与品牌名称和符号相联系的一系列资产和负债,它们可以增加或减少通过产品或服务提供给企业或该企业客户的价值。”品牌价值可以从 5 个方面来衡量:品牌忠诚度、品质认知或领导性、品牌联想或差异性、品牌认知度和市场状况。大卫·爱格在此基础上提出了品牌评估的十指标体系,如表 10-4 所示。

表 10-4　品牌价值评估十指标体系

忠诚度评估	1. 价差效应 2. 满意度/忠诚度
品质认知或领导性评估	3. 感知质量 4. 领导性/受欢迎程度
品牌联想/差异性评估	5. 价值认知 6. 品牌个性 7. 企业联想
品牌认知度评估	8. 品牌知名度
市场状况评估	9. 市场占有率 10. 市场价格及渠道覆盖率

2) 基于消费者的品牌价值模型(customer-based brand equity)

该模型由美国斯坦福商学院著名教授凯文·莱恩·凯勒提出,最早发表于 *Journal of Marketing*,

并很快被世界各地的众多品牌问题研究专家所接受，成为品牌价值评估的有力工具。该模型是迄今为止比较完善的纯粹从消费者角度来对品牌价值进行定义、评估和管理的理论框架体系。

　　该模型的基本观点是：品牌价值来自于消费者所具有的品牌知识对该品牌的营销活动做出的差异性反应。品牌知识由品牌意识和品牌形象两部分组成。该模型的框架体系如图 10-6 所示。

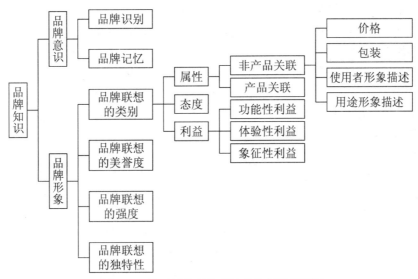

图 10-6　基于消费者的品牌价值模型框架图

　　品牌测评模型用一系列指标来衡量品牌与消费者的关系，据此来评价品牌的价值，它充分肯定了消费者的作用，这在当今品牌种类繁多、竞争异常激烈的市场环境下有着非常重要的意义。通过对消费者关系指标的横向及纵向比较，市场营销人员和企业管理人员可以找出品牌的优势及劣势，有针对性地开展日常的品牌管理工作，有助于提升企业的品牌价值。

2. 忠诚因子法

　　忠诚因子法由南开大学范秀成教授提出，品牌价值具体表述为

$$V = Q \times N \times R \times (P - P_0) \times K \tag{10-4}$$

　　式中，V 是品牌价值。

　　Q 是周期购买量。它是指单个目标顾客在一个周期内购买的单位产品的平均数量。周期是指目标顾客两次购买之间所需要的时间，一般可以根据产品的性质事先设定。例如，一周、一个月或一个季度等。

　　N 是时限内的周期数。时限是指事先规定好的时间段，时间长短原则上可以按照过去营销努力产生的、顾客头脑中已有的品牌知识持续发挥作用的时间为依据。在这个时间限度内消费者对品牌的态度和行为基本保持稳定。国外的通行做法是 5 年为时限。

　　R 是理论目标顾客基数。它表示在品牌影响的范围内所有可能和已经在购买该品牌产品的顾客数量，可以看成是品牌产品的目标市场规模。对于变化较快的市场，可以根据专家预测，取未来时限内的平均值。

　　P 是单位产品价格。它是指单位产品的销售价格。如果产品在各地理区域的单位售价不尽相同，可以采用各地理区域内单位产品销售价格的加权平均值，权重依据各地理区域销售量所占的

比重确定。

P_0 是单位无品牌产品价格。它是指具有类似实体功能的无品牌产品的销售价格。通常可以看成是单位无品牌产品售价的最大值，以 OEM 价格为基准或通过顾客测试来确定。K 是忠诚因子。这是公式中的核心要素，也是该品牌价值评估方法的关键所在。它是一个百分数，表示全部目标顾客中在未来决定重复购买或开始购买本品牌产品的顾客的比例，它反映了整个市场对品牌的忠诚度和品牌的吸引力，是一个体现消费者群体行为的指标，而非对个体行为的测量。这个因子受到许多因素的影响，例如，消费者的使用经验、顾客需求、市场竞争程度、广告传播效果、口碑等。因子的数值可以通过市场调查数据和以往的经验数据计算得出。

式(10-4)中，单位产品价格与单位无品牌产品价格之差反映了单位产品销售中品牌带来的净财务贡献或价值；除忠诚因子外的前几个变量的乘积实际上表示在未来一个时期内，如果所有的目标顾客都购买本品牌，品牌总的贡献或价值有多大；在此基础上乘以忠诚因子，表示在未来一个时期品牌能够实现的价值。

式(10-4)反映的实际上是某品牌在某个具体产品类别中的价值，如果有多种产品使用同一品牌，可以用同样的方法分别计算品牌在各产品类别中的价值，然后加总得到品牌总的价值。

10.5　品牌的塑造

品牌的塑造，是为实现品牌定位而付诸行动的过程。这是一个长期而艰巨的系统工程，品牌的塑造往往需要 10 年、20 年，甚至更长的时间，但毁灭一个品牌只需要做一件愚蠢的事情就可以，甚至品牌还有可能成为负资产。品牌知名度、美誉度和忠诚度是品牌塑造的核心内容，值得注意的是，随着科技和互联网技术的不断发展，在品牌塑造的过程中，互联网成为了一个重要的工具。下面就让我们来看看传统行业中和互联网背景下品牌的塑造过程。

10.5.1　传统行业中的品牌塑造

在传统行业中，品牌塑造随处可见。塑造品牌的三大法宝是：广告语、形象代言人、实效 VI(视觉设计)。这三大法宝将企业与消费者、产品与消费者、品牌与消费者间的有效沟通浓缩化、凝练化、集中化、统一化，使其高度简单，再简单。而随着时间的推移，传统行业中的品牌塑造方法也从最初的疯狂打广告慢慢演变到现在的口碑传播。

1. 广告语

广告语是品牌、产品、企业在市场营销传播中的口号、主张和宣传主题及理念，包括品牌定位。品牌的所有主张或服务承诺都是通过广告语来承载和体现的。广告语根据其性质可分为理念、科技、服务、品质、功能等五大类。海尔的"真诚到永远"，海信的"创新就是生活"当属理念类；诺基亚的"科技以人为本"和商务通的"科技让你更轻松"诉求科技；农夫山泉的"农夫山泉有点甜"、可口可乐的"清凉一刻"、王老吉的"怕上火喝王老吉"体现功能；碧桂园"给您一个五星级的家"强调服务承诺等。常见的知名品牌广告语都在某种程度上交叉包涵其他类型的含义，有口语化的趋势。比如耐克的"Just do it"，百事可乐的"新一代的选择"等。一条有穿透力、有深度、有内涵的广告语，其传播的力量是无穷的，而且往往成为目标消费者的某种生活信条，代表某种生活方式。高水准的广告语就是该品牌的精神和思想，内涵深刻，也与通俗化并不矛盾，它所主张和诉求的价值理念与目标消费者的价值理念是高度和谐统一的。

2. 形象代言人

形象代言人是品牌的形象标识(明星或卡通形象),最能代表品牌个性及诠释品牌和消费者之间的感情以及关系。万宝路的硬汉没有肤色和语言的障碍通行世界；麦当劳叔叔带给全世界小朋友的何止是欢乐？美的的北极熊憨厚可爱,幽默风趣,你还能说生活不美吗？形象代言人一下拉近了品牌与消费者之间的关系：像朋友、又像邻居,像家人一样毫不陌生、亲切熟悉,品牌个性具象之至,甚为传神。

3. 实效 VI

实效 VI 的优势是终端市场煞是抢眼,声光电综合运用形成立体效果,打造一道品牌风景线,以区别于同类品牌,决战终端。家电城的金正金苹果,超市里的宝洁品牌区、可口可乐、百事可乐区,背背佳矫姿带,风格迥异,气势、氛围、亲和力一拥而上,互动沟通的色彩甚为浓重。消费者徘徊其间不仅是购物,简直就是一种休闲享受。品牌推广形象的统一,是一个品牌所有资源集中整合的直接再现,使大量资源有了主心骨,使其立体化,与消费者的沟通更容易,渠道问题和推广问题也就迎刃而解。

4. 口碑

良好的口碑是品牌塑造的最优结果。当今社会,越来越多的人在购买商品时关注于该产品的品牌口碑,而不是被形形色色的广告所左右。而品牌口碑是一种动态指标,具有很强的不确定性,这就要求企业在品牌塑造的过程中时时刻刻保持谨慎小心的态度,不断检测本品牌的口碑内容与变化趋势,同时对口碑进行预警观测并及时提出和制定改进建议。以三鹿奶粉为代表的多个品牌的消亡事件深刻反映了口碑效应在品牌塑造过程中的重要作用,我们不希望看到类似的悲剧再次重演。

10.5.2　互联网背景下的品牌塑造

互联网不仅给企业增加了一个销售通道或宣传推广的平台,而且从根本上改变了消费者的消费习惯,提高了消费者的心理预期。尤其是移动互联网,在给人们生活带来便利的同时也给企业带来了新的挑战。在这样的新时代背景下,互联网对于企业的品牌塑造发生着深远的影响,而其中,品牌虚拟社区就扮演着重要的角色。

品牌虚拟社区可视为品牌社区和虚拟社区的结合体。Muniz & O'Guinn 将品牌社区(brand community)定义为建立在使用某一品牌的消费者间的一整套社会关系基础上的、一种专门化的、非地理意义上的社区。而虚拟社区(virtual community)则是指由具有共同兴趣及需要的人们组成,成员可能散布于各地,以兴趣认同、在线聚合的形式存在的网络共同体。故此,我们将品牌虚拟社区界定为：由欣赏、爱好同一品牌的群体经由网络为媒介而进行的持续的社会性互动所形成的一个社会共同体,群体中成员分享各自对品牌产品的知识、感受并产生进一步的接触活动,最终对社区产生归属感。

品牌虚拟社区通常包括三个板块：以品牌为主题的认同空间、容纳成员互动和相关信息的交互空间、现实与虚拟交融的转换空间。同样,品牌虚拟社区的形成也可分为三个阶段：聚集空间的形成、沟通空间的形成和品牌社区的形成。总体而言,品牌虚拟社区的商业潜力与核心功能主要体现在：

(1) 社区核心人物的示范作用。

(2) 产品革新的试验场。

(3) 帮助企业用新的富有竞争力的观点学习和了解顾客，吸引和吸收具有最高忠诚度的顾客，实现利润最大化。

(4) 社区的口碑传播在产品或品牌为市场接纳的整个过程中扮演着主要角色。

(5) 社区与电子商务的集合。

虚拟品牌社区的社会影响力主要是通过品牌社区认同来实现的。认同将构建成员之间的家族关系，也意味着顾客接受社区的规则、传统、仪式和目标。认同可同时引发积极或消极的社会结果，但通常积极作用更加明显。例如，苹果的牛顿品牌社区就是一个很好的案例，该社区在产品停产后依然繁荣。社区成员通过互联网进行联系，还在线下进行面对面的聚会。不可思议的、宗教般的、坚定不移的品牌忠诚在苹果牛顿社区存在着。面对技术更新、产品淘汰的压力，牛顿品牌社区形成缓解压力的保护带，帮助使用者相互支持，保持了自己的身份认同。

我们相信在不久的将来，随着互联网技术的不断发展，越来越多的品牌社区将影响品牌的塑造过程并改变我们的生活。

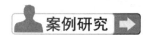

思考题

1. 什么是品牌？它有哪些特点？品牌与名牌有何异同？

2. 什么是品牌资产？品牌资产模型带给你什么启示？

3. 企业如何选择自己的品牌策略？怎样理解品牌延展策略的双刃剑特征？

4. 品牌价值如何评估？试用本章提到的方法对某个具体品牌价值进行评估。

5. 在互联网的背景下，还有哪些品牌成功构建了品牌虚拟社区？请详细阐述。

案例研究 ➡

美丽的战场：佰草集欧洲生存记

巴黎，香榭丽舍大街，LV(路易·威登)旗舰店门口的求购队伍终日不断。就在这条堪称世界时尚与奢华核心的大街上，一个 1 米×1.5 米的货柜，是目前中国化妆品品牌唯一的位置，也是中国整个消费品品牌唯一的位置。

这里，是"美丽的战场"。在化妆品行业竞争最激烈的欧洲，3 年前佰草集只有一个小小的货柜。3 年里，中国品牌就是靠着这样一个个货柜，不仅在巴黎站稳脚跟，销售遍布法国，还在意大利、西班牙、波兰、荷兰等地生根开花。2010 年，佰草集欧洲销售额近 2 000 万元，同比增长 80%，2011 年预计仍将以 80%的速度增长。

这个土生土长的中国化妆品品牌，凭什么在欧洲市场上立足？让国外消费者真正接受中国品牌，是一个长期而艰辛的过程，但这种尝试无论成败，对于提升中国制造的品质和服务，对于中国传统文化融入全球，都在积累着可贵的经验。

一、面对冷眼

"把化妆品卖到巴黎，就像把煤运到纽卡斯尔一样"，这是佰草集在巴黎上市之初，海外时尚界的评价。

巴黎不缺化妆品，远胜于纽卡斯尔不缺煤：世界最大的化妆品集团法国欧莱雅总部在巴黎，世界最大的化妆品零售店丝芙兰总部在巴黎。世界各地的知名化妆品、服装、箱包等时尚品牌，无一不想在巴黎这一全球"时尚之都"占据一席之地。在这一点上，上海家化的思维和别的大品牌没有区别——不管成本多高、竞争多激烈、生意多难做，也要去巴黎。

2008 年，佰草集在丝芙兰旗舰店上市。外界对于上海家化试水欧洲市场的举动感到惊讶，"一个中国品牌罕见地闯入巴黎人的生活，人们最初都有新奇感，但也仅仅是新奇感而已。"《美容周刊》杂志主编菲利普斯说。

"开始的时候，他们走过来被佰草集吸引，但一看到'中国制造'字样，马上放下，扭头就走。"佰草集法国市场运营主管王琳洁这样描述在法国最难熬的日子。偏见绝非一朝一夕形成。你可以责怪欧洲人自傲、保守，但不可回避有些"中国制造"确实廉价而粗糙。在需要直接面对顾客的消费品领域，中国品牌还很难立足。

佰草集进军欧洲，这种"傲慢与偏见"如影随形。2006 年，上海家化 5 人团队来到巴黎，丝芙兰只有一个采购经理来接待。短短 30 分钟，她只抛下一句话，"关于佰草集能不能在丝芙兰法国上市，还在内部讨论。"这之后，双方初步达成合作意向时，丝芙兰仅仅选择了佰草集的一些低端手足部护理用品。由于上海家化的坚持，18 个从面部到身体的佰草集护肤品最终艰难登陆巴黎。

二、渐获青睐

丝芙兰店里，一个个 1 米×1.5 米的货柜，是佰草集在欧洲的"阵地"。在外界看来，守住阵地，就是胜利。

"2010 年我们只引进了 3 个新品牌，却有 5 个品牌从丝芙兰退出。这意味着它们不得不离开法国市场。"丝芙兰香榭丽舍店店长里格的自信不是凭空而来。午夜时分，香街上除了酒吧、咖啡店，只有这家丝芙兰店灯火通明，人流如织，而这只是丝芙兰在法国的一个缩影。不论是当地媒体、公关公司，还是消费者，都用"最强势"三个字形容这一化妆品零售巨头，这也是上海家化与丝芙兰合作、帮助佰草集进入欧洲市场的原因。

尽管强势，丝芙兰仍常年在全世界范围内"海选"新品牌，将这些新军收编成为丝芙兰的"独有品牌"，不断制造新的销售增长点。"目前，佰草集在丝芙兰店里的地位很特殊。"在里格眼中，"特殊"有着两层含义：一是因为佰草集来自中国，有着独一无二的品牌特点；第二个原因更直接，那就是在法国丝芙兰的各种"独有品牌"护肤品中，佰草集的年销售额已经占据头把交椅。

"特殊"的说法，也在另一家丝芙兰店店长口中提到。著名的老佛爷百货附近，丝芙兰奥斯曼店每天有近千人的客流，同样是巴黎生意最好的化妆品商店之一。店长卡琳娜女士介绍说，佰草集刚进入奥斯曼店时，丝芙兰安排它与其他几个品牌分享一个 5 层货柜，2010 年由于这个中国品牌销量的增长，奥斯曼店决定把佰草集从货柜的 2 层扩大到 5 层，独立占据整个货柜。

虽然只是看上去微不足道的改变，但在这里，货柜哪怕增加一层，都极为不易。"好品牌太多了。"卡琳娜指着佰草集的"邻居们"介绍：法国本土品牌 sampar，销售排名欧洲前三，只有一个货柜；高端法国品牌 sisley，有两个货柜……"我们特地将佰草集陈列在迪奥、兰蔻等大品牌的另一侧，这些奢侈品牌有大量忠实消费者，他们一转身，就能看到佰草集。"

三、信任危机

2008 年在巴黎亮相后，佰草集凭借优秀的市场表现，很快赢得丝芙兰的充分信任，但"蜜月期"很快结束。金融危机是第一团阴影，在其影响下，即使是视美丽时尚为生命的巴黎女人，也不得不节省一些开支；而国内传来的"三聚氰胺"风波，更是"城门失火，殃及池鱼"，让远在海外的佰草集也感到危机。

当时，佰草集在法国刚刚站稳脚跟，作为少有的抛头露面的中国品牌，佰草集正好被拿来当了靶子。与上海家化合作的法国咨询公司负责人回忆："'三聚氰胺'等事件发生后，法国消费者对中国制造的反感情绪达到顶峰，人们不管有没有用过佰草集，都采取'先质疑再说'的态度，佰草集在当地的网站，甚至这位负责人的个人博客上，都有很多人留言，骂声一片。"

消费者和舆论带来的负面情绪，逐渐影响到佰草集的当地销售团队。每次开会，都有人在抱怨：中国产品难卖，消费者的偏见无法改变，大环境不行……对策会开着开着就变成"声讨会"。脾气有些爆的王琳洁只能拍桌子，大声告诉大家："发泄可以，但抱怨改变不了任何事，唯一的办法只有用行动和产品改变消费者的成见。"

四、求同存异

就在欧洲人投以最"冷眼"的2009年，佰草集在法国的销售额却奇迹般地突破1 000万元。这一年年初，佰草集向丝芙兰提出千万元目标时，被认为"这是在开玩笑"。

奇迹是怎么发生的？在佰草集公司看来，改变偏见的根本途径，是用有效果的好产品说服消费者。

佰草集中草药研究所所长李慧良介绍，佰草集在法国，在产品研发上也曾面临难题。例如，西方知道什么是植物添加剂，却对中草药添加剂不甚了解，对中药的药理用法认识也很少。为了更好地沟通表达，佰草集与一些有中医学研究背景、又有外文基础的专家教授合作，从便于西方理解的角度诠释产品特性。

为了获得海外消费者的认可，上海家化的研发中心对欧洲人的皮肤特征作了深入研究。他们发现，欧洲女性出现皮肤衰老的现象比亚洲女性要早，欧洲女性21～25岁在眼周出现皱纹，26～30岁在双眉间出现皱纹，5年后在嘴的四周出现皱纹，而中国女性被这些问题困扰的时间则要晚10年左右；另外，成年欧洲人的皮肤往往容易出现干燥、粗糙、毛孔粗大等。上海家化研发人员有针对性地就保湿、提高肤色亮度、延缓和改善肌肤衰老等进行功效性添加剂组合、剂型搭配研究。经过近几年在法国的销售，佰草集的品质得到了检验。

除了品质上获得认同，佰草集还把中国文化中与欧洲人最合拍的精粹作为卖点，尽力提升"中国制造"的形象。"欧美的化妆品品牌也有做草本概念的，但无疑是中国的最正宗、最有特色。"佰草集的欧洲设计公司负责人艾利先生表示。

在巴黎狭小的街道中，这家设计公司的院落门口还种着几株挺拔的竹子。艾利说，为佰草集设计欧版包装的灵感就来自中国竹子。竹子造型的化妆品容器一打开，就像折断植物，里面流出天然的精华。艾利还接受了上海家化科研人员的意见，特地在瓶盖处加上各种图案的"绿草"，以表达中医中"复方"的理念。佰草集在法国的独特包装成为吸引消费者眼球的有效手段，人们只消看一看，就能感受到独一无二的"中国元素"。

五、言传身教

巴黎姑娘杰里娜是连续两年使用佰草集的忠实消费者。两年前她到丝芙兰为家人买些礼物，佰草集的美容顾问给了她建议，顺便也向她推荐了这个中国品牌。在此之前，杰里娜从来没有买过任何中国品牌的商品。她将信将疑带了点小样回家试用。

"法国化妆品很多，但感觉成天都在化学世界里，所以现在更喜欢自然的东西。"杰里娜说，两年来她不断地更换品牌，由于佰草集的中草药特性很适应她的敏感肤质，所以唯独佰草集的产品一直没换。

通过佰草集的影响，杰里娜的生活方式开始改变。一次丝芙兰的消费者聚会上，佰草集的美容顾问向她介绍使用佰草集时可以配合上一些按摩手法，这些按摩技巧来自遥远的东方、古老的医术。"听上去就像在脸上做瑜伽。"杰里娜一下子被吸引住了，她进一步向美容顾问了解更多

的 "东方方式"。慢慢地，曾经嗜咖啡如命的巴黎姑娘爱上了中国绿茶，头疼时吃阿司匹林的习惯变成了喝点中草药，犯困乏力还要泡上一杯枸杞茶提神。杰里娜对自己现在的生活状态非常满意，她评价："这是艺术般的生活。"

改变，除了靠产品，还需靠人与人之间的沟通。佰草集公司表示，"人"的因素至关重要，由于完全使用当地团队，"言传身教"影响消费者的方式事半功倍。

马希娜 2008 年从丝芙兰跳槽到佰草集。一开始，她除了知道佰草集这个中国品牌的名字外，其他一无所知。先期培训中，佰草集公司用最容易获得法国人共鸣的方式，向马希娜等人传递品牌背后的中国文化。什么是阴阳？什么是平衡？什么是中医按摩手法？尽管动听的解释并不能百分百准确表达中国文化的本意，但年轻的法国姑娘很快就能接受，并将这些与顾客分享。

"我觉得这就像是为我而生的品牌。"三年下来，马希娜把推广中国品牌、传播中国文化当作生活中的一部分。一年夏天，马希娜去度假，遇到一位游客病倒在路上，她过去用中医按摩技巧救助。游客很快恢复，问她从哪里学来的手法，马希娜趁机介绍佰草集和中医理念，对方很感兴趣。一个月后，游客带着朋友来到巴黎丝芙兰，一起来购买佰草集产品。

"到目前为止，中国品牌在欧洲还没有任何优势可言，所以国际化之路只能循序渐进，一步一个脚印。佰草集已做好了持久战的准备。"上海家化联合股份有限公司副总经理王茁表示。在他看来，佰草集 3 年的海外运营，已经让 "没有优势" 的中国品牌，甩去了缺乏信心和勇气之类的沉重包袱，凭借实力与魅力和国际大品牌站到了同一个竞技台上。

【资料来源】根据《解放日报》和化妆品代理网等网站相关内容改编。

案例思考题

1. 佰草集是如何影响法国的消费者，将中国元素的产品深入人心的？
2. 佰草集产品最核心的价值是什么？它在欧洲市场的尝试为中国的民族品牌带来什么启示？
3. 在佰草集品牌成功的案例中，你是否看到了品牌社区的效用？它有什么优势？

第四篇　设计营销策略

第11章 产品策略

现代营销之父菲利普·科特勒说："产品是市场营销组合中最重要的因素。没有产品，就没有可以进行交换的基础，当然也谈不上满足市场的需求。"事实上，市场上的各家公司都致力于提供良好的产品和优质的服务，以满足顾客的需求。

11.1 产品概念及其分类

11.1.1 什么是产品

产品是指能够提供给市场进行交换供人们取得使用或消费，并能够满足人们某种欲望或需要的任何东西。它既包括有形的劳动产品，也包括无形的服务类产品，同时还包括那些随同产品出售的附加服务。例如，苹果手机、海尔冰箱、挖掘机、音乐会、海边度假、心理咨询、美容美发等，都可被称为产品。

现代营销学的产品概念是一个多方面的概念。从前面产品的定义我们可以得出一个关于产品的整体外延概念。产品不仅仅是指有形商品，从广义上说，产品包括有形物品、服务、体验、事件、人员、地点、财产、组织、信息和观念等。与此同时，整体产品还是一个包含多层次的产品概念，不仅具有广泛的外延，而且具有深入的内涵。这就是我们下面将要展开论述的产品层次。

11.1.2 产品层次

以往人们对产品的理解，仅仅局限于提供物本身，比较单一和狭隘。随着经济的发展和社会的进步，无论是供给者还是需求者，在考虑产品时，均不得不从多个层次上加以思考和分析。因为市场营销的过程不仅仅是推销产品的过程，更是一个不断满足顾客需要的过程。就顾客的需要来讲，则是多方面的，消费者倾向于把产品看作是满足他们需要的复杂利益集合。

一般说来，现代营销学的产品整体包含三个层次的内容，如图11-1所示。一个是产品的核心利益或功能，是顾客真正要购买的实质性内容，通常叫作核心产品，是整体产品的最基本层次。第二层称为有形产品，也叫形式产品，是指核心产品借以实现的形式。现代营销学将形式产品归结为五个标志，即品质、特征、形态、品牌、包装。即使是纯粹劳务产品，在形式上也具有类似的特点。第三层是指销售产品时同时提供的服务或利益，叫作附加产品或者外延产品，包括运送安装、培训维修、信贷保证、售后服务等。三个层次合起来构成了一个完整的整体产品。在开发产品时，营销人员首先必须找出将要满足消费者需要的核心利益，然后设计出实际产品和找到扩大产品外延的方法，并能关注和把握满足这一产品需求的未来发展变化，以便能不断创造出满足消费者需求的一系

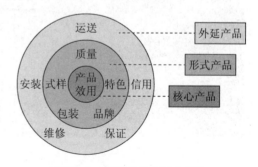

图 11-1 整体产品的三个层次

列利益组合。

在产品的三层次论外，西奥多·莱维特(Theodore Levitt)在 20 世纪 80 年代还提出了产品的五层次论。

第一个层次是核心产品，如图 11-2 所示，核心产品位于整个产品中心。它提出了这样一个问题：购买者真正想买什么？用户购买某个产品，并不是为了占有这个产品本身，而是为了满足某种需要。例如，人们购买洗衣机并不是为了获得装有某些机械、电器零部件的一个箱子，而是为了这种装置能代替人力洗衣服，从而满足减轻家务劳动的需要。Levitt 曾告诫他的学生："顾客不是想买一个 1/4 英寸的钻孔机，而是想要一个 1/4 英寸的钻孔！"作为提供者，在设计产品时，营销人员首先必须确定产品将带给消费者的核心利益是什么。

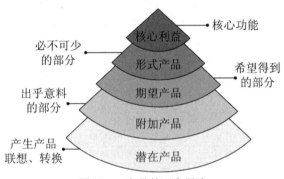

图 11-2　产品的五个层次

第二个层次是形式产品，也就是如何将核心利益转化为基本产品，提供者围绕核心产品制造出实际产品。实际产品可有五大特征：质量水平、特色、款式、品牌名称以及包装。即便提供的产品是某种服务，也同样具有类似的特征。例如，计算机是泛指延伸人脑计算能力的一类产品，而联想计算机便是一件实际产品。它的名称、零部件、式样、特色包装和其他的特征，经过精心的组合，形成了它的核心利益——优质的计算机。

第三个层次是期望产品，即购买者购买产品时通常期望得到和默认的一系列基本属性和条件。例如购买食品时，期望它卫生；投宿时，期望它干净。由于一般旅馆均能满足旅客的这些最低期望，所以旅客在选择投宿哪家旅馆时，常常不是考虑哪家旅馆能提供期望产品，而是考虑哪家旅馆就近和方便。

第四个层次是附加产品，是指提供者提供产品时附加的额外服务和利益，也是超越购买者购买期望的那部分附加服务和利益，往往能够带来较高的顾客满意度。例如，某宾馆额外提供的免费接送服务、送餐服务等。

第五个层次是潜在产品，是指产品可能的发展前景，包括现有产品的所有延伸和演进，潜在产品给企业留下了无限想象的空间，也给产品创新留下了无限可能。

今天的竞争，主要发生在产品的附加层次，尤其是在经济发达国家。正因为这个层次成为竞争聚焦点，所以有几点必须注意：第一，每个附加利益都将增加企业成本，因此必须考虑买家是否愿意接受产生的额外费用；第二，附加利益将很快转变为期望利益，卖家将不断寻找新的附加利益；第三，由于附加利益提高了产品的价格，有的竞争对手会采用逆向思维，剥除所有附加利益和服务，大幅降低价格，满足客户的基本期望。

其实从动态的观点来看，无论是产品的三层次论还是五层次论，背后都隐藏着一对无法调和的矛盾：同质化 VS 差异化。应该说，追求产品的差异化是企业的本能，因此企业总是费尽心机地推陈出新以使自己的产品从众多竞争者当中脱颖而出。然而，当有了创新产品出现在市场之后，由于竞争企业的模仿又会使得产品越来越趋于同质化，所以企业又要继续拓展寻找创新的来源。当产品的某个层次无法支持创新的源泉时，产品的概念就会向下一个层次延伸。而且，我们可以预判，只要同质化和差异化的矛盾一日得不到解决，产品的层次还将继续延伸下去，这恰恰也是产品创新的内在动力之所在。例如继 iphone 之后，Apple Watch 的出现再一次颠覆了人们对于传统手表的认知，也可以被看作是产品概念层次的拓展。

11.1.3 产品分类

根据不同的分类标准，产品可以分成不同的类别。在市场营销学中，不同类别的产品需要采用不同类别的市场营销策略对其进行营销策划。产品的分类如表 11-1 所示。

表 11-1 产品的分类

分类标准	类型			含义及实例
购买意图	消费品	便利品	日用品	洗手液、食盐、餐巾纸
			冲动品	超市收银台旁的口香糖、饮料
			急用品	下雨时的雨伞
		选购品	同质选购品	质量相似、价格明显不同
			异质选购品	质量和服务的差别比价格大
		特殊品		顾客愿意花特殊的精力去购买，而不愿意接受替代品的产品。如汽车、摄影器材
		非需品		消费者不知道，或即使知道通常也不想购买的产品。如寿险、墓地、百科全书
	工业品	材料和零部件	原材料	农产品和自然资源
			加工材料	合成材料
			零部件	合成零部件
		资本项目		购买者用于帮助生产或管理的工业产品，包括安装设备和附属设备
		物资	经营物资	企业正常经营需用的相关耗材等物资
			维修物资	用于设备保养、维修的备品备件
		服务	维修服务	厂房、设备、线路等维修服务
			咨询服务	管理、技术等咨询服务
耐用性、有形性	耐用品			长期使用，价值较高，购买频率较低的有形产品。如冰箱、汽车、电视机、机械设备
	非耐用品			消耗快，使用周期短，需频繁购买的有形产品。如食品、饮料、牙膏
	服务			如美发、咨询、家政、产品支持性服务

11.1.4 产品组合

产品组合(product mix)，也称为产品搭配，是指一个企业提供给市场的全部产品线和产品项目的组合。

产品线是指密切相关的一组系列产品。之所以构成一条产品线，是由于在产品功能的相似性、替代性、配套性等方面能提供给同一顾客群；或使用同一销售渠道或有类似的价格。有时，每条产品线还包括几条亚产品线。例如，某企业的产品组合包括日用品、服装和化妆品这样三条产品线，其中，化妆品又可细分为口红、眼线笔、粉饼等亚产品线。每条产品线和亚产品线都有许多单独的产品项目。

产品项目是指企业生产和销售的各产品类别中的某一特定产品，也就是通常所说的某一产品的具体品名和型号。

企业的产品组合有四个必须把握的概念，即产品组合的宽度、长度、深度和相关性。

产品组合的宽度指该企业拥有多少条不同的产品线数目。拥有的产品线越多，其产品组合就宽，产品线越少，其组合就窄。

产品组合的长度是指产品组合中所有产品项目的总和。用这个总和除以产品线的数目，就得到该组合的平均长度。

产品组合的深度是指产品线上每种产品的种类数目。通过计算每种品牌中的种类数目，我们能得出该公司产品组合的平均深度。

产品组合的相关性是指各类生产线在最终的用途、生产条件、销售渠道或其他方面相互联系的紧密程度。如果公司的产品线是通过同一销售渠道出售的消费品，该公司的产品线就具有相关性；但是如果产品线对不同的购买者起不同的作用，则可以认为产品线缺乏相关性。

下面以宝洁公司为例，其产品组合如表 11-2 所示。

表 11-2　宝洁公司的产品组合

	产品组合的宽度：5				
	清洁剂	牙膏	条状肥皂	纸尿布	纸巾
产品线长度：25	象牙雪　1930 德来夫特　1933 汰渍　1946 快乐　1950 奥克雪多　1914 德希　1954 波尔德　1965 圭尼　1966 伊拉　1972	格利　1952 佳洁士　1955	象牙　1879 柯克斯　1885 洗污　1893 佳美　1926 爵士　1952 保洁净　1963 海岸　1974 玉兰油　1993	帮宝适　1961 露肤　1976	媚人　1928 粉扑　1960 旗帜　1982 绝顶　1992
	产品线深度：9	深度：2	深度：8	深度：2	深度：4

产品组合是建立在产品线和产品项目的基础之上，所以这里就有个产品线的决策问题。这四个产品组合要素为企业的产品战略提供了决策依据，企业可以从几个方面拓展业务：增加新产品线来扩大产品组合的宽度；增加产品项目以拓展产品线的长度；增加每种产品的种类从而挖掘其产品组合的深度；根据企业的市场发展规划，决定加强或减弱产品线的相互关联性。

在这些决策中，主要的产品线决策是确定产品线的长度，即产品线中项目的总和。如果产品线经理通过增加产品项目能增加利润，则说明目前的产品线太短；如果通过减少产品线项目能够增加利润，则说明目前的产品线太长。产品线长度受企业目标的影响，想追求高市场份额和快增长率的企业通常有较长的产品线，而热衷于高额短期利润的企业则通常拥有经过精心挑选的较短的产品线。

企业通常采用产品线扩展和产品线填补这样两种方法来系统地增加产品线的长度。如果一个企业超出它现有的范围来增加其产品线长度时，就叫作产品线扩展。企业可向上、向下或同时向上、下两个方向扩展产品线。产品线填补是指在现有的产品线范围内增加新的产品项目。企业必须仔细地管理它的产品线，应该确保新产品与原有产品明显不同。

另外，企业各产品线的销售状况并不相同，这就需要产品线经理经常审核和分析产品线及其项目的市场状况和财务状况，找到无利可图的死亡产品线，从而决定哪些产品线需要拉长或压缩，以保证产品线的长远发展和盈利能力。

在解决了产品线的配置恰当与否的问题之后，关于产品线现代化的问题就不容回避了。毫无疑问，面对不断变化的市场，产品线需要现代化。一般来说，产品线的现代化采用两种方式进行：一种是渐进更新，逐步现代化；另一种是全面更新，一步到位。此外，选择什么时机开始产品线的更新和现代化也是企业应该关注的问题。

11.2 产品市场生命周期理论

11.2.1 产品市场生命周期

产品的市场生命周期(product lifecycle)如同人一样，也有一个经历婴儿、儿童、青壮年、老年一直到死亡这样的周期。产品在研发阶段，就好比人的胚胎时期，一旦进入市场，就开始了它的市场生命。任何一种产品从进入市场到退出市场的全过程就是一个市场生命周期。企业需要了解产品处于不同生命周期阶段的特征，从而采取不同的营销策略。

如图 11-3 所示，产品的市场生命周期要经历四个阶段，即导入期(introducton)、成长期(growth)、成熟期(maturity)和衰退期(decline)。对于企业经营者来说，运用产品的市场生命周期理论的目的主要有三：一是可以使自己的产品尽快尽早地为消费者所接受，缩短产品的导入期；二是尽可能保持和延长产品的成长阶段；三是尽可能使产品以较慢的速度被淘汰。当企业推出一个新产品之后，在其生命周期内需要多次修订有关的营销策略，这不仅是因为经济环境的变化和竞争的需要，更是因为产品在历经购买者兴趣与需求不断变化的同时，企业总是希望其产品有一个较长的市场生命。

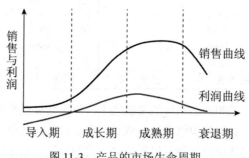

图 11-3　产品的市场生命周期

产品市场生命周期的概念可用来分析产品大类、产品形式或某一产品品牌。不同的类别，其对产品生命周期概念的应用各不相同。通常，产品大类有最长的生命周期，许多产品大类的销售量在成熟期停留了很长时间。比如纺织品、汽车等大类产品，由于和人的基本需求相联系，所以一直在延续。与此不同的是，产品形式的市场生命周期趋向于标准模式。比如转盘式电话、唱片等产品形式都是很有规律地度过了导入期、快速成长期、成熟期和衰退期。而产品的品牌，由于不断变化的激烈竞争，其生命周期会较快发生变化，比如，尽管牙膏有相当长的生命周期，但具体的牙膏品牌的生命周期却显得很短。但是又有一些著名的品牌一直经久不衰，对此也值得大家研究和思考。

11.2.2 产品市场生命周期各阶段特征

产品的市场生命周期的各个阶段在市场营销中所处的地位不同，具有不同的特征。

1. 导入期

导入期开始于新产品首次进入市场，是产品投入市场的初期阶段。在这一阶段，消费者对新产品还不够了解，所以销售量低，企业费用及成本一般都比较高。由于产品导入费用很高，所以这个时期还没有出现正利润。

由于产品导入需要时间，销售量的增长往往比较缓慢。比如，一些著名的产品，如速溶咖啡、动力咖啡奶油分离器等产品在进入快速成长期之前徘徊了好几年。

与市场生命周期的其他阶段相比，在产品导入期，由于销售量比较低，销售和促销费用一般都会比较高，因此利润相对较低，甚至会出现亏本的情况。由于新产品刚刚投入市场，顾客一般还不愿意接受，所以市场上竞争者为数较少，企业只生产产品的最基本样式。

2. 成长期

成长期是指产品经过试销，消费者对新产品已经有所了解，产品的销路逐渐打开，销售量迅速增长的阶段。在这一阶段，产品基本定型，可以大批量生产，分销途径也已经疏通，因而成本下降，利润增长。但是，由于产品出现巨大成长空间，竞争者也开始介入这一领域。

3. 成熟期

成熟期是指产品的市场销售量已经达到饱和状态的阶段。在这个阶段，由于产品已被绝大多数潜在的购买者接受，所以销售量的增长速度减慢，并开始出现下降趋势。而企业为了在竞争中保护产品，市场营销的有关支出迅速增加，利润因此持平或下降。

4. 衰退期

衰退期是指产品已经陈旧老化，开始被市场淘汰的阶段。在这一阶段，产品的销售量急剧下降，利润跌落，与此同时，其他新的产品已经投入市场，大有取代老产品的趋势。

各种行业经营的产品不同，产品生命周期及其经历各阶段的时间长短也不同。有些行业的产品，如时尚产品，整个产品生命周期可能只有几个月，而有些行业的产品生命可以长达几十年。每种产品经历生命周期的时间也不尽相同，有些产品经过短暂的市场导入期，很快就达到成长、成熟阶段，而有些产品如汽车、黑白电视机的导入期经历了许多年，才逐步为广大消费者所接受。值得注意的是，随着互联网和移动互联的普及，产品(尤其是电子产品)的生命周期有逐步缩短的趋势。

此外，各种产品虽然都有市场生命周期，但并非每一种产品都表现出相同的阶段特征和状态。实际上，许多产品四个阶段的具体形态多种多样。有的产品在投入市场的一开始，需求量迅速上升，但后来趋于平缓；有的产品，市场对其款式、花色很敏感，呈现出周期性波动的态势。当然，也不是所有的产品都要经历四个共同的阶段。有的产品一进入市场，尚属导入期就被市场淘汰了，成为夭折"短命"的产品；有的产品已经进入成长期，由于企业营销策略失误而未老先衰；还有的产品一进入市场就达到成长期等。

11.2.3 产品生命周期的市场策略

我们已经知道，不同产品的市场定位不同，其营销策略也不同。同一产品在其市场生命周期的不同阶段具有不同的特点，因而营销策略也应有所不同。下面，我们分别介绍同一产品在市场生命周期各个阶段的特征与营销策略。

1. 导入期的市场策略

对于刚进入导入期的企业而言，由于新产品刚刚投入市场，市场上同类产品的竞争小，产品的广告宣传花费大，企业生产该种产品的能力也未完全形成，废品率通常较高，成本与投入相应都较大。在这一阶段，是企业承担风险最大的时期。许多新产品的经营失败大都在这一阶段反映出来。所以，尽快尽早结束这一阶段，让消费者尽快尽早认同接受该新产品，是导入期营销策略的重点。

由于导入期的产品特征，企业只能集中力量向那些最有可能购买的顾客进行销售。为此，企业，尤其是市场先导企业，必须选择一种与企业设定的产品定位一致的新产品营销战略。通常，营销部门可以为各个营销变量，诸如价格、促销、分销和产品质量等分别设立高低两种水平。当仅考虑价格与促销两因素时，可具体分为以下四种策略。

1) 高价快速促销策略

以高价格和高促销水平的方式推出新产品。公司采用高价格，花费大量广告宣传费用，迅速扩大销售量来加速对市场的渗透，向市场说明虽然该产品定价水平较高，但有其值得肯定的优点，以图在竞争者还没有反应过来时，先声夺人，把本钱捞回来。采取这种策略的条件是：消费者对该产品求购心切，并愿意支付高价，但大部分潜在消费者还不了解此种产品；同时，这种产品应该十分新颖，具有老产品所没有的特色，适应消费者的某种需求。

2) 高价低费用策略

以高价格和低促销方式推出新产品。推行高价格是为了尽可能多地回收每单位销售中的毛利；而推行低水平促销是为了降低营销费用。采用这种策略的产品必须具有独创的特点，填补了市场上的某项空白。它对消费者来说主要是有无问题，选择性小，并且竞争危险不大。

3) 低价快速促销策略

以低价格和高促销水平的方式推出新产品。这一战略期望能给公司带来最快速的市场渗透和最高的市场份额。采用这一策略的假设条件是：市场容量相当大，消费者对这种新产品不了解，但对价格十分敏感；潜在竞争比较激烈。同时要求公司在生产中尽力降低成本，以维持较大的促销费用。

4) 逐步渗透策略

采取低价格和低促销费用来推出新产品，占领市场。低价格的目的在于促使市场能尽快接受产品，并能有效地阻止竞争对手对市场的渗入。低促销费用意味着有能力降低售价，增强竞争力。采用此策略的条件是：市场容量大，产品弹性大，消费者对价格十分敏感，有相当的潜在竞争者。

2. 成长期的市场策略

如果新产品能够被市场接受，就进入了成长期，此阶段的产品销量将迅速攀升。早期的产品接受者将继续购买该产品，后进的购买者则跟着这股潮流走，尤其是当他们从别人那里听到有关该种产品较好的口碑时。在利润的吸引下，新产品竞争者将会进入该市场。它们会推出新的特色产品，市场因此将会扩展。竞争者的增加会导致销售商店数量的增加，而销售量的跳跃式增长仅仅是为了建立转售商的库存。

在成长期，由于促销费用因销售量的分摊可以降低单位制造成本，因而利润得到增长。企业可以通过改善产品质量和增加新的产品特色和式样，或者进入新的细分市场和新的销售渠道，或者把一些广告的内容由产品认知改为产品销售和购买，或者在适当的时候降低价格以吸引更多的购买者，来尽可能长地保持市场的快速增长。

这一阶段的主要营销策略有以下几种。

1) 保证提高产品质量

成长期的市场策略主要是保证质量，坚决杜绝某些产品一旦进入成长期便粗制滥造、降低质量、失信于消费者、自毁声誉的现象。并要在此基础上不断提高质量水平。

2) 开拓新市场

成长期产品的市场潜力较大，企业应加强促销活动，努力扩大流通渠道，拓展市场。

3) 加强品牌宣传

加强品牌宣传的目的在于争取顾客，促使消费者增强对产品和企业的信任感，并培养消费者对本企业产品的偏爱。

3. 成熟期的市场策略

当产品销售进入成熟期，销售增长速度随之减缓，导致众多生产厂家的生产过剩，生产过剩又会导致更激烈的竞争。销售增长速度减缓，反过来，竞争有可能降低产品价格或增加广告费用的投入，从而导致市场整体销售利润的平均水平下降。在这一过程中，一些较弱的竞争者开始被淘汰，行业内最终只剩下防守的竞争者。

在这一阶段，企业需要做的不仅仅是简单地保有或防护他们的成熟产品，而应该尽可能地考虑调整市场、产品和市场营销组合策略。

1) 调整市场策略

通过调整市场，企业应努力增加现行产品的消费量。企业可以寻找新的使用者和细分市场，也可以寻找增加现有顾客产品使用量的方法，或者想办法对品牌进行重新定位，以便吸引更大或增长更快的细分市场。

2) 调整产品策略

企业还可以通过调整产品，即改变产品特征，如质量、特色或式样，也可通过改进产品的质量和性能，如耐用性、可靠性、速度、味道等，或者增加新的特色，用来扩展产品的有用性、安全性或便利性。企业还可以改善产品的风格和吸引力等，来吸引新的使用者或引发大量的使用。

3) 调整市场营销组合策略

企业可以调整市场营销组合，即通过改变一个或多个市场营销组合因素来改进销售。企业可以用减价来吸引新的使用者或竞争者的顾客。可以开展更好的广告运动或采用进攻性的促销手段，例如，暂时降价、舍零头、赠奖和竞赛等。如果较大的市场渠道处在增长之中，则企业还可以利用大规模推销进入这些渠道。最后，企业可以提供新的或改善的服务给购买者。

总之，产品进入成熟期，所经历的时间通常比前两个阶段要长，市场竞争也更加激烈，营销管理部门的主要任务是想尽办法延长产品在成熟期的时间，这样必然面临严峻的挑战，所以在这一阶段主要采取的策略大多以渐进式的调整方案为主。

4. 衰退期的市场策略

当产品进入市场的衰退期以后，大部分产品形式和品牌的销售量最终都会降下来。有些产品的销售量可能很快就下降到零，而有些产品的销售量会下降到某个水准之后有可能再维持好几年才退出市场。

尽管产品销售量的下降有许多原因，包括技术进步、消费者口味的变化以及日趋激烈的竞争等。但对大多数企业来说，产品进入衰退期是一个必然的结果。我们需要关注的问题是，经营业已衰退的产品对企业成本投入将会是一种什么样的情况及其影响。因而，企业需要更多地注意衰退中的产品，通过定期检查产品销售、市场份额、成本和利润走势，找到那些处在衰退期的产品。然后，由管理部门决定是维持、收获还是放弃这些衰退产品。

在这个阶段的策略具体来说有以下几种。

1) 收割策略

即利用剩余的生产能力，在保证获得边际利润的条件下，有限地生产一定数量的产品，适应市场上一般老顾客的需求，或者只生产某些零部件，满足产品维修的需求。

2) 榨取策略

降低销售费用，精简销售人员，增加眼前利润。

3) 集中策略

企业把人力、物力集中到最有利的细分市场和销售渠道，缩短战线，从最有利的市场和渠道获取利润。

4) 撤退策略

当机立断，撤退老产品，组织新产品上马。在撤退的时候，可以把生产该种产品的工艺以及设备转移给别的地区的企业，因为该种产品在别的地区并非处在衰退期。

这里需要强调的是，产品衰退期的营销策略并非丢弃市场和丢弃客户，除非企业关门，否则更要做好对老顾客的售后服务工作，并积极引导他们转移到本企业的新产品购买和使用当中。毕竟对企业而言，老顾客才是企业最宝贵的财富。

表 11-3 概括了产品市场生命周期每个阶段的主要特征及其相应市场营销目标和策略。

表 11-3 产品市场生命周期特征及其营销策略

特征	导 入 期	成 长 期	成 熟 期	衰 退 期
销售	低销售	销售快速上升	销售高峰	销售衰退
成本	人均顾客成本高	人均顾客成本一般	人均顾客成本低	人均顾客成本低
利润	亏本	利润增长	利润高	利润下降
顾客	创新者	早期采用者	中间多数	落后者
竞争者	很少	逐渐增多	数量稳定，开始衰退	数量衰减
营销目标	创建产品知名度和试用	最大限度地占有市场份额	保卫市场份额争取最大利润	对产品削减支出和挤取收益
策略	导 入 期	成 长 期	成 熟 期	衰 退 期
战略	"短"	"快"	"改"	"换"
产品	提供基本产品	提供产品扩展、服务、担保	品牌和样式多样化	逐渐淘汰疲软产品
价格	成本加成法	市场渗透价格	较量或击败竞争者的价格	削价
分销	选择性分销	密集广泛分销	更密集广泛的分销	选择淘汰无利网点
广告	在早期接受者和经销商中建立知名度	在大量市场中建立知名度和激发兴趣	强调品牌差异和利益	减少到保持坚定忠诚者水平
促销	加强促销以吸引试用	利用大量消费者需求，适当减少促销	增加对品牌转换的鼓励	降低到最低水平

11.3 新产品开发策略

从市场生命周期的角度看，几乎每一种产品都会不可避免地进入衰退期，当更新更好的产品出现时，原来的老产品便渐渐被取代，特别是随着科学技术水平的迅速发展，产品生命周期也迅速缩短，这种现实迫使每个企业不得不把开发新产品作为关系企业生死存亡的战略重点。

11.3.1 新产品的类型及其特征

营销学上所说的新产品与其他领域所说的新产品并不完全相同。从市场营销学的观点来看，所谓新产品，是指与现有产品相比，具有新的功能、新的特征、新的结构和新的用途，能满足消费者新的需求的产品。按照较为普遍接受的观点，营销学中的新产品主要包括以下几种类型。

1) 全新产品

主要指采用各种新技术、新材料、新设计或新工艺所制成的前所未有的崭新产品。全新产品的市场投入往往可能会带来人们生活方式和企业生产方式的改变，因而对社会经济的发展会产生重大的影响。但是，全新产品的开发需要投入大量人力、物力和财力，且一般需要经历相当长的开发周期，因此，对绝大多数市场经营的企业来说，将是不容易办到的事情。一般来说，在所有"新产品"中只有10%是真正属于创新或新问世的产品。

2) 革新产品

这是指对那些已经投入市场，而根据消费者需要，重新采用各种科学技术进行较大革新、改造后的产品。革新产品的特征及其价值，并不在于要改变或增加产品的使用功能，而在于影响和改变人们使用这种产品的习惯与方式，突破产品使用的时空限制。

3) 改进新产品

这是指对已投入市场的现有产品进行性能改良，以提高其使用质量的产品。这类产品的特征大多表现为产品使用功能的改进、规格型号多样化和花色款式的翻新。这类产品一旦进入市场，比较容易为消费者接受，也容易被竞争者所模仿。大多数公司实际上着力于改进现有产品，而不是创造一种新产品。在日本的索尼公司，80%以上的新产品创新都是改进和修整其现有产品。

4) 新牌子产品

这是指企业对现有产品作某些改变，以突出原产品在某一方面的特点，或者是对原产品重新使用一种新的名称或牌子之后投入市场的产品。这种产品大多是生产厂家利用产品结构上的某些组合特性，寻找新的市场卖点，以利于竞争。如市场上经常大量出现的新牌子的化妆品、营养滋补品、饮料等。这种新产品进入市场，只要具有某一特色，就很容易被消费者接受和普及。

5) 市场重定位产品

这是指把现行产品投入新的目标市场，进行重新定位的产品。通常，这种产品的推出赋予了生产厂家利用现有客户群体开拓潜在市场的经营理念。表现为突破产品本身的限制，而扩展营销组合策略的功能，因而具有很强的竞争优势。比如，自行车在传统观念中是一种交通工具，但如果将其作为一种运动器械推出，那么从这种意义上说，健身房中的健身车就是一种新产品。

6) 成本减少的新产品

这是指因为技术进步等多种因素而以较低成本提供的同样性能的新产品。

企业一般可通过两条途径获得新产品。一是通过收购整个企业、专利和产品生产许可证；二是通过企业自行开发。

11.3.2 组织新产品开发

新产品的开发是一件难度极大的工作，新产品的开发必须遵循一套科学的方法和程序，新产品的开发过程如图 11-4 所示，通常要经历 8 大主要步骤。

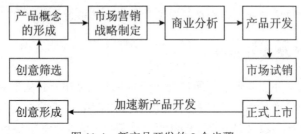

图 11-4 新产品开发的 8 个步骤

成功的新产品开发还要求公司建立一个高效的组织，以管理新产品开发过程，并需要合理组织适合公司实际情况的新产品开发过程。一个组织是否有效，首先取决于企业高层管理者。高层管理者不仅要高度重视和支持新产品开发工作，还需对新产品开发的成败负责。高层管理者必须规定公司涉及的重要业务领域和产品种类，决定新产品开发的预算。但研发新产品的结局是非常不确定的，因此，按照常规投资标准编制预算十分困难。有些公司采取鼓励措施和财务支持的方法，以争取尽可能多的建议书，并从中择优录用。

公司在搭建新产品开发的组织结构时有多种方法，许多公司的经验是把新产品的开发工作交给产品经理。但实际上，这种制度有一些缺陷：产品经理缺乏开发新产品所需的专有技能和知识。并且，除了生产线的事务，产品经理还需要负责新产品的市场营销工作，需要协调与销售经理、广告代理商、生产研究人员甚至是渠道成员的关系。这样身负多职的产品经理难以有效地管理新产品开发。

因此，新产品开发的工作需要公司建立一个跨部门的开发团队，这是一个跨职能的组织结构，不仅有技术开发人员、产品人员，还有财务人员等。这种跨部门团队能够通过协作开发把新产品推向市场，所有队员团结协作共同向新产品开发的目标迈进。

除了合理安排开发组织，新产品开发还要求合理组织开发过程。要求在产品开发的各个阶段中进行中止、暂停、推迟或重做上一阶段工作的决策，并要求每个阶段结束前，都需进行检验，在评估报告的基础上计划下个阶段的工作，以控制资源投入的节奏和风险，杜绝无谓的浪费。

11.3.3 新产品开发过程

1. 创意形成

1) 创意来源

新产品开发过程的第一个阶段是寻找创意。新产品创意在 Roope Takala（2001）的研究中被定义为："某可能产品未定义的标识。"

新产品创意的产生有许多来源，包括企业内部来源和企业外部来源。

(1) 企业内部来源。企业的管理人员、技术人员、销售人员可以从不同的角度提出好的创意，企业应该建立各种激励制度，激发内部人员的热情，从而不断地提出创意。

(2) 企业外部来源。顾客是寻求新产品创意的一个最好来源，顾客的愿望和要求是开发新产品的起点和归宿，他们的创意往往最有生命力，在此基础上开发的新产品成功率最高。科研机构和大学中的新发明、新技术，是新产品构思的重要来源。企业还可从竞争对手的新产品中了解新的设想方案，从报刊信息媒体中也可以寻找到许多重要的情报和创意灵感。

2) 创意产生的方法

(1) "头脑风暴法"(brain storming)。由管理学者亚历克斯·奥斯本(Alex Faickney Osborn)提出，其目的在于广开言路，充分鼓励乃至激励职工动脑筋、想办法，使大家的各种创新思维，各种设想、联想，甚至空想、幻想等，都能公开地、无保留地发表出来。具体做法是：组成动脑团队，开会时让一切设想自由发表，众多的设想被录音或录像。为使会议达到最佳效果，奥斯本认为必须遵循四个原则：①不应对任何设想进行批评或抨击；②鼓励自由奔放的设想；③设想越多越好，争取成功的可能性就越大；④除激发原始的设想外，更要组合这些设想以衍生出更多的设想。

(2) 哥顿法(Gordona method)。这是美国人哥顿提出来的一种方法，它的特点是：①参加会议准备出主意提方案的人，并不知道要解决的是什么样的具体问题，只有负责引导大家思考的会议主持者知道；②把问题抽象化向与会者提出来，而原来的问题则不讲，利用熟悉的事物作为迈向陌生事物的跳板。例如，不提如何改进剪草机问题，而提出"用什么办法可以把一种东西断开"，在此，不提"剪断"，因为它会使人想起剪刀，不提"割断"，因为它引导人们从各种刀具方面去思考。针对如何"断开"，人们提出刀剪、刀切、扯断、电割、锯断、冲开等，进而提出理发推子形式的刀片、镰刀形式的旋转刀片等；③对解决抽象问题的方案，会议主持者逐个研究，看能否解决原来的问题。会议结束时把问题提出来。哥顿法的优点在于先把问题抽象化，然后提出解决的方案，会得到一些平常想不到的办法。

上述是较为通用的系统方法，除此以外，还有许多国际知名大公司采用的成功方法。例如宝洁公司主要强调的是对用户采取观察的方法。每年，宝洁都会对全球超过七百万的消费者进行近距离的接触。而 3M 公司则主张化冲突为创意的方法。在 3M 中国研发中心，任何一个技术部门或者业务部门，都可以不经批准和任何其他的技术或业务部门合作交流。

产生创意还可适当地使用创意技巧。现有许多创造性的技巧正广为使用，包括属性列举法、强制关联法、形态分析法、客户问题法等。

2. 创意筛选

创意形成的目的是创造大量的新产品开发创意。接下来的阶段是减少创意的数量，第一个构思减少阶段是创意筛选。筛选的目的是尽可能快地找到好创意，放弃坏创意。在后面几个阶段产品开发成本飞涨，所以企业必须采用能转变成营利性产品的创意。

绝大多数企业要求管理人员用标准的格式及描述性的语言写出新产品创意，以便提交给产品委员会审议。该书面报告描述了产品、目标市场以及竞争，并对市场规模、产品价格、开发时间和成本、制造成本和回收率做出一些初步估计。接着，委员会针对一些通用标准对创意做出评价，如利润、效率、成本等指标。对创意进行筛选，通常的首要标准是：与公司的目标、战略和资源是否一致。

对创意进行筛选，必须尽量避免两种失误：一种是"误舍"，即将有希望的新产品创意放弃，当一个公司对某一有缺点但能改正的好创意草率下马，它就犯了"误舍"的错误。如果一个公司犯了太多的"误舍"错误，那么，它的标准一定是订得太保守了。第二种是"误用"，即将一个没有前途的产品设想付诸实施，结果惨遭失败。"误用"错误是发生于公司容许一个错误的创意投入开发和商品化阶段。我们应该区分这种结局下产品失败的三种类型。第一种称为产品的绝对失败，它损失了金钱，其销售额连变动成本都不能收回；第二种称为产品的部分失败，它也损失了金钱，但是，它的销售可以收回全部的变动成本和部分固定成本；第三种称为产品的相对失败，它能产生一定的利润，但是低于公司正常的报酬率。

3. 产品概念的形成和测试

一个有吸引力的创意必须发展成为一个产品概念。所谓产品概念是指用有意义的消费者术语对创意进行详尽描述。概念测试是指用几组目标消费者测试新产品的概念，新产品概念可用符号或实物的形式提供给消费者。许多企业在试图把新产品概念转变成实际新产品之前，通过消费者来测试一下新概念，并根据对消费者的调查结果，来判断哪个概念对消费者有最强的吸引力。

1) 概念的形成

我们可以用这样的一个例子说明概念的形成，假设通用汽车公司想正式上市它的实验电动汽车。这种汽车时速为每小时 80 英里，在再次充电之前可走 90 英里。通用汽车公司估计这种电车的使用成本大约为普通汽车的一半。通用汽车公司的任务是把这种新产品演变成可供选择的产品概念，找到每种概念对顾客的吸引程度，并选择最佳的一个。

2) 概念测试

对某些概念测试来讲，可能一句话或一幅图便足够了。但是对概念更具体和形象的阐述会增加概念测试的可信度。

在知道产品概念之后，消费者将会对表 11-4 中的问题做出回答，来看他们对产品概念作何反应。消费者的回答将帮助企业决定哪个概念有最强的吸引力。例如，最后一个问题是问消费者的购买意图。假设有 10%的消费者"肯定"会买，而 5%的消费者说"可能"会买，则企业会把这些数据摊到目标消费群的总人口上，从而估计出销售量。到此时为止，这项估计还是不确定的，因为人们并不总是实践他们的意图。

表 11-4 电动汽车概念测试题

1. 你理解电动汽车的概念吗？
2. 你相信关于电动汽车性能的说法吗？
3. 与传统的汽车相比，电动汽车有什么主要益处？
4. 在汽车特色方面你会建议做哪些改进？
5. 因为什么用途使你会喜欢电动汽车甚于喜欢传统汽车？
6. 电动汽车的合理价格应为多少？
7. 谁会参与你买这种车的决定？谁会驾驶这种车？
8. 你会买这种车吗？(肯定、可能、可能不、肯定不)

4. 初步市场营销战略的制定

在新产品的概念已经形成并已通过消费者测试之后，企业必须提出一个把这种产品引入市场的初步营销战略计划。

初步营销战略计划由三部分组成：第一部分主要描述目标市场，计划中的产品定位，以及在开始几年内的销售额、市场份额和利润目标；第二部分主要概述产品第一年的计划价格、销售和营销预算；第三部分是描述预算的长期销售额、利润目标市场营销组合战略。

5. 商业分析

企业一旦对产品概念和市场营销战略做出了决策，接下来就需要评估一下这项建议的商业吸引力或商业价值。所谓商业分析就是指考察新产品的预计销售额、销售成本和利润或收益率，以便查明它们是否满足企业的目标。

为了估计销售量，企业应观察类似产品的销售历史，并对市场意见进行调查。通常估计销售量包括：未来销售量、首次购买销售量、重置销售量等指标。应估计最大和最小销售量以估量出风险大小。在预计好销售量之后，管理部门可为产品估计期望成本利润，包括市场营销、市场研究与开发、制造、会计以及财务成本。接着，企业便可以用这些销售和成本数据来分析新产品的财务吸引力。

6. 产品开发

产品概念通过了商业测验，才可以进入产品开发阶段。然而，对许多新产品概念而言，产品还只是一个口头描述、一幅图画，或者一个粗糙的模型。这就必须将产品的构思转变成具体的产品形象，即消费者观察实际产品或潜在产品的具体方式。

产品研发部门的任务就是测试一个或多个产品概念实体形式，设计出一个能满足和刺激消费者，并且生产起来快，不超过预算成本的样品，再通过严格的性能测试，以便确信产品安全有效。

7. 市场试销

如果产品通过了性能和消费者测试，便可投入市场进行试销。在这一阶段，新产品和市场营销方案将接受真实市场环境的检验。市场试销可以使营销人员在进行大笔投资全面推广该种新产品之前获得诸多经验。它允许企业测试产品和整个市场营销方案——市场定位战略、广告销售、定价、品牌和包装、预算标准等。

市场试销的安排根据新产品的不同而不同，其成本可能会很大，并且花费较多的时间，这会使竞争者获取优势。当开发和推出产品的成本很低时，或企业管理部门对一种新产品很有信心时，企业可能很少或根本不进行市场试销。但是，当推出一种新产品需要很大的投资时，或者当管理部门对产品或营销方案不能确信时，企业可进行大量的市场试销。

新产品在进行试销之前，要进行一些决策，包括确定试销的地区范围；试销时间的长短；在试销过程中需要收集哪些信息资料；试销后有可能采取哪些行动等。

这里，关于市场试销有两个指标十分重要。一是试用率，即第一次购买试销品的比率；二是再购率，即第二次重复购买的比率。再购率的高低通常能够决定新产品是否成功，具有十分重要的意义。

8. 正式上市

市场试销为管理部门提供了信息以做出最终决策：是否要设立新产品？在哪儿设立新产品？何时推出新产品？新产品的推出对本企业的现有产品将会产生哪些影响？应该如何安排生产，是在单一的地点，还是在一个地区、全国市场或者国际市场，诸如此类。当所有这些判断都是基于市场的考验和正确反映，便可证明该种产品具有市场潜力，应该不失时机地将其正式推向市场。

新产品的推出，首先应将产品与包装的所有特性整理出来，其次对大量生产进行合理安排，接着训练并激励销售人员，安排广告与促销计划。所有这些，都有可能支付庞大的费用。

总之，许多企业把它们的新产品开发程序组织成有序的几个步骤，从构思形成开始到正式上市结束。根据这一有序的产品开发方法，一个企业部门单独工作完成它的程序步骤，然后把新产品传递给下一个部门和阶段。这样的程序能帮助控制复杂和危险的产品项目，但也存在按部就班、占用许多时间而使企业把一些潜在的销售和利润丢失给更聪明的竞争者的危险。因此，为了使新产品更快地进入市场，许多企业正在尝试一种更快捷、更灵活的方法，即同时产品开发法。这一新方法与上述方法的区别在于：对企业各个部门的紧密合作要求更高，希望通过交叉并进产品开发程序中的各个环节与步骤，以节约开发的时间和提高效率。

然而，值得注意的是，新产品的开发过程，对不同性质和实力的企业而言，由于采用开发方式的不同，所经历的阶段也不会完全一样。作为企业高层管理人员来说，在进行过程的每一个阶段，都需要决定的关键问题是：是否有必要进入下一阶段？是否应该放弃？

11.3.4 新产品开发过程中的顾客参与

当前消费者的需求特征发生了明显的转变，人们不再满足于对已有的产品进行选择，而是愿意为能够满足他们个人喜好的产品付出更多的时间和金钱。有研究证实，如果顾客期望新产品带来的好处越多，他就越会投入更多的精力去获取解决方案，顾客期望生产商能够倾听他们的声音，以确保可以获得满足自身需求的产品，而不仅仅是那些"设计天才"认为可以畅销的产品。于是，顾客参与设计的理念应运而生。

在互联网和移动终端已成为生活必需品的时代背景之下，企业需要通过与顾客之间灵活、高效的互动连接，不断改进完善产品及解决方案提升顾客体验，进而让顾客成为自己的忠实拥趸甚至粉丝。让顾客参与产品的设计过程，成为协同设计者，有助于确保企业生产出顾客需要的产品。众多研究表明，顾客参与新产品开发有利于企业缩短产品开发周期，减少开发成本，降低开发的不确定性以及提高顾客满意度。

微软公司在将 Windows 2000 操作系统推向市场前，曾邀请了 65 万位顾客对其进行 beta 测试(由软件的最终顾客在一个或多个顾客场所来进行的测试，开发者通常不会在场)。这项研发投资为微软创造了 5 亿美元的价值。生产消费品的企业更需要鼓励成熟顾客积极参与产品的开发过程。

在互联网出现之前，传统的产品开发以工程师为主导，顾客参与程度较浅，形式偏于被动，主要是填写调查问卷、接受访问，并按照工程师安排的内容对产品进行测试，提供反馈意见等。在这种情景下，顾客只是作为被调查的对象和参考，他们无权决定哪种产品概念被采用，相互间很少沟通交流，体现了较低的互动水平。除非提供一定的奖励，大多数顾客不愿意投入大量的时间和资源协助企业开发产品。

然而，互联网的出现改变了这种局面。互联网上日益增多的社交网站为顾客知识的创造与分享提供了良好的平台。这也使得企业能与顾客建立起高水平的、双向持续的互动，提高顾客参与的深度和广度。同时，虚拟顾客社区的出现，聚拢了能为企业提供解决方案的领先顾客，为企业产品研发提供了智力支持。同时，大数据浪潮的出现也给企业带来了机遇和挑战，通过采集大数据中有价值的信息，企业可以在精确掌握顾客群体行为偏好的基础上开发新产品，但这也要求企业掌握一定的技术开发和数据处理能力。

在这种情况下，产品创新的概念、设计、测试、上市等阶段均融入了顾客需求、反馈及技术等重要信息。在合作过程中，企业扮演了协助和补充的角色，由顾客决定产品开发方向，允许将复杂的开发问题交予顾客解决。一旦顾客集聚到社交平台上，他们在分享、咨询、互助、反馈过程中所形成的具有价值的信息会逐渐积累、沉淀为顾客知识。然后，企业应用一定的方法或工具对该顾客知识进行分析，进而实施敏捷开发和精准营销。

有三种方法可以将顾客转变成协同设计者：观察学习法、获取在线反馈法和产品定制法。

1. 观察学习法

有时，通过观察顾客的行为就可能产生好的产品创意。如吉列(Gillette)和 3M，都热衷于通过对顾客进行观察(而不是直接向他们提问)来获取反馈。企业的调查人员会在商店里对顾客的购买行为进行观察，甚至是到顾客家中拜访以了解他们使用产品的方式。

2. 获取在线反馈法

将顾客引入产品开发流程需要花费大量的时间和金钱。值得庆幸的是，借助网络，企业可以以非常经济的手段即时获得顾客的反馈，目前利用这种媒介的企业越来越多。

1998 年，一家创业公司发现酒店经营者面临一个棘手的问题：酒店空房即使以很低的价格出售也比空置要好，但为了保护酒店品牌并避免冲击主流销售渠道，酒店无法公开实施这一计划。如何解决这个问题呢？这家公司设计了一种模式：让顾客事先提交对酒店位置、档次、价格的期望，为顾客匹配对应的底价"房间库存"，成交前不展现酒店名称，而一旦成交顾客必须接受。该模式一推出就大受欢迎，Priceline 正是凭此崛起，现在已是市值高达 630 亿美元的全球在线旅游龙头。

菲亚特汽车(Fiat)也曾借助其公司网站，让顾客对新一代 Punto 车型的需求进行评估。顾客可以对这款车型的风格、舒适度、性能、价格、安全特性等指标进行优先级排序。他们也可以指出这款车型最令他们不满意的地方，并给出改进意见。然后，他们可以选择车身风格、车轮样式以及车头和车尾的样式，并在电脑屏幕上看到自己的"设计"。最后，公司软件系统会提取客户的最终反馈结果，并记录他们的选择顺序。通过这种方式，菲亚特公司 3 个月内就获得了超过 3000 份的反馈。内容涉及各个方面，包括在车内配备雨伞架，设计一款前排只有一张长椅的车型等。公司为这项调查仅花费了 35 000 美元，这在市场调查领域实在是一笔很小的数目。

阿里巴巴正在探索的重要方向是，利用其平台上的巨量顾客为入驻店家在各个环节引入消费者协作，间接驱动制造业的改造升级。家电厂商如澳柯玛、手机厂商如华为等都曾利用天猫平台与顾客对话，调动顾客参与产品设计并取得了成功。通过数据共享计划，天猫将沉淀的数据分享给厂商以指导其产品设计、研发、生产和定价，实际上充当了消费者协同的代理人。

借助网络获取顾客反馈具有诸多显著的优势。顾客可以舒舒服服地待在家中提供反馈，因而响应时间最短；企业可以方便地对调研工具进行修改，或为顾客提供它的多个试验版本，从而一天 24 小时不停地收集顾客的反馈；调研人员可以接触到大量、分散的目标客户；由于顾客是以匿名的方式进行反馈，反馈的信息也将更为真实；由于系统可以自动完成数据收集工作，且避免了编译错误，获取反馈的成本相较于传统的调研方法也大大降低了。

3. 产品定制法

顾客的独特需求在一定程度上促进了生产技术的革新。当为顾客生产定制产品的成本与生产标准化产品的成本相差无几时，大众化定制(mass customization，MC)就可以实现。MC 的核心思想是在不显著增加生产和分销成本的情况下，满足客户个性化需求。大众化定制需要具有足够数量的客户群体，而定制价值和定制成本因客户的不同而不同，因此企业需要以客户为中心，使客户参与到个性化产品的设计之中去。

定制营销设计具有以下三大优势：首先，定制营销能更好地满足消费者的个性化需要，提高顾客对产品的满意度和忠诚度，提高企业自身竞争力。其次，定制营销设计的前提是订单信息流，物流、资金流、商流随着订单信息流的变化而变化，从而使企业摆脱了生产的盲目性，有效地减少了企业库存，同时也极大地缩短了生产周期。再次，定制营销设计把顾客与企业紧密联系起来：一方面，顾客可以直接参与产品的设计；另一方面，企业则根据顾客的需求开发新的产品，加速产品的升级换代，更好地满足消费者的定制需求，从而使企业获取创新优势，增强企业的市场竞争力。

怎样才能实现大众化定制呢？方法之一是使产品组件模块化。也就是说，将产品组件分解成不同的模块，然后以较低的成本对各个模块进行大规模生产，最后按照不同的配置将所需的模块组装成不同的产品。

方法之二是合作型定制。与顾客进行对话，以便清楚了解他们的具体需求，并为他们定制所需要的产品。当顾客面对一大堆的选择而困惑时，这种方法最为有效。例如，日本眼镜零售商 Paris Miki 花了 5 年的时间开发出了 Mikissimes 设计系统，在美国这一系统被称为眼镜裁缝。这套系统可以对顾客的脸部进行数字拍照，分析他的脸部特征，然后根据他的要求，来分析出他希望自己戴上眼镜后是个什么样子。最后，系统会将推荐的镜片尺寸和形状在顾客的数码照片上加以显示。

方法之三是适应型定制。提供一种顾客可以自行更改的标准化产品。当顾客要求其购买的产品在不同场合有不同的表现时，这种方法最为合适。举例说明，路创电子公司(Lutron Electronics Company)生产的照明系统能够将室内不同的灯具相连接。顾客可以调整照明系统的效果，以满足聚会、浪漫时刻、看书等不同场合的需要。

现阶段，定制营销发展很快，有服装、个人电脑、整体厨房、手机等各类产品的定制。以 Reflect.com(宝洁旗下的互动性网上商务美容公司)所取得的成功为例，这家公司提供了超过 30 万种化妆品的配置(甚至是个性化套餐)供女士们选择，并能够在七天内将定制的化妆品交付到顾客手中。欧洲自行车公司推出的典型定制包括选择标准产品目录中的产品、改变零部件的配置以及变换色彩和图形等。通信器件商主要针对外壳特征和接口特征实现定制。移动电话制造商提供的可定制的属性包括手机软件、手机的外壳、外壳上的标签、产品包装等。总部位于中国青岛的个性化定制成衣品牌红领集团，自行设计了一个包含 20 多个子系统、完全由数据来驱动的数字化运营平台。该平台核心是一组叫作客户密码的数据，包括客户的姓名、联系方式、身高、体重、社会家庭关系、个人爱好、衣着偏好、满意度等。一组客户数据被录入后，无需人工转换和纸张传递，系统自动解码并驱动、自动配里料、自动配线、自动配扣等后续流程。解码的有效性依赖于红领 11 年来积累的海量数据，足以满足各种个性化需求。国内著名的管理软件提供商用友 2014 年年底正式启动了"用友 F&F 变革芯战略"，即在"以客户为核心"的理念下，针对企业互联网的趋势开启了大规模个性化定制，即产品正式发布之前，就提前给出产品设计模型，并征集来自合作伙伴、行业专家、企业顾客等各方面的意见和建议，针对产品特性、功能设计、操作体验等给出反馈信息，从而用更少的成本、更短的时间就能开发出让更多客户满意的产品。

11.3.5　新产品的推广和采用

1. 新产品被采用的过程特征

新产品的推广如同社会系统的扩散一样，需要有一个过程。美国著名学者埃弗雷特·罗杰斯(E.M.Rogers)于 20 世纪 60 年代提出的创新扩散理论，至今都对企业的营销活动具有现实意义。

所谓采用过程是指个人从第一次听到一种新事物到最终接受和采用的过程。从企业经营的角度看，这就是指消费者对一种新产品从最初知晓到最后成为使用者的决策过程。通常，新产品采用者的发展过程一般包括以下五个阶段。

- 知晓：消费者对该创新产品有所察觉，但缺少关于它的详细信息。
- 兴趣：消费者已对这种新产品发生兴趣，受到激发，以寻找该创新产品的有关信息。

- 评价：消费者根据有关信息对新产品予以评价，并考虑试用该创新产品。
- 试用：消费者小规模地试用该创新产品，并进一步对其价值进行评价。
- 采用：消费者经过试用取得满意效果后，决定正式和经常地使用该创新产品。

消费者在采用一种新产品，特别是价值较高的耐用消费品时，通常都要经历上述五个阶段。这时，营销人员的任务就是应尽量设法促使消费者迅速通过这五个阶段，以缩短他们的采用过程。

2. 影响新产品推广和采用的因素

1) 对新产品反应的个体差异

不同消费者对新产品的反应是有很大差异的，不同的人对同一种新产品的态度往往也大不相同。按照人们对新产品反应时间的先后，罗杰斯把他们划分为五类，即"创新采用者""早期采用者""早期大众""晚期大众""落后采用者"，如图 11-5 所示。对这五类采用者的分析发现，他们具有不同的价值观念和行为准则。

(1) 创新采用者。具有冒险革新精神，是勇于接受新事物的人，也就是人们常说的那些"第一个敢于吃螃蟹"的人。

(2) 早期采用者。较早但谨慎接受新事物的人，他们通常是在某一范围内具有影响力的人物。这类采用者对新产品的扩散具有举足轻重的作用。

(3) 早期大众。这是指那些一切行动都要经过深思熟虑的人，他们虽然很少起带头作用，但他们采用新东西仍早于一般采用者，并且有相当的人员数量。因而，适时研究这部分人群的消费心理和购买习惯有着重大的现实意义。

(4) 晚期大众。这类人疑虑重重、行动迟缓。他们通常要等到大多数人经过试验并获得满意效果之后，才会下决心采用。

(5) 落后采用者。这类人往往受传统观念的束缚、故步自封、行为保守。他们很难接受新事物，只有当新的东西本身已经成为传统时，他们才会接受采用。

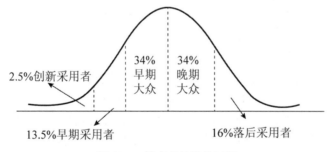

图 11-5 新产品的扩散过程

罗杰斯认为这五类采用者的价值导向是不同的。创新采用者是冒险的，他们愿意冒风险试用新产品；早期采用者一般是社会上的意见领袖，采用新产品较早，但态度谨慎仔细；早期大众的态度慎重，虽然他们不是意见领袖，但比一般人先采用新产品；晚期大众所持的是怀疑观点，他们要等大多数人都试用后才采用新产品。最后，落后采用者受到传统束缚，他们怀疑任何变革，由受传统束缚的人组成，他们只有在创新的自身变为传统事物后才采用它。

这种采用者分类方法要求，一个创新的企业应该研究创新者和早期采用者的人口统计、心理和媒体的特征以及如何直接具体地与他们互通信息。辨认早期采用者通常是不容易的。到目前为止还没有人证明所谓的创新性一般人格特性的存在。人们可能在某方面是创新者，而在其他方面却是落后者。罗杰斯对早期采用者提出了如下的假设：在一个社会系统中，早期采用者相对年龄较轻、有较高的社会地位、财务状况较佳、有较专业的工作、心智能力超过晚期采用者。早期采用者比晚期采用者更善于利用较客观和广泛的信息来源，他们与新构思的来源有着密切的接触。早期采用者的社会关系比晚期采用者更具有世界性，而且有着较多的意见领导能力。

2) 个人影响力在产品采用过程中的作用

在新产品的采用过程中，个人的影响力起着很大的作用。个人影响是指某个人对产品的陈述，影响到其他人的态度或购买。与其他阶段相比，在采用过程的评估阶段中的个人影响显得更为重要。它对后期采用者的影响胜过早期采用者。在风险环境下，与安全环境相比，它更显得重要。

3) 产品特征对消费者采用率的影响

新产品本身的特征对消费者的采用率也会产生影响。所谓采用率就是指消费者中采用者所占的比率。有些产品几乎一夜之间就流行起来，而有些产品要经过一段时间才会被接受，逐渐普及。对消费者采用率有显著影响的产品特性主要有以下五个。

- 新产品的相对优越性——优于现行产品的程度。
- 新产品的一致性——新产品与社会中的个人的价值和经验相吻合的程度。不一致的产品比一致的产品的传播要慢得多。
- 新产品的复杂性——了解和使用新产品的相对困难程度。新产品越复杂，传播速度越慢。
- 新产品的可分性——新产品在有限制的基础上可能被试用的程度。
- 新产品的传播性——新产品的使用结果被观察或向其他人转述的程度。

这五个方面的特点可以用来预测和解释一个新产品的接受程度和传播速度。但并不是说所有产品都是如此，只是就一般情况而言。

此外，值得注意的是，有两种交流形式有助于产品的传播过程：第一种是消费者之间的口头交流和营销人员与消费者之间的交流。团体内部或跨团体的口头交流可以加速新产品的传播。领导潮流的消费者们会与同伴及其他领导潮流的人一起讨论新产品，因此，营销人员必须确保这些领导潮流的人可以在他们使用的媒介中找到想要的那一类信息。如专业的健康保健服务，对于新产品几乎只依靠口头交流。

第二种有助于产品传播的交流是营销人员与潜在消费者之间直接的交流。通常传递给早期接受者的信息要比传递给早期大多数接受者、后期大多数接受者或落后者的信息更有吸引力。早期接受者比革新者更重要，因为他们所占的比例更大，更积极参加社会活动，并且通常是潮流的领导者。

当促销活动的重心从早期接受者转移到早期大多数接受者和晚期大多数接受者时，营销人员应该研究这些目标市场的主要特点、购买行为以及媒介特征，然后修改信息和媒介战略以与之相适应。传播模型有助于引导营销人员开发和实施促销战略。

11.4 包装策略

11.4.1 包装的定义和功能

包装(package)从最基本的定义来说，是指产品的容器和外部包扎。对大多数产品来讲，包装是产品运输、储存和销售不可缺少的条件。包装通常分为三个层次：一是指产品的基本容器，称为主要包装；二是使用产品时会被丢弃的第二层包装，称为次要包装；三是存储、识别和运输产品所需的装运包装，称为运输包装。标签也是包装的一部分，指打印在包装上或随包装一起出现的信息。

包装(packaging)是指为产品设计和生产容器或包裹物的行为。根据以往的传统，包装决策归根到底取决于成本和生产因素。包装的基本作用是装载和保护产品。但实际上，包装在众多因素的作用下已成为强有力的营销手段和重要的产品营销工具，中国古代就有"买椟还珠"的典故。越来越激烈的竞争，消费者生活方式的变化等，都意味着包装必须执行多项销售任务，好的包装能够吸引消费者对企业或其产品的立即确认，包括吸引消费者注意新推出的产品，直到促成销售。所以，国外有营销学者甚至把包装称为第 5 个 P。

现在的包装功能已经扩展成为重要的产品策略和手段，具体表现在以下几个方面。

- 最基本的作用仍然是容纳和保护产品，以防止商品损坏。如果忽略了这一基本的功能，便无法履行其他功能。
- 包装能促进产品销售。首先，帮助消费者识别产品，与类似的竞争产品相区别；其次，列出产品成分和含量，突出特点并告知使用方法；另外，运用包装的设计、颜色、形状和材料去强化和影响产品的形象，从而影响消费者的购买行为。
- 包装为产品的陈列、储存和买卖提供了种种便利。一些企业还利用包装来细分市场，方便不同的目标群体。
- 21 世纪关于包装的发展就是它与环境保护的一致性和相容性。有利于再循环，减少环境损害的包装可以促进产品的销售。人们正越来越多地要求企业对他们的产品和包装造成的环境污染负责。

11.4.2 包装策略

市场调查表明，在超市的购买者中，超过 50%是即兴购买，这就使得有效包装就像"五秒钟"的商业广告，发挥着推销员的作用。企业不得不精心设计和选择他们的包装策略。

常用的包装策略包括下述几种。

- 配套包装。将几种有关联的产品放在同一包装中，便于消费者同时购买和使用。
- 差别包装。将产品分成若干等级，对不同等级的产品采用不同的包装，使得它们表里如一，方便消费者购买。
- 统一包装。将本企业生产的产品，在包装上采用相似的颜色和图案等，使它们具有共同的特征，使顾客从包装上便能认识是同一企业的产品，从而产生信任感。
- 再利用包装。原包装的产品用完后，包装物可以继续使用。既方便了顾客，又起到了长效发挥广告作用的效果。
- 附赠品包装。在包装内附送赠品，以引起消费者的购买兴趣。

以上策略随着市场和消费者的不断变化，也需要企业不断调整和发展。包装的创新既能给消费者带来较大的好处，也会为制造商带来可观的利润。因此，企业在决定包装策略时，首先要明确包装的概念，确定它的要素，然后与其他营销组合相协调，共同服务于产品整体概念。

11.4.3 包装设计

产品包装的设计，除了要服务于产品整体的策略外，还要符合不同的市场特点和文化要求。一般说来，就消费品的包装设计，应该遵循以下几点。

- 独具特色。力求新颖独特，美观大方。

- 透明直观。简单明了，方便消费者了解内容。
- 安全卫生。注重安全，尤其是儿童产品，符合环境保护。
- 表里如一。外包装与里面内容相吻合，不可夸大其词。
- 注重美感。设计应强调艺术性，切忌粗俗。

11.4.4 标签

标签是指贴在产品上的简单签条，也可以是作为产品一部分的复杂图案和文字。它是任何一个完整包装不可缺少的部分。有的标签仅仅标有品牌名称，有的则含有许多信息。

标签发挥着许多功能。从最低限度说，标签至少可以用来识别产品或品牌。标签也可以起到为品牌分等级的作用。例如，食用油按照质量标准可分为一级、二级、三级、四级。标签可说明产品的一些情况：谁生产这一产品，在什么地方生产，什么时候生产的，产品的内容是什么，如何使用这一产品，以及如何安全使用等。最后，标签能够以其独具吸引力的图案来促进和推广产品的销售。

标签通常采用下面两种形式中的一种：一是说服性标签，它以促进销售的主题为中心，而把消费者信息放在次要位置；二是说明性标签，是为了帮助消费者选择正确的产品，避免不适宜购买而设计的标签。目前这种区分已越来越模糊了，因为随着商品的极大丰富和市场经济的不断发展，对标签和包装的强制性规定就越来越多。许多国家和地区都从法律方面对标签和包装做出了明确的规定，《中华人民共和国商标法》也对许多方面作了强制性要求和规定。比如，为了与国际接轨，国家粮食局组织国内油脂行业的科研院所、大专院校和大中型生产企业重新修订了大豆油、菜籽油、花生油、葵花子油、棉籽油、油茶籽油、米糠油和玉米胚油等 8 个食用油商品质量标准。新标准规定了在商品的标签上，要标明初制油的加工工艺(即用浸出法生产，还是用压榨法生产的)和是否用转基因油料生产，目的是让消费者有知情权，便于消费者选择。

最后，标签的设计应该力求简洁明快，美观大方，并且还要符合相关法律、法规的规定和要求。与此同时，标签也要跟随产品和市场的发展，不断有所创新，才能保证它不会被市场和消费者抛弃，为产品的畅销加油出力。

思考题

1. 什么是整体产品？这一概念的提出对企业经营有何指导意义？
2. 请举例说明产品生命周期各阶段营销策略的差别，并阐述其理由。
3. 营销学上所指的新产品包含哪些类型？它们有何区别？
4. 新产品开发都经历了哪些过程？新产品开发中的顾客参与有何意义？
5. 企业主导产品的生命周期对企业新产品开发是否有影响？表现在哪些方面？为什么？
6. 阐述包装在整体产品中的地位和作用。不同的产品对包装是否有不同的要求？

案例研究

"康师傅"——从徒弟到师傅

在中国内地，康师傅是一个家喻户晓的品牌，几乎就是"方便面"的代名词。康师傅以 60 亿包的年销量被称为"中国面王"，同时也是世界上销售量最大的方便面生产厂商，一年中单用于包装康师傅方便面的塑料薄膜就可以绕地球 12 圈。

1996 年康师傅在香港上市，2002 年在香港股市增值最佳的股票中位列前三位。2006 年康师傅营业额达到了 23.31 亿美元，净利达到 2.12 亿美元，净利润首次超过世界上最大的方便面厂商日本日清。2015 年营业额达到了 91.03 亿美元，但净利润受行业环境影响，约为 2.81 亿美元，比 2014 年下降了 41.93%。AC 尼尔森 2016 年 1—6 月的数据指出，在中国市场，康师傅方便面、即饮茶饮料销售量的市场占有率分别为 43% 和 53.1%，稳居第一位。

一、产品制胜，速度第一

康师傅的创始人是台湾魏氏四兄弟：魏应州、魏应交、魏应充和魏应行。1958 年，四兄弟的父亲魏德和在台湾彰化乡村办起了一个小油坊。但油坊的规模一直发展不起来。由于发展空间狭小，魏氏兄弟决定赴大陆投资。1988 年，受家人重托的魏应行从香港转道来到大陆寻找机会。但遗憾的是，此时京城市面上食用油已为群雄逐鹿，"金龙鱼""绿宝"等深港产品已充斥市场；而且以当时大陆老百姓的消费水平，大多数家庭用的都是散装油，锅里有油就不错了，于是产品陷入滞销。

到 1991 年时，魏应行带来的 1.5 亿元新台币几乎全部赔光了。就在他准备打道回府时，他又嗅到了新的商机。当时他经常在外出差，并食用一种从台湾带来的方便面。他渐渐发现，一同搭车的人们对他的方便面常常十分好奇，经常有人围观甚至询问何处可以买到。魏应行敏锐地捕捉到了这个市场的巨大需求，从此开始了翻身立业的打拼。

当时中国大陆的方便面历史已有十多年，市场呈现两极化。一极是国内厂家生产的廉价面，牌子众多，普遍品质低下、包装简陋。另一极是进口面，质量很好，但价格贵，五六元钱一碗，普通人根本消费不起。

魏应行想：如果有一种方便面物美价廉，一定很有市场。于是顶新瞅准了大陆快食行业这个群龙无首的空当，决心打一场方便面大战。

1992 年伊始，这一年是顶新集团首脑最忙碌又紧张的一年，因为他们得知，其实已有不少港台商人不动声色在打京津方便面的主意，其中便包括统一集团。像统一集团这样有实力的集团，如果先己一步，在京津打开市场，那么顶新将难再分一杯羹。因此，他们互相不断催促，快！快！快！并投入了大量的资金，期望在牌子制作、广告宣传、产品质量、包装及营销等诸方面各环节开足马力，既令众多对手望风却步，又使自己迅速占领、巩固市场。

顶新给准备投产的方便面起了一个响亮的名字——"康师傅"。之所以取这个名字，是为了适应北方人的思维方式，在北方人眼里，"师傅"这个词显得较为专业，而姓氏则取用"健康"的"康"字，以塑造"讲究健康美味的健康食品专家"形象。

名称起好了，产品档次也定下来了，接下来就是确定口味了。怎样开发符合大陆人口味的方便面呢？康师傅经过上万次的口味测试和调查发现：大陆人口味偏重，而且比较偏爱牛肉，于是决定把"红烧牛肉面"作为主打产品。考虑到大陆消费者的消费能力，最后把售价定在 1.98 元。

与此同时，康师傅的广告宣传也全面铺开。康师傅一改之前用真人做广告的做法，根据名字塑造了一个比较容易记忆的动画人物。当时台湾对大陆观众还很有吸引力，为了迎合观众心理，给品牌定位为"康师傅，来自台湾！"配合红烧牛肉面口味浓、分量足的特点，上市广告词设计为"香喷喷，好吃看得见"。1992 年，当其他企业还没有很强烈的广告意识时，康师傅的年广告支出就达到了 3000 万。在 20 世纪 90 年代中后期，每年的广告投入从不低于 1 亿元。

包装漂亮、广告凶猛的康师傅一经推出便立即打响，并掀起一阵抢购狂潮。康师傅公司门口甚至一度出现批发商排长队、一麻袋一麻袋订货的罕见场面。魏应行 1994 年接受中新社记者黄少华采访时，描绘了当时的"火爆"场面：每天清晨，天津顶新公司的门前就排起汽车长龙，人们翘首等待着从生产线上下来的"康师傅"，有的客户甚至是在公司门口席地而卧连夜等待……

为了应付产品供不应求的热销局面，康师傅不得不投入巨资至流通领域，同时用提前收来的订金购买国外的先进设备，招募人员。从第一碗面上市后的半年内，康师傅生产线上的工人即从三百多人猛增到三四千，生产线则扩大到了天津之外的多个城市。此后，康师傅又连续投资在各地设厂，搭建生产线，以超常规的速度急驰。康师傅的生产布局规划是，直径 500 公里内要有一个方便面生产基地，以把运费控制在销售价格的 5% 以内，由此实现新鲜度、销售价与成本的最佳组合。顶新集团以迅雷不及掩耳之势，迅速建立起了在中国方便面行业的霸主地位。

二、来得早不如来得巧

做方便面，康师傅不是第一个，远在统一之后，当统一已经是台湾第一品牌时，康师傅还没诞生。康师傅的其他产品，如茶饮料、果汁饮料、糕饼等也是如此，虽然在竞争对手之后切入市场，但很快都进入了市场前列。

在产品导入上，康师傅奉行"来得早不如来得巧"的原则。康师傅认为，任何产品都有进入市场的最佳时机，并非越早越好。先进入的企业自然有先入为主的优势，但选择适当的时机切入，可以省去培育市场、培养消费观念的费用。

康师傅在切入后之所以能将对手快速甩开，关键在于能够在竞争产品的基础上进一步完善产品，跟随时代的进步，不断开发出能够满足消费需求的新产品。同样的产品，后来的康师傅总能本着"以有限的资源创造超值销量"的标准，在考虑市场份额的同时，尽可能以较低的价格给消费者以最大的实惠，因此受到欢迎。

而且，与大多数专注于某一领域的品牌不同，康师傅通吃全线的野心昭然若揭。从方便面到茶饮料、果汁饮料、功能饮料、矿物质水、饼干等，康师傅几乎无所不为，而又无所不成。

方便面虽然看上去是一个门槛比较低的行业，但实际上要做好也非常不易，新品开发能力是很关键的因素。消费者喜新厌旧，天天都是一个口味谁受得了。因此，为了适应消费者的需求，在最近几年中，康师傅新上市的品种都占了销售额的 45% 以上。

新品开发的前提是根据市场的需求变化，每一个市场甚至每一个时期都会有不同的口味、价格、诉求等需求的不同，如果忽略这一点，就可能会犯下致命的错误。统一在进入大陆市场时，曾把在台湾最畅销的鲜虾面、肉臊面等产品带到大陆来，结果遭到冷遇。

在台湾，人们吃海鲜味选统一，排骨味就选味味，干吃面吃王子面。鉴于此，康师傅在大陆发展出很多副品牌，如面霸、辣旋风、小虎队等，以适应不同的口味。

2004 年康师傅开始了其在高端市场的产品延伸，研发了代表九个不同国家、地区口味的方便面，推出了"亚洲精选"系列。并且请来了凤凰卫视的节目主持人陈鲁豫做代言人，希望能将它打入城市白领市场。

康师傅在 1996 年投入茶饮料的生产，当时推出的是柠檬茶和菊花茶，1997、1998 年，康师傅又相继推出了冰红茶、绿茶和乌龙茶。随着 2000 年茶饮料市场的升温以及旭日升的衰落，康师傅茶饮料迅速走红，成为中国包装茶饮料市场的领导品牌。

在果汁饮料、运动饮料、矿物质水、糕饼、乳品等产品线上，康师傅都有不俗的表现。目前，康师傅的触角几乎已伸至食品的各个领域，从最初的康师傅方便面，到康师傅绿茶、康师傅冰红茶、康师傅冰绿茶，到鲜的每日 C，再到康师傅矿物质水、功能饮料劲跑 X、康师傅糕饼以及乳品，康师傅在不断地扩充产品线。凭借康师傅品牌的强大号召力，康师傅几乎在每一个产品中都颇有斩获，而不断充实的产品又在不断为品牌价值累积加分。2015 年 3 月，星巴克与康师傅控股有限公司宣布正式签署合作协议，在中国大陆生产星巴克即饮饮品，并拓展本地市场分销渠道。目前，中国即饮咖啡和功能饮料市场规模达 60 亿美元，预计未来 3 年还将进一步增长 20%。根据星巴克与康师傅的合作协议，双方将依托各自优势，将全部星巴克即饮饮料产品线带入中国市场，并强化本地化的创新能力，以满足中国顾客的需要。

【资料来源】根据《现代工商》、全球品牌网等相关内容改编。

案例思考题 ⸺⸺⸺⸺⸺⸺⸺⸺⸺⸺⸺⸺⸺⸺⸺⸺⸺⸺⸺⸺⸺⸺○

1. 试用本章所学的内容分析"康师傅"的产品组合。

2. "康师傅"是如何进行产品线决策的？

3. 现在速食行业正处在产品市场生命周期的哪一阶段？"康师傅"应如何维系自己市场领导者的地位？

4. "康师傅"在新产品开发及市场推广上有哪些成功经验？

第12章 服务策略

服务行业在世界经济中以远超过其他行业的速度发展着，全球服务行业的增长率几乎是制造业增长率的两倍，并且各种新型服务行业仍不断地涌现，全球经济将越来越多地受服务行业支配，这些都使人们不得不关注服务及其营销中的相关问题。

12.1 服务的基本概念

"服务"这个词是目前各行各业使用频率最高的词语之一。服务经济时代的来临使得顾客越来越需要服务，越来越离不开服务。发达国家自 20 世纪 60 年代开始陆续进入服务经济时代，标志着其产业结构发生了革命性变化。美国在 20 世纪 60 年代中期率先向服务型经济转型(服务业在经济中的比重超过 60%即为服务型经济)，此后英国在 20 世纪 80 年代中期、德国在 20 世纪 80 年代末、日本在 20 世纪 90 年代初相继实现向服务型经济的转型。目前在美国，每 10 个人中就有 8 个以上从事生产性服务，其服务产值占美国 GDP 总量的 80%。

12.1.1 服务的性质与定义

除实体产品外，企业对市场的供给通常还包括一些服务，这些服务可以是全部供给的较小部分，也可以是较大部分。关于外延产品的服务我们称为产品扶持性服务，即是采用扩大实际产品外延的做法，不断充实服务内容，提升产品对消费者的吸引力，培养消费者的产品偏好和忠诚。越来越多的企业正在运用产品扶持性服务策略，把它当作是取得竞争优势的主要手段。

顾客服务是产品服务的另一个要素。企业需要定期调查顾客，以便估计现有服务的价值和获得新的服务亮点。在估算出各类扶持性服务对顾客价值的同时，还应该同时估算出提供这些服务的成本是多少，从而选择适当的扶持策略。许多企业由于认识到了顾客服务作为市场销售工具的重要性，纷纷建立起了强大的顾客服务管理系统，以便处理投诉和调整信用服务、技术服务和消费者服务。一个活跃的顾客服务管理体系应该协调企业的各类服务，培养消费者对产品的满意和忠诚，并帮助企业有别于其他竞争对手。

服务行业门类众多，既包括营利的众多行业，也包括非营利的许多部门。在此，援引菲利普·科特勒关于服务的定义："服务是一方能够向另一方提供的各种基本上无形的活动或利益，其结果不导致任何所有权的产生。它的产生可能与某种有形产品密切联系在一起，也可能毫无联系。"从这个定义可以看出，我们所讨论的服务是作为购买和交换的产品。许多活动，如饭店租房、银行存款、旅游等都涉及服务购买问题。

12.1.2 服务组合的分类

从前面所讨论的产品扶持性服务中可以看出，作为供应物的服务，由于行业和载体的不同，其组合方式也多种多样。

根据服务在其供应物中所占比重的多少，可以区分为如下类型。

1. 纯粹有形商品

这一类供应物主要是有形物品，如香皂、牙膏或砂糖等。产品中没有伴随任何形式的服务。

2. 与有形产品相伴随的服务

这类产品包括有形商品和一项或几项对产品销售有重要影响的服务。如计算机、汽车等产品，由于技术复杂，在销售此类产品时，所能提供的服务水平和程度就成为是否具有吸引力的关键因素。这类产品如果没有服务的支撑和吸引，其产品销售就会萎缩。因此，IBM 作为一个大公司，却将自己企业定位在"IBM 就是服务"；联想集团也在改革和发展中提出："联想集团不是一个单纯的计算机公司，而是一个服务企业，它给销售对象提供的是一整套服务方案，而不仅仅是技术产品。"

3. 与有形产品混合在一起的服务

这类产品包括有形商品和服务。例如餐厅、药店等，它们不仅提供服务，也提供有形产品。

4. 与小物品相伴随的主项服务

这类产品包括一项主要商品和一些辅助品或辅助性服务。例如航空和铁路运输等，旅客在旅行中购买的是运输服务，但在途中，需要给旅客提供一些食品和书报等。

5. 纯粹服务

这类产品主要就是提供服务。例如请音乐老师教授技法，或者请钟点工做清洁等。

除了上面的分类外，作为产品的服务通常也做如下区分。

- 以设备为基础的服务和以人为基础的服务。
- 需要客户在场的服务和不需要客户在场的服务。
- 满足个人需要的服务和满足业务需要的服务。
- 需要满足盈利要求的服务和不需要满足盈利要求的服务。

以上的区分对于提供方和接受方在职场设计、人员要求以及其他营销组合策略等方面均会有不同的影响。

12.1.3 服务的特点

把服务作为一类商品与其他商品相比较，尤其是与有形商品相比较，会有一些不同于其他商品的独特之处。而了解这些不同之处是制定适当的市场营销策略的基础。这些特征集中表现在以下几个方面：无形性、不可分性、可变性和易消失性。

企业在设计市场营销方案时，必须充分考虑这四种特殊的服务特征。图 12-1 简要地说明了这四大特征。

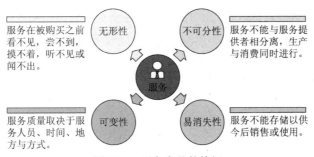

图 12-1 服务产品的特征

1. 无形性

服务与实体产品最根本的区别就在于服务的无形性。这种无形性使得服务商品在被购买之前是看不见、尝不到、摸不着、听不见或闻不出的。这种特点使得企业在向消费者宣传服务商品的种种好处时要比有形商品困难得多。例如，人们在做面部美容和整形手术之前是看不到成效的，航空公司的乘客除了一张飞机票和安全到达目的地的承诺之外什么也没有。为此，服务的提供者必须在增强消费者对自己的信心方面下工夫，可以通过强调服务带来的好处，为自己的服务制定品牌名称，增加和转化服务的有形性等方式，增加消费者的信任感，从而实现无形服务有形化。

2. 不可分性

一般来说，服务与其来源是不可分的，无论这种来源是机器还是人，这与有形商品的生产和销售过程非常不同。有形产品是先通过生产、存储，然后销售，最终被消费掉。而服务的产生和消费是同时进行的。其过程是先被销售，然后再被同时生产和消费。这种特征决定了提供者和被提供者双方对服务的结果都有影响，决定了作为购买一方的消费者参与所购买的服务的生产过程。这种不可分割性决定了购买某项服务的人数要受到提供服务者的人数和时间的限制。为了克服这种限制，服务者一方面可以通过学习和培训，学会为较大的群体提供服务；另一方面，提供服务的企业还可以培训更多的服务者为需要此项服务的消费者服务。由于顾客在服务商品中的参与性，所以提供者和顾客之间的相互作用成为服务市场营销的一大特色。

3. 可变性

服务的可变性也称为服务的易变性。之所以称为可变或易变，是因为服务的质量取决于服务人员、时间、地点和方式，它们依赖于由谁来提供服务，在什么时间和什么地点提供服务。并且由于服务的购买者是知道这一特点的，因而他们在选择服务商品时通常会做许多调研，也会和别人做些交流和讨论。另外，虽然服务难以做到像有形产品那样统一和连贯的标准化管理，但并非无章可循。首先企业可以尽量利用科技进步，使服务过程机械化。例如，机场和车站用电子扫描检测行李代替人工检查；用自动柜员机替代银行出纳员。另外，企业可以选择优秀人员进行培训和投资，使他们能提供达到客户和企业要求的优质服务。还有就是通过顾客建议和投诉制度，以及顾客调查和采购比较，来追踪和检查顾客是否感到满意，从而发现问题加以改进。

4. 易消失性

服务易消失性指服务不能储存以供今后销售或使用。如一次航班中一个空着的座位并不能存储到下一次使用，随着飞机的起飞，这个座位所能创造的收入可能性就已经消失了。当需求稳定时，服务的易消失性不成问题。但是当需求变动时，服务公司就会碰到困难问题。例如，由于交通高峰时期的需求，公共运输公司所需求的运输设备必须多于全天的均衡需求。因此，服务公司经常需要设计能够更好解决供求矛盾的策略和方案。例如，饭店和旅游胜地的定价在淡季都会降低，以便吸引更多的顾客；餐馆在高峰时期会雇用兼职服务员等。

12.2　服务营销组合

12.2.1　服务营销的构成

服务营销不同于传统的实物产品营销，除了常规的企业与顾客之间的外部营销，还包括企业对员工的内部营销以及员工与顾客之间的互动营销，服务营销的构成如图 12-2 所示。

外部营销是指企业为顾客提供服务之前的服务设计、服务准备、服务定价、服务促销计划、服务分销等内容。

内部营销是指服务企业必须有效地培训和激励那些直接与顾客接触的员工和所有辅助服务的员工，通过他们的通力合作，为顾客提供满意的服务，让公司的每一个服务人员都执行以顾客为导向的战略，以保障服务的质量。

图 12-2　服务业 3 种类型的营销

互动营销是指通过员工与顾客之间的交流进一步改进和提高服务的质量。服务的无形性和不可分性决定了服务的买卖双方对服务的结果都有影响，顾客直接参与了服务的生产过程，这使得服务质量在很大程度上取决于买卖双方的互动效果。互动营销所强调的不仅仅是良好的技术，更强调员工与顾客沟通的能力及向顾客提供服务的技巧。

12.2.2　服务的营销组合策略

服务产品的特殊性使得服务产品的市场营销组合策略经常会不同于有形产品。在制造业中，产品全都标准化并且能放在货架上等顾客来买。但是在服务行业，一线服务人员与顾客的互动形成服务，只有有效地影响顾客才能创造出优质的服务价值，在这个过程中，一线服务人员的技术以及沟通技巧直接影响着互动的有效性，因此，有学者提出，服务性产品的营销组合策略由 5 个"P"组成。除了产品(product)、价格(price)、渠道(place)、促销(promotion)之外，还有人员(people)，并且人员是其中最为重要的一个因素。在此基础上，美国的布恩思和比特勒在《服务企业的组织结构和营销战略》一文中提出，对服务营销来说，除了传统的"4P"，还要再加 3 个"P"，即人(people)、有形展示(physical evidence)、过程(process)。

1. 服务营销组合的人员策略

在服务产品提供的过程中，员工是一个不可或缺的因素，这是"7P"营销组合的一个重要观点。高素质的服务人员能够弥补企业物质条件的不足，反之，素质较差的服务人员可能成为顾客拒绝再次光顾的主要原因，从而使企业受损。

1996 年，美国的詹姆斯·赫斯克特、厄尔萨塞、伦纳德·施莱辛格在《服务利润链》中提出服务利润链模型(见图 12-3)，被认为是服务营销的集大成者。他们根据长期的跟踪和研究发现：那些成功的企业把注意力集中在顾客身上的同时也关注着自己的员工，他们认为企业利润与雇员和顾客的满意紧密相连。

因而，要建立一支优秀的服务人员队伍，企业需要做好以下两方面的工作。

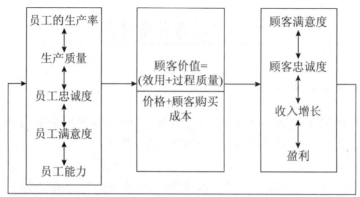

图 12-3 服务利润链

1) 雇用正确的员工

人的素质是有差异的，这种差异是客观存在的。造成人们素质差异的因素是多方面的，既有先天的因素，也有后天的因素，不同的员工从事相同的工作会表现出不同的效果和效率。因此，要建立一支优秀的服务人员队伍，必须从源头做起，即做好人力资源招聘工作。许多传统的服务行业将服务人员看作是公司的底层人员，在招聘时只强调以最少的工资完成相同的任务，这种观念在现在已经大大改变，招聘经理们开始关注更为有效的招聘活动，即除了强调服务人员的基本服务技能，强调服务人员接受技术培训、资格培训和专业培训外，还关注他们的服务价值取向。

2) 留住优秀的服务人员

招聘到正确的员工只是建立优秀服务人员队伍的第一步，优秀服务人员的流失会对顾客的满意度、员工士气和整体的服务质量造成严重影响，特别是企业投入了大量的精力和物力所培养的员工如果流失并为竞争对手所用，为竞争对手带来直接利益，对企业而言将是巨大的损失。因此，必须留住这些优秀的服务人员，并使之更好地为企业服务。

2. 服务营销组合的有形展示策略

服务是无形的，消费者在接受服务之前无法感知服务的质量，因此服务产品必须有形化，有形展示策略就是在此背景下提出的。在服务消费决策中，消费者正是根据其能够感知的有形展示的状况来判断无形服务的质量，从而做出是否消费的决策。企业应重视有形展示的管理，合理地设计、组合各种有形要素，以降低消费风险，减少顾客顾虑，吸引更多顾客的光顾。

1) 有形展示的要素

有形展示的要素主要包括以下三个方面的内容：服务的物质环境、信息沟通、价格，如图 12-4 所示。

(1) 物质环境(实体环境)。物质环境可分为三大类：周围因素、设计因素和社会因素。周围因素指的是不易引起顾客立即注意的背景条件，如温度、通风、气味、声音、整洁等。只有服务环境中缺乏消费者需要的某种背景因素，或某种背景因素使消费者觉得不舒服，他们才会意识到服务环境中的问题。一般说来，背景环境并不

图 12-4 有形展示的要素

能促使消费者产生购买行为，然而，较差的背景环境却会使消费者退却；设计因素指顾客最易察觉的刺激。与周围环境因素相比，设计因素对消费者感觉的影响比较明显，设计精美的服务环境更能促使消费者购买；社会因素则是指环境中的人。服务环境中的顾客和服务人员的人数、外表和行为都会影响消费者的购买决策。

(2) 信息沟通。信息沟通是另一种服务展示形式，从赞扬性的评论到广告，从顾客口头传播到企业标记，这些不同形式的信息沟通都传达了有关服务的线索，它们可以通过多种媒体展示和传播。

(3) 价格。价格是市场营销组合中唯一能产生收入的因素，顾客会把价格也当作服务产品的一个线索。价格能培养顾客对产品的信任，同样也能降低这种信任。在服务行业，正确的定价特别重要，因为在服务消费中，服务的无形性使顾客很难在实际消费服务前对服务的质量做出评价，在这种情况下，价格高低也就成为无形服务质量的可见性展示。

2) 有形展示的作用

有形展示作为服务企业实现其产品有形化、具体化的一种手段，在服务营销过程中通常起着以下作用。

- 通过感官刺激让消费者感受到服务给自己带来的收益，激发消费者需求。
- 引导消费者对服务质量产生合理期望。
- 使消费者对服务产生第一印象。
- 使消费者对服务产生优质的感觉。
- 塑造企业形象。
- 协助服务人员的培训。

3) 有形展示的服务环境

在实施有形展示策略的过程中，服务环境的设计往往是企业市场营销管理的重点。顾客在接触服务之前，最先感受的就是服务环境，也就是企业向消费者提供服务的场所，其中不仅包括影响服务过程的各种设施，还包括许多无形的要素。

以餐厅为例，一家餐厅的环境设计应该考虑如下几个方面。

- 选择适当的地点。
- 注意餐厅的环境卫生状况。
- 营造恰当的餐厅氛围。

理想的服务环境还包括社交因素，主要指服务员工的外观、行为、态度、谈吐及处理消费者要求的反应等，这些因素对企业服务的质量及整个营销过程的影响不容忽视。调查显示，社交因素对消费者评估服务质量的影响，远比其他因素显著。

3. 服务营销组合的过程策略

服务必须通过一定的程序、机制以及活动才能得以实现。在营销过程中，服务的提供者不仅要明确向哪些目标顾客提供服务、提供哪些服务，而且要明确怎样提供目标顾客所需的服务，即合理设计服务提供的过程。

图 12-5 是一个服务过程控制系统，在系统中不断将输出结果与既定标准对比，将偏差反馈给输入，通过系统调整使输出保持在一个可接受的范围内。这一策略在服务企业中最为常用，但也存在不尽如人意的地方，以及输出结果需要等到消费者的消费结束后，才能实现反馈。

同时，向顾客提供服务的过程也是一个价值增值的过程。在这一过程中，企业的各个部门通力合作，共同为更好地满足顾客的需要而努力。企业应以"用尽可能低的成本向顾客提供尽可能高的价值"为目标，优化整个价值增值的过程，确立竞争优势。

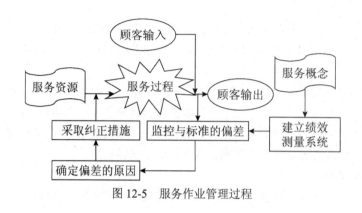

图 12-5 服务作业管理过程

12.3 服务质量

服务质量连接着许多服务环节，在整个服务营销体系中占据着重要的位置。服务质量是不同于顾客满意度的一个概念，顾客满意度是消费者对任何一项特定交易和经验评价的结果，而服务质量通常被概念化为一种态度，是消费者对所提供的服务的总体感知。质量通常被看作是连接评价和选择过程之间的环节，是消费者选择过程中的一种特征。

12.3.1 服务质量的概念

服务或多或少是一种主观体验过程。在这个过程中，生产和消费是同步进行的，消费者和服务提供者之间是一种互动关系，这种互动关系就是买者和卖者的服务接触(关键时刻)，它对感知服务质量的形成具有非常重要的影响。也就是说，服务质量是由消费者感知的质量。消费者通常是从技术和职能两个层面来感知服务质量，如图 12-6 所示。

技术质量(又称结果质量)是指服务过程的产出，即消费者从服务过程中所得到的东西。对这一层次的服务质量，消费者容易感知也便于评价。不过，技术

图 12-6 服务质量构成要素

质量并不能概括服务质量的全部。服务是无形的，提供服务的过程是服务人员同消费者打交道的过程，服务人员的行为、态度等将直接影响消费者对服务质量的感知。所以，消费者对服务质量的感知不仅包括他们在服务过程中所得到的东西，而且还要考虑他们是如何得到这些东西的，这就是服务质量的职能层面。显然，职能质量难以被客观评价，取决于消费者的主观感受。

企业形象会从许多方面影响消费者服务质量感知。如果企业形象良好，即使发生一些微小的服务失误，消费者也会给予原谅，但是如果失误频频发生，企业形象就会遭到损害；如果企业形象不好，即使一点很小的失误也会被消费者放大。在服务质量的形成过程中，企业形象成为了调节器。

12.3.2 服务质量差距模型

对服务质量的评价存在许多困难。首先，对服务质量的感知趋向于依赖消费者对某一特定服

务期望与它的实际表现的反复比较。不管一项服务有多好，如果不能重复地满足消费者的期望，消费者就会认为服务质量不好。其次，在服务领域，消费者评价的是服务的过程以及产出，而不是像产品市场那样评价的是完工的产品。例如，一项理发的服务，消费者评价的质量不仅仅在于他是否对理完的头发满意，还包括理发师是否友善、理发环境是否舒适等。

服务质量过程可以被描述为是消费者期望的服务和感知的服务之间的差距，如图 12-7 中差距 5 所示。服务企业的目标应该是消除这个差距，至少应该是缩小它。我们应该谨记的是，消费者对一家企业的态度是消费者在多次的愉快或不愉快的服务经历中积累起来的。

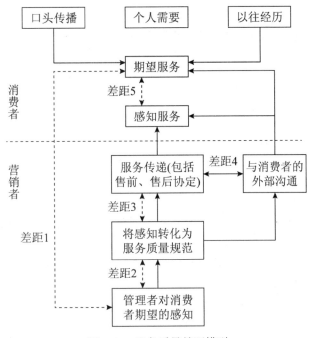

图 12-7　服务质量差距模型

1. 消费者期望与管理者感知的差距

最直接最明显的差距存在于消费者想要什么与管理者认为消费者想要什么之间。简而言之，许多管理者认为他们知道其客户想要什么，但是实际上他们错了。银行的客户或许更看重安全，而不是高的利率；餐馆的客户或许更倾向于饭菜的质量和味道，而不是桌子上的摆设及窗外的风景；一家高级宾馆可能认为他们的客户最喜欢的是舒适的房间，而实际上客人几乎不待在房间，而是对饭店的娱乐设施更感兴趣。

引起这种差距的原因有很多，消费者购买服务的行为是难以捉摸的，服务体验的复杂性意味着单纯的各因素观点并不足以解释所有的微妙之处。一旦这个差距产生了，各式各样的其他错误就会接踵而至。提供了不恰当的设施；雇用了不恰当的职员并进行了不合适的培训；还有可能向客户提供了他们并不需要的服务，而他们需要的服务却得不到。消除这个差距需要详细地从客户角度出发，认真地了解消费者的真正需求，并将其真正需要反馈到服务运营体系之中。

2. 管理者感知与质量规范之间的差距

即使消费者期望能被准确地估量，另一个差距也会产生，即管理者对消费者期望的感知与传递服务的质量规范体系之间的差距。消费者明确表达出来的需要并不能立即转化为企业运营的目标，管理者在试图建立一个服务质量规范的时候，必须将以消费者出发的规范和以企业运营出发的规范联系起来。

3. 服务质量规范与服务传递之间的差距

这种差距与服务的实际表现有关，即使确定了消费者期望并正确制定了服务质量规范，这种差距仍然会产生。服务表现差距的存在依赖于员工依照规范提供服务时的自觉性和能力。

由于员工服务的自觉性因人而异，同一个员工在不同时期的自觉性也是不同的。所以让员工时刻保持同样的工作热情并且保持同样的工作自觉性是很困难的。员工为了避免解雇而达到的服务标准和他们热爱自己的工作所达到的服务效果之间的差距很大。所以，服务质量规范与服务传递之间的差距在某种程度上取决于员工依照规范提供服务的自觉性。

服务差距存在的一个普遍原因是角色冲突。无论管理者感知与客户期望之间的差异是否已经消除，服务提供者仍会认为管理者期望他们提供的服务与客户想要得到的服务是不一致的。对于不喜欢被打扰宁可自己点菜的客户，那些希望推销菜单上不同菜肴的侍者就很难得到他们的欢心，如果客户没有给小费，也会对侍者产生消极影响。除此之外，服务提供者还会被期望去做太多各种不同的工作。例如，在忙碌的办公室中同时接听电话和面对面地接触客户。如果这些冲突发生，雇员们可能会感觉沮丧，并最终导致他们放弃提供最好服务的努力。

有时，不仅仅是察觉到的角色冲突，或许雇员们根本就不了解他们的角色。要么是不能胜任工作，要么没有经过足够的培训，当雇员们不明白他们的工作过程或工作目的时，角色模糊就产生了。出现这种情况，有时是因为他们不熟悉服务型企业以及它的目标。即使企业有一套清晰的服务质量规范，仍然会有雇员误解规范的情况发生。

当他们对提供服务的控制权已不在他们掌握之中时，对雇员来说，比较棘手的问题是控制的分散。当雇员不向上级请示就不能独立做出服务决定时，他们就会失去对服务的热情，就会感觉失去了工作的一部分；当对服务的某些方面的控制被剥夺时，例如单个银行的分支机构被取消了对信用审批的控制时，失落感就会增加，雇员们就会觉得对客户的服务请求无能为力。

上述的一切可能部分源于支持不充分，即雇员们没有经过上岗培训、没有得到技术支持和其他的资源配置，而这些是他们以最好的方式来完成他们的工作所必需的。如果被迫使用陈旧的或是不完善的设备来工作，特别是在竞争对手的员工拥有更优越的资源并能用更少的努力就可以达到同样效果的情况下，即使是最优秀的雇员也会感到沮丧。不能为雇员提供恰当的支持就会导致员工的努力付之东流，生产力低下和客户不满意。

4. 服务传递与外部信息之间的差距

所谓的"许诺差距"，是指企业在其外部交流中许诺提供的服务与它实际给客户提供的服务之间的差距。如果广告或销售传单许诺的是一种服务，而消费者得到的是另一种服务，那许诺无疑是失败的。例如，一位用餐者在菜单上看到了自己喜欢的酒品，却被告知没有，此时他不得不接受一种比较失望的酒品，他就会认为服务的质量低于他的期望。需要指出的是，在特定条件下，价格会成为质量的指标。由于缺少更多有形的线索，消费者往往将他们支付的价格作为他们所期望服务质量的基准，他们常常说的话也能表达出这种情感，如"这家餐馆很棒，服务质量也很高，考虑到价格，理应如此"。

5. 消费者期望与消费者感知之间的差距

最重要的差距就在于消费者对服务的期望与他们对实际提供服务的感知之间的差距，这种差距会直接导致消费者对一家企业产生满意或不满意的感受。如果消费者感知的服务质量大于消费者的期望，他会认为企业服务质量很高；如果消费者感知的服务质量低于他们的期望，则会感觉服务质量很低。

12.3.3　提高服务质量的策略

1. 弥合差距 1：不了解消费者的真正期望

这个差距的含义指的是企业不能准确感知消费者对服务的期望，产生的原因主要是：市场调研和需求分析信息不准确；对消费者期望的解释不准确；消费者信息从员工传递到管理者的过程中出现了扭曲；管理层次过多以致阻塞了信息的传递或改变了信息的真实性，特别是对管理层已做出科学决策的信息来说。

感知差距消除的方法很多，如果问题产生的原因是管理不善，就必须提高管理水平或是让管理者更深刻地理解服务和服务竞争的特性。很多情况下，后一种情况更具有实用性，因为感知差距产生的原因并不一定是缺乏服务竞争力，而是管理者缺乏对服务竞争的深刻认识。

任何解决办法都离不开更好地开展市场调研活动，唯有如此才能更好地了解消费者的需求和期望。从市场和消费者的接触中获取的信息是远远不够的，企业还必须提高内部信息的管理质量。对于服务组织来说，这具有非常重要的意义。

2. 弥合差距 2：未选择正确的服务设计和标准

服务质量标准差距是指服务提供者所指定的服务标准与管理层所认知的消费者的服务期望不一致而出现的差距。该差距出现的原因主要有：服务设计不明确、不系统，没能实现服务定位；缺少服务标准或标准没能反应消费者期望；不适宜的有形展示和服务场景；服务质量计划缺乏高层管理者的有力支持。

弥合这一差距的措施包括：建立消费者定义的服务标准并使之反映消费者的期望；制定明确系统的服务设计；明确服务定位；建立有利于服务传递的有形展示与服务场景；高层管理者大力支持服务质量计划。

3. 弥合差距 3：未按服务标准提供服务

即使服务组织已经准确地理解了消费者的需求，制定出反映消费者期望的服务标准，但是有时也无法提供标准化的服务。原因如下：服务质量标准规定得过于复杂和僵硬；员工不赞成这些标准，所以不执行；服务质量标准与企业文化不相适应；服务运营管理水平低下；缺乏有效的内部营销；服务技术和系统无法满足标准的要求。

解决此差距的方法主要是员工的培训问题，加强员工的服务态度管理和提高员工的服务技能；同时，还要对现有的监控系统进行改革以使他们与服务质量标准相匹配。

4. 弥合差距 4：服务组织未能履行承诺

这个差距是服务组织实际传递的服务与其宣传的服务之间的差距。引起这个差距的原因：市场沟通计划与服务运营未能融合在一起；传统的外部营销与服务运营不够协调；组织没有执行市场沟通中大力宣传的服务质量标准；过度承诺。

可以将上述原因分为两类，一类是市场沟通的计划与执行不力；另一类是企业在广告宣传和市场沟通中过度承诺的倾向。对于第一类问题，解决的途径是建立服务运营与传递和外部市场沟通的计划和执行的协调机制。例如，每一次市场推广活动的推出必须考虑服务的生产和传递，而不是各行其是。通过这种机制至少可以达到两个目的：一个是市场推广中的承诺和宣传可以更加现实和准确，二是外部沟通中所做的承诺可以顺利实现，而且可以承诺的相对多一些，因为双方相互合作，承诺的实现就有了坚实的基础。至于第二类问题，解决的办法是利用更科学的计划手段来改善市场沟通的质量。当然，管理监督体系的合理运用对此也会有所帮助。

5. 弥合差距 5：消费者感知的服务与期望的服务不匹配

感知服务质量差距说明的是消费者感知的或实际体验的服务与所期望的服务不一致。这种情况出现的原因是：消费者实际体验到的服务质量低于其期望的服务质量或者存在服务质量问题；口碑较差或企业形象较差；服务失败。

弥合这个差距的方法主要包括：正确理解消费者的期望；选择正确的服务设计和标准；服务传递遵循消费者定义的标准；提高企业形象，形成良好的口碑等。

12.4 服务补救

12.4.1 服务失败

即使企业尽了最大的努力，服务失败还是不可避免的。飞机会晚点，工作人员会态度粗鲁或不热情，服务环境中失误设计的维护也不会总是完美无缺。服务的性质就决定了失败总会发生。只要服务不能按原计划或预想提供，消费者就会感觉到"服务失败"。因此，服务补救的关键就是要了解消费者心目中潜在的失败之源。

比特纳、布姆斯和太特拉奥特通过对来自航空、餐饮和饭店业的 352 个不满意示例的分析，得出如表 12-1 的结果。每一事例都由一位受访者给出描述，然后由独立评判人根据其来源予以分类。结果显示，来自服务执行系统的失败不到一半。总的来说，服务执行系统的失败包括工作人员对三类失败的反应：①得不到服务，即得不到正常情况下应得到的服务；②不合理的慢速服务，指的是消费者感觉到服务或工作人员的服务速度异乎寻常地慢；③其他核心服务失败，包括核心服务失败的所有其他方面，这一类服务被有意地定义得很宽泛，以包含各个行业所提供的不同种类的核心服务。运营管理与规划和质量系统方法能够试图减少这些失败，但这要以对一线服务人员的授权为代价，而这种授权可能是成功进行服务补救所必需的。

第二类服务失败，即工作人员对消费者需求的反应，指对单个消费者的需求和特殊要求的反应。消费者需要既可能是明示的也可能是默示的。明示的需要服务人员很容易接收到，但默示的可能要服务人员自己思考。例如，如果航空公司的飞行时间有变动而航空公司未通知客户以便选择安排换乘航班，那么航空公司可能就未能满足消费者的默示需要。

相对应的，明示要求是明确表达出来的。总的来说，明示要求有四种类型：①特殊需要；②消费者偏好；③消费者失误；④有损害性的其他事件。工作人员对特殊要求的反应涉及满足消费者基于其特殊的医疗、饮食、心理、语言或社会困难方面的特殊要求。为素食者备餐算是一种特殊需求。工作人员对消费者偏好的反应要求工作人员从某些方面改动一下服务执行系统以满足消费者的偏好。消费者在餐厅就餐时要求更换菜谱上的项目就是消费者偏好的典型事例。工作人员对消费者失误的反应涉及这样一种情况，即服务中的失败是由消费者失误引起的(如票据丢失等)。最后，对有损害性的其他事件的反应要求工作人员能够解决与消费者之间的纠纷。例如，请求影院中的消费者保持安静或是不要吸烟。

表 12-1　不满意事例

事　例	总计	比例	航空	餐饮	饭店
工作人员对服务执行失败的反应					
对得不到服务的反应	29	8.2			
对不合理慢速服务的反应	53	15.1			
对其他核心服务失败的反应	69	19.6			
小计	151	42.9	45.5	39.8	47.6
工作人员对消费者需求的反应					
对"特殊需求"消费者的反应	6	1.7			
对消费者偏好的反应	37	10.5			
对消费者自己失误的反应	8	2.3			
对其他有潜在损害性事件的反应	4	1.1			
小计	55	15.6	37.3	9.9	17.9
工作人员的不期之举					
对消费者的关注	48	13.6			
实在不寻常的工作人员行为	41	11.6			
在特定文化准则下的工作人员行为	42	11.9			
格式化评价	15	4.3			
不利环境下的表现	—	—			
小计	146	41.4	27.3	50.3	34.5

　　第三类服务失败是工作人员的不期之举，是指事件和工作人员的行为不管是好还是坏完全超乎消费者的预料之外。这些行为不是由消费者引起的，也不是服务交付系统的一部分。这类失败可进一步细分为几个子类：①关注程度，是指工作人员态度不佳，工作人员忽略客户或者工作人员态度冷淡。②不寻常行为。如一位比萨饼连锁店的工作人员在给一个地区的消费者送货时，碰巧看到有一家人正在其房屋被烧毁后的余烬中搜寻余物。该工作人员将这一情况报告给经理，于是两个人立即免费给这家人准备了比萨饼送货上门。这家人极为感动，永远也不会忘记在危难时刻别人所表现出来的这一善意的举动。然而，不寻常举动也可能是负面事件，工作人员的粗鲁、谩骂以及不适当的接触都属于这方面的例子。③文化准则。既可能符合也可能违反诸如平等、公平和诚实等社会文化准则行为。违反行为包括歧视行为、撒谎、盗窃及欺骗等不诚实行为和客户认为的其他不公平行为。④格式化评价，指消费者所做的评价是总括性的，即消费者不是对服务交流中独立的事件进行评价，而是使用总括性的词语，如令人愉快或特别糟糕等。⑤不利环境，指的是工作人员在紧张气氛下的行为。如果工作人员周围其他人都是"失去理智"而该工作人员却能够有效地控制局面，消费者就会对这种在不利环境中的表现印象深刻。相反，如果一艘船正在下沉，而船长和船员抢在乘客之前先登上救生艇逃生，那么显然会作为不利环境下的不当行为，留在人们的脑海里。

　　但是消费者投诉行为并不仅仅是服务失败的结果。在服务失败后，消费者会有意识地选择是否投诉，而即使没有产生服务失败，消费者也常常会投诉。企业要想建立和实施一个成功的补救战略，就必须要正确理解消费者的投诉行为。

12.4.2　消费者投诉行为

有关服务失败的一个著名例子是，研究人员曾要求消费者就如下问题予以回答："你是否在商店遭遇过非常烦心的事？以至于你会说我以后再也不去那家商店或不买那个品牌的产品，而且以后就真的这样做了"。结果在所有受访者的回答中，最早发生的事例是在 25 年前，而 86%的事例是 5 年以前的。服务失败的结果是非同寻常的，大多数受访者表示，对所遭遇的服务失败，他们至今从感情上仍有点或非常不舒服，而这种感受比由于商店或产品性能不佳所导致的感受还要强烈。超过 75%的受访者表示，他们曾经口头告诉过别人自己的经历。典型的消费者投诉行为表明，虽然受到伤害的消费者会百分百投向其他企业，但只有 53%的人会向原来的店家投诉。

1. 消费者投诉的价值及投诉类型

多数公司一想到投诉的消费者就发怵，而另一些公司则把投诉看成是营业中的必然之果。其实，每家公司都应该鼓励其客户投诉。投诉的消费者是在告诉企业其在运营或管理方面存在的问题及应该如何改进。因此，投诉的消费者是在向企业免费送礼，也就是说，他们担当企业的顾问，诊断企业的问题，但却不收取任何费用。另外，投诉的消费者为企业重新使客户满意提供了机会，投诉的消费者比不投诉的消费者更有可能与企业进行业务往来。因此，成功的企业将投诉看作是避免客户流失和反面口头宣传的机会。公司所担心的不应该是投诉的消费者，而应该是那些产生了不满却没有投诉的消费者，他们要么已经离开了这家企业，要么正准备投奔竞争对手。

根据过去对消费心理学的研究，投诉可分为辅助性和非辅助性的。辅助性投诉是为了改变事情的不合意状态。例如，向服务员抱怨牛排烧得不熟即为辅助性投诉。在这种情况下，投诉人完全期望服务员会改变这种情况。有趣的是，研究显示，辅助性投诉只占到每天投诉量的一小部分。相反，非辅助性投诉并不是期望因此会改变不合意的状况，而且其投诉量远远超过辅助性投诉。

2. 消费者投诉及放弃投诉的原因

在辅助性投诉的情况下，答案是非常明显的，即投诉人期望不合意的状况可以得到改善。然而对非辅助性的投诉，答案就不那么明显了。专家认为，非辅助性的投诉原因主要如下。

(1) 主要是减压，降低投诉人的精神压抑及宣泄的作用，即给投诉人一种消气和舒心的感觉。

(2) 投诉人得以恢复某种控制力的方式。如果投诉人能够影响其他人对投诉来源的评价，则意味着投诉人恢复了控制力。例如，为了报复而对于冒犯自己的企业进行反面口头宣传，就可以使投诉人通过间接报复的方式得到某种程度的控制力。

(3) 为了寻求同情，看别人是否同意自己的意见，从而证明自己的投诉是合理合法的。换句话说，投诉人想知道其他人在相同的情况下是否会有同样的感受。如果是，投诉人就会觉得投诉的理直气壮。

(4) 投诉人为了制造一种印象。爱投诉的人通常被认为比不爱投诉的人更聪明、更有辨别力，这听起来似乎有些奇怪，但通过投诉，可能投诉人可以表达自己的标准和期望比不投诉的人高。

也有很多消费者明明有不满意却放弃投诉。这种情况可直接归因为服务所固有的无形性和不可分性。由于无形性，人们对服务执行过程的评价是主观性的，消费者常常由于缺乏客观观察的确定性而对自己的评价产生怀疑。由于不可分性，消费者常常对服务过程有所投入。因此，在出现不合意的结果后，消费者可能会很大程度上责备自己未能向服务者说清楚自己所希望得到的服务水平与类型。另外，不可分性指消费者与服务人员之间经常面对面的互动过程，消费者可能会觉得当着服务人员的面投诉不自在。最后，很多服务是专业化的，技术性很强。消费者可能会觉得自己专业知识不足，恐怕难以对服务质量做出评价，因此不投诉。

3. 消费者投诉后的结果

总的来说，消费者投诉行为会导致三种结果：表达、退出以及报复。这三种投诉结果并不是互斥的。第一种投诉形式表达指的是消费者口头表达出其对企业或产品的不满。高度表达是向经理或高层管理人员表达不满。中度表达是消费者直接向销售人员表达不满。低度表达是消费者不向该企业或产品有关的任何人表达其不满。第二种投诉形式退出是指消费者不再光顾该企业或不再使用该产品。高度退出是消费者决定永不再购买该企业的产品或服务。中度退出是消费者决定只要有可能就尽量不再购买该企业的产品或服务。低度退出是消费者不改变其购买行为。第三种投诉结果是报复。报复指消费者采取行动有意损害企业及其将来的业务。高度报复是损害企业物质利益或向他人极力进行关于该企业业务的反面宣传。中度报复是消费者为企业制造较小的不便并且仅将其遭遇告诉几个人。低度报复是根本不对企业进行报复。

12.4.3　服务补救战略制定

如果服务失败比较普遍而投诉行为有限，则要采取服务补救战略。服务补救战略包含如下三大模块。

(1) 企业必须鼓励投诉行为。

(2) 企业必须培养善于听取投诉并从中吸取教训的能力。

(3) 企业必须制定在整个组织中贯彻实施的补救战略，并创造一种使该战略真正实施的文化氛围。

图 12-8 所示是一个处理投诉的信息处理模型。

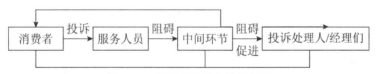

图 12-8　消费者投诉中的信息流

有效地处理消费者的投诉显然首先有利于消费者的利益，而对消费者投诉的有效处理所带来的好处却远远不止如此。福内尔和韦斯特布鲁克将投诉管理定义为传播信息以便发现和消除消费者不满意的原因。因此，一个组织对待投诉可从两方面着手采取措施。首先，一定要解决好每一个单独的事件以使所涉及的消费者满意。除此之外，在组织内部关于投诉的信息必须到达一定的管理层次，这样就可以采取措施重塑服务过程和系统等以便根除问题的原因。

接着，如果一线服务人员认为其不能解决投诉的问题，他们将向上一级报告。在制造企业采取这一步骤需要一些时间，而在服务企业中，要想真正解决问题，这一过程就必须是实时的。

最后，如果系统能够自动产生投诉解决方案，那么下一步就是"投诉经理"去改变政策和程序以避免将来发生服务失败。而事实上在服务企业内部，投诉经理是同时管理许多不同营业网点的经理人员，并不存在用来加强学习的系统。

并非所有的补救战略都对消费者有着同样的吸引力。基于某家餐馆的一项研究对这个问题进行了探讨[①]。该研究使用关键事件技术，要求受访者就其所经历过的服务失败事件，对得到满意的

---

① Based on Richard C.Oliver, "A conceptual Model of Service Quality and Service Satisfaction", Advances in Services Marketing and Management 2(1993)：65～85

补救和得到不满意的补救各给出一个例子。对他们的描述进行分析分类，以对服务失败以及不成功和成功的补救进行解释(如表 12-2 所示)。受访者还被要求按照从 1(很差)到 10(很好)的尺度对各种补救措施进行打分，并回答以后是否还会到此消费，结果如表 12-3 所示。

表 12-2　餐馆服务失败的分析

服务失败被分为三类：
工作人员对服务执行系统失败的反应，占关键事件的 44.4%。核心服务失败包括：
产品缺陷：食物太冷、未烤透、太生、烧焦、腐烂或者含有毛发、玻璃、绷带、箱包带和纸板等
服务速度慢/得不到服务：等待事件过长，无人过问
设施问题：清洁性问题，如怪味、器皿脏、餐桌或食物中有活性异物等
规定不明：消费者感觉饭店的规定不公平，如赠券兑现或支付方式
现货不足：无法按照菜谱供应食品
工作人员对消费者需求的反应，占所报告事件的 18.4%。消费者要求包括：
不按要求烹煮食物：对消费者的特定要求未给予满足
安排座位问题：未安排在预订座位或误安排在吸烟(非吸烟)区
座位的特别要求：将消费者安排在不守秩序的消费者中间
工作人员的不期之举
工作人员行为不当：粗鲁、言语不当、态度差
送错：送错了桌或在外送时送错客人点的食物
菜单丢失：延误了消费者的上菜
收费错误：对未点或退掉的菜品收费或找零出现错误

本研究中所示的消费者保留率说明，不管是什么类型的服务失败都是可以补救的。总的来说，所述事件的消费者保留率达到 75%以上，即使补救措施不理想，消费者的保留率仍达到 60%。然而从总体上说，服务失败率与补救成功率之间的统计关系也显示，随着服务失败严重性的增大，补救的困难也相应增大[①]。

表 12-3　打分效果

补 救 战 略	有 效 性	保 留 率
免费餐	8.05	89
打折	7.75	87.5
赠券	7	80
经理人员介入	7	88.8
更换	6.35	80.2
更正	5.14	80
道歉	3.72	71.4
无	1.71	51.3

研究表明，服务失败的投诉程序和补偿性质都会影响消费者对企业的态度。补偿的数额和以往的体验也对消费者的满意度、保留率以及再消费有正面影响。另外，消费者为客户提供表达其感受的机会并恭敬地倾听消费者投诉进一步增强了消费者公平和满意的感觉。

总之，消费者是基于其所感受的公平性来评价服务补救战略的。所感受的公平性意味着补救过程本身与补救战略有关的结果和在补救过程中建立起来的人际行为以及结果的执行，都对补救评价至关重要。相应的，所感受的公平包括分配性公平、程序性公平和互动性公平。

消费者认为企业对服务失败好的反应如下：

① K.Douglas Hoffman and John E.G.Bateson, Essentials of Services Marketing(Fort Worth, TX: Dryden,1997),345

(1) 承认问题：消费者需要知道其投诉已被听取。

(2) 使消费者感到与众不同或很特别：向他们传达这样的信息，即他们的意见很受重视，他们对企业很重要。

(3) 当服务失败明显是企业的过错时，在合适的情况下向消费者道歉：真诚的道歉常常是服务补救的一种有效方式。

(4) 提出补偿：补偿通常是消费者最希望得到的反应，但企业很容易忘记与服务失败相关的隐含成本，如时间和挫折感。

消费者认为企业对服务失败差的反应是：

(1) 未认识到问题的严重性。

(2) 未给客户意见以足够的考虑。

(3) 表现得好像自己什么都没错。

(4) 未能向客户解释问题的原委。

(5) 让客户自己去解决问题。

(6) 做出许诺却不全部履行。

在消费者出错时的好的反应如下：

(1) 承认消费者的问题：倾听并关注消费者的需要会传达这样的信息，即企业关心消费者，希望消费者好，而不管是谁的错。

(2) 负起责任：预计到消费者可能出的差错，如丢失房间钥匙和遗落个人物品，并准备好在问题出现时予以解决。

(3) 协助解决问题的同时又不使消费者感到尴尬：在解决问题时，避免说一些无礼的话，如消费者不够聪明或缺乏特定能力以致造成这种后果等。很可能消费者在寻求帮助时已经感到非常尴尬，切莫当着消费者或工作人员的面嘲笑，以免事情更糟。

在消费者出错时的差的反应是：

(1) 嘲笑和使消费者难堪。

(2) 逃避责任。逃避责任意味着任消费者自行解决而不管不顾。

(3) 不愿帮助消费者解决问题。

12.4.4　服务补救注意事项

消费者预计到企业在提供服务时偶尔会出现失败，但他们也期望企业能够予以补救。图 12-9 反映了这一关系。此处所表明的态度是，对于服务质量更高的组织和消费者认知度更高的组织，消费者期望的服务补救水平也更高。后者代表着企业和个人之间角色和期望的对应性。反过来说，认知度受到消费者满意度和所感受到的服务质量的影响。

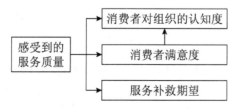

图 12-9　消费者对服务补救期望的图例

所以，希望让人感受到高服务质量的企业必须建立补救战略，消费者对这种战略有很高的期望，如果出现服务补救失败而又无相应的补救战略，消费者会感到加倍不满。要掌握服务补救技术，企业需要考虑以下几个方面。

1. 衡量成本

留住现有消费者与争取新消费者的成本与收益有实质性差别。简言之，获得新消费者的成本比留住老消费者的成本高 5～10 倍；现有消费者更易接受企业的营销方式，因而是企业利润的重要源泉；现有消费者的疑问较少，对企业的业务流程和工作人员更熟悉、更愿意为服务多花钱。

2. 未雨绸缪

每一次服务交流都是由一系列关键事件组成，这些事件反映了消费者与企业在系统中的相互作用点。具有有效的服务补救系统的企业会预先想到在服务执行系统中哪些地方最容易产生服务失败。当然，这些企业将首先采取一切措施尽可能地减少产生服务失败，但他们会提前做好准备以便发生服务失败时有备无患。专家认为企业应特别注意那些员工流动性较高的职位。这些职位中很多是属于低薪的一线服务岗位，员工常常缺乏积极性且/或缺乏有效的补救技巧。

3. 快速反应

服务一旦失败，企业的反应速度越快，其补救工作就越可能取得成功。事实上，已往的研究显示，如果投诉得到迅速处理，企业就会留住 95%原本不满意的消费者。相比之下，如果投诉根本得不到解决，企业仅能留住 64%不满意的消费者。时间是关键，企业对问题的反应速度越快，企业给消费者传递的信息越好。

位于华盛顿的一家银行经过磨难才懂得了这一点。在这家银行开有支票、存款账户和信托账户等共计数百万美元的一个客户的停车要求被拒绝了，因为他只是想兑现一张支票而不是要存款，且此时该客户所在的分支机构并非其经常办理业务的分支结构。当该客户把有关情况向柜员解释清楚后，柜员毫无反应，于是他向该分支机构的经理投诉，然后驱车到其通常办理业务的分支机构要求银行的上层领导在当日给一个说法，否则他将清户。不可思议的是，银行方面并没有做出任何反应，于是该客户在第二天一早所做的第一件事就是提取所有存款。

📖 思考题

1. 服务产品有哪些主要特点？这些特点对服务型企业的市场营销策略有什么影响？
2. 对服务营销来说，除了传统的 4P，其他的 3 个 P 的内涵是什么？
3. 阐述服务质量差距模型的内涵。
4. 企业应该如何制定并实施服务补救战略？

海底捞的极致服务与面临困局

海底捞已经成为餐饮界的一个热点现象，吸引了众多媒体的关注，也引来了学术界的研究、企业界的学习，甚至是风投公司的青睐。2010 年 7 月，中央电视台财经频道的《商道》就做了一期节目"发现身边的商机——海底捞火锅"。北大光华管理学院两位教授也曾对海底捞进行了一年多的深入研究，甚至派人"卧底当服务员，总结出海底捞的管理经验"。百胜中国曾经将其区域经理年会聚餐的地点选在了海底捞的分店，观摩整个服务流程和服务员的服务，其目的是"参观和学习，提升管理水平"。此后还有其他各路人马前往海底捞学习。在大众点评网等知名网站上，"海底捞"一直牢牢占据着几大城市"服务最佳"榜单的前列。

一、公司简介

海底捞餐饮有限公司是一家经营火锅的企业，目前拥有万余名员工，拥有一批饮食、营养、工程、仓储、管理方面的专家和专业技术人员，是一家以经营川味火锅为主，融汇各地火锅特色于一体的大型跨省直营餐饮民营企业，拥有 50 家直营分店，直营店经营面积超过 5 万平方米，具有四个大型配送中心和一个投资 2000 多万元人民币、占地约 20 余亩大型生产基地(获得 HACCP 认证、QS 认证和 ISO9001 国际质量体系认证)。公司年营业额超过亿元，纯利润超过千万，曾先后在四川、陕西、河南等省荣获"先进企业""消费者满意单位""名优火锅"等十几项光荣称号和荣誉。公司自成立以来，始终高举"绿色、健康、营养、特色"的大旗，致力于在继承川味原有的"麻辣鲜香嫩脆"基础上，不断开发创新，以独特、纯正、鲜美的口味和营养健康的菜品，赢得了顾客的一致推崇和良好的口碑，成功地打造出信誉度高，颇具四川火锅特色，融汇巴蜀餐饮文化、"蜀地、蜀风"浓郁的优质火锅品牌。

二、海底捞的极致服务

海底捞考核一个店长或区域经理的主要标准不是被很多企业视为最高指标的营业额和利润，而是顾客满意度和员工满意度。用海底捞副总经理袁华强的话说："超越顾客期望为海底捞赢得了名声，而让为顾客创造感觉的员工过得舒适才是海底捞的安身立命之道。"

1. 追求顾客满意度——为顾客提供"五星级"服务

怎样才能让顾客体会到差异化服务？海底捞董事长张勇通过经营实践总结出：就是要超出客人的期望，让人们在海底捞享受到在其他火锅店享受不到的服务。要做到这点不能仅靠标准化的服务，更要根据每个客人的喜好提供创造性的个性服务。从洗菜、点菜、传菜、做火锅底料、带客人煮菜、清洁到结账，在火锅店每一个岗位都工作过的张勇深知，客人的需求五花八门，单是用流程和制度培训出来的服务员最多只能达到及格的水平。制度与流程对保证产品和服务质量的作用毋庸置疑，但同时也压抑了人性，因为他们忽视了员工最有价值的部位——大脑。人最值钱的是大脑，因为它有创造力。服务的目的是让顾客满意，可是客人的要求不尽相同：有人要标准的调料，有人喜欢自己配；有人需要两份调料，有人连半份都要不了；有人喜欢自己涮，有人喜欢服务员给他涮；有人不喜欢免费的酸梅汤，能不能让他免费喝一碗本该收费的豆浆？碰到牙口不好的老人，能不能送碗鸡蛋羹、南瓜粥？让客人满意不可能完全靠标准化的流程和制度，只能靠一线服务员的临场判断完成。如果碰到流程和制度没有规定的问题，就需要大脑去创造了。在海底捞，服务项目数不胜数，以下是概括出来的一些差异化服务的环节与细节。

1) 代客泊车

每一家海底捞门店都有专门的泊车服务生，主动代客泊车，停放妥当后将钥匙交给客人，等到客人结账时，泊车服务生会主动询问："是否需要帮忙提车？"如果客人需要，立即提车到店门前，客人只需要在店前稍作等待。如果你选择在周一到周五中午去用餐的话，海底捞还会提供免费擦车服务。按照顾客的话说，"泊车小弟的笑容也很温暖，完全不以车型来决定笑容的真诚与温暖程度"。

2) 让等待充满欢乐

如果没有事先预订，你来到海底捞很可能会面对较为漫长的等待，不过过程也许不像你想象得那么糟糕。晚饭时间，北京任何一家海底捞的等候区里都可以看到如下的景象：大屏幕上不断打出最新的座位信息，几十位排号的顾客吃着免费水果，喝着免费的饮料，享受店内提供的免费上网、擦皮鞋和美甲服务。如果是一群朋友在等待，服务员还会拿出扑克牌和跳棋供你打发时间，减轻等待的焦躁。排队等位也成了海底捞的特色和招牌之一。

3) 节约当道的点菜服务

如果客人点的量已经超过了可食用量，服务员会及时提醒客人，可想而知这样善意的提醒会在我们的内心形成一道暖流。此外，服务员还会主动提醒食客，各式食材都可以点半份，这样同样的价钱我们就可以享受平常两倍的菜色了。

4) 及时到位的席间服务

大堂里，女服务员会为长发的女士扎起头发，并提供小发夹夹住前面的刘海，防止头发垂到食物里；戴眼镜的朋友可以得到擦镜布；放在桌上的手机会被小塑料袋装起以防油腻，每隔 15 分钟，就会有服务员主动更换你面前的热毛巾，如果你带了小孩子，服务员还会帮你喂孩子吃饭，陪他/她在儿童天地做游戏，使顾客能轻松快乐地享受美食。当然给每位进餐者提供围裙更是一道靓丽的风景线。

5) 星级般的卫生间服务

海底捞的卫生间不仅环境不错，整洁干净，而且还配备了一名专职人员为顾客洗手后递上纸巾，以便顾客能够擦干湿漉漉的手。

6) 细致周到的餐后服务

餐后，服务员会马上送上口香糖，一路遇到的所有服务员都会向你微笑道别。一个流传甚广的故事是，一个顾客结完账，临走时随口问了一句："有冰激凌送吗？"服务员回答："请你们等一下。"五分钟后，这个服务员拿着"可爱多"气喘吁吁地跑回来："小姐，你们的冰激凌，让你们久等了，这是刚从易初莲花超市买来的。"

"超越客户期望"的服务为张勇赢来了客户。在大众点评网上，北京、上海、郑州、西安的"服务最佳"榜单中，海底捞从未跌出前两位。北京分店平均单店每天接待顾客 2000 人，单店日营业额达到了 10 万。

2. 让员工满意——超高的内部服务质量

海底捞制胜的法则是：让员工"用心"服务每一位顾客。可是，如何让服务员也像自己一样用心呢？毕竟，自己是老板，员工只是做一份工作而已。张勇的答案是：让员工把公司当成家，他们就会把心放在工作上。为什么？一个家庭不可能每个人都是家长，如果每个家庭成员的心都在家里的话，大家都会对这个家尽可能做出贡献。那么，怎样才能让员工把海底捞当成自己的家？张勇觉得这简单得不能再简单了：把员工当成家里的人。为此，海底捞是这样做的：

1) 良好的福利

张勇认为要把员工当成家里人对待，首先就得给员工提供良好的待遇。在整个餐饮行业，海底捞的工资只能算中上，但是隐性的福利却比较多。海底捞的员工都统一安排住在公司附近(离工作地点 20 分钟)的公寓楼里，可以享受到 24 小时的热水和空调；为了减少员工外出上网可能带来的危险，公司为每套房子都安装了可以上网的电脑。不仅如此，海底捞还雇人给员工宿舍打扫卫生，换洗被单。公司每月将优秀员工的一部分奖金直接寄给他们在家乡的父母。员工的工装是 100 元一套的衣服，鞋子也是李宁牌的，公司还鼓励夫妻同时在海底捞工作，且提供有公司补贴的夫妻房。公司提倡内部推荐，于是越来越多的老乡、同学、亲戚一起到海底捞工作。

此外，海底捞还为员工提供休疗养计划。如 2007 年春节，海底捞北京地区的两千多名员工就享受了一同去郊区泡温泉浴的待遇。此外，海底捞还为员工子女提供教育条件，在四川简阳建了一所私立寄宿制学校，海底捞员工的孩子可以免费在那里上学，只需要交书本费。在海底捞公司看来，企业为员工考虑得更多一些，他就会增加对企业的责任感。

2) 晋升——用双手改变命运

海底捞的管理层很少有"空降兵"，除了少数技术型很强的岗位，其他都是从基层服务员干起，达到一定的标准就可以升职。任何新来的员工都有三条晋升途径可以选择：①管理线的晋升途径：新员工→合格员工→一线员工→优秀员工→领班→大堂经理→店经理→区域经理→大区经理；②技术线的晋升途径：新员工→合格员工→一级员工→先进员工→标兵员工→劳模员工→功勋员工；③后勤线的晋升途径：新员工→合格员工→一级员工→先进员工→办公室人员或者出纳→会计、采购、技术部、开发部等。

在张勇设计的绩效考核和晋升模式中，每个员工都看到了自己广阔的发展前景，学历不再是必要条件，工龄也不再是必要条件。这种不拘一格选人才的晋升政策也让海底捞涌现出了不少的优秀榜样，从而刺激得更多员工用双手改变命运。

3) 信任与平等

海底捞知道，要让员工感到幸福，不仅要提供好的物质待遇，还要让人感觉公平，被人信任。作为公司的创始人，张勇在极力推行一种信任平等的价值观。基于一切以为客户服务为重和对员工的信任，海底捞给一线服务员的授权很大，包括可以为客户免单的权力。每个员工都有一张卡，员工在店里的所有服务行为，都需要刷卡，记录在案。这种信任，一旦发现被滥用，则不会再有第二次机会。

袁华强每个月都有一项特殊的任务：去员工的宿舍生活三天。目的在于体验员工的衣食住行是否舒适，以便及时地改善。员工对待他，从来不叫"袁总"，而是亲切地唤他"袁哥"。在海底捞分店，他与同来自家乡的小服务生随意地开着玩笑，互相拍着肩膀。"在海底捞，店长也可以跟普通员工一起，去给客人端锅打扫。"袁华强说，"太多人往高处走的时候，都忘记了自己原本的样子了"。

4) 平台、授权

聪明的管理者能让员工的大脑为他工作。要让员工的大脑起作用，除了让他们把心放在工作上，还必须给他们权力。200 万元以下的财务权都交给了各级经理，而海底捞的一线员工都有免单权。不论什么原因，只要员工认为有必要，都可以给客人免费送一些菜，甚至免掉一餐的费用。在其他餐厅，这种权利起码要经理才会有。对此，张勇的逻辑是：客人从进店到离店始终是跟服务员打交道，如果客人对服务不满意，还得通过经理来解决，这只会使顾客更加不满，因此把解决问题的权利交给一线员工，才能最大限度消除客户的不满意。

5) 培训员工

海底捞把培养合格员工的工作称为"造人"。张勇将造人视为海底捞发展战略的基石。海底捞要求每个店按照实际需要的110%配备员工，为扩张提供人员保障。海底捞这种以人为本、稳扎稳打的发展战略值得不少中国企业借鉴。其员工的入职培训很简单，只有 3 天。主要讲一些基本的生活常识和火锅服务常识。真正的培训是在进入门店之后的实习中，每个新员工都会有一个师傅传帮带。"新员工要达到海底捞优秀员工的水平，一般需要两到三个月的时间"。袁华强解释。体会海底捞的价值观和人性化的服务理念，学会处理不同问题的方法，比起那些固定的服务动作规范困难多了。

在海底捞的公司目标里，"将海底捞开向全国"只排到第 3 位，而"创造一个公平公正的工作环境""致力于双手改变命运的价值观在海底捞变成现实"则排在前面。海底捞已经婉拒过几家著名的想要投资的风投，张勇对此的解释是：扩张得太快，海底捞就不是海底捞了。对一个公司而言，这显然已不再是纯粹的商业目标。随着新开店面不断增加，如何保障根本的理念能够始终如一、不打折扣地坚持下去，恐怕是海底捞在成长过程中的最大变数。

二、海底捞如今面临的困局

近年来，"负面海底捞体""勾兑门""底料门"和"敲诈门"等危机事件严重破坏了海底捞"地球人已经无法阻止"的形象。面对一波未平一波又起的困局，海底捞引以为傲的服务，逐渐开始显现隐忧。

1. 营销困局：变态营销催生变态期待

在网络上，充斥着海底捞的"变态"服务信息。例如，"我第二次去，服务员就能叫出我的名字，第三次去就知道我喜欢吃什么。服务员看出我感冒了，竟然悄悄地跑去给我买药""这里跟别的餐厅不一样，排队时还有人帮你擦鞋，朋友说底料有点咸，服务员二话不说就给我们免单了"。"海底捞体"的出现，一方面的确对海底捞的品牌传播起到了作用，另一方面也起到了副作用。

这些企业自发的营销信息和过于夸张的口碑信息，使海底捞环绕着"地球人已经无法阻止"的光环，顾客也逐渐产生了更"变态"的期待。当顾客抱着这种想法进店时，却发现购买、体验到的产品和服务与"海底捞体"有很多不一致。 例如，"没有员工告知，也没有享受到网络疯传的服务""顾客太多，排队两个小时去吃上一顿火锅很常见"等。这时，顾客的满意度就会降低，从而影响海底捞的声誉，顾客不仅自己不再去消费，还会传播"负面海底捞体"。

换句话说，物极必反，疯狂网络营销塑造顾客期望越高，顾客对海底捞的过失便越无法容忍。2011 年 8 月 22 日，海底捞"被卧底"，曝光了让其美誉度一落千丈的"勾兑门"。在网络上，曾经转发"海底捞体"的"膜拜者"，一时间变成了带有被欺骗情绪的"攻击者"。由于网友对海底捞营销信息的印象太深刻，因此难以接受海底捞的道歉。某门户网站一项超过 2300 名网民参与的投票显示，高达 42.3%的被调查者选择"将再不去就餐"。

2. 战略困局：差异化成本居高不下

创新服务，是海底捞差异化战略的精髓。创新服务释放了员工的人性，提高了员工的创造性，以及由创造而带来的工作的成就感。海底捞设计了一套从顾客进门到就餐结束离开的服务蓝图和服务标准，几乎涵盖了所有的体验环节，注重每一个环节的创新。

然而，服务创新将带来巨大的服务成本和人力成本。海底捞每个月的服务成本是 15～18 万元，实际利润率低于行业平均水平，想要维系"变态服务"面临着巨大的考验。作为一个劳动密集型产业，餐饮服务一直需要不断解决"人"的问题，海底捞"服务差异化"的核心就是"人"。在"人"方面，海底捞大量投入资本，例如提供高薪待遇、生活福利和培养机制等，导致企业在人力成本和服务上的成本压力必将比同行严峻。

此外，海底捞服务的持续创新变得越来越难。当那些曾经让顾客惊喜不已的服务细节变得习以为常之后，新鲜感和惊喜就消失了。于是，创新服务变成了常态服务。顾客会将常态服务看作服务的一部分，有可能利用"顾客第一"的企业理念来提出一些无理要求，做出一些过分行为。例如故意产生服务问题、过度索取礼品、要求额外服务等。

3. 文化困局："家文化"与 90 后员工主体的矛盾

"家文化"是海底捞变态服务的重要支撑，如今"家文化"却成为海底捞前进道路上的一个障碍。 海底捞招聘员工的标准之一是出身农村，学历不高，肯吃苦，迫切要求改变现状，年龄层次以"80 后"和"90 后"为主。"家文化"对员工的尊重和培养，对受教育程度低和年轻的打工者来说具有一定的吸引力，进而产生一定的凝聚力，促进提高服务绩效。

然而，相比员工性质相似的富士康，海底捞工作待遇更低，劳动强度更大，服务质量要求却更高。"80 后"和"90 后"员工追求自由，具有更多个性化需求，与海底捞严格的"家文化"不符。因此，员工更可能产生心理压力、不满情绪、职业倦怠和报复行为，对企业来说存在相当大的管理难度。

4. 管理困局："人治"和"授权"阻碍连锁管理

服务本身是无形产品，难以用指标量化的产品去衡量，西方连锁快餐却擅长把许多"虚"的东西程式化。比如，距离多远就要向顾客打招呼，微笑到什么嘴型，在某个时间点上哪些菜等。与之不同的是，在管理员工方面，海底捞没有条条框框的管理制度，考核不看制度和 KPI，希望通过"家文化"来规范员工行为。

这种"人治"管理仅仅适用于店面小的时候。近年来，海底捞扩张提速，当其发展成拥有几百家分店的企业时，"人治"管理难以跟上发展步伐，必须选择标准化、规范化的制度和流程，制定定量考核指标。然而，这些制度流程与企业文化又是矛盾的。在员工培养方面，海底捞更多地依靠人性化的师傅带徒弟的方式和店员之间的相互感染，当企业发展到一定规模，拥有上万名员工时，通过"师傅带徒弟"的核心员工的言传身教的方式不再适用。

另外，适当授权有利于鼓励员工的积极性，提高其服务绩效。包括餐饮业在内的服务业，对服务第一线员工授权是一项有效的管理措施。然而，这种放权也可能事与愿违，授权不难，控权不易。例如，由于海底捞考核员工业绩的标准是顾客满意度，因此可能出现员工为了顾客满意而滥用职权或者徇私的情况。例如，有些门店就反映有员工"吃单"的现象，或者员工将客人没吃的菜品退回厨房，却将退回菜品的钱放进自己的口袋。

海底捞出身寒微，一路走来成为中国最大的火锅店，实属不易。海底捞的成功经验与目前遇到的困局都值得餐饮同行和连锁企业深思。

【资料来源】

1. 林景新，高腾. 海底捞：神话难再续[J]. 商业评论，2015(4).
2. 海文库. 海底捞案例分析，http://www.haihongyuan.com

案例思考题

1. 以服务利润链理论为基础，分析海底捞是如何通过员工服务创造企业佳绩的。
2. 结合服务质量差距模型，说说海底捞是如何提高服务质量的。
3. 海底捞目前所遭遇的困境给你什么启示？海底捞应做出怎样的调整与选择？

第13章 定价策略

产品定价是任何一个产品进入消费领域的前提和基础。虽然最初确定的定价可能并不是产品最终的成交价格，但它却会是买卖双方讨价还价的起点。

人类最早的"价格"(一种交换比例)是产品交换双方共同协商的结果。后来，出现了货币，产品的价格便开始直接用数字表示出来。19世纪末，另外一种价格确定方式伴随着大规模零售业的发展开始出现。为简化对日益增加的商品销售的管理，企业"严格执行单一价格"的政策开始备受推崇。发展到网络时代，价格的决定机制又有了显著的变化，出现了利用网络平台的多个买方同时面对多个卖方的共同的价格撮合机制(如国内证券市场新股上市的集合竞价机制)以及买方或卖方借助网上交易平台(如 ebay、淘宝)而形成的在线价格。

无论是传统的协商定价，还是大商业时代的单一价格，再到网络时代的在线价格，价格始终是消费者做出产品选择的主要决定因素。虽然近些年里，在消费者的购买行为中，非价格的服务因素已经变得相对更为重要，但是价格仍然是决定企业产品市场份额和盈利能力的最重要因素之一。

另外，在营销组合中，价格也是唯一能产生收入的因素，而其他因素则表现为成本。价格也是市场营销组合中最灵活的因素之一，能适应市场需求的变化进行迅速的改变。电子商务的普及改变了消费者的购买习惯和支付方式，消费者可以轻松实现跨区域地网购，而不用考虑消费地点、交通便利等区域属性，目标市场也一下拓展到范围广泛的全球性市场，这使得网络营销产品在定价时必须考虑得更多。

13.1　产品定价基本程序及原理

定价问题首先出现在企业对产品的定价上，它关系产品能否顺利地进入市场，能否站稳脚跟，能否获得较大的经济利益。

企业在为产品定价时需要考虑以下几个方面的因素：①确定盈利目标；②测定产品需求；③测算产品成本；④分析竞争对手；⑤分析消费者行为；⑥选择定价方法；⑦确定最终价格。

13.1.1　确定企业定价的盈利目标

企业定价的盈利目标是企业定价的指导思想，它直接决定企业定价的方法和策略。

一般来说，企业通过定价有以下几个方面的盈利目标可供选择。

1. 利润最大化

经济学家给出的利润最大化是企业的边际收益 MR 等于边际成本 MC。当企业生产的产品数量 Q 使边际收益和边际成本相等时就实现了利润最大化。

以垄断竞争环境下的企业的短期均衡为例(见图 13-1)，当 $MR=MC$ 时，企业便可根据需求曲线 D 确定产品的价格 P。

但利润最大化往往只是企业经营的一个原则。不同行业的不同企业在运用这个原理时也会有所不同。有的企业会追求利润率最大化，有的企业会追求利润量最大化；有的企业更偏重短期利润最大化，有的企业会为了长期利润的最大化而放弃眼前的短期利益。这些不同的目标既取决于企业自己的目标，尤其是企业决策者的偏好，也取决于企业所处的市场环境。

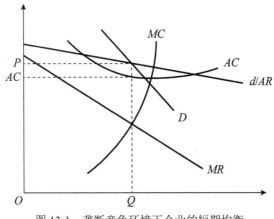

图 13-1 垄断竞争环境下企业的短期均衡

当然，在不同的利润目标前提下，产品的价格制定标准也略有不同。

2. 销售增长率最大化

追求高的销售增长率可以帮助企业的产品迅速由投入期过渡到成长期，确立产品在市场竞争中的有利地位。这时，伴随着高的销售增长率，企业的产品销售额也会不断扩大，在产品生产效率提高之后，产品的单位成本就会降低，企业的远期利润也就越大。

在市场对产品价格显现敏感(即产品的需求弹性大于 1)的情况下，企业会采取低价策略，吸引消费者，迅速占领市场，减少实际的和潜在的市场竞争，以谋取远期的稳定利润(见图 13-2)。

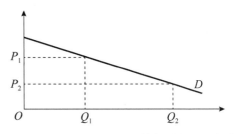

图 13-2 价格敏感型产品价格与需求量的关系

3. 销售收入最大化

按照经济学理论，销售收入的最大化只受到产品的需求函数 D(见图 13-3①②)的影响。但因为需求函数的不同，价格变动对销售收入的影响也不完全一样。对于需求弹性小于 1 的产品只有提价销售才可以增加销售收入(见图 13-3①)，而对于需求弹性大于 1 的产品则只有降价销售才能增加销售收入(见图 13-3②)。

所以，企业可以根据产品的需求函数寻求销售收入的最大化的产品价格。

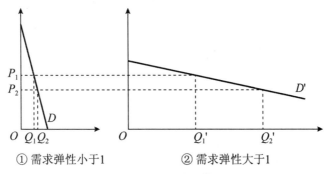

① 需求弹性小于1   ② 需求弹性大于1

图 13-3 需求函数

另外，实践经验也使得企业明白销售收入的最大化可能会导致长期利润的最大化和市场占有率的增长。因此，会有许多企业选择这一定价目标来制定产品的价格。

4. 维持企业生存

当市场环境变得恶劣，企业面临产量过剩、竞争加剧、需求变化时，维持企业自身的生存能力会比追求利润最大化、销售增长率最大化、销售收入最大化更加现实和重要。

此时，企业在制定定价策略时会充分考虑如何弥补企业的经营成本，而不盲目提高产品的销售价格来追求利润(见图13-4)。

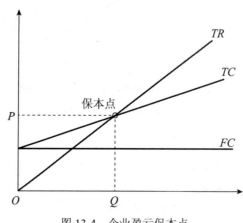

图13-4　企业盈亏保本点

其中，*TR* 为总收益线；*TC* 为总成本线；*FC* 为固定成本线。

由此，可以得出企业的保本点价格公式为

$$PQ = F + VQ$$

式中，*Q* 为保本点产量；*P* 为保本点价格；*F* 为保本点固定成本；*V* 为保本点可变成本。

所以，在确定企业产品的产量时，保本点的价格 $P= F/Q+V$。

13.1.2　测定产品需求

在讨论确定企业定价的盈利目标时发现，根据各种不同的盈利目标采用的定价原则是不完全相同的，但是几乎所有的定价方法都涉及产品的需求函数(量)，而企业产品的不同价格对应于产品的不同需求水平，可见确定产品需求对产品的定价是相当重要的。

测定产品需求主要包括两个方面：一是通过市场调查，了解产品的市场总体需求量；二是分析需求的价格弹性，即产品价格的变动对市场需求量的影响。不同产品的价格变动会对市场需求量产生不同的反应，即弹性各不相同。

$$|Ed| = \frac{\Delta Q / Q}{\Delta P / P}$$

式中，$|Ed|$ 为需求的价格弹性，即弹性系数；ΔQ 为需求量的变动；*Q* 为需求量；ΔP 为价格的变动；*P* 为价格。

若 $|Ed|=1$，即价格变动的百分比与需求量变动的百分比相同，称为需求的单位弹性。

若 $|Ed|$=0，即无论价格如何变化，需求量都固定不变，称为需求完全缺乏弹性。

若 $|Ed|$=∞，即在指定的价格水平下，需求量可以任意变动，称为需求有无限弹性。

若 $|Ed|$<1，即需求量变动的百分比小于价格变动的百分比，称为需求缺乏弹性。

若 $|Ed|$>1，即需求量变动的百分比大于价格变动的百分比，称为需求富有弹性。

在现实生活中，需求的价格弹性主要是两种：一种是缺乏弹性；另一种是较富弹性。

由于不同产品的需求弹性不同，因而企业在产品定价时必须考虑需求的价格弹性因素。对弹性大的产品，就可用降价来刺激需求和扩大销售；而对缺乏弹性的产品，由于降价对需求没有什么刺激，也就不可能通过降价来促进产品的销售增长(见图 13-3①②)。

13.1.3 测算产品成本

成本是产品定价的基础，也是产品价格的底线。产品成本可以分为两类：一类是固定成本，一类是可变成本。固定成本指一般不随产量或销售量多少而变动的相对固定的成本，如房租、办公费用、设备折旧费等；可变成本则指随产量或销售量的变动而发生变化的成本，如原材料、能源消耗等。总成本是指在一定生产水平之下的固定成本和可变成本的总和。

在测算产品成本时，因为产量的不同会带来不同的总成本，所以要用平均成本来比较和确定最优规模产量(见图 13-5)。图中，Q 为产品产量；SAC 为短期平均成本；LAC 为长期平均成本。

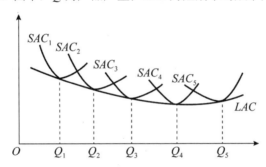

图 13-5　企业的短期平均成本和长期平均成本

从图 13-5 中可以发现 Q_4 为最优规模产量。

企业在进行产品定价时应该平衡实际成本、目标利润和销售价格三者之间的关系。

13.1.4 分析竞争对手

价格变动不仅会影响市场需求，同样也会影响市场供给。因此，除了掌握产品的需求和成本的情况，企业还必须了解市场供给的情况，即了解企业的竞争对手。最基本的反应供给变动的指标是"供给弹性"，即供给量对价格变动的反应敏感程度。

$$|Es| = \frac{\Delta Q / Q}{\Delta P / P}$$

式中，$|Es|$ 为供给的价格弹性，即弹性系数；ΔQ 为供给量的变动；Q 为供给量；ΔP 为价格的变动；P 为价格。

若 $|Es|$=1，即价格变动的百分比与供给量变动的百分比相同，称为供给的单位弹性。

若 $|Es|$=0，即无论价格如何变化，供给量都固定不变，称为供给完全缺乏弹性。

若 $|Es|=\infty$，即在指定的价格水平下，供给量可以任意变动，称为供给有无限弹性。

若 $|Es|<1$，即供给量变动的百分比小于价格变动的百分比，称为供给缺乏弹性。

若 $|Es|>1$，即供给量变动的百分比大于价格变动的百分比，称为供给富有弹性。

当然除了价格之外，影响供给的还包括其他市场环境的变化、竞争对手的经营状况、品牌、商誉和服务等非价格因素。

企业在充分掌握了竞争对手的产品和价格情况后，就可以将竞争对手的产品价格作为自己产品的定价基础。但也应该考虑到，当自己的产品价格公之于众之后，竞争对手的产品价格也将会随之而动，企业应该有相应的对策及时做出反应。

13.1.5　分析消费者行为

消费者行为，尤其是心理行为，是影响企业定价的一个重要因素。无论哪一类消费者，在消费过程中，必然会产生种种复杂的心理活动，并支配消费者的消费过程。因此，企业制定商品价格时，不仅应迎合不同消费者的心理，还应促使或改变消费者行为，使其向有利于自己营销的方向转化。同时，要主动积极地考虑消费者的长远利益和社会整体利益。

根据消费者消费心理的不同，一般将消费者分为三种类型。①冲动和情感型。这类消费者的购买由其情绪波动所支配，购买具冲动性、即景性和不稳定性。这类消费者对商品价格不是十分重视，主要注重商品的花色、式样等。因此，企业对于适销对路的商品，定价可略高，且可视市场即时状况调高价格。②理智和经济型。这类消费者购买商品时往往分析评价，并喜欢货比几家再购，对价格比较慎重。③习惯型。这类消费者对零售商或品牌等产生了信任或偏爱。因此，企业定价可略高。但应注意，价格过高会导致消费者购买的转移。

13.1.6　选择定价方法

在确定企业定价的盈利目标、测定产品需求和测算产品成本、分析竞争对手之后，企业可以着手选择适合企业定价目标的具体定价方法。

在以上讨论中，我们更多地从经济学理论的角度探讨一些定量的价格确定方法，但是，企业实际面临的市场环境要远比现在讨论的要复杂得多。所以，在实际操作的产品定价过程中，以上方法仅是企业采取定价策略的理论基础，更多的是一些定性(或偏向于定性)的定价方法。

根据实践经验，企业定价策略大体可归纳为三大类：第一类是以成本为基础，加上一定的毛利定价；第二类是以市场需求价格为基础来确定价格，使实际出售的商品价格能与消费者的收入相吻合；第三类是以竞争者价格为基础，根据应付或避免竞争的具体要求来制定价格。

但是从目前越来越普遍的网络营销来看，企业借助互联网进行销售，虽然销售渠道有了更大的扩展，但产品价格信息也更为透明，更方便消费者搜索查询。有调查显示，消费者选择网上购物，一方面是因为网上购物比较方便，另一方面是因为从网上可以获取更多的产品信息，从而以最优惠的价格购买商品。所以，如何选择定价方法，以及如何综合运用显得尤为重要。

以上这些方法将在 13.2 和 13.3 节中进行更详细的论述。

13.1.7　确定最终价格

通过一定的定价方法得出基本价格后，再根据市场和需求的具体情况，采取相应的价格策略，对基本价格进行调整，制定出最终价格。

但是值得注意的是，企业在最终公布、实行价格之前还应该考虑一些相关的因素：一是其他营销组合要素对价格的影响，如产品推广的广告成本、根据市场变换推出的降价促销等营销活动等；二是产品销售的相关人员对价格的看法，如企业内部的营销人员、企业外部的渠道商和消费者等对最终价格是否认同等。这些因素也将影响到产品是否能顺利进入市场并在竞争中站稳脚跟。

由此可见，最终价格在推出之前还有许多问题值得思考。

13.2　企 业 定 价 方 法

13.2.1　成本导向定价法

成本是企业生产和销售产品或提供劳务所耗费的各项费用之和，它是构成价格的基本因素。以成本为基础加上一定的利润和应纳税金来制定价格的方法称为成本导向定价法。常有以下几种计价方法。

1. 成本加成定价法

成本加成定价法即按产品的单位成本加上一定比例的利润和税金来制定价格。有以下三种计算公式。

1) 定额法

$$价格 = \frac{单位成本 + 定额利润}{1 - 税率}$$

$$定额利润 = \frac{全部产品要求达到的总利润}{总产量}$$

其中：
$$税金 = 价格 \times 税率$$

2) 外加法

$$价格 = \frac{单位成本 \times (1 + 成本利润率)}{1 - 税率}$$

其中：
$$成本利润率 = \frac{要求达到的总利润}{总成本} \times 100\%$$

3) 内扣法

$$价格 = \frac{单位成本}{1 - 销售利润率 - 税率}$$

其中：
$$销售利润率 = \frac{要求达到的总利润}{销售总额} \times 100\%$$

这三种方法的特点是，要求价格在补偿全部成本费用、缴纳税金后方能有一定的利润。目前，我国大多数工业企业是采用外加法定价。商业企业大多采用内扣法定价。

成本加成定价法也是很多应用网络销售的企业在定价时采用的一种方法，不过其利润部分会比一般线下销售时定的低，有时甚至是零利润。另外，基于网络销售可以大幅度地降低产品的销售成本，从而给了企业降低销售价格的空间，如制造业企业的网店。Dell 公司电脑定价比同性能的其他产品低 10%～15%。

成本加成定价法的优点是：第一，能使企业的全部成本得到补偿，并有一定的盈利，使企业的再生产能继续进行；第二，计算方法简便易行；第三，有利于国家和有关部门通过规定成本利润率，对企业的价格进行监督；第四，如果同行业都采用此法，就可缓解价格竞争，保持市场价格的稳定。但在实践运用过程中，也存在着一些问题：首先，由于它忽视了市场需求和竞争，只反映生产经营中的劳动耗费，因此，根据此法制定的价格必然缺乏对市场供求关系变化的适应能力，不利于增强企业的市场竞争力；其次，企业成本纯属是企业的个别成本，而不是正常生产合理经营下的社会成本，因此，有可能包含不正常、不合理的费用开支。可见，此定价法主要适用于生产经营处于合理状态下的企业和供求大致平衡、成本较稳定的商品。

2. 加工成本定价法

加工成本定价法是将企业成本分为外购成本与新增成本后分别进行处理，并根据新增成本定价的方法。对于外购成本，企业只垫付资金，只有企业内部生产过程中的新增成本才是企业自身的劳动耗费。因此，按企业内部新增成本的一定比例计算自身的劳动耗费，按企业内部新增成本的一定比例计算利润，按企业新增价值部分缴纳增值税，使价格中的盈利同企业自身的劳动耗费成正比，是加工成本定价法的要求。其计算公式为

$$价格=外购成本+\frac{加工新增成本\times(1+加工成本利润率)}{1-加工增值税率}$$

其中：

$$加工成本利润率=\frac{要求达到的总利润}{加工新增成本总额}\times100\%$$

$$加工增值税率=\frac{应纳增值税金总额}{销售总额-外购成本总额}\times100\%$$

这种定价法主要适用于加工型企业和专业化协作的企业。此法既能补偿企业的全部成本，又能使协作企业之间的利润分配和税收负担合理化，避免按成本加成法定价形成的行业之间和协作企业之间苦乐不均的弊病。

3. 目标成本定价法

目标成本定价法是指企业以经过一定努力预期能够达到的目标成本为经济依据，加上一定的目标利润和应纳税金来制定价格的方法。这里，目标成本与定价时的实际成本不同，它是企业在充分考虑到未来营销环境变化的基础上，为实现企业的经营目标而拟定的一种"预期成本"，一般都低于定价时的实际成本。其计算公式为

$$价格=\frac{目标成本\times(1+目标成本利润率)}{1-税率}$$

其中：

$$目标成本利润率=\frac{要求达到的总利润}{目标成本\times目标产量}$$

上述表明，目标成本的确定要同时受到价格、税率和利润要求的多重制约，即价格应确保市场能容纳目标产销量；扣税后销售总收入在补偿目标产销量计算的全部成本后能为企业提供预期利润。此外，目标成本还要充分考虑原材料、工资等成本价格变化的因素。目标成本虽非定价时

的实际成本，但也不是主观臆造出来的，而要建立在对"量-本-利"关系进行科学测算的基础上。通常，企业成本可划分为固定成本和变动成本两大类。小批量生产成本高的主要原因是固定总成本按产量分摊后单位固定成本高，如果在设备能力范围内将目标产量增大，就能使固定总成本分摊额减少。平均变动成本一般变化不大，并还可能由于工艺技术更成熟而降低一些，于是就使单位成本大大降低。预期的成本降低便可将价格定在能吸引消费者的水平，从而为产品打开销路。但是，目标成本并非定得越低越好，因为要降低目标成本就必须增大目标产量，而目标产量如果太接近一个企业的生产能力极限，单位成本水平反而又会升高，因为在人员和设备满负荷运转后非熟练工人也得上第一线，机器设备故障率会上升，停机检修的时间和费用以及废次品损失会增加，资金和原材料周转脱节的现象也会增多。按照许多企业的实践经验，目标成本一般是在保本点往后直到设备利用率达到 80%左右的产量区间内确定的。目标成本定价法是为谋求长远和总体利益服务的，较适用于经济实力雄厚、生产和经营有较大发展前途的企业，尤其适用于产品定价。采用目标成本定价法有助于企业开拓市场，降低成本，提高设备利用率，从而提高企业的经济效益和社会效益。

13.2.2　需求导向定价法

需求导向定价法是企业依据消费者对商品价值的理解和需求强度来定价。

1. 理解价值定价法

所谓理解价值定价法，就是企业按照买主对价值的理解来制定价格，而不是根据企业生产商品的实际价值来定价。例如，曾经在市场上销售的一种营养补品，尽管市场售价每盒在 100～120 元之间，但购买者人数众多，且无人对此价格提出怀疑。因为消费者认为，此类商品都是采用各种名贵药材配制而成的，价格自然高。而实际上，其成本远低于销售价格。这就是根据消费者所理解和认可的价值来定价。

但是理解价值定价法的关键在于准确地计算产品所提供的全部市场认知价值。企业既不能过高地估计消费者的理解价值，也不可以过低地估计消费者的理解价值。为准确把握市场认知价值，必须对相应产品的消费者的理解价值进行市场研究。

例如，有甲企业生产 A 产品，任意抽取一组消费者作为样本，要求他们分别就产品予以价格定位，有两种方法可供使用。

1) 直接价格法

运用直接价格法，要求被调查的消费者为产品确定能代表其价值的价格，然后将所有参与调查的消费者的定价进行平均，以最后的平均价格作为该产品的市场价格。

直接定价法的另一种表现方式是按次计算的"使用定价"，即消费者通过网络注册后可以直接使用某网点的产品或服务，消费者只需要根据使用次数进行付费，而不需要将产品完全购买，或者是产品本身根本无法完全购买。

采用按使用次数定价，一般要考虑产品或服务是否适合通过网络传输，是否可以实现远程调用。比较适合的产品有软件、音乐、电影等产品。对于软件，如我国的用友软件公司推出网络财务软件，用户在网上注册后在网上直接处理账务，而无须购买软件和担心软件的升级、维护等非常麻烦的事情；对于音乐、电影等产品，也可以通过网上下载或使用专用软件点播收听、收看。

2) 理解价值评比法

运用直接理解价值评比法，要求被调查的消费者对 A 产品以及在市场上销售的同类 B、C 产品，在产品的质量、性能、服务等方面按照一定的评分标准进行打分，然后综合三种产品的评分，并参照 B、C 产品的市场价格定出 A 产品的市场销售价。例如，A、B、C 三种产品的评分分别为 90、80、92，B、C 产品的市场价格分别为 500 元和 650 元，那么 A 产品的价格就应该在 500 元和 650 元之间，并且更接近 650 元。

当然，企业在根据理解价值定价法确定了产品的价格后，还要将该价格结合产品的成本以及企业的期望利润进行相应的调整。

2. 需求差异定价法

这是根据需求方面的差异来制定产品的价格，主要有以下五种情况。

1) 不同目标消费者采取不同价

因为同一商品对于不同消费者，其需求弹性不一样。有的对价格敏感，适当给予优惠，可诱其购买；有的则不敏感，可照价收款。

2) 不同花色、式样确定不同价

因为对同一商品的不同花色、式样，消费者的偏好程度不同，需求量也不同。因此，不同的定价，能吸引不同需求的消费者。

3) 不同部位制定不同价

因为消费者对同一商品的不同部位，其感觉不一样，理解价值也不一样。例如剧院，虽然不同座位的成本费用都一样，但是不同座位的票价有所不同，这是因为人们对剧院的不同座位的偏好有所不同。

4) 不同时间采用不同价

同一种商品或劳务会因时间不同，其需求量也不同，企业可据此制定不同的价格，争取最大销售量。例如，蒙玛公司在意大利以“无积压商品”而闻名，其秘诀之一就是对时装分多段定价。它规定新时装上市，以 3 天为一轮，一套时装先以定价卖出，每隔一轮按原价削价 10%。依此类推，那么到 10 轮(一个月)之后，蒙玛公司的时装价就削到了只剩 35%左右的成本价了。这时的时装，蒙玛公司就以成本价售出。因为时装上市仅一个月，价格已跌到 1/3，谁还不来买?所以一卖即空。蒙玛公司最后结算，赚钱比其他时装公司多，又没有积货的损失。

另外，在我们的生活中也经常遇到这样的情况。例如，长途电话，白天与晚上的收费标准不同；旅游地的住宿费，旺季与淡季不一样等。

5) 不同的交易平台采用不同价格

通常所指的交易平台是买卖双方沟通产品信息的渠道，如传统意义上的商店、无店铺销售的直销员、电视购物中的产品介绍和网络时代的购物网站。

值得特别指出的是，在网络市场环境中，传统的以生产成本为基础的定价方式正在被淘汰，消费者的需求已成为企业制定其产品价格时首先必须考虑的最主要因素。这种新的定价方法创造了价格优势，主要体现在：

(1) 由于满足了消费者的特定需求，可以在某种程度上降低消费者对价格的敏感度，网络营销的特点使消费者逐渐认识到，合理的价格不仅仅表现为较低的价位，还表现为完善的服务和强大的技术支持。有调查数据显示，由消费者主导定价(即消费者通过充分市场信息来选择购买或者定制生产自己满意的产品或服务，同时以最小代价——产品价格、购买费用等获得这些产品或服务。简单地说，就是消费者的价值最大化，消费者以最小成本获得最大收益)的产品并不比企业主导定价获得的利润低，根据国外的分析统计，通过网络由消费者主导定价产品，只有 20%的产品价格低于产品生产企业的预期价格，50%的产品价格略高于预期价格，剩下 30%的产品价格与预期价格相吻合，在所有成交产品中有 95%的产品成交价格企业比较满意。因此，有观点认为，消费者主导定价是一种双赢的发展策略，既能更好满足消费者的需求，同时企业的收益又不受到影响，而且可以对目标市场了解得更充分，企业的经营生产和产品研制开发可以更加符合市场竞争的需要。

(2) 采用完全按消费者的需求定制生产，可以减轻企业的库存压力，而较低的库存可以使企业降低成本，从而获得价格优势。

按照消费者需求进行定制生产是网络时代满足消费者个性化需求的基本形式。定制定价法是在企业能实行定制生产的基础上，利用网点展示产品(配件)、技术、服务，帮助消费者选择配置或者自行设计能满足自己需求的个性化产品，同时承担自己愿意付出的价格成本。例如 Dell 公司的消费者可以通过其网页了解本型号产品的基本配置和基本功能，根据实际需要和在能承担的价格内，配置出自己最满意的产品。在上面配置电脑的同时，消费者也相应地选择了自己认为的最合适的价格。但由于消费者的个性化需求差异性大，加上消费者的需求量又少，因此企业实行定制生产必须在管理、供应、生产和配送各个环节上，都必须适应这种小批量、多式样、多规格和多品种的生产和销售变化。

总之，需求差异定价法能反映需求差异及变化。特别是在买方市场的情况下，有助于提高企业的市场占有率和增强企业产品的渗透率。但这种定价法不利于成本控制，且需求差异不易精确估计。

13.2.3　竞争导向定价法

竞争导向定价法是依据竞争者的价格来定价，使本企业产品的价格与竞争者价格相类似或保持一定的距离。主要有以下三种。

1. 随行就市法

随行就市法，即以同类产品的平均价格作为企业定价的基础。这种方法适合企业在难于对消费者和竞争者的反应做出准确的估计、自己又难于另行定价时运用。在实践中，有些产品定价难以计算，采用随行就市定价一般可较准确地体现商品价值和供求情况，保证能获得合理效益；同时也有利于协调同行业的关系，融洽与竞争者的关系。

此外，采用随行就市法，其产品的成本与利润要受同行业平均成本的制约。因此，企业只有努力降低成本，才能获得更多的利润。

2. 相关商品比价法

相关商品比价法，即以同类产品中的标准品的价格作为依据，结合本企业产品与标准品的成本差率或质量差率来制定价格。具体有以下两种计算方式。

1) 按值论价

当产品与标准品相比，成本变化与质量变化方向、程度大体相似时，可按成本变化，实行"按值论价"：

$$产品价格=标准品价格×(1+成本差率)$$

2) 按质论价

(1) 当产品与标准品相比，成本上升不多而质量有较大提高时，可根据"按质论价、优质优价"原则，结合考虑供求关系，在下列区域中定价：

$$标准品价格(1+成本差率)≤产品价格≤标准品价格(1+质量差率)$$

式中，质量差率要通过对商品质量效用的综合评估而确定。

(2) 当产品与标准品相比，成本下降不多而质量下降较多时，则应严格执行"按质论价"原则，实行低质廉价：

$$产品价格=标准品价格×(1-质量差率)$$

采用这种定价法，由于价格常与标准品保持由牌誉、质量和成本等方面的差别而形成的一定距离，因此，这是一种以避免竞争为主要意图的定价方法。

例如，某厂生产一种洗衣机，经调查，同类标准品成本为 2400 元，成本利润率为 5%，产品税率为 20%，出厂价为 3150 元，零售价为 3580 元，购销差率为 12%。标准品目前供不应求，但杂牌产品滞销。该厂产品目标成本为 2600 元，产品与标准品在质量上有差别，价格应如何制定有以下三种做法。

第一种做法，与标准品比价"按值论价"。

$$新产品洗衣机出厂价 = 3150×\frac{2600}{2400} = 3410 (元)$$

$$零售价 = \frac{3410}{1-12\%} = 3880 (元)$$

第二种做法，与标准品比质比价"按质论价"。

① 将洗衣机的主要质量功能划分若干项，各赋予重要性权数，如表 13-1 所示。

表 13-1 产品功能的重要性权数

功能	总功能	洗涤功能	脱水功能	耐用性	安全可靠性	能源耗费	外形美观
权数/%	100	30	20	15	15	10	10

② 将产品与标准品的主要质量功能项目逐一对比，请专家评分，如表 13-2 所示(本例采用 0～4 分评分法。优得 4 分，良得 3 分，中得 2 分，差得 1 分，劣得 0 分)。评比结果，产品质量效用评价比标准高。

表 13-2 产品功能评分表

功能 得分 产品		洗涤功能	脱水功能	耐用性	安全可靠性	能源耗费	外型美观	综合评价
功能权数/%		30	20	15	15	10	10	100
标准	评分	3.6	3.2	3.2	4	3.2	3.6	20.8
	加权得分	1.08	0.64	0.48	0.6	0.32	0.36	3.48
新产品	评分	4	3.6	3.9	4	3.6	3.8	22.9
	加权得分	1.2	0.72	0.59	0.6	0.36	0.38	3.85

$$新产品洗衣机质量评价系数 = \frac{3.85}{3.48}×100\%=111\%$$

③ 根据"按质论价"原则定价：

$$新产品洗衣机出厂价 = 3150 \times 111\% = 3500\,(元)$$

$$零售价 = \frac{3500}{1-12\%} = 3980\,(元)$$

第三种做法，根据市场情况，在 3880～3980 元之间选择一个既能与标准品拉开档次，又有利于产品进入市场的适当价格。

3. 竞争投标定价法

在商品和劳务交易中，采用招标、投标的方式，由一个卖主(或买主)对两个以上并相互竞争的潜在买主(或卖主)出价(或要价)，这种择优成交的定价方法称为竞争投标定价法。其显著特点是招标方只有一个，处于相对垄断的地位，而投标方有多个，处于相互竞争的地位。能否成交的关键在于投标者的出价能否战胜所有竞争对手而中标，中标者与买方(卖方)签约成交。

此定价法主要在基本建设、工程安装项目以及政府处理没收财产、政府采购物品和企业处理多余设备时采用。根据商品经济发展的要求，今后企业在销售某些商品时或选择协作伙伴时，均可运用这种方法。

目前比较常用的竞争投标定价法有以下几种：

1) 英式拍卖

英式拍卖(english auction)是购物者彼此竞标，由出价最高者获得物品。当前的拍卖网站所开展的拍卖方式以英式拍卖为主，以这种方式进行拍卖的物品有二手设备、汽车、不动产、艺术品和古董等。

2) 荷兰式拍卖

荷兰式拍卖(dutch auction)也叫降价式拍卖，拍卖标的竞价由高到低依次递减，直到第一个竞买人应价为止，当然最终的成交价格应该高于卖方事先确定的底价。荷兰阿姆斯特丹的花市所采用的便是这种方式。

3) 标单密封式拍卖

标单密封式拍卖(sealed-bid auction)是一种招标方式，在这种拍卖方式中，拍卖商是唯一能看到"各投标者投标价格"的人。目前，在国内各大城市相继展开的药品招标活动所采取的就是这种方式。

4) 复式拍卖

复式拍卖(double auction)是指众多买方和卖方提交他们愿意购买或出售某项物品的价格，然后通过电脑迅速进行处理，并且就各方出价予以配对。提出这一模式的是美国著名的 Priceline 公司。股票市场便是复式拍卖的典型范例，在股票市场上，许多买方和卖主聚集在一起，供需状况随时会发生变化。

在网络消费出现以前，这种定价方法在国外主要是多个零售商结合起来，向批发商(或生产商)以数量换价格的方式进行。网络消费出现后，越来越多的普通消费者能使用这种方式购买商品，复式拍卖也就变化成一种由消费者集体议价的交易方式。这在的国内网络竞价市场中，是一种较新的交易方式，有部分网点已将这一定价模式引入了自己的网站，比较合适企业销售一些库存积压产品。

但要引起注意的是，这一方法主要针对的网络消费者市场，个体消费者是拍卖市场的主体。因此，企业在使用这种方法时要意识到，拍卖竞价可能会破坏企业原有的营销渠道和价格策略。

4. 定价决策模型——西蒙模型

西蒙模型是由德国著名的管理学思想家、《定价圣经》的作者赫尔曼·西蒙(Hermann Simon)创立的。它是一个与品牌生命周期相关的价格弹性动态模型。西蒙的研究发现,企业根据价格弹性的变化制定最优定价政策具有重要意义。

西蒙模型(动态销售反应模型):

$$Q_{it}=A_{it}+B_{it}+C_{it}$$

式中,Q_{it} 为 t 时品牌 i 的销售量。C_{it} 为 t 时品牌 i 与市场上所有其他品牌的价格差异效应(也就是交叉弹性效应)。C_{it} 反映了品牌 i 与市场上所有其他品牌的价格差异对品牌 i 销售的影响。最理想的效应是:当价格差异较小时,销售反应比例小;当价格差异大时,销售反应比例大。价格差异是指品牌 i 价格与市场上所有品牌价格平均值之间的差额。A_{it} 为非价格因素对 t 时品牌 i 的遗留和废弃效应,如由于广告反应滞后和销售变量滞后而引起的生命周期废弃因素和遗留效应的组合情况。B_{it} 为 t 时品牌 i 的纯粹价格效应。

西蒙假设销售量与纯粹价格水平二者之间存在着线性关系,即

$$B_{it}=bP_{it}$$

式中,$b<0$,P_{it} 为 t 时品牌 i 的价格。

13.3 企业定价技巧

市场营销不仅要讲究定价策略和方法,而且还要掌握一定的定价技巧。

13.3.1 针对消费者心理的定价技巧

1. 奇数定价

奇数定价,也称尾数定价,就是使商品价格带个零头结尾,特别是奇数结尾。例如,0.95 元、19.99 元、119.97 元等。根据消费心理学家的调查发现,价格尾数的微小差别,能够明显影响消费者的购买行为。一般认为,5 元以下的商品,末位数为 9 最受欢迎;5 元以上的商品末位数为 95 效果最佳;百元以上的商品,末位数为 98、99 最为畅销。尾数定价法会给消费者一种经过精确计算的、最低价格的心理感觉。

2. 整数定价

在现实生活中,同类商品的生产者众多,花色、式样各异,消费者往往根据价格的高低来判断商品的质量。特别是对一些高档、名牌产品或消费者不太了解的产品,消费者抱着“一分钱,一分货”的心理。因此,采用整数定价,可以提高商品的“身价”。同时,在众多尾数定价的商品中,整数能给人一种方便、简洁的印象。例如,一条金项链价值 1 490 元,可定价为 1 500 元,有能力购买金项链者对于多付 10 元钱不会在意,但这条项链的“身价”提高了许多,给佩戴者心理带来了更大的满足。

3. 声望定价

声望定价是利用消费者追求高贵、名牌商品而并不计较价格高低的心理来制定价格。当一种商品在消费者心目中已赢得较高的声誉,可以较高的价格出售。德国拜尔药房的阿司匹林,行销

世界各地几十年，虽然价格较高，仍受患者的欢迎。北京同仁堂的药品，尽管比一般药店的同类药品价格要高，但仍很畅销。还有艺术品、礼品或"炫耀性"商品的定价也应适当高些，这样能刺激那些重名牌、重声望的消费者去购买。当然，采用这种定价法必须慎重，一般商店和一般产品滥用此法，反会失去市场。

4. 安全定价

消费者在决定购买大件耐用消费品时，不仅注重价格高低，而且更注重能否长期安全使用。不少品种尽管价格不贵，消费者也需要，但仍担心质量是否可靠、安装和维修是否方便、易耗件能否保证供应、搬运过程中会不会损坏等问题。倘若企业加强售后服务，实行免费送货、安装、定期上门维修、免费赠送易损耗备件等措施(尽管这些费用实际上已按加权平均估算额加到价格中去，仍由消费者负担)，因提高了消费者对商品的安全感，从而大大促进销售。例如，江苏吴县防爆电机厂的"小骆驼"牌电扇打进上海市场后久盛不衰的原因主要有两个：一是在特约经销店的大橱窗里首先摆上样品连续运转几十天，以示质量可靠；二是免费上门安装维修，随叫随到，从而增加了消费者的安全感。

5. 分档定价

一类商品往往有许多品牌、规格、型号，据此可分成几档，不同的档次定不同的价格。这既可满足消费者的不同要求，又有利于商品的销售。但要注意，分档不可太细，且各档间的差价要适中。

6. 促销定价

有些企业利用消费者求廉动机，把几种商品的价格调整到低于正常水平的价格，甚至低于成本，以促进销售。如果企业是为拓展网上市场，但产品价格又不具有竞争优势时，则可以采用网上促销定价策略吸引更多的投资者关注。由于网上的消费者面很广而且具有很大的购买能力，许多企业为打开网上销售局面和推广新产品，采用临时促销定价策略。包括利用节假日举行"酬宾减价"等活动(如国定假日的促销活动，双十一等)，把部分商品按原价打折出售、有奖销售和附带赠品销售等，来吸引更多的消费者。

7. 组合定价

一个企业或企业集团若生产或经营两种以上有相关关系的商品时，可针对消费者希望价格便宜的心理特点，采用组合定价技巧。对互补配套使用关系的一组商品，可有意识将价值大、使用寿命长、购买频率低的主产品价格定得低廉些，而对与之配套使用的价值小、购买频率高的易耗品价格适当定高些，以此来求得长远和整体的利益。例如，在餐饮业中，主食的利润率较低，而菜肴酒类的利润率较高。对于有些既可单个使用，又可配套使用的系列商品，可以实行成套优惠价格。比如购买单件化妆品按正常价格，购买一套则可优惠。这样，既可扩大总销量，获得总收入的增长，又可使消费者满意。

13.3.2 新产品定价技巧

一种产品投放市场能否站住脚，能否获得预期的效果，除了商品本身的质量、性能及必要的促销措施以外，还要看是否能选择正确的定价策略。

1. 高价保利

高价保利也称撇脂策略，即在产品投放市场的初期，将价格定得很高，以便在短期内能获得较高的利润，尽快地收回投资。因为在产品刚投放市场时，需求弹性小，尚未有竞争者，因此，只要产品质量过硬，就可利用高价来满足一些消费者求新、求异的消费心理。采用高价策略，有一定的风险。因为价格定得过高，一旦销售情况不好，产品就有夭折的危险，同时，由于利润大，容易招来竞争者仿制，从而使产品的销路受到影响。所以，这种策略一般适用于价格需求弹性小、产品生命周期短、更新换代较快的产品。

2. 低价渗透

低价渗透也称渗透策略。为了迅速占领市场，打开销路，尽量把产品价格压低，实行薄利多销，利用低价的优势把产品渗透到市场中去。在市场竞争激烈的环境下，采用这种策略，会给竞争者造成一个价低利少甚至无利可图的印象，从而抑制竞争者插足，保持自己在市场上的独占地位。但采取这种策略也有不足之处，即收回投资慢。因此，这种策略适用于技术较简单、同行易于仿造，或者是有相当的技术含量，但是市场竞争较激烈，或者是生命周期较长、价格需求弹性较大的产品。

如果将低价渗透策略应用于在网络销售平台时，要注意以下几点：首先，由于互联网是从免费共享资源发展而来的，因此消费者一般认为网上商品比从线下其他渠道购买商品要便宜，所以在网上不宜销售那些消费者对价格敏感而企业又难以降价的产品；其次，在网上公布价格时要注意区分消费对象，是普通消费者、还是零售商、批发商、合作伙伴，应该分别提供不同的价格信息发布渠道，否则可能因低价策略混乱导致营销渠道混乱；最后，网上发布价格时要注意比较同类网店公布的价格，因为消费者可以通过比价搜索功能很容易在网上找到最便宜的商品，如果价格不够低，低价渗透就好无作用。

3. 满意标准

满意标准是把产品的价格定在比较合理的位置上，既不太高，也不偏低，比较适中，使买卖双方都有利，都能满足。这种价格对大多数消费者来说是可以接受的，从而能较快地打开销路，企业也能因此而迅速收回投资。因此，目前大多数企业对产品定价多采用这种策略。

13.3.3　折扣运用技巧

折扣是企业营销的重要手段。企业在出售商品前可先定出一个正式价格，而在销售过程中，则可利用各种折扣来刺激中间商和消费者，以促进销售。

这种定价方式可以让消费者直接了解产品的降价幅度以刺激其购买欲。在网络营销的今天，一些网商一般会按照市面上的流行价格进行折扣定价。例如，亚马逊的图书价格一般都要进行折扣，有时折扣最低的时候价格达到原价的 3～5 折，甚至更低。

折扣定价主要方法有以下几种。

1. 数量折扣

数量折扣是根据买方购买的数量多少，分别给予不同的折扣。买方购买商品的数量越多，折扣越大。例如，购买铅笔 1 支为 0.20 元，购买一打，可打 9.5 折，共计 2.28 元。

数量折扣可分为累计数量折扣和非累计数量折扣。前者规定买方在一定时期内，购买商品达到一定数量或一定金额时，按总量给予一定折扣的优惠，目的在于使买方企业保持长期的合作，维持企业的市场占有率。后者是只按每次购买产品的数量给予折扣的优惠，这种做法可刺激买方一次大量购买，减少库存和资金占压。这两种折扣价格都能有效地吸引买主，使企业能从大量的销售中获得较高的利润。

2. 现金折扣

现金折扣是对按约定日期提前付款或按期付款的买主给予一定的折扣优惠，目的是鼓励买主尽早付款以利于企业的资金周转。运用现金折扣应考虑三个因素：一是折扣率大小；二是给予折扣的限制时间长短；三是付清货款期限的长短。例如，某项产品成交价为 1 500 元，交易条款注明 "3/10，净 30"，意思是，限定 30 天内交款，如 10 天内付款给予 3% 的现金折扣。

3. 交易折扣

交易折扣是生产企业根据各个中间商在市场营销活动中所担负的功能不同，而给予不同的折扣，所以也称 "功能折扣"。如其产品销售价为 100 元，其批发商和零售商的折扣率分别为 20% 和 10%，则批发商须付款 80 元，零售商须付款 90 元。采用这种策略有利于调动中间商经销本企业产品的积极性，扩大销售量。

4. 季节(时间)折扣

季节折扣是指生产季节性商品的企业，在产品销售淡季时，给购买者一定的价格优惠。例如，在夏季购买羽绒服，冬季购买电风扇等，均给予优惠价格，目的在于鼓励中间商和消费者购买商品，减少企业库存，节约管理费，加速资金周转。季节折扣率，应不低于银行存款利率。

时间折扣是指企业对于不同时期甚至不同钟点的产品或服务也分别制定不同的价格。

5. 折扣卡

折扣卡是营销中常用的销售优惠方式。折扣卡也称优惠卡，是一种可以以低于商品或服务价格进行消费的凭证。消费者可凭此卡获得购买商品或享受服务的价格优惠。优惠卡的折扣率一般从 5% 到 60% 不等，适用范围可由经销商规定，如可以是一个特定的商品或服务，也可以是同一品牌的系列商品，甚至可以是商家的所有商品；有效期可以是几个月、一年或更长时间。

6. 运费让价

运费是构成商品价值的重要部分，为了调动中间商或消费者的积极性，生产企业对他们的运输费用给予一定的津贴，支付一部分甚至全部运费。

13.3.4　地区定价技巧

地区性定价是企业要决定：对于卖给不同地区(包括当地和外地不同地区)消费者的某种产品，是分别制定不同的价格，还是制定相同的价格。也就是说，企业要决定是否制定地区差价。地区性定价的形式有以下几种。

1. 原产地定价

原产地定价是经销商或消费者按照出厂价购买某种产品，企业(卖方)只负责将这种产品运到产地某种运输工具(如卡车、火车、船舶、飞机等)上交货。交货后，从产地到目的地的一切风险和费用概由经销商或消费者承担。如果企业按这种方式定价，那么每一个经销商或消费者都各自负担从产地到目的地的运费，这是很合理的。但是，这样定价对企业也有不利之处，即远方的经销商或消费者就可能不愿购买这个企业的产品，而购买其附近企业的产品。

2. 统一交货定价

统一交货定价是企业对于卖给不同地区经销商或消费者的某种产品，都按照相同的出厂价加相同的运费(按平均运费计算)定价。也就是说，对全国不同地区的经销商或消费者，不论远近，都实行一个价。因此，这种定价又叫邮资定价。例如，目前我国邮资也采取统一交货定价，如寄往外埠的平信邮资都是 1.2 元，而不论收发信人距离远近。

3. 分区定价

分区定价是企业把全国(或某些地区)分为若干价格区，对于卖给不同价格区经销或消费者的某种产品，分别制定不同的地区价格。距离企业远的价格区，价格定得较高；距离企业近的价格区，价格定得较低。在各个价格区范围内实行统一价。

网络营销时代，如果产品的原产地和销售目的地与传统市场渠道类似，则可以采用原来的定价方法。如果产品的原产地和销售目的地与原来传统市场渠道差距非常大，定价时就必须考虑这种地理位置差异带来的影响。例如，亚马逊网店的产品来自美国，消费者也是美国，那产品定价可以按照原定价方法进行折扣定价，定价也比较简单。如果购买者是中国或者其他国家的来自全球的消费者，那面对全球化的市场，产品定价也不是"分区"那么简单，在全球各地同一产品价格完全透明的情况下，全球化和本地化相结合的定价如何进行是值得思考的。所以，企业产品的销售平台是网络市场，企业就不能以单一市场定价策略来面对这差异极大的全球性市场。

13.4　价格变动策略

13.4.1　降价策略

降价是指企业通过将产品的价格在原来基础上向下调整的形式，来达到其营销目的的一种价格策略。一般来讲，企业之所以进行降价调整，一般不外乎需求弹性增大，市场竞争加剧，以及为了适应经济形势，照顾客户关系等几方面的原因。究其积极意义而言，可以达到价降量增的结果，求得更高的边际效益和规模利润，同时提高产品的市场占有率。但从消极方面来看，降价措施利用得不利，会导致竞争双方两败俱伤，甚至危及行业声誉。

降价策略中的营销风险：

(1) 质量"降低"风险。消费者会认为价格降低是因为产品质量的下降。

(2) 市场占有率降低风险。因为降价，暂时获得的市场占有率的增长没有维持很久。对于追求低价的消费者，可能会因为其他更低价格的商品离"你"而去。

(3) 竞争者反击风险。可能会因为竞争者实力更强，做出更大幅度的降价，而将自己处于被动或无力反击的局面。

另外，值得一提的是降价时机的选择，首先要看竞争对手是否有可能跟进，是否有能力跟进，因为竞争产品跟进的时间长短和跟进程度将直接决定了降价的效果。和降价时机相关的一个重要问题是：降价周期如何把握？如果降价周期太短，容易打击消费者的信心，反而造成新一轮的持币待购；降价周期太长，产品销量可能受到更大的抑制，或者等于把市场拱手让给了竞争对手，而且容易错失降价的最好时机。

13.4.2　提价策略

这里指的提价策略是企业为了适应市场环境和自身内部条件的变化，主动提高原有的商品价格。

1. 提价原因

1) 成本上升

由于产品生产、销售成本上涨，压缩了企业的利润空间，甚至威胁到了企业的再生产。企业通过提价来转嫁成本上升的负担。

2) 供不应求

因为产品供不应求，企业通过提价来扩大单位产品的获利空间，同时抑制部分需求，以缓解因为成品供应有限而导致的市场不满情绪。

3) 产品更新

企业通过提高产品的质量、性能、结构来提升市场竞争力。

4) 应对竞争

以产品的高价位来显示产品的高品位，满足竞争策略的需要。

2. 提价方式

企业采用提价策略时，一般会采取两种方式。

1) 直接调高价格

例如，某种型号的家电产品，原先的销售价格为 5000 元/台，提价后的销售价格为 5600 元/台。产品性能和质量并没有因为提价而有任何的改变。

2) 间接调高价格

即企业采取一定方法使产品价格表面保持不变但实际隐性上升。例如，缩小产品的尺寸、分量；使用便宜的代用原料；减少产品功能或服务项目；减少价格折让；拆零销售；事先设置提价条款，一旦触及便实施提价；通货膨胀期内延缓报价等。

一般情况下，任何一类商品都会面临价格调整问题，但降价容易涨价难，调高产品价格往往会引起消费者的反感。因此，在实施提价策略时必须慎重，尤其应掌握好提价幅度、提价时机，并注意与消费者及时进行沟通。

13.4.3　应对竞争者价格变动的策略

面对竞争者的价格变动，企业首先应该了解其价格变动的原因。例如，是为了夺取更多的市场份额，还是为了适应不断变化的生产成本？这样的价格变动会导致全行业的调价吗？同行业的其他企业对价格变动会有何反应？价格变动是长期的还是短期的？对本企业的市场占有率、销售量、利润等方面有何影响？本企业有几种应对方案？

1. 同质产品

如果竞争者降价，企业也应该随之降价，否则大部分消费者将转向价格较低的竞争者；但是，面对竞争者的提价，企业既可以跟进，也可以暂且观望。如果大多数企业都维持原价，最终迫使竞争者把价格降低，使竞争者涨价失败。

2. 差异产品

由于每个企业的产品在质量、品牌、服务、包装、消费者偏好等方面有着明显的差异，所以面对竞争者的价格变动，可以有以下策略供选择。

1) 不变策略

不变策略是指靠消费者对产品的偏爱和忠诚度来抵御竞争者的价格进攻，待市场环境发生变化或出现某种有利时机，企业再做行动。或者在价格不变的前提下，加强产品宣传，增加销售网点，强化售后服务，增加产品功能、用途和提高产品质量，或者在包装等方面对产品进行改进。

特别是，一旦确定竞争者已经降价，并且这一降价可能会损害企业的销售和利润，此时可以做出维持原价和原利润额度的决定。然后继续等待，在获得更多的竞争对手价格变动信息之后再做出反应。因为现在，企业可能愿意保留忠诚的消费者，而把不忠诚的消费者让给竞争者。但是，随着降价，竞争者的销售量会逐级增长，竞争者也会变得更加强大，因此等待的时间不应太长，否则到最后可能会无法做出反应，如图 13-6 所示。

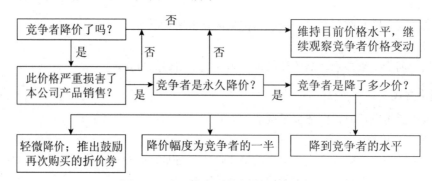

图 13-6　应对竞争者降价的应对方案

2) 同步策略

同步策略是指部分或完全跟随竞争者的价格变动，采取较稳妥的策略，维持原来的市场格局，巩固取得的市场地位。例如，竞争者降价时，可以跟进减价，以便和竞争对手的价格匹配。在市场对价格敏感的情况下，企业不减价会失去太多的市场份额。一些企业还可能降低产品质量，减少服务和市场营销活动来维持利润，但是这最终会伤害企业的长期占有率。企业在减价的同时应努力维持其产品的质量。

3) 强化策略

以优越于竞争者的价格跟进，并结合非价格手段进行反击。比竞争者更大的幅度降价，比竞争者小的幅度提价，强化非价格竞争，形成产品差异，利用较强的经济实力或优越的市场地位，居高临下，给竞争者以毁灭性的打击。例如，在产品系列中增加较低价格的产品，或者单独创建一种较低价格的品牌，或者对企业品牌进行高价格定位。较高的质量可以用来证明较高的价格，较高的价格反过来能使企业保持有较高的利润。或者企业可以维持现有产品的价格，同时引进一种价格定位较高的新品牌。

但是在价格变动的时候，企业并不总是能够对这些选择做出广泛的分析，竞争者可能用了很多时间做出调价的决定，但是企业可能不得不在几个小时或者几天内做出反应。减少反应时间的唯一方法是，提前做好可能的竞争者调价以及可能的反应计划。

综合以上论述，企业为维持经营，保护市场份额，价格调整往往是更多企业的首选策略，如表 13-3 所示。

表 13-3　企业价格策略

序号	策略选择	原因	结果
1	维持价格、认知价值，筛选客户	有很高的消费者忠诚度，愿意把低收入的消费者让给竞争对手	市场份额缩小，利润降低
2	提高价格、认知价值	提价并提高产品质量，使高价有其合理性	市场份额缩小，保持利润
3	维持价格、提高认知价值	维持价格，强调价值有所提高	市场份额缩小，短期利润下降，长期利润上升
4	部分降价、提高认知价值	降价，强调产品价值有所提高	保持市场份额，短期利润下降，长期利润上升
5	大幅度降价、保持认知价值	约束和减少价格竞争	保持市场份额，短期利润下降
6	大幅度降价、降低认知价值	约束和减少价格竞争，保持利润率	保持市场份额，维持短期利润，长期利润下降
7	维持价格、降低认知价值	削减营销费用，抑制成本升高	保持市场份额，维持短期利润，长期利润下降
8	开拓市场，引入新经济模式	探索市场新元素，满足市场新需求	市场前景未知

 思考题

1. 你认为成本导向定价法有何不足？
2. "总成本最低能使企业保持绝对优势"的提法是否合理？
3. 试分析网络营销中的产品定价策略。
4. 观察你熟悉的一种消费品，分析它的定价策略以及该定价策略的特点。
5. 举实例说明企业该如何应对竞争者的价格变动。

案例研究 ➡

亚马逊网络营销差别定价策略

差别定价被认为是网络营销的一种基本的定价策略，有人甚至提出在网络营销中要"始终坚持差别定价"，然而，没有什么经营策略在市场上是可以无往不胜的。差别定价虽然在理论上很好，但在实施过程中却存在着诸多困难，下面将以亚马逊的一次不成功的差别定价试验作为案例，分析企业实施差别定价策略时面临的风险以及一些可能的防范措施。

一、亚马逊公司实施差别定价试验的背景

1994 年，当时在华尔街管理着一家对冲基金的杰夫·贝佐斯(Jeff Bezos)在西雅图创建了亚马逊公司。该公司从 1995 年 7 月开始正式营业，1997 年 5 月股票公开发行上市，从 1996 年夏天开始，亚马逊极其成功地实施了联属网络营销战略，在数十万家联属网站的支持下，亚马逊迅速崛起成为网上销售的第一品牌。到 1999 年 10 月，亚马逊的市值达到了 280 亿美元，超过了西尔斯(Sears Roebuck Co.)和卡玛特(Kmart)两大零售巨人的市值之和。亚马逊的成功可以用以下数字来说明：

根据 Media Metrix 的统计资料，亚马逊在 2000 年 2 月在访问量最大的网站中排名第 8，共吸引了 1450 万名独立的网络访问者，亚马逊还是排名进入前 10 名的唯一一个纯粹的电子商务网站。

根据 PC DataOnline 的数据，亚马逊是 2000 年 3 月最热门的网上零售目的地，共有 1480 万独立访问者，独立的消费者也达到了 120 万人。亚马逊当月完成的销售额相当于排名第二位的 CDNow 和排名第三位的 Ticketmaster 完成的销售额的总和。在 2000 年，亚马逊已经成为互联网上最大的图书、唱片和影视碟片的零售商，亚马逊经营的其他商品类别还包括玩具、电器、家居用品、软件、游戏等，品种达 1800 万种之多，此外，亚马逊还提供在线拍卖业务和免费的电子贺卡服务。

但是，亚马逊的经营也暴露出不小的问题。虽然亚马逊的业务在快速扩张，亏损额却也在不断增加，在 2000 年头一个季度中，亚马逊完成的销售额为 5.74 亿美元，较前一年同期增长 95%，第二季度的销售额为 5.78 亿，较前一年同期增长了 84%。但是，亚马逊第一季度的总亏损达到了 1.22 亿美元，相当于每股亏损 0.35 美元，而前一年同期的总亏损仅为 3600 万美元，相当于每股亏损为 0.12 美元，亚马逊 2000 年第二季度的主营业务亏损仍达 8900 万美元。

亚马逊公司的经营危机也反映在其股票的市场表现上。亚马逊的股票价格自 1999 年 12 月 10 日创下历史高点 106.6875 美元后开始持续下跌，到 2000 年 8 月 10 日，亚马逊的股票价格已经跌至 30.438 美元。在业务扩张方面，亚马逊也开始遭遇到了一些老牌门户网站——如美国在线、雅虎等的有力竞争，在这一背景下，亚马逊迫切需要实现盈利，而最可靠的盈利项目是它经营最久的图书、音乐唱片和影视碟片。实际上，在 2000 年第二季度亚马逊就已经从这三种商品上获得了 1000 万美元的营业利润。

二、亚马逊公司的差别定价实验

作为一个缺少行业背景的新兴的网络零售商，亚马逊不具有巴诺(Barnes Noble)公司那样卓越的物流能力，也不具备像雅虎等门户网站那样大的访问流量。亚马逊最有价值的资产就是它拥有的 2300 万注册用户，亚马逊必须设法从这些注册用户身上实现尽可能多的利润。因为网上销售并不能增加市场对产品的总的需求量，为提高在主营产品上的盈利，亚马逊在 2000 年 9 月中旬开始了著名的差别定价实验。亚马逊选择了 68 种 DVD 碟片进行动态定价试验，试验当中，亚马逊根据潜在客户的人口统计资料、在亚马逊的购物历史、上网行为以及上网使用的软件系统确定对这 68 种碟片的报价水平。例如，名为《泰特斯》("Titus")的碟片对新顾客的报价为 22.74 美元，而对那些对该碟片表现出兴趣的老顾客的报价则为 26.24 美元。通过这一定价策略，部分顾客付出了比其他顾客更高的价格，亚马逊因此提高了销售的毛利率，但是好景不长，这一差别定价策略实施不到一个月，就有细心的消费者发现了这一秘密，通过在名 DVD Talk(www.dvdtalk.com) 的音乐爱好者社区的交流，成百上千的 DVD 消费者知道了此事，那些付出高价的顾客当然怨声载道，纷纷在网上以激烈的言辞对亚马逊的做法进行口诛笔伐，有人甚至公开表示以后绝不会在亚马逊购买任何东西。更不巧的是，由于亚马逊前不久才公布了它对消费者 在网站上的购物习惯和行为进行了跟踪和记录，因此，这次事件曝光后，消费者和媒体开始怀疑亚马逊是否利用其收集的消费者资料作为其价格调整的依据，这样的猜测让亚马逊的价格事件与敏感的网络隐私问题联系在了一起。

为挽回日益凸显的不利影响，亚马逊的首席执行官贝佐斯只好亲自出马做危机公关，他指出亚马逊的价格调整是随机进行的，与消费者是谁没有关系，价格试验的目的仅仅是为测试消费者对不同折扣的反应，亚马逊"无论是过去、现在或未来，都不会利用消费者的人口资料进行动态定价"。贝佐斯为这次的事件给消费者造成的困扰向消费者公开表示了道歉。不仅如此，亚马逊还试图用实际行动挽回人心，亚马逊答应给所有在价格测试期间购买这 68 部 DVD 的消费者以最大的折扣。据不完全统计，至少有 6896 名没有以最低折扣价购得 DVD 的顾客，已经获得了亚马逊退还的差价。

至此，亚马逊价格试验以完全失败而告终，亚马逊不仅在经济上蒙受了损失，而且它的声誉也受到了严重的损害。

三、亚马逊差别定价试验失败的原因

我们知道，亚马逊的管理层在投资人要求迅速实现盈利的压力下开始了这次有问题的差别定价试验，结果很快便以全面失败而告终。那么，亚马逊差别定价策略失败的原因究竟何在？我们说，亚马逊这次差别定价试验从战略制定到具体实施都存在严重问题，现分述如下。

1. 战略制定方面

首先，亚马逊的差别定价策略同其一贯的价值主张相违背。在亚马逊公司的网页上，亚马逊明确表述了它的使命：要成为世界上最能以顾客为中心的公司。在差别定价试验前，亚马逊在顾客中有着很好的口碑，许多顾客想当然地认为亚马逊不仅提供最多的商品选择，还提供最好的价格和最好的服务。亚马逊的定价试验彻底损害了它的形象，即使亚马逊为挽回影响进行了及时的危机公关，但亚马逊在消费者心目中已经永远不会像从前那样值得信赖了，至少，人们会觉得亚马逊是善变的，并且会为了利益而放弃原则。

其次，亚马逊的差别定价策略侵害了顾客隐私，有违基本的网络营销伦理。亚马逊在差别定价的过程中利用了顾客购物历史、人口统计学数据等资料，但是它在收集这些资料时是以为了向顾客提供更好的个性化的服务为幌子获得顾客同意的。显然，将这些资料用于顾客没有认可的目的是侵犯顾客隐私的行为。即便美国当时尚无严格的保护信息隐私方面的法规，但亚马逊的行为显然违背了基本的商业道德。

此外，亚马逊的行为同其市场地位不相符合。按照刘向晖博士对网络营销不道德行为影响的分析，亚马逊违背商业伦理的行为曝光后，不仅它自己的声誉会受到影响，整个网络零售行业都会受到牵连，但因为亚马逊本身就是网上零售的市场领导者，占有最大的市场份额，所以它无疑会从行业信任危机中受到最大的打击，由此可见，亚马逊的策略是极不明智的。

综上，亚马逊差别定价策略从战略管理角度看有着诸多的先天不足，这从一开始就注定了它的"试验"将会以失败而告终。

2. 具体实施方面

我们已经看到亚马逊的差别定价试验在策略上存在着严重问题，这决定了这次试验最终失败的结局，但实施上的重大错误是使它迅速失败的直接原因。

首先，从微观经济学理论的角度看，差别定价未必会损害社会总体的福利水平，甚至有可能导致帕累托最优的结果，因此，法律对差别定价的规范可以说相当宽松，规定只有当差别定价的对象是存在相互竞争关系的用户时才被认为是违法的，但同时，基本的经济学理论认为一个公司的差别定价策略只有满足以下三个条件时才是可行的：

(1) 企业是价格的制定者而不是市场价格的接受者。

(2) 企业可以对市场细分并且阻止套利。

(3) 不同的细分市场对商品的需求弹性不同。

DVD 市场的分散程度很高，而亚马逊不过是众多经销商中的一个，所以从严格的意义上讲，亚马逊不是 DVD 价格的制定者。但是，假如我们考虑到亚马逊是一个知名的网上零售品牌，以及亚马逊的 DVD 售价低于主要的竞争对手，所以，亚马逊在制定价格上有一定的回旋余地。当然，消费者对 DVD 产品的需求弹性存在着巨大的差别，所以亚马逊可以按照一定的标准对消费者进行

细分，但问题的关键是，亚马逊的细分方案在防止套利方面存在着严重的缺陷。亚马逊的定价方案试图通过给新顾客提供更优惠价格的方法来吸引新的消费者，但它忽略的一点是：基于亚马逊已经掌握的顾客资料，虽然新顾客很难伪装成老顾客，但老顾客却可以轻而易举地通过重新登录伪装成新顾客实现套利。至于根据顾客使用的浏览器类别来定价的方法同样无法防止套利，因为网景浏览器和微软的 IE 浏览器基本上都可以免费获得，使用网景浏览器的消费者几乎不需要什么额外的成本就可以通过使用 IE 浏览器来获得更低报价。因为无法阻止套利，所以从长远角度，亚马逊的差别定价策略根本无法有效提高盈利水平。

其次，亚马逊歧视老顾客的差别定价方案同关系营销的理论相背离，亚马逊的销售主要来自老顾客的重复购买，重复购买在总订单中的比例在 1999 年第一季度为 66%，一年后这一比例上升到了 76%。亚马逊的策略实际上惩罚了对其利润贡献最大的老顾客，但它又没有有效的方法锁定老顾客，其结果必然是老顾客的流失和销售与盈利的减少。

最后，亚马逊还忽略了虚拟社区在促进消费者信息交流方面的巨大作用，消费者通过信息共享显著提升了其市场力量。的确，大多数消费者可能并不会特别留意亚马逊产品百分之几的价格差距，但从事网络营销研究的学者、主持经济专栏的作家以及竞争对手公司中的市场情报人员会对亚马逊的定价策略明察秋毫，他们可能会把他们的发现通过虚拟社区等渠道广泛传播，这样，亚马逊自以为很隐秘的策略很快就在虚拟社区中露了底，并且迅速引起了传媒的注意。

比较而言，在亚马逊的这次差别定价试验中，战略上的失误是导致"试验"失败的根本原因，而实施上的诸多问题则是导致其惨败和速败的直接原因。

四、结论：亚马逊差别定价试验给我们的启示

亚马逊的这次差别定价试验是电子商务发展史上的一个经典案例，这不仅是因为亚马逊公司本身是网络零售行业的一面旗帜，还因为这是电子商务史上第一次大规模的差别定价试验，并且在很短的时间内就以惨败告终。我们从中能获得哪些启示呢？

首先，差别定价策略存在着巨大的风险，一旦失败，它不仅会直接影响产品的销售，而且可能会对公司经营造成全方位的负面影响，公司失去的可能不仅是最终消费者的信任，而且还会有渠道伙伴的信任，可谓"一招不慎，满盘皆输"。所以，实施差别定价必须慎之又慎，尤其是当公司管理层面临短期目标压力时更应如此。具体分析时，要从公司的整体发展战略、与行业中主流营销伦理的符合程度以及公司的市场地位等方面进行全面的分析。

其次，一旦决定实施差别定价，那么选择适当的差别定价方法就非常关键。这不仅意味着要满足微观经济学提出的三个基本条件，而且更重要的是要使用各种方法造成产品的差别化，力争避免赤裸裸的差别定价。常见的做法有以下几种。

(1) 通过增加产品附加服务的含量来使产品差别化。营销学意义上的商品通常包含着一定的服务，这些附加服务可以使核心产品更具个性化，同时，服务含量的增加还可以有效地防止套利。

(2) 同批量订制的产品策略相结合。订制弱化了产品间的可比性，并且可以强化企业价格制定者的地位。

(3) 采用捆绑定价的做法，捆绑定价是一种极其有效的二级差别定价方法，捆绑同时还有创造新产品的功能，可以弱化产品间的可比性，在深度销售方面也能发挥积极作用。

(4) 将产品分为不同的版本。该方法对于固定生产成本极高、边际生产成本很低的信息类产品更加有效，而这类产品恰好也是网上零售的主要品种。

当然，为有效控制风险，有时在开始大规模实施差别定价策略前还要进行真正意义上的试验，具体操作上不仅要像亚马逊那样限制进行试验的商品的品种，而且更重要的是要限制参与试验的

顾客的人数，借助于个性化的网络传播手段，做到这点是不难的。

　　实际上，正如贝佐斯向公众所保证过的，亚马逊此后再也没有作过类似的差别定价试验，结果，依靠成本领先的平价策略，亚马逊后来终于在 2001 年第四季度实现了单季度净盈利，在 2002 年实现了主营业务全年盈利。

　　综上所述，在网络营销中运用差别定价策略存在着很大的风险，在选择使用时必须慎之又慎，否则，很可能适得其反，给公司经营造成许多麻烦。在实施差别定价策略时，通过使产品差别化而避免赤裸裸的差别定价是避免失败的一个关键所在。

【资料来源】百度文库(http://wenku.baidu.com/view/68288d2d453610661ed9f40b.html)。

案例思考题

　　1. 结合案例，你认为针对亚马逊当年的经营状况应该采用何种定价策略？该如何执行？为什么？

　　2. 网络营销定价策略的影响因素有哪些？

　　3. 找一家熟悉的网店，分析其在各个不同季节、针对不同消费者的定价策略。

第14章   营销渠道策略

产品和服务如何传递给消费者？这是所有制造商和服务提供商需要考虑的问题。大多数生产者和服务提供者通常不是将其产品或服务直接出售给最终消费者，而是通过中间商或中介机构来实现商品和服务的流转，帮助商品和服务顺利地被消费和使用，这些中间商或中介机构就构成了营销渠道。但是，营销渠道存在的意义何在？营销渠道成员有哪些类型？如何选择与管理营销渠道？这些都是企业必须要面临的决策问题。

在工业经济时代，传统营销渠道商具有很强的议价能力，例如以沃尔玛为代表的大型零售商拥有强大的渠道权力，"渠道为王"和"得渠道者得天下"成为至理名言。但随着网络科技的发展，营销渠道的表现形式已经发生了颠覆性的变化，以电子商务特别是移动电商为代表的新型营销渠道的发展让企业在进行营销渠道决策时有了更多的选择与考虑。

14.1   营销渠道及其新发展

营销渠道是由一系列中间机构组成的，其主要的作用就是实现商品或服务的传递以及价值的实现。由于经济活动的复杂性及市场环境的变化，企业的营销渠道常常不是单向、线性的，而是会形成一个网络状结构，网状结构中的成员都对企业的价值实现产生作用，即为价值网络。

14.1.1   营销渠道的结构

营销渠道(marketing channel)通常也被称为分销渠道或营销通路，构成营销渠道的中间机构有多种类型，如下所示。

(1) 经销商。这些机构买进商品，取得商品所有权，再出售商品给下游客户或最终消费者，通过进销差价盈利。某些批发商和零售商常会扮演这个角色，通常经销商会推动商流、物流、资金流、信息流四流的实现。

(2) 代理商。代理商与经销商最大的不同在于它们不获得商品的所有权，它们负责寻找顾客、谈判、销售，以此获得佣金。

(3) 渠道辅助机构。渠道中常常还有物流公司、金融机构等中间机构的参与，但它们既不取得商品所有权，也不参与交易谈判，常常只是帮助物流、资金流或信息流中某些部分的实现，故称为辅助机构。

营销渠道的起点为制造商或服务提供者，终点为最终消费者，随着中介机构层级不同便形成了不同层级的渠道结构，如图 14-1 所示。

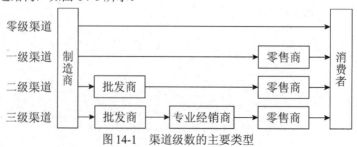

图 14-1   渠道级数的主要类型

1. 营销渠道的级数

渠道级数是指制造商到消费者之间所经过的中间商的层级数量。

(1) 零级渠道即为直接营销渠道(direct-marketing channel),即由制造商或服务提供者直接销售产品或服务给顾客。直接营销的主要方式包括网络直销、厂家直销、电话直销、上门推销、电视购物等。网络直销是新兴的直销方式,也是最具影响力的直销方式,后面会对其主要介绍。而其他直销方式均为传统直销方式,如安利、雅芳等是通过销售代表进行直销,格力则是通过建立大量的专卖店来实现直销。

(2) 一级渠道即只包括一个中间商,如零售商。例如宝洁通过与沃尔玛的品类管理的战略合作,其产品通过沃尔玛这一级中间商进行销售,就是典型的一级渠道。

(3) 二级渠道包括两个中间机构。在消费者市场,一般是一个批发商和一个零售商。在组织市场,则可能是一个分销商和一些代理商。

(4) 三级渠道通常由批发商、中转商和零售商这三类中间机构组成。在中国也很常见总代理商、一级代理商、零售商这样的渠道结构。

通常来说,渠道越长,生产商对终端进行控制及获取最终用户信息的难度也就越大,而且整个渠道效率也会越低,供应链管理通常说的“长鞭效应”正是由于供应链过长,从而导致某端微小的变化即会导致另一端剧烈波动或信息极大的偏差。但是部分国家地区由于其消费习惯及政府规制政策的不同(如对就业保护的考虑),会对渠道长度有要求,例如日本的食品分销就多数为长渠道,甚至多达六个层级。在中国由于市场环境的复杂,常常也会出现四至五级的长渠道。但缩短渠道层级、提高渠道效率已经是当今时代的主流,在营销界已经基本达成了共识,传统渠道商的转型已势在必行。

2. 营销渠道的宽度

渠道宽度是指企业在某一市场上并列地使用中间商的数量。企业在制定渠道宽度决策时,一般可有三种选择。

(1) 独家分销。指在一定地区、一定时间内只选择一家中间商经销或代理,授予对方独家经营权。这是最窄的一种分销渠道形式。生产和经营名牌、高档消费品和技术性强、价格较高的工业用品的企业多采用这一形式。这种做法的优点在于:中间商经营积极性高、责任心强,缺点是市场覆盖面相对较窄,并且有一定风险,如该中间商经营能力差或出现意外情况,将会影响企业开拓该市场的整个计划。

(2) 广泛分销。又称密集性分销,即利用尽可能多的中间商从事产品的分销,使渠道尽可能加宽。价格低、购买频率高的日用消费品,工业用品中的标准件、通用小工具等,多采用此种分销方式。其优点是市场覆盖面广泛,潜在顾客有较多机会接触到产品;缺点是中间商的经营积极性较低,责任心差。

(3) 选择性分销。即在市场上选择部分中间商经营本企业产品。这是介于独家分销商和广泛分销商之间的一种形式。主要适用于消费品中的选购品,工业用品中的零部件和一些机器、设备等。经营其他产品的企业也可以参照这一做法。如果中间商选择得当,采用此分销方法可以兼得前两种方式的优点。

14.1.2 渠道权力转移理论

随着时代的变化,渠道权力也发生了相应的转移。渠道权力由初期的生产商拥有过渡到发展时期的中间商拥有，最终过渡到成熟期的消费者拥有，整个演变过程呈对角线状。美国整合营销传播之父唐·舒尔茨(Don E.Schultz)据此提出渠道权力转移理论，也称对角线理论，从动态上说明了渠道支配方的变化，整个演变过程移动的轨迹如图14-2所示。

制造商

经销商

消费者

图 14-2　渠道权力转移过程

1. 制造商掌握渠道权力时期

起初，制造商在专家权力、信息权力和参照权力方面比中间商和消费者都有优势，因此拥有支配权力。

(1) 专家权力的绝对化

在中间渠道建立初期，制造商在商品制造、商品性能与技术把握等方面拥有的专业知识足以令渠道中的其他成员侧目。而作为"新生代"的中间商尚属弱势群体，其在经销方面的专业特长还未充分体现。渠道中的另一个成员——消费者在商品知识方面一直表现为"非行家"特征，专家权力方面更显苍白，因此，制造商的专家权力在渠道成员中显得异常突出，呈绝对化状态。

(2) 信息权力的绝对化

信息权力的大小取决于信息拥有量的大小。中间渠道产生初期，经过了长期直销模式的制造商一直与消费者保持着密切的联系，对消费者的消费需求及购买行为等信息掌握非常充分，再加上自身所拥有的商品信息，成为渠道成员中信息获取最多最充分的一个，其信息权力也呈绝对化状态。

(3) 认同权力的绝对化

由于制造商的渠道行为早于中间商，因此，在中间渠道建立初期，制造商已形成了一批知名品牌产品，而刚刚起步的中间商其品牌的建立还需一段时日。在渠道成员中，制造商以其明显的渠道形象优势对其他成员构成绝对的吸引力。

正是上述权力的综合作用，制造商在中间渠道形成的初期阶段，成为渠道权力的主要控制者，也成为渠道的最大受益者。

2. 中间商掌握渠道权力时期

20 世纪 70 年代后，中间商的力量开始日益壮大，以其在渠道结构中的特殊位置——介于制造商与消费者之间的桥梁，开始成为渠道结构中的主要控制力量，渠道权力逐渐从制造商向中间商转移。

(1) 中间商的信息权力不断扩大，制造商及消费者的信息权力相对缩小。中间商的出现，使得制造商与消费者之间的信息沟通被拦腰截断，制造商由过去的信息充分获取者变为信息不完全获取者。中间商成为渠道交易行为的"操盘手"，一头连接制造商另一头连接消费者，是信息的最充分获取者。中间商对信息控制的增强使得它的信息权利随之扩大，大大超出制造商与消费者所拥有的信息权力。

(2) 中间商的强迫权力不断扩大，而制造商与消费者的强迫权力相对缩小。随着中间商经验的积累与成熟、市场渗透力及辐射力的加强，制造商对中间商的依赖性也进一步增强。制造商必须依赖中间商强大的经销网络，才能有效地将产品传递到消费者手中。为此，中间商对制造商及消费者的强迫权力也随之增强。为了谋取最大化的利益，中间商往往对制造商提出种种让利要求，并在制造商抵触时，采取拒销或退货等处罚性行为，胁迫制造商妥协。

(3) 中间商的专家权力不断扩大，而制造商与消费者的专家权力相对缩小，最终导致中间商在渠道中处于支配地位。中间商的产生是渠道成员功能专业化的结果。中间商的相对功能优势主要体现在市场网络的构成、销售力等市场运作方面。这些功能优势构成了中间商区别于其他渠道成员的专家权力。从 20 世纪 70 年代开始，随着中间商的发展加速，其专业功能优势迅速扩大，专家权力在渠道中的作用凸现。受渠道分工的影响，制造商从市场销售功能领域退出，专注于产品生产与制造，专家权力逐步萎缩。因此，在渠道的发展壮大时期，渠道权力主要集中在中间商的手中，渠道权力的天平严重地倒向中间商。

3. 消费者掌握渠道权力时期

21 世纪的营销渠道将是一个由消费者主导的渠道，因为他们控制着信息技术，消费者渠道权利扩大主要表现在以下两方面。

(1) 消费者的信息权力急剧增强。网络技术为消费者带来的渠道效益是巨大的：首先，它为消费者获得商品信息提供了极大的方便，消费者可以直接从网上查询全球企业的各类信息，在充分比较的基础上进行商品的选择与交易；其次，增强渠道信息的透明度。传统渠道模式下，消费者的商品与市场信息主要源于中间商的多层传递，由于人为与非人为因素的影响，信息到达消费者时不免出现失真现象。网络技术使信息呈现公开化与直接化的特征，信息透明度增强；最后，网络技术使得信息传递速度加快，消费者可以及时获取所需信息，解决了消费者信息长期滞后的问题。总之，网络的出现，从根本上改变了消费者在信息上强烈依赖于中间商的状况，在渠道中的信息权力急速扩大。

(2) 消费者的专家权力急剧增强。随着商品交易活动的增加，消费者逐渐成熟，消费行为更加理智。尤其是需求个性化的趋势，使得消费者在渠道中的专家权力日益突出。在网络营销条件下的"一对一营销"及"方案营销"中，消费者可以根据自己的个性需求，提出产品的设计方案，从而由过去的产品被动接受者转为产品的主动设计者。同时，消费者还可以根据自己的兴趣爱好，向制造商或中间商直接个别订货，再由制造商或中间商组织生产或货源予以满足。

14.1.3　渠道新形态

营销渠道随着市场环境的变化处于不断变化中，多年以来，新型的批发机构和零售机构不断涌现，全新的渠道系统正在逐渐形成。下面将探讨几种主要的形态：垂直营销系统、水平营销系统和多渠道营销系统。

1. 垂直营销系统

垂直营销系统是近年来渠道发展中最主要的形式之一，它的出现给传统营销渠道带来了冲击。传统营销渠道是由独立的生产者、批发商、零售商组成。其中每个成员都是作为一个独立的企业实体，围绕着实现自身利润最大化而行动，即使会损害系统整体利益也在所不惜。传统营销渠道是一种高度松散的网络，制造商、批发商和零售商只有松散的联结，相互之间围绕价格和销售条件不断进行讨价还价，互不相让，各行其是。而垂直营销系统则不同，它是由生产者、批发商和零售商所组成的一种统一的联合体。在这里，某个渠道成员拥有其他成员的产权，或是一种特许经营关系，或者因某个渠道成员拥有相当实力，而其他成员愿意与其合作。垂直营销系统可以由生产商支配，也可以由批发商或者零售商支配。

垂直营销系统有利于控制渠道行动，消除渠道成员为追求各自利益而造成的冲突。他们能够通过其规模、谈判实力和重复服务的减少而获得效益。在消费品销售中，垂直营销系统已经成为占主导地位的分销形式，占全部市场的 70%～80%。主要有以下三种类型的垂直营销系统：公司式、管理式和合同式。

(1) 公司式。由同一个所有者名下的相关生产部门和分配部门组合而成。垂直一体化得到公司的偏爱是因为公司能对渠道实现高水平的控制，垂直一体化有向后或向前一体化。如美国西尔斯(Sears)百货公司销售的商品中，超过50%的部分来自自身所拥有的制造业公司。家电制造企业如格力拥有众多自建零售网点。

(2) 管理式。形成这一组织的各个部门并不是属于同一个所有者，而是由某一家规模大、实力强的企业出面组织而形成的。如依靠自己强有力的品牌，许多制造商有能力从经销商那里得到强有力的销售合作和支持。如吉列、宝洁等能够在商品展销、货柜位置、促销活动和定价政策等方面得到其零售商的积极配合。

(3) 合同式。由生产和分销阶段上不同的相互独立的公司所组成，它们以合同为基础来统一行动，以求获得比其独立行动得到更大的经济效果。合同式垂直营销系统近年来获得了很大的发展，成为经济生活中最引人注目的发展之一。合同式垂直营销系统又有三种形式。

① 批发商牵头办的自愿营销组织。批发商组织独立的零售商成立自愿连锁组织，帮助他们和大型连锁组织抗衡。批发商制定一个方案，根据这一方案使各个独立零售商的销售活动标准化，并获得集中采购的好处，这样能使这个群体有效地和其他连锁组织竞争。

② 零售商合作组织。由零售商带头组织一个新的企业实体，开展批发业务和部分生产活动成员通过零售商合作组织集中采购，联合进行广告宣传，利润按成员的购买量比例进行分配。非成员零售商也可以通过合作组织采购，但是不能分享利润。

③ 特许经营组织。这是近年来发展最快和最受瞩目的零售形式。特约经营的方式可分三种。

- 制造商牵头办的零售特许经营系统。如福特汽车公司由特许经销商出售它的汽车，这些经销商都是独立的生意人，但同意有关销售和服务的各种条件。
- 制造商办的批发特许经营系统，在软饮料行业里见到。如可口可乐特许各个市场上的装瓶商(批发商)购买该公司的浓缩饮料，然后由装瓶商充碳酸气，装瓶，再出售给本地零售商。
- 服务公司牵头办的零售特许经营系统。由一个服务公司组织整个系统，以便将其服务有效地提供给消费者。如快餐服务行业(如麦当劳公司、汉堡王公司等)即为此类。

2. 水平营销系统

水平营销系统是由两个或两个以上的公司联合开发一个市场。这些公司缺乏资本、技能、生产或营销资源来独自经营或者承担风险；或者它发现与其他公司联合可以产生巨大的协同作用。公司间的联合行动可以是暂时性的，也可以是长期的，也可以创立一个专门公司，因而会出现一种共生现象。

3. 多渠道营销系统

随着顾客细分市场和新渠道的不断增加，越来越多的公司采用多渠道营销，而不再使用过去的向单一市场使用单一渠道进入市场的办法。如越来越多的公司同时具有线上线下的营销渠道，光是线下渠道也常常有多种渠道的组合。

通过增加更多的渠道，公司可以得到三个重要的好处。第一是增加了市场覆盖面——公司不断增加渠道是为了获得顾客细分市场，而它以前的渠道是达不到这些市场的(如增加乡村代理商以使产品到达人口稀少地区的农村市场)。第二是降低渠道成本。公司可通过增加新渠道降低向现有顾客销售的成本(如用电话销售代替人员访问个人客户)。第三是更适合顾客定制化销售。公司可以增加适合于顾客需求特点的渠道(如利用技术型推销员来销售复杂的设备)。

14.1.4　平台商业模式

平台模式是与垂直模式相对应的一组概念。所谓垂直模式，即是传统营销渠道模式，制造商进行商品生产，中间商购进商品再向消费者进行出售，这是一种线性的渠道模式(见图14-3)，也是一种重资产模式。中间商购进商品，拥有较大的库存，同时拥有较大的设施设备、建筑物等资产，中间商一方面与上游供应商进行交易，另一方面也与下游顾客进行直接交易。而平台模式则是一种轻资产模式，平台本身通常不直接拥有商品，不直接进行交易，而是让交易双方在其介质上(有形或无形)进行交易(见图14-4)。

图 14-3　垂直渠道模式　　　　　图 14-4　平台模式

平台模式根据其交易方群体的数量可分为双边平台和多边平台，其中最为常见也最为基础的是双边平台，即平台上有两方不同的使用群体，比如淘宝上的"买家"与"卖家"。多边模式则有三个甚至三个以上不同的使用群体，例如最常见的是内容产业平台，如电视台以节目吸引观众，再以观众的收视率吸引广告商。

平台模式其实是一种非常古老的模式，传统市集、农贸市场、购物中心乃至城市都是平台模式。以传统的市集为例，市集规模越大、商家越多、商品越丰富，对赶集者的吸引力就越大，来逛市集的人就越多。而同时来逛市集的人越多，则有更多的商家愿意来市集，则这个市集的影响力、价值就越大，市集的所有者或管理者则可以从中收到更多、更高的租金或管理费等。现代零售业态中购物中心也是个典型的平台，其原理与古老的市集如出一辙。

在互联网时代下，平台模式又一次大放光彩，淘宝、大众点评等众多互联网公司运用平台模式产生了巨大的商业价值，给商家和消费者都带来了极大的便利，让营销渠道形态发生了革命性的变化。

14.2　设计和管理营销渠道

在实际营销渠道运作中至少包括两大问题：①选择何种渠道最为合适，如何设计营销渠道系统；②营销渠道涉及了诸多合作方，如何有效地管理营销渠道，以提高整个渠道效率。如何设计和管理营销渠道是一个综合性、复杂性很强的问题，需要一个系统的分析框架,主要要点见图 14-5。

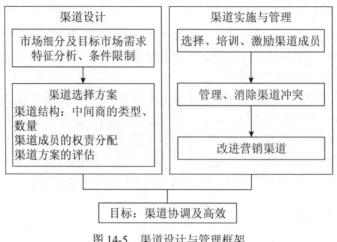

图 14-5 渠道设计与管理框架

14.2.1 渠道设计决策

渠道设计是关于构筑新的分销渠道或对已经存在的渠道进行变更的决策活动。一个新公司要在一个地区的市场上开始销售时，常因资金有限等原因，要利用现有的中间商。而当地市场可供选择的中间商总是很有限：为数不多的几个销售代理商、批发商、零售店、运输公司。必须说服几个可利用的中间商来经销这种产品线，制造商的渠道系统必须在适应当地市场机会和条件的过程中逐步形成。设计一个渠道系统要求建立渠道目标和限制因素，识别主要的渠道选择方案以及对它们做出评价。

1. 分析市场需求特征

首先要了解目标市场中消费者购买什么商品、在什么地方购买、为何购买、何时买和如何买。营销人员必须了解目标顾客在购买一个产品时所期望的服务的类型和水平。渠道可提供的服务包括如下几个方面。

(1) 批量大小。营销渠道在顾客购买过程中提供给顾客的单位数量。

(2) 等候时间。渠道的顾客等待收到货物的平均时间。顾客一般喜欢快速交货渠道。

(3) 空间便利。营销渠道为顾客购买产品所提供的距离远近上的方便程度。

(4) 产品品种。营销渠道提供的商品花色品种宽度。顾客一般喜欢较宽的花式品种，因而使得满足顾客需要的机会更多。

(5) 服务支持。渠道提供的附加服务(信贷、交货、安装、修理)。服务支持越强，渠道提供的服务工作越多。

营销渠道的设计者必须了解目标顾客的服务需要。提高服务的水平意味着渠道成本的增加和价格的提高，必须认识清楚顾客在接受公司服务和产品价格之间会做何种选择。

2. 确立渠道目标和限制因素

无论是创建渠道，还是对原有渠道进行变更，设计者都必须将公司的渠道设计目标予以明确。因为公司设置的渠道目标很可能因为环境的变化而发生变化，明确列示出来，才能保证设计的渠道不偏离公司的目标。

在确立渠道目标时，还需考虑市场规模、产品标准化程度、公司规模以及中间商能力的限制。

一般来说，市场规模越大，渠道的长度和宽度会相对更大一些；笨重的、价值高的或容易腐烂的产品，应采用短的渠道结构；小公司往往难以获得理想的中间商的支持，大公司则不必担心没有中间商加入他们的渠道；另外，如果中间商能力十分强大，影响力强，则限制了公司对于渠道的选择性。

3. 确立渠道结构方案

确立了渠道目标后，就需要选择适合于帮助实现这些目标的中间机构及这些机构的结合方式，这样会出现若干个候选的渠道方案。不同的渠道方案其优劣大不相同，因此必须从中选择出可行的方案。影响渠道结构选择的主要因素如图 14-6 所示。

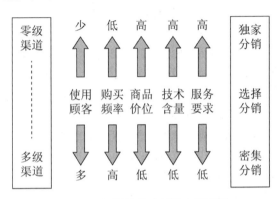

图 14-6 渠道结构选择的主要因素

4. 渠道方案的评估

评估渠道方案可从经济性、可控制性和适应性三方面进行评估。

(1) 经济性标准

每种渠道都会有不同的产出效率和成本，衡量渠道的经济性主要可从每次交易的成本和渠道产出(销量、附加值等)两个方面来评价。

(2) 控制性标准

使用中间商时需要考虑控制问题，中间商常常是一个独立的公司，有其自身的目标，出于自身利益最大化的考虑往往与制造商或服务提供商的目标不一致。因此制造商或服务提供商在选择渠道时必须考虑是否能对中间商产生影响、能否对其保持控制力，才能避免中间商行为与自身目标偏离太远。

(3) 适应性标准

在不同地方也应根据当地实际情况选择不同的渠道，以使渠道更能适应当地消费者的习惯，例如中国香港几乎没有沃尔玛等大卖场的存在，而在中国内地则遍地都是；在欧美等国渠道较短，而在日本甚至有法规约束必须使用长渠道。同时，市场环境也在不断变化，制造商在选择渠道时也需要考虑有高度适应性的渠道结构。

14.2.2 渠道管理决策

1. 选择渠道成员

作为生产者，希望能有合格的、足够的中间商与自己合作，但由于生产者自身的能力有显著不同，因此生产者的选择均要受各种限制。如丰田汽车这样的公司可以轻而易举地吸引到新的经销商销售凌志汽车，或者靠在招聘条件中许诺给予独家经销、选择性分销会引来大批申请人。而有些生产者则须付出很大努力才能找到足够的合格的中间商。

选择中间商时主要的依据是：从业时间、发展情况、信誉、财务能力、经营的产品组合、市场覆盖面、仓储条件、发展潜力等。还要考虑中间商所经营的竞争产品情况，中间商所处的地理位置、拥有的顾客的类型等。

2. 激励渠道成员

生产商和渠道成员之间常常会产生矛盾，双方之间存在相互支持与制约，谁的渠道权力更强，谁更可能在其中获得相对有利的地位。科特勒根据与中间商之间关系的具体性质的不同，列举了一些为得到合作而可采用的各种力量。

(1) 强制力量。中间商不合作的话，制造商就威胁停止供应某些资源或终止合作关系。在中间商严重依赖制造商的情况下该方法相当有效，但实施压力会使中间商产生不满。

(2) 报酬力量。中间商执行厂商要求的特定活动时，制造商给予其的附加利益。针对的必须是那些被制造商确认为是应做工作以外的行为。

(3) 法律力量。被广泛地应用于制造商依据合同所载明的规定或从属关系，要求中间商有所行动。如通用汽车坚持经销商应保持一定的存货以作为授权协议的一个内容。

(4) 专家力量。可被那些具备专门技术的制造商所利用，而这些专门技术正是中间商认为有价值的。例如，制造商可能有一个很完备的系统来给中间商的负责人或给中间商的销售员以专业训练。

(5) 相关力量。中间商为自己能与制造商合作而感到自豪时，如 IBM 公司、卡特彼拉、麦当劳等公司有高度的相关力量，中间商一般都遵从他们的愿望。

如有可能，管理者依次培养相关力量、专家力量、法律力量和报酬力量，他们将获得最成功的合作，但最好应避免使用强制力量。

3. 评价渠道成员

制造商要想对中间商进行适当的激励，需要按一定的标准来衡量中间商的表现，并将这种衡量长期化。这些标准可以根据中间商的不同而不同，一般包含以下几个方面的内容。

(1) 中间商的渠道营销能力是每个制造商在选择中间商时首先考虑的问题，也往往是衡量中间商的能力与参与程度的第一个标准。其中又包括销售额的大小、成长和盈利记录、偿付能力、平均存货水平和交货时间等内容。

(2) 中间商的参与热情也是评价中间商的一个重要标准。一个十分有能力的中间商不积极配合制造商的营销活动，其结果可能比一个普通的但积极配合制造商的活动的效果要差许多，甚至可能会危害到制造商目标的完成。衡量中间商参与程度的内容包括对损坏和遗失商品的处理，与公司促销和培训计划的合作情况以及中间商应向顾客提供的服务等。

(3) 由于中间商往往在经营多种品牌或多种类型的产品，因此也可以通过对中间商经销的其他产品进行调查来衡量中间商的能力。如果中间商的经营品种多，总体的销售量大，那么说明该中间商具有较强实力。同时，还可以从中了解到自己产品的销量在中间商销售的产品总量中占有多少比例，处于什么样的地位，从而决定对中间商进行的激励着重于哪一个方面。

4. 渠道的改进

一个营销渠道并不是一经选定，就从此成为该生产商可以永久使用的系统了。渠道系统必须根据市场上众多条件的变化，如消费者的购买方式变化、市场规模扩大、新的竞争者的进入、新的分销战略、产品生命周期变化等适时调整，才能保证渠道的效果与效率。

对营销渠道改进的基础是对营销渠道及其中间商的评价。若评价结果发现现有渠道中某些中间商不能适应企业的要求，同时其工作状况也难以改进，或者现有中间商在数量上不能满足发展要求等情况时，则应考虑剔除或增加一部分中间商；若分析结果是现有的营销渠道效果不理想时，则应考虑剔除或增加一定数目的新渠道；若发现效率更高的全新营销渠道，致使现有渠道变得不再有使用价值时，则应对整个营销渠道进行更新。

14.3 零售批发与物流管理

零售与批发是最常见的两种中间商形态，在营销渠道中扮演着重要的角色。特别是零售商，在工业经济时代生产过剩时，零售商一度长期掌握着渠道权力，在营销渠道中起主导作用。所谓零售，包括将商品或服务直接出售给最终消费者，供其非商业性使用的过程中所涉及的一切活动。零售商是指主要从事零售业务的企业。菲利普·科特勒将批发定义为：包含一切将货物或服务销售给为了转卖或者商业用途而进行购买的人的活动。作为产销中介环节，批发首先是一种购销行为。其一是购进，即直接向生产者或供应商批量购进产品。这种购进的目的是为了转卖而非自己消费。其二是销售，将产品批量转卖给工商企业、事业单位，供其转售(如零售商)、加工再售(如制造商)或转化再售(如事业单位)。

零售商和批发商在实体产品的物流中也起着重要作用，将产品从制造商传递至消费者手中这一过程就是物流实现过程，本节也将简要介绍物流管理的基本环节及决策。

14.3.1 零售业态

零售业态(retailing format)即指零售的经营形态，是零售商向顾客提供商品和服务的具体形态。零售业态通常可分为有店铺零售业态和无店铺零售业态两大类。按照我国零售业态分类国家标准，有店铺零售业态主要包括食杂店、便利店、折扣店、超市、仓储会员店、百货店、专业店、专卖店、购物中心、厂家直销中心。无店铺零售业态包括电视购物、邮购、网上商店、自动售货亭、直销、电话购物等 16 种零售业态。但这么多零售业态并不是同时出现的，而是经历了不同的发展阶段，西方国家零售业态的发展至少经历了五次零售革命。

第一次零售革命产生于 19 世纪中叶，1852 年第一家百货店在巴黎的诞生标志着现代零售业态的产生，从原来的杂货店、流动商贩、集市等古老的业态转变为商品丰富、更时尚、环境良好的百货店。

第二次零售革命产生于 19 世纪末 20 世纪初，随着工业革命的发展及流水作业的诞生，工业的标准化思路融入零售业中，便产生了连锁店。

第三次零售革命产生于 20 世纪 30 年代，以超市的出现作为代表。世界上第一家超市 1930 年诞生于美国，当时正处于世界性经济大危机中，超市以廉价且商品丰富的姿态很好地适应了当时的市场环境，从而快速发展。

第四次零售革命出现在 20 世纪 70 年代，随着"二战"后世界经济经历了长达十余年的黄金发展时期，各国消费者普遍富裕，基本生活需求得到满足，因而出现了消费需求的分化，因此购物中心、仓储式商店、专业店、专卖店、便利店等多种业态分化出来，齐头并进、蓬勃发展。

第五次零售革命从 21 世纪开始，随着信息技术的发展及互联网的普及，电子商务的发展开启了第五次零售革命。我们正身处其中，特别是近年来移动互联网的发展让第五次零售革命方兴未艾。

而我国并不像西方国家一样完全经历了这五次零售革命，而是在 20 世纪 90 年代随着中国零售市场对外资的放开，几乎所有零售业态同时涌入中国，这是中国零售市场与西方国家显著的区别。以下对几种主要的零售业态进行介绍。

1. 百货店

百货店(department store)是一种经营多个产品线、商品组合宽且深的大型商店，通常百货店更具时尚感且提供较多的服务。百货店过去往往是流行时尚的发布地，法国的老佛爷(Lafayette)、美国的梅西百货(Macy's)、日本的伊势丹(Isetan)等都是享誉世界的百货公司。但传统百货现在遇到越来越多的困境，主要是由于购物中心、电子商务、专业店、折扣店等新兴业态的发展更能满足消费者的部分需求，而传统百货的商品吸引力、服务能力出现下滑，且定位常常不清晰，因此很多传统百货出现业绩下滑甚至倒闭现象。

2. 超市

超市(supermarket)是一种规模相对较大、低成本、高销量、高自助服务的零售组织，主要满足消费者对食品、家居日用品等的需求，通常有包装食品、非食品、生鲜三大类别。超市按其规模也可分出大型综合超市(通常 6000 平方米以上)、标准超市(通常 3000～5000 平方米)、便利超市(通常 1000 平方米左右)等，沃尔玛、家乐福、华润万家、永辉等均属于此类。此外根据档次不同还有高端超市、精致超市等细分市场超市，如华润旗下的 O'le、Blt 等。

3. 购物中心

购物中心(shopping mall)是多种零售店铺、服务设施集中在一个建筑物内或一个区域内，由企业有计划地开发、管理、运营以向消费者提供综合性服务的商业综合体。购物中心通常有较大的体量，其内容也更为丰富，常常会将多种业态装入其中，以满足消费者不同需求，包括购物、餐饮、娱乐、儿童教育、社交等。购物中心是实体零售中依然具有较强发展势头的业态之一，很多购物中心已经不再是一个购物场所，而成为了顾客的第三生活空间。例如，中粮大悦城、上海 K11、成都环球中心、华润万象城等都是购物中心的典型代表。

4. 专业店

专业店(specialty store)是专门经营某一类商品的商店，也常被称为"品类杀手"，在某一类别上的产品线非常深。例如，书店、眼镜店、服装店、家具店、电器专业店等，所经营的产品线均有多种商品项目，规格、品种、档次齐全，能满足不同细分市场的需要。如国美、苏宁、迪卡侬、玩具反斗城等就属于专业店。

5. 专卖店

与专业店是针对某一或某些品类不同，专卖店则是以品牌来区分。常常是某一品牌制造商的直营门店或授权中间商开设的零售店铺，专卖某一或某几个品牌的商品。

6. 便利店

便利店主要为方便消费者作"补充"式消费，常常位于主要商业街、写字楼、社区人流较多处等。营业时间长，商品范围有限，商品周转率高，价格偏高，满足消费者即时需要，多以连锁店形式出现。规模一般均较小，营业面积多为几十平方米。如 7-11、全家等都是便利店的代表。

7. 仓储会员店

仓储会员店通常将仓储与零售卖场结合在一起，其对象主要针对其会员，通常是家庭型顾客或企事业单位，无会员资格者不能在其中消费。对希望一次购齐、批量较大的顾客有吸引力，典型代表有麦德龙、山姆会员店等。

以上介绍了几种有店铺零售业态，而无店铺零售业态中最重要的是电子商务，由于其代表了未来的发展趋势，将在第四节中重点阐述。

14.3.2　零售业的发展趋势

零售业在新环境下的发展，其经营形式和经营方向已经发生了一些变化。

1. 品类管理

品类管理已经不是一个新鲜事物，但品类管理无疑是现代零售业最重要的管理体系之一。品类管理是消费品生产商、零售商的一种合作方式，是以品类为战略业务单元，通过消费者研究，以数据为基础，对品类进行数据化的以消费者为中心的决策思维过程。其是高效顾客响应(efficient consumer response，ECR)的主要策略之一。

品类管理起源于 20 世纪 80 年代宝洁和沃尔玛的合作，为提升供应链效率、实现快速响应，宝洁和沃尔玛从供应链的源头到终端进行品类分析，进行信息共享，快速调整品类策略，发展简单而高效的储运体系，取得了巨大的效益。沃尔玛和宝洁的成功案例唤醒了零售商和生产商，他们开始追随着全面实践品类管理。

品类管理主要包括七个步骤：品类定义、品类战略、品类角色、品类评估、品类策略、品类实施、品类回顾。这是一个完整的工作闭环，能够帮助零售商和生产商更好地洞察顾客，开展基于实时数据的决策，实现更有效的营销，改善供应链。

2. 体验式消费

在电子商务蓬勃发展的背景下，实体店存在的最主要意义似乎就是"体验"。将体验营销付诸实践并取得巨大成效的当属星巴克，星巴克将店铺环境、顾客店内感受与咖啡售卖结合起来，给顾客一种别样的感受。

零售业现在都开始强调体验的部分，越来越多的购物中心已经不再是购物的场所，而是生活中心。购物中心中餐饮、娱乐比例越来越大，其中电影院、儿童乐园、主题餐饮等几乎已经成为购物中心的标配。零售商也通过室内环境的改善以及其他元素的融入以吸引消费者，例如 K11 将艺术引入购物中心，成为购物中心的核心主题。

此外，零售商在进行商品售卖的过程中也更加注重体验性，如诚品书店通过给顾客更为舒适自由的阅读空间、更加丰富的文化讲座活动等吸引客流，已不再是一个单纯的书店，而成为了一个有影响力的文化空间。

3. 纵向一体化

前面讲到中间商多有垂直经营和平台经营两种模式，中国的诸多零售商(特别是百货店)常常采用的是联营模式，更像一个平台，缺乏对商品的控制力。而正由于其对商品控制力的缺乏，导致千店一面现象的产生，从而更容易受到其他业态的冲击。因此，许多供应商开始从供应链上的纵向一体化找出路，提升自身的商品经营能力，从而更有效地控制商品以及实现与顾客零距离的接触。

零售商的自有品牌和产地直采是之前最常见的纵向一体化的方式，这是典型的向上游供应链的延伸。向上游的延伸还包括加大国际采购力度、收购或参股上游生产商、开展品牌代理、百货自营等尝试。同时，也有零售商布局最后一公里物流体系等，这属于向需求链下游延伸的例子。

4. 全渠道

在移动电商越来越成为主流的背景下，多数零售商已经不再局限在原有的渠道模式，纷纷开展全渠道的尝试，线下零售商开始向线上延伸，实现线上线下的融合(online to offline，O2O)。越来越多的线下零售商或者与传统电商巨头合作(如银泰与阿里巴巴的融合)或者开发自己的客户端APP等线上平台(如万达、步步高等)，都在为未来的渠道入口之争布局。

14.3.3 批发

批发商是从事批发业务的人或部门(公司、营业部、办事处等)，他们直接向生产者(或提供服务者)购进产品或服务，再转卖给零售商、批量产品消费者或其他批发商。

批量产品消费者，主要是对产品进行再加工或业务使用的部门，如加工厂、宾馆酒店、公用事业单位、机关团体等。

1. 批发的功能

批发的功能是由它在分销渠道中的角色地位决定的。表 14-1 列示了批发商的主要功能。

表 14-1　批发商的主要功能

功　　能	说　　明
销售与促销	批量从生产者进货，故能以低价成交，有广泛业务关系
购买与编配商品	批发商有能力按照顾客需要来选择和编配产品品种，因而方便顾客
分装	将整批商品分成小批量，小批销售，满足不同规模需要
仓储	多数批发商备有仓库和存货，可减少供应商和顾客的仓储成本和风险
运输	提供快速运输，方便用户
融资	为顾客提供货款上的支持，如准许赊购等；也为供应商提供财务援助，如提早订货，按时付款等
承担风险	因拥有产品所有权而承担了若干风险以及商品的毁坏、丢失带来的损失
市场信息	向供应商和顾客提供竞争者行动、新产品、价格变化等方面的信息
管理服务与咨询	帮助零售商改进经营活动，向客户提供培训和技术服务

2. 批发商类型

一般来说，批发商主要有三种类型，如表 14-2 所示。

表 14-2　批发商类型

类　　型	说　　明
经销批发商	进行批发营销业务的独立法人，可分为完全服务批发商和有限服务批发商
经纪人与代理商	与经销批发商的区别是这二者对商品没有所有权，只执行批发经营中的若干项职能
采购代理商	俗称"买手"，不是帮生产厂家销售产品，而是帮其采购所需物资(全部或部分)，不是代理批发某一类产品，而是专为一家或几家企业代理采购物品

14.3.4 物流管理

物流是供应链的一部分，指物料或商品在空间和时间上的位移。物流管理就是对过程中所发生的信息、运输、库存、搬运以及包装等活动进行的集成管理，物流管理需以尽可能低的成本完成任务。物流活动基于作业功能可分为基本活动和支持活动，基本活动包括运输、储存、包装、装卸、搬运等，支持活动则有流通加工和物流信息活动，它们共同构成了物流的业务环节。

1. 物流管理决策

物流业务环节中有以下几项重要的决策问题。

(1) 订单处理速度

为了完善订单的处理和执行，大多数公司均努力缩短订单处理的周期，即从下订单到收款的周期。这一周期包含诸多环节，包括销售员提交订单、订单录入、存货和生产安排、订单和发票传递、收到货款。订单处理时间越长，越容易造成客户不满，降低公司利润。通过现代信息技术实现订单快速处理已成为业内的共识。

(2) 如何运输商品

运输是物流中最主要的部分，也是物流的关键。运输方式有铁路运输、公路运输、船舶运输、航空运输和管道运输等。运输方式的选择是营销人员必须加以关注的环节，在选择运输方式时要综合考虑运输品的种类、运输量、运输距离、运输速度和费用。

在运输品种类方面，物品形状、危险性、变质性是制约因素，如鲜活易腐品适宜于汽车、航空运输。在运输量方面，一次性运量大的运输品应尽可能选用铁路运输和船舶运输。如追求低成本，则适宜选用船舶运输和管道运输。

(3) 如何、在哪存储商品

仓储在物流系统中起着缓冲、调节和平衡的作用，但由于仓储也会产生巨大的成本，因此如何提高仓储效率值得关注。公司需要决定储存场所的数量，同时还要决定仓储的地点以及是自有仓库还是租用仓库。仓储条件还必须考虑商品的特性，不同商品对仓储条件的要求各有不同。

合理仓储需要遵循以下几个原则：①高层堆码原则，尽可能向高处码放，有效利用库内容积；②先进先出原则，尤其是对易变质商品；③周转最快原则，加快周转速度、减少损耗、降低仓储成本；④适度集中储存原则；⑤采用储存定位系统原则，以提高找货、上货、取货速度。随着 RFID 技术的成熟，现代化的仓库已经运用了 RFID 技术以提高仓储效率。

(4) 库存

库存管理问题是物流管理中关键决策之一，过大的库存成本对公司来说是个很大的经济负担。在日本的精益生产中，库存被视为"万恶之源"。因此企业在进行库存决策时需要关注安全库存及经济订货批量的确定，以便能及时满足顾客的订货、提货需求。

2. 物流业务模式

物流业务模式可以分为自营物流、第三方物流和第四方物流等。

(1) 自营物流

自营物流是企业早期物流的重要特征，企业自营物流直接支配物流资产、控制物流职能、保证货物畅通和顾客服务质量，从而有利于保持企业和顾客的长期关系。京东就是自营物流的典型代表，其通过自营物流实现了商品的快速投递，获得了很好的顾客评价。

但自营物流的缺点是会分散、占用企业资金，而且自建物流体系投资回收期长，因此不适用于小企业。

(2) 第三方物流

20 世纪 90 年代以来，现代第三方物流实现了快速的发展，在现在的电子商务体系中，第三方物流更是在其中起到了关键的推动作用。

所谓第三方物流本质上是物流的外包，是指供方与需方以外的物流企业提供物流服务的业务模式。企业把物流运作外包给专业的第三方物流公司，能使企业更加专注发展其核心业务，提高企业的运作效益。

(3) 第四方物流

第三方物流的出现能够为企业节省成本、提高效率，但大部分第三方物流企业都不会对整个供应链的运作进行战略性分析和投资建立整合供应链流程的相关技术。于是第四方物流的概念便应运而生。安达信咨询公司将第四方物流定义为：一个供应链集成商，结合自己与第三方物流供应商和科技公司的能力，整合及管理客户的资源、能力与科技。

14.4　电子商务与 O2O

电子商务(electronic commerce 或 electronic business)是指以现代网络技术为基础实现整个贸易活动的电子化。从交易手段上看：交易各方以电子手段进行交易而非当面交易；从技术上看：电子商务是一种多技术的集合体，包括收集信息、传递信息、接收信息与处理信息等多方面技术。电子商务发展到今天，已经成为最主流的渠道之一，电子商务也越来越具有 SoLoMo 的特征：即社交化(social)、本地化(local)、移动化(mobile)。特别是随着智能手机的普及，电子商务从 PC 端向移动端转移，移动电子商务成为未来最具发展空间的业务。本节主要介绍电子商务及其最重要的一种模式：线上线下协同(O2O)。

14.4.1　电子商务业务模式

以交易形态划分，电子商务包括以下六种模式。

1. 企业对企业(B2B)

企业对企业(business to business)的电子商务指的是企业与企业之间依托互联网等现代信息技术手段进行的商务活动，如企业利用互联网接收供应商商品信息、采购或利用网络付款等。企业对企业的电子商务占了电子商务较大的一部分。目前，电子商务已经在 B2B 领域产生足够收益并相较传统模式具有更高的效率，因此很多企业都乐意加入 B2B 领域开展经营活动，电子商务帮助很多企业建立了竞争优势。

2. 企业对客户(B2C)

B2C(business to customer)即企业通过互联网为消费者提供一个新型的购物环境——网上商店。消费者通过网络在网上购物、在网上支付，甚至通过网络与企业交互。由于这种模式节省了客户和企业的时间和空间，大大提高了交易效率，特别是对于工作忙碌的上班族来说，这种模式可以为其节省宝贵的时间；对于行动不方便的客户，B2C 能让他们不出家门就能买到需要的商品或服务。国内目前已有大量的电子商务网站都采用了这种经营模式，最典型的如天猫、京东等。

3. 客户对客户(C2C)

C2C(customer to customer)的出现是由于互联网为个人经商提供了便利,各种个人拍卖网站层出不穷,形式类似西方的"跳蚤市场"。其中在国际上最成功、影响最大的应该算是 eBay,它是由美国加州的年轻人奥米迪尔(Pierre Omidyar)在 1995 年创办的,是最热门的网站之一,每周有数千万人次访问,用户遍及全球。除美国外,还在加拿大、英国、法国、德国、意大利、奥地利、西班牙、澳大利亚、日本、韩国、巴西等国家建立了在线拍卖平台。目前 eBay 开始对在其上销售货品的用户收取一定的费用。而在国内,淘宝网的知名度与销售额更高。C2C 网站上交易的商品,从古董、邮票到宝石、首饰,从玩具、书刊到电脑、电器,应有尽有。对很多热衷于电子商务的消费者(尤其是年轻人)来说,C2C 网站的魅力毫不逊色于任何一家特大型百货商场。

4. 企业对政府(B2G)

企业对政府(business to government)的电子商务指的是企业与政府机构之间依托现代信息技术手段进行的商务或业务往来活动。政府与企业之间的各项业务都可以纳入其中,包括政府采购、税收、商检、报关等。例如,政府的采购招标信息可以通过网站或其他信息手段发布,企业通过网络购买标书、制作并通过网络上传给政府,政府通过网络开标、评标,最后使用电子化手段同中标人联络,甚至还可以签订电子合同。政府可以通过这种示范作用促进电子商务的发展。除此之外,政府还可以用电子方式发放进出口许可证、开展行业统计;企业可以网上报税,政府可以对企业通过网络核实营业额和利润,通知税额和纳税期限,用电子资金转账方式来完成税款收缴。我国的金关工程就是要通过政府与企业的电子商务,如发放进出口许可证、办理出口退税、电子报关等,建立以外贸为龙头的电子商务框架,并促进我国各类电子商务活动的开展。

5. 消费者对企业(C2B)

即消费者与企业之间的电子商务(consumer to business),通常情况为消费者根据自身需求定制产品和价格,或主动参与产品设计、生产和定价,产品、价格等彰显消费者的个性化需求,生产企业进行定制化生产,如红领集团就是 C2B 的代表性企业。

6. 线上线下协同(O2O)

线上线下协同(online to offline)是近年来最热门的电子商务模式,是指线上商家向线下实体门店延伸,线下实体店也向线上业务发展,实现线上线下融合的业务模式,下面我们将重点介绍这一模式。

14.4.2 O2O 模式

O2O,是指将线下的商务机会与互联网结合,泛指通过有线或无线互联网提供商家的销售信息,聚集有效的购买群体,并在线支付相应的费用,凭借各种形式的凭据,去线下的商品或服务供应商处完成消费,让互联网成为线下交易的前台。这样线下服务就可以用线上来揽客,消费者可以通过线上来筛选服务,特别适合必须到店消费的商品和服务。从 2012 年开始,O2O 模式被互联网巨头广泛关注,BAT 三巨头也纷纷布局 O2O。

一方面,O2O 模式可以提高商业效率,单纯的线下实体存在诸多信息不对称、交易成本过高等问题,而单纯的线上模式也存在物流配送成本高、商品不能即时获得等问题,而两种模式的融合可以充分利用双方的优势,提高双方的效率。

另一方面，O2O 模式可以更好地实现顾客体验，线上渠道商最缺乏的便是"实际感"，无论图片拍得如何精美，终究无法替代实际的接触。

1. O2O 模式的类型

O2O 模式主要有以下两大类型：

(1) online to offline(线上交易到线下消费体验)

这个模式非常常见，最典型的是阿里和京东两巨头的 O2O 举动。阿里与实体零售商巨头银泰联姻、开发出"喵街"app 布局线下，为阿里的线上线下协同以及大数据战略迈出重要一步。京东也开发出"京东到家"业务，将线下实体零售商融入京东的线上平台，由线下实体零售商帮助京东完成其"微物流"，解决电商"最后一公里"以及大量库存问题。

(2) offline to online(线下营销到线上交易)

线下营销到线上交易主要由线下零售商发起，将自身业务从线下拓展至线上。最具影响的是苏宁的 O2O 战略，从苏宁电器向苏宁云商转型，大力发展苏宁易购，实现线上线下同价。之后诸多线下零售商也纷纷发展自身的 O2O 业务，如万达的飞凡网、步步高的云猴等，都从纯实体零售商向线上拓展。

以上两种类型常常会交互出现，例如天猫等电商平台常常通过线下实体(实体零售店、线下广告等)进行营销，诱导顾客线上消费后，鼓励顾客线下自提，这实际上是一个 offline to online to offline 的连环。随着 O2O 的发展，其类型也将越来越多。

2. O2O 模式的优势

O2O 模式的益处在于，订单在线上产生，每笔交易可追踪，推广效果透明度高，具体体现在以下几个方面。

(1) 对于实体供应商而言：以互联网为媒介，利用其传输速度快、用户众多的特性，通过在线营销，增加了实体商家宣传的形式与机会，为线下实体店面降低了营销成本，大大提高营销的效率，而且减少它对店面地理位置的依赖性；同时，实体店面增加了争取客源的渠道，有利于实体店面经营优化，提高自身的竞争。在线预付的方式，方便实体商家直接统计在线推广效果及销售额，有利于实体商家合理规划经营。

(2) 对于用户而言：不用出门，可以在线便捷地了解商家的信息及所提供服务的全面介绍，借鉴已消费客户的评价；能够通过网络直接在线咨询交流，减少客户的销售成本；还在在线购买服务，客户能获得比线下消费更便宜的价格。

(3) 对于 O2O 电子商务网站经营者而言：一方面利用网络快速、便捷的特性，为用户带来日常生活所需的优惠信息，可以快速聚集大量的线上用户；另一方面能为商家提供有效的宣传效应以及可以定量统计营销效果，从而吸引大量线下实体商家，巨大的广告收入及规模经济为网站运营商带来了更多盈利模式。

3. O2O 模式的局限

虽然 O2O 是一个充满生机的产业，但是同时它也面临着很多需要克服的困难。

(1) 诚信难保

团购网站暴露出来的诚信问题层出不穷。网络调查结果发现，团购网站问题多多，诸如付款后卷款走人、网上货品描述与实际不符、线上诱人线下限制、额外消费多、高标底价、发布虚假折扣信息、服务注水、退换货比较困难等。这些问题在不同的 O2O 经营模式中都可能存在。

(2) 商家资质存疑

拥有大量优质的商家资源是 O2O 经营者的巨大优势，但是有时候为了获得商家资源，O2O 经营者降低对商家资质的审核，造成很多损害消费者利益的不良后果。

即使一些知名的团购网站也会爆出商家资质的问题。在团购网上，一家名为济南品墨摄影工作室的商家推出 28 元团购摄影写真套餐，有消费者购买之后，找到这个商家拍摄完照片，但是到取照片的时候，这个商家却没了踪影。消费者再打电话，商家手机关机。

造成这一问题的原因，固然是因为团购网站对商家资质不够严格，更重要的，还在于其对于 O2O 经营模式理解不到位。有些团购网站为了提升用户数量，扩大经营领域，不断在全国扩张，结果固然能够为消费者提供更多的产品或服务，但是却无法保证这些产品和服务的质量。O2O 本身是非常强调本地化经营的商业模式，在某个区域内做精做透，这样才能长久维持客户。如果 O2O 经营者无法把握住这一点，就一定会在经营中发生策略上的失误。

(3) 创新能力不足

O2O 的盈利模式相对清晰，但是也容易造成发展模式的千篇一律。团购网站就是典型案例。当年，国内团购的发展一哄而上，小本经营，使用相同的模式，最后造成所谓的"千团大战"，同质化竞争太过严重，导致团购行业的"冬天"提前到来。

随着电子商务的发展以及各方的趋于理性，我们会发现电子商务与线下实体店二者各有优劣，并不存在绝对的优势或劣势，二者会在相当长的时间内共存、竞合，O2O 之路才刚刚起步。

14.5　渠道冲突与渠道整合

14.5.1　渠道冲突

任何渠道在它的运营过程中，发生各种冲突几乎是不可避免的，原因是各个独立的业务实体的利益总不可能一致。因此，必须了解渠道中产生冲突的形式、导致渠道冲突的主要原因以及解决渠道冲突的途径。

1. 冲突的类型

营销渠道冲突可分为渠道内冲突和渠道间冲突两类。

(1) 渠道内冲突，是指同一渠道内各成员之间的冲突。这种冲突一般有两种，一种是渠道内不同层次成员间的冲突，常称为纵向冲突；另一种是同一渠道层次成员间的冲突，常称为横向冲突。这两种冲突在企业的渠道中广泛存在。如福特汽车的经销商曾抱怨另一些福特汽车经销商，说他们的定价和广告抢走了自己的顾客。

(2) 渠道间冲突，指数种渠道之间发生的冲突。当制造商使用了两个或更多的渠道，并且它们互相在推销给同一市场时产生。当固特异开始把它畅销的品牌轮胎通过市场零售商如西尔斯、沃尔玛和折扣轮胎店出售时，代销其产品的独立经销商就异常愤怒。以至于后来，为了缓和他们的不满，提供给他们在其他零售点不销售的某些特许轮胎型号。当一个渠道的成员或者降低价格(在大量购买的基础上)或者降低毛利时，多渠道冲突会变得特别强烈。网络渠道也会存在线上线下之间的冲突，目前许多零售商之所以不愿意采用新渠道，就是因为害怕渠道冲突，造成消费者从现有渠道转向新渠道。

2. 渠道冲突的原因

各个渠道成员均是独立的利益主体，因而分别围绕着自己的利益、判断展开行动，相互之间产生冲突极为常见。而对这些冲突的解决并不容易，因此要解决出现的冲突，首先须查清产生的原因。

渠道的冲突虽表现为多种形式，但根本原因一般主要是渠道成员的目标及利益不一致，或者对市场形式的判断不一样。如制造商决定通过低价政策实现市场快速成长，但经销商却更愿意有高毛利和盈利率上能快速见效；制造商可能对近期经济前景表示乐观并要求经销商多备存货，但经销商却对经济前景不看好。冲突的原因还在于中间商对制造商巨大的依赖性。如独立的汽车经销商，由于他们的前途受到制造商产品设计和定价决策的影响极大，因而可能提出特殊的要求等。

3. 渠道冲突的管理

可以根据产生冲突的原因、冲突的严重程度采取如下处理方法。

(1) 建立共同的目标。渠道成员签订一个可作为其共同目标的协议，从而在市场份额、品质或顾客满意方面实现协调。紧密的合作也是一个途径，它可以教育各部门为追求共同目标的长远价值而工作。

(2) 沟通。通过在各个层次上的接触、交流，使组织间增强信任、相互理解，并能获得支持，导致减少冲突。

(3) 许多冲突的解决也可以通过贸易协会之间的合作实现。如美国杂货制造商协会与代表大多数食品连锁店的食品营销协会进行合作，产生了通用产品条形码。

(4) 协商、调解或仲裁。协商是一方派人或小组与对方面对面地讨论以达到解决冲突的目的。通过形成共识以避免冲突尖锐化。调解意味着由一位经验丰富的中立的第三方对双方的利益冲突进行调停。仲裁是双方同意把纠纷交给第三方(一个或更多的仲裁员)，并接受他们的仲裁决定。

14.5.2 渠道整合：全渠道

由于信息技术进入社交网络和移动网络时代，顾客的购买途径呈现多元化，企业为了满足消费者任何时候、任何地点、任何方式购买的需求，采取实体渠道、电子商务渠道和移动电子商务渠道整合的方式销售商品或服务，提供给顾客无差别的购买体验，这就是现如今零售业采取的全渠道模式。

1.全渠道特征

全渠道具有三大特征：全程、全面、全线。

(1) 全程。一个消费者从接触一个品牌到最后购买的过程中，全程会有五个关键环节：搜寻、比较、下单、体验、分享，企业必须在这些关键节点保持与消费者的全程、零距离接触。

(2) 全面。企业可以跟踪和积累消费者的购物全过程的数据，在这个过程中与消费者及时互动，掌握消费者在购买过程中的决策变化，给消费者个性化建议，提升购物体验。

(3) 全线。渠道的发展经历了单一渠道时代即单渠道、分散渠道时代即多渠道的发展阶段，到达了渠道全线覆盖即线上线下全渠道阶段。这个全渠道覆盖就包括了实体渠道、电子商务渠道、移动商务渠道的线上与线下的融合。

2.全渠道作用

(1) 全渠道是消费领域的革命。具体的表现是全渠道消费者的崛起，他们的生活主张和购物方式不同以往，他们的消费主张是：我的消费我做主。具体的表现是他们在任何时候如早上、下午或晚间，任何地点如在地铁站、在商业街、在家中、在办公室，采用任何方式如电脑、电视、手机、iPad，都可以购买到他们想要的商品或服务。

(2) 全渠道正在掀起企业或商家的革命。理念上从以前的"终端为王"转变为"消费者为王"，企业的定位、渠道建立、终端建设、服务流程、商品规划、物流配送、生产采购、组织结构等全部以消费者的需求和习惯为核心。以渠道建设为例，企业必须由以往的实体渠道向全渠道转型，建立电子商务渠道和移动电子商务渠道，相应的流程要有电子商务和移动电子商务的建设、营销、营运、物流配送流程，要建立经营电商和移动电商渠道的团队、储备适应于全渠道系统的人才。

(3) 全渠道给商家拓展了除实体商圈之外的线上虚拟商圈，让企业或商家的商品、服务可以跨地域延伸，甚至开拓国际市场，也可以不受时间的限制 24 小时进行交易。实体渠道、电商渠道、移动电商渠道的整合不仅给企业打开千万条全新的销路，同时也能将企业的资源进行深度的优化，让原有的渠道资源不必再投入成本而能承担新的功能，如将实体店增加配送点的功能；还如通过线上线下会员管理体系的一体化，让会员只使用一个 ID 号可以在所有的渠道内通行，享受积分累计、增值优惠、打折促销、客服服务。

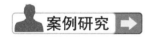

思考题

1. 请分别为牙膏和名牌西装设计一个适合的营销渠道。

2. 某工业用品企业，其用户数量较多，但集中在 5 个重要的工业城市。该企业应如何选择它的营销渠道？

3. 许多情况下，最好的分销渠道一般都随着产品生命周期而变化，这样才能在各个时期保持产品的竞争优势。为一个公司的数码相机产品构想其在生命周期的每个阶段应采取的渠道战略。在各个阶段的战略重点应该是什么？各个时期应使用什么渠道？哪个阶段使用中间商最多，哪个阶段最少？

4. 制造商和零售商之间经常会有冲突，每一方想从对方那里得到什么？为什么这些期望会演变为冲突？

5. 如何理解 O2O？结合自身购物经历，谈谈 O2O 带来的变化？

案例研究

天虹的全渠道之路

在电子商务大潮的推动下，传统零售商纷纷开始转型，其中最重要的便是开始"触网"，纷纷拓展自己的线上业务。但由于传统零售商的线上业务刚刚起步，没有成功先例可以借鉴，尚未形成标准范本。在这些探索中，天虹的全渠道之路在业内具有一定的代表性。

天虹商场是国有控股的连锁商业企业，控股股东是中国航空技术深圳有限公司，系隶属于中国航空工业集团的下属子公司，成立于 1984 年，总部位于深圳市。截至 2015 年 10 月，天虹拥有 65 家百货店及购物中心、158 家便利店，2014 年销售额 234 亿，2015 年在中国连锁百强中排名 23 位。在 2012 年之前，天虹已经经历了十余年的两位数以上的高速增长期，但从 2012 年开始市场环境突变，天虹也同样遭遇销售和利润增长幅度大幅放缓的情况。在这种背景下，天虹开始谋划全渠道转型。

一、发端

天虹商场的首次触网尝试，可以追溯至 2010 年 3 月"网上天虹"的正式上线。网上天虹是天虹商城自主开发的 PC 电商平台，主营服装服饰、母婴用品、美容护理、家居床品、食品饮料、厨卫清洁和生活家电 7 大品类，是深圳首家传统百货业的大型综合性 B2C 网站，但没能与天虹旗下 60 多家门店实现线上线下各类优质资源的充分共享。网上天虹发展多年，一直没有找到太好的出路，与淘宝京东等主流电商网站相比，网上天虹显然在商品丰富性、价格、影响力方面无任何优势，与唯品会等细分电商网站比，其深度也显得不够，因而网站流量和销售收入一直难以实现爆发式增长，自上线以来，网上天虹一直处于不温不火的状态。

二、微信端首发：从 PC 到移动

意识到天虹做传统 PC 电商并没有任何优势，而且市场早已被阿里、京东两大巨头牢牢占据，给天虹的空间并不大。而随着智能手机的普及和 3G/4G 技术的发展，电商的发展已逐渐从 PC 转向移动。2013 年，天虹开始建设移动端渠道，开展全渠道经营。从 2013 年下半年开始，天虹商场实施全渠道战略。

2013 年 9 月，天虹商场联手腾讯微信打造的天虹应用平台正式上线，走出了天虹移动电商及 O2O 的第一步。此平台首先在天虹首家购物中心——宝安购物中心上线，并拓展至全国 60 家门店。这一消息一发出，在资本市场上引起强烈反响，以致天虹股票(002419)出现多个涨停。接入微信平台意味着天虹电商思维转向"轻资产"，投入降低，而收入增大。

天虹微信服务号开通后，首先实现多个功能：微信端商品及服务销售、移动会员服务及精准营销。

微信端商品销售是 O2O 的重要一步，顾客可以线上下单、配送到家，也可以实现线上下单、线下自提，还可以在实体店实现扫码购并送货到家。

对会员进行精准化的管理，培养维系忠诚顾客，真正实现营收的持续增长，这是商家想要利用微信平台所要达到的最终目的，而实现会员系统和微信后台的对接是非常关键的一步。开通微信服务号之后，天虹把原有的传统会员系统接入了天虹微信后台的社交化 CRM 客户关系管理系统中。天虹进一步在微信后台对会员做了精准化的标签管理，每一个客户下面有多个标签，此后的活动都可以基于这些标签做个性化的推送。并且活动信息也从传统的有字数限制的短信推送，变成了现在定制的图文发送，加上后台附送的优惠券，新的推送方法进一步提升了顾客感受。

标签化管理后，天虹不再追求图文发送后的高阅读量，要求的是精准发送，活动针对不同的人定制。因为活动信息有很高的针对性，所以这些信息也有很高的转发率。开始做分级式、精准化的图文管理之后，后台的取消关注度降低为原来的一半。天虹微信上不只卖商品，也会发送许多情感内容，这种柔化的情感营销内容是原创的，并不强迫顾客消费、参加活动，而通过这种方式唤起顾客共同的情感交流。

天虹的微信平台带有人工客服功能，为了加深顾客的亲切感，这个客服团队昵称为"小天"。客服"小天"有着强大的后台支撑，除总台之外，每个门店也都有"小天"系统，为顾客提供售前售中售后解决方案。"小天"团队的建立初衷是负责订单的管理，然而久而久之，顾客开始和"小天"进行很多生活方面的交流，比如卖场里的歌不好听、如何和别人搭讪、怎样表白合适……当顾客跟小天的情感交流越多，忠诚度、依赖度也随之加深。一个真实有趣的故事可以看到服务互联网化后的影响。某日，顾客小易(化名)在天虹旗下的一个商场里购物，上洗手间的时候却尴尬地发现没有带纸，于是通过天虹微信客服平台呼叫"小天"总台。"小天"团队一直被要求接到信息后六十秒内回应，所以当接到这条信息之后，"小天"总台马上下发至门店。短短三分钟后，小易就等到了"小天"送来的纸。可见，互联网化后的服务系统很容易解决了传统零售不能够即时响应的弊端。这也让天虹开始意识到客服可以创造很大的价值。

三、全渠道体系的全面构建

天虹的全渠道之路没有止步于微信端，毕竟微信平台仰仗着腾讯，而且不能完全实现天虹对全渠道的整体构想。

移动互联时代，组织越来越走向去中心化、去中间化，如何充分发动天虹全体员工乃至外部利益相关方的力量，也是天虹全渠道发展要考虑的问题。借鉴中兴通讯的全员销售平台，天虹于2014年年底推出了"天虹微品"app，天虹的每个店员都可以注册成为店主。天虹运营团队会将精选商品不断上传至天虹微品，店主可根据需要在自己开设的网店选择编辑商品，再利用微信、微博、QQ 等社交工具将商品分享至自己的社交圈，提供服务、形成销售，并获得分成，而商品库存和配送全部由天虹统一负责，不需要店主自己承担。微品的模式得到了广泛认可，2015 年，天虹进一步将天虹微品的店主拓展至公司员工以外。

而天虹移动电商的集大成者则是 2015 年下半年推出的天虹移动端本地生活服务平台"虹领巾"app，"虹领巾"将一边连接顾客，一边连接后台，统领会员中心、营销中心、大数据中心、全渠道销售中心、流量中心，并导出 4 大核心功能——购物平台、营销中心、会员联盟、本地生活，为消费者聚焦天虹所在的每个城市和商圈。而"虹领巾"与其他零售 app 的主要区别是立足本地商圈，基于门店和专柜 O2O，先做深度再做广度。

"虹领巾"首先通过跨境电商体验店和天虹到家两项业务来实现 O2O 的全面落地。2015 年 7月 31 日，天虹首家跨境电商体验店在深圳宝安天虹购物中心开业，顾客在体验店内通过"虹领巾"扫描二维码即可购买世界各地的进口商品，下单后直接从保税区或国外发货快递至顾客留下的地址，让顾客不出国门甚至足不出户即可买到与香港、海外价格不相上下且有品质保证的好货。随后推出的"天虹到家"业务则是更深程度的 O2O，顾客在家中用"虹领巾"下单后，由就近的天虹门店进行拣货并配送至顾客家中，以节省顾客的时间及精力成本。

至此，天虹初步形成了"百货+购物中心+微喔便利店+网上天虹+天虹微品+天虹微信+虹领巾"的"实体店+PC 端+移动端"立体电商模式(见图 14-7)，实现了全渠道体系的构建。

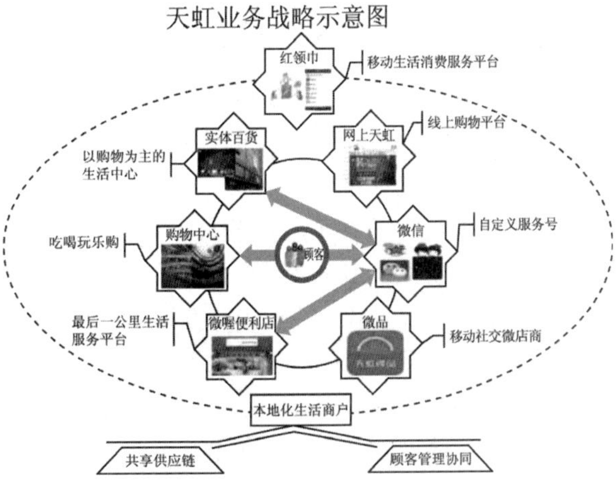

图 14-7 天虹的全渠道体系

【资料来源】根据天虹集团内部资料改编。

案例思考题

1. 传统零售企业在互联网背景下应如何寻求新的立足点？
2. 案例中天虹是如何构建全渠道体系的？
3. 结合案例谈谈营销渠道的发展，企业应如何管理营销渠道？

第15章 促 销 策 略

促销策略是指 4P 中的 promotion，包含广告、销售促进、人员推销、公共关系等，是营销组合的重要组成部分。各种促销活动都需要依赖于信息的传播，过去信息传播的主体无疑是企业，但是随着卖方市场向买方市场转变，消费者的需求和反馈信息变得前所未有的重要，单向的大喇叭传播方式逐步让位于具有反馈机制的信息传播线路设计，promotion 也被 communication 所取代，企业营销进入了沟通时代。

然而，媒体环境的迅速变化让企业的营销活动措手不及。面对日益远离大众媒体、沉溺于社交网络、信息高度碎片化的受众，沟通变得前所未有的艰难。不过，沟通是一切营销活动的起点，企业营销部门也只能顺势而为，以沟通策略引领各种促销活动协同作战，实现传播的目标。

15.1 整合营销传播与信息沟通系统

1991 年，美国市场营销学教授唐·舒尔茨(Don Schultz)提出了"整合营销传播(integrated marketing communication，IMC)"的概念，强调企业需要在与消费者的每一个接触点上保持沟通信息的一致性，让各个独立的营销活动能够产生协同效应，使得受众不知不觉置身其中而做出被期望的反应。

15.1.1 整合营销传播

舒尔茨认为，整合营销传播的核心思想是：通过整合企业内外部所有资源，重组企业的生产和市场行为，充分调动一切积极因素以实现企业统一的传播目标。它强调与受众进行全方位的接触，协调运用各种不同的传播手段，发挥不同传播工具的优势，通过接触点向受众传播一致的、清晰的品牌形象或企业形象。

传统的以 4P 为核心的营销框架，重视的是产品导向而非真正的消费者导向。面对市场环境的新变化，企业要从"消费者请注意"的大喇叭式的单向灌输向"请注意消费者"的双向沟通的传播方式转变。正因如此，企业需要在沟通策略中体现出 4C 对 4P 的互补和引领作用，传统营销传播和整合营销传播的对比如表 15-1 所示。

整合营销传播主张把一切企业活动，如采购、生产、外联、公关、产品开发等，不管是企业经营的战略策略、方式方法，还是具体的实际操作，都要进行一元化整合重组，使企业在各个环节上达到高度协调一致，紧密配合，共同进行营销活动。其基本思路如下。

1. 以整合为中心

整合营销传播重在整合，打破了以往仅仅以企业为中心或以竞争为中心的营销模式，着重对企业所有资源进行综合利用，实现企业的高度一体化营销。其主要的营销手段就是整合，包括企业内部的整合、企业外部的整合以及企业内外部的整合等。具体来说，既包括企业营销过程、营销方式以及营销管理等方面的整合，也包括对企业内外的商流、物流及信息流的整合。

2. 讲求系统化管理

生产管理时代的企业管理将注意力主要集中在生产环节和组织职能；混合管理时代则基本上

以职能管理为主体，是各个单项管理的集合，是"离散型管理"；整合营销传播时代的企业由于所面对的竞争环境复杂多变，因而只有整体配置企业所有资源，企业中各层次、各部门与各岗位，总公司与子公司，供应商、经销商及相关合作伙伴都协调行动，才能形成竞争优势。整合营销传播所主张的营销管理，必然是整合的管理、系统化的管理。

3. 强调协调与统一

整合营销传播就是要形成一致化营销，形成统一的行动。这就要强调企业营销活动的协调性，不仅仅是企业内部各环节、各部门的协调一致，而且也强调企业与外部环境协调一致，共同努力以实现整合营销传播，这是整合营销传播与传统营销模式的一个重要区别。

4. 注重规模化与现代化

整合营销传播是以当代及未来社会经济为背景的企业营销新模式，因而，十分注重企业的规模化与现代化经营。规模化不仅能使企业获得规模经济效益，而且也为企业有效地实施整合营销传播提供了客观基础。与此同时，整合营销传播依赖于现代科学技术和现代化的管理手段，现代化可为企业实施整合营销传播提供效益保障。

表 15-1 传统营销与整合营销在传播重点上的对比

传统营销传播重点	整合营销传播重点
交易	关系
顾客	关系利益人
营销传播工具的结合	品牌讯息的策略一致性
大众传播媒体(单向传播)	互动(对话)
问题营销	任务营销
根据前一年计划做调整	自主性活动企划
单一职能组织	跨职能组织
单功能专业能力	强调核心能力
大众营销	数据资料驱动营销
与一般代理商合作	与传播管理代理商合作

15.1.2 信息传播的九要素沟通模式

市场营销人员要了解沟通是如何进行的.沟通模式需要回答：①谁要说；②说什么；③通过何种渠道；④对谁说；⑤效果如何。图 15-1 所示是九要素沟通模式.其中两个要素表示沟通的主要参与者——发送者与接收者；两个要素表示主要的沟通手段——信息与媒体；四个要素表示主要的沟通职能——编码、解码、反应与反馈；最后一个要素表示系统的噪音。

信息的发送者在对信息进行编

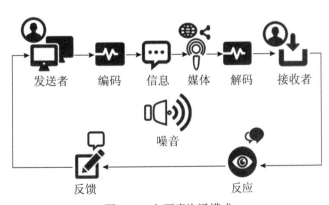

图 15-1 九要素沟通模式

码的同时要考虑到接收者是否能够如发送者所希望的那样去解码,同时选择合适的媒体将信息传递过去,还要考虑可能遭遇的各种干扰信息,这些因素都会影响信息传递的有效性和影响力。从控制的角度,建立反馈机制以收集反馈信息并随之进行调整以尽可能减少信息损耗也是形成沟通回路必需的一个环节。

在九要素沟通模式中,了解受众头脑中的解码系统是成功编码的关键。比如《头脑特工队》中莱莉讨厌吃的西兰花,到了日本会变成青椒;莱莉爸爸开小差的画面,国际版的是冰球,某些国家则是足球。吸引"90后"的《极限挑战》节目中的人物出场都是自带二次元世界里的BGM(背景音乐);淘宝广告更是以打破"次元壁"的姿态融合二次元和三次元的世界。当下,中国正进入历史上第三个消费顶峰,核心消费人群是"80后""90后",人数高达4亿(如果再加上潜在的"00后",这一数字将达5.5亿),消费潜力巨大。这些被媒体称为新生代的年轻群体,与他们父辈的消费理念截然不同,而"70后""80后"网络移民和"90后"网络原住民在网络特性、媒介接触方式等方面的差异,则带来了思维方式和时空感的迥然不同。

这就要求市场营销人员除了解产品特性外,还需了解目标群体的需求和特性,并凭此走近消费者,寻求联结点,以消费者立场传递产品利益点。在这个互联网时代,更要了解目标群体的语言风格,这在广告中被称为调性(tone&manner)。调性在传统广告中早已是一个策略要素,但在网络时代变得前所未有的关键,几乎是第一时间获得目标群体识别的标签。

在信息编码过程中,市场营销人员需要和公司外部协作方有良好沟通,将信息交给对方的同时,信任对方的编码能力。通常情况下,市场营销人员对产品的了解要超过对消费者的了解,而协作方则对消费者的了解要远甚于产品方。这可能是本位主义立场所致,术业有专攻也是分工形成的优势所在。市场部通常仰仗专业调研公司对消费者的各种习惯进行定性或定量调研,甚至可以购买到社交媒体和电商平台的大数据进行分析,这些都有助于市场部直接或者间接地看见产品的目标群体,但是看见和洞察有质的区别。洞察意味着对受众解码系统的充分感知和理解,这是广告代理商的业务能力体现。

15.1.3 信息沟通系统构建

市场部通常使用以下八个步骤来建立信息沟通系统:确定目标受众;确定沟通目标;传播信息设定;选择沟通渠道;分配总体的促销预算;确定促销组合;衡量促销效果;管理与协调总体的市场营销沟通过程。下面重点阐述前四个步骤,后四个步骤则需要企业根据自身情况合理选择和安排。

1. 确定目标受众

有效沟通意味着找对人说对话,市场营销沟通人员的目光首先是聚焦目标受众。市场定位是聚焦目标受众的前置程序,如果是新产品在设计过程中应该已经完成市场细分,如果是已有产品则可能延续原有市场定位或者需要重新进行市场定位。根据定位勾画出目标受众的个体和群体特征,然后决定说什么、如何说、何时说、何处说以及谁来说。

例如,可口可乐希望有人的地方都有可口可乐,沟通策略为"开启快乐"。针对年轻人设计的脚本是"a shooting star"——一个配合开瓶瞬间在天空发射流星的飞行装置,当一瓶可口可乐被开启的时刻,天上就会划过一颗流星,为年轻人的表情达意创造梦一般的意境。而针对孤身在外的劳工群体,是用可口可乐的瓶盖投入定制的电话亭就有三分钟免费电话时间,给这个群体带来了家的温情。不同的目标受众不同的执行脚本,一个飞行装置一个电话亭,但是都紧扣同一个沟通策略。

广告代理商都有特定的策略工具做目标受众分析，以确定品牌所承载的企业、产品等信息在目标受众头脑中的印象残留以及竞争品牌的对比联想，并设置为这轮沟通的起点。这种策略能力是做社交媒体传播的数字营销公司很难企及的，虽然数字营销公司在语言风格上更能迎合网络受众。

2. 确定沟通目标

细分市场和目标受众轮廓一旦勾勒完成，市场营销沟通人员就需要确定品牌期望值，即本轮沟通需要达成的认知目标：希望目标受众如何认知品牌。要在品牌认知和消费者最后的购买决策之间建立强因果关系，沟通目标的确定至关重要。

对于品牌认知的创建不仅是为特定目标受众量身定做，能够在产品与消费者之间建立强纽带关系，足以引发投射，而且还要区隔其他竞品的沟通策略。对于已有品牌还要考虑原有品牌认知状况，是决定延续还是颠覆。

广告代理商有各自的品牌侦测工具，用来对品牌认知状况做分析，以确定从已有认知状态走向既定沟通目标的最佳路径。数字营销公司则更多集中于短期沟通目标，缺乏长远考虑和对品牌认知的把控能力。而市场部则需要把握企业的整体战略到整体营销策略到沟通策略逐层传递过程中的核心精神，高屋建瓴地确定沟通目标。将沟通目标分成长期目标和短期目标，让传统广告公司和数字营销公司处于不同的沟通层面，避免彼此消耗。

3. 传播信息设定

在本书第四章我们曾经提到，美国广告学家 E.S.刘易斯在 1898 年提出了 AIDMA 理论，该理论认为，消费者从接触信息到最后达成购买，会经历 5 个阶段，所以传播信息的设定要与之相对应。

A：attention(引起注意)——广告会使用预告片(teaser)等方式通过制造悬念来吸引人群的注意力。

I：interest(引起兴趣)——广告会设置一些与产品相关的兴趣点，比如大堡礁的旅游广告偏要使用高价招聘看护员的形式，引导网站上传应聘视频的参与方式，将网络媒体的互动特性充分发挥；或者设置与消费者相关的利益点，比如新西兰银行为了提高储蓄额，设计了红色按钮 APP，帮助人们克制冲动消费。

D：desire(唤起欲望)——牛排卖的是滋滋声，面包卖的是香味，香水卖的是浮想联翩，从知道到感兴趣到渴望得到，这个过程是根据马斯洛需求层次理论来精确设定的欲望点所在。

M：memory(留下记忆)——根据艾宾浩斯(Hermann Ebbinghaus)的记忆曲线，即使广告突出信息爆炸的重围出现在受众面前，记忆本身引起的信息损耗也遵守二八法则，这才有了"广告要重复七次"才有效的无奈之举。如果不想一次把受众的忍耐力耗尽，多一点创意，多一点持续投放还是必要的。

A：action(购买行动)——在传播信息设定过程中，一定不能忽略必要的获取产品的渠道信息，这些信息是帮助受众成功转化成消费者的临门一脚，从而促成购买行为发生。例如，微信朋友圈软文务必要留下网址链接，报纸杂志软文务必嵌入店家地址，把 logo 放到最大其实也是必要的。

尽管消费者从被信息吸引到最终发生购买行为会经历这五个阶段，但并不意味着这五个阶段彼此之间具有必然性。换言之，即使购买决策已经做出，目标受众已经被成功转化为消费者，广告将消费者带到了产品面前，仍然可能被店头陈列的竞品促销信息或者推销员的性价比言论而改变购买决策，如当年舒蕾洗发水的"终端拦截"策略就收到奇效。在每一个环节都制造强转化率是信息设定质量的衡量指标，一个有经验的推销员对此一定深有体会。

然而，在万物互联时代，网络使得人们分享的愿望快速同步实现。消费者行为模式从 AIDMA 到 AISAS 转变(见图 15-2)，二级传播模式开启，作为分级传播的信息起点，意见领袖的重要性凸显。

AISAS 是指 attention、interest、search、action、share，从引起注意、感觉有趣到搜索产品、购买行为发生、使用后的分享。成功的传播信息设定不仅要引起目标受众的消费行为发生而且要触发主动传播的意见领袖意识发生，这需要极其深刻的受众心理洞察。而社交媒体更是带来了升级版的意见领袖 KOL(key opinion leader)的兴起，因此各类网络红人应运而生。

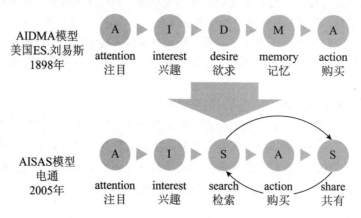

图 15-2　AIDMA 模型向 AISAS 模型的转变

4. 选择沟通渠道

当信息完成以上编码过程后，如何将之传播出去，需要沟通渠道设计。而沟通渠道设计需要对目标群体的媒体使用习惯有很深的了解，否则只是在浪费媒介费用。通常媒介策划人员会帮助市场部进行沟通渠道选择，前提是市场部对产品所针对的目标群体要了解。通常，沟通渠道有人员和非人员两大类型，两种类型又有很多分支形式。

1) 人员沟通渠道

人员沟通是最原始也是目前最时尚的渠道。所谓"好事不出门，坏事传千里"就是自古至今的一条人际间的信息高效率传播的原则。在各个市场阶段，人员沟通渠道都以不同生态方式发挥着信息传播的功能。人员沟通渠道可进一步分为倡议者、专家和社会渠道。

(1) 倡议者渠道由企业销售人员组成，他们负责与目标市场上的买者接触。比如卖点的推销人员。

(2) 专家渠道由向目标购买者作宣传的独立专家组成。比如金融产品上市路演。

(3) 社会渠道由邻居、朋友、家庭成员及同事组成，他们直接与目标购买者交谈。比如安利直销人员，保险代理人等。

人员沟通渠道还有一个美称叫"口碑营销"，在社交媒体时代，"口碑"作为分级传播形成的力量，由微博"大 V"扮演的专家型意见领袖、名人微博扮演的潮流型意见领袖往往担当了二级传播的发射点。

根据 199IT 数据中心发布的 2015 年全球广告信任度调查报告显示：最值得信赖的广告来自于我们信任的人；83%的消费者表示完全或者很相信朋友和家人的推荐；70%的消费者表示完全或者

很相信品牌网站广告；有 66%的消费者相信其他消费者发布的评论，这是第三信任的广告类型。

许多广告主意识到"口碑"的影响力，曾经对于意见领袖培育策略还有过散养还是圈养的讨论。他们希望能够借助这些社交媒体上的活跃分子对社会热点的及时响应能力来增加企业的产品和服务的曝光率和好感度。社交媒体 KOL 和网络红人就经常出现在各类现场推广活动中，比如宏碁产品系列掠夺者体验中心开业活动就邀请多位网络红人到现场助阵。

2) 非人员沟通渠道

广告、销售促进、事件、公共关系等都被认为是非人员沟通渠道，包括各种媒介形式。例如，印刷媒体(报纸、杂志、直邮、书籍)、电台、电视、电影、户外等传统媒体，网络、app、社交媒体等新媒体(见表 15-2)。除了人员沟通渠道，按照《中华人民共和国广告法》的四要素定义，其他沟通渠道都在广告范围内了，简言之，一切都是广告。

表 15-2 非人员沟通渠道举例

广 告	促销手段	事件/体验	公共关系	直接销售	网络营销
报纸、电视广告	竞赛、游戏	体育比赛	宣传资料袋	商品目录	企业网站
外包装	赌金、彩票	娱乐	演讲	邮购销售	产品品牌社区
包装内插入物	奖金和礼物	节日	研讨会	电话销售	移动端 app
电影广告	抽样调查	艺术品	年度报告	电子购物	搜索引擎优化
宣传册	展览会和交易展示	参观工厂	慈善捐款	电视购物	SNS 营销
海报和传单	展览	公司博物馆	出版物	传真	微博营销
目录	示范	街头促销活动	社团联系	电子邮件	微信营销
再版广告	试用		游说	语音信箱	病毒式营销
广告牌	折扣优惠		身份媒介		
招牌展示	低价销售		公司刊物		
购买点展示	娱乐活动				
视听材料	交易补贴				
商标标志	连续计划				
分众传媒	搭卖				

15.1.4 跨媒体信息碎片接合设计

根据 2015 年年初工信部统计数据显示，中国国内手机用户已达 12.9 亿，而移动互联网用户规模突破了 6 亿。全球范围内的纸媒日薄西山，报纸广告投放不断萎缩，年轻一代甚至连电视都不看。人们通过手机移动端获取一切信息，沉溺于社交网络。曾经的楼宇视频广告企图占领人们的碎片时间，但"低头族"令一切户外广告黯然失色，手机移动端成为信息引爆点。

曾经的广告战役往往通过电视广告创造品牌的视觉形象，纸媒、户外广告和店头 POP 延伸受众感知，线下线上配合作战。万物互联的时代，一切渠道却被不同媒体使用习惯的受众分割成互不相关的个别。看报纸的不上网，上网的不看报纸，看电视的不刷朋友圈，朋友圈里的广告没人点开。要想形成广告传播的持续攻势，需要将碎片化的信息做接合点路径设计，才能将营销传播渠道组合的联动效应最大化，将传播的全貌展现在受众面前。

2015 年的一天，街头报摊上惊现全黑版面，看报纸的人于是议论纷纷，认为是印刷问题要求更换，也有认为又是某商品的策划活动吸引眼球，至少报纸网络版记者如是报道，并表现出调查记者的职业素质，追根溯源。第二天跟踪报道调查结果，并将受众视线引向"南方黑芝麻"的官网，揭晓全黑版面的背后真相，原来是南方黑芝麻新品推出的营销活动，在广告中被称为预告片(teaser)，而记者在其中显然扮演了碎片结合路径引导的角色。

沃尔沃在 2015 年超级碗上的营销策略更是让人大跌眼镜，它没有花一分钱在超级碗上投广告，却让 12 个汽车品牌在超级碗 30 秒四百多万的广告费打了水漂。在比赛开始前几天，沃尔沃在电视上播出了一则广告，告诉受众在超级碗期间，他们会送给观众一个免费赢取汽车的机会，只要观众在超级碗赛事期间看见任何汽车广告的同时给沃尔沃发送推特，写上你想要送车给那人的名字和理由，就有机会赢得一辆全新 XC60。同时附赠这么一句话：当别的品牌想要你了解配置的时候，我们只在乎谁在你的生命中占了重要的位置。沃尔沃先利用电视广告公布活动信息，又将活动引至超级碗现场，随之而来的是网友在互联网上的主动扩散，让传统媒体和社交媒体各自发布不同的讯息，完成全线赛程，完美接力。当其他品牌商独一无二的 idea 被呈现出来的那一刻，观众却齐刷刷地低头发推特，心里只想着一个名字：沃尔沃。

一个产品从诞生到走进千家万户，需要公司市场部门设计合理有效的信息沟通路径，在有限的推广预算之下，让尽可能多的目标受众转变成产品的消费者，并在消费者头脑中为产品创造有益联想的品牌形象。经过持续沟通努力培养消费者的使用习惯，产品借助于品牌之力成就公司稳定的现金流，品牌资产也就开始了积累过程。

15.2　广告策略和销售促进策略

广告不仅是快速传播工具，而且是帮助企业建立品牌的最有效武器，每一次广告战役都会崛起一个新的象征，成功的广告策略甚至可以延续几十年依然有效，广告百年的征战业绩已充分证明了广告之于销售的巨大贡献。

15.2.1　广告策略

1. 广告与广告计划

菲利普·科特勒在《营销管理》一书中给广告下的定义是："广告是由明确的主办人发起，通过付费的任何非人员介绍并推广促销其创意商品或服务的行为。"

这一定义将广告与人员推销区分开来，即广告是非人员推销。这和肯尼迪的"纸上推销术(salesmanship in print)"是一致的。当年"纸上推销术"让很多推销人员失业，是因为便士报的产生，是媒介的不断发展带来了广告的商机，是媒介替代了销售人员对市场发声，所以媒介成为了广告费用的主要支付对象。

随着社会专业分工的形成，企业一旦产生广告需求，就会在市场上寻找合适的广告代理商来承接广告业务。广告行业内部由于专业分工细化成种类繁多的代理商，营销人员首先要制订初步的广告计划，再进行外部接洽，决定邀请哪些代理商参加。代理商们也可以根据广告计划，决定是否参与比稿。

初步的广告计划，可以遵循 5Ms 路径，如图 15-3 所示。

- 任务(mission)：广告的目的是什么？
- 资金(money)：广告预算有多少？
- 媒体(media)：使用什么媒体？
- 信息(message)：要传送什么信息？

● 衡量(measurement)：如何评价结果？

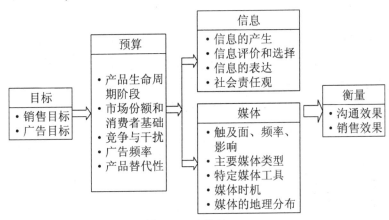

图 15-3　广告的 5Ms

2. 确定广告目标

在产品的不同生命周期，广告所起的作用是不同的。制订广告计划的第一步是要根据商品所处的阶段来确定广告目标。广告目标可分为通知性、说服性和提醒性三类。

(1) 通知性广告。这类广告的主要目的在于将有关商品或服务的信息以比较有趣的方式传递给目标群体，以引发关注。

(2) 说服性广告。这类广告的主要目的在于建立对某一特定品牌的选择性需求。它通过对目标群体有说服力的沟通表达，尽力消除认知上的障碍，建立起品牌与消费者的情感联结点，以求将目标群体快速转化为客户群体。

(3) 提醒性广告。这类广告的主要目的是强化已有的产品消费人群对本企业产品的记忆，不断地提醒往往会有助于持续购买行为的发生，并逐步形成购买惯性。

广告目标的选择要尽量与产品当前的市场营销状况相一致，合理分配媒介费用。如果广告预算不足，好的创意却没有足够的媒介费用去传递，没有足够的到达率或者信息频次强度不够，都不能取得预期效果。

3. 制定广告预算

确定了广告目标后，企业可以着手为产品制定广告预算。广告预算的 85%以上都是支付给各类媒介，且费用昂贵，所以企业要慎重考虑，根据自身资金量的情况量力而行。在制定广告预算时要考虑以下五个特定的因素。

(1) 产品生命周期阶段。新产品一般需花费大量广告预算以便建立知名度和取得消费者的试用。已建立知名度的品牌所需预算往往是参照往年的广告费用与销售额的比例关系，再根据市场竞争环境和媒介环境的变化预测做一些微调。

(2) 市场份额和消费者基础。如果广告目的是维持市场份额，广告预算可以与往年持平。如果是打算通过增加市场销售或从竞争者手中夺取份额来提高市场份额，则需要增加广告预算。

(3) 竞争与干扰。在一个有很多竞争者和广告开支很大的市场上，一种品牌必须更加大力宣传，以便高过市场的干扰声使人们听见。即使市场上一般的广告干扰声不是直接对品牌竞争，也有必要大做广告。

(4) 广告频率。把品牌信息传达到顾客需要的重复次数，也会决定广告预算的大小。

(5) 产品替代性。对于快消品等低卷入度商品，由于产品替代性和同质化程度很高，广告的提醒作用对于购买决策的影响力是很大的。

4. 设计与选择广告信息内容

在《一个广告人的自白》里，奥美的研究报告显示：观众对电视广告的喜爱与受电视广告影响而决定购买某种商品之间并无必然的关联。几年后，大卫·奥格威(David MacKenzie Ogilvy)修正了这种观点，认为观众喜欢的电视广告的销售力还是要大于他们不喜欢的广告。

广告所要传递的信息经过策略思考会形成广告诉求，广告诉求分理性诉求、感性诉求和道义诉求。针对不同产品类别，需要组合使用不同的诉求方式。总体来说，广告诉求要符合以下一些基本要求：

(1) 要与产品特性相关。

(2) 要与消费者利益相关。

(3) 要为产品创造正面联想。

(4) 表达要简单。

5. 媒体决策与绩效衡量

随着媒体环境和媒体使用习惯的改变，要求营销人员具备全媒体思维能力和跨媒体运作能力。华纳梅克浪费率[①]很大程度上取决于营销人员的媒体选择能力，媒介购买决策就是要寻找一条成本效益最佳的途径，其中千人成本是一个基本的衡量指标。

$$千人成本=(广告费用/到达人数)\times1000$$

千人成本也是媒介向广告主提供的用以评价自己媒体效率的指标。虽然有第三方公司如 AC 尼尔森、央视索福瑞等提供各类纸媒发行量、电台收听率、电视收视率等指标的数据报告，以帮助广告主进行媒介购买决策，但是送达和看到仍然是两个概念。1954 年，美国一个自来水专管员发现某个时间段用水量剧增，原来这正是电视上的广告时间。传达信息质量的重要性就体现出来了。

毛评点(GRP)也是媒体决策的一个重要指标。

$$毛评点=收视率\times播放频次$$

1991 年恒源祥投放在电视连续剧《婉君》的 15 秒贴片广告，每 5 秒读两遍"羊羊羊"，每集插播 3 次，一举成名。把 15 秒的广告时间分三次，在不增加广告预算的前提下，不仅是增加了播放频次，而且解决了"抽水马桶时间"问题，因为 5 秒对受众来说实在来不及，只能坐等。随着《婉君》收视率的飙升，毛评点在两个指标最大化的共同作用下，迅速为恒源祥带来了知名度，让恒源祥从南京东路上的一家门店迅速扩张成全国性企业。

但是同时最大化两个指标的可能性非常小，广告主必须明确：在预算有限的前提下，希望更多的到达率和希望更强的到达频次往往不能兼顾，因此需要考虑所购买的触及面广度与深度的成本效益最佳组合是什么？

此外，媒体计划者必须了解各类主要媒体在触及面、频率和影响等方面所具备的能力，了解各类主要媒体的优缺点。表 15-3 列出了主要媒体广告的优点和缺点。

---

① 美国百货公司之父约翰·华纳梅克的名言："我知道我的广告费有一半浪费了，问题是我不知道哪一半被浪费了。"

表 15-3 主要媒体广告优缺点比较

媒 体	优 点	缺 点
报纸	灵活，及时，本地市场覆盖面广，能广泛地被接受，可信性强	保存性差，复制质量低，受众严重流失
电视	综合视觉、听觉和动作，富有感染力，能引起高度注意，触及面广	成本高，干扰多，瞬间即逝，观众可调台
直接邮寄	接受者有选择性，灵活，在同一个媒体内没有广告竞争，人情味较重	相对来说成本较高，可能造成滥寄"垃圾邮件"的印象
广播	大众化宣传，地理和人口方面的选择性强，成本低，随汽车普及而重获新生	只有声音，不如电视那样引人注意，非规范化收费结构，展露瞬间即逝
杂志	地理、人口可选性强，可信、有一定权威性，复制率高，保存期长，传阅者多，时尚、财经、文化类资讯杂志并未受纸媒的衰落影响	周期长，时效性差，版面保证少
户外广告	灵活，广告展露时间长，费用低，竞争少	低头一族不抬头，有等于无，亟待创新
黄页	本地市场覆盖面广，可信度高	竞争激烈，周期长，时效性差
时事通讯	很高的选择性，可控性强，互动机会多，相对成本较低	效果可能会很差
宣传册	灵活，可控性强，能强化消息	生产过量会导致成本白白流失
电话	用户多，直接与顾客接触	成本相对较高，除非有志愿者，"垃圾电话"遭屏蔽
互联网	选择性强，可互动，成本相对较低，	相对来说是一种新媒体，老年用户无法接触

基于大数据的程序化购买方式、实时竞价机制 RTB 也有助于媒介计划者直观地发现媒介所聚集的人群特性，更精准、更实时、更高效地管理广告的媒介投放。

6. 评价广告效果

广告效果评估是信息沟通系统构建的重要环节，只有建立良好的反馈机制，才能不断调整广告策略，并使之更好地配合销售活动的进行。

1) 广告沟通效果的评估

广告沟通效果的评估通常分成事前、事中和事后。

广告事前测试主要观察受众对广告所要传递信息的解读程度和可能产生的反应。比如佳洁士在二、三线城市投放的降价信息广告，是以一家街头小店为主镜头，如果投放一线城市会不会影响品牌的固有形象？测试表明，由于牙膏属于低卷入度的快消产品，人们并不介意这样的画面，而只关注降价信息，因此这个广告就被允许投放在一线城市。

事前测试有各种原因，但通常都是以定性的方式，没有样本要求。如果没有特殊担心，并不一定要做。

而事中测试和事后测试是一定要做的，并且定量数据往往以其覆盖面来反应广告的沟通效果，以对下一轮广告创意和投放策略的调整提供依据。

2) 广告对销售效果的评估

广告对销售贡献的评估一直是广告行业的软肋，也是广告无法得到应有评价的根源。这也造成了广告主与广告公司之间的矛盾。任何一家有经验的广告主都不会否认广告对销售的贡献，但是当传统的 15% 佣金制被打破，代理商企图将收费方式与销售业绩挂钩，广告对销售的贡献评估就变得很棘手。

因为一次成功的销售需要营销各要素的配合，而诸多要素的贡献又没有合适的模型做变量分离，以确定功过得失。比如曾经有一个洗衣粉的四小天鹅篇广告深得妈妈们的心，可是当她们来到超市却找不到这个牌子的洗衣粉，从渠道的角度讲，铺货没有跟上，广告对销售的效果就被浪费了。乔布斯的 1984 广告虽然至今被视为经典，当时也没有帮上销售的忙，因为价格定高了。广告只是 4P 的一个子项，不可能力挽狂澜，当然也不可能成为替罪羊。

但是在大数据时代，网络的点击配送系统可以将 4P 中的 3 个 P 做变量固定。广告支出与销售额之间一一对应的作用关系类比于直邮和人员销售，霍普金斯的科学广告的梦想或许就会实现。企业可以根据销售情况，对广告诉求或者投放做调整，以更有效地使用广告预算。

15.2.2 销售促进

如果说广告是作用于受众的大脑认知，那么销售促进则是直接作用于受众的感知，能够立刻对行为产生影响。作为短期促销最有力的工具，销售促进是企业最容易想到也是最容易提高销售业绩的工具。

1. 销售促进的概念

销售促进策略也称营业推广策略(sales promotion)，菲利普·科特勒给出的定义如下："销售促进包括各种多数属于短期性的刺激工具，用以刺激消费者和贸易商迅速或较大量地购买某一特定产品或服务。"如果说广告为受众提供了购买的理由，销售促进则提供了马上购买的行动刺激。

2. 销售促进的工具

1) 用于消费者市场的工具

- 赠送样品或试用品。让消费者无偿体验商品，新品体验是企业基于对自己产品的信任把选择权交给消费者，也是对消费者的一种尊重。
- 有奖销售。在销售商品的同时给消费者抽奖的机会，以提高销售活动的吸引力，对于对本商品有足够认知的消费者，抽奖活动确实会促使更大的购买量。
- 折价券。消费者在购买某些商品时有折价优惠，或者在消费超过一定数额时给予优惠券，对于价格敏感型的消费者有极大的杀伤力。
- 赠品。在消费者购买某种商品时附带赠送某些其他商品，如果送的东西有诱惑力，甚至会促使非本商品消费者的购买行为发生。
- 配套特价包装。将某些相互有配套关系的商品组合包装，比分散购买时价格低一些，使消费者感到实惠。如护发素以洗发水一半容量搭配包装出售，就能改善促销效果。
- 现场演示。体验营销通过让消费者亲眼看见和尝试产品，帮助消费者充分了解产品，所谓眼见为实，耳听为虚，感知在前，认知在后。现场演示有销售人员对问题做解答，往往能够促使消费者做出当场购买的决策。

2) 用于中间商的工具

- 购买折扣。通常是为了帮助经销商在产品的销售旺季中，能够有比平时更多的毛利率，实施针对终端客户的促销、让利活动，以期推动销售量。
- 广告合作。供应商与中间商联合开展广告活动，增强宣传力度。而供应商对中间商的广告费用给予必要的资助。

- 陈列折扣。在产品销售旺季，热门渠道和销售终端的陈列位置竞争相当激烈，不同品牌的厂商都会争取占据最好的排面。因此提前策划陈列折扣活动，向终端提供最优化的陈列方案，是赢得销售增长的重要方式。
- 销售奖励：销售奖励是厂商针对经销商较为常规的激励政策，通常会在经销合同中明确约定，并在每年制定不同的目标和返还比例。

3) 用于推销人员的工具

企业开展推销竞赛，发放销售红利，发给奖金、奖品，增加提成等。

3. 销售促进的主要决策

销售促进的主要决策是围绕着消费者、中间商和销售人员，根据不同的销售目标选择不同的促销工具并制定相匹配的销售促进方案。在制定销售促进方案时要考虑以下几个因素。

- 所提供刺激的大小。促销本身意味着某种程度的让利行为，刺激大小要与产品相匹配，也要与消费者预期相匹配。
- 促销的持续时间。促销时间既不能太短，以鼓励重复购买并形成定向购买习惯；也不能太长，否则会导致消费者记忆更新，一旦撤除让利部分会引起不良反应。理想的促销周期长度要根据不同产品种类乃至不同的具体产品来确定。
- 促销的时机。比如房市金九银十，秋季房展的促销活动要在全年促销活动的日程安排上占据重头戏。"双十一"是各电商比拼的大日子，圣诞节是传统的礼物节，踏准节拍往往事半功倍。
- 确定促销总预算。通常总预算由分预算合并而成，需要营销各子部门根据当年促销预算使用情况结合来年销售指标按比例调整新一年的预算并上报。

4. 销售促进评估的结果

促销结果的评估不仅是作为决策的反馈环节，还要对下一年度的预算制定提供决策依据。所以评估促销效果的必要性不言而喻。设定销售期初值，观察销售促进投入与销售额增长之间的关系，同时考虑竞争对手的市场反应对活动影响力的削弱程度，对活动前后消费者购买习惯和态度(usage&attitude，U&A)的改变情况也要进行跟踪，才有可能对一个促销活动在市场中激起的涟漪有一个比较全面的评价。

15.3　人员推销、公共关系和事件营销

15.3.1　人员推销

人员推销是直接营销的方式之一，与广告活动、销售促进一样，是企业产品走进千家万户的推动力。相较广告活动影响人的认知，人员推销则直接作用于人的感知。人性化特点是人员推销独有的优势，特别是在培养、赢得消费者信任和促使产生购买行为方面。但是，相比较媒介投放的千人成本来说，人员推销的"一对一"特点使其成为成本最昂贵的营销沟通工具之一。尽管如此，对于那些需要更多解释说服的产品而言，一支强大的销售队伍在营销组合中的重要性不言而喻。

1. 人员推销的概念

人员推销是指通过销售人员与目标市场的中间商或消费者进行直接的产品推介，促使中间商或消费者产生购买行为的一种促销形式。作为人类最古老的促销活动，推销人员逐渐发展出各种技巧和形式来促成交易，广告的第一个定义"纸上推销术"正是类比人员推销技巧而建立起来的区分概念。虽然便士报作为媒介的商业模式而使得广告的形式从此搭上了媒介发展的快车，但是广告内容关键词仍然是"推销术"。从某种意义上说，广告人本身就是推销人员，广告教皇奥格威就是推销人员出身，深谙推销之道。

人员推销在商品经济高度发达的现代社会，表现形式多种多样。每年交易展会上的市场代表、售点的企业驻点推销人员、商店的售货员，甚至对于保险金融产品等需要强解释说服过程的代理人，都属于人员推销。他们都需要通过谈话、演示、解释等方式来促成购买行为的发生。好的销售业绩与销售人员的个人素质关系密切。

2. 人员推销的过程和职能

作为面对面的促销活动承担者，推销人员需要了解自己工作的流程以及相应的职能。

企业的推销人员队伍通常分成两部分：外勤人员和内勤人员。对于外勤人员除了推销产品的职能外，还必须具有寻找顾客、传递信息、销售产品、提供服务、收集情报等多项职能。这些职能设定是与实际工作内容相关的。

对应于一个典型的人员推销活动，从发现潜在客户到成功地将潜在客户转化为产品的购买者，必然要经过这样一个流程。

① 寻找可能的顾客。甄别线索的标准如"是否产生利益点；是否有支付能力；是否有购买决定权或者影响购买决策"。

② 准备工作。一旦目标确定，要尽可能多了解对方的信息掌握需求以便进一步沟通。

③ 接近方式。第一印象常常是促销成功的基础，如果可能，事先的印象设计是非常有效的。衣着、谈吐及仪表，合适的时机把握都是成功出场必备要素。

④ 推销陈述与演示。推销自己成功后要把握好时机，在尽可能短的时间内引起注意和兴趣，并为进一步展示创造机会。当对方愿意坐下来听你说的时候，推销活动才真正开始。如何展示产品特点，并使之与需求相匹配，建立并加强联结是推销术的制胜关键。

⑤ 处理异议。不要害怕异议，异议往往意味着突破障碍即可到达终点。

⑥ 成交。基于对客户的察言观色和对产品坚定不移的信心，一旦识别出成交信号，临门一脚不可犹豫。

⑦ 售后工作。售后服务本来就是产品构成的一部分。对于反复购买的产品，客户关系维护的重要性不言而喻，即使一次性购买行为，建立口碑也有助于开拓新客户，开始下一个流程。

比如保险代理人的扫楼行为，就是典型的寻找顾客职能。对于保险这种人们通常不会主动购买而有购买意识的往往是高风险客户的产品，人员推销基本就是产品销售的主战场。一旦接触到潜在客户，通过一对一的沟通，将保险产品的必要性和利益点解释清楚，并产生购买的紧迫感，这个时候临门一脚的任务只有推销人员才能完成。推销成功与否在于能否找到真正的购买者，例如妻子给丈夫买保险的动机显然是存在的，有责任感的丈夫最多只会在上飞机前想一想保险的必要性。妻子则可能会耐心听你讲赔偿条款，而丈夫可能只对保险产品中分红部分感兴趣，不同需求产生不同紧迫感因子，代理人要察言观色有针对性地推动进程，并将客户需求及时反馈给市场部，为后续的产品设计或服务设计提供决策依据。

作为后台支持的内勤人员也是销售队伍的重要一员。虽然职能不同，但是服务于客户的目标是一致的。内勤人员的职能包括电话接待客户、接待上门客户并提供所承诺的服务，处理发生的问题等。内勤人员的工作好坏直接影响外勤人员的工作成效。对于保险行业更是如此，当理赔发生时，内勤人员的接单态度和问题解决效率都是这个保险产品的重要组成部分，直接影响本产品在市场上的口碑。

3. 客户关系营销

人员推销是一种面对面的促销活动。一个专业的推销员首先是一个好听众，懂得如何倾听并从中了解需求，思考产品如何去满足需求，并在这个过程中培养起与潜在客户的信任关系，最终将潜在客户转化为现实客户。而一旦建立起长期的客户关系，促销工作事半功倍。

客户关系营销的前提是集中和连续关注重要客户的需要。销售人员与主要客户打交道时，除了在他们认为客户可能准备订购时进行业务访问外，还需另外安排时间进行拜访，邀请客户共同进餐，对他们的业务提些有价值的建议等。销售员尤其要关注大客户的动向，了解他们存在的问题，并愿意以多种形式给予帮助。

在企业中建立关系营销计划方案的几个主要步骤如下。

- 确定需要关系营销的主要客户。一个企业可以选定 5 个或 10 个最大的客户，为他们设计关系营销。如果其他客户的业务有极大的增长，也可以增补其为主要客户。
- 为每个主要客户选派精干的关系经理。为客户服务的销售员必须经过关系营销的训练。
- 为关系经理规定明确的职责。要明确规定关系、目标、责任和评价标准。关系经理要对客户负责，他们是客户所有信息的集中点，是协调企业各部门为客户服务的动员人。每个关系经理一般只管理一家或几家客户。
- 任命一名管理各关系经理的总经理。这个经理负责制定关系经理的工作内容、评价标准和资源上的力量，以提高这一功能的有效性。
- 每个关系经理必须制定长期和年度客户关系管理计划。年度计划要确定目标、战略和具体活动及所需的资源。

4. 人员推销的管理

对于以人员推销为产品销售主战场的企业，一方面，需要根据特定的素质期望来制订培训计划，培养一支专业素养的销售队伍是人员推销的制胜关键。另一方面，既然人是关键，企业也应考虑如何善待销售人员，建立有效的激励机制，激发销售人员的工作积极性和长期服务于企业的愿望，这是企业人力资源战略的重要部分。

(1) 推销人员的素质和培训

推销人员的素质包括思想素质、业务素质、文化素质、身体素质等。所谓思想素质，很多企业都是以企业文化的方式进行潜移默化的熏陶，比如马云的太极文化、乔布斯的创新文化等。业务素质是需要企业培训部进行定期培训，不仅是与产品信息有关的内容培训，各种励志性的培训也是必须的，对于销售人员良好的精神面貌影响很大。而销售技巧的培训尤其重要，现场演练是必须的，师傅带徒弟的经验传承模式也值得推广，所谓心得往往需要口传心授。业务素质培训是培训的重头戏。对于需要与高端客户打交道的销售人员，文化素养就显得很必备。但是这个企业培训起到的作用非常有限，只能通过面试方式选择已具备此素质的人。销售工作不仅劳心劳力，而且业绩指标直观可见，对销售人员来说身心压力都很大。身体素质是一切素质得以正常发挥的前提。上述构成一个销售人员的整体职业素养，呈现在客户面前。一个能够赢得信任的人自然无往而不胜。

(2) 推销人员的激励和评价

推销人员的付出和回报必须是高度相关才能对推销人员的工作积极性和持续性起到支持作用，所以计件制的薪酬设计是必备的物质激励。合理确定超额完成任务的奖金比例也有利于激发销售人员的潜力。

销售业绩排行榜则是记分制的精神激励机制。日常的销售业绩排行榜往往可以激发销售人员的斗志和竞争意识，而年底的销售业绩排行榜上有名者的集体旅游则是一种荣誉的物质化表现。对于激发销售人员的工作热情作用不可小觑。

为了让激励制度更好地发挥作用，作为报酬分配的依据，合理的评价标准制定很关键。要兼顾数量指标和质量指标，比如签约保险单数是一个数量指标，但如果不考虑悔约率就会产生投机行为。还要兼顾新老推销人员的推销能力，对新人来说，六个月是生存期，需要更多激励，否则不仅造成培训成本的浪费，对于稳定销售队伍的年龄结构也是不利的。

15.3.2 公共关系

公共关系和广告活动、销售促进、人员推销一样并列为大众传播的四大促销工具之一。

1. 公共关系的含义

菲利普·科特勒对公共关系的定义如下："公众是对公司达成其目标的能力具有实际或潜在兴趣和影响力的任何一组群体。公共关系包括用来推广或保护一个公司形象或它的个别产品的各种设计与计划。"

公共关系(public relationship，PR)从其起源来说，区别于产品(或品牌)的传播目的，而是要传播企业形象和社会影响力；比较起通过广告创建产品与消费者的关系，公共关系显然是以非广告的方式在建立企业与社会群体或者消费群体的关系。大多数企业都有一个公关部来监控企业与外部的各种公众关系，及时应对可能出现的负面信息，同时发布正面信息以建立和维护良好的企业形象与信誉。当商誉被视为极其宝贵的营销资源，公共关系自然成为营销战略的重要组成部分。公共关系由此划分为企业公关与营销公关两种类型。

企业公关包括：企业与媒体的关系、与股东的关系、与政府机构的关系、与社区的关系、员工交流沟通、公众事务运作和企业广告等，继续保持管理公众传播事务的原始功能，支持企业的整体目标，在日本这个部门被称为 CC(corporation communication)。

营销公关包括：宣传产品、赞助活动、举办特别活动、参与公共服务、编制宣传印刷品、举办记者招待会、邀请媒体参观采访、支持往来厂商及其业务等，以及借助于事件吸引曝光率的推广方式，直接服务于产品与品牌，支持企业营销计划的目标。正因为如此，公共关系成为了促销的另一个强有力工具，并有超越广告之势。2009 年夏纳广告节特设 PR 奖项，以鼓励其发展。

2. 营销公关工具

营销公关工具通常可用一组首字母缩略词 PENCILS 表示。

- P 为出版物(publications)，指企业杂志、年度报表、实用性的顾客手册等。
- E 为事件(events)，包括记者招待会、讨论会、郊游、展览会、竞赛和周年庆祝活动。

- N 为新闻(news)，即对企业、员工与产品有正面助益的故事。
- C 为社区参与活动(community involvement activities)，指把时间和金钱奉献给当地社区所需的事物。
- I 为身份媒介(identity media)，包括印有企业名称与标志的文具用品、名片、企业的服装规范。
- L 为游说活动(lobbying activities)，即推动具有正面影响或劝阻具有负面影响的立法和规范。
- S 为社会责任活动(social responsibility activities)，指为企业的社会责任建立起良好的名声。

下面通过实例来详细说明一些主要的营销公关工具。

(1) 公开出版物。广告代理商替无数企业创造了富有影响力的广告，却从来不给自己做广告。《奥美有情》《实力主张》《至爱品牌》等公开出版物就成为与外界沟通最主要的工具。

(2) 事件。2012 年西班牙第五大银行萨瓦德尔银行 130 周年庆，一整支交响乐团以快闪形式在银行门口演奏《欢乐颂》，小女孩的一枚硬币启动的琴声、众多演奏者的耐心等待和陆陆续续适时加入的步伐、无数民众沉醉其中的欢乐情绪，视频瞬间传遍网络。

(3) 新闻。谷歌无人驾驶汽车设立的媒体开放日曾主动邀请媒体体验了解无人驾驶汽车的性能，充分发挥本身的新闻价值。

(4) 演讲。苹果乔布斯的斯坦福演讲励志多少学子，而新产品发布会上十年不变的一身黑体恤牛仔裤更是引领 IT 行业的着装风格，将牛仔裤从叛逆穿成创新符号，成为苹果的精神象征。

(5) 公益服务活动。汇丰银行探索建立以员工志愿服务进行社区建设的新模式，打破企业以捐款参与社会公益事业的单一方式。

(6) 形象识别媒体。巴比馒头在获得消费者喜爱的基础上迅速扩张市场，但是遭遇各种盗版馒头以巴比谐音跟进，巴比馒头立刻进行了企业视觉形象设计，并将之用在整个店面布置上，红色元素成为很醒目的识别元素。

3. 营销公关的主要决策

1) 确定营销公关目标

营销公关与企业公关的区别在于营销公关直接服务于销售业绩，它有着明确的销售目标任务，所以才被认为是有效的促销工具之一，甚至有"公关第一、广告第二"之说。

(1) 协助新产品上市。苹果的每一次产品发布会都是引人瞩目，即使没有了乔布斯黑衣牛仔风的演讲，穿衬衣的库克仍然延续着苹果的基因。2015 年 9 月的发布会上库克为推出 ipad pro 产品，居然请出了对手微软的 office 开发者登台，这种与竞争对手友好关系的公众展示实在是聪明之举，ipad pro 对笔记本市场造成的冲击有目共睹。

(2) 协助成熟期产品的再定位。大堡礁由于被破坏的生态亟待恢复而一度退出旅游市场，当昆士兰当局想要重启大堡礁旅游项目，民众的头脑早已被各色新鲜景点所占领。一场"世界上最好职业"的网络应聘活动将民众的注意力重新集聚在大堡礁身上，堪称四两拨千斤。

(3) 建立对某一产品种类的兴趣。新西兰为了应对国外订单锐减而决定启动国内市场来缓解奶酪供求关系失衡，但是民众对奶酪的刻板印象是一种聊以果腹的黄色块状食物，毫无兴趣可言。广告将奶酪赋予了拍照必备表情"say cheese"，奶酪的笑脸识别一下子引发了民众对奶酪的莫名好感和兴趣，这个识别几十年里被无数人在拍照时引用，堪称经典！

(4) 影响特定的目标群体。在迪拜有很多来自南亚的劳工，他们平均每天只有 6 美元的收入，可打电话给家里每分钟就要花掉 0.91 美元的费用，为节省开支他们都不舍得打电话回家。为此，迪拜可口可乐联合扬罗必凯广告公司开发了一款可以用可乐瓶盖当通话费的电话亭装置，把这些电话亭放到工人们生活的地区，每一个可口可乐瓶盖都可以免费使用三分钟的国际通话费。可口可乐在迪拜的"瓶盖别扔，用来打电话吧"活动为其赢得的岂止当地工人，其众生平等的理念与"有人的地方就有可口可乐"的销售目标配合得天衣无缝。

(5) 保护已出现公众问题的产品。危机公关是考验企业公关部门的试金石，强生1982年"泰诺"药物中毒事件的经典案例充分体现了强生危机公关的能力。

(6) 建立有利于表现产品特点的企业形象。理查布兰森、乔布斯的演讲和自传都是其企业形象的最佳代言。王石和万科、张瑞敏和海尔、任正非和华为、柳传志和联想，创始人的个人魅力往往成为企业的重要基因传达着产品理念。

与其他促销工具相比，营销公关由于媒介的主动介入，媒介的第三方立场和公信力容易延伸到具体的公关活动中，从而扩大知名度、赢得受众信任和好感。而且相比较促销成本，公关成本一般比较低，这也是营销者愿意更多求助于营销公关的原因。

2) 营销公关项目评估

对营销公关活动的项目评估标准因目标而异，通常包括：

- 与新闻界的关系：用最正面的形式展示关于本组织的新闻和信息。
- 企业信息传播：通过内部和外部信息传播来促进公众对本机构的了解。
- 与消费者的关系维护：培养消费者忠诚度，增加消费者满意度。
- 在媒体广告开始前建立市场兴奋，有助于其他促销工具的实施效果。
- 企业在媒体上曝光率，有助于受众对企业知名度和熟悉度提高。

企业一般通过这些指标的建立来衡量营销公关对企业销售额和利润的贡献。然而，在自媒体时代，"好事不出门，坏事传千里"的心理倾向正在迫使企业改变单向的思维方式，信息进入分级渠道以后，传播性的强弱和受众心理结构密切相关。一个最正面形式的传播信息的传播力远不如一个负面信息，但是通过传播循环最后达成一个最正面的效果却是可能的。从关注起点的正面特质到关注终端的正面效果，这是公关活动的主体向客体的立场改变。尽管发生在营销公关范围内，却是对企业公关的一大启示，为危机公关创造了更多可能性。公关终于在营销公关的磨练下越来越接近公关的原始功能。

15.3.3 事件营销

事件营销(event marketing)是指企业通过策划、组织和利用具有新闻价值、社会影响以及名人效应的人物或事件，吸引媒体、社会团体和消费者的兴趣与关注，以求提高企业或产品的知名度、美誉度，树立良好品牌形象，并最终促成产品或服务的销售的手段和方式。

体育赛事赞助是最常见的事件营销策略。以喜力啤酒为例，2005年在中国市场的同期销售额获得了15%的增长，喜力市场部负责人把销售额的增长大部分归功于与大师杯赛的合作。除体育营销领域外，2003年蒙牛借势神舟五号谋划的一场"中国航天员专用牛奶"和2005年蒙牛"酸酸乳"赞助湖南卫视超女节目也都是经典的事件营销案例。

现如今，事件营销正在以将产品融入受众生活的方式扩大并加深广告与目标市场的关系，集新闻效应、广告效应、公共关系、形象传播、客户关系于一体。当事件营销成为营销公关的主打工具，甚至承担起公共关系的原始职能，很难再将两者分而述之。互联网的飞速发展更是给事件营销带来了巨大契机。通过网络，一个事件或者一个话题可以更轻松地进行传播和引起关注，借助社交媒体、app 等新媒体，成功的事件营销案例大量涌现。

有研究表明，和 20 世纪 80 年代中期的 40%相比，现在第一时间通过广告只能接触 15%的人口，有基于此，很多公司已经把营销费用转移到可以更为目标人群所喜爱的活动中。2013 年夏，为了配合麦当劳推出的四款晚餐，麦当劳"夜亮了"app 通过"捉流星""找星座""星空分享"等游戏获取优惠券，短期内提升了年轻受众的活跃度和好感度；同一个夏天，耐克策划的"出来出来"利用文字和视频在各大微博造势，配以夜光鞋设计把城市变成运动场，以此创建现场或非现场的产品和品牌体验。

1. 策划事件的目标

(1) 定位一种特殊的目标市场或生活方式。比如耐克的"出来出来"和麦当劳的"夜星空"就是针对城市年轻人群的夜生活，特别是北上广一线城市的年轻人，在白天紧张快节奏的工作之后，夜晚就成了释放的时刻。2012 年的夏天，Lee 的"暗念释放"鼓励人们穿上夜酷系列，尽情感受由夜带来的激情与自由。整合了包括社交媒体、电子商务、手机应用、店内体验、户外和平面广告，视频与图片内容以及一个现场互动式的扮演活动。就是针对亚洲文化的不表达，把螺丝钉的苦闷作为靶子，聚焦于心理成因，并同时寻找除运动以外的其他释放方式。

(2) 提升公司和产品的知名度。赞助可以为一个品牌提供持续曝光，这是形成品牌知名度的必要条件。蒙牛正是通过巧妙选择了赞助电视节目"超级女声"，随着这个节目的传播力而变得家喻户晓。

(3) 创造或提升客户对品牌形象联想的感知。事件本身可以帮助创造或提升品牌的联想，蒙牛在神舟五号尚未进入电视直播的年代，借势"神舟五号"落地新闻，以"中国航天员专用牛奶"的电视广告实时投放于几十家电视台，第一时间完成了蒙牛与"神舟五号"的联想创建。

(4) 提高企业形象。蒙牛曾经不过是伊利的"小弟弟"，正是通过一系列的事件营销行为确立了蒙牛的市场形象。

(5) 创造体验并博得感情。耐克"出来出来"、麦当劳的"夜星空"和 Lee 的"暗念释放"都以深度体验迎合了消费者的心理需求而赢得好感。甚至耐克的"出来出来"发展出了一批"夜跑族"。

(6) 表明对社会或公共事务承担义务。在各种灾难面前企业的赞助行为是社会营销的内容之一，汇丰银行的志愿者社区服务模式同样表达了企业的社会责任，并赢得受众好感。

(7) 招待重要客户或回报关键职员。国际网球顶级赛事大师杯赛的众多赞助商将球赛票赠送客户是一种维护客户关系的形式。保险公司用年终旅行来激励保险代理人已成惯例。

(8) 增加销售或提升的机会。尽管不同的事件策划的目标不同，事件策划之所以被称为营销正是因为其最终的活动效果直指销售业绩的提升。

2. 策划事件的主要决策

事件策划必须为不同的目标选择合适的事件，将产品和品牌的特性与事件形成良好的匹配度，并且要选择合适的时机，如果需要，再辅以最佳的赞助计划，赞助的效果还是可预测的。

1) 选择项目时机

首先，事件投放的观众必须匹配品牌的目标市场。当然，耐克夜跑鞋的闪光特性必须等待一个夏夜才能得到最好的展示。

其次，事件本身必须有充分的知名度，才能得以借势。比如"神舟五号"举国关注，"神舟五号"一落地，蒙牛即刻出场，抢得先机而一飞冲天，时机把握是制胜关键。"神舟六号"上天之后的各类借势行为已经不可同日而语。

因为涉及大笔的资金以及事件中存在的大量机会，很多企业对他们选择的事件和将要使用的方式变得尤为战略化。

2) 设计赞助计划

对赞助来说，设计赞助计划非常重要，需要充分利用各种展示机会，战略性地展示自己。比如对于赛事赞助商而言，不仅是赛事期间的各种展示，赛事前的推广阶段也是值得充分利用的。赞助商可以将赛事的标志和名称用于自己的市场活动中，利用媒体和公众对赛事的关注和联想来推广自己的品牌，从而获得理想的品牌知名度和美誉度的提高。

3) 衡量赞助活动的效果

有两种衡量赞助活动效果的基本方法：

(1) 曝光率用来衡量供给方。通过媒介监测，估计媒体对事件的报道时间和空间的数量。如上电视的时间、报纸上的篇幅大小、网络的点击率、微信的转发量等。

(2) U&A 用来衡量需求方。通过第三方调研公司试图鉴定赞助者对消费者关于品牌意识的影响程度。跟踪或者调查事件对品牌知名度、顾客态度甚至销售的影响。

15.4 数字营销整合传播

互联网作为一条新的营销渠道，互联网思维作为一种万物互联思想，带动了共享经济的发展，互联网营销实践正在改写整合营销传播理论。对于企业营销部门更是面临如何跨部门合作才能快速响应市场和消费者的重大管理难题。

15.4.1 数字营销和数字营销平台

1. 数字营销的概念

数字营销(digital marketing)建立在计算机、数据库、硬件和软件快速发展的基础之上。早在20世纪20年代，为方便邮寄信件筛选，条形码设想就已经被提出来。20世纪70年代，"条码工业"为仓储物流业带来了效率的革命。时至今日，条码识别系统与数据采集在全球经济中仍发挥着至关重要的作用，应用范围涉及各个领域和行业。条形码的广泛使用在客观上令几乎所有企业都已不知不觉置身于数字营销活动中。

从技术应用的角度，20世纪70年代，戴尔利用数据库技术实现客户定制和产品的直接销售，堪称数字营销的经典案例。尽管早期戴尔模式被认为属于直接营销活动，电话、传真、电子邮件等也被视为直接营销的工具，但是戴尔成功的真正原因是最小的生产库存，最快的资金周转，个性化的甚至一对一的产品营销，这些正是数字营销所要实现的目标。直销模式只是一个外在的表象，数字营销的生产管理才是其成功的根本。

从传播的角度，数字营销则是指借助于互联网、电脑通信技术和数字交互式媒体来开拓市场、洞察消费者需求以实现营销目标的一种营销方式。二维码技术再一次降低了消费者与制造商之间的联结成本，"扫一扫"的动作把所有想要与外部世界相连接的愿望都得以轻松实现，沟通的渠道变得简洁明了。甚至广告的数字媒体投放都可以通过 DSP(demand-side platform)平台实时购买，互联网让世界变得前所未有的透明。

2. 数字营销平台

"在程序化购买市场,我到底能买到多好的广告资源?我的广告能触达到我最想触达的用户吗?"广告主的"世纪之问"再度成为数字营销平台创建者的努力方向。

Ad Exchange(实时竞价广告交易平台)是互联网广告交易平台,像股票交易平台一样,Ad Exchange 联系的是广告交易的买方和卖方,也就是广告主方和广告位拥有方。和股票交易平台不同的是,Ad Exchange 平台的竞价机制不是先到先得而是竞价获得,即 RTB(real time bidding)模式,就是实时竞价。跟传统购买形式相比,RTB 是在每一个广告展示曝光的基础上进行竞价,即针对每一个 PV(page view)都会进行一次展现竞价,谁出价高,谁的广告就会被这个 PV 看到。

DSP(demand-side platform)与 Ad Exchange、RTB 一起崛起于美国,并在全球迅速发展。2011年已经覆盖到了欧美、亚太地区以及澳洲。在世界网络展示广告领域,DSP 方兴未艾。DSP 传入中国,迅速在国内成为热潮,成为推动中国网络展示广告 RTB 市场快速发展的动力之一,DSP 成为了 SEM(search engine marketing)后的又一个广告模式(见图 15-4)。

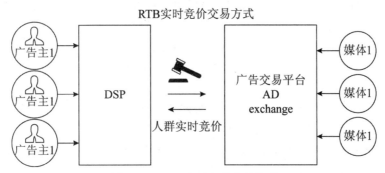

图 15-4 RTB 实时竞价交易方式

当一个用户访问广告位页面时,SSP(供给方平台)端会向 Ad Exchange 发出访问讯号,告知有一个访问请求。SSP 把广告位的具体信息,例如所属站点、最低出价以及通过 DMP(数据管理平台)分析匹配后的用户属性信息打包发送给各个 DSP。DSP 端开始对这个广告展现进行竞价,竞价获胜者就能够让自己的广告展现在这个广告位上,进而让用户看到。

而这些曾经被认为是数字营销趋势的模式一旦常态化以后慢慢降格为营销工具,据Chiefmartech.com 统计的主流营销工具已经超过了 42 个大类 2000 种,而且还不包括"虚拟现实营销"之类的新玩意。

15.4.2 社交媒体的广告价值

1. 社交媒体的广告价值评价

根据艾瑞咨询(iResearch)公布的《2015 中国移动互联网资讯生活白皮书》,在目前获取资讯首选方式的移动端,朋友圈和微信占到的分享渠道已接近 80%。作为中国最具用户规模的社交平台,腾讯的微信平台拥有 6 亿多注册用户,活跃用户高达 4.7 亿,使得微信朋友圈成为了一个最大的移动广告平台,足以产生规模效应。

2015 年 1 月腾讯微信朋友圈广告谨慎推出,尽管投放价格几乎与电视媒体持平,500 万的首发价格还是得到广告主的积极响应。这不仅显示了广告主对数字营销平台的热忱,也传递了对传统媒体的彻底失望情绪。7 个月后,腾讯全面开放朋友圈广告,单次投放最低金额降为 20 万。2016

年 1 月 7 日，微信公开宣布了 2016 年第一季度微信朋友圈广告门槛由 20 万单次降低到 5 万的单次投放。媒介价格的降低对于中小品牌的广泛介入自然是利好，也难免被解读为对朋友圈广告价值的重新定价。

尽管社交媒体仍然沿用传统媒体的千人成本 CPM(cost per mille)来为其广告价值定价，但各个社交媒体平台也各自发展出有利于其平台推广模式的定价指标。大致分类如下：

CPS——cost per sales 销售分成

CPA——cost per action 每次动作成本

CPM——cost per mille，cost per thousand 每千人成本

CPC——cost per click 每点击成本，cost per thousand click-though 每千次点击成本

CPR——cost per response 每回应成本

CPP——cost per purchase 每购买成本

建立在点击率基础上的购买指标是卖方指标，就像当年传统媒体以受众人数作为定价指标一样，这显然是不够的，还需建立基于转化率的相关指标，才能构成广告效果的评估体系。比如：

Click：点击量/点击次数，用户点击广告的次数，是评估广告效果的指标之一。

Click Rate / Click through-rate：点击率/点进率，网络广告被点击的次数与访问次数的比例。如果这个页面被访问了 100 次，而页面上的广告被点击了 20 次，那么 CTR 为 20%，CTR 是评估广告效果的指标之一。

二跳率：页面展开后，用户在页面上产生的首次点击被称为"二跳"，"二跳"的次数即为"二跳量"，"二跳量"与浏览量的比值称为页面的二跳率。

跳出率：是指浏览了一个页面就离开的用户占一组页面或一个页面访问次数的百分比。

CR 转化率(conversion rate)：是指通过点击进入链接访问某一网站访客中产生购买行为的访客占全部访客的比例。

ROI (return on investment)：投资报酬率。

2. 社交媒体的广告价值创造

当前，博客、微博日渐式微，企业官网聊胜于无。淘宝上确实有真实身份的大数据，但是集市般的视觉环境商业气氛太浓，人们只在有购物需求的时候才会踏足淘宝，却在腾讯朋友圈里生活着。腾讯朋友圈呈现出当年江南春眼中的生活圈的生态环境，人们在朋友圈、群里尽情展现着个人的偏好和兴趣，彼此欣赏彼此看见、被看见，这确实是广告展现的理想环境。所以探究微信朋友圈广告创造媒体价值的理念，对互联网时代的广告投放策略会有所启发。

1) 微信朋友圈广告展示的系统结构

腾讯把微信朋友圈这个平台建设成了人们的第三空间，吸收了人们所有的碎片时间并形成独特的生态环境。而朋友圈消息则被设计成图文模式，这与广告形式几无二致。当人们非常习惯以自拍配上片言只语展示心情的时候，广告形式就成为了习惯性的表达。当广告进入朋友圈的时候，从形式上就达到了"润物细无声"的效果。

朋友圈广告通常由五部分的内容构成，包含广告主头像和名称、外层文案、外层图片、"查看详情"链接详情页、用户社交互动等内容，以类似朋友的原创内容形式进行展现。广告外层文案限字 40 个，不得超过 4 行，却支持配置 1 张、3 张、4 张、6 张外层图片来做创意表现，并允许用户对广告创意进行点赞评论，让用户参与到广告中来，用户间的点赞和评论仅好友可见，杜绝陌生干扰，保护朋友圈生态，而用户在评论中的关键词则可间接反映广告创意的质量及用户对

品牌的认知度和认可度。"查看详情"的链接设计更是开拓了更多可能性。微信广告系统支持跳转公众号图文消息，为想通过长篇文字和图片表现广告创意的广告主提供了空间。接着系统对HTML5(以下简称H5)开放接口，支持跳转自定义 H5 页面，H5 实现了视觉动态化，在一个小小的手机屏幕上实现了传统媒体具有的一切展示可能。

2) 微信朋友圈广告效果评估系统

评估系统分三部分：出现、提醒、消失。

首先，基于腾讯用户数据库进行的大数据分析为广告主提供了用户的精准定向，这确实是传统媒体望尘莫及的优势。毕竟传统媒体通过内容定向受众的做法对于受众的细分程度是非常低的，而腾讯用户数据库却可以通过自由设定细分指标并追踪用户的各种行为轨迹来获取更精准的细分可能，也非常符合广告主对数据的偏好。对于满足广告定向条件的用户，将会在朋友圈第 5 条状态的位置看到广告，随后广告将随时间轴沉淀。这个第五条的位置是非常考虑受众心理的接受能力而不至于引起反感的设计。

其次，一旦用户点赞或评论后，其好友对广告进行点赞或评论，用户将收到红点提醒，这意味着这个广告进入互动环节。这是一次成功的投放，一次成功的触动，是广告创意与媒介投放的联手之作。但是如果用户看到广告在 24 小时内没有对广告进行任何操作，广告将消失。一次失败的定向或者一个无法触动到人的广告，两者必有一方或者双方的失败发生。

考虑到人们刷朋友圈的习惯，广告投放时间通常会选择在每天的 12 点、18 点前后，这正是人们工作间隙、工作结束的时间，人们总是在这样的时刻第一时间进入朋友圈，进入第三空间去逃离日复一日、波澜不惊的现实生活。

每期广告投放结束后，腾讯将根据效果评估体系结合各项数据指标向广告主提供《广告投放效果报告》，包括曝光数据、点击数据、互动数据、分享数据、关注数据以及各类定制数据。效果评估是收费依据。比如用户每有一次广告曝光或者互动曝光，系统就进行扣费，五分钟内最多扣费一次，一个用户同一广告最多扣费 8 次。

由于朋友圈广告还无法被第三方监测，只能以腾讯给出的数据为准。根据微信朋友圈给出的广告效果案例中，奥妙的转化率是 15%，英菲尼迪是 12%，这些数据都远远高于 facebook 的平均广告点阅率。

3) 内容创建的价值凸显

今天，广告呈现的实时化(real-time)和视觉化(visual)的走向已经成为趋势，这不仅是流媒体技术进步的结果，也是互联网去中心化发展的必然结果。H5 技术让静态画面手动切换，GIF 技术让静态画面动起来，增强现实应用 Magic leap 和虚拟现实应用 Oculus Rift 引领的虚拟现实革命预示着未来的品牌内容将从文字过渡到图像，从 2D 过渡到 3D。2016 年被认为是 VR(virtual reality，虚拟现实技术)的元年，各式各样高端、低端的 VR 硬件设备相继问世，但是问题随之而来，即消费者为什么要购买 VR 产品，这些设备究竟有什么用？这几乎是回到了起点，回到了广告投放的原初假设：没有人会主动观看广告。

当渠道常态化，大数据实现了目标人群的精准定位，技术发展支持更强大的视觉表现形式，内容的创建能力对于沟通效果的价值贡献再度显现。美国某新闻媒体曾用 VR 视角采播某次恐怖事件现场，并在社交媒体上发起目击者线索提供，有 VR 设备的人群如置身现场，可身临其境地目睹整个过程。这是新闻媒体在尝试使用体验的方式重新抓住受众，并为 VR 设备创造内容。

苹果《1984》开创了广告也可以称为重大事件的观念，使得超级碗广告取得了同超级碗本身并驾齐驱的关注度。50 年来，从 1967 年的 4.2 万美元到 2016 年的 500 万美元，不算通货膨胀，超级碗 30 秒广告费均价在 50 年间增长了近 120 倍。有 78% 的观众承认，相比较比赛，他们更期待的是超级碗的广告，转播商 CBS(美国哥伦比亚广播公司)也因势利导，推出"你最喜爱的超级碗广告"票选活动。

由此看出，无论是广告还是比赛，只要是高质量的内容，传统媒体和新媒体的广告价值都会不断上升；而没有高质量的内容，则无论哪种媒体，哪怕与社会人本质匹配度最高的社交媒体，也很难凭借媒体本身去提升广告价值。为提升 KPI 而把社交媒体平台特性理解为对人群低级趣味的迎合，社交媒体营销对品牌转化的难题得不到有效解决，新鲜热闹之后难免人走茶凉。

在内容为王的时代，无论是流行文化还是消费趋势，身为网络原住民的"90 后"和"00 后"正在取代身为网络移民的"70 后"和"80 后"，成为趋势的引领者和定义者。而在传统广告和公关时代被赋予重要意义的 key message(主要信息))和 master narrative(核心话术)在数字营销时代已经被边缘化。内容的实时化减少了品牌对内容的控制和垄断，让内容的制作和传播更加透明和平等。把握天时地利人和，内容创建还是传统 4A 的竞争优势所在，人心不老，广告不变。

15.4.3 数字营销整合传播趋势

互联网创造了自媒体和社交媒体，曾经的官网、官微、博客、微博等自媒体都曾经被寄予厚望，博客营销、微博营销也曾吸引了不少企业尝试，圈养、散养的意见领袖作为二级传播的发射点表现都乏善可陈。由于自媒体的草根特性，话语权的泛滥，对于产品、品牌、企业的信息传播不仅无法统一，而且日益碎片化。微信作为中国的社交媒体，朋友圈更是口碑营销的天然生态环境，也成了企业"一个声音"营销理念的噩梦。

曾经一个"big idea"统领一场广告活动，全媒体配合就能整合营销传播的时代不过二十年就结束了，未能及时转型、固守收费标准和人均产出的传统全面服务性广告公司的没落势所难免。一个"千人千面"需要千手呼应的数字营销时代令无数小广告公司凭借劳动力成本优势迅速崛起，但其驾驭全媒体的能力实在差强人意。当企业的市场部门意识到社交媒体不仅是一个新的广告阵地而且可以作为日常沟通的平台，把社交媒体业务纳入市场部的范围，外部市场内部化的举动自然而然就会发生，这对数字营销公司则无异于当头一棒。

全面服务性广告公司要成功转型不仅是把数字营销部门纳入其中，重新评估数字媒体的赢利前景，发挥全媒体驾驭力的优势；更需要的是重新反思品牌理念、媒介策略与目前媒体环境的匹配程度。在传统媒体日渐式微、新媒体"吸睛力"无与伦比的今天，企业需要以跨媒体思维引导内容创建，学会和用户一起创造和共享，赋予品牌更大的弹性、更深的人性。显然，参与感才是品牌体验最重要的部分，这正是广告从认知向感知的原初状态的回归，也是产品得以存在的基本立足点。

个体化体验的程度和质量将决定企业的核心竞争力。个体化体验，不仅包括营销自动化、精准营销和大数据分析在内的营销技术方法，它的核心基于用户体验设计。用户购买流程的简化和用户体验增值是用户体验的核心设计的两个关键点，需要企业在人才、流程、技术和文化上的转型，数字营销部门将更多地开始和市场、销售部门跨部门合作，在数字营销与企业销售、客户管理系统之间实现流程和数据的对接。

但是企业内部的数字化转型面临着巨大的内部阻力：互不统属的各类部门以及互不相连的各种软件和平台。为了解决这一问题，一部分企业架构扁平化的企业，如星巴克等就设立了首席数字官、首席客户官和首席体验官这类高级管理职位，来协调各部门的协作。另一部分组织架构复杂的企业如耐克、宝洁等则通过设立独立的数字部门，甚至更庞大的数字商业部门把所有数字化工作都整合在一起，由独立的部门进行战略规划和统一支持。从创意驱动的外部扩张转向数据驱动的内部转型，成为数字营销最不可忽视的趋势。

相对于整合营销传播的革命性意义，数字营销活动同样带来了营销思想上的变革。如果说整合营销传播实现了从"消费者请注意"到"请注意消费者"的换位思考，数字营销传播则是实现了从"我的经济"向"你的经济"思想的彻底转变。相比较整合营销传播的沟通策略一个声音"one"，数字营销传播则是用"different"去贴近不同媒体接触点上的受众，正走在从"one big idea"到去中心化的路上。正是从传播的意义上，数字营销传播不仅是一种技术手段的革命，而是包含了更深刻的观念革命。但是受众关于品牌的所有碎片化记忆最后会形成一个总的印象，人的心理认知规律告诉品牌不要放弃持续的沟通，把握引导和共享的分寸感，从一个声音、一个形象的传播整合向"横看成岭侧成峰，远近高低各不同"却能汇聚出千年不变的庐山真面目的品牌印象整合转变。稳定的品牌特性是人们生活中一股稳定的力量，这正是品牌的基因所带来的存在感。

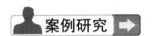
思考题

1. 简述整合营销传播的特点和意义。
2. 简述碎片化时代促销信息沟通彼此无缝衔接的重要性及其方法。
3. 简述企业公关与营销公关在促销策略中的角色特点。
4. 简述广告活动、销售促进、人员推销、公关、事件营销的区分边界。
5. 简述数字营销传播的特点和意义。

案例研究 ➡

"双十一"究竟还能走多远?

2016 年 11 月 11 日午夜 12 点，天猫"双十一"全球狂欢节落幕，全天交易额突破千亿元，达到 1207 亿元，其中无线成交占比 82%，覆盖 235 个国家和地区，创造了新的销售纪录。

尽管不少人对"双十一"颇有微词，却不可否认这个默默走过八年的购物狂欢节已在不知不觉间改变了我们的消费习惯。过去的购物中心是各类商场和实体店，消费活动明显受到地域限制，然而电商时代的到来打破了时空阻隔，激发了人们的消费热情，释放出被压抑的内需，促进了国内经济的增长。习惯的改变往往伴随着精神上的焦虑，每年"双十一"前夕网络上流传的各种"剁手"段子即可为证。在"双十一"这样大规模的购物节日，一些不良商家趁机侵害消费者权益，也迫使人们开始反思"双十一"模式的利弊得失。

一、"双十一"的背景和发展轨迹

2009 年之前，我们所了解的"双十一"只是单身族口中的光棍节，在同年 11 月 11 日，淘宝商城举办了第一届"双十一"促销活动。因为前期的宣传没有到位，那时的 11 月 11 日对于很多人来说只不过是一个普普通通的日子，而到 2012 年，它却成了一个标志性节点，一个销售传奇，一个网络卖家、平台供应商、物流企业的必争之地。

2012 年"双十一"购物狂欢节总销售额 191 亿，其中天猫 132 亿元，淘宝 59 亿元! 这是一个中国网民所创造的纪录! 从那时起，"双十一"不再普通，它成为了中国网民一个重要的节日。围绕这个日子，线上天猫、京东、易迅、当当、国美网上商城、苏宁易购等电商提前热身，线下家电连锁卖场、商场也打得不可开交。2012 年"双十一"服务于这次狂欢节的商家、快递业、支付行业、第三方服务业以及电商平台等相关行业从业者达到百万。"双十一"从此成为了中国网民的狂欢节。

回顾"双十一"走过的八年历程，可以简单地分成三个阶段：

第一个阶段是强行让消费者知道了这个节日，形成了在这一天买东西的期待和习惯。

第二阶段持观望态度的商家开始慢慢接受这种购物狂欢节的存在，投入大量的资源来准备这个 24 小时的购物节。同时在摸索的还有物流和供应链体系，作为"双十一"的后勤保障，在前几年的"双十一"期间，货品超卖、爆仓现象比比皆是，有的消费者一个月都收不到货品，退货率非常高。

第三阶段我们能看到无论是商家还是消费者都越来越娴熟的参与其中，直播、VR 购物、"双十一"晚会等各种元素的加入让这一天变得更像一个节日，而不仅仅是购物，娱乐化、全民化让"双十一"真正的成为一场全民狂欢。

二、2016 年"双十一"的新变化

2016 年的"双十一"购物狂欢盛宴再次刷新了销售额新高：天猫最终交易额达 1207 亿元；京东交易额同比增长 59%；苏宁易购全渠道增长达 193%，线上增长达 210%；国美在线交易额增长 268%，移动端交易额占比达 72%。2016 年的"双十一"见证着传统零售和电商企业逐步融合与共赢，这也反映了中国消费的变迁与升级，中国开始进入了线上、线下、物流、技术和数据完美结合的新零售时代。

1. 直播、VR 点燃"双十一"

"双十一"前夕，阿里巴巴推出"Buy+ VR 会场"，用户通过复制"Buy+"口令进入 VR 购物场景，实现在美国、澳洲、日本等七大国际数字超市自主浏览。据阿里巴巴方面公布的数据显示：11 月 1 日上线当天第一个小时就吸引了近 3 万人进入体验，截止到 10 号，已有近 800 万人次使用了该产品，其中超过 76%是"80 后"，真实的场景搭建极大地吸引着消费者。

"双十一"期间，阿里巴巴和京东这两大巨头都在直播推广上不遗余力。阿里巴巴邀请了娱乐届几乎半壁江山来参与"双十一"购物直播，而京东开启连续 12 个小时的超长明星表演和京东送货直播秀，用户可以边看直播边参与秒杀，期间更有刘强东直播秀厨艺。除京东外，淘宝和苏宁也通过直播平台向用户投放了大量的红包、推送了特别直播节目。名人直播打造出的沉浸式营销，既引爆眼球，也形成了品牌背书，增强了用户的购买信心。

2. 流量的分发由平台主导转向内容主导

2016 年，网络红人开始登上"双十一"的舞台，有多个网络红人自创的品牌突然爆发，登上了女装类目、鞋类目的销售 TOP10。一个网络红人引导的小互联网创业品牌居然打败了众多规模化、有工厂、有数十年品牌沉淀的知名品牌，这简直无法想象。

越是顶端的网络红人，渠道越丰富，越能实现快速的变现，内容营销已经呈现产业化的趋势，流量开始从上至下实现集中式分发，大的网络红人占据了主要的流量入口，然后经由他们将流量引流到各个渠道。

经过这么多年的品牌塑造，"双十一"已经成为一个大 IP(intellectual property，知识产权)，在这个大的 IP 体系下分出无数个小的 IP，而每个小 IP 则肩负了流量转化和引流到商家的任务。在这个内容为王的年代里，传统依靠打折降价的方式依然有一定效果，但是日益苛刻的消费者更愿意在获得性价比的同时期望能得到情感上的满足。

2016 年的"双十一"比起交易额更可怕的是强大的 IP 统治力，在"双十一"这天你可以不买

东西，但是你不得不关注它的存在。它几乎占据了所有的信息传播渠道，而且从"双十一"开始的前一天到结束后的很长一段时间内，全民的话题都离不开它。

这标志着我们正步入一个内容分发的时代，"双十一"垄断了消费者的注意力，然后在它的带领下将注意力分流给商家。竞争已经从传统的产品层面上升到内容层面上。在未来的"双十一"里，随着产品的多样化，这种竞争只会更加激烈。

3. "90 后"主导消费的时代正式来临

"双十一"的最后三个小时，一度出现了满屏的"90 后"表情包，天猫主会场完全被表情包占领，各种"无节操"轮番上阵。这在以往是不可想象的，毕竟这是一次生意数字集中爆发的时候，在这样的压力下，"70 后"或"80 后"作为后台主导的那些年，是绝对没有这样洒脱的！

2016 年的"双十一"集中呈现出更加年轻化的趋势，虽然马云请来了科比和贝克汉姆两位"大叔"为"双十一"造势，但是无论是从年轻化品牌主导最终"双十一"品牌排行榜单，还是从"双十一"下半场的商家全面的娱乐化竞争来看，大家都在讨好年轻人的欢心，"90 后"的消费者已经站到了需求拉动的前台，他们的消费力量不可小觑。

对消费者来说，未来的"双十一"会更加侧重于全民娱乐化的方式购物。对商家来说，除了提供好的产品，还要提供好玩的内容，"双十一"正在全方位考验商家的体验设计能力。

4. 大数据精准指导的"魔手"已经显露

这场购物狂欢节，给产业链带来的考验是全方位的，它不仅仅考验前端服务器的抗压能力，同时也在考验物流和制造的反应水平。在"双十一"这一天大约有 6.57 亿的订单需要被配送到世界各地的消费者手里，这一数字超越了联邦快递和 UPS 全球业务当天包裹数量的总和，一条刷爆朋友圈的用高铁送快递的图片从另一个方面反映了在面对全球化强大的消费需求爆发下，各种配套服务也在竭尽全力地提升消费体验。

"双十一"已经成为物流行业每年一度的大考，被考验的除了物流体系，还有我们传统的制造业供应体系。为了备战这一天，需要提前预测市场及准备库存，"双十一"是把需求集中在一天里完成匹配。不过，随着大数据加入战场，通过大数据回测，我们可以清楚看到消费者在这一天的消费路径，从过往屏幕里不断跳动的数据上我们可以总结推断消费者需求的变化和购买习惯的变化。

每年的"双十一"都为传统制造业提供了一次绝佳的数据复盘机会，"双十一"让智慧制造有了更多的经验和数据可循，以往达成 1000 亿的销量我们需要准备 3000 亿甚至 5000 亿的库存，而如今在大数据的协助下，大约 1500 亿的库存就能够满足所有需求。

2016 年的"双十一"，优衣库成功地用半天的时间就卖完了提前准备的所有库存。这也从侧面反映，通过对需求的前置预判，让制造业能够更加精准地感知消费需求，更为精准地匹配，减少浪费。

三、对"双十一"的沉痛反思

1. 被过度引导的消费

"双十一"当天有不少人成了"剁手族"，"双十一"之后也有不少人加入"吃土党"，蚂蚁金服和京东白条的加入让广大消费者在面对琳琅满目的商品时更多了一份从容。

这一天是需求集中爆发的一天，但这些集中爆发的需求当中有多少是真正必需的？消费虽然是你情我愿的事情，但在"双十一"稀缺效应的影响下，这种你情我愿中多少含有一些冲动的成分。

从极简的角度来思考，在购买决定前需要问自己：这是否是真真正正的需要？或仅仅是我想要？只有是自己真正需要的产品，才会购买。"用极简的方式来思考我们的生活，了解自己的真实欲望，明白自己最想要的是什么，不受外界影响，不要盲从追随热点，不跟风所谓潮流，不被大众欲望蒙蔽内心。了解自我的真实需求，便不会因为外界的诱导而失去理性的消费"。

可持续的商业不仅仅是引导消费者，而且应该是理性的引导消费，从这一点上来说，"双十一"的存在，在带来需求增长的同时也造成了资源的浪费，想想你所买的东西里面，哪些是真正需要的？哪些是可有可无的？

这种非理性的消费方式带来的危害是长久的。我们不应该引导消费者为了购买而购买，而是真正挖掘消费者的本质需求，倡导消费者理性购买，从这一点上来说，目前的"双十一"对消费的透支是巨大的。

"双十一"后，将会迎来一个漫长的线上线下整个零售业的萧条期，期望未来在人工智能和大数据的协助下，通过平台和商家的觉醒，能够真正实现需求和供给的精准匹配。

2. 非理性的竞争到底促进了什么

"双十一"是买家的节日，也是卖家的战争，为了备战这一天，商家们会提前三个月甚至半年来备货，商家之间的竞争越来越激烈，不少商家"被动"卷入这场战争中。然而一个残酷的事实是，在"双十一"的战场上，赢家永远是少部分。

从 2016 年公布的销售品牌排行来看，大品牌几乎占据榜单的全部。80%的商家扮演了陪太子读书的角色，互联网的定律在这场战争中体现得淋漓尽致。越是占有资源的一方，越能够获得更多的资源。

我们没必要去纠结谁赢谁输，我们要反思我们从中能够得到什么？一个好的商业模式利益相关方是能够共赢的，显然在当下的"双十一"活动中，大部分商家还没找寻到共赢的方式。电商平台为我们搭了一个舞台，买单的却是百万商家，几乎 90%参与的企业赚到的仅仅是人气和销售额，而不是利润。

退一步来说，很多企业的初衷是在这一天能够打出自己的品牌，而事实是即使赔本赚吆喝也很难得到消费者短期内对品牌的认可，品牌建立是一个长期的过程，而不是一天能够完成的。在"双十一"当天曝光度最大的依然是传统品牌。非理性的竞争导致少部分商家蚕食了大部分商家的利润，而获益最大的是平台。

买家需要理性地看待消费，卖家也希望能够理性地竞争。在一个持续的生态里，共赢是基础，如果参与其中的大部分人资源投入远小于回报，这样的商业不会持久。从这一点上来说我们又要为未来的"双十一"而感到担忧。

我们还需要"双十一"吗？任何现象的产生都是商业演变的必然结果，"双十一"也不会例外。我们需要"双十一"，它展示我们的消费实力、时代特征，也展示我们的创新能力。但我们更需要理性的"双十一"，通过数据和技术将非理性的消费和竞争降到最低。期待明年的"双十一"能给我们带来更多的惊喜，能让我们看到一个更加理性的娱乐和商业盛宴。

【资料来源】
1. 观察与反思：我们是否还需要"双十一". 亿邦动力网，2016.11.14.
2. 路中林. 对"双十一"的反思无需上纲上线[N].南方日报，2016.11.14.
3. 2016 年"双十一"：新格局书写新零售未来. 联商网，2016.11.21.

案例思考题

1. 你眼中的"双十一"究竟是个怎样的节日？是天使还是魔鬼？

2. 应如何看待 2016 年"双十一"出现的新变化？

3. 面对"双十一"商家的非理性竞争，企业应该如何制定促销策略？

4. 销量连创纪录的背后，"双十一"也面临了如"过度消费、非理性竞争、假货满天飞"等诸多指责，究竟如何才能实现"双十一"的健康良性发展？请谈谈你的观点。

第五篇　展望营销趋势

第16章 营销延伸与拓展

麻省理工学院的迈克尔·哈默(Micheal Hammer)与詹姆斯·钱皮(James Chamby)在提出企业流程再造理论时指出，所有企业都需要面对3C特征的外部环境变化，即客户需求的变化(customer)、市场环境的变化(change)和竞争态势的变化(competition)。客户需求的变化是指客户对企业所能提供的产品和服务越来越挑剔，对产品和服务越来越多地附加了种种个性化的要求，对单一产品或服务的依赖性和忠诚度不断降低，对产品或服务提供的时间要求越来越高。市场环境的变化是指大量新产品不断涌现，技术的半衰期不断缩短，从科学到技术的发展不断加快，尤其是互联网、移动互联网和物联网的发展已经逐步改变了人们的生活，并在逐步改变市场环境。竞争态势的变化是指在竞争范围上与企业对抗的不仅是国内同行，还有全球业界领先者，不仅是传统大规模企业，还有武装了先进技术装备的中小企业；在竞争深度上由成本、质量和服务的竞争发展到时间的竞争，时间要素也由交货期转化为企业对客户需求的总响应时间。

在这复杂多变的外部环境中，那些认清形势并迅速做出调整的企业获得了成功，但更多的企业则因跟不上时代的步伐而陷入困境。形势的迅速变化使这些企业昔日取胜的法宝昙花一现，过去赖以制胜的市场假设、观念和操作方式已不再有效。那么，企业应当如何迎接当前奔腾时代的挑战，如何开展新时代的竞争呢？

16.1 文化营销

有人说，对人性的假设已从"经济人""社会人"转向"文化人"；有人说，未来的管理将进入"文化管理"阶段；还有人说，品牌的一半是文化。文化营销正是在这个异常强调"文化"的背景下发展出来的。

16.1.1 文化营销的含义和特点

1. 文化营销的含义

文化营销是指通过传递特定的文化来实施营销活动的过程。"文化营销"是一个崭新的名词，它与传统意义上的市场营销有区别。它往往是在营销的过程中，努力构筑一个主题鲜明的活动，这类活动不是单纯地把某一件商品推销给消费者，而是努力与消费者达成默契，从内心上去影响和引导消费者的行为。文化营销的概念在房地产、汽车销售中表现得最为淋漓尽致。这些产品无论在设计还是宣传包装上都传递着一种情感，文化品位、价值观念一览无余。人们在购买这样的住房和汽车的时候，除了改善生活环境、追求幸福生活的目的外，还在无意间流露出购买者的事业成功。

专家指出，营销过程在实物上表现的是传递产品以满足需要的过程，而在内层方面则是一种文化价值的传递和达到满意的过程。在一定意义上，现代市场营销是物化营销和文化营销的结合。营销离不开文化，如果说传统市场营销强调的是实物传递的过程，主要着眼点在于物化营销，那么文化营销则更强调营销过程的文化传递，通过传递特定的文化赋予产品更多的价值。文化营销的过程也是一个传递价值观的过程，通过传递某种与其产品特质暗合的价值观，营销者提升了其产品在消费者心理上的价值。事实上，多数情况下这种价值观是早已潜存于消费者心中的，文化营销通过倡导这种价值观来引导消费者购买与这种价值观相协调的产品，以满足其被激发的心理需要。由此，文化营销依靠提升产品在消费者心理上的价值赢得优势。

2. 文化营销的特点

文化营销把企业营销活动的重点从交易的完成和实物的传递转移到文化的传递中来，把每次与消费者的接触看作是传递文化的机会，而不是一项单一的买卖、服务活动。这是与传统市场营销根本不同的，因此文化营销有其鲜明的特点。首先，文化营销可以分为两个阶段，其一是文化传递，这是主要的阶段，是文化营销活动的重心所在；然后才是产品的实物转移，这个阶段是水到渠成的结果。其次，文化营销的目标是传递文化而不是出售产品，仅仅以出售产品为目标是难以成功的，只有以传递文化为目标，提升产品在消费者心理上的价值，占有市场，才能实现突出的销售业绩。再次，文化营销认为营销不再是某个职能部门的事，作为一种以传递文化为主的活动，文化营销强调全员参与，每一个员工与外界的接触都是传递文化的机会。最后，文化营销强调信息的双向沟通，而不是单向的信息传递。企业倡导的文化不是随意捏造的"空中楼阁"，而是来源于消费者，只有这样发展起来的文化才能被消费者广泛接受。

16.1.2　文化营销的产生和发展

营销，正在渗入我们生活的方方面面，它无处不在，无时不有。然而，那种充斥着叫卖声、弥漫着庸俗气息的硬式推销已经越来越不受欢迎。由于相互间的差距越来越小，企业传统上具有的自然资源、规模经济、资金与技术上的优势已经不能再给企业带来恒久的战略竞争优势；由于信息的畅通，市场运作的规范与完善，企业在产品、价格、渠道及促销等营销操作层面上的竞争优势因相互间迅速的模仿和借鉴而很快消失殆尽，想以此建立起长久的竞争优势越来越不可能。在这样的背景下，作为一种相对稳定的强势资源，文化成为企业寻求竞争优势的新领域。随着世界 500 强中的巨型公司纷纷凭借各自的强势文化进一步发展壮大，商界人士对文化营销趋之若鹜，各种新奇的"文化招"层出不穷。在营销实务界大胆创新的同时，营销知识界极力关注文化营销，大大发展了文化营销的内容。

16.1.3　文化营销的三个层面

在实际运作中，文化营销可从以下三个层面展开。

1. 产品或服务层面

这一层面上的文化营销就是推出能提高人们生活质量、推动人们物质文明发展的产品或服务，并能引导一种新的、健康的消费方式和消费观念。如麦当劳的产品和服务就体现了一种新的饮食文化。

2. 品牌文化层面

这一层面上的文化营销就是用特定的文化内涵来塑造能给消费者带来极大满足的品牌。品牌有无竞争力，能否成为名牌，主要的并不取决于技术物理上的差异，而在于品牌是否具有丰富的文化内涵。红豆集团的"红豆"服装，其品牌"红豆"就采用了现代文化创意手法，借助人们早已熟悉和热爱的"红豆诗"，赋予品牌一种强烈的文化色彩和情感。

3. 企业文化层面

在营销过程中,将企业优秀的理念文化、行为文化、物质文化、制度文化通过整合有效地传达给社会,以塑造良好的企业形象,反过来又有助于各项营销手段与技巧的顺利实施。其中,理念文化是核心,它包括了一个企业的价值观、企业精神、企业道德。

在操作中,以上三个层面中的文化因子越统一,则营销的效果越好。同时,文化应该有一个明确的定位。这种定位必须反映个性,随着社会主流文化的变迁,文化定位也将是一个动态的过程。

16.1.4 文化营销的两种战略

消费者接受产品和服务的过程无疑受到消费能力、产品品质、价格、购买过程、服务等多方面因素的影响,但在这个过程中,消费者所承载着的某种文化或精神因素也影响着他对产品和服务的感性认同。文化营销正是着眼于此。在文化营销的实施中,企业可以采取两种不同的战略。

1. 传播企业文化

传播文化就是开拓市场。跨国公司将企业日积月累沉淀出来的企业文化,转化为企业凝聚力和活力的源泉,这也正是打造并延续企业品牌核心竞争力的一个重要"着力点"。没有一定的企业文化做支撑,跨国公司很难做大。造就了可口可乐、惠普、索尼、GE、迪士尼、IBM、麦当劳等品牌的既不是资本、规模和技术,也不是特定的优秀员工——这些因素每天都在变化——而是看不见的企业文化。这些文化融入企业长期发展的战略经营方针之中,渗透在企业经营和管理的每一个环节,并伴随企业文化的不断延续和更新,最终通过产品和服务在市场上形成自己独特的品牌竞争优势。诚如营销大师所言,麦当劳、可口可乐对于消费者来说,其含义已不只是一种快餐、一种饮料,它们蕴含并象征着一种"勇于开拓,不断创新"的美国文化,这种文化是通过产品、品牌等企业要素表现出来的。

2. 利用当地文化

利用当地文化营销,是跨国公司的一种入乡随俗的本土化营销战略,文化成为跨国公司本土化和国际化有机融合的纽带。企业传递的文化不一定是与生俱来的,它还可以是企业针对消费者、为迎合消费者而设计的。现在,中国文化正在成为国外商家进军中国市场的新式武器。2013年,西门子家电文化营销出了个奇招,制作"红包贺卡"向消费者拜年!巧妙的是,在红包里面还有一枚一元硬币,寓意"一元复始,万象更新"。可谓尽得中国传统文化之真谛!试想,哪个中国人没有收到过压岁钱呢?没有过对春节的企盼?这里既有美好温馨的祝愿,又有对一种文化的认同,老外拜年发红包,图的就是个新年新意。

16.2 体验营销

体验不止是一种虚无缥缈的感觉,它还可以化作一种实实在在的商品,消费者一旦被体验感动,就会心甘情愿地花钱买体验。如果能将商品和体验捆绑在一起执行策略,那营销就有可能别有洞天。体验营销正是以这样的观念为依托而产生的。

16.2.1　体验营销的含义

体验营销(experience marketing)是美国战略地平线公司的创始人约瑟夫·派恩(B.Joseph Pine Ⅱ)和詹姆斯·H. 吉尔摩(James H.Gilmore)在 1998 年首先提出的。他们对体验营销的定义是："从消费者的感官、情感、思考、行动、关联五个方面重新定义、设计营销理念。"他们认为，消费者消费时是理性和感性兼具的，消费者在消费前、消费中和消费后的体验，是研究消费者行为与经营企业品牌的关键。现今的消费者不仅重视产品或服务给他们带来的功能利益，更重视购买和消费产品或服务的过程中所获得的符合自己心理需要和情趣偏好的特定体验。

与其他营销理论一样，远在正式的概念提出之前，体验营销的基本思想就已经被很多企业所掌握。近些年来，体验营销无论在营销知识界还是商界都获得了空前的发展。事实上这并非偶然，原因可归纳为以下几点。

1. 消费者需求层次的提高

在农业社会，人们追求的是温饱的基本满足；在工业社会，生活水准由物质产品来衡量；在后工业社会，人们更加关心生活的质量，重视自己在心理上和精神上获得满足。体验可以说正是代表这种满足程度的经济提供物，以体验为基点的体验营销之所以产生并迅速发展是社会发展的结果。

2. 产品和服务的同质化趋势

激烈的市场竞争使各行业提供的商品和服务越来越趋相同，这种商品和服务的趋同无法满足消费者的个性化需要。因此，消费者越来越追求独特性的体验。

3. 先进企业对消费者的引导和示范

许多体验性消费是由少数先进企业首先引导和示范的。例如，在索尼公司推出随身听之前，消费者并没有想到收听音乐会如此方便；在苹果公司制造出个人电脑之前，消费者不曾期望自己能够用上如此神奇的机器。

4. 现代科技的突出成就

如果说消费者对独特体验的渴求是体验消费盛行的内因，那么现代科学技术的飞速发展则提供了各种体验消费的可能性。现在人们接触到的许多体验，如互联网游戏、网上聊天、虚拟社区等都是因现代科学技术的飞速发展而满足人们体验需求的。

16.2.2　体验营销的主要策略

在体验消费盛行的今天，越来越多的企业开始意识到体验的战略意义。如何在消费过程中给消费者带来美的享受，体验营销有以下几种策略。

1. 感官式营销策略

感官式营销是通过对消费者视觉、听觉、嗅觉和触觉的刺激建立感官上的体验。感官式营销可以增强消费者对公司和产品的识别能力，增加产品的附加值，引发购买动机等。

2. 情感式营销策略

情感式营销是在营销过程中触动消费者的内心情感，创造情感体验。这里的情感既可以是温和的、正面的(如欢乐、自豪)，也可以是强烈的、激动的。情感式营销需要真正了解什么刺激可以引起某种情绪，并能使消费者自然地受到感染，融入这种情景中来。

3. 思考式营销策略

思考式营销是启发人们的智力，创造性地让消费者获得认识和解决问题的体验。它运用惊奇、计谋和诱惑，引发消费者产生统一或各异的想法。

4. 行动式营销策略

行动式营销是通过偶像、角色(如影视歌星或运动明星)来激发消费者，使其生活形态予以改变，从而实现产品的销售。

5. 关联式营销策略

关联式营销包含感官、情感、思考和行动等的综合。

16.2.3 体验营销的实施

在企业的具体运作上，体验营销可以有各种各样的实施办法。

1. 在产品中附加体验

在体验营销中，产品不仅需要有好的质量和功能，还要有能满足使用者视觉、触觉、审美等方面要求的特性。现在消费者对产品的期望值越来越高，某一个细节的缺陷便会影响消费者对产品的感知，从而不利于产品的销售。因此，企业要密切联系消费者和使用者，在附加体验或去除不良体验方面大做文章。

2. 用服务传递体验

在服务过程中，企业在完成基本任务的同时，完全可以突出自己所传递的体验。海尔在这方面就做得很好。例如，海尔的维修人员在服务结束时，会用自带的抹布将门口的地面很细心地擦一遍，即使是根本没有弄脏，这个看似无足轻重的服务细节，却能给消费者带来美好而难忘的体验。

3. 通过广告传播体验

由于广告的传播范围广，优秀的体验广告更能吸引目标消费者，达到产品销售的目的。例如，"百年润发"广告巧借中华民族夫妻间青丝白发、百年好合的传统美德，以洗发的浓浓深情，把人带入"青丝秀发，缘系百年"的美好境界。

4. 借品牌凝聚体验

表面上，品牌是产品或服务的标志；深层次上，品牌则是人们心理和精神上的追求。在体验营销者看来，品牌就是"消费者对一种产品或服务的总体体验"。因此，创造一个强调体验的品牌形象，消费者就会蜂拥而来。

5. 创造全新的体验业务

体验业务不同于依附在产品或服务之中的体验，它是企业真正要出售的东西，产品或服务只不过是一种载体。我们需要在各大行业，如影视、艺术、体育、旅游等中间创造出全新的体验业务，以满足人们不断上升的体验需求。

16.3　知识营销

随着知识经济时代的到来，知识成为发展经济的资本，知识的积累和创新成为促进经济增长的主要动力源。因此，作为一个企业，在搞科研开发的同时，就要想到知识的推广，使一项新产品研制成功的市场风险降到最小，而要做到这一点，就必须运作知识营销。

16.3.1　知识营销的含义与特点

1. 知识营销的含义

知识营销是指通过有效的知识传播方法和途径，将企业所拥有的对用户有价值的知识(包括产品知识、专业研究成果、经营理念、管理思想以及优秀的企业文化等)传递给潜在用户，并逐渐形成对企业品牌和产品的认知，将潜在用户最终转化为用户的过程和各种营销行为。知识营销应包括以下要求。

1) 知识营销中的生产是知识密集型生产

生产以高新技术支持为主，而且技术呈现超前性和不确定性，其生产过程就是技术转化和知识吸收的过程。它强调企业产品的知识、文化含量。企业将自己的文化理念、精神和价值观，通过知识营销方式灌输给消费者，达到一种文化认同的效果。而企业的产品则是企业文化的载体。

2) 知识营销是以先创造需求并满足需求为市场导向的

企业在营销过程中是先投入资金研究开发新技术、新产品，通过广告、售前培训等手段教育消费者，提高或改变其需求水平和层次，进而接受新产品。新产品虽然技术复杂，但强调生产者与消费者在技术知识上的对接，使消费者在使用时更容易操作。

3) 知识营销要求销售人员素质较高

知识营销要求销售人员具有一定水准的专业知识，了解与企业产品相关的科普知识，担当起向消费者传播科普知识的重任。知识经济时代，产品的科技含量和知识密集程度不断提高，而对于非专业型的普通消费者来说，产品蕴藏的知识与消费者掌握的知识存在很大的差异，因而要求销售人员了解自己的产品和相关知识，做好向消费者的推介工作，增加对该产品的需求。

4) 知识营销注重无形资产投资，不断创造新的需求市场

把高知识含量的产品与知识化营销方式结合起来，增加产品的附加值，扩大产品的销售。

以知识推动营销，还可以培育、创造新的市场，通过知识、信息的刺激，促使潜在的市场变成现实。企业在生产—销售—再生产的良性循环中，以无形资产的投资，加快科技开发、生产、工艺流程的设计，使研究、开发、应用、销售等各个环节紧密衔接，企业在销售产品与服务的同时，还向消费者输送了一种文化、理念或生活方式。

5) 知识营销强调经济效益、社会效益和环境效益的紧密结合

店铺应建立一个技术咨询服务中心，做好售前、售中、售后的各项工作，不断向消费者传递各种产品和技术的新信息，同时做好各种服务工作，确保消费者的正确使用。让消费者不仅从直接的使用中获益，而且还从中得到文化、知识等精神享受。

知识营销还注重先进科学技术的应用与消费者审美文化的同步，销售产品与社会公益、可持续发展的结合，从而使知识营销的应用程度和范围更加广泛和深入。

2. 知识营销的特征

与传统的营销方式相比，知识营销具有以下特征。

1) 营销环境发生了质变

知识经济时代企业的营销环境将发生巨大变化。首先是竞争日益激烈。随着信息网络技术的飞速发展及世界经济一体化的不断演进，"国内市场国际化，国际竞争国内化"使得竞争愈演愈烈。其次，竞争的方式也发生变化。大家共有信息技术，共享知识资源，共同开发市场，在合作中竞争，在竞争中合作，形成良性循环的竞争环境。

2) 营销产品发生了质变，传统营销产品逐步被知识型产品所替代

所谓知识型产品，即为高科技产品的升华，产品科技含量高，如 iPhone7、智能家居产品等。对于这些知识型产品的营销必须要求营销者具有高素质，不仅要深谙营销技巧，同时也要掌握产品的知识含量，能够把这些知识推销给消费者。如果营销者对产品本身的技术含量、使用功能、维修知识一知半解，对消费者的询问含糊其辞，产品售出发生故障时也不能及时提供售后服务，那么消费者将疑云重重，营销也就很难成功。

3) 营销方式发生质变

发端于 20 世纪的计算机和网络技术正一日千里地迅猛发展，在知识经济时代必将获得更大的发展甚至出现更大的突破。如今，互联网已将世界连为一体。与此同时，国际互联网使得营销信息系统更加完善与迅速。传统的营销方式是靠媒体、广告等向消费者传达产品信息的。这种传递是单向的，往往是营销者比较主动而消费者处于被动，信息反馈速度慢并有限，而且成本较高，因而往往不能制定适宜的营销战略。而在知识经济时代，网络化的实现使营销渠道四通八达；不仅营销部门可通过网络将产品信息迅速传达给消费者，大大减少了营销环节，从而降低了成本；而且消费者可通过网络与营销部门进行对话，提出自己的愿望与要求，促使厂家生产出更适合市场需求的产品。

16.3.2 知识营销的产生与发展

在知识经济时代，企业管理的重点将从生产转向研究开发，从对有形资本的管理转向对知识的管理。与此同时，企业营销方式也必然会转向更高层次，即知识营销将成为企业获得市场的一种重要的营销方式。因此，知识营销随着以下两个线索产生与发展起来。

第一，知识营销使用户在消费的同时学到新知识，同时使得知识营销应用更加广泛。

知识经济时代，科技推陈出新的频率加快，消费者萌发的消费需求常常滞后于新产品推出的速度。这种情况导致了新型的市场营销观念即市场开拓的提出。市场开拓的中心思想是创造新的需求和消费方式，以引导和改变消费者的消费行为和消费习惯。这就要求企业在推销产品的同时，向社会传播与产品有关的知识、技能，使用户在消费产品时，从企业那里学到更多的东西。

(1) 增加营销活动的知识含量。

(2) 挖掘产品文化内涵，注重与消费者形成共鸣的价值观念。

(3) 形成与消费者结构层次上的营销关系。营销关系分为三个层次：一是财务层次，即以价格折扣、回扣、奖励等形式拉拢顾客；二是社交层次，即与顾客建立友谊或各种社交关系；三是结构层次，即本企业产品与客户在技术结构、知识结构、习惯结构上吻合，从而建立起稳固的营销关系。

(4) 培训顾客和有针对性地销售。产品的技术含量越高，就越需要用知识去赢得顾客，让顾客

了解如何使用产品以及使用所能得到的收益。在高技术含量和智能化产品的营销中，常常以培训顾客为媒介，让更多人了解使用知识，明白使用收益，从而扩大市场份额。例如，许多计算机软件在推出后，如果不对顾客加以培训，了解软件的使用知识，就很难形成自己的市场。因此，软件公司的营销人员对顾客的培训已是习以为常，通过传单、讲座、培训班、演示会等种种形式，来培养顾客，占领市场。

第二，知识营销以网络交易为手段，互联网助推知识营销的快速发展。

知识经济时代，营销市场的另一个重要特点就是信息网络技术介入商品流通环节，从而导致新的营销手段即网络营销的出现。网络营销是一种符合知识经济时代要求的方便、快捷、有效的营销方式，其优势显而易见，它集声音、影像和文字信息于一体，具有及时性和互动性，能够提供给顾客及时充分的商品信息，并同时实现顾客与企业之间的直接沟通。企业通过网络发布供应信息，使顾客可随时调阅检索。企业也可通过网络去主动检索顾客的需求信息，并根据用户要求对产品做出改进、创新。

16.3.3 知识营销的应用手段与方法

知识营销有多种应用手段和方法，主要包含以下几种方式。

(1) 学习营销。知识经济时代，人类将进入学习社会，实现真正意义上的"活到老，学到老"。学习社会的到来，知识和信息的大爆炸决定了知识经济时代的营销是"学习营销"，它主要包括两个方面的内容。一是企业对消费者和社会宣传其智能产品和服务，推广普及新技术。对消费者进行传道、授业、解惑，实现产品知识信息的共享，消除顾客的消费障碍，从而"把蛋糕做大"。二是企业向消费者、同行和社会的学习。企业在进行营销的过程中要不断地向客户及其他伙伴学习，发现自己的不足，吸取好的经验方法，补充和完善自己的营销管理过程。

(2) 网络营销。简单地说，它就是利用互联网和移动互联网进行的企业营销，并不断累积客户相关知识。网络营销主要通过在互联网上建立虚拟商店和虚拟商业区来实现。虚拟商店又称为电子空间商店(cyberstore)，它不同于传统的商店，不需要店面、货架、服务人员，只要拥有一个网址连通互联网，就可以向全世界进行营销活动。它具有成本低廉、无存货样品、全天候服务和无国界区域界限等特点。另外，在网络上还可同步进行广告促销和市场调查以及收集信息等活动。

(3) 绿色营销。随着生活水平及自身素质的双重提高，人们已不再满足于消费传统意义上的商品及服务，"绿色产品"成为人们的新宠。"需求创造自己的供给"，根据这一最新潮流，企业营销时应特别重视"绿色"概念。开发"绿色产品"是指从生产、使用、回收处置的整个过程对生态环境无害或危害极小，符合特定的环保要求，并利于资源再生回收的产品。同时在营销策略上应注重"绿色情怀"，重视"绿色包装"，提供"绿色服务"，做到天人合一，健康营销。只有这样才会得到社会的肯定和顾客的信任，企业营销也才可能取得成功。

16.4 善因营销

在公司丑闻接连不断、公众不断呼吁良好企业公民的今天，企业通过善因营销体现了自己高度的社会责任感，有助于从这个产品和服务日益同质化的商业世界中脱颖而出。正如雅芳公司负责人所言，"善因营销超出了普通营销项目的意义，成为公司与顾客融洽关系和提高营销声望的法宝。这种营销项目能有力地调动销售人员的积极性，其价值怎么高估也不过分"。

16.4.1 善因营销的含义与特点

善因营销(cause-related marketing)是将企业与非营利机构，特别是慈善组织相结合，将产品销售与社会问题或公益事业相结合，在为相关事业进行捐赠、资助其发展的同时，达到提高产品销售额、实现企业利润、改善企业社会形象的目的。

16.4.2 善因营销的产生与发展

商业世界必须重视一个现实：消费者的公民意识崛起了。自大萧条以来最严重的经济危机、BP墨西哥湾石油泄漏事件、三聚氰胺"毒奶粉"事件、瘦肉精事件和日本的核电站危机，再加上全时在线的社交网络等微信息平台，更加速了公民意识崛起的进程。公民消费主义时代的消费者不再过分追求效用最大化，而是更加强调企业行为和消费行为中的外部效应、环境影响、可持续性发展因素和社会责任。

爱德曼国际公关公司曾经就公民消费主义发表了一篇颇受关注的调查报告《爱德曼全球善因报告》：在全球范围内，86%的消费者认为企业应该把社会利益摆在和企业利益同等甚至更高的位置上，企业社会责任感是最关键的购买激励因素(影响远高于设计、创新和品牌忠诚度)，约63%的消费者不但会因此购买该类产品，还会推荐它并分享相关的积极体验和观点；在中国，近80%的消费者倾向于购买提倡善因的企业产品，信任有社会责任感的品牌，这远远高于63%的世界平均水平。大力推进善因营销在全球范围内尤其是在中国已经到了"机不可失，时不再来"的时刻，及时有效地抢占善因消费的制高点，成为未来企业扩大市场份额、确保生存发展的重要基础。

"公民消费者"已不仅仅只是个企业可以敬而远之的学术名词。消费者已经认识到他们的消费行为就像选票一样可以促使企业往有益于社会的方向发展，消费主义在后工业化时代把人性割裂物化边缘化，如今的公民消费主义把这些被割裂的个体编织成一张社会变革的网，把被边缘化的人群重新拉到推动社会进步的舞台中心。把善因融入到企业永续经营的诉求中来不只是个应景的时髦之举，更是企业能否创造出更好商业模式的出发点。

Purpose(善因/社会责任感)已成为经典4P营销理论必须延伸的第五个也是最重要的一个P。5P当中，善因是唯一一个能够让消费者和品牌展开充分情感互动，并在品牌当中打下深刻自我烙印的因素。体现这一点的一个比较经典的案例就是"百事焕新竞赛"。为了启动这个项目，美国百事公司在2010年放弃了把持23年之久的美国广告界最耀眼最昂贵的展示舞台——美国橄榄球超级碗，毕其功于一役地投入这个有史以来规模最大的善因营销。消费者可以通过"百事焕新"的网页提交有助于社区进步的方案，然后由消费者票选，得票最多的一些项目将获得百事公司提供的启动资金。2010年间"百事焕新"已经启动了价值2000万美元的社区项目，消费者投票累计达6100万人次，高于2008年总统大选中任何一个候选人所获取的票数。今天看来，这不失为引领营销潮流、获取巨大社会影响面的高瞻远瞩之举，上至政客明星，下至草根民众，很多人仍在微博、社交网络、报纸、电视、酒吧街巷中谈论"百事焕新"所带来的启迪和喜悦。

在消费动机发生深层次变化的今天，人们不再单纯追求物质生活的丰盛，很多人甚至愿意牺牲自己的消费习惯去改善社会、环境和世界。有远见的企业必须依此调整营销战略。公民消费主义运动已是大势所趋，消费者已经意识到他们的消费行为如同选票一样可以改变社区和世界，在微博、社交网络等微信息平台的整合催化之下，旧有的商业诉求结构和品牌格局将被彻底打破。今后的品牌创造将会是一个越来越民主、越来越强调与消费者情感互动的过程。这就是公民消费主义给我们带来的最深刻的启示。那些盲目追求利润无视社会责任感的企业将会发现，它们原本稳固的市场份额变得岌岌可危：一个品牌的缔造很艰难，但毁灭却如此容易。

那么，如何把善因营销的理念植入企业管理当中呢？首先，要分析自己的产品结构、经营诉求和受众的情感诉求，在彼此交集中寻找可以互动的社会责任平台(善因)。在此平台上，企业、品牌和受众能够协调努力地创造积极的社会影响，增进彼此的社会价值。其次，确认企业所在产业领域涉及的社会问题和可以阐述为自己的崇高的社会责任诉求，并使企业的经营诉求符合这一社会责任诉求。再次，制定善因营销活动来和消费者进行深层次的情感互动，并在此基础上加深品牌忠诚度。最后，衡量善因营销是否成功的标准是：是否和消费者之间建立了有效的对话机制；活动中是否有消费者的充分参与，参与的效果如何；活动是否建立了责任明晰、成就感明晰的会员制度；是否增进了相关品牌产品的购买和再购买程度。

16.4.3　善因营销的应用手段与方法

企业要想创造性地、富有成效地做好善因营销，必须关注以下几点。

1. 将商业目标与慈善目标有效结合

选择与公司目标相吻合的公益事业和合作伙伴。善因营销项目唯有聚焦于公司的主要利益相关者——客户、员工、社区、政府官员或者供应商等，才能将商业目标与慈善目标有效结合，提升公司品牌形象。例如，雅芳的主要客户群是 30 岁以上的中年女性，她们很清楚乳腺癌对女性的潜在威胁。面对众多企业参与这一领域的"过度竞争"状况，雅芳公司另辟蹊径，避开当时最热门的研究赞助，而转向那些得不到良好医疗服务的妇女，而她们最迫切的需求就是定期检查和及时就诊。当其他公司纷纷仿效，致力于提高妇女的意识进行乳腺检查时，雅芳并没有轻易放弃这一领域，而是继续加大投入，不断推出像"雅芳抗击乳腺癌之旅"这样的创新项目，从而保持了自己的特色。此外，企业在筛选合作者时应基于一定的标准，因为这将影响整个活动运作成功与否。著名的耐克公司就有一套自己的标准，如要求在设计和执行相关活动上有经验，有与财富 500强合作的经历，对主要的利益相关者有良好的信誉、有忠诚合作的责任感等。

2. 企业要做到"长期承诺，全员参与"

当企业考虑将自己有限的资源投入到某项公益事业上时，必须保证公司的最高管理层知道这是一项长期承诺，切不可把通过善因营销进行品牌建设与月度或季度之类的短期促销计划混为一谈。"麦当劳之家"慈善基金会也许是近十几年来世界上最负盛名的社会公益项目，但是要知道，这一项目迄今为止已经持续运作了 40 多年时间。

除了公司最高领导层的长期承诺之外，员工的高度参与也是善因营销项目成功的关键因素之一。沃尔玛的萨姆·沃尔顿、家得宝(Home Depot)的伯尼·马库斯、雅芳公司的吉姆·普雷斯顿以及星巴克的霍华德·舒尔茨，他们都把自己的员工视为品牌大使。当善因营销融入自愿的成分，员工对公司的情感就将得到进一步的升华。根据 Walker 信息公司针对志愿者和慈善活动所做的 2005 年全美企业员工基准研究，参与公司志愿者项目的员工中，73%的人认为企业对他们志愿活动的支持使他们对本职工作更加投入。此类志愿者活动使员工感到自己亲身参与促进了社会的进步。因此，他们对社会慈善事业和公司的忠诚度也随之提高。

3. 企业要做到"沟通，沟通，再沟通"

身处注意力时代的今天，如何获得更多的眼球在相当程度上决定着某项营销活动的成败。因此，要想有效提高善因营销活动的成功率，企业应当综合使用一系列内部和外部的传播渠道，包括网络、年度报告、直邮和广告等。例如，美国邮政总局的慈善附捐邮票项目则利用其标志性产品——邮票作为传播的媒介。该项目的主要内容是将 2001 年"英雄"邮票的部分销售收入捐献给联邦紧急事务管理署，由后者分配给在"9·11"恐怖袭击中不幸殉职或者终身残疾的救援人员家属。

16.5　长尾营销

地上有一堆散落的芝麻和一个大西瓜。一个营销人发现了，兴冲冲地跑过去抢西瓜，刚要拣，却突然冲出一人抢先拣了西瓜跑了。营销人当然很沮丧，只好去拾地上散落的芝麻。等他拾完所有的芝麻，却发现芝麻积攒了整整一大袋子，他所得到的回报丝毫不比那个大西瓜少，甚至更多。于是营销人兴奋地喊："新的长尾理论果然好用！"

这个故事比较形象地说明了长尾营销的特点。有专家提出长尾理论与经典的二八定律产生了直接冲突，那么到底长尾营销如何来理解，是否和二八定律冲突，怎么来应用，本书尝试着进行深入的分析。

16.5.1　长尾营销的含义与特点

长尾(the long tail)这一概念由《连线》杂志主编 Chris Anderson 在 2004 年 10 月的"长尾"一文中最早提出，用来描述诸如亚马逊和 Netflix 之类网站的商业和经济模式。长尾理论可以用图 16-1 说明：深灰色部分是少量而市场价值相对大的部分，浅灰色部分是大量而市场价值相对小的部分。传统商业认为，只要抓住 20% 的最重要市场价值的部分就能占据绝大部分市场，某种程度上这种说法还是很正确的。但是在互联网模式下，有些现象需要用长尾理论解释，如果能够把大量市场价值相对较小的部分都汇聚起来将可能创造更大的经济价值。

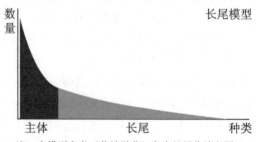

注：本模型参考《营销学苑》杂志长尾营销专题

图 16-1　长尾模型

Chris Anderson 认为，只要存储和流通的渠道足够大，需求不旺或销量不佳的产品共同占据的市场份额就可以和那些数量不多的热卖品所占据的市场份额相匹敌甚至更大。最理想的长尾定义应解释"长尾理论"的三个关键组成部分：热卖品向 niches(利基市场)的转变；富足经济(the economics of abundance)；许许多多小市场聚合成一个大市场。

从传统公司运营的角度来看，长尾理论是对二八定律的突破。因为在全新的商业模式下，公司的利润不再依赖传统的 20% 的"优质客户"，而是许许多多原先被忽视的客户，他们数量庞大，足以让你挣得盆满钵满；从公司产品的角度分析，拳头产品主打市场的老套路将趋于末路。而需要说明的是，互联网公司是突破二八定律的最佳选择，因为通过互联网能够将被忽视的市场和不被重视的单元个体高效汇聚起来，从而为成就长尾理论提供可能。

在新的互联网模式下，由于信息过剩、产品过剩，使得细分市场变得更加重要。同时信息、物品和服务可以几乎免费而无风险地获取，商业重点开始转向这个长长的尾巴。而深层次上讲，长尾巴的应用也能利用互联网的优势满足广大用户的个性化需求。究其原因是，传统经济环境下关注广大小用户、提供个性化需求是要花费巨大成本的，因此二八定律发挥作用成为指导理论，但是通过合理的设计，在互联网上汇聚用户提供他们需求的服务是不用花费太多成本的，因此长尾理论发挥了作用。

16.5.2 长尾营销的产生与发展

1. 是什么导致了长尾

长尾的产生不简单是因为富足经济，而应该是知识经济。知识工作者——他们可以是技术人员、专业人士或公司的白领等靠专业知识为生的人——的增多，使生产关系发生了本质的变化，知识工作者掌握了劳动工具(知识)，他们同资方的关系和以前蓝领工人完全不一样。知识工作者比蓝领工人更为追求个人价值，也拥有更多的独立性和与别人不同的价值观。

网络使得知识工作者的意见得以彰显，并且网络也使得知识不再只属于精英阶级，它也可以属于大众。这就是弗里德曼所谓的全球化 3.0，它的本质是个人能力得到增强，意见不再像以前一样被精英阶级所垄断，意见与价值观都愈来愈趋于多元化，个人的独立意见也愈来愈少地受到压制。正是个体的崛起导致了长尾的产生。

2. 长尾在市场上的投射

长尾在市场上的投射有一些非常有趣的现象：畅销书依然存在，但是远不如以前，出版物的品种却越来越多，读者也更为小众；广告由"广告"时代逐渐进入了"窄告"时代，传播的技术越来越复杂，制造大热点越来越难；媒体从大众媒体进入到了"小众媒体"或"分众媒体"，博客的本质也是一种自助媒体，无数的业余人士自己制作评论、新闻、小道消息、见闻、感想、视频，这些正在聚合并上升为能和大众媒体抗衡的力量。

对于产品和服务市场，长尾也现出了端倪。尽管货架是稀缺资源(按照 Anderson 的理论，这是以前没有发现长尾的一个重要原因)，但这并不代表长尾不存在。新产品的上市速度，现在不是慢了而是更快了。尽管他们不能一下子全部摆上货架，但通观一段时间的变化，这依然是一种长尾。畅销产品根本无力把这些新产品全部消灭，后者总是会不断冒出来，占据尽管不大但却有一定份额的市场。

3. 大品牌策略并不是未来趋势

大品牌策略曾是宝洁的公司战略，也许现在还是。但宝洁从来都没有完全消灭过中国的竞争对手，事实上，反而是越来越多。大品牌策略的确可以为公司省钱，但消费者却喜欢更多的选择和更多的品牌，对上市的新产品也有足够的好奇心。长尾这种极大多样化的市场正在随着网络社会的兴起而形成，多品牌策略可能是作为市场营销者必须要考虑的一个现实。

4. 品牌也要进入 Web 2.0 时代

Web 2.0 时代的特性是消费者参与到品牌创建的过程之中，众多以前被隐藏的意见和价值观得以彰显，而它必然导致的也正是品牌长尾化。

品牌长尾化的另外一面是品牌的多含义和多种理解。固定在一种格式之内的品牌已经很难了。消费者不要你告诉他们这是什么，他们强调的是"我理解的那是什么"。

5. 民意就是品牌的一切

民意也具有长尾模式。舆论在以前通常是掌握在精英分子手中的，这是源于媒体的精英化和局限性。所有大公司的品牌如果遭遇到什么危机，往往可以通过"公关运作"来"摆平"。这实际上是对舆论的收买，也是一种把信息过滤的方式。大多数媒体的软文都有半公开的价码，软文运作也被看作是"品牌建设"的一种重要方式。

网络民意就是民意的长尾，它们是由无数"小民意"所聚合成的大民意。它们虽然难以见诸报端，却分散存在于各种网站。借助各种搜索工具，你关心的某项事情的网络民意就可以轻易找到。品牌商找一些"枪手"写软文容易，但是他们根本无法面对那么多自愿写意见的业余人士。

网易以前有句广告词叫作"网聚人的力量"，这是很有道理的。网络民意之所以已经逐渐上升为能和主流媒体对抗的力量，是因为它的无限广度和无局限性。这些非主流的集合就形成了真正的主流，也决定了一个品牌的成败。

6. 长尾营销不仅是卖的学问，也是营销的学问

长尾是从"卖"的统计中所得出的理论，但它不应该只是属于卖的学问，它应该是营销的学问。科特勒曾提出了 4P 的替换理论 CCDVTP，即创意(create)、沟通(communicate)、传达(deliver)、价值(value)、目标市场(target market)与利润(profit)，这也完全能运用到长尾营销之中。事实上，长尾所反映的也正是市场环境的变化。

我们的创意来源于市场和消费者，也需要通过各种更加圈子化与多元化的沟通渠道与消费者进行沟通并传递品牌的精神，并基于这种传播与消费者共建品牌的核心价值，市场愈发显示出多元化、利基化的趋势，需要我们在营销方式上也作出相应的改变，而利润正是这种营销方式所循环而产生的最终结果。

16.5.3　长尾营销的应用手段与方法

1. 什么样的企业适合运用长尾营销

到底什么样的企业适用长尾理论，是不是所有的企业都能用长尾理论?我们看一下长尾理论中提到的三个关键部分：热卖品向利基市场的转变、富足经济、许许多多小市场聚合成一个大市场，这些价值的直接实现是存在障碍的，如果利用长尾重构进行处理，能产生很多积极的思路。在探讨什么样的企业适合应用长尾理论之前，先来分析两个案例。

(1) 谷歌是一个最典型的"长尾"公司，其成长历程就是把广告商和出版商的"长尾"商业化的过程。数以百万计的小企业和个人，此前他们从未打过广告，或从没大规模地打过广告。他们小得让广告商不屑，甚至连他们自己都不曾想过可以打广告。但谷歌的AdSense把广告这一门槛降下来了：广告不再高不可攀，它是自助的，廉价的，谁都可以做的。另外，对成千上万的博客站点和小规模的商业网站来说，在自己的站点放上广告已成举手之劳。谷歌目前有一半的生意来自这些小网站而不是搜索结果中放置的广告。数以百万计的中小企业代表了一个巨大的长尾广告市场。这条长尾能有多长，恐怕谁也无法预知。而像国内的百度、窄告公司的运作模式也同样如此。

(2) 亚马逊公司。一个前亚马逊公司员工精辟地概述了公司的"长尾"本质：现在我们所卖的那些过去根本卖不动的书比我们现在所卖的那些过去可以卖得动的书多得多。亚马逊公司利用协同式信息过滤的做法，通过用户的浏览模式和采购模式来引导个体消费者，从而把过去的大众化市场转变成一个大众化定制市场，即"长尾市场"。

纵观这些公司的特征，可以总结归纳出适用长尾理论的企业往往具备以下几个特征。

- 都是依托互联网技术的企业。
- 由于互联网的特征，使得这些企业的产品或者服务的存储和传播流通的成本大大下降。

- 这些企业的成功都是建立在一个庞大的用户群的个性化需求基础上。
- 个性化需求定制和不断创新往往占据主导地位。

2. 如何应用长尾营销理论

随着 Chris 提出长尾理论之后，部分学者提出了品牌的作用将受到削弱，这多是因为当前传统的营销并没有抓住那些被忽略的群体和需求。其实这样的理解是错误的，传统市场由于成本的约束，譬如一家音像店不可能为了区区几个顾客的需求而让一些非主流的唱片上架，商家只能专注那些足够规模的需求，品牌在此发挥了作用。而由于互联网技术的出现，因为存储和传播的成本大大降低，一些未被开发的需求可以被利用了，也就是长尾可以被利用了，然而品牌的作用依然关键。因此，长尾和品牌不是矛盾的，而是两个不同类别的概念。长尾理论告诉我们，通过技术可以将那些"缝隙市场(niche markets)"再次整合起来，形成利润来源。而品牌是一种产品受到关注的方式。同样的，既然有利润就会有竞争，长尾如果利润空间足够吸引人，在这些市场的竞争也许可能比主流市场的竞争更为激烈。而谁能够获胜？依然是那种能够形成独特并持久的"顾客—品牌关系"的公司。因而品牌依然非常重要，那么如何来抓住长尾市场，并运作好企业品牌呢？

对于如何抓住长尾市场，Chris 提出了三项法则。

法则 1：让所有的东西都可以获得。(Make everything available.)

法则 2：将价格减半，现在让它更低。(Cut the price in half, Now lower it.)

法则 3：帮我找到它！(Help me find it!)

其实这三项法则都是建立在互联网技术使得产品或者服务的存储和流通的成本大大下降的基础之上。在这些法则的基础上，应用长尾理论的企业可以从以下四个方面来构建自己的品牌运营模式。

(1) 关注细分市场，建立纵深的服务并发展合适的模式。正如长尾理论中那条长长的尾巴是很有价值的。其武器就是细分市场下的专业化服务，把这种能力发挥到极致。其实质是建立纵深的服务和汇聚最多的用户。在技术门槛低、服务同质化的市场环境下，满足用户的服务永远是核心的要素。

(2) 深入挖掘广大用户的个性化需求，同时充分利用互联网技术彻底改变存储和传播的成本曲线，构建自己独特的能够维系企业长久发展的商业盈利模式，同时要为消费者提供性能良好的信息过滤器。当社会进入"富足经济"时代时，可能发生的情况之一是各种广告信息过载，消费者感到不堪重负而不做任何选择，Chris 将这种现象称为"选择的专制"。因此，在这种情况下必须建立一个性能良好的信息过滤器，它的必要性主要体现在两个方面：一是信息过滤器和用户推荐使个人能进行沟通从而加强互相之间的营销；二是随着需求曲线的尾端聚集了越来越多的商品，就需要更多强有力的信息过滤器对准备出售给个人的商品进行个性化定制。为消费者提供一个性能良好的"信息过滤器"是充分开发"长尾市场"的前提条件。

(3) 进一步挖掘长尾理论的精髓，打造专业化、个性化的互联网整合平台，同时结合传统产业，除了关注 20%的主流市场之外，把更多的 80%的缝隙市场的需求整合到这个平台，实现整个缝隙市场的共赢发展，并在开发初期选定曲线"中部"作为突破口。由于随着长尾的延展基于帕累托分布的需求曲线的"头部"也会发生相应的变化，Chris 认为这一部分仍将占据主要份额，但是其影响力将会减弱。而在大头市场和长尾市场交接的区域即需求曲线的中部的影响力将首先得到加强，因为该区域是隐藏着巨大利润的市场边缘，位于该区域的现有商品还具有很大的市场潜力。因此企业在开发"长尾市场"时应选曲线的中部为突破口，然后再向尾部逐渐转移。

(4) 应用长尾理论要重点开发好"三个环节"。随着长尾市场的做大，许多人认为在这一新型的市场上存在着三种广义上的市场机遇。第一种是那些充当聚合器的机遇。第二种是被其他公司所聚合的细分市场型供应商的机遇。第三种是提供信息过滤器的企业，它们能帮助消费者找出其所需要的产品或服务信息，减少消费者的"搜寻成本"，从而发掘"长尾市场"上的潜在需求，延展"长尾"的机遇。而重点开发好这三个环节是"长尾市场"尽快由幼稚型走向成熟的重要保证。

16.6 生态营销

在移动互联网、智能终端、虚拟技术等各类科技爆发的年代，消费者们每天都接受着信息的狂轰滥炸，身经百战的他们已经难以再被简单粗暴的海报、广告、传单所吸引。优秀的营销人开始将产品转化为内容，融入消费者每日的生活场景中，于是乎——生态营销应运而生。

16.6.1 生态营销的含义与特点

生态营销是一种全新的营销理念，学界尚未形成明确精准的定义，但通过观察最早提出生态营销的互联网公司——乐视，便可以更形象、具体地了解什么是生态营销。传统营销的思路通常都是找到目标群体，分析特性挖掘需求，然后以各种形式的广告比拼流量与影响力，而生态营销则是更着重于消费者体验与内容场景，基于消费者的生活形态与多元化场景，将产品与生活有机结合，把营销变为一种服务，更好地传递品牌价值。

生态营销具有以下四大特点。

1. 贯彻体验主义

日新月异的科技加速了消费者价值观与偏好的转变，逐渐偏向于体验主义，试吃、试穿、试玩等个性化体验成为了购物的新乐趣，生态营销的核心就是为消费者提供一种服务与体验。

2. 本质是场景化营销

乐视首席营销官张旻翬认为，生态营销即场景营销，就是围绕用户的生活形态进行营销，乐视通过场景更好地定义了用户并分类，将产品融入每个不同的生活场景中，使其成为生活的一部分，并从而更深层次地传递品牌价值与理念。

3. 注重内容营销

生态营销不同于传统营销只是硬性传达产品信息，而是将与产品相关的内容以文字、图片、影音的形式呈现给消费者，吸引其关注，给予其幻想。

4. 产业跨界合作

生态营销是基于消费者生活形态的营销，自然囊括了生活的方方面面，因此生态营销手段中多涉及跨界合作，不同领域的品牌共同加入同一个开放的生态圈中发挥协同作用。

16.6.2 生态营销的发展与应用

以乐视网为例，乐视生态下的全产业链布局主打"平台+内容+终端+应用"，是基于视频产业和智能终端领域的生态系统，也是其生态营销理念的根本。在马不停蹄地召开了"无破界不生态""无生态不营销""生态营销是个球"等各个口号响亮的推介会与发布会后，乐视在生态营销界的霸主地位更加稳固。那么乐视究竟是如何玩转生态营销的呢？

首先，乐视的一大优势是拥有市场上最完整的全屏覆盖，是一个浑然天成的 O2O 公司。从超级手机到超级电视，从超级汽车 LeSEE 到 VR 技术直播，还拥有视频网站、内容制作公司、电商平台、电视终端、电影大屏等内容营销产业链核心组成部分；其次，在内容体系上也同样是全覆盖：不仅包括传统视频网站，电视剧、综艺、互联网直播等，还有乐视电影，包括 2016 年刚刚完成 B 轮融资的乐视体育、乐视音乐。基于这样完整的终端体系和内容体系，加之大数据体系的强有力支撑，乐视生态营销顺理成章地进入到核心用户营销体系的跨互联网布局中，有能力覆盖任何一个场合，满足用户的场景消费需求。乐视首席营销官张旻翚也自信地表示"我们已经开始触及或者影响用户生活中的各个场景"。

以乐视体育为例，在中国体育产业的 GDP 不断增长的爆发风口，乐视体育基于乐视生态建立领先的体育内容模式，不断创建社交场景、休闲场景、观赛场景、客厅场景、出行场景、欢聚场景吸引广泛娱乐受众，打造中超场景化营销，全面拉升用户数量，大力获取产业链上游资源，让资源更好服务于体育生态。

针对乐视大肆宣传的生态营销，外界也不乏质疑的声音，认为所谓生态营销不过是广告植入罢了。也许乍看之下，乐视的生态营销采用的手段确实无异于广告植入，但它的成功的确难以复制，原因在于乐视拥有完整的终端体系与内容体系，并且深入消费者的生活之中，可以在全生态中挑出众多曝光点，并且轻松覆盖各种媒体形态。

虽然目前乐视生态正深陷资金链短缺的风波中，但是其提出的生态营销概念和模式的实践是有开创性意义的，尽管目前生态营销还只是处于前期试水阶段，并且具有一定门槛，距离其更为普遍广泛的应用尚还需要一段长路。

16.7　政治营销

政治营销学(political marketing)在西方已经发展成为一个新兴的学科，政治营销的应用也成为所有民主国家的政治生活中不可缺少的一部分。无论在各级领导人的选举过程中，还是各级政府的管理、政策的制定、执政党的宣传以及各国对外交往和国际关系中，政治营销学已被广泛使用。据中金网发布的消息称，包括希拉里与特朗普之间的总统选举在内，2016 年竞选美国联邦职位的美国人花费数目高达 68 亿美元，这比美国消费者在谷物(60 亿美元)、宠物饲养(54 亿美元)、合法大麻(54 亿美元)上花费的金额都要多。如此大规模的竞选花费带动起由政治顾问、媒体、选举工程等专业人员组成的一个庞大的政治营销产业。

16.7.1　政治营销的含义与特点

综合专家们对政治营销的相关论述，我们采纳纽曼(Newman) 在《政治营销手册》(*Handbook of Political Marketing*) 中所提到的定义："政治营销是一系列政治关系的交换程序。这些程序包括候选人、政党、政府、政治游说者及利益团体，通过分析、研发、执行和管理政治战略，来影响公众观点、推广政治理想、赢得选举、颁发律法及公投认可等，以满足人民和社会团体的需求。"

政治营销学的现状可分为三大部分，即选举营销、执政党营销和国际政治营销。政治营销作为从营销学中独立出来的一门新兴学科，在 2000 年前主要是指竞选各类政治职位的营销，即所谓的选举营销。自 2000 年以后，越来越多的学者和专家将注意力集中于政府、执政党的政治营销和政治游说。学术界也有大量关于"永久竞选"(permanent campaign)的论文、书籍出版，逐渐形成了政治营销学在选举和执政两方面的理论格局。

在 2007 年 4 月召开的第四届世界政治营销学年会上，本节作者提交了题为《国际政治营销学及其在中国应用的案例研究》的论文。该论文首次提出并论证了国际政治营销学的概念，从而将政治营销划分为选举政治营销、执政政治营销和国际政治营销三大部分。该论文在年会上受到政治营销理论界的认可，并发表于英国专业学术杂志《公共事务期刊》(*Journal of Public Affairs*)。同时，与会代表们对政治营销在中国外交方面的成功应用表示了极大的兴趣。

政治营销的三大部分组成研究反映了其跨学科研究的现状和发展趋势。首先，作为政治营销的发展趋势，这种跨学科的研究还将不断加强相关领域的学术交流和互相促进。营销学、政治学、行政管理、社会学、传播学和国际关系学等学科的交叉和相互渗透，将带动诸学科相互借鉴，齐头并进。例如，传播学院开设了政治传播学科目，它本身就是政治营销的一个组成部分。

其次，科学技术的发展，尤其是电子、通信技术的升级换代，已经改变了传统的政治营销的调研和选举方法，使选举营销竞争更激烈。电子政务的出现彻底解决了历史上"衙门难进"的问题，大大提高了执政营销的效率。而全球化的趋势使得国际政治营销成为国际关系中必不可少的政治工具。

最后，政治营销在三大方面的应用发展，增加了对政治营销的专业研究和教学的要求。据美国政治顾问协会(American Association of Political Consultants)统计，美国每年有 5 万多次城乡各地的大小选举，每年政府公投及大型企事业单位的投票活动在 50 万次以上，这些对政治顾问、政治营销专家的需求日益增加，并将推动政治营销专业教学和科研的发展。

16.7.2　政治营销的产生与发展

政治营销在民主政治中的应用可以追溯到古希腊雅典的直接民主。在公元前 4 世纪的雅典城邦制中，公民们和思想家们运用原始的集会形式进行民主思想的辩论与传播并直接管理公众事务。

200 多年前，美国的政治精英们已经开始使用多种方式和手段传播政见、进行竞选。1800 年，约翰·亚当斯(John Adams)和汤姆斯·杰弗逊(Thomas Jefferson)就是在他们的农场上展开竞选活动的，联邦党及共和党分别使用路牌标语、手执口号及印刷小册子来推举候选人。当时的党报则成为宣传本党员及其领袖和攻击竞选对手的主要手段，这一时期的政治传播和竞选手段已经成为政治营销的初级形式。

在 200 年的美国民主政治发展过程中，政治营销作为一种政治技术也在不断地进化和提升，到 2000 年布什与戈尔的竞选时已发展成高科技的电子竞选、选民数据库、网上民意测验等。2016 年的美国总统大选中，社交媒体成为了两党角逐的主要战场之一。利用 Facebook、twitter、Youtube 视频等新媒体，特朗普和希拉里努力争取各自的支持者。据统计，民主党候选人希拉里 Facebook 的粉丝数为 340 万，而共和党候选人特朗普粉丝数为 750 万。大选期间，特朗普每天大约更新"推特" 10 次，几乎天天不断。10 月 31 日，他甚至一天发了 59 条"推特"，而且特朗普的"推特"有强烈的社区和团体意识。数据显示，他的大多数追随者都支持其政策，似乎也证明社交媒体上的支持，能转化落地为实际的选票支持。

在理论研究方面，美国政治学家凯利(Kelly)在 1956 年出版的《职业公关和政治权利》(*Professional Public Relations and Political Power*)一书中，着重研究了政治传播的发展过程，包括在 20 世纪 30 年代诞生并成长起来的第一家提供全套政治咨询的专业机构——竞选公司。凯利在这本书中第一次使用了"政治营销"这一专业词汇，1962 年美国学者怀特(White)在分析 1960 年肯尼迪竞选战略的基础上，写出《打造总统 1960》(*The Making of the President 1960*)一书。如同福特的 T 型生产线所制造的汽车一样，这一时期的竞选仍停留在"产品"的观念上，即肯尼迪竞选的战略是打造一个年轻精干的未来总统，以赢得选民的支持和投票。1969 年麦金斯(McGimiss)系统分析了选举工程，以及尼克松 1968 年利用媒体和新技术来展示其公众形象而当选总统的成功案例，写出《推销总统》(*The Selling of the president*)一书。此后，政治顾问逐渐形成了一个提供竞选和执政管理咨询的专门行业，而大量的竞选和政治游说的资金投入也带动了政治营销研究的迅速发展。

1994 年，纽曼(Newman)从营销学的角度，系统地建立了政治营销相关的概念和模型，并以 1992 年克林顿总统竞选为案例，出版了《营销总统——政治营销的竞选战略》(*The Marketing of the President：Political Marketing as Campaign Strategy*)一书，从而将政治营销学提升到一个新的发展阶段。在这历史性的转变中，竞选总统的全过程已经从以总统候选人为中心转变为以选民为中心，通过对选民的投票行为研究来指导竞选的全过程。后来，纽曼又于 1999 年编写出版了世界上第一部《政治营销手册》(*Handbook of Political Marketing*)，并汇集了世界著名营销学家、政治学家及政治和媒体咨询专家对政治营销所涉及各方面做的精品论述。它一经问世便成为西方国家政治营销领域的理论研究及实务的指导性工具。在手册的序言中，纽曼对政治营销给出了本节刚开始提到的定义。

德国学者汉诺伯(Henneberg)也抓住营销的"交换"理念，给政治营销做了较为恰当的定义，他在 2002 年合编出版了《政治营销理念》(*The Idea of Political Marketing*)一书，书中定义如下："政治营销是为社会利益而建立、维持和增强长期政治关系，以实现政治行为者和组织的目标。这一过程是通过相互交换和履行诺言来实现的。"并指出这一定义明确了政党与选民之间，以及任何政治活动双方之间的交换过程。

16.7.3 *政治营销的相关模型及战略*

1994 年，布鲁斯·纽曼在《营销总统》一书中，以 1992 年克林顿竞选美国总统为例，阐述了政治营销的相关概念，并建立了一个较全面反映总统竞选全过程的模型。为了与营销战略相吻合，纽曼沿用了营销学的 4P 划分法，并提出了政治营销选举的 4P 概念。在本节作者与纽曼合写的《政治营销学概论》(*An Introduction to Political Marketing*)一书中，我们提出了广义上的政治营销 4P 概念，即产品(product)、渠道(place)、传播(promotion)、民意(polling)。

所谓产品，在政治营销中是指政治关系交换过程中的价值体现。政治营销的产品可以是竞选中候选人本身及其政治体系、政府和执政党的理念及相关政策、社会团体的政治目标或者国际关系中的国家利益。以竞选为例，候选人所处战略地位、观念体系和所属党派、其个人形象及选民的支持等，这些综合起来将代表候选人的"产品"属性。而克林顿在 1992 年民主党内部提名为总统候选人之前就已经遭到各类攻击，诸如"兵役门""白水门"、性丑闻等。这些事件的披露在当时已经将克林顿划为总统竞选的"残缺产品"。

然而，为什么这样一只名不见经传的"残缺产品"却能在竞争白炽化的美国大选中获胜呢？西方政治学家、营销学家们都有各自的解释。迄今为止，西方学术界公认克林顿 1992 年成功竞选总统入住白宫的主要原因之一，是他本人及其竞选团队的政治营销能力。这也是本节接下来要讲的另外 3P 及其战略。

所谓渠道(place)，是指政治市场中的沟通渠道。具体表现于政治营销中的群众基础，或称"草根力量"(grass-root efforts)，它是政治营销的渠道和动力。各类竞选过程中，候选人的支持者在各个阶层发动群众，疏通渠道，在城市、乡村各个区域广泛征集志愿者，在时间、精力和资金等方面来支持、推动候选人。尤其是在募集基金方面，西方民主国家都有相应的选举法规，限制选民个人捐款的最高金额，如在美国，选民最高可为总统竞选候选人捐赠 1000 美元，但是由于草根力量的推动，募集到的金额依然十分可观。2016 年 7 月 1 日，美国民主党总统竞选者希拉里·克林顿的助手在社交网络上公布，希拉里 4 月宣布竞选总统以来，已经筹集到超过 4500 万美元，而其中 91%的捐款均是数额不超过 100 美元。共和党的特朗普竞选总统时非常注重与大众选民的沟通，用最直白、简单，甚至粗俗的大白话和选民对话，而不像其他政客一样根据不同群体和商业广告等各种数据做出分析。他宣扬强硬直白的实用主义，说选民想听的话，承诺快速帮选民夺回失去的工作，令美国经济翻番，以此获得共鸣。

所谓政治传播(promotion)，是指政治营销所采用的大众传媒手段，通过传播而促成政治关系的交换过程。在当今现代化传媒工具广泛应用的民主社会中，任何一个政治行为体、政治家、利益团体、政党、政府乃至国家，都需要传播其政治产品(即政见、政策和形象等)，以达到其政治目的。在 2000 年之前，政治营销的主要传播手段有电视、广播电台、电话询问、直接邮递、报纸、杂志及其他传统的传媒介质，其中电视为最有效的媒体。2000 年以后，随着互联网的普及和提高，大多数国家都已实施"电子政府"。互联网已成为竞选、执政和国际交往的重要传播媒介。与此同时，传统的营销媒体也在竞争中求生存，不断提高效率及可信度。达仁·什沃(Darow Shaw)对美国媒体的调研结果显示了各类美国媒体的可信度，如表 16-1 所示。

表 16-1 政治传媒可信度

媒 体 类 型	可信度(0～10)
国家级报纸	7.0
主要电视台新闻	6.9
互联网新闻网站	6.8
国家级新闻杂志	6.7
地方电视新闻	6.6
地方报纸	6.6
广播电台	4.9
政治信息网站	4.5
候选人或政党网站	3.4

资料来源：《政治营销》，2000 年 1 期，第 53 页

表 16-1 所列信息反映了两个主要问题：①互联网的可信度低于传统媒体；②多数网民不相信候选人及其政党的网站所发布的信息。

第四个 P "民意"(polling)是指各种类型的民意测验及调研。政治营销过程，如果说前面三个P——产品、渠道和传播都是将政治信息转达给公众，那么民意测验和调研(第四个P)则是将政治市场的情况反馈给各个政治行为体，从而为政治营销战略提供依据。它是一种快速而有效的政治营销调研方法，它以问卷形式来了解民众的要求和希望，从而进一步研究其政治行为，如选民投票行为等。

以上我们介绍了政治营销的 4P 核心概念。产品、渠道、传播和民意调查是制定和执行政治营销战略的基础。它们之间的相互关系可用图 16-2 所示的模型来表示。该模型是由纽曼的竞选模型而引申至广义的政治营销上来的。

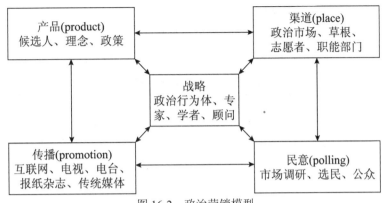

图 16-2　政治营销模型

图 16-2 表现出政治营销四要素是相互关联的一个体系。在这个政治关系的交换体系中，四个要素是互相作用、密切关联的。这些互相作用可以是正面的(积极的)，也可以是负面的(消极的)。从图中可以看出政治营销战略是中心，它影响着交换体系的各要素和整个过程。政治营销正是要通过战略的制定和执行来影响四要素之间的应用，以达到政治行为体的交换目的。例如，1992 年克林顿竞选美国总统的过程中，就是利用了政治营销的战略来协调四大要素之间的关系，最大限度地发挥其积极作用，将一个政治上有缺损的"产品"推上了营销冠军的领奖台。

2016 年的美国大选中，特朗普的政治营销战略也实行得非常成功，并最终赢得总统大选。

首先他找到了选民的痛点，对处于紧张就业环境下的美国民众实行精准营销，他要求苹果把制造工厂搬回美国本土响应了美国民众渴望制造业回流的心理；要求墨西哥政府修建边境围墙组织墨西哥非法移民入境，也减少了非法移民抢夺工作岗位。

另一方面，特朗普竞选总统的品牌营销战略非常有效。美国西北大学凯洛格管理学院品牌营销专家蒂姆·卡尔金斯认为，特朗普品牌战略的成功有三方面的原因：第一，建立品牌首先要能引起大众关注，而特朗普能使自己成为媒体持续关注的焦点；第二，特朗普实行"产品差异化"策略，在政策立场方面敢于发表"政治不正确"的言论，树立了不满华盛顿现行体制的"局外人"的政治形象，与其他候选人明显区分开来；第三，特朗普将自己的政策提案与"让美国再次强大"的营销口号联系起来并不断重复，为选民提供了简单清楚的感知利益，容易引起选民的共鸣。

思考题

1. 从营销的延伸和拓展中你得到哪些启示？你认为以后的发展趋势是什么？
2. 在电子商务快速发展的今天，我们该如何理解体验营销的重要性？
3. 生态营销的本质是什么？与传统的营销模式有哪些差异？
4. 政治营销的 4P 和市场营销的 4P 有何区别？

案例研究 ➡

长尾时代的货架争夺战(ZARA、特易购、淘宝、OK4S 案例分析)

长尾，不仅仅是一个发生在网络上的现象，这大概是为什么克里斯·安德森从博客(blog)、亚马逊、谷歌、eBay 这些网络现象中发现长尾现象，同时推而广之地说商业的未来在于"品类更多，销量更少"(selling less of more)的原因。未来商业的成功模式，不再是把少数几种商品卖出很大的量，而是把更多品种的商品卖出去，这同样可以实现经济上的规模效应。

这是我们观察商业世界的新的透镜。任何革新都在于找到一个可以解释变化中的世界的新的参照标准，长尾现象正是这样的一个参照标准。加拿大心理学家斯普润(Otfried Spreen)的一个试验揭示出这样的一个道理："我们对现实世界的认知取决于过去的模式——我们的参照标准，这个参照标准影响着我们对现实世界的认知。"长尾或"品类越多、销量更少"，就是所有纷繁复杂的社会与商业现象背后的模式。

一、ZARA：快速时尚

ZARA 是近年来最成功的潮流服装品牌，它开创了一种被称为"快速时尚"的商业模式，它的成功正是一种长尾现象。与传统成衣业"款少、量多"的模式不同，ZARA 的特点是"快速、少量、多款"，它每年推出上万款服装，并且款式与时尚同步。郎咸平在《模式：零售连锁业战略思维与发展模式》(以下简称《模式》)中预测认为，未来时装业将朝着"ZARA 模式"发展。他分析说："在之前的概念中，款少量多是企业实现规模经济的不二法门，所以传统服装企业大多采取款少、大批量采购、大批量生产的策略，以实现规模经济，降低货物的平均成本。"他对 ZARA 和另一快速时尚的典型公司 H&M 的财务进行研究后发现，多款少量的 ZARA 和 H&M 也实现了规模经济。

"多款少量"是 ZARA 呈现出来的形态，它背后的运作机制使得这种模式有利可图，这个运作机制的特征就是"快速"二字。

ZARA 的零售处在一个"进货快"与"销货快"两者相互不断强化的正循环之中：分店每周根据销售情况下订单两次，这就减少了需要打折处理存货的情况，也降低了库存成本；款式更新快加强了新鲜感，吸引消费者不断重复光顾；快速更新店面里的货品，也确保了它们能符合顾客的品位，从而能被销售出去。

ZARA 的"快速"，还包括对时尚潮流的快速反应、快速的设计过程与快速模式相适应的供应链。ZARA 和 H&M 都没有试图做时尚的创造者，而是做时尚潮流的快速反应者。郎咸平在《模式》中分析认为："在流行趋势刚刚出现的时候，准确识别并迅速推出相应的服装款式，从而快速响应潮流。"这样做的优点是，"无须猜测快速易变的时装趋势，在降低库存风险的情况下，大大缩短设计的酝酿期"。

ZARA 的快速设计过程体现在与其他同行相比极短的"前导时间"。在服装业，前导时间指的是一件服装从设计到出售所需的时间。ZARA 大大缩短了前导时间，它从设计到生产最快可以两天完成，前导时间最快为 12 天，对比而言，Gap 单单设计酝酿期就达两三个月。服装是随时间快速贬值的，每天贬值 0.7%，计算机产品为每天 0.1%。因而缩短前导时间有多重好处：提高服装价值，降低库存成本，避免生产出不合潮流的商品，减少折扣销售的损失。

ZARA 的供应链有这样一些特点：它采购的布料都是未染色的，可以根据实时需求染色。ZARA 让自己的工厂仅做高度自动化的工作，用高科技生产设备做染色、剪裁等工作，而把人力密集型的工作外包。为了快速反应，ZARA 的采购和生产都在欧洲进行，只有最基本款式的 20%服装在亚洲等低成本地区生产。ZARA 拥有高科技的自动物流配送中心，在欧洲用卡车两天内可以保证到达，而对于美国和日本市场，ZARA 甚至不惜成本采用空运以提高速度。

二、特易购超市：超越多与少的悖论

我们走进任何一家超市，见到的都是近乎无尽的选择。其实，即便是超级大卖场的货架也是有限的，只是它能够容纳的选择已经超出了我们所感知的极限，比如货架上可能有 200 种脆化饼干，我们需要的最多不过是 5 种、10 种而已。从普通超市发展到超级大卖场，品类成百倍增长，

比如北美的沃尔玛超级店提供超过 15 万种 SKU(产品品种单位,零售业用语),超市其实已经是现实经济中的长尾现象的典型代表。当然,这种长尾现象是针对单店而言的,对于有多家连锁的零售企业,它背后还是有基于销量的规模效应在起作用。超市的未来,一方面是往网络上发展,提供更多的品种,也就是让尾巴更长;一方面是在现实经济中转而提供更好的筛选机制,满足购物者的需求,也就是让现在的长尾部分运转得更好。我们一起来看看特易购超市是如何做的。

英国特易购(Tesco)80%的购物者使用会员卡,这使得它收集了大量准确的购物信息。特易购的数据显示,典型家庭的购买品种不会超过 300 种 SKU 快速消费品,并且其中很多是 300 种某种货品缺货时的替代品种。特易购大百货(Tesco Extra)提供的品种是 8 万种,也就是说,对典型的消费者来说,大卖场里面 99.6%的商品和他没有关系,他必须从成千上万自己不需要的商品中挑出自己需要的商品。

因此,现在摆在超市购物者面前的问题,早已经不是是否有足够多的选择,而是如何权衡购物所需的时间、购买的便捷程度和购买成本。作为消费者,大概有这样一些选择:可在很近的便利店比如 7-11 方便地买到价格较高、品种有限的商品,它通常有 1500 种 SKU;也可多花一点时间去社区超市,那里品种稍多,价格也低,比如特易购都会店(Tesco Metro),它通常有 5000~10 000 种 SKU;可以去一家标准规模的超市,它们通常有 40 000 种 SKU;当然更可以去通常位于郊区、距离较远的超级大卖场。除了这些之外,还有折扣仓储店,它们的品类较少,比如美国的好市多,其 SKU 品种大约在 3500 种,每个品种的包装都很大,但平均下来单价会极为低廉。我们还可以在网上购物,它的品类近乎无限,但要支付送货费用。

特易购的做法是把所有这些零售店整合起来,"在你所需要的地方提供你确实需要的东西"。由于统一采购,不同类型店面的成本差别极小;由于可以组合式配送,也几乎不存在物流成本的差异。它的店面包括迷你型的特易购便捷店(Tesco Express),规模较小、设在闹市区的特易购都会店(Tesco Metro);传统的特易购大超市(Tesco Supermarket);超大型的特易购大百货(Tesco Extra);还有网上购物的 Tesco.com。

特易购的一些具体做法让它的目标得以实现。例如,用户可以通过网上购物订购商品,然后在回家路上或家附近的便利店取到包装好的商品,这实际上是实现了将那些在大而远的品种繁多的卖场里的商品放到小而近的商店里卖。店员在店内交易不太繁忙的时候,帮忙提取网上订货,这就避免了为网上购物建设大型物流配送中心的成本。它的物流车队采用类似丰田工厂的著名的"水蜘蛛"系统,实现高效灵活的配送。

精益生产思想的提出者詹姆斯·沃麦克、丹尼尔·琼斯最近把精益思想扩展到精益解决方案,他们这样评价特易购的这个体系:"在这样的安排下,每个零售店业态都有两个作用。第一,为那些既有时间又有兴趣上门自行选货的客户提供直接购物货源;第二,对不直接上门购买的客户而言,这又是一个起到仓储作用的大超市,店员将货架上的物品挑出,继而将其送给最终消费者。这样也就满足了不同时间价值和不同口味的上门购物者的需求。"

三、"寻宝"的消费者

阿里巴巴将它的 C2C 网站命名为"淘宝",这两个字最贴切地描述了现在消费者购物的心态。消费者都在"寻宝"(treasure hunt),波士顿咨询公司的迈克尔·西尔弗斯坦(Michael Silverstein)创造了这个词来揭示"顾客购买的真相"。他写道:"消费已经成为一种寻宝活动——满怀着得到超值回报的期望在全球浩如烟海变幻无穷的商品和服务市场中永无止境地搜寻琳琅满目的商品、多姿多彩的形状、各种各样的定价。对消费者而言,市场就像一个巨大的集市,时时有发现,处处有暗喜。"变化了的消费者,也就是需求方的变化,是长尾现象最根本的推动力。

西尔弗斯坦把消费者的消费特征分为两种：趋低消费和趋优消费。"对低价的商品和服务进行趋低消费，对质优价高的商品和服务进行趋优消费，而对于日趋乏味、价值降低的中端商品则避而远之"。所谓"日趋乏味、价值降低的中端商品"，正是过去制造商们大批量生产的商品。如果不用"质优价高"来定义趋优消费，而用"更契合消费者自己的需要"来定义，那就可以更好地与商品种类增多的长尾现象相呼应。

正如长尾还只是一个正在逐步形成中的现象一样，消费者的"寻宝"也尚未成为普遍现象，但在消费者"可以随意支配的钱"的分配方面已经有所呈现。"随意支配"这个词意味着"自由选择"或"自由决定"，而不一定非要用在买食品、日用品、住房等特定支出上。例如，消费者本打算去买一条丝巾，最后买回来的却是一件厨房小器具。如果单看消费者可随意支配的钱，就使得所有的几乎完全不相关的商品都变成消费者可选择的商品的一部分，这些商品都在争夺这个可随意支配的收入。

eBay被西尔弗斯坦称为全世界最大的寻宝场地，购物者不是为了购买日用品或必需品，而是为了挖掘宝藏。56岁的专业人士玛格(Marge)说："我来这里不是为了正儿八经地购物，而是为了好玩。我通常会买一些平常找不到的东西，如绝版的瓷器，丢失或打碎的玻璃器具的替代品，停止生产的化妆品。"

传统商店货架有限，但它们也有办法满足寻宝购物者的需要。欧洲的咖啡零售商沏宝(Tchibo)，它的店里除了销售咖啡、咖啡用品之外，还提供非咖啡商品，大多数是家居用品。沏宝的不同之处在于它提供商品的方式：每周围绕着新主题推出大约15种商品，限时提供。所有商品都无法在其他零售商那里买到，至少不会一模一样。它因而制造了这样的效果，"顾客知道自己在沏宝总能得到自己想要的咖啡，但却从来无法准确知道逛沏宝商店或浏览它的网站会获得什么样的惊喜"。这是一种因现实世界中物理空间的限制而改良的长尾模式。

四、OK4S：延伸的汽车"展厅"

传统的汽车销售和汽车用品销售是在展厅进行，消费者只能到展厅里才能看到自己想要看的汽车和汽车用品等，但是往往这些销售商的展厅所在的地理位置都比较偏远，需要花费大量的时间和精力成本。很多销售商意识到这个问题，都会借助 ok4S.com(车商网)的在线汽车销售商服务系统来卖车和卖汽车用品，因为很多潜在的消费者以及没有非常明确意图购车的消费者都可以通过OK4S的平台及时查询到自己想要买到的汽车和用品，而且可以通过OK4S的在线沟通系统和这些销售商实时进行沟通，方便快捷地解决销售问题。顾客可能在展厅里面只能看到一款自己喜欢的车，但是通过OK4S往往能够发现其实自己还可以有更多的选择，其实这也是一种长尾的体现。这样，更多的销售商和服务商可以延伸自己的销售展厅，同时更多的那些原先非主流客户或者分散客户资源都能借助OK4S整合起来。

【资料来源】根据品牌谷(http://www.brandgoo.com)、车商网(http://www.ok4s.com)和郎咸平所著《模式：零售连锁业战略思维与发展模式》等相关内容改编。

案例思考题

1. 长尾理论与二八定律之间的关系如何？两者之间是否矛盾？
2. 通过案例分析，请你总结一下 ZARA、特易购、淘宝、OK4S 的成功经验。
3. 通过案例分析，请你剖析一下长尾理论应用的环境和规律。
4. 结合自己的思考，请你也举一个长尾理论应用的案例。

第17章 数字营销新发展

2016 年是新经济、新模式、新技术和新生态集中涌现的一个年份，移动互联网、大数据、VR技术、人工智能等正在逐步影响和改变经济环境：微信已经成为中国人生活的一部分，微信公众号和今日头条等逐步让中国人看资讯的模式进入自媒体时代；阿里巴巴创始人马云宣布，世界经济已经从 IT 时代进入 DT 时代，大数据驱动引发的新生代企业如雨后春笋般地涌现；VR 技术不断拓展人类的想象力，也已经成为资本市场的焦点；以机器学习和认知技术为特征的人工智能正逐步成为下一个"是猪都能飞起来"的新投资风口……一系列外部环境的变化使得数字营销领域产生了新的发展。

17.1 大数据营销

在云计算、物联网、社交网络等新兴服务的影响下，人类社会的数据类型及规模正在发生巨变。运用互联网与数据分析技术，如果能够找出存在于消费者、企业、社会之间的某种关联，将大大有助于企业的精准营销，提高营销的效率，增强消费者黏性，更有优势地抢夺市场。这种数据已经不是寻常可以在 excel 表格中表示的二维数据，它是非结构性的，它可以是一个用户一个月内所有的消费数据，也可以是一个城市在一天内所有的车辆与人口进出数据，还可以是在过去一年内微博上所有发表与转发的数据，它被称为大数据。

20 世纪 90 年代，美国沃尔玛超市的管理人员在分析销售数据时，发现了一个令人难以理解的现象，啤酒和尿布两件看上去毫无关系的商品会经常出现在同一个购物篮中，经过后续调查，他们发现这种现象经常出现在年轻的父亲身上。在美国有婴儿的家庭中，一般是母亲在家中照看婴儿，而年轻的父亲前去超市购买尿布时往往会顺便为自己购买啤酒。当沃尔玛发现了这一独特现象之后，开始在卖场尝试将啤酒和尿布摆放在同一个的区域，减少了顾客的搜索成本，增加了商品的购买几率，从而获得了很好的销售收入。这是运用大数据进行营销的一个典型案例。此后，随着数据分析算法和计算机技术的发展与普及，这种营销方式已经不再是个案，并被众多企业与商户所接受并应用。

17.1.1 大数据营销的含义与特点

大数据(big data)是指无法在一定时间范围内用常规软件工具进行捕捉、管理和处理的数据集合，是需要新处理模式才能具有更强决策力、洞察发现力和流程优化能力的海量、高增长率和多样化的信息资产。在维克托·迈尔·舍恩伯格(Viktor Mayer-Schönberger)及肯尼斯·库克耶(Kenneth Cukier)编写的《大数据时代》中，大数据分析是指不用随机分析法这样的捷径，而采用所有数据进行分析处理。市场调研机构 IDC 预计，未来全球数据总量年增长率将维持在 50%左右，到 2020年，全球数据总量将达到 40ZB。其中，我国数据量将达到 8.6ZB，占全球的 21%左右。大数据不再是传统数据中的二维数据表，除了数字与符号这等简单的结构化可表示性数据，它还涉及大量的文字、照片、视频、音频等非结构化数据。

IBM 公司将大数据概括为 3 个 V，即 volume(大量化)、velocity(快速化)、variety(多样化)，后面逐渐添加了 veracity(真实性)与 value(低价值密度)。大量化是指数据量的庞大,是一种定性的说法,这种庞大的量能够反映现实生活,能够提供足够多的信息与价值;快速化是指数据的时效性,因为互联技术的存在,数据的传输与获得可以做到几近实时。数据世界与现实世界是几乎同步的,它随着外界的改变而改变,同时也容许观察者及时了解到市场的变化;多样化是指数据的多维性,大数据不仅仅包括传统的结构化数据,同时也包含着大量的非结构信息,它体现着人类生活的方方面面,能够全面、具体地传达着某个空间和某个时间内的所有信息;真实性是指数据的质量,数据采集于真实消费环境中,它代表了某个环境中真实的消费行为,但同时也要注意采集数据的普适性,以确保能够准确真实而非独特地表示此类消费行为;低价值密度是指大数据价值信息含量低,由于数据的大量化,我们需要的信息往往隐藏在千千万万的数据流中,有价值的信息可能只是那万分之一,有效且高效的挖掘与分析技术是解决这一问题最为关键的工具。

因此,大数据营销是指基于多平台的大量数据,将大数据技术应用于营销过程的营销方式。从 4p 角度来说,营销包括产品(product)、价格(price)、渠道(place)、促销(promotion),以产品为例,获得消费者关于产品的口碑数据与相应的销售数据能够提供给设计部分以实际有用的数据参考。再以大数据被最频繁应用的促销过程为例,依托多平台的数据采集以及大数据技术的分析与预测能力,能够使得企业的广告促销更加精准有效,给品牌企业带来更高的投资回报率。从 STP 战略角度来说,大数据也可以应用于市场细分(segmentation)与市场定位(positioning)过程中,通过分析消费者行为,对消费者进行画像,寻找特征群体与潜在需求,利于找准目标顾客并且准确市场定位,是一种有效且真实的技术手段。

大数据营销有四个特点:①强调时效性。由于大数据传达的是实时信息,代表了实时环境下消费者的行为,面对一些极易在短时间内发生变化的消费行为时,企业凭此选择营销策略,务必要强调时间效率,比如沃尔玛在社交媒体上检测到"蛋糕棒棒糖"这一词语出现频率急剧升高时,它迅速反应,在各个商店上架此类商品,斩获先机;②个性化营销。通过大数据采集每个用户的消费与行为信息,有利于对每个用户实现个性化营销,以"今日头条"为代表的新闻类 app、以"网易云音乐"为代表的音乐软件甚至以"淘宝"为代表的电商,纷纷推出针对个人用户喜好实现个性化推荐的版块,使得消费转化率、客户黏性大大提高;③性价比高。企业投放广告时能够做到有的放矢,根据实时性的效果反馈,及时对投放策略进行调整,使得与目标顾客的接触增多,实现与真实需求的对接,提高广告转化率;④关联性。由于大数据是多维的,是结构化与非结构化数据相结合的,企业可根据某类信息关联推动同类信息的推送,比如购买了沙发之后,可能下一条广告便是沙发靠垫,比如搜索了南京天气之后,用户会收到关于南京旅游的信息。

17.1.2 大数据营销的产生与发展

1980 年,未来学家阿尔文·托夫勒在其代表作《第三次浪潮》中写道:"如果说 IBM 的主机拉开了信息化革命的大幕,那么大数据则是第三次浪潮的华彩乐章",预言了大数据的光辉未来。2011 年 5 月,以倡导云计算而著称的 EMC 公司在"云计算相遇大数据"的年会上提出了大数据的概念。同年 6 月,IBM、麦肯锡等众多机构发布大数据相关研究报告,予以积极跟进。麦肯锡在其研究报告中指出:"数据已经渗透到每个行业和业务职能领域,逐渐成为重要的生产因素,而人们对于海量数据的运用将预示着新一波生产率增长和消费者盈余浪潮的到来。"至此,"大数据"作为一个正式的概念进入公众生活,并带来一系列推陈出新与技术更迭。在此背景下,大数据营销的产生有着必然性。

(1) 技术发展是基础。互联网技术逐渐发展成熟，使得数据的获得更加方便与直接；数据挖掘、数据仓库、语义分析等数据分析技术的发展使得利用大数据分析消费者行为成为可能；用户画像、词云、移动互联、线上推广和舆论平台使得营销策略能够及时实施，并收获反馈，及时调整。

(2) 消费者行为多样是挑战。首先消费者人多面广，需求范围大，个性化需求明显；需求差异较大，不同的年龄、收入的消费者具有不一样的需求；需求弹性大，消费者需求随着时间、价格变化较大；非理性购买较强，许多消费者都缺少专门的商品知识，易产生冲动型购买；需求联系内隐，消费者对于商品的需求规律往往不能通过肉眼观察得知，而这种联系对于需求匹配又至关重要。现代营销理念强调以消费者为中心，只有对消费者行为进行研究，理解消费者行为规律与特点，才能抓住市场，而大数据技术能有效解决这些痛点，对消费者行为进行数据上的深度挖掘，真实且具有时效性。

(3) 信息获取是关键。拿破仑曾说，战争 90%依靠于信息。市场竞争激烈，企业为争夺市场份额，必须具有自身的核心竞争力，而除了产品、价格等传统竞争优势之外，信息是 21 世纪新型且至关重要的一项企业资本。利用大数据技术，准确获得市场需求信息，灵敏抓取社会热点，清楚研究消费者行为，及时了解市场反馈，能够增强企业对市场的反应能力，能够对市场需求有的放矢。将此项技术渗透入营销活动中，对于企业实现精准营销，降低营销成本，增加消费者忠诚度，提高销售收入，都具有很大意义。

大数据营销有着它无可比拟的优势，但在现实生活中，它的发展同样遭遇了一些挑战，同时也指明了未来的发展方向。

(1) 数据源的获取。在大数据时代，数据是复杂的、多样的，掌握了数据源的企业就有可能掌握了市场的主动权。数据规模虽然庞大，但数据的拥有者还是相对独立的。在中国，主流企业能够收集到大量消费者信息，比如淘宝平台每天亿元成交额，百度搜索日活跃数亿用户，微博日活跃用户也于 2015 年过亿。对于其他非直接掌握数据源的企业来说，数据的来源取决于数据拥有者的释放程度。对于这些企业来说，他们获得数据的方式无非几种，除自身可能拥有的部分数据之外，他们还可以向拥有数据源的企业购买数据、自己抓取数据，或者向能抓取数据的企业购买数据。无论哪种，获取数据都不会是一件简单的事情。

(2) 数据分析技术不够成熟。大数据结合了许多非结构化内容，内容之间的联系并不那么显而易见。同时，有些数据可能并不是在一个地方收集的，具有碎片化、不统一性、衡量标准不一、采集方式不一等问题。对于这些数据，在进行分析之前，还需要对数据进行整合、清洗与匹配，这是一个极度耗费工时与精力的过程。在数据分析技术并不那么成熟，并没有一套已有的完整系统可以借鉴，企业在进行数据分析时，免不了探索、优化、改进。

(3) 数据分析人才与经验的缺乏。大数据技术为新兴的技术，还缺少对专业人才的体系化培养。企业在接收这一技术进行营销活动时，必须考虑人员的专业性与项目经验。对于应用大数据营销方式的企业来说，企业有必要对组织结构、人员构成以及工作内容进行合理规划，或者选择第三方公司进行合作。

17.1.3　大数据营销的应用手段与方法

1. 明确大数据是用户+产品+企业三维度在各平台上时间与空间上的关联数据

前文中，我们已经讨论了大数据以及大数据营销的含义与特点。在真正应用时，我们有必要明确大数据的构成。当企业试图通过大数据来进行营销时，主要是对消费者行为进行研究，而消费者是基于产品进行消费的，产品是由企业生产的。这三者是大数据中牵涉的主要三大市场主角，之间都存在着关联。用户在对产品进行消费时，会产生用户本身信息，消费的产品特征信息，产品牵涉的企业、生产链信息以及用户对产品的口碑信息。这些数据会形成一个整体，发生在各个时间与地域上。当然，除去这三个市场主角，外部环境因素也是近来大数据应用商们频频考虑的因素。例如，市场的政治环境、天气等，这些数据纳入大数据体系主要是为了更加多维地去研究消费者的行为特征。各平台指的是基于互联的能承载数据的各个网络平台，如网页、微博、微信、天猫等。

收集大数据，便是收集在各平台的某段时间与空间上，主要包含用户、产品、企业三者关系的结构化以及非结构化的大量信息数据。

2. 基于大数据对消费者需求、行为进行分析，精准营销

通过对海量信息的抓取，形成数据仓库。此时的数据多无规则、不统一，为了更好地进行分析，一般事先对数据进行一遍清洗与筛选，以除去那些无意义的数据，必要时，需要对各个来源的数据进行标准的统一化。然后运用技术工具对某些可能存在的逻辑关系、时间联系进行数据上的验证或者挖掘。它的价值体现在以下几点。

(1) 企业对用户进行区隔，了解个体用户偏好，对用户进行画像。由于大数据可以刻画出每个消费者的行为特征，企业可以创建一个单一的客户视角，对个体拥有宝贵的洞察力，以便找到有效的方式与个体之间进行交互，提供用户个性化体验，提高客户的满意度与忠诚度。

(2) 收集海量信息，了解消费者整体特征。互联网经济下，企业可以以前所未有的速度收集用户的海量行为数据，从而进行分析、洞察并且预测，为消费者提供最能满足他们需求的产品、信息与服务，传递准确且有效的广告信息。

(3) 消费者舆情监测。由于大数据的快速化特征，企业能够几乎实时收集到网络上关于某种产品或者品牌的口碑与评价。这既有助于收集消费者对于产品或品牌的看法，扬长避短，同时也有助于企业及时发现网络上不利的舆论导向，并积极做出反应，挽救企业形象。

(4) 制定产品战略。通过对消费、舆论等数据的分析，可以帮助企业发现不足。对产品进行动态化调整，既可以在包装上迎合目标群体的品味，也可以在设计上结合时代热点，同时也能在功能上进行增删，有助于促进公司团队的创新能力，也是真正以用户为中心的体现。

(5) 精准营销和反馈改进。大数据能够支撑用户细分，实现消费者精准定位于营销，并通过持续跟进，营销方式可以不断改进，随着消费者行为的改变而不断创新发展。以广告投放为例，找准企业的目标群体，他们可以是已经有过购买行为的消费者，可以是购买过互补品或替代品的消费者，也可以是有过搜索行为的潜在顾客。分析各个群体的行为特征，定向、定时、区别化地向各个目标群体推放广告，能够极大地提高广告营销效率，既满足了消费者的特定需求，还降低了撒网式广告营销时的成本。同时，可以收集广告的点击数据以及消费数据，获得真实的广告点击率，评估广告转化率，并收集消费者的相关口碑，对广告进行改进，同时再次优化广告投放目标群体。

17.2 智慧营销

出行工具越来越智慧、家居生活也越来越智慧、电子产品更是越来越智慧，在科技驱动下，物与物、人与人、人与物之间更加方便智能地联系在了一起。在消费者想要某件商品时让他看到

这件商品的广告，这是精准的营销；在消费者自己都未意识到他将会需要这件商品时就唤起他的购物欲，这就是智慧的营销。

17.2.1 智慧营销的含义和特点

1. 智慧营销的含义

智慧营销是通过社交媒体和移动网络两大新渠道收集顾客信息，利用数据挖掘技术和社会网络技术分析顾客行为、洞察顾客需求、寻找社会联系、强化顾客关系，从而实现有目标的、个性化的精准营销和实时营销，提升市场推广的准确率和成功率。

智慧营销基于大数据、社会化、移动化的大视野战略和现代数据技术，寻求提升营销绩效的解决方案以增强企业的市场竞争力。智慧营销的重点是精准营销，在移动互联网时代，其核心方法就是数据挖掘，即数据驱动的营销。智慧营销是在数据库营销基础上发展而来的，通过采集大量历史客户数据，构建以客户为中心的数据仓库，并借助数据挖掘技术，了解客户的特征、产品喜好等消费行为问题，从而实现对目标市场不同消费者群体强有效性、高投资回报的营销效果。

2. 智慧营销的特点

智慧营销是新竞争环境下的必然选择，这是由产品因素、技术因素、客户因素共同决定的。具体来讲，智慧营销有以下几个方面的特点。

(1) 更透彻的感知。对客户需求的更透彻、随时随地的感知、获取、分析与传递。

(2) 更全面的互联互通。系统之间的无障碍互联互通。

(3) 更深入的智能化。功能更强大的支撑系统，能够随时、迅速地分析、满足客户的个性化、多样化需求。

17.2.2 智慧营销的产生和发展

智慧营销不是经济生活中的某种突发现象。我们经历了社交平台的崛起到大数据和云计算的广泛应用，从移动互联网的来势汹汹到连接万物的"互联网+"。目前信息技术的发展，特别是通信技术的发展，促使互联网形成辐射面更广、交互性更强的新型媒体，它不再局限于传统的广播电视等媒体的单向传播，而是可以与媒体信息的接收者进行实时的交互式沟通和联系。总之，智慧营销是伴随信息技术、网络技术的发展而产生的，并随着消费者价值观、消费观的变化和市场竞争的激烈状况而不断地发展。互联网飞速发展以及可以带来的现实和潜在效益，促使企业积极利用新技术变革企业经营理念、经营组织、经营方式和经营方法，搭上技术发展的快车道，推进企业飞速发展，这就促成了智慧营销的产生。所以说"智慧营销"是一个时代概念，而不是一个产品概念。

17.2.3 智慧营销的实施

尽管智慧营销的前景非凡，但是仍然面临诸多挑战。首先，技术难题当道，包括大数据等前端技术尚处于发展初期，各方面技术基础并不十分扎实，各项工具尚需进一步完善。与此同时，企业若想真正启动智慧营销，不仅要面临技术工具难题，更重要的是转变传统经营思维和组织架构。

1. 确定企业目标和标准

大数据的资源庞大、繁杂丰富，如果没有明确的应用目标，很容易走入迷途。因此，建设者首先要明确大数据运用的短中期目标，定义机构的价值数据标准，之后再使用那些能够解决特定领域问题的技术工具。

2. 储备好相关技术人才

运用智慧营销技术为营销管理服务之前，要保证技术团队的到位。尤其是社交媒体营销非常注重数据、衡量标准和数据可视化等问题。要能熟悉驾驭，首先要确保企业技术人员已经接受过相关技能培训，了解如何最大化利用大数据等前端技术的作用和潜力为企业营销服务。

3. 解决碎片化问题

对于智慧营销的重点是解决大数据营销中的数据碎片化问题。许多组织中，数据都散落在互不联通的数据库中，而且相应数据技术也都存在于不同部门，如何将这些孤立错位的数据库打通、使之相互互联，并能实现技术共享，才是最大化大数据价值的关键。数据策略要成功提升网络营销成效，要诀在于无缝对接网络营销的每一步骤，从数据收集到数据挖掘、应用提取、洞悉报表，缺一不可。

4. 培养内部整合能力

要做好智慧营销，首先要有较强的数据整合能力，整合来自企业的各种不同数据源、不同结构的数据，如客户关系管理、搜索、移动、社交媒体、网络分析工具、普查数据、离线数据等。这些整合的数据是定位更大目标受众的基础；其次要有研究探索数据背后价值的能力，未来营销成功的关键取决于如何在大数据库中挖掘更丰富的营销价值，像站内外数据整合、多方平台的数据接轨、结合人口与行为数据去建立优化算法等，都是未来的发展重点；最后，探索之后，给予精确行动的营销指导纲领，同时通过此纲领进行精确快速的行动。

17.3　微信营销

微信是腾讯公司于 2011 年年初推出的一款移动端即时通讯服务程序。经过多年的运营，2016年，微信已经覆盖 90% 以上的中国智能手机用户，覆盖全球 200 多个国家，月活跃用户突破 8 亿，甚至有望成为全球性的社交媒体社区。从最早的即时通讯、朋友圈图文分享等基础社交功能，到目前的媒体信息推送、企业服务支持、移动支付、小程序开发等功能，微信已成为用户线上线下生活的重要组成部分。伴随着其信息传播辐射能力不断扩大，各大中小企业也愈加注重日常运营与微信平台的结合，开始更多地通过微信与用户建立起更加紧密的联系，凭借其巨大的用户流量以及强大的媒体属性，微信平台逐步成为各大企业网络营销的常规选择，微信营销的概念也由此应运而生。

17.3.1　微信营销的含义与特点

微信营销是 21 世纪网络经济时代营销模式的一种创新，主要包括微信公众号营销、微信朋友圈营销、微信群营销、信息流广告、微信分销等。商家可利用微信平台展示商家微官网、微会员、微推送、微支付、微活动，为其产品或理念做营销。个人或团队也可通过微信公众平台与商家合作，进行软文、软广告的推广。

目前，市场上已经形成了一种主流的线上线下微信互动营销方式，这为商家提供了更多的契机，也为消费者带来了更多的选择机会。

微信营销主要有以下几个特点。

1. 营销形式多样

利用微信进行营销的形式和途径有很多，如企业可以设定自己品牌的二维码，用折扣和优惠来吸引用户关注，开拓 O2O 的营销模式；企业通过微信开放平台，应用开发者接入第三方应用，将应用 logo 放入微信附件栏，使用户可以方便地调用第三方应用进行内容选择与分享。例如，聚美优品的用户可以将选中的商品内容分享到微信好友、微信群聊和朋友圈中，从而使该商品得到不断的传播，进而实现口碑营销。

另外，在微信公众平台上，每个个体、小型商户、企业都可以打造自己的微信公众号(订阅号、服务号、企业号)，并在微信平台上实现与特定群体的文字、图片、语音的全方位沟通和互动。比如一家餐饮企业，将门店的打折、会员信息都搬到微信公众号上，实现了微信订座、等位、点餐等内容，到店之后直接下单让老顾客去分享，以此吸引新客户。

2. 消费者占据主动位置

营销讲究"推"和"拉"的概念。在微信平台，消费者更具主动性，他们主动选择、关注甚至推广自己感兴趣的内容，而非被动接受。消费者决定了微信营销能走多远；只有赢取用户的青睐，才能获得高阅读量、高关注量和高转发量，实现圈层式发展，在维系老客户的同时增加新客户。

3. 点对点精准营销

微信拥有庞大的用户群，借助手机移动终端天然的社交和位置定位等优势，每个信息都是可以推送的，每个个体都有机会接收到信息，继而帮助商家实现点对点精准化营销。例如，拥有微信公众平台的商家可以建议前来消费的顾客扫描微信二维码关注，当商家发布有关产品或服务的消息以及优惠信息时，可以及时地被其目标客户群接收到，并且这部分客户群一定是在地理位置上能够容易到达并且对产品或服务感兴趣的潜在客户群体。

4. 推广成本低廉

相对于传统的营销方式来说，微信广告的营销成本比较低廉。如果宣传内容足够引起用户关注，会形成朋友圈内的主动推广，这种圈层式传播的潜力是巨大的，而商户为此不需要付出额外的时间和物质成本。

5. 良好的用户黏性

微信的点对点产品形态保证了其能够通过互动的形式提高内容的人文情感，增加用户的黏性，从而产生巨大的价值。文章末尾留言回复、公众号留言自动/人工回复、回赠用户资源等都是与用户建立亲密联系的互动方式。商家可以通过及时高效的微信沟通服务，最大限度地保持及提高用户黏性，提高关注度，同时在这一过程中发现潜在消费者，对客户进行准确定位。

17.3.2　微信营销的产生与发展

微信营销具有社交、各类信息传播、媒体的功能属性(包括微信聊天、微信群、朋友圈、公众平台等)，是建立在微信巨大的用户体量和使用频次的基础上产生的。这些营销方式的出现和完善其实与微信版本的不断升级和功能的不断拓展息息相关。微信一直以非常规的思维模式去研发一条自主创新的媒介营销路线，它不直接推销微信本身平台，而是在不断地"想群众之所想，急群众之所急"，不断地思考探索，在潜移默化当中把自身推销，走非常规的媒介营销路线，建立新的价值链条。

微信营销的发展经历了多个阶段，主要的历程如下。

1. 投入期

微信在成立之初所呈现的最基础功能是聊天，在 2011 年发布的 1.0 测试版中，主要功能仅是一对一的快速消息、照片分享以及头像设置，"一对一"互动营销初现端倪。

2. 成长期

2012 年朋友圈功能推出，这是微信营销的重要转折点。朋友圈传递的信息完整度更高，阅读性也更强，同时对用户的打扰性更小。它的出现大大提升了信息传播的能力，很快就受到了企业的关注，大量基于朋友圈的营销手段开始出现，初始者收获了丰厚的回报，先发效应明显。不过，朋友圈营销形式适合个人或者小品牌的商户，对于大企业的促进还不够明显，同时客户积累相对较为粗放，无法实现批量化的用户导入以及管理。但不可否认的是，朋友圈的出现大大提升了微信营销的效果，各大企业也开始关注微信的营销潜力。

3. 成熟期

随着 2013 年微信公众号功能的推出，微信营销由初始的粗放型发展，向标准化、规则化、市场化的方向转变。公众号为企业营销提供了一个更加合理、专业的营销平台，微信营销开始越来越有了明确的形式和统一的管理。公众号的出现，也让企业营销有了面向全微信用户的可能，信息传播的深度和广度大大提高。各类公众号开始以井喷的速度产生，几乎囊括了每个行业的知名企业，目前总数已突破 1000 万，并以每日新增 1.2 万个的速度增长。微信公众平台已经成为了企业微信营销的主战场，如今也已成为数字化营销的重要组成部分，各大企业在公众号上的营销投入也在逐年上升。

4. 转型期

2015 年 1 月，微信团队在所有用户朋友圈发布了第一条内测信息流广告。随后，官方又在朋友圈陆续投放了三条广告，分别是宝马、Vivo 智能手机和可口可乐。这三条广告并不是面对所有用户的普遍推送，而是微信团队在对用户进行大数据分析后的精准投放，试图做到降低骚扰程度，并提高微信朋友圈营销的精准度。微信也从营销服务的单纯平台提供者，向企业具体营销服务提供商转变。2016 年，微信又推出了"小程序"功能，用户无需下载即可在微信内使用各类应用，同时带有独立的 ios 与安卓的脚本编写功能，向全社会化开发者开放，大大提升了微信本身的延展性，未来将很有可能引发微信营销的变革。

微信营销经历了从一对一微信聊天营销，到事半功倍的微信群营销，再到朋友圈营销，以及使微信营销获得巨大发展的公众号营销。这样的发展历程，也是微信作为营销工具由辅助工具变为主要工具，微信营销行为由零散走向正式化的过程。可以预见，微信营销未来的发展潜力不可估量。所以，我们对其发展趋势进行了以下预测。

1) 营销内容质量决定成败

无论是做传统互联网营销还是移动互联网营销，逃不掉的一个话题就是内容。在做传播、推广的过程中，内容起着至关重要的一环。放眼当下的微信大号，无一不是以内容作为驱动的。内容的形式多种多样，可以是文字、图片、漫画，也可以是视频、语音、H5 等。随着微信慢慢步入深水区，将会有一大批账号被淘汰出去，而这批账号恰恰是没法产生优质内容的，对于能持续产生优质内容的账号，流量将会慢慢被吸附转移，马太效应将会越来越明显。在未来的传播当中：内容为王，渠道为辅，内容即广告，分享即流量。

2) 用户趋利传播将逐渐淡出

经过这几年的发展，无论是微博还是微信，大家对于转发有礼、分享有奖、关注抢红包这类型的活动司空见惯，积极性下降。这种趋利传播活动存在一定的信任问题，同时趣味性不高，参与这种活动的用户大部分都是为了眼前的小利而促使参与，留存不了关注度，活动结束，会出现大面积的用户流失。在未来，借鉴诸多经验总结后，商家举办的各类用户趋利类营销活动将大大减少，需要将更多的注意力转移至用户需求本身，以用户需求、体验为导向，进行各类微信软营销。

3) 自媒体依旧是营销主力军

从目前用户关注的公众号比例来看，自媒体类公众号关注比例超过了 30%，同时在用户内容偏好上，自媒体依旧是最受欢迎的注重类别。随着公众号市场逐渐"洗牌"，各类有清晰商业模式、大量精准粉丝用户的公众号将受到更多资本青睐，未来各类自媒体融资案例将更加多见，资本的推动也将进一步鼓励各类自媒体公众号的发展。

4) 各类新型营销手段将不断产生

在相同内容的基础上，图文的传播力远远大于纯文字的传播力。目前越来越多的微信营销开始注重图文形式的结合。内容层面上的"表情包"就是很好的例子，文字通过与各类表情包的结合，能够更精准地表达信息内涵，更好地激发受众的情感共鸣。而在技术层面，兴起的 H5 技术为单纯性内容的信息输出增加了互动性，其传播效果较之以往大大增强。而最近出现的"小程序"将是对微信巨大流量的进一步挖掘，微信营销的商业化以及生态化形态将很可能发生巨大的变革。

17.3.3　微信营销的应用手段与方法

微信营销是基于微信平台已有的功能模块展开，主要聚焦于社交互动、信息推送等功能板块，结合微信内嵌的支付功能，形成了从信息传播、用户触达、交易支付的营销闭环。目前常见的营销手段与方法主要有以下几种。

1. 朋友圈营销

1) 微信电商

朋友圈营销最早来源于微信电商，也称为"微商"，主要针对品牌认知度较低的快消类产品，如化妆品、食品、服装等，参与主体主要是小企业以及一些独立的商户。

商户将独立的个人用户聚集，在产品现有的销售渠道上拓展出新的线上销售渠道网络，通过个人在其微信朋友圈的产品推送，将产品信息推送至自己的强社会关系网络，增强了产品的露出以及消费者对于产品的信任度，形成了"全民销售员"的营销概念。在具体应用的过程中，商户制定统一的产品宣传话术、奖励政策，配合产品口碑，通过种子用户在朋友圈的露出，可以在短时间内对商户形成极大的用户流量导入。随着朋友圈个人营销的广泛使用，越来越多商户开始使用类似的策略，同质化竞争日趋激烈，用户的耐受性也随之不断提高。如今商户在进行朋友圈营销时，需要更加考虑对品牌形象、产品质量、种子用户选择、差异化的露出方式等层面的考虑。

2) 口碑分享

考虑到微信已成为众多用户日常生活的一部分，微信平台的信息传播属性受到了越来越多企业与商户的重视，其运营的网站、手机智能应用相继推出微信分享功能，旨在引导用户将产品或服务使用的体验以及感兴趣的内容，如喜欢的音乐、已购买的商品、品尝过的美食、看过的电影等，通过微信平台分享至个人朋友圈，在满足用户口碑传播需求的同时，实现对自身品牌的露出，建立起更广泛的用户认知，从而达到品牌传播的营销目的。

3) 广告投放

随着"微商"以及口碑分享营销的兴起，微信平台自身也推出了针对各大企业的朋友圈广告投放功能。相较于传统的商户型朋友圈营销，企业层面的朋友圈营销覆盖的用户更为广阔，同时用户定位的精准度也大大提高。核心机理是通过用户在微信的行为轨迹数据，基于大数据的分析，将用户集群按照不同特征，包括性别、地域、兴趣标签等属性，进行细分，提升推送的精准度和触达度。

企业通过设置推送内容、内容形式、目标群体分类、露出时间等要素，实现企业广告在目标用户群的微信朋友圈集中展示，保障企业的品牌露出，同时内容也能很好地匹配用户兴趣与需求，精准地定位目标群体。这一手段目前已成为各大企业新品上市、热门活动发布等信息的重要推送渠道。

2. "附近的人"营销

"附近的人"功能板块，是微信推出的基于 LBS 的陌生人社交功能模块。用户在此模块可以查看附近的陌生人，并申请添加对方为好友，建立联系后，商户可以适当地开展产品介绍等营销内容。同时，商户可以设置与运营产品、服务相关的个人签名实现主动的露出，有兴趣的陌生人可以主动与商户建立联系。

此类营销方式主要适用于独立的个体商户，如餐饮、便利生活等区域性较强的产品与服务。优点在于可以足不出户地在线上实现区域性商业"地推"，触达的用户都是真实用户，成本极低。缺点是覆盖人群较少，难以突破陌生人之间的信任壁垒，用户响应率以及转化率较低，难以建立起积极的品牌形象。

3. "漂流瓶"营销

与"附近的人"类似，"漂流瓶"也是微信平台陌生社交功能板块的组成部分。商户可以在此功能下，实现和陌生人直接建立联系。商户自营的产品与服务相关信息以漂流瓶的形式随机推送给陌生用户，接收到的陌生用户查看此内容，在此阶段产品或服务内容可以实现初步的露出，如果能够进一步建立联系，可以进行后续营销工作的开展。

此类营销手段主要针对独立的个体电商店铺，同时经营的业务范围不局限于本地，适用于需求普遍的常规产品或服务，是低成本集客的一种手段，但是受制于较小的推送数量以及信任壁垒等问题，该手段的用户响应率以及转化率较低，目前还无法成为普适性的营销策略。

4. 公众号营销

微信公众号是嵌在微信内部的给个人、企业和组织提供业务服务与用户管理能力的全新服务平台，从公众号的使用者角度可以分为订阅号、服务号以及企业号三种类型，其中个人只能申请订阅号，而企业可以申请任意类型的公众号。其中订阅号与服务号面向的用户是社会化用户群体，而企业号面向的是企业内部人员。从营销的功能性而言，前两种类型是公众号营销的主要形态，企业号更加注重企业内部管理层面，对外的营销属性相对较弱。因此，本节的公众号营销也将主要基于订阅号、服务号进行展开。

在公众号营销过程中，需要特别思考以下几个问题。

首先是公众号定位问题。正确的公众号定位可以让运营者方向明确，不断进行有效的积累。对于用户而言，定位准确的公众号更能适应自身需求，与其建立良好的亲密度。

其次是公众号的内容问题。优质的内容能够激起用户的共鸣，保证老用户的黏性，同时也能够鼓励用户进行主动的内容分享，增加公众号的露出，吸引更多新用户点击关注，形成良性的循环，大大增强公众号的营销能力。

最后是公众号的传播渠道问题。"酒香不怕巷子深"的时代已经逐渐远去，再好的内容如果没有合适的传播渠道，也无法实现良好的营销效果。公众号在运营初期时，需要重点培育种子用户，维系好自有的传播渠道，同时也可以考虑与外部成熟的公众号合作，借助其他渠道进行营销推广。

以下将基于订阅号与服务号的功能特性，阐述两种营销的应用手段与方法。

1) 订阅号营销

订阅号面向的使用主体主要是个人、媒体类用户等，最初的功能与博客类似，是个人对公众进行媒体类信息分享的自媒体平台。订阅号营销的核心是，订阅号通过优质的内容吸引用户关注、朋友圈转发，最终积累巨大的关注用户体量以及大批忠诚用户，形成大量线上流量的入口。

如今，大用户存量的订阅号开始不断与外部企业、商户合作，订阅号也逐渐成为众多企业、商家向新用户传递产品或服务信息的新营销渠道，通过流量进行变现也成为了目前各大订阅号盈利的主要模式。

订阅号的营销潜力与盈利能力也吸引了资本市场的关注。目前许多订阅号已开始向资本融资，部分甚至在初期就已收获数千万美元的投资，未来在资本的驱动下，订阅号的营销方式可能将孵化出新的形式。

2) 服务号营销

服务号面向的使用主体是企业、商户等，而非独立的个人。与订阅号偏向单纯性的内容输出不同，服务号更加注重企业与用户的互动，同时也可以将企业的各类服务、产品通过各类接口在线上直接呈现给用户，鼓励用户产生交易。目前，服务号营销的主要形式为"抢红包""集赞送礼""帮砍价""转发送礼"等带有物质鼓励的方式鼓励用户传播，最终达到营销的目的。

因此，服务号营销的实质是通过用户有偿转发与分享，将企业、商户信息，甚至交易场景，直接地传递给用户群体，并激起用户群体的多次推广转发，实现大批量的品牌露出与交易量提升。

17.4 微博营销

"微博是地球的脉搏"——美国《时代》周刊如此评价微博强大的信息传播功能。而在企业层面，微博公关与营销作为网络营销的新配工具之一，愈加受到重视。

17.4.1 微博营销的含义与特点

微博营销是以微博作为营销平台，每一个听众(粉丝)都是潜在的营销对象，每个企业都可以在新浪等门户网站注册一个微博，然后不断更新自己的微型博客向网友传播企业、产品的信息，树立良好的企业形象和产品形象。

微博营销有以下几个特点。

1) 低门槛

不限字数地发布信息，远比博客发布容易。可以方便地利用文字、图片、视频等多种展现形式。

2) 多平台

除了网络发布，同时支持手机等平台，可以在手机上发布信息。

3) 传播快

信息传播的方式多样，转发非常方便。利用名人效应能够使事件的传播量呈几何级放大。

4) 见效快

微博营销是投资少、见效快的一种网络营销模式，可以在短期内获得最大的收益。

17.4.2 微博营销的产生与发展趋势

"如果你的粉丝数量超过 100，你就是一本内刊；超过 1000，你就是个布告栏；超过 1 万，你就像是一本杂志；超过 10 万，你就像是一份都市报；超过 100 万，你就像是一份全国性报纸；超过 1000 万，你就像是一家电视台。"这番话形容的是微博的媒体影响力。

依靠其便捷的传播方式，微博不仅掀起了一场互联网领域的"微革命"，同时，在商业领域，微博的即时性、传播性、便捷性也足以让它在营销界引起一场革命。微博是一个以人为中心、以个体为基本单位的群体多维、多边、实时的互联网平台，是企业有效的实时营销平台，多种商业模式由此诞生。从企业的角度讲，微博为企业的产品和服务提供了一个直接的、即时的展示、沟通、服务平台。从消费者角度讲，消费者可以利用微博这个社会化媒体更加立体地了解和选择自己所需的产品与服务。从功能和营销价值角度讲，微博为营销提供了新鲜的元素。从功能上来讲，微博营销集中了市场调研、产品推介、客户关系管理、品牌传播、危机公关等诸多功能。微博开放的平台将会为进驻微博的企业带来更多的盈利模式。那么微博今后将会走向何方，又会产生哪些新的趋势呢？

(1) 微博营销将逐渐呈现本地化和实用化的趋势。

(2) 越来越多的网店将大规模地应用微博营销手段。

(3) 将出现一批完全基于微博生存的小型企业，如微博网店。

(4) 短期内大型企业仍难在微博营销方面取得好成绩。

(5) 微博互动方式将越来越多样化。

(6) 企业会越来越关注日益成为个人消费门户的个人微博。

17.4.3 微博营销的应用手段与方法

1. 微博营销的定位和分类

从企业营销的传播主体和内容角度来讲，我们把微博分为官方微博、企业领袖微博、客服微博、公关微博和市场微博；从微博本身的价值来讲，又分为微媒体、微传播、微服务、微公关和微营销，具体内容如下。

(1) 官方微博，又称为微媒体。由于企业微博必须是官方的，传播内容相对比较正式，可以在第一时间发布企业最新动态，对外展示企业品牌形象，成为一个低成本的微媒体。

(2) 企业领袖微博，又称微传播。领袖微博以企业高管的个人名义注册，是具有个性化的微博，其最终目标是成为所在行业的"意见领袖",能够影响目标用户的观念,在整个行业中的发言具有一定号召力。

(3) 客服微博,又称为微服务。通过微博与企业的客户进行实时沟通和互动以及深度的交流,为客户在互动中提供产品服务,同时又缩短了企业对客户需求的响应时间。

(4) 公关微博,又称为微公关。遇到企业或者产品危机事件,可通过微博对负面口碑进行及时的正面引导。

(5) 市场微博,又称为微营销。通过微博组织市场活动,打破地域、人数限制,实现互动营销。

2. 微博营销推广技巧及手段

利用微博进行推广,要特别注意以下几个方面,包括微博账号认证、有效内容发布、及时更新内容、主动积极互动、合理的标签设置和拥有尽可能多的高质量粉丝。

(1) 微博账号认证。获得认证的微博账号的好处是:形成较权威的良好形象,信息可被外部搜索引擎收录,更易于传播。

(2) 有效内容发布。微博的内容信息尽量多样化,最好都带有图片、视频等多媒体信息,有利于浏览体验;内容尽量包含合适的话题或标签,以利于微博搜索。发布的内容要有价值,可以带来不错的传播效果。

(3) 及时内容更新。每日都要有规律地进行内容更新,比如每天发布 5~10 条信息,抓住高峰发帖时间更新信息。

(4) 积极主动互动。积极参与转发和评论,主动搜索行业相关话题,主动去与用户互动。

(5) 合理的标签设置。合理设置标签,微博会推荐有共同标签或共同兴趣的人加关注。

(6) 拥有更多高质量的粉丝。关注行业名人或知名机构;善用找朋友功能;提高粉丝的转发率和评论率。

3. 微博营销优化技巧与手段

要做好微博营销,同时还得善于利用微博优化技巧和手段,如热门关键词选取优化、微博名称的优化、微博 URL 地址优化、个人资料优化、个人标签优化等,通过这些优化技巧和手段都有助于提升微博营销的效果和获得更多的关注。

1) 热门关键词选取优化

微博内容尽可能以关键字或者关键词组来开头,并且加上"#话题#"。尽量利用热门的关键词和容易被搜索引擎搜索到的词条,增加搜索引擎的抓取速率,但考虑到受众,这些内容也应和推广的内容相关。

2) 关键词选取要和 SEO(搜索引擎优化)结合起来

对 SEO 来说,微博的信息是非常重要的,搜索引擎会把微博的信息纳入搜索结果中来,它们的索引算法也会根据微博的内容,选取信息作为标题。要明确 SEO 优化哪些关键词,只有找到了关键词,才能做好微博的 SEO。

3) 名称要简单易记

微博要简单易记,要让微博用户名成为你的代言,让其他人看到你的微博用户名的时候,就能很快记住。

4) URL 地址要简洁明了

除了用户名,微博的 URL 地址也尤为重要,因为通过 URL 地址才能访问到你的微博,而这个 URL 会影响搜索引擎的搜索结果。

5) 个人资料要填关键词

微博的个人资料也会被搜索引擎所索引,所以在说明自己的同时,也要填入要优化的关键词,提升搜索引擎抓取的几率。

17.5 搜索引擎营销

搜索引擎营销的基本思想是让用户发现信息,并通过点击进入网站/网页进一步了解他所需要的信息。在介绍搜索引擎策略时,一般认为,搜索引擎优化设计的主要目标有两个层次:被搜索引擎收录、在搜索结果中排名靠前。但从目前的实际情况来看,仅仅做到被搜索引擎收录并且在搜索结果中排名靠前还很不够,因为取得这样的效果实际上并不一定能增加用户的点击率,更不能保证将访问者转化为顾客或者潜在顾客,因此只能说是搜索引擎营销策略中两个最基本的目标。接下来将对搜索引擎营销进行全面系统的分析。

17.5.1 搜索引擎营销的含义与特点

所谓搜索引擎营销,是英文 search engine marketing 的翻译,简称为 SEM。就是根据用户使用搜索引擎的方式,利用用户检索信息的机会尽可能将营销信息传递给目标用户。简单来说,搜索引擎营销就是基于搜索引擎平台的网络营销,利用人们对搜索引擎的依赖和使用习惯,在人们检索信息的时候尽可能将营销信息传递给目标客户。

搜索引擎营销的实现手段包括竞价排名、分类目录登录、搜索引擎登录、付费搜索引擎广告、关键词广告、TMTW来电付费广告、搜索引擎优化(搜索引擎自然排名)、地址栏搜索、网站链接策略等。搜索引擎营销追求最高的性价比,以最小的投入,获得最大的来自搜索引擎的访问量,并产生商业价值。

用户在检索信息所使用的关键字反映出用户对该问题(产品)的关注,这种关注是搜索引擎之所以被应用于网络营销的根本原因。

搜索引擎营销的特点如下。

(1) 搜索引擎营销方法与企业网站密不可分。

(2) 搜索引擎传递的信息只发挥向导作用。

(3) 搜索引擎营销是用户主导的网络营销方式。

(4) 搜索引擎营销可以实现较高程度的定位。

(5) 搜索引擎营销的效果表现为网站访问量的增加而不是直接销售。

(6) 搜索引擎营销需要适应网络服务环境的发展变化。

17.5.2 搜索引擎营销的实施原因与发展趋势

1. 搜索引擎营销的发展阶段

第一阶段(1994—1997 年),将网站免费提交到主要的搜索引擎,代表:雅虎(YAHOO!)。

第二阶段(1998—2000 年),技术型搜索引擎崛起引发的搜索引擎优化策略,代表:谷歌(Google)。

第三阶段(2001—2003 年)，搜索引擎营销从免费向付费模式转变，代表：搜狐(Sohu)。

第四阶段(2003 年以后)，从关键词定位到网页内容定位的搜索引擎营销方式，代表：Google Adsense。

2．推行搜索引擎营销的原因

推行搜索引擎营销最根本的原因之一是搜索者会购买产品：33%的搜索者在进行购物，并且 44%的网民利用搜索站点来为购物作调研。如果公司的网站没有被列在最前面的几个搜索结果里面，那就意味着该公司已经不在顾客的备选之列。如果没有被列入备选名单，就根本没有机会推销产品。就算网站的目的不是做在线销售，顾客也必须能够找到网站，以便了解产品、下载信息或找到零售店的地址。搜索者比起随便点击广告条的那些人，是更为合格的访问者。所以吸引搜索访问者绝对是件值得去做的事情。搜索引擎营销的成本效率高，欧洲市场营销人员指出他们为付费搜索产生的每次点击付出约为 2 欧元，55%的人认为是"比较便宜"。实际上，在所有营销手段中，搜索引擎营销产生的每个有效反馈的成本最低。

3．搜索引擎营销是一种趋势

(1) 欧美地区搜索引擎营销发展趋势

Forrester 研究表明，英国在搜索引擎营销方面处于欧洲领导地位。英国搜索引擎营销已经被许多公司的董事会层面认同，正作为一种战略手段加入市场营销的整体方案中。此外，付费搜索占据了英国搜索引擎营销市场规模的 88%，自然搜索引擎优化占 12%，而在线广告也已经占到了英国全部广告业的 8%。

SEMPO 数据显示，2007 年北美地区搜索引擎营销市场规模达 115 亿美元，同比增长 22.3%，2008 年达到了 133 亿美元。北美地区已经围绕搜索引擎营销建立起较为多元的业务模式和成熟的发展体系。与英国搜索引擎营销市场相似，北美市场的主体业务也是付费搜索，随着全球搜索引擎营销市场的增长，北美向其他地区的搜索引擎技术输出将日益繁荣。

(2) 我国搜索引擎营销发展趋势

搜索引擎营销服务深度增加。随着我国搜索引擎运营商逐步开放 API 数据，第三方公司将开发大量搜索引擎营销技术工具，广告主可以在本地系统中完成统计、分析、修改等管理功能，无须访问 Web 用户界面。自动智能体系取代人工方式，应用深度增加。

搜索引擎营销以及移动搜索引擎营销得到广泛认同。随着搜索引擎用户的不断增长，搜索引擎将逐渐成为细分覆盖最高的媒体。虽然还是有企业把网络营销、搜索引擎营销和传统营销在经营思想上分开处理，但是无论中小型企业还是大型企业，都在关注网络营销和搜索引擎营销，他们积极与技术先进的第三方公司合作，完善他们的搜索引擎营销服务体系，共同驱动中国未来的搜索引擎市场。

搜索引擎营销和移动搜索引擎营销渐成营销战略组成部分。信息化和网络营销越来越得到企业的重视，越来越多的企业不仅仅购买搜索引擎广告或者搜索引擎优化，而是将搜索引擎营销作为企业营销战略的一个组成部分。搜索引擎营销可能发展成为网络营销一个相对完整的分支，这种产业化的趋势将创造更多的市场机会。

搜索引擎营销服务紧贴民生。从我国搜索引擎服务的发展历程可以看出，除了与全球范围相似的趋势，还逐渐形成了有中国特色的发展趋势。目前，搜索引擎用户所需要的各种信息，包括工作、生活等服务都在一个搜索平台上实现，人们希望通过一站式服务来满足多方面的搜索需求。

因此，融合了门户、社区等优势元素，我国搜索引擎服务逐渐向产品多元化转型。iUserTracker 数据显示：我国的搜索引擎运营商正根据用户搜索内容的转变来不断优化产品线，力图使搜索服务一站式满足用户多方面的信息需求和内容需求。

17.5.3 搜索引擎营销的应用手段与方法

1. 搜索引擎营销的基本方法策略

搜索引擎营销的基本方法策略包括竞价排名(如百度竞价)、分类目录登录、搜索引擎登录、付费搜索引擎广告、关键词广告、TMTW 来电付费广告、搜索引擎优化(搜索引擎自然排名)、地址栏搜索、网站链接策略等。 同时，企业利用搜索引擎工具可以实现 5 个层次的营销目标：

① 被搜索引擎收录。

② 在搜索结果中排名靠前。

③ 增加用户的点击(点进)率。

④ 将浏览者转化为顾客。

⑤ 成为企业忠诚客户。

在这五个层次中，前三个可以理解为搜索引擎营销的过程，而只有将浏览者转化为顾客才是最终目的。在一般的搜索引擎优化中，通过设计网页标题、META 标签中的描述标签、关键词标签等，通常可以实现前两个初级目标(如果付费登录，当然直接就可以实现这个目标了，甚至不需要考虑网站优化问题)。实现高层次的目标，还需要进一步对搜索引擎进行优化设计，或者说，设计从整体上对搜索引擎友好的网站。

下面介绍搜索引擎营销的基本方法策略。

(1) 竞价排名。顾名思义，就是网站付费后才能出现在搜索结果页面，付费越高者排名越靠前；竞价排名服务，是由客户为自己的网页购买关键字排名，按点击计费的一种服务。客户可以通过调整每次点击付费价格，控制自己在特定关键字搜索结果中的排名；并可以通过设定不同的关键词捕捉到不同类型的目标访问者。而在国内最流行的点击付费搜索引擎有百度、雅虎和 Google。值得一提的是，即使是做了付费广告和竞价排名，最好也应该对网站进行搜索引擎优化设计，并将网站登录到各大免费的搜索引擎中。

(2) 购买关键词广告。即在搜索结果页面显示广告内容，实现高级定位投放，用户可以根据需要更换关键词，相当于在不同页面轮换投放广告。

(3) 搜索引擎优化(SEO)。就是通过对网站优化设计，使得网站在搜索结果中靠前。搜索引擎优化又包括网站内容优化、关键词优化、外部链接优化、内部链接优化、代码优化、图片优化、搜索引擎登录等。

(4) PPC(pay per call，按照有效通话收费)。如"TMTW 来电付费"，就是根据有效电话的数量进行收费。购买竞价广告也被称作 PPC。

2. 实施搜索引擎营销的基本步骤

(1) 了解产品/服务针对哪些用户群体。例如，25～35 岁的男性群体；规模在 50～100 人贸易行业的企业。

(2) 了解目标群体的搜索习惯(目标群体习惯使用什么关键词搜索目标产品)。

(3) 了解目标群体经常会访问哪些类型的网站。

(4) 分析目标用户最关注产品的哪些特性(影响用户购买的主要特性，如品牌、价格、性能、可扩展性、服务优势等)。

(5) 规划竞价广告账户及广告组(创建谷歌、百度的广告系列及广告组；考虑管理的便捷性，及广告文案与广告组下关键词的相关性)。

(6) 选择相关关键词(可以借助谷歌关键词分析工具，及百度竞价后台的关键词分析工具，这些工具都是根据用户搜索数据为基础的，具有很高的参考价值)。

(7) 撰写有吸引力的广告文案。

(8) 内容网络广告投放。

(9) 目标广告页面的设计。

(10) 基于 KPI 广告效果转换评估。

3. 付费搜索引擎广告和搜索引擎优化的共同点

付费搜索引擎广告和搜索引擎优化(SEO)都有一个共同点，排名会不断地产生波动，付费搜索引擎广告并不是关键词单价高就能排在前面的，如 Google Adwords 的关键词排名与单价是与展示次数和点击次数相关的。例如，如果展示次数高而点击次数少，那么单价就会水涨船高。所以需要对关键词的展示进行设计分析，跟踪展示和点击效果以及转化率，进行进一步的优化。如何提高用户点击率、降低单价是一个很重要的话题。但目前很多企业都一味地追求超热门的关键词，不愿意去分析这些关键词的效果及转化率。

4. 运用付费搜索引擎广告和搜索引擎优化(SEO)

搜索引擎营销应该懂得搜索引擎优化与付费搜索引擎广告的结合。搜索引擎算法的不断改变造成的关键词排名下降和部分根本得不到排名的关键词需要付费搜索引擎广告的补充，付费搜索引擎广告的高投入也需要搜索引擎优化的介入以降低搜索引擎营销的成本。而且目前很多企业往往只看重热门关键字的付费搜索引擎广告，所以把注意力完全集中在少数热门关键词上是远远不够的。

17.6　VR 营销

2016 年，VR 技术对于各行各业而言都是炙手可热的新宠，沃尔沃公司推出 VR 游戏宣传新车，迪奥在门店提供免费 VR 体验传递品牌理念，户外品牌 The North Face 利用 VR 技术带领消费者体验冰天雪地……各大公司都对 VR 技术的应用趋之若鹜，其原因不仅仅只是它带来的新鲜感而已。

17.6.1　VR 营销的含义和特点

1. VR 营销的含义

VR 营销(virtual reality marketing，虚拟现实营销)通过不同形式的 VR 技术与消费者互动，带来的"沉浸感"和"参与感"让消费者可以与品牌进行体验式的深度互动，打破了传统营销的限制，拉近了品牌与消费者的距离，是一种全新的营销方式。

VR 技术在营销领域里凭借新鲜有趣的手段给予了用户一种全新的互动体验，同时也是一种科技尝试。VR 营销可以帮助我们找到"感性"和"理性"之间的更好平衡。VR 营销引导消费者接受产品的特性分析和优劣辩论，是一种打通感性、植入理性的最佳媒介。VR 技术被许多品牌运用到数字营销实际应用场景中，给人们创造了许多奇妙和惊喜的瞬间。技术固然重要，然而如何更加巧妙地将创意融合其中，并且拥有完善的体验才能更好地被消费者所接受。引领新潮的 VR 技术无疑会让很多人感到迥异于传统的新鲜感和刺激感，抓住消费者的猎奇心理是市场营销行之有效的手段之一。

2. VR 营销的特点

(1) 沉浸感。虚拟现实所提供的沉浸感是最大的卖点之一，对营销来说也有很大的影响。VR 背后的意义是 360 度全方位感受，而这也是用户所期待的。内容的形式，如采访，社评和演示都会相应地进行调整。你需要把观众纳入这个体验中来，而不是以传统的方式向观众播送。这将会大大地提高观众的参与感。

(2) 交互。用户通过 VR 进行内容交互的可能性将会大大地提高。这包括简单的交互，如探索 3D 环境，或是更复杂的交互，如物理触摸交互。

(3) 反馈用户数据。更加成熟的 VR 可以让我们更好地得到用户的反馈和数据，这似乎听上去还很遥远，但是这些设备将可以检测神经活动或者会革新我们的面部反应。这对于收集用户反馈和数据来说，开启了一个全新的时代。

17.6.2 VR 营销的产生和发展

2016 年，VR 成为新热点。随着虚拟现实技术的快速发展和商业价值的发掘，围绕着 VR 产业链各个细分领域均涌现出了一大批创业企业。然而，虚拟现实很火，却仅限于行业内，资本的过度投入，将尚未成熟的 VR 产业推至一个沸点。纵观目前市面上的 VR 产品，无论是硬件还是内容给予用户的体验都不尽如人意，这是阻碍其进一步普及的原因所在。

与专业 VR 产品"概念热、产品冷"的情况形成鲜明对比的是各品牌 VR 营销的良好效果。如今越来越多的品牌商愿意采用 VR 进行品牌推广，因而，2016 年不仅是 VR 元年，也是 VR 营销元年。VR 之所以在品牌营销中受欢迎不单单是因为创新的噱头，更因为其本身独一无二、不可复制的特性。相比生硬无趣的 2D 广告拍摄方法，VR 技术带来的沉浸式体验更容易激起用户的情感共鸣。

17.6.3 VR 营销的实施

1. 根据产品定位选择适合的 VR 演示方式

产品故事很大程度上决定了你需要为产品提供怎样的 VR 体验方式。例如你仅仅只想展示一个房间，一个场所，或者一款产品，那么可以考虑使用 360 度视频。如果同时你还想让用户能控制他们的方向，可能就需要加入更复杂的技术。如果展示中包含地点变更、操作指南，或者导航等技术，你还需要为 demo 加入一个菜单，并且将操作定义清楚，确保用户在体验过程中能够理解和接受你的产品想要表达的东西。产品定位是在制作 VR demo 时最优先考虑的，如何借助虚拟现实能使产品"更好地讲故事"是整个体验的核心。

2. 选择最适合的 VR 平台

对于目前市面上的 VR 产品/平台，有几点因素是需要在做决定之前考虑到的：希望提供的 VR 体验有多深入；预算是多少；希望覆盖的用户群有多大。

3. 选择合适的 demo 长度

制作 VR demo 提供 VR 体验同样也需要考虑体验时长，它不仅和目标受众有关，也受到所用的 VR 技术、demo 成本以及演示场所的影响。如果你希望在某个大型展会上让用户在你的展台驻足进行体验，一般应将 VR demo 的时长控制在 3～5 分钟左右，这是因为参展的用户通常希望快速地了解你的产品是什么，然后跑到下一个展台去，他们不会停留得太久。

4. 选择合适的合作者

VR 是一项有门槛的技术，要想做出更好的 VR 体验，需要你在寻找 VR 人才或代理公司时尤为重视对方在该领域的技术积累和成果。如果找错了人，或者干脆自己埋头来做，可能导致所制作出来的 demo 在体验效果上达不到任何宣传的作用，甚至造成观看者产生晕动症。

5. 不要唯工具论

当人们在谈论 VR 时，都会说这项技术还不成熟。不可否认，现在 VR 技术的确还处于早期阶段，尽管在最近两年发展迅猛。这不仅导致了 VR 内容增长缓慢，同时也反映在当下用于创作 VR 内容的工具十分昂贵。因此在制作 VR demo 时不过盲目地将大笔资金投入到 VR 内容制作工具上，如一些用于拍摄 360 度视频的相机。选择最适合的工具，才是最重要的。

 **思考题**

1. 大数据营销会为消费者生活与社会带来何种变化？为什么？
2. 什么是智慧营销？为什么说"智慧营销"是一个时代概念，而不是一个产品概念？
3. 请分析微信营销与微博营销的异同。会给消费者的购买决策方式带来哪些变化？为什么？
4. 你如何看待 VR 营销的前景？它会给营销带来翻天覆地的变化吗？

案例研究 ➡

大数据营销案例(一汽丰田、阿里巴巴以及众调科技的精准营销)

一、一汽丰田大数据精准投放

随着互联网 3.0 时代的到来，用户接收的信息来源与内容愈发碎片化，消费者有着截然不同的信息接收习惯，这导致广告主花费了高昂的广告费用，却无法触及真正的目标受众的尴尬局面。一汽丰田不断致力于在这样的互联网漩涡中寻求传播上的破局。

针对当前的互联网环境及媒体现状，丰田进行了网络营销战略层面的转变，由以往传统的按资源购买，转变为按人购买的策略思路，最终通过 PDB(私有程序化购买)的精准广告投放形式，在保证优质媒体资源的前提下，提升投放精准度，控制投放成本。

2016 年，一汽丰田大数据精准投放项目已经与市场上 6 家主流门户(搜狐、新浪、腾讯、网易、凤凰、今日头条)、5 家主流视频(优酷、爱奇艺、腾讯视频、搜狐视频、乐视)和 4 家汽车垂直媒体(汽车之家、易车、爱卡、太平洋汽车)完成了技术及数据的无缝对接，已然为一汽丰田形成了最强大阵容的数据池，可以实现一汽丰田 DMP 到第三方技术公司再到媒体的数据互通，形成了三者之间的 cookie 数据、人群标签两两交换的数据优化闭环。三方间的数据不断互换校正，使得一汽丰田在广告投放中可以越来越准确地找到目标受众，同时可以根据不同用户所属的人群组，采取相应的投放机制，进行"千人千面"投放。对于唯一车型关注用户、多车型关注用户、未标识用户进行不同机制、不同素材的轮播推送，同时配合跨媒体频次控制等一系列优化手段，使得广告投放更有效率，最终有效助力销售转化。

二、阿里巴巴大数据营销

阿里巴巴是中国最大的电商企业，旗下拥有众多业务平台，如淘宝网、天猫、支付宝、阿里云等。通过对这些平台资源的整合，阿里巴巴形成了强大的电子商务客户群及消费者行为的全产业链信息，开启了日增长数据量百 T 计的崭新时代，拥有大量来自买卖双方的搜索与交易信息，包括所有用户的基本信息、账户信息店铺数据、用户浏览情况、点击网页数据、交易数据等，以及因此概括而成的用户画像、行为、兴趣爱好等。

这是阿里巴巴自身平台所拥有的信息数据，但仅仅依靠在阿里巴巴平台上收集到的商品与用户数据是不够的，微博、微信等平台是用户能够更加畅所欲言、产生舆论的地方，所以除此之外，阿里巴巴尝试掌握外部更多的信息数据。早在 2013 年 4 月，阿里巴巴以 5.86 亿元收购了新浪微博 18%的股权，获得了其既有用户的数据足迹，5 月，收购高德软件 28%股份分享高德用户地理位置、周边交通信息数据。同时，也对墨迹天气、美团、虾米、滴滴、UC 等企业先后入资入股，囊括各方面的数据信息。

他们对这些数据按存储层次划分为基础层、中间层和应用层数据，代表了不同的冗杂和可应用程度。为了做到更加精细化，阿里巴巴将数据按照业务归属分类，如订单数据、会员数据、用户行为数据等。同时对这些数据进一步细化，以性别为例，现实中只存在男性与女性两类，但是阿里巴巴却有着 18 个性别标签，因为有些男性注册用户，到了晚上妻子会使用这个账户，行为就会偏女性。

阿里巴巴通过多年的电商经验积累，能够有效地还原完整的用户行为路径，通过对从曝光、转化到销售的用户完整路径的转化，将消费者进行全景还原，完成营销闭环。由此，大数据营销效果日益显现。通过推送符合特定用户需求特点的广告，使广告由用户被动接受向自然推广转变，更容易接受，提高了转化率；通过对产品的片段营销投放扩展到全链条，可以进行更长期、更大范围的整合营销及品牌持续性传播；通过用户的及时反馈，有效改善，提高客户满意度。

另一方面，阿里巴巴充分运用了其所掌握的信息资源，推出多项大数据营销产品，为中小企业大数据营销奠定了基础。从 2005 年开始，阿里巴巴先后开发数据魔方平台、聚石塔、花呗、芝麻信用、猜你喜欢等产品与功能。以卖方淘宝为例，功能涵盖店铺基础经营分析、商品分析、营销效果分析、买家分析、订单分析、财务分析、预测分析等，对于阿里巴巴来说，这不仅增加了数据收入，同时也能增强小商户的营销能力，促进淘宝大平台的发展。

三、众调科技销售线索优化服务

上海众调信息科技有限公司是一家大数据服务商，致力于为各企业提供基于大数据的商业解决方案。在针对汽车厂商的销售线索优化服务项目中，他们发现传统的汽车经销商销售线索管理混乱，管理质量普遍不高。遍布全国的经销商拥有着巨大的关于车型以及消费者的线索信息，但并没有一套完整的、科学的、有效的方法对它们进行判断与利用。销售线索可以来源于线下的活动客户、主动来电的客户、汽车类网站电商用户以及线上线下合作方涉及的客户等。在传统的客户管理系统中，由于销售线索管理的低效性，个体客户的基本信息、偏好及其有关的消费行为都难以得到整合与筛选，不利于针对个体客户进行销售话术营销、广告营销等。

对此，众调科技利用大数据技术，提出系统化的线索优化模型，在此基础上进行数据挖掘、匹配和整合，对销售线索进行优化，分析消费者行为特征，制定更为精准的客户分级以及营销策略。首先，通过众调自己构建的汽车大数据 DMP 平台，集成各方的销售线索，并有效打通网上行为数据、移动行为数据、消费行为数据、车辆驾驶行为数据、社交网络数据等，结合应用模型与训练模型，判断需求的真实性。然后结合内部已有客户、产品、企业的数据源，进行数据分析处理，挖掘客户的产品消费相关信息，如汽车类网站足迹、4S 电联信息、到店信息等，以及客户个人信息，如年消费能力和信用、基本属性、客户来源、网站足迹等。基于此，进行客户的标签构建，如通话、网络浏览时间，品牌、车系、车型偏好，价格偏好等以及如消费能力和信用、兴趣爱好、基本信息、价格敏感等客户画像。最后可以对客户进行分级分类，利用综合信息判断其购车的紧迫程度以及购车意向等级，有针对性地、精准地进行销售话术营销以及广告营销。

众调科技针对汽车行业进行的销售线索优化方案有三个方面的优势。第一，对于厂商和经销商来说，他们的工作成效都得到了提升。通过对客户等级的判断，有利于厂商优先跟进高质量的线索与客户，及时把握销售机会。第二，销售转化率提升。大数据针对个体用户的画像与标签构建，使得销售员们能够据此匹配更具说服力、更贴合需求的销售话术，更容易吸引消费者进行购买。第三，客户的满意度提升。客户的需求更容易、更快地被满足，减少了沟通的反复性，同时也降低了挑选、比较过程中的机会成本，这种更高效以及更贴合消费者心理感受的服务更容易收获消费者的满意度。

【资料来源】根据搜狐汽车(http://auto.sohu.com)、豆丁网(http://www.docin.com)和众调科技内部资料等相关内容改编。

案例思考题

1. 分析大数据营销的特点及应用条件。
2. 结合案例谈谈大数据营销对企业与消费者分别有哪些益处与弊端。
3. 请你谈谈身边大数据营销的实例，并探讨大数据营销未来的发展方向。

第18章 市场营销管理中的模型和定量研究方法

本章主要介绍在市场营销管理中国内外学者提出的一些模型(主要是一些数学模型)。用数学模型来研究管理中出现的问题,并加以定量描述。介绍这些模型只是想通过它们给予广大读者一个提示:领会营销管理理论研究的前沿,同时又是把握在实践中获取利益的一些极其有用的方法。当然,限于篇幅和作为教科书的特点,这里只能介绍一些较为简单且较常见的模型。如果读者有兴趣,可以自己做更深入的学习和研究。

18.1 市场营销计划的模型

在此,我们定义市场营销战略是由该期环境和竞争条件下的市场营销支出、组合和资源配置等决策所构成。

18.1.1 市场营销收益模型

设 $\pi = f(p_1, p_2, \cdots, p_m, x_1, x_2, \cdots, x_t, y_1, y_2, \cdots, y_s) = f(P, X, Y)$,其中:

$P = (p_1, p_2, \cdots, p_m)$——营销组合向量,$p_i$ 为营销变量,$i = 1, 2, \cdots, m$

$X = (x_1, x_2, \cdots, x_t)$——确定的状态向量,$x_j$ 为确定的状态变量,$j = 1, 2, \cdots, t$

$Y = (y_1, y_2, \cdots, y_s)$——不确定的状态向量,$y_k$ 为不确定的状态变量,$k = 1, 2, \cdots, s$

说明:

营销向量组合通常可以认为是 $P = (p_1, p_2, p_3, p_4)$,也就是大家所熟知的 4P,而每一个 $P_i (i = 1, 2, 3, 4)$ 又可以是若干个变量的子向量。例如,价格向量 P 就可以看作是成本、数量等若干个子变量的组合。也可以对 X、Y 做出同样的解释。

显然,使 π 最大是一个企业最主要的任务,但 $p_1, p_2, \cdots, p_m$ 是要受到一定约束或限制的。如政府对价格的浮动限制,价格受生产规模等限制,从而产量也是一个有约束的变量,不妨设它们的约束条件为

$$g_1(p_1, p_2, \cdots, p_m) = 0$$

同样有

$$g_2(x_1, x_2, \cdots, x_t) = 0$$
$$g_3(y_1, y_2, \cdots, y_s) = 0$$

为方便起见,下面仅考虑两个变量 p_1、p_2,且 X、Y 均为常数,则可以得到下面的模型:

$$\pi = f(p_1, p_2)$$
$$g(p_1, p_2) = 0$$

利用微分学中的拉格朗日数乘法,有

$$U = f(p_1, p_2) - \lambda g(p_1, p_2) \tag{18-1}$$

从而得

$$\frac{\partial U}{\partial p_1} = f_1 - \lambda g_1 - 0$$

$$\frac{\partial U}{\partial p_2} = f_2 - \lambda g_2 = 0$$

$$\frac{\partial U}{\partial \lambda} = g(p_1,\ p_2) = 0$$

式中，$f_i = \dfrac{\partial f(p_1, p_2)}{\partial p_i}$，$g_i = \dfrac{\partial g(p_1, p_2)}{\partial p_i}$，$i = 1, 2$。

从中解出 p_1 和 p_2，能使它们成为极大值的条件应满足

$$g_1 \mathrm{d}p_1 + g_2 \mathrm{d}p_2 = 0$$

$\mathrm{d}p_1$、$\mathrm{d}p_2$ 同时满足

$$\sum_{i=1}^{2}\sum_{j=1}^{2} f_{ij} \mathrm{d}p_i \mathrm{d}p_j < 0 \tag{18-2}$$

式中，$f_{ij} = \dfrac{\partial f_i}{\partial p_j}$，$i, j = 1, 2$。

代入 $\pi = f(p_1,\ p_2)$ 即为所求。但实际上，许多企业并不可能"追求"利润的最大化，而是使自己的利润尽可能地最大化。这样，如设企业的目标是 T，则可将 $\pi = f(p_1, p_2)$ 改写为

$$\pi^* = |\,\pi - f(p_1,\ p_2)|$$

为运算方便，可将 π^* 改写为（为去掉绝对值）：

$$\pi^* = (T - f(p_1,\ p_2))^{2n},\ n \text{ 为自然数}$$

进一步，将 π^* 视为 p_1，p_2 的函数 $(i = 1, 2, \cdots, m)$，称为目标偏函数，则有

$$V = h(p_1,\ p_2) = (T - f)^{2n} \tag{18-3}$$

现在的问题就是，在满足约束 $g(p_1, p_2) = 0$ 的条件下，使 $V = h(p_1, p_2)$ 最小化。如果仅考虑两个变量的组合，再将状态变量视为常数，可以得到

$$U = h(p_1,\ p_2) - \lambda g(p_1,\ p_2)$$

而其一阶条件为

$$\frac{\partial U}{\partial p_1} = h_1 - \lambda g_1 = 0$$

$$\frac{\partial U}{\partial p_2} = h_2 - \lambda g_2 = 0$$

$$\frac{\partial U}{\partial \lambda} = g(p_1,\ p_2) = 0$$

二阶条件和前面相同，仅式(18-2)的不等号改为 > 0。

18.1.2 有关模型的进一步讨论

显然,决定营销利润并不完全依赖于营销组合。下面介绍一种利用利润方程和销售方程的模型。

为此设 R 为产品收入, C 为生产成本, Q 为销量, P 为标价, K 为佣金和各种折扣,则由经济学知识可知

$$\pi = R - C \tag{18-4}$$

而

$$R = P'Q \tag{18-5}$$

得

$$P' = P - K \tag{18-6}$$

又

$$\begin{aligned} C &= V_C + F_C + M_C \\ &= C'Q + F_C + M_C \end{aligned} \tag{18-7}$$

这里, V_C 表示变动成本, F_C 表示固定成本, M_C 表示营销成本, C' 表示每单位销量的成本。则由以上几式可得

$$\begin{aligned} \pi &= R - C \\ &= P'Q - (C'Q + F_C + M_C) \\ &= (P - K - C)Q - F_C - M_C \end{aligned} \tag{18-8}$$

我们称 $(P - K - C)$ 为单位贡献毛利,而 $(P - K - C)Q$ 则称为总贡献毛利。式(18-8)就称为利润方程式。

其实,在市场营销的计划中要应用利润方程式, Q 这一因素是很关键的。在市场中,销量 Q 会受到许多因素的影响,这些因素中有些是企业可控的,不妨设它们是 $x_1, x_2, \cdots, x_n$,而将那些不可控的因素记为 $y_1, y_2, \cdots, y_n$,则 Q 就可用下面的函数形式来表示:

$$Q = f(x_1, x_2, \cdots, x_n, y_1, y_2, \cdots, y_m)$$

$Y = (y_1, y_2, \cdots, y_m)$ 主要包括生活费用指数、打算进入市场的规模、目标顾客的收入等。它们对于企业来说是不可控的,但却需要对其做出预测。

为方便计算,假定某企业对 Y 的估计是一定水平(即常量),则 Q 就成为在 Y 水平影响下关于 $X = (x_1, x_2, \cdots, x_n)$ 的函数,即

$$Q = f(x_1, x_2, \cdots, x_n / Y)$$

或

$$Q = f(X / Y)$$

若将企业的可控因素视为 P (价格)、 C' (单位变动成本)、 K (折扣)和 M_C (营销成本),而将 Y 视为常量,得 13260418846

$$Q = f(P, C', K, M_C / Y)$$

或

$$Q = f(P, C', K, M_C) \tag{18-9}$$

更进一步,因为 M_C 又可以分为广告费用 A 、推销费用 S 、销售队伍的激励费用 D 和市场调研费用 R 等,所以式(18-9)可改写为

$$Q = f(P, C', K, A, S, D, R) \tag{18-10}$$

式(18-9)和式(18-10)就称为销售方程式。

18.1.3　销售反应函数

所谓销售反应函数，是指在特定时期内，其他市场营销组合因素不变，只有一个因素在各种可能水平下变化时所引起的销量的改变。企业可用销售反应函数来解释销量和市场营销组合因素间的关系。图 18-1 显示了几种可能的销售反应函数曲线。

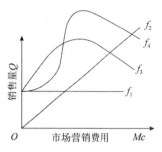

图 18-1　销售反应函数曲线

由图 18-1 可以看出 f_1 是最不合理的，其销量不受营销费用的影响。f_2 是一种线性关系，销量 Q 随营销费用增加而呈线性增长，且在 Q 轴上的截距为 0。f_3 是一个凸函数，说明 Q 以递减的比率增加，而此种现象是比较合理的。因为若某一地区仅有一名销售人员，则它将不断走访最有希望的顾客，这时销售反应的毛利为最高。若再增加一名销售人员，则他只能访问具有次一等希望的顾客，毛利率会有所下降。依此类推，逐渐连续增加销售人员的后果，只能是毛利率逐渐下降，也即销售增长呈递减趋势。f_4 是一个 S 形函数，表明 Q 先呈递减比率上升，到达一定水平后又开始递减。这是以广告投入的营销方式所产生的结果。

随 M_C 的增加而出现报酬递减的现象是符合市场实际的。因为任何特定产品的潜在需求总不可能是无限的，当一企业加大其营销力度时，其竞争对手不会袖手旁观，必将采取同样的行为，最终就会导致由市场阻力增加而产生的压力。

在估计销售反应函数时，需注意以下几个问题。

(1) 销售反应函数是在假设除此变量外其他因素不变的前提下给出的。

(2) 销售反应函数进一步还假设企业在支付市场营销费用时，企业效率应保持在一定水平之内，否则，销售反应函数应有相应变动。

一般在估计销售反应函数时，常用以下几种方法。

(1) 统计法。利用历史上有关数据，运用统计方法得出。

(2) 实验法。在可控的条件下，选择一地区为样本，在一定时期内对同样条件的消费者有步骤地改变 M_C 的水平或组合方式，观察变化，推测出反应函数。

(3) 判断法。由专家对 Q 和 M_C 间的关系进行推测和估算。

有了销售反应函数，就可以利用其进行利润最大化的推算了。下面以 S 形曲线为例，其他类型的分析过程是基本相同的。

(1) 从销售反应函数中去掉全部非营销成本，得出毛利函数。

(2) 做出营销费用函数的图形(直线)，如图 18-2 所示。

(3) 从毛利函数中减去营销费用后得到的曲线就是净利润函数曲线。由图 18-2 可知，在 M_1 和 M_2 间利润大于零，且在 M_0 处达最大。所以，合理的费用为 M_0 千元。

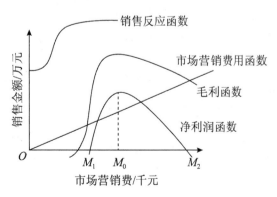

图 18-2　销售反应函数

18.1.4　营销组合的最优化

企业想增加销量，既可采用降价，也可采用增加销售人员，又或增加广告投入的方法，即营销组合因素之间存在(部分)可相互替代性。下面的讨论就是想用数学的方法进行探讨，求出最佳营销组合。

为方便起见，不妨设某企业将营销组合限为广告、人员推销、市场研究这三项，更进一步设：

(1) π_M 为市场营销净利润，Q 为销量，C 为单位可变成本，P 为售价，F 为固定总成本，A 为广告费用，S 为人员推销费用，R 为市场研究费用，则

$$\pi_M = Q(P - C) - F - (A + S + R)$$

假设 C、P、F 均为常数，有

$$\pi_M = f(Q,\ A,\ S,\ R)$$

(2) 若其反应函数表达式为

$$Q = \phi(A,\ S,\ R)$$

则有

$$\pi_M = f(\phi(A,\ S,\ R),\ A,\ S,\ R) = f(A,\ S,\ R)$$

(3) 将不同的营销费用组合代入上式，通过比较，就可以得出最大营销利润及相应的组合方式。此外，也可用数学方法求出。

【例题】一企业的产品价格为 100 元/件，固定成本为 6 000 元。由市场测试，知道价格与促销间并无关联，且销售反应函数为 $0.8X^{\frac{1}{2}}$，求每月最佳促销预算 X。

解：由利润方程式知

$$
\begin{aligned}
\pi &= PQ - C - X \\
&= 100 \times 0.8X^{\frac{1}{2}} - 6\,000 - X \\
&= 80X^{\frac{1}{2}} - 6\,000 - X
\end{aligned}
$$

得 $X = 1\,600$，又因为 $\dfrac{\mathrm{d}^2 X}{\mathrm{d}X^2} = -20X^{-\frac{3}{2}}$，且 $X > 0$，所以，$X = 1\,600$ 是唯一的极值点，即企业每月应花费 1 600 元用于促销。

18.1.5　R. Dorfman 和 P. Q. Steiner 的营销组合最优化理论

设营销组合的需求函数和成本函数分别为

$$Q = q(P,\ A,\ D,\ R) \tag{18-11}$$

$$C = c(Q,\ R)Q + A + D + F \tag{18-12}$$

式中，单位变动成本为 $c(Q,\ R)$，它是产量 Q 和质量 R 的函数；A 和 D 分别为广告和分销成本，将它们视为常数；F 是固定成本。

由此，短期利润函数为

$$\pi = PQ - C$$
$$= Pq(P,\ A,\ D,\ R) - c(Q,\ R)Q - A - D - F$$
$$= Pq - c(Q,\ R)q - A - D - F$$

可以得出，销售、成本和利润取决于营销的投入和组合。要使其最佳，必有

$$\frac{\partial \pi}{\partial P} = \frac{\partial \pi}{\partial A} = \frac{\partial \pi}{\partial D} = \frac{\partial \pi}{\partial R} = 0$$

若使其价格最佳，则

$$\frac{\partial \pi}{\partial P} = P \cdot \frac{\partial q}{\partial P} + q - C \cdot \frac{\partial q}{\partial P} - \frac{\partial C}{\partial q} \cdot \frac{\partial q}{\partial P} q = 0$$

从而

$$Pq_p = cq_p + c_q q_p - q$$

这样即可求出 P。

对于求最佳广告费用、最佳分销费用等均可用同样的方法得出。

18.2 有关市场购买行为的模型

18.2.1 消费者市场购买行为

通过前面各章的学习，我们已了解了影响消费者购买行为的主要因素。

(1) 文化因素。文化、亚文化和社会各种不同阶层文化因素对消费者的行为具有最深远和最广泛的影响。社会阶层具有这样的一些特点：①同一社会阶层的人，行为较相似；②不同阶层的人所处的社会地位也不同；③人是可变化的，即其所处的社会阶层可以改变，因为一个人所处的阶层是由职业、收入、所受教育和价值观等多种变量约束。

(2) 社会因素。消费者购买行为同时还受到所处社会中各种群体、家庭、社会角色等许多社会因素的影响。

(3) 其他还有个人因素和心理因素等。

西方的激励需要理论认为：人的基本需要有三个，即成就、社交和权力需要。如果设动机的强度为 T，成就动机为 M，成功的期望值为 P，成功的激励值为 I，则

$$T = M \cdot P \cdot I$$

进一步，人的动机除了追求成就的动机外，还有避免失败的动机。若设避免失败的需要是 M'，失败的期望值是 P'，失败的损失值是 I'，则避免失败的动机强度

$$T' = M' \cdot P' \cdot I'$$

依此，我们可以推出，一个人的行为取决于这两种强度之和 $T + T'$。

霍华德(John A. Howard)以下面的模型说明了消费者的学习过程：

$$B = M(1 - e^{-kt})$$

式中，B 代表消费者购买某一特定品牌的概率；M 为对该品牌的最大忠诚度(即购买概率)；t 为在某种稳定状态下的实验次数；k 为学习速度；e 为自然对数的底。如设 $M=0.8$，$k=0.5$，$t=3$(即三次购买)，知 $B = 0.62$，所以该消费者购买其他品牌的概率仅为 0.38。

18.2.2　消费者购买决策过程

消费者的购买过程是极其复杂的一个过程，要想用精确的数学模型来描述它是不现实的，因为每一个个体都有不同的购买行为。但可以将消费者的购买共性进行归纳，不难得出购买决策过程可由下面五个阶段组成，即引起需要、收集信息、评价方案、确定购买和买后行为。

值得注意的是，引起需要不是立刻就可以得到满足的，消费者需要有某些信息的来源，通常包括个人来源、商业来源、公共来源、经验来源等方面。其对产品的判断一般是建立在自觉主动和理性基础上。所以对消费者的评价将会涵盖产品属性、属性权重、品牌信念、效用函数和评价模型等方面。消费者在购买产品后一定会产生某种程度上的满意或不满意感，这就给企业的营销人员提供了值得进一步研究的"买后行为"。消费者的买后满意感 S 是其产品期望 E、可察觉性能 P 和实际效用 W 的函数，即 $S=f(E,\ P,\ W)$。若 E、P、W 三者之间达到一定的平衡，消费者是会满意的，否则就不满意。作为企业的营销人员理应采取措施尽量减少购买者的不满意程度。

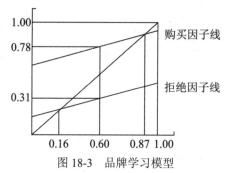

图 18-3　品牌学习模型

过去的品牌购买对于将来的品牌偏好显然起着强化作用。这种强化作用可用库恩(Alfred A. Kuehn)的品牌学习模型来表明，如图 18-3 所示。

这一模型假设存在一对学习因子，它们可以在过去品牌挑选的基础上明显改变当前品牌购买的概率。图 18-3 的横轴表示在第 t 期选择品牌 j 的概率，纵轴表示在 $t+1$ 期间选择品牌 j 的概率。购买因子线和拒绝因子线将表明品牌 j 是否被购买及在 $t+1$ 期间购买品牌 j 的概率如何发生变化。

例如，某人购买品牌 j 的概率为 0.60，如果他确实购买了该品牌且得到了满足，则下次购买同一品牌的概率为 0.78(由 0.60 作垂线与购买因子线相交，交点的纵坐标就是 0.78)，反之，则过 0.60 的垂线与拒绝因子线相交，可得购买该品牌的概率为 0.31。如果消费者继续购买这一品牌，则概率可达到 0.87 的极限，即购买因子线和对角线的交点。这表明，不论消费者购买了多少次 j 品牌，他总是有可能购买其他品牌。如果消费者长时间没有购买品牌 j，下次购买品牌 j 的概率当然会下降，但绝对不会是零，这种现象称为不完全习惯消失，也即消费者总是有可能购买过去长期忽视的品牌。库恩在进行数次研究后得出：在购买一次某一种冰橘汁后，再买 5 次的概率为 0.806。

18.2.3　品牌选择模型

显然消费者在品牌购买决策时对不同的品牌要进行评价，他们将使用不同的方式来进行自己的评价。下面结合一个具体的实例对消费者选择模型决策进行分析。

假设某消费者打算购买一台冰箱，经过信息找寻过程，对其中意的品牌分别做表 18-1 所示的评价。

表 18-1　某消费者对其中意冰箱品牌的评价

品　　牌	价格/元	冷冻容积/升	功能数目/个	节 电 能 力	外　　观
A	5 200	135	8	10	9
B	4 500	110	7	10	8
C	3 000	95	5	7	7
D	2 500	90	4	8	4

1. 期望值模型

该模型的数学表达式为

$$A_{jk} = \sum_{i=1}^{n} W_{ik} B_{ijk}$$

式中，A_{jk} 代表顾客 k 对品牌 j 的态度分值；W_{ik} 代表顾客 k 主观上给予属性 i 的权重；B_{ijk} 代表 k 对于品牌 j 所具有的属性 i 的信念；n 代表属性个数。可以假设该顾客在购买时仅考虑外观和节电能力，且节电能力比外观重要 3 倍，即节电能力权重为 3，外观权重为 1，将表 18-1 中数据代入上式，可得各品牌的期望值如下：

$$A_{1k} = 3 \times 10 + 1 \times 9 = 39$$
$$A_{2k} = 3 \times 10 + 1 \times 8 = 38$$
$$A_{3k} = 3 \times 7 + 1 \times 7 = 28$$
$$A_{4k} = 3 \times 8 + 1 \times 4 = 28$$

根据期望值计算得出，顾客将会选择品牌 A，因为 A 的期望值最高。读者可以根据模型中各种品牌的属性权重决定购买的选择。还可以看出，各种属性是可以相互补偿的。

2. 理想品牌模型

从现实营销的过程中，我们知道消费者在自己心中通常会有某种理想品牌的印象，并用这种印象同实际品牌进行对比，显然越接近理想品牌，购买的可能性就越大。而理想品牌的模型应具有这样的特点：要求产品属性的实际水平与理想品牌属性的水平越接近越好，而不是超越理想水平越多越好。这样，理想品牌模型可用公式表示为

$$D_{jk} = \sum_{i=1}^{n} W_{ik} \left| B_{ijk} - I_{ik} \right|$$

式中，D_{jk} 是消费者 k 对品牌 j 的不满意程度；I_{ik} 是消费者 k 对属性 i 的理想水平。显然，D 的水平越低，就越接近理想品牌，被选择的可能性当然也就越大。用前面的类似方法，也可以求解出消费者最可能选择的品牌。

3. 其他数学模型

下面所介绍的模型仅给出模型本身，不加以进一步的解释。

1) 赫尼特模型

赫尼特(J. D. Herniter)的模型假设市场上只有 A 和 B 两种品牌，顾客行为将限制在以下三种之一：仅购买 A；仅购买 B；同时购买 A 和 B。设 Q_1 为仅购买品牌 A 的人口比率，Q_2 为只购买品牌 B 的人口比率，Q_3 为购买品牌 A 和 B 的人口比率。对第三种顾客，假定 P_i 为依赖于函数 $f(P_i)$ 分布的人口，且

$$S = -\left\{ \int_0^1 Pf(P) \ln\left[Pf(P) \right] \mathrm{d}P + \int_0^1 (1-P) f(P) \ln\left[(1-P) f(P) \right] \mathrm{d}P \right\}$$

这里的关键是要选择一个能使 S(即熵)最大化的 $f(P)$，并满足条件

$$\int_0^1 f(P) \mathrm{d}P = 1$$

很显然，只要能找到 $f(P)$ 就可以计算出 Q_1、Q_2 和 Q_3，其中 $\sum Q_i = 1$。

该模型中，熵被定义为

$$S = -\sum_{i=1}^{N} P_i \ln P_i$$

式中，P_i 为购买品牌 i 的概率；N 为品牌总数。

2) 库恩模型

库恩提出，假设有这样一个含有品牌存留且上期购买会影响下期购买的品牌矩阵，r_i 为第 i 个品牌的存留因子，M_i 为所有市场营销变量对第 i 个品牌的影响，则该品牌转移矩阵为

$$\begin{array}{cccc} & & & \text{第}t+1\text{期} \\ \text{品牌} & 1 & 2 & 3 \\ \text{第}t\text{期} \begin{array}{c} 1 \\ 2 \\ 3 \end{array} & \begin{bmatrix} r_1 + (1-r_1)M_{1,t+1} & (1-r_1)M_{2,t+1} & (1-r_1)M_{3,t+1} \\ (1-r_2)M_{1,t+1} & r_2 + (1-r_2)M_{2,t+1} & (1-r_2)M_{3,t+1} \\ (1-r_3)M_{1,t+1} & (1-r_3)M_{2,t+1} & r_3 + (1-r_3)M_{3,t+1} \end{bmatrix} \end{array}$$

对所有 i 都有 $r_i + (1-r_i)\sum_{i=1}^{3} M_i = 1$。当 $M_i \geq 0$ 时，必须 $\sum M_i = 1$。

进一步令 S_{ij} 为第 t 期第 i 个品牌的销售额，且 $I_t = \sum_i S_{i,t}$，如果所有的消费者都具有相同的品牌转移矩阵，则 $S_{i,t} = r_i S_{i,t-1} + M_{i,t}(1-\bar{r})I_t$，其中 $\bar{r} = \sum_i r_i \left(\dfrac{S_{i,t-1}}{I_{t-1}} \right)$。

3) 利廉模型

利廉(G. L. Lilien)用代数的方法来研究价格对于购买概率的影响作用，其模型为

$$P_{t+1} = (1 - C)(\alpha + \beta X_t + \lambda P_t) + C\varphi(\delta_{t+1})$$

其中

$$X_t = \begin{cases} 0, & \text{不购买某品牌} \\ 1, & \text{购买某品牌} \end{cases}$$

$$P_t = P_r(\tilde{X} = 1)$$

式中，C 为消费者的价格敏感度；φ 为价格；$\varphi(\delta_t)$ 为在 $(0，1)$ 区间内价格反应函数。C 越大，则价格影响也越大。如果能从购买活动中得到某种积极反馈，则 $\beta > 0$。

4) 鲁斯模型

鲁斯(R. Duncan Luce)给出了下面的模型：

$$P_i(j, m_i) = \frac{V_i(j)}{\sum_{k \in m_i} V_i(k)} \qquad (k=1，2，\cdots，m_i)$$

式中，$P_i(j, m_i)$ 为消费者 i 选择品牌 j 的概率；$V_i(j)$ 为消费者 i 对品牌 j 的偏爱程度；m_i 为可供选择的品牌数目。

18.3　新产品开发的决策与模型

18.3.1　新产品开发风险的客观性

显然，在新产品开发的过程中，风险是不可避免的，因此在其开发的过程中就不得不对风险进行度量。度量各种方案风险的指标有多种，这里仅介绍用"熵"来度量风险指标的方法。熵是热力学的概念，以后又用于信息论中，一般意义下它表示事物的不稳定程度。表 18-2 所示是就某一决策中各种方案的数据。

表 18-2 中，A_i 为第 i 个行动方案；P_{ij} 为第 i 个行动方案对应第 j 个客观状态出现的概率。设 $H(A_i)$ 为第 i 个行动方案的熵，则 $H(A_i)$ 可由下式确定：

$$H(A_i) = -\sum_{j=1}^{n} P_{ij} \lg P_{ij} = -\lg \prod_{j=1}^{n} P_{ij}^{P_{ij}} \tag{18-13}$$

进一步对上式展开讨论，有

(1) 若有 A_1 和 A_2 两个方案，则对应的状态概率应满足等式

$$\prod_{j=1}^{n} P_{1j}^{P_{1j}} = \prod_{j=1}^{n} P_{2j}^{P_{2j}}$$

即　　　　　　　　　　　　　　　$H(A_1) = H(A_2)$

表 18-2　各种可供选择的方案数据

收益 状态概率 可供选 择的行动方案 ＼ 各种客 观状态	客 观 状 态						期望值 $E(A_i)$
	θ_1		θ_j		θ_n		
	概率	收益	概率	收益	概率	收益	
A_1	P_{11}	a_{11}	P_{1j}	a_{1j}	P_{1n}	a_{1n}	$E(A_1)$
$\vdots$	$\vdots$	$\vdots$	$\vdots$	$\vdots$	$\vdots$	$\vdots$	
A_i	P_{i1}	a_{i1}	P_{ij}	a_{ij}	P_{in}	a_{in}	$E(A_i)$
$\vdots$	$\vdots$	$\vdots$	$\vdots$	$\vdots$	$\vdots$	$\vdots$	
A_n	P_{m1}	a_{m1}	P_{mj}	a_{mj}	P_{mn}	a_{mn}	$E(A_n)$

这样我们得出，方案 A_1 和 A_2 所冒的风险相同。但可以从表 18-3 中看出，尽管三个方案的熵相同，却又有着明显的差异。

表 18-3　各行动方案的熵

收益 状态概率 可供选 择的行动方案 ＼ 各种客 观状态	客 观 状 态				期望值 $E(A_i)$ /元	熵 $H(A_i)$
	θ_1		θ_2			
	概率	收益/元	概率	收益/元		
A_1	0.2	800	0.8	200	0	0.217
A_2	0.2	350	0.8	70	126	0.217
A_3	0.8	100	0.2	100	100	0.217

(2) 若 A_1 的收益为 $a_{11} = a_{12} = \cdots = a_{1n} = 0$，则表明无论出现何种状态，它所获得的收益都相同，这样 A_1 的风险为 0。但 $H(A_1)$ 未必为 0，表 18-3 中的 A_3 就是如此。

(3) 因为 $0 \leqslant \prod\limits_{j=1}^{n} P_{ij}^{P_{ij}} \leqslant 1$，所以 $\lg \prod\limits_{j=1}^{n} P_{ij}^{P_{ij}} \leqslant 0$，$H(A_i) > 0$。$\prod\limits_{j=1}^{n} P_{ij}^{P_{ij}}$ 越接近 1，熵就越小。

同时，P_{ij} 越接近 1 或 0，就显示客观状态越趋于稳定。就表 18-3 而言，θ_1 趋于畅销这个稳定状态，而 θ_2 则在畅销与滞销间摆动，即 θ_1 比 θ_2 稳定。

通过上述分析：$H(A_i)$ 表示 A_i 所对应的客观状态的不稳定程度，用其代表所定方案的风险度是不全面的。

风险是客观状态的不唯一性和收益变化共同作用的结果。这样，我们很容易得出：客观状态越不稳定及收益的变化范围越大，或收益与期望值的偏离程度越高，方案的风险也就越大。

考虑表 18-4 给出的状态：

表 18-4 客观状态表

客 观 状 态	畅 销	一 般	滞 销
θ_1	0.9	0.05	0.05
θ_2	0.3	0.4	0.3

在此，收益和期望的偏离程度可以用 $\sum\limits_{j=1}^{n} \left| a_{ij} - E(A_{ij}) \right|$ 来表示，而将 P_{ij} 作为客观状态的影响权数，这样就有 $\sum\limits_{j=1}^{n} P_{ij} \left| a_{ij} - E(A_{ij}) \right|$，则就可以体现出客观状态下收益和期望值的偏离程度，也就代表方案所冒风险的大小。将 $\sum\limits_{j=1}^{n} P_{ij} \left| a_{ij} - E(A_{ij}) \right|$ 用 $E \left| a_{ij} - E(A_i) \right|$ 表示。更进一步，考虑到运算上的方便，用 $E\left\{ \left[a_{ij} - E(A_i) \right]^2 \right\}$ 来代表，称其为期望标准差，又可简记为 $ED(A_i)$。这样对表 18-3 所列的各种情况，可用 $ED(A_i)$ 表示为

$$ED(A_1) = (800 - 0)^2 \times 0.2 + (200 - 0)^2 \times 0.8 = 160\,000$$
$$ED(A_2) = (350 - 126)^2 \times 0.2 + (70 - 126)^2 \times 0.8 = 12\,544$$
$$ED(A_3) = (100 - 100)^2 \times 0.8 + (100 - 100)^2 \times 0.2 = 0$$

由此可知，$ED(A_1) > ED(A_2) > ED(A_3)$，这与直观分析相一致。用 $ED(A_i)$ 衡量决策方案的风险度是相对准确的，也是比较合理的。期望值和期望标准差究竟应该先考虑哪一个？从理论上讲，将两项指标综合考虑较稳妥。

通常，新产品的开发方案都有数个可供选择，到底哪一个的综合效益要好些？一般总是先指定某个方案为基准方案，而后将其他方案的一项指标统一到基准方案上来，分析另一项指标随之而发生的变化，用变化后的结果与基准进行比较，选择最优者。显然，这当中最关键的是寻找指标变量间的关系。

因为

$$ED(A_i) = E\left\{ \left[a_{ij} - E(A_i) \right]^2 \right\}$$

$$= E(a^2{}_{ij}) - [E(A_i)]^2$$

令

$$E(a_{ij}{}^2) = E(A_i^2)$$

则

$$ED(A_i) = E(A_i^2) - [E(A_i)]^2$$

若用 $\Delta E(A_i)$ 表示 $E(A_i)$ 的改变量，且 $\Delta E(A_i) = \Delta a_{it} P_{it}$（其中，$t = 1, 2, \cdots, n$）；$\Delta ED(A_i)$ 表示 $ED(A_i)$ 的改变量，则

$$ED(A_i) + \Delta ED(A_i) = E'(A_i^2) - [E'(A_i)]^2$$

而

$$E'(A_i^2) = a_{i1}{}^2 P_{i1} + a_{i2}{}^2 P_{i2} + \cdots + (a_{it} + \Delta a_{it})^2 P_{it} + \cdots + a^2{}_{in} P_{in}$$

$$= E(A_i^2) + 2a_{it}\Delta E(A_i) + P_{it}^{-1}[\Delta E(A_i)]^2$$

$$[E'(A_i)]^2 = \big[\; E(A_i) + \Delta E(A_i) \;\big]^2$$

$$= [E(A_i)]^2 + 2E(A_i)\Delta E(A_i) + [\Delta E(A_i)]^2$$

所以

$$ED(A_i) + \Delta ED(A_i) = E(A_i^2) + 2a_{it}\Delta E(A_i) + P_{it}^{-1}[\Delta E(A_i)]^2$$
$$- \Big\{ [E(A_i)]^2 + 2E(A_i)\Delta E(A_i) + [\Delta E(A_i)]^2 \Big\}$$

整理后有

$$\Delta ED(A_i) = 2[a_{it} - E(A_i)]\Delta E(A_i) + (P_{it}^{-1} - 1)[\Delta E(A_i)]^2 \tag{18-14}$$

又因为 $t = 1, 2, \cdots, n$，所以 $\Delta ED(A_i)$ 最多只有 n 个。将式(18-14)改写为

$$(P_{it}^{-1} - 1)[\Delta E(A_i)]^2 + 2[a_{it} - E(A_i)]\Delta E(A_i) - \Delta ED(A_i) = 0,$$

得

$$\Delta E(A_i) = \frac{[E(A_i) - a_{it}] + \sqrt{[a_{it} - E(A_i)]^2 + (P_{it}^{-1} - 1)\Delta ED(A_i)}}{P_{it}^{-1} - 1} \tag{18-15}$$

$\Delta ED(A_i)$ 最多也只有 n 个。式(18-14)为在 $E(A_i)$ 与基准相同时，$E(A_i)$ 变化量 $\Delta E(A_i)$ 随 $ED(A_i)$ 变化而变化的量。式(18-15)为 $E(A_i)$ 与基准不同时，$\Delta E(A_i)$ 随 $ED(A_i)$ 变化而变化的量。

18.3.2　新产品开发中的风险决策

此类决策问题的基本数学模型的结构为

$$a_{ij} = f(A_i, \theta_i), \quad i = 1, 2, \cdots, m$$

$$P_{ij} = g(A_i, \theta_j), \quad j = 1, 2, \cdots, n$$

$$E(A_i) = \sum_{j=1}^{n} a_{ij} P_{ij}$$

$$ED(A_i) = E\left\{ \left[a_{ij} - E(A_i) \right]^2 \right\}$$

新产品开发中的风险决策基本步骤如下：

(1) 选出期望值达到最大和期望标准差达到最小的方案。设 A^1_E 为期望值达到最大的方案集合，A^2_D 为期望标准差达到最小的方案集合，则

$$A^1_E = \left\{ A_K \middle| E(A_K) = \max_i E(A_i) \right\}$$

$$A^2_D = \left\{ A_K \middle| ED(A_K) = \max_i ED(A_i) \right\}$$

(2) 如果 $\overline{A} = A^1_E \cap A^2_D \neq \varnothing$，则 $\overline{A}$ 中所有方案均为最优方案；如果 $\overline{A} = \varnothing$，则进行下一步。

(3) 将 A_1 和 A_2 两方案进行比较。A_1 和 A_2 分别满足

$$A_1 = \left\{ A_1 \middle| A^1_E \supset A_1, \ 且 ED(A_1) = \min_{A_E} ED(A_1) \right\}$$

$$A_2 = \left\{ A_2 \middle| A^2_D \supset A_2, \ 且 E(A_2) = \max_{A_D} E(A_2) \right\}$$

(4) 最后，利用上面两式，从两个方案中任取其一为基准方案。将另一方案的某一项指标变到与基准方案相同的数值上，计算出另一项指标的变化量，将改变后的指标与基准方案的同一性质指标相比较，从而选择出最优方案。

18.3.3 新产品开发中的层次分析法

层次分析法是将问题分为数个层次，进行逐次分析，而后整理和综合。它是一种定性和定量分析相结合的分析方法，对处理选择新产品开发项目这一类多目标选择的问题非常适用。层次分析法的步骤如下。

1. 建立层次结构模型

在分析问题的组成元素及其相互关系的基础上，将这些元素按属性分组，并确定所属层次，同一层次的元素对下一层次的某些元素起支配作用，同时又受上层元素的支配。总之，分层以便于比较为准。

2. 构造判断矩阵

根据企业环境对系统的要求，比较同层次各元素之间的相对重要性。实质上是将人的判断思维数学化。判断矩阵的表示形式为表 18-5。

表 18-5 判断矩阵的形式

A_k	B_1 B_2 $\cdots$ B_n
B_1	b_{11} b_{12} $\cdots$ b_{1n}
B_2	b_{21} b_{22} $\cdots$ b_{2n}
$\vdots$	$\vdots$ $\vdots$
B_n	b_{n1} b_{n2} $\cdots$ b_{nn}

判断矩阵 $B = (B_{ij})$ 具有以下性质：$b_{ij} > 0$；$b_{ij} = b_{ij}^{-1}$；$b_{i=j} = 1$。

为了避免决策受个人业务水平等的影响，可运用专家评比法、德尔菲法等利用集体智慧进行比较判断，使其更接近实际情况。

这里，B_1，B_2，$\cdots$，B_n 表示与上层某元素 A_k 有关的元素，且 B_i 对 B_j 的相对重要性为 b_{ij}，b_{ij} 通常为 $1 \sim 9$ 标度，取 1，2，$\cdots$，9 及其倒数。$1 \sim 9$ 的含义是：1 表示 B_i 与 B_j 同等重要；3 表示 B_i 比 B_j 稍微重要；5 表示 B_i 比 B_j 明显重要；7 表示 B_i 比 B_j 重要得多；9 则代表 B_i 比 B_j 极端重要。

3. 确定优先顺序

根据判断矩阵，计算对于上一层某元素来说，本层与之有联系的元素的重要性次序的权值。最后，权值最大的产品是最优先入选的产品。

设某企业将对某产品的元素 A 进行重点评价，其评价层次分析框图如图 18-4 所示。

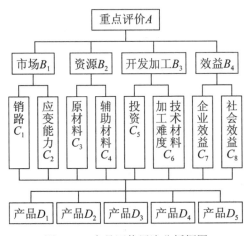

图 18-4 产品评价层次分析框图

对产品重点评价 A 来说，B_1，B_2，B_3，B_4 的比较如表 18-6 所示。

表 18-6 A—B 判断矩阵

A	B_1	B_2	B_3	B_4	相对权重
B_1	1	2	4	1	0.3636
B_2	1/2	1	2	1/2	0.1819
B_3	1/4	1/2	1	1/4	0.0909
B_4	1	2	4	1	0.3636

对于 B_i 来说，其下层元素 $C_j(i = 1, 2, 3, 4; j = 1, 2, \cdots, 8)$ 如表 18-7 所示。

表 18-7 B—C 表

对 B_i 来说	B_1		B_2		B_3		B_4	
评价指标	C_1	C_2	C_3	C_4	C_5	C_6	C_7	C_8
相对权重	0.5	0.5	0.7	0.3	0.6	0.4	0.6	0.4

对 $C_j(j = 1, 2, \cdots, 8)$，各产品的比较如表 18-8～表 18-15 所示。

表 18-8 C_1—D 判断矩阵

C_1	D_1	D_2	D_3	D_4	D_5	相对权重
D_1	1	3	4	3	6	0.5033
D_2	1/3	1	4/3	1	2	0.1678
D_3	1/4	3/4	1	3/4	3/2	0.0773
D_4	1/3	1	4/3	1	2	0.1678
D_5	1/6	1/2	2/3	1/2	1	0.0838

表 18-9 C_2—D 判断矩阵

C_2	D_1	D_2	D_3	D_4	D_5	相对权重
D_1	1	1/2	2	5/2	3/2	0.2190
D_2	2	1	4	5	3	0.4380
D_3	1/2	1/4	1	5/4	3/4	0.1095
D_4	2/5	1/5	4/5	1	3/5	0.0876
D_5	2/3	1/3	4/3	5/3	1	0.1459

表 18-10 C_3—D 判断矩阵

C_3	D_1	D_2	D_3	D_4	D_5	相对权重
D_1	1	5/2	2	1/2	3	0.2362
D_2	2/5	1	4/5	1/5	6/5	0.0945
D_3	1/2	5/4	1	1/4	3/2	0.1185
D_4	2	5	4	1	6	0.4725
D_5	1/3	5/6	2/3	1/6	1	0.0787

表 18-11 C_4—D 判断矩阵

C_4	D_1	D_2	D_3	D_4	D_5	相对权重
D_1	1	3/6	1/6	1/3	2/3	0.1111
D_2	2	1	1/3	2/3	4/3	0.2222
D_3	6	3	1	2	4	0.6667
D_4	3	3/2	1/2	1	2	0.3333
D_5	3/2	3/4	1/4	1/2	1	0.1667

表 18-12 C_5—D 判断矩阵

C_5	D_1	D_2	D_3	D_4	D_5	相对权重
D_1	1	1	5/3	2	2	0.1598
D_2	1	1	5/3	2	2	0.1598
D_3	3/5	3/5	1	6/5	6/5	0.0959
D_4	1/2	2	5/6	1	1	0.1054
D_5	3	3	5	6	6	0.4791

表 18-13　C_6—D 判断矩阵

C_6	D_1	D_2	D_3	D_4	D_5	相对权重
D_1	1	2	6	3	3	0.4286
D_2	1/2	1	3	3/2	3/2	0.2143
D_3	1/6	1/3	1	1/2	1/2	0.0714
D_4	1/3	2/3	2	1	1	0.1429
D_5	1/3	2/3	2	1	1	0.1428

表 18-14　C_7—D 判断矩阵

C_7	D_1	D_2	D_3	D_4	D_5	相对权重
D_1	1	1	1/4	1/2	1/2	0.1000
D_2	1	1	1/4	1/2	1/2	0.1000
D_3	4	4	1	2	2	0.4000
D_4	2	2	1/2	1	1	0.2000
D_5	2	2	1/2	1	1	0.2000

表 18-15　C_8—D 判断矩阵

C_8	D_1	D_2	D_3	D_4	D_5	相对权重
D_1	1	5/2	3/2	2	1/2	0.2190
D_2	2/5	1	3/5	4/5	1/5	0.0876
D_3	2/3	5/3	1	4/3	1/3	0.1460
D_4	1/2	5/4	3/4	1	1/4	0.1095
D_5	2	5	3	4	1	0.4399

说明：各表中 $CR<0.1$。

　　根据判断矩阵，计算对于上一层某元素而言，本层与之有联系的元素其重要性次序的权值。最后的结果中，权值最大的产品是最有希望被选中的产品，具体的计算如下：

产品 D_1 =$(0.5033 \times 0.5 + 0.2190 \times 0.5) \times 0.3636$

$+ (0.2362 \times 0.7 + 0.1111 \times 0.3) \times 0.1819 + (0.1598 \times 0.6 + 0.4286 \times 0.4) \times 0.0909$

$+ (0.1000 \times 0.6 + 0.2190 \times 0.4) \times 0.3636$

$= 0.1313 + 0.0361 + 0.0243 + 0.0537$

$= 0.2454$

依此类推，得

$$产品\ D_2 = 0.1857$$
$$产品\ D_3 = 0.2071$$
$$产品\ D_4 = 0.1953$$
$$产品\ D_5 = 0.1995$$

从而得出先后次序为：产品 D_1、产品 D_3、产品 D_5、产品 D_4、产品 D_2。

18.4　定价决策模型

　　本节仅介绍一些简单的定价模型。一般的定价模型，如经济学中介绍的差别定价方法、撇脂定价方法等在这里就不多介绍了。这里介绍的模型都具有自己的特点和一定的代表性。

18.4.1　西蒙模型

西蒙(Hermann Simon)在 1979 年发表了关于品牌生命周期相关联的价格弹性动态模型的论文。文中，q_{it} 表示 t 时品牌 i 的销售量，C_{it} 为 t 时品牌 i 与市场上所有其他品牌的价格差异效应(即交叉弹性效应)，B_{it} 为 t 时品牌 i 的纯粹价格效应，A_{it} 为非价格因素对 t 时品牌 i 的遗留和废弃效应。则动态销售反应模型可表示为

$$q_{it} = A_{it} + B_{it} + C_{it}$$

A_{it} 给出了由于广告反应滞后和销售变量滞后而引起的生命周期废弃因素和遗留效应的组合情况。生命周期的成长与衰退，并不直接受价格因素的影响。所以，A_{it} 可以有两种表达形式：

$$A_{\text{I}} = a_1 + a_2 q_{i,t-1}(1 - a_3)^{t - \overline{t}}$$

$$A_{\text{II}} = (a_1 + a_2 q_{i,t-1})(1 - a_3)^{t - \overline{t}}$$

式中，$\overline{t}$ 表示产品导入时间；A_{I} 表明了不因废弃而导致的对品牌的需求潜量，而第 2 个 A_{II} 反映的是出现废弃时的情形。图 18-5 给出了这两种情形。

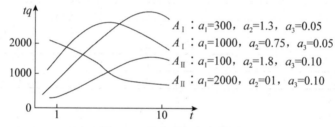

图 18-5　价格弹性动态模型

B_{it} 反映了销售量与纯粹价格水平的关系。西蒙进一步假设两者之间存在线性关系：$B_{it} = bP_{it}$。这里，$b < 0$，P_{it} 为 t 时品牌 i 的价格。

C_{it} 给出了品牌 i 与市场上所有其他品牌的价格差异对品牌 i 销售的影响。最理想的效应是当价格差异大时，销售反应比例也大(价格差异指品牌价格与市场上所有其他品牌价格平均值之间的差额)。用模型来表述它就是

$$(C_1) : C_{it} = c_1 Sh(c_2 \Delta P_{it})$$
$$(C_2) : C_{it} = c_1 Sh(c_2 \Delta P_{it})\overline{q}_{t-1}$$

这里，

$$\Delta P_{it} = \frac{\overline{P}_{it} - P_{it}}{\overline{P}_{it}}, \quad \overline{P}_{it} = \sum_{\substack{j=1 \\ j \neq i}}^{n} \frac{m_{jt} P_{it}}{1 - m_{it}},$$

$$\overline{q}_{t-1} = \sum_{j=1}^{n} q_{i,t-1}, \quad Sh(x) = \frac{e^x - e^{-x}}{2}。$$

式中，ΔP 为价格差异；$\overline{P}_{it}$ 表示市场上所有其他品牌的平均价格；m_{it} 为 t 时品牌 i 的市场占有率；$\overline{q}_{t-1}$ 为 $t-1$ 时的总市场需求量；c_1，c_2 为参数。

西蒙运用这一模型对清洁剂、药品等产品的生命周期和价格弹性之间的关系进行表述，如图 18-6 所示。其研究结果显示，导入期价格弹性大于成长期价格弹性的情况为 95%，成长期价格弹性大于成熟期价格弹性的情况为 71%，而成熟期价格弹性小于衰退期价格弹性的情况占 100%。

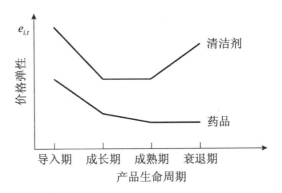

图 18-6　产品的生命周期和价格弹性之间的关系

这一研究结果对于企业根据价格弹性的变化来制定最优定价政策是很有帮助的。为了在产品生命周期中实现净现值利润最大化，企业经营的管理目标就可以用下式表达：

$$\max Z = \sum_{r=0}^{T-t}[P_{t+r}Q_{t+r} - C(Q_{t+r})](1+r)^{-r}$$

式中，$C(Q)$ 为成本函数；r 为折扣率；P 为价格；Q 为销售量；$(T-t)$ 为尚存品牌寿命。

如果竞争品牌价格已知，则 t 时的最优价格 P^*_t 可这样得出

$$P^*_t = \left[\frac{1}{1-(1/e_t)}\right]C_t - \left[\frac{1}{1-(1/e_t)}\right]\sum_{r=1}^{T-t}(P_{t+r} - C_{t+r})a_2^r(1-a_3)^{r_t + r(r-1)/2}(1+r)^{-r}$$

式中，e_t 为 t 时本企业品牌的价格弹性；C_t 为 t 时的边际成本。

根据经济学中边际成本等于边际收益的原则，我们知道

$$C_t = MR = P^*_t\left(1-\frac{1}{e_t}\right) \text{或} P^*_t = \left[\frac{1}{1-(1-e_t)}\right]C_t$$

可以看出，它与西蒙模型中的第一项相等。但动态模型充分考虑了随品牌生命周期的变化，价格弹性的变化和非价格因素对未来价格变化的影响。如果 $a_2 > 0$，$0 \leqslant a_3 \leqslant 1$，且 $P_{t+j} > C_{t+j}$，则动态模型中的价格低于最优静态价格，此举将获得更好的利润。在动态模型中，显然，价格弹性越低，最优价格越高。

18.4.2　拉奥—夏昆模型

拉奥(Ambar G. Rao)和夏昆(Melvin F. Shakun)于 1972 年提出了关于新品牌进入市场的价格模型。这一模型的特点是，充分考虑市场结构，同时也考虑到了实现价格战略过程中的企业品牌目标和竞争者目标。

该模型是在这样的假设下提出的：①仅考虑同质顾客群体；②顾客群体中某一成员愿意支付的最低价格为对数正态分布的随机变量，且均值为 μ，方差为 σ^2；③对每一顾客来说，存在一固定的对数价格尺度，其间距为 α，它标志着顾客可接受价格的幅度，同时顾客群体中某一成员愿意支付的最高价格也是对数正态分布的随机变量，且均值为 $(\mu+\alpha)$，方差为 σ^2。

这一模型所考虑的目标有四个：

(1) 为品牌 i 销售最大化而定价，表示为 $\max\limits_{P_i} S_i$。

(2) 在同一企业有两种品牌的前提下，为品牌 i 和品牌 j 的销售最大化而定价，表示为 $\max\limits_{P_i}(S_i + S_j)$。

(3) 为市场上所有品牌的销售最大化而定价，表示为 $\max\limits_{P_i}(S_i + \sum\limits_{j \neq i} S_j)$。

(4) 品牌 i 的定价是为使品牌 j 销售最大化的可能性降至最小，表示为 $\min\limits_{P_i}(\max S_j)$。

设 P_i 为品牌 i 的价格，$P_i = \ln P$；ρ_i 为随意抽取的顾客选择品牌 i 的概率；$\phi(x)$ 为标准正态分布的密度函数，若市场上只有品牌 i 以价格 P_i 在销售，则

$$\rho_i = 1 - \text{认为 } P_i \text{ 太高的概率} - \text{认为 } P_i \text{ 太低的概率}$$

$$= \phi(\frac{\rho_i - \mu}{\delta}) - \phi(\frac{\rho_i - \mu - \alpha}{\delta})$$

令 $\dfrac{\mathrm{d}\rho_i}{\mathrm{d}P_i} = 0$，则 $\rho_i = \mu + \dfrac{\alpha}{2}$，$P_i = eP_i = \exp(\mu + \dfrac{\alpha}{2})$

这就是单一品牌的最优价格。

更进一步，如果做出另外的行为假设(强调两点)：①注重产品质量的顾客群体占所有顾客的比例为 λ，他们在可接受的价格范围内愿意购买较高价格的品牌；②注重产品价格的顾客群体占所有顾客的比例就是 $1 - \lambda$。这样，当 $0 < P_2 - P_1 < \alpha$ 时，从顾客群体中随机抽取一人购买品牌 1 的概率为

$$\rho(1) = P_2 \text{ 太高但 } P_1 \text{ 可接受的概率} + (1-\lambda) \times \text{两种品牌价格均可接受的概率}$$

$$= \phi(\frac{P_2 - \alpha - \mu}{\delta}) - \phi(\frac{P_1 - \alpha - \mu}{\delta}) + (1-\lambda)\left[\phi(\frac{P_1 - \mu}{\delta}) - \phi(\frac{P_2 - \alpha - \mu}{\delta})\right]$$

同样可得

$$\rho(2) = \phi(\frac{P_2 - \mu}{\delta}) - \phi(\frac{P_1 - \mu}{\delta}) + \lambda\left[\phi(\frac{P_1 - \mu}{\delta}) - \phi(\frac{P_2 - \alpha - \mu}{\delta})\right]$$

借助上面的两个公式，可得：

(1) 占所有顾客比例为 π_j 的人不会转向品牌 2，因为他们认为价格太高，这一比例即为品牌忠诚细分市场，而

$$\pi_j = \phi(\frac{P_2 - \alpha - \mu}{\delta}) - \phi(\frac{P_1 - \alpha - \mu}{\delta})$$

(2) 如果 $P_2 - P_1 \geqslant \alpha$，则两个品牌不构成竞争关系，因为它们并不分享同一市场上的购买者。在这种情况下，企业可通过市场的结构分析来决定是否用另一品牌进行补充。

(3) 品牌 1 可通过强调其质量来夺取品牌 2 的一些市场占有率，此举为 λ 值下降的结果，当然，品牌 2 也可因其价格低廉来夺取品牌 1 的某些市场份额。

(4) 品牌 i 的市场占有率 S_i 为

$$S_i = \frac{\rho_i}{\rho_1 + \rho_2}, \quad i = 1, 2$$

若品牌 1 已占据市场而品牌 2 想进入，用上述方程，考虑品牌定价目标，便可求出均衡价格。为此，不妨设双方均追求最大化。通过对 $\rho(1)$ 和 $\rho(2)$ 的方程求导，并令其为零，则

$$P_1 = \frac{\delta^2}{2}\ln(1-\lambda) + \mu + \frac{\alpha}{2}$$

$$P_2 = -\frac{\delta^2}{2}\ln(\lambda) + \mu + \frac{\alpha}{2}$$

该方程表述了在竞争条件下的结果。当企业采取合作战略(即第三种品牌定价目标)时，市场销售最大化的最优价格分别是

$$P_1 = \alpha$$
$$P_2 = \mu + \alpha$$

18.5　广告预算决策模型

18.5.1　一般方法简介

1) 量力而行的方法

在其他营销费用都优先分配经费之后再考虑广告的费用。

2) 销售百分比法

企业按照销售额(实绩或预算销售额)或单位产品售价的一定百分比来确定广告费用。其优点有：①告诉企业的员工，所有的费用支出均和总收入挂钩；②可根据单位广告成本、产品售价和销售利润之间的关系考虑竞争管理问题；③有利于保持竞争的相对稳定性。不足之处包括：①因果倒置；②不是强调机会，而是将可用资金作为主要因素，易导致失去机会；③不利于做广告的长期预算；④一种无差别(时间、地点等)的广告预算。

3) 竞争对比法

与竞争对手相比较来决定本企业的广告费用，以求保持竞争优势。这一方法的采用是有前提的：有较准确的信息来源，特别是关于竞争对手的信息；维持竞争均势的要求。但事实上这样做很困难。

为提高预决算水平，可运用定量分析的方法对此进行研究。

假设：①本企业的广告预算 a 与竞争者广告预算 s 越接近越好；②再假设竞争者和本企业广告预算之差成平方比例增加，即

$$f(a, s) = k(a-s)^2$$

式中，k 为常数。

要使本企业的损失为最小，则要求 $E = \int k(a-s)^2 p(s)\mathrm{d}s$ 中的 a 为最小。

即　　　　$$E = \int k(a-s)^2 p(s)\mathrm{d}s = k\int \left[a^2 p(s) - 2asp(s) + s^2 p(s) \right]\mathrm{d}s$$

而　　　　$$\frac{\partial E}{\partial a} = 2k\int \left[ap(s) - sp(s) \right]\mathrm{d}s$$

令其为 0，得

$$0 = 2k \int [ap(s) - sp(s)] \mathrm{d}s$$

即

$$a \int p(s)\mathrm{d}s - \int sp(s)\mathrm{d}s = 0$$

又因为

$$\int p(s)\mathrm{d}s = 1$$

所以由

$$a = \int sp(s)\mathrm{d}s$$

可知，表现概率分布的状态变量 s 的均值 a 为最佳的广告预算。

18.5.2 广告的决策模型

在此仅介绍一种定量的分析方法，即利特尔(J.D.C.Little)模型。

该模型假设：

(1) 开始时，广告预算为 0。市场占有率虽然减少，但应存在最小值，且这一最小值是可以测算出来的。

(2) 最大限度将广告预算扩大至饱和状态，市场占有率应随之增加，但也有最大值，它也能测算出来。

(3) 为维持最初的占有率，要保持必要的广告预算水平，这一数据可得到。

(4) 当广告预算水平比维持占有率的必要预算高 50%时，市场占有率的增加可根据数据和经验测算出来。

将上面测算的数据代入预算—占有率反应函数

$$M = \min + (\max - \min)\frac{(AC)^{\alpha}}{\beta + (AC)^{\alpha}}$$

得到方程组

$$\begin{cases} M_0 = \min + (\max - \min)\dfrac{(AC_0)^{\alpha}}{\beta + (AC_0)^{\alpha}} \\ M_{50} = \min + (\max - \min)\dfrac{(1.5AC_0)^{\alpha}}{\beta + (1.5AC_0)^{\alpha}} \end{cases}$$

式中，M_0 为初期市场占有率；AC_0 为维持 M_0 的必要广告预算；M_{50} 为广告预算比 AC_0 高 50% 的相应市场占有率；min，max 分别表示市场占有率最小和最大值；α 和 β 为参数。

求解这个方程组时，可按下式测算参数：

$$z_a = \lg\left[\frac{1-Y}{Y}\frac{X}{1-X}\right] \Big/ \lg 1.5$$

$$\beta = \frac{1-Y}{Y}(AC_0)^{\alpha}$$

式中，

$$X = \frac{M_{50} - \min}{\max - \min}$$

$$Y = \frac{M_0 - \min}{\max - \min}$$

利特尔还主张用下面的方式来调整广告预算和市场占有率：

$$AC^*_t = ME_t \cdot CQ_t \cdot AC_t$$
$$M^* = NA \cdot M$$

式中，AC^*_t 为调整后 t 期的广告预算；ME_t 为 t 期的媒体效率；CQ_t 为 t 期广告展露效果；M^* 为调整后的市场占有率；NA 为非广告因素指标；M 为调整前的市场占有率。

18.6　产品生命周期各阶段的判断

在产品生命周期的变化过程中，正确分析、判断出各阶段的临界点，确定产品正处在生命周期的什么阶段，是进行正确决策的基础，这些分析对市场营销工作有着决定性的意义。但这又是一件较困难的事，因为产品生命周期各阶段的划分，并无一定的标准，带有较大的随意性。要想完整地描绘产品的生命周期曲线，理应等待产品被完全淘汰后，根据资料绘制出来。但这样便对市场营销工作失去了现实意义。因此，很有必要在产品销售过程中判断其所处的生命周期阶段。一般采用的方法有如下几种。

1. 类比法

类比法一般用于新产品的生命周期判断。对于正在销售的新产品，由于没有销售资料或者销售资料不全，很难进行分析判断，就可运用类似产品的历史资料进行比照分析。例如，参照收音机的销售资料判断电视机销售的发展趋势，参照黑白电视机的销售资料来判断彩色电视机销售的发展趋势。

2. 销售增长率法

以各个时期实际销售增长率的数据 $\dfrac{\Delta Y}{\Delta X}$，制定量的标准来划分生命周期的各个阶段。其中，$\Delta Y$ 表示纵坐标上销售量的增长率，ΔX 表示横坐标上时间的增加。据有关资料介绍，销售增长率的经验数据是：$\dfrac{\Delta Y}{\Delta X}$ 之值大于 10% 时属增长期；$\dfrac{\Delta Y}{\Delta X}$ 之值在 0.1%～10% 之间属成熟期；$\dfrac{\Delta Y}{\Delta X}$ 之值在接近 0 或小于 0 时，则已进入衰退期。

3. 成长曲线法

成长曲线(戈珀兹曲线)是一种描述动植物生长、变化的曲线，很适合反映产品生命周期的发展变化情况。用此种方法可以在事中、事前推测，判断出产品所处生命周期的阶段。戈珀兹曲线的表达式为

$$y = ka^{b^t}$$

式中，k，b，t 为三个参数。y 值在 0.1%～10% 之间属成熟期；y 值在接近 0 或小于 0 时，则已进入衰退期。

如将上式两边取自然对数，得

$$\ln y = \ln k + b^t \ln a$$

根据 b 和 $\ln a$ 的取值不同，有图 18-7 所示的四种图形。

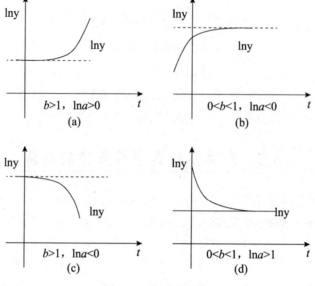

图 18-7 戈珀兹曲线

这四种类型的图形正好对应了产品生命周期的四个阶段：导入期、成长期、成熟期和衰退期。现把产品销售情况(即发展过程)看作是时间 t 的函数。把以上所介绍的四种类型的图形合并在一起，可以得到图 18-8 所示的产品生命周期曲线。因此，根据产品的具体销售情况，便可得到有关 $\ln k$，b，$\ln a$ 的取值，根据这些数值可以正确拟合出戈珀兹曲线，并能确定当前该产品所处的生命周期阶段。在具体操作时，为了便于计算，一般将自然对数换作常用对数：$\lg y = \lg k + b^t \lg a$。这并不影响对问题的分析。

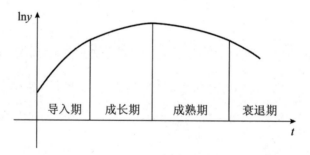

图 18-8 产品生命周期曲线

在确定参数时，往往采用三和法

$$y_t = ka^{b^t}$$
$$\lg y_t = \lg k + b^t \lg a$$

求解参数 b，a，k 的公式为

$$b^n = \frac{\sum_3 \lg y - \sum_2 \lg y}{\sum_2 \lg y - \sum_1 \lg y}, \quad b = \sqrt[n]{b^n}$$

$$\lg a = \left(\sum_2 \lg y - \sum_1 \lg y\right) \frac{b-1}{(b^n-1)^2}$$

$$\lg k = \frac{1}{n}\left[\sum\nolimits_1 \lg y - \left(\frac{b^n - 1}{b - 1}\right)\lg a\right]$$

式中，n 为观察期周期的 1/3；$\sum\nolimits_1 \lg y$ 为第一个 1/3 周期观察值 y 的对数之和；$\sum\nolimits_2 \lg y$ 为第二个 1/3 周期观察值 y 的对数之和；$\sum\nolimits_3 \lg y$ 为第三个 1/3 周期观察值 y 的对数之和。

现举一例，说明此法的运用程序。某种产品销售情况如表 18-16 所示，现判断其生命周期。

表 18-16　某产品销售情况

时间/年	1990	1991	1992	1993	1994	1995	1996	1997	1998
销售额/万元	4.9	6.9	7.2	7.6	8.4	8.5	8.6	9.2	9.0

步骤是：

(1) 将销售额变换为对数，并将第一期(1990 年)的时间设为 0，其他周期的 t 则依次为 1，2，…，n，如表 18-17 所示。

表 18-17　销售额变换表

时间/年	销售额/万元	t	$\lg y$
1990	4.9	0	0.6902
1991	6.0	1	0.7782
1992	7.2	2	0.8673
1993	7.6	3	0.8808
1994	8.4	4	0.9243
1995	8.5	5	0.9294
1996	9.6	6	0.9345
1997	9.2	7	0.9638
1998	9.0	8	0.9543
$n=9/3=3$	$\sum y = 70.4$		$\sum \lg y = 7.9127$

(2) 根据 $\lg y$ 计算 $\sum \lg y$ 值和 n 值。$n=9/3=3$，而 $\sum \lg y$ 是 3 个 $\lg y$ 之和，即

$$\sum\nolimits_1 \lg y = 0.6902 + 0.7782 + 0.8673 = 2.3357$$

$$\sum\nolimits_2 \lg y = 0.8808 + 0.9243 + 0.9294 = 2.7345$$

$$\sum\nolimits_3 \lg y = 0.9345 + 0.9638 + 0.9543 = 2.8526$$

(3) 将上述数据代入求解分式：

$$b^n = \frac{\sum\nolimits_3 \lg y - \sum\nolimits_2 \lg y}{\sum\nolimits_2 \lg y - \sum\nolimits_1 \lg y}, \quad b = \sqrt[n]{b^n}$$

$$\lg a = \left(\sum\nolimits_2 \lg y - \sum\nolimits_1 \lg y\right)\frac{b-1}{(b^n-1)^2}$$

$$\lg k = \frac{1}{n}\left[\sum {}_1 \lg y - \left(\frac{b^n-1}{b-1}\right)\lg a\right]$$

得 $b=0.6608$，$\lg a=-0.274$，$\lg k=0.9668$。

由于 $0<b<1$，$\lg a<0$，所以该产品目前正处于生命周期的成长期。

18.7　因子分析

18.7.1　因子分析简介

在市场营销和其他领域的研究中，往往需要对反映事物、现象从多个角度进行观测，也就是设计出多个观测变量，从多个变量中收集大量数据以便进行分析，寻找规律。多变量大样本虽然会为我们的科学研究提供丰富的信息，但却增加了数据采集和处理的难度，由于指标太多，使得分析的复杂性增加。在实际工作中，指标间经常具备一定的相关性，因此人们希望用较少的指标代替原来较多的指标，但依然能反映原有的全部信息，于是就产生了因子分析、主成分分析等方法。因子分析是将多个实测变量转换为少数几个不相关的综合指标的多元统计方法，基本目的就是用少数几个因子去描述许多指标或因素之间的联系，即将相关比较密切的几个变量归在同一类中，每一类变量就成为一个因子(之所以称其为因子，是因为它是不可观测的，即不是具体的变量)，以较少的几个因子反映原资料的大部分信息。

18.7.2　初始因子模型

某因子分析中可测得的变量有 X_1，X_2，$\cdots$，X_p，其标准化变量为 $x_i=(X_i-\bar{x}_i)/S_i$ ($i=1$，2，$\cdots$，p)，各变量均受 m 个公因子(common factor)支配，同时，每个变量还受一个特殊因子(specific factor)的制约。于是，p 个标准化变量 x_i 的因子模型可用 m 个公因子 F 和特殊因子 ε 的线性表示。

$$x_1=l_{11}F_1+l_{12}F_2+\cdots+l_{1m}F_m+\varepsilon_1$$
$$\cdots$$
$$x_p=l_{p1}F_1+l_{p2}F_2+\cdots+l_{pm}F_m+\varepsilon_p$$

(18-16)

式中，F_1，F_2，$\cdots$，F_m 表示 m 个公因子；l_{11}，l_{12}，$\cdots$，l_{1m} 是因子的负荷，表示在 m 个公因子对第 i 个变量所提供的情报；ε_i 代表 m 个公因子不能向第 i 个变量提供的情报部分，称为特殊因子。因子分析的目的和任务就是要估计因子负荷 l_{ij} 和特殊因子的方差，并给因子 F_i 一个合理的解释。初始因子模型有两个特点：①模型不受量纲的影响；②因子的负荷不是唯一的。因子的非唯一性通过因子的变换(因子轴旋转)，可使新的因子有更明显的实际意义。

18.7.3　确定初始因子数

常用的提取初始因子的方法有主成分分析法、迭代主因子分析法和最大似然法等三种。主成分分析法的优点是计算总能顺利地进行下去，其缺点是计算结果比较粗略。迭代主因子分析法和最大似然法都能结合各变量的特点给它们的共性方差赋初值，如果初值以及其他因素都调整得比较好，可给出较好的结果。其缺点是这种调整比较困难，对于大样本资料，最大似然法有所期望的渐进特性，并能给出比迭代主因子分析法更好的结果。

常用的初始因子数决定方法也有最小特征值法、特征值图检验法、公因子方差比率法三种。最小特征值法是只选取其特征值大于 0.7(或 1.0)的因子。特征值图检验法是根据以样本相关矩阵求出的特征值 $\hat{\lambda}_i$ 为纵轴、因子数为横轴的图决定初始因子数。该图的特点是随着因子数的增加，其特征值减小，且开始其减小幅度较大，随着因子数的增加，减少幅度逐渐变缓。根据减少幅度的大小特点选取适当的初始因子数。通常选取对应于其特征值的减少幅度缓慢之前的因子数为初始因子数。公因子方差比率法是根据公因子的累计贡献率(所选取的初始因子方差之和在总方差 p 中所占的比率)的大小确定因子数，通常其累计贡献率要大于 70%，即

$$\text{累计贡献率} = \sum_{j=1}^{m} \hat{\lambda}_j / p > 70\% \ (m \text{ 为初始因子数}) \tag{18-17}$$

18.7.4　因子的旋转

当初始因子模型公式(18-16)的载荷矩阵 $\boldsymbol{L} = (l_{ij})_{pxm}$ 结构较为复杂时，利用这些初始因子难以对经济现象做出合理的解释。为了对经济现象做出更合理的解释，可以通过因子旋转把初始因子模型的载荷矩阵进一步简化。常用的因子旋转法有最大方差旋转法、正交最大方差旋转法，在正交最大方差旋转基础上进行斜交旋转等。设从公因子 F 旋转到公因子 G，则初始因子模型公式(18-16)可转换为式(18-18)，称作旋转后的因子模型，式中 g_{ij} 为旋转后的公因子负荷。

$$x_i = \sum g_{ij} G_j + \varepsilon_i \ (i=1, \ 2, \ \cdots, \ p; \ j=1, \ 2, \ \cdots, \ m) \tag{18-18}$$

18.7.5　因子得分

无论初始因子模型还是旋转后的因子模型，都是将变量表示为公因子的线性组合。在因子分析中，还可以将公因子表示为线性组合，从变量的观测值估计各个公因子的值，把该值称作因子得分，它对样本的分类有实际意义。因子得分可按式(18-19)计算，称作因子得分模型。

$$G_i = \sum d_{ij} x_i \ (i=1, \ 2, \ \cdots, \ p; \ j=1, \ 2, \ \cdots, \ m) \tag{18-19}$$

18.8　聚类分析

18.8.1　聚类分析简介

聚类分析(cluster analysis)又称集群分析，是研究"物以类聚"的一种统计分析方法，是应用最为广泛的分类技术。通过聚类分析，可以将性质相近的个体归为一类，性质差异较大的个体属于不同的类，使得类内个体具有较高的同质性，类间个体具有较高的异质性。

聚类分析是一种探索性的分析，在分类的过程中，人们不必事先给出一个分类的标准，聚类分析能够从样本数据出发，自动进行分类。聚类分析所使用方法的不同，常常会得到不同的结论。

不同研究者对于同一数组进行聚类分析，所得到的聚类数未必一致。因此说聚类分析是一种探索性的分析方法。

18.8.2 类型及统计量

聚类分析包括对观测指标的(常称为 R 型)聚类与观察单位(常称为 Q 型)聚类两种类型。

R 型聚类是针对指标聚类的主要方法，聚类统计量为相似系数，即皮尔逊相关系数(Pearson correlation)，公式为

$$r_{ij} = \frac{\sum\limits_{k=1}^{m}(x_{ik} - \bar{x}_i)(x_{jk} - \bar{x}_j)}{\sqrt{\sum\limits_{k=1}^{m}(x_{ik} - \bar{x}_i)^2}\sqrt{\sum\limits_{k=1}^{m}(x_{jk} - \bar{x}_j)^2}}$$

Q 型聚类是针对观察单位(cases)进行聚类的主要方法，聚类统计量常用欧氏距离(Euclidean distance)，公式为

$$d_{ij} = \sqrt{\sum_{k=1}^{m}(x_{ik} - x_{jk})^2}$$

式中，d_{ij} 表示第 i 个观察单位与第 j 个观察单位的距离。

18.8.3 因子分析与聚类分析在消费者生活形态研究中的应用示例

1. 研究的基本方法

消费者的生活方式与他们对商品的选择是密切相关的，根据生活方式将消费者进行分类，可以为产品的市场细分以及市场定位提供技术指导。考虑到对消费者进行分类时样本量的充足性，因此研究一般要求采取较为充足的样本(本例样本总量为 3 000 个)，样本的分布根据人口比例分布在 A 城市的 14 个城区。本例中选定的样本对象为 15 岁以上具有独立购买能力的消费者。样本的抽取采用随机方法，采用 Kish 表(随机表)决定家庭中的受访者，以保证样本的代表性。

研究消费者的生活方式，通常采用心理描述测试法，即采用一系列关于对社会活动、价值观念等内容的陈述，请消费者根据自己的情况做出评价。调查中采用 7 分评价法，1 分表示"非常同意"，7 分表示"非常不同意"。经事先的小样本测试筛选，最终的测试语句为：

我喜欢购买新潮的东西	a
在其他人眼中我是很时髦的	b
我用穿着来表现个人性格	c
我对自己的成就有很大期望	d
生命的意义是接受挑战和冒险	e
我会参加/自学一些英语和电脑课程来接受未来的挑战	f
我习惯依计划行事	g
我喜欢品味独特的生活	h

放假时我喜欢放纵自己，什么事都不做	i
无所事事会使我感到不安	j
我的生活节奏很紧凑	k
优柔寡断不是我的处事方式	l
经济上的保障对我来说是最重要的	m
我选择安定和有保障的工作	n
我宁愿少休息多工作，以多挣些钱	o
我很容易与陌生人结交	p
我活跃于社交活动	q
我对朋友有很大影响力	r
我很注意有规律的饮食习惯	s
我定期检查存款余额，以免入不敷出	t

2. 因子分析

进行因子分析后我们发现：这些陈述大致可以综合为 5 个因子。为了进一步发现其中每一个因子的实际含义，我们对因子进行正交旋转，最终形成 5 个组合因子，这些因子其实是 20 个陈述的一个线性组合。对于每一个组合因子，选取其中对因子呈现较强相关(相关系数大于 0.5)的陈述，其余的陈述予以剔除，以便一目了然地发现因子的实际意义。实际研究结果如表 18-18 所示。仔细考察这 5 个因子中所包含陈述的实际意义，我们对每一因子进行命名，以便实际分析时引用。

表 18-18　因子分析的结果

组 合 因 子	因子中包含的陈述(相关系数大于 0.5)	因 子 含 义
因子 1	a, b, c, h	对时尚的观点
因子 2	d, e, f, j, k	个人的事业心与进取性
因子 3	m, n, o	对经济利益的看法
因子 4	p, q, r	社交能力与影响力
因子 5	s, g, i	生活的计划性

3. 聚类分析

因子分析后每一因子可以表示为一系列陈述语句的线性函数，因此首先利用这些因子函数，根据消费者对各陈述的打分，求出他们对每一因子的评价。然后根据消费者对因子的评价，对样本进行聚类分析，从而对消费者的生活方式进行分类。本例中，在模型通过统计检验的情况下，根据聚类的实际含义，最后选择了有 6 个中心的聚类分析，也就是说将消费者的生活方式分为 6 个模式。这 6 个聚类中心(类别)如表 18-19 所示(注：表中数据的得分值越低，表示消费者对该指标的认同程度越高，0 表示中性)。

表 18-19 聚类分析的中心

因 子	类 别					
	1	2	3	4	5	6
1. 追求时尚新潮	-1.209 13	0.507 17	0.779 36	0.077 17	0.435 15	-0.029 90
2. 积极的生活态度	0.001 78	-0.181 46	0.101 36	-1.456 83	0.887 57	0.272 68
3. 注重经济利益与保障	-0.324 59	-0.832 05	-0.538 11	0.798 61	1.067 79	0.032 86
4. 社交能力与影响力	-0.171 70	1.061 83	-1.180 52	0.015 72	0.345 27	-0.151 37
5. 生活有计划	-0.396 31	-0.269 29	-0.543 17	-0.011 71	-0.364 65	1.116 66
类别的实际意义	非常重视时尚	社交影响能力不强，注重经济保障	社交影响能力强，不大注重时尚	生活态度积极，不注重经济利益	不注重经济利益，态度消极	生活没有计划，平庸
消费者的分类	时尚型	自保型	领袖型	上进型	迷惘型	平庸型

根据每一类消费者的因子的特征，最终将消费者的生活方式分为 6 个类别，即时尚型、自保型、领袖型、上进型、迷惘型(缺乏生活目标型)和平庸型。

18.9 回归分析

18.9.1 回归分析的概念与种类

所谓回归分析，就是依据相关关系的具体形态，选择一个合适的数学模型，来近似地表达变量间的平均变化关系。

相关关系能说明现象间有无关系，但它不能说明一个现象发生一定量的变化时，另一个变量将会发生多大量的变化。也就是说，它不能说明两个变量之间的一般数量关系值。

回归分析是指在相关分析的基础上，把变量之间的具体变动关系模型化，求出关系方程，就是找出一个能够反映变量间变化关系的函数关系式，并据此进行估计和推算。通过回归分析，可以将相关变量之间不确定、不规则的数量关系一般化、规范化，从而可以根据自变量的某一个给定值推断出因变量的可能值(或估计值)。

回归分析包括多种类型，根据所涉及变量的多少不同，可分为简单回归和多元回归。简单回归又称一元回归，是指两个变量之间的回归。其中一个变量是自变量，另一个变量是因变量。

相关分析和回归分析有着密切的联系，它们不仅具有共同的研究对象，而且在具体应用时，常常必须相互补充。

相关分析研究变量之间相关的方向和相关程度。但是相关分析不能指出变量间相互关系的具体形式，也无法从一个变量的变化来推测另一个变量的变化情况。回归分析则是研究变量之间相互关系的具体形式，它对具有相关关系的变量之间的数量联系进行测定，确定一个相关的数学方程，根据这个数学方程可以从已知量推测未知量，从而为估算和预测提供了一个重要的方法。

根据变量变化的表现形式不同，回归分析也可分为直线回归和曲线回归。对具有直线相关关系的现象配之以直线方程进行回归分析，即直线回归；对具有曲线相关关系的现象配之以曲线方程进行回归分析，则称为曲线回归。

线性回归(linear regression)是研究一个或一组被影响的指标(常称为因变量, dependent variable)与一个或一组影响指标(常称为自变量, independent variable)间线性数量关系(包括因果关系、伴随关系)的统计分析方法, 是市场研究中应用最为广泛的统计技术之一。如人均可支配收入与人均消费间的联系、广告投入与品牌知名度的联系、品牌知名度与市场占有率的联系等, 均可借助线性回归解决。

18.9.2　一元线性回归

1. 一元线性回归模型

$$y = \beta_0 + \beta_1 x + \varepsilon \tag{18-20}$$

模型中, y 是 x 的线性函数(部分)加上误差项。线性部分反映了由于 x 的变化而引起的 y 的变化; 误差项 ε 是随机变量, 反映了除 x 和 y 之间的线性关系之外的随机因素对 y 的影响, 是不能由 x 和 y 之间的线性关系所解释的变异性; β_0 和 β_1 称为模型的参数。

2. 一元线性回归模型的基本假定

(1) 误差项 ε 是一个期望值为 0 的随机变量, 即 $E(\varepsilon)=0$。对于一个给定的 x 值, y 的期望值为 $E(y)=\beta_0+\beta_1 x$。

(2) 对于所有的 x 值, ε 的方差 σ^2 都相同。

(3) 误差项 ε 是一个服从正态分布的随机变量, 且相互独立, 即 $\varepsilon \sim N(0, \sigma^2)$。

3. 一元线性回归方程

$$E(y) = \beta_0 + \beta_1 x \tag{18-21}$$

描述 y 的平均值或期望值如何依赖于 x 的方程称为回归方程。方程的图示是一条直线, 因此也称为直线回归方程。β_0 是回归直线在 y 轴上的截距, 是当 $x=0$ 时 y 的期望值; β_1 是直线的斜率, 称为回归系数, 表示当 x 每变动一个单位时 y 的平均变动值。

4. 估计的回归方程

$$\hat{y} = \hat{\beta}_0 + \hat{\beta}_1 x \tag{18-22}$$

总体回归参数 β_0 和 β_1 是未知的, 必须利用样本数据去估计。用样本统计量 $\hat{\beta}_0$ 和 $\hat{\beta}_1$ 代替回归方程中的未知参数 β_0 和 β_1, 就得到了估计的回归方程。

5. 参数估计——最小二乘法

这是一种使因变量的观察值与估计值之间的离差平方和达到最小来求得 β_0 和 β_1 的方法, 即

$$Q(\hat{\beta}_0, \hat{\beta}_1) = \sum_{i=1}^{n} (y_i - \hat{y})^2 = \sum_{i=1}^{n} e_i^2 = 最小 \text{ 。可解得}$$

$$
\begin{cases}
\hat{\beta}_1 = \dfrac{n\sum_{i=1}^{n} x_i y_i - \left(\sum_{i=1}^{n} x_i\right)\left(\sum_{i=1}^{n} y_i\right)}{n\sum_{i=1}^{n} x_i^2 - \left(\sum_{i=1}^{n} x_i\right)^2} \\
\hat{\beta}_0 = \bar{y} - \hat{\beta}_1 \bar{x}
\end{cases}
\tag{18-23}
$$

6. 回归方程的检验

1) 拟合优度检验

$$r^2 = \frac{\text{SSR}}{\text{SST}} = \frac{\sum_{i=1}^{n}(\hat{y}_i - \overline{y})^2}{\sum_{i=1}^{n}(y_i - \overline{y})^2} = 1 - \frac{\sum_{i=1}^{n}(y_i - \hat{y})^2}{\sum_{i=1}^{n}(\hat{y}_i - \overline{y})^2} \tag{18-24}$$

反映回归直线的拟合程度，取值范围在[0，1]之间。$r^2 \to 1$，说明回归方程拟合得越好；$r^2 \to 0$，说明回归方程拟合得越差。

2) 回归方程的显著性检验

检验自变量和因变量之间的线性关系是否显著，具体方法是将回归离差平方和(SSR)同剩余离差平方和(SSE)加以比较，应用 F 检验来分析二者之间的差别是否显著，如果是显著的，两个变量之间存在线性关系；如果不显著，两个变量之间不存在线性关系。具体步骤如下：

(1) 提出假设

$$H_0：线性关系不显著$$

(2) 计算检验统计量 F

$$F = \frac{\text{SSR}/1}{\text{SSE}/n-2} = \frac{\sum_{i=1}^{n}(\hat{y}_i - \overline{y})^2 \big/ 1}{\sum_{i=1}^{n}(y_i - \hat{y})^2 \big/ n-2} \sim F(1，n-2) \tag{18-25}$$

(3) 确定显著性水平 α，并根据分子自由度 1 和分母自由度 $n-2$ 找出临界值 F_α 做出决策：若 $F \geqslant F_\alpha$，拒绝 H_0；若 $F < F_\alpha$，接受 H_0。

3) 回归系数的显著性检验

(1) 提出假设

$$H_0: \beta_1 = 0 \text{ (没有线性关系)}$$
$$H_1: \beta_1 \neq 0 \text{ (有线性关系)}$$

(2) 计算检验的统计量

$$t = \frac{\hat{\beta}_1}{S_{\hat{\beta}_1}} \sim t(n-2) \tag{18-26}$$

(3) 确定显著性水平 α，并进行决策

$$|t| > t_{\alpha/2}，拒绝 H_0；\quad |t| < t_{\alpha/2}，接受 H_0。$$

对于一元线性回归，回归方程的显著性检验与回归系数的显著性检验是等价的。

18.9.3 多元线性回归

假定 Y 为因变量，X_1, X_2, X_3, $\cdots$, X_n 为 n 个自变量，模型为

$$\hat{Y} = b_0 + b_1 X_1 + b_2 X_2 + \cdots + b_n X_n$$

式中，b_1，b_2，$\cdots$，b_n 表示相应变量的回归系数，b_0 表示常数项。

1. 标准化线性回归方程

将所有自变量、因变量标准化 $(z = (y - \bar{y}) / s_y, z_i = (X_i - \overline{X_i}) / s_i)$ 后，再进行线性回归得到的方程，称为标准化线性回归方程。

2. 最小二乘估计与方程的解

对直线回归方程 $y = A + Bx$，记残差平方和为

$$Q = \sum_{i=1}^{n} [y_i - (A + Bx_i)]^2$$

据微积分知识，A，B 满足如下联立方程组

$$\begin{cases} nA + \sum_{i=1}^{n} x_i B = \sum_{i=1}^{n} y_i \\ \sum_{i=1}^{n} x_i A + \sum_{i=1}^{n} x_i^2 B = \sum_{i=1}^{n} x_i y_i \end{cases}$$

此方程组称为正规方程组(normal equations)，其解为

$$B = \frac{\sum\limits_{i=1}^{n} x_i y_i - \sum\limits_{i=1}^{n} x_i \sum\limits_{i=1}^{n} y_i / n}{\sum\limits_{i=1}^{n} x_i^2 - (\sum\limits_{i=1}^{n} x_i)^2 / n}$$

$$A = \bar{y} - B\bar{x}$$

对多元线性回归，正规方程的矩阵形式为

$$\hat{Y} = b_0 + b_1 X_1 + b_2 X_2 + \cdots + b_n X_n$$

$$X'XB = X'Y$$

其解为

$$B = (X'X)^{-1}X'Y$$

18.10　市场预测：马尔科夫模型

18.10.1　马尔科夫模型简介

事物的发展状态总是随着时间的推移而不断变化的。对未来事物发展趋势的预测有许多方法，如点估计、区间估计、方差分析、回归分析、时间序列等。但对销售市场来说，影响产品销售有自身的因素，同时还有外界的许多随机因素，这样会造成商品销售的波动幅度很大，难以用以上方法预测，而马尔科夫模型不受上述因素的约束。马尔科夫模型是利用某一变量的现在状态和动向，去预测该变量未来的状态及其动向的一种分析手段。由于其具有的马尔科夫性(无后效性)，对历史数据需求不多，即它不需要从复杂的预测因子中寻找各因素之间的相互规律，只需要考虑事件本身的历史状况的演变特点，通过计算状态转移概率预测内部状态的变化。例如，研究一个商

店的累计销售额，如果现在时刻的累计销售额已知，则未来某一时刻的累计销售额与现在时刻以前的任一时刻的累计销售额都无关。马尔科夫预测方法具有很多优点，因此在现代统计学中占有重要的地位。

18.10.2 马尔科夫模型的原理

在马尔科夫分析中，引入了状态转移这个概念。所谓状态，是指客观事物可能出现或存在的状态，状态转移是指客观事物由一种状态转移到另一种状态的概率。

马尔科夫链包含以下假设：预测期内系统状态数保持不变，即状态数保持不变；预测期内系统状态转移概率矩阵不随时间变化而变化；状态转移只受前一状态的影响，与前面所有其他状态无关，即无后效性。

马尔科夫分析法的基本模型为

$$X(k+1)=X(k) \cdot P$$

式中，$X(k)$表示趋势分析与预测对象在 $t=k$ 时刻的状态向量；P 表示一步转移概率矩阵；$X(k+1)$ 表示趋势分析与预测对象在 $t=k+1$ 时刻的状态向量。

在较长时间后，马尔科夫过程逐渐处于稳定状态，且与初始状态无关。马尔科夫链达到稳定状态的概率就是稳定状态概率，也称稳定概率。市场趋势分析中，要设法求解得到市场趋势分析对象的稳定概率，并以此进行市场趋势分析。在马尔科夫分析法的基本模型中，当 $X: XP$ 时，称 X 是 P 的稳定概率，即系统达到稳定状态时的概率向量，也称 X 是 P 的固有向量或特征向量，而且它具有唯一性。

必须指出的是，上述模型只适用于具有马尔科夫性的时间序列，并且各时刻的状态转移概率保持稳定。若时间序列的状态转移概率随不同的时刻在变化，不宜用此方法。由于实际的客观事物很难长期保持同一状态的转移概率，故此法一般适用于短期的趋势分析与预测。

18.10.3 马尔科夫转移矩阵法的应用

利用马尔科夫链模型可以对产品销售、预期利润、市场占有率趋势进行建模分析，即利用概率建立一种随机型的时序模型，并用于进行市场趋势分析。本节以对市场占有率的预测为例。

单个生产厂家的产品在同类商品总额中所占的比率，称为该厂产品的市场占有率。在激烈的竞争中，市场占有率随产品的质量、消费者的偏好以及企业的促销作用等因素而发生变化。企业在对产品种类与经营方向做出决策时，需要预测各种商品之间不断转移的市场占有率。由于市场商品供应的变化经常受到各种不确定因素的影响而带有随机性，若其具有无后效性，则用马尔科夫分析法对其未来发展趋势进行市场趋势分析。

马尔科夫分析法的一般步骤如下。

(1) 调查目前的市场占有率情况。

(2) 调查消费者购买产品时的变动情况。

(3) 建立数学模型。

(4) 预测未来市场的占有率。

提高市场占有率的策略预测市场占有率是供决策参考的，企业要根据预测结果采取各种措施争取顾客。提高市场占有率一般可采取以下三种策略。

(1) 设法保持原有顾客。

(2) 尽量争取其他顾客。

(3) 既要保持原有顾客又要争取新的顾客。

第三种策略是前两种策略的综合运用,其效果比单独使用一种策略要好,但其所需费用较高。如果接近于平稳状态,一般不必花费竞争费用。所以,既要注意市场平稳状态的分析,又要注意市场占有率的长期趋势的分析。

争取顾客、提高市场占有率的策略和措施一般有以下几方面。

(1) 扩大宣传。主要采取广告方式,通过大众媒体向公众宣传商品特征和顾客所能得到的利益,激起消费者的注意和兴趣。

(2) 扩大销售。除联系现有顾客外,积极地寻找潜在顾客,开拓市场,如向顾客提供必要的服务等。

(3) 改进包装。便于顾客携带,增加商品种类、规格、花色,便于顾客挑选,激发顾客购买兴趣。

(4) 开展促销活动,如展销、分期付款等。

(5) 调整经营策略。根据市场变化,针对现有情况调整销售策略,如批量优待、调整价格、市场渗透、提高产品性能、扩大产品用途、降低产品成本等,以保持市场占有率和扩大市场占有率。

思考题

1. 请参照品牌选择模型,实地考察某类产品不同品牌的市场表现。

2. 请运用西蒙模型分析在不同产品生命周期阶段的定价策略。

3. 请用因子分析和聚类分析研究某类产品(如汽车)消费者的关键影响因素,并进行聚类分析。

4. 请用线性回归模型分析某产品销量和 4P 要素之间的关系,如价格、广告的投入、质量、品牌知名度等。

5. 请用马尔科夫模型预测某产品(如某汽车品牌)未来三年内的销量走势。

参 考 文 献

[1] 阿德金斯. 善因营销：推动企业和公益事业共赢 [M]. 逸文，译. 北京：中国财经出版社，2006.

[2] 艾·里斯，杰克·特劳特. 定位 [M]. 北京：机械工业出版社，2013.

[3] Bernd H.Schmitt. 体验营销 [M]. 北京：清华大学出版社，2004.

[4] 彼得·德鲁克. 德鲁克经典五问 [M]. 鲍栋，译. 北京：机械工业出版社，2016.

[5] 伯恩斯，布什. 营销调研 [M]. 第7版. 于洪彦等，译. 北京：中国人民大学出版社，2015.

[6] 布莱恩·克莱格. 看不见的顾客 [M]. 北京：新华出版社，2001.

[7] 常永胜. 营销渠道：理论与实务 [M]. 第2版. 北京：电子工业出版社，2013.

[8] 晁钢令. 市场营销学 [M]. 第4版. 上海：上海财经大学出版社，2014.

[9] 陈威如，余卓轩. 平台战略：正在席卷全球的商业模式革命 [M]. 北京：中信出版社，2013.

[10] 陈信康等. 服务营销创新研究专论 [M]. 上海：上海财经大学出版社，2011.

[11] 陈永东. 企业微博营销：策略方法与实践 [M]. 北京：机械工业出版社，2012.

[12] 程小永，李国建. 微信营销解密：移动互联时代的营销革命 [M]. 北京：机械工业出版社，2013.

[13] 达格·代尔等. 智慧营销：精准销售新策略 [M]. 陈青等，译. 上海：格致出版社，2011.

[14] 丹尼斯·克希尔. 内部营销 [M]. 北京：机械工业出版社，2000.

[15] 邓镝. 营销策划案例分析 [M]. 北京：机械工业出版社，2014.

[16] 邓·皮泊斯等. 客户关系管理：战略框架 [M]. 第2版. 北京：中国金融出版社，2014.

[17] 菲利普·科特勒，凯文·莱恩·凯勒. 营销管理 [M]. 第15版. 上海：格致出版社，2016.

[18] 菲利普·科特勒，阿姆斯特朗. 市场营销 [M]. 第16版. 北京：中国人民大学出版社，2015.

[19] 菲利普·科特勒. 营销革命3.0：从产品到顾客，再到人文精神 [M]. 北京：机械工业出版社，2011.

[20] 菲利普·科特勒. 营销的未来 [M]. 北京：机械工业出版社，2015.

[21] 龚铂洋. 左手微博右手微信 [M]. 北京：电子工业出版社，2014.

[22] 郭国庆. 市场营销学 [M]. 第6版. 北京：中国人民大学出版社，2014.

[23] 郭洪. 品牌营销学 [M]. 成都：西南财经大学出版社，2011.

[24] 胡其辉. 市场营销策划 [M]. 北京：高等教育出版社，2011.

[25] 纪宝成. 市场营销学 [M]. 第5版. 北京：中国人民大学出版社，2012.

[26] 江林. 消费者心理与行为 [M]. 第5版. 北京：中国人民大学出版社，2015.

[27] 姜旭平. 网络营销 [M]. 北京：中国人民大学出版社，2012.

[28] John F.Tanner. 大数据营销：互联网+时代如何定位客户 [M]. 北京：人民邮电出版社，2015.

[29] 雷蒙德·菲克斯等. 互动服务营销 [M]. 北京：机械工业出版社，2001.

[30] 李杰. 奢侈品品牌管理——方法与实践 [M]. 北京：北京大学出版社，2010.

[31] 利连等. 营销工程与应用 [M]. 北京：中国人民大学出版社，2005.

[32] 李先国，杨晶. 销售管理 [M]. 第4版. 北京：中国人民大学出版社，2016.

[33] 李严锋. 现代物流管理 [M]. 第4版. 大连：东北财经大学出版社，2016.

[34] 梁文玲. 市场营销学 [M]. 北京：清华大学出版社，2013.

[35] 刘向晖. 网络营销导论 [M]. 第3版. 北京：清华大学出版社，2014.

[36] 刘寅斌. 互联网+社会化营销 [M]. 北京：电子工业出版社，2015.

[37] 罗时万等. 品牌经营学 [M]. 香港：金陵书社出版公司，2003.

［38］吕一林，陶晓波. 市场营销学［M］. 第 5 版. 北京：中国人民大学出版社，2014.

［39］麦当娜等. 市场营销学全方位指南［M］. 张梦霞等，译. 北京：经济管理出版社，2011.

［40］迈尔·舍恩伯格等. 大数据时代［M］. 杭州：浙江人民出版社，2013.

［41］迈克·莫兰等. 搜索引擎营销［M］. 第 3 版. 宫鑫等，译. 北京：电子工业出版社，2016.

［42］迈克尔·波特. 竞争优势［M］. 夏忠华等，译. 北京：中国财经出版社，1994.

［43］迈克尔·所罗门，卢泰宏等. 消费者行为学［M］. 第 10 版. 北京：中国人民大学出版社，2014.

［44］Mari Smith. 关系营销 2.0：社交网络时代的营销之道［M］. 北京：人民邮电出版社，2013.

［45］米歇尔·罗伯特. 超越竞争者［M］. 北京：机械工业出版社，2001.

［46］倪自银. 新编市场营销学［M］. 第 2 版. 北京：电子工业出版社，2013.

［47］钱旭潮，王龙，韩翔等. 市场营销管理：需求的创造传播和实现［M］. 第 2 版. 北京：机械工业出版社，2010.

［48］孙国辉，崔新健. 国际市场营销［M］. 第 2 版. 北京：中国人民大学出版社，2012.

［49］唐·舒尔茨. 整合营销传播［M］. 北京：清华大学出版社，2013.

［50］W.钱金等. 蓝海战略：扩展版［M］. 北京：商务印书馆，2016.

［51］王方华. 企业战略管理［M］. 第 2 版. 上海：复旦大学出版社，2015.

［52］王方华. 市场营销学［M］. 第 2 版. 上海：格致出版社，2012.

［53］王晓东. 国际市场营销［M］. 第 4 版. 北京：中国人民大学出版社，2015.

［54］王秀娥，夏冬. 市场调查与预测［M］. 北京：清华大学出版社，2012.

［55］王易. 微信营销与运营［M］. 北京：机械工业出版社，2013.

［56］王永贵. 营销管理［M］. 大连：东北财经大学出版社，2011.

［57］王跃梅等. 服务营销［M］. 杭州：浙江大学出版社，2011.

［58］温德等. 聚合营销［M］. 北京：中信出版社，2003.

［59］吴健安. 市场营销学［M］. 第 4 版. 北京：高等教育出版社，2011.

［60］吴泗宗. 市场营销学［M］. 第 4 版. 北京：清华大学出版社，2012.

［61］吴泗宗. 市场营销学［M］. 第 3 版. 北京：清华大学出版社，2008.

［62］吴泗宗. 市场营销学［M］. 第 2 版. 北京：清华大学出版社，2005.

［63］吴泗宗. 现代市场营销学［M］. 上海：同济大学出版社，2000.

［64］肖怡. 零售学［M］. 第 3 版. 北京：高等教育出版社，2013.

［65］徐飞. 战略管理［M］. 第 3 版. 北京：中国人民大学出版社，2016.

［66］徐萍. 消费心理学教程［M］. 第 5 版. 上海：上海财经大学出版社，2015.

［67］闫国庆. 国际市场营销学［M］. 第 3 版. 北京：清华大学出版社，2013.

［68］杨慧. 市场营销学［M］. 第 3 版. 北京：中国社会科学出版社，2011.

［69］于磊，元明顺，叶明海. 市场调查与预测［M］. 第 2 版. 上海：同济大学出版社，2014.

［70］苑春林，杨晓丹. 互联网+长尾营销［M］. 北京：中国经济出版社，2016.

［71］詹姆斯·赫斯克特等. 服务利润链［M］. 北京：华夏出版社，2001.

［72］张维迎. 博弈论与信息经济学［M］. 上海：格致出版社，2012.

［73］张云起. 营销风险管理［M］. 第 4 版. 北京：高等教育出版社，2014.

［74］赵国栋. 网络调查研究方法概论［M］. 第 2 版. 北京：北京大学出版社，2013.

［75］朱立. 市场营销经典案例［M］. 第 2 版. 北京：高等教育出版社，2012.

［76］庄贵军. 营销渠道管理［M］. 第 2 版. 北京：北京大学出版社，2012.

［77］CNNIC：2015 年中国网络购物市场研究报告. 中国互联网络信息中心，2016.

［78］Ambar G.Rao and Melvin F.Shakun，A Quasi-Game Theory Approach to Pricing，Management Science，

V0l. 18，No. 15，1972.

［79］Darow Shaw. Journal of Political Marketing，New York: Haworth Political Press，2000.

［80］E.Jerome Mc Carthy，Stanley J. Shapiro，and William D. Perreauh，Basic Marketing Sixth Canadian Edition，Home wood: Richard D. Irwin，Inc.，1992.

［81］European Journal of Marketing，Volume 35，2001.

［82］G.L.Lilien，A Modified Linear learning Model Of Buyer Behavior，Management Science，V0l. 20，1974.

［83］Hennann Simon，Dynamics Of Price Elasticity and Brand Life Cycles: An Empirical Study，Journal of Marketing Research，V0l. 16，No. 4，1979.

［84］Henneberg，S.C. Understanding Political Marketing，in N.O'Shaughnessy and S.C.Henneberg (Eds.)，The Idea of Political marketing，Praeger，Westport，pp.93-171，2002.

［85］ Kellv. Professional Public Relations and Political Power，Baltimore，MD: John Hopkins University press，1956.

［86］McGimiss. The Selling of the president，New York: Trident Press，1969.

［87］Newman，B.I. The Marketing of the President-Political Marketing as Campaign strategy，Sage，Thousand Oaks，California，1994.

［88］Newman，B.I. Handbook of Political Marketing，Sage，Thousand Oaks，California，1999.

［89］Newman，B.I. The Mass Marketing of Politics，Sage，Thousand Oaks，California，1999.

［90］ Philip Kotler，Kotler Neil. Political Marketing: Generating Effective Candidates，Campaigns，and Causes，*Handbook of Political Marketing*. pp. 3-18. Sage，Thousand Oaks，California.

［91］R.Dorfman and P.O.Steiner，Optimal Advertising and Optimal Quality，The America Economic Rebiew，V0l. 44，1954.

［92］R.Duncan Luce，Inidividual Choice Behavior. New York: Wiley，1959.

［93］Schoell，Guilfinan. Marketing. Fifth Edition. Simon& Schuster，Inc.

［94］White. The Making of the President 1960，Pocket，Oakville，Ontario.